Die Rechtsprechung

des

Königlichen Ober-Tribunals

in

Straf-Sachen

herausgegeben

von

F. C. Oppenhoff,

Ober-Staats-Anwalt beim Königl. Ober-Tribunal.

Dritter Band.

Berlin, 1863.

Druck und Verlag von Georg Reimer.

Appellation. — Verhafteter. — Vorführung.

1. **Der verhaftete Angeklagte kann nicht seine Vorführung vor das App.-Gericht verlangen.**

Vdn. v. 3. Jan. 1849 § 134 [vgl. dort n. 7].

2. **Es begründet auch keine Nichtigkeit, wenn der Angeklagte auf seinen Antrag: vorgeführt zu werden ohne Bescheid bleibt; eine stillschweigende Verwerfung genügt, sobald nur der Antrag nicht ungeprüft gelassen ist.**

Ebendas. §§ 134 [vgl. dort n. 9. 16]. 135 und RdOTr. S. 106. 447.

Erk. (Z. I.) v. 12. Sept. 1862 c. Rauchstädt (716. I. Cr.).

Der § 135 der Vdn. v. 3. Jan. 1849 stellt es dem Ermessen des App.-Richters anheim, die Vorführung des Angekl. anzuordnen, sobald aus besondern Gründen das persönliche Erscheinen desselben für nothwendig erachtet wird. Aus der Bestimmung des § 134 l. c., daß der Angekl., wenn er verhaftet ist, in dem qu. Termine nur durch einen Vertheidiger vertreten werden kann, der ihm auf seinen Antrag bestellt werden muß, folgt aber, daß ein verhafteter Angekl. nicht das Recht hat, seine Sistirung vor dem App.-Richter zu verlangen, und es liegt auch kein Nichtigkeitsgrund darin, daß der Angekl. auf seinen desfallsigen Wunsch ohne Bescheid geblieben ist.

In der Untersuchungssache wider Böhnert (V. I. 29. Nov. 1861, RdOTr. II, S. 106) war das Sachverhältniß ein anderes, indem dort das betreffende Kr.-G. den Antrag des Angekl. auf Sistirung zurückgewiesen hatte, ohne ihn an den App.-Richter gelangen zu lassen. Dieses wurde für unzulässig erklärt, weil so dem App.-Richter die Gelegenheit entzogen worden, diesen Antrag zu prüfen. Ist der App.-Richter aber in der Lage gewesen, einen derartigen Antrag zu erörtern, so liegt in der selbst stillschweigenden Verwerfung desselben, resp. in der unterbliebenen Sistirung des Angekl. zum Audienztermine zweiter Instanz keine unstatthafte Beschränkung der Vertheidigung, und es wird dadurch überhaupt kein wesentlicher Grundsatz des Verfahrens verletzt.

Antr. des GStA.s: gleichl. [44. — 2].

Bankerutt. — Handelsmann. — Fragstellung.

Bei einer Anklage wegen Bankerutts kann die Frage, ob der Angeklagte Handelsmann gewesen sei, in dieser Allgemeinheit gestellt werden, ohne daß es der Auflösung dieses Begriffs in gewisse Elemente bedürfte.

StGB. § 259 [vgl. dort n. 31].

Erk. (Z. I.) v. 17. Sept. 1862 c. Bourgeois (611. I. Cr.).

B. war schuldig befunden worden: „— als Handelsmann seine Zahlungen eingestellt und sein Vermögen theilweise verheimlicht 2c. zu haben." Aus § 259 StGB. verurtheilt, ergriff er die NB., und behauptete Verletzung des cit. Paragraphen, weil er als Tuchmacher, welcher die selbstverfertigten Waaren verkaufte, nicht Handelsmann gewesen sei. Zu bemerken war, daß er selbst eine Auflösung jenes Begriffs in der Frage nicht beantragt hatte. Es erfolgte Zurückweisung.

Gründe:

Eine ausdrückliche Bestimmung, wer als Handelsmann anzusehen sei, ist in den hierländischen Gesetzen weder im Allgemeinen noch in strafrechtlicher Beziehung zu befinden, und selbst die neue Handelsgesetzgebung hat sich darauf beschränkt, für ihren besonderen civil- und prozeßrechtlichen Bereich eine sehr allgemein gefaßte Erklärung zu geben, wer ein Handelsmann oder Kaufmann sei (HGB. Art. 4, Einf.-Ges. § 31), worauf indessen schon der Zeit nach für gegenwärtige Sache kein entscheidendes Gewicht gelegt werden kann.

Ist nun auch für diese zur Entscheidung der Frage der Begriff eines gewöhnlichen Handelsbetriebes einer Person nach dem Verständniß im täglichen Leben und nach wissenschaftlichen Annahmen als maaßgebend anzuerkennen, so ist doch der Umfang dieses Begriffs, insonderheit „des Handels" selbst wieder von dessen thatsächlicher Entwicklung und den Gebräuchen des Verkehrs abhängig. Die Feststellung, ob Jemand Handelsmann sei, gehört daher allerdings dem thatsächlichen Gebiete an; das Richteramt hat nur dafür einzustehen, daß dieselbe nicht in klarem Widerspruche mit jenem allgemeinen Begriffe erfolge oder unterbleibe.

Sind die Funktionen des Richteramtes zwischen Geschwornen und Richtern getheilt, so wird jene Feststellung unbedenklich den Ersteren zu überlassen sein, ohne daß es einer Zergliederung oder Auflösung des Begriffes in gewisse Elemente bedarf, die das Gesetz selbst nicht genau angezeigt, den Parteien aber muß es überlassen bleiben, dasjenige anzuführen und beizubringen, was über die Frage nach der einen oder andern Seite Licht verbreiten kann. Ob und in wie weit derartige Erörterungen vor dem Schwurgerichte in gegenwärtiger Sache stattgefunden haben, ist zwar aus dem Sitzungsprotokolle nicht genau zu erkennen; keinenfalls waren sie dem Angeklagten wie der Vertheidigung abgeschnitten; es giebt daher keinen Grund, das Verfahren, insonderheit die Fragestellung nebst dem darauf ergangenen Wahr- und Urtheilsspruch als nichtig anzusehen. Für die Nichtigkeitsinstanz selbst aber fehlt es bei so bewandten Umständen an jeder thatsächlichen Grundlage zur eigenen rechtlichen Beurtheilung, ob etwa die Annahme einer handelsmännischen Zahlungseinstellung im Widerspruche mit dem erkennbaren Willen des Gesetzgebers erfolgt sei. Die Behauptungen des Imploranten reichen dafür allein nicht aus.

Antr. des GStA.s: Zurückweisung. [17. — 2.]

Wucher. — Rechtsbeständigkeit des Geschäfts. — Klagbarkeit.

1. Der Thatbestand des Wuchers ist nicht durch die formelle und materielle Gültigkeit des betr. Rechtsgeschäfts bedingt.

StGB. § 263 [vgl. dort n. 8]. Sic. Z. II. 19. Sept. 1861 c. Hecht, 225].

2. Ebenso genügt es, wenn das Geschäft zum Vortheil des Angeklagten abgeschlossen ist, sollte er in dem betr. Aktenstücke auch nicht persönlich genannt, und sonach für ihn eine Klagbarkeit nicht begründet sein.

Ebendas. [dort einzutr. als n. 1a].

Erk. (Z. I.) v. 17. Sept. 1862 c. Sauder (644. I. Cr.).

Die nach den Grundsätzen des Civilrechts erforderliche formelle und materielle Gültigkeit des wahren, unter den Kontrahenten verabredeten, sowie des dasselbe verkleidenden Geschäfts ist für den kriminellen Thatbestand des Wuchers nach § 263 des StGB.s nicht erforderlich; es genügt vielmehr, wenn die in dieser Vorschrift aufgestellten Erfordernisse thatsächlich vorliegen.

Der Einwand des Angekl., soweit er sich auf die mangelnde Einwilligung des v. Z. zu dem Wechselgeschäfte seiner Ehefrau bezieht, ist daher von dem App.-Richter mit Recht verworfen.

Im Uebrigen ist es festgestellt, daß der unter den v. Z.schen Eheleuten ausgestellte Wechsel über die Schuld von 350 Thlrn. auf die Veranlassung und ausdrückliche Aufforderung des Angekl. von den gedachten Eheleuten über 400 Thlr. ausgestellt und von dem Angekl. in Empfang genommen, hiernächst auch eingelöst ist. Der Angekl. ist daher derjenige gewesen, welcher die Einkleidung des Geschäfts in diese die Gesetzwidrigkeit desselben verdeckende Form zu seinem Vortheil bewirkt hat. Dies genügt zu seiner Strafbarkeit. Nicht aber ist dazu erforderlich, daß der Angekl. auch selbst als Cessionar oder Indossatar in das Wechselgeschäft mit eingetreten, und dasselbe dadurch auch für ihn ein klagbares geworden wäre. Von einem in diesem Sinne unvollendeten Geschäfte ist daher keine Rede, mithin auch nicht von einem blos versuchten, mithin straflosen Wuchergeschäfte.

Antr. des GStA.s: gleichl. [15. — 2.]

---

1. 2. Prozession. — Herkommen. — Polizeiliche Genehmigung. — Nachweis.
3. Anklage. — Substantiirung. — Freisprechung.

1. Prozessionen rc. sind von dem Erfordernisse der vorgängigen polizeilichen Genehmigung nur insoweit befreit, als sie an dem betr. Orte in einer bestimmten Art hergebracht sind.

Ges. v. 11. März 1850 §§ 9. 10. 17 (GS. S. 279).
Vgl. RdOTr. I. S. 287.

2. Derjenige, welcher angeklagt ist, eine Prozession ohne die erforderliche polizeiliche Genehmigung geleitet zu haben, hat den Beweis des Einwandes der Herkömmlichkeit selbst zu führen.

Ebendas.

3. Der Strafrichter kann nicht wegen des Mangels genügender Substantiirung der Anklage freisprechen; er muß vielmehr alle ihm nöthig erscheinenden Beweise von Amtswegen aufnehmen.

Vdn. v. 3. Jan. 1849 § 1 [vgl. dort n. 16]; 39 [vgl. dort n. 21].
Ges. v. 3. Mai 1852 Art. 30 [vgl. dort n. 1. 11].

Erk. (V. I.) v. 17. Sept. 1862 c. Bielawski u. Gen. (686. I. Cr.).

Die Angekll. waren in erster Instanz aus § 17 des Ges. v. 11. März 1850 verurtheilt worden, weil sie an zwei bestimmten Tagen zur Einholung und Geleitung der nach L. ziehenden und von dort zurückkehrenden Wallfahrer durch die Stadt Pl. Prozessionen veranstaltet hatten, obgleich an den betr. Tagen und zu dem gedachten speziellen Zwecke dort Prozessionen nicht hergebracht seien. Der App.-Richter sprach dagegen frei, weil das Prozessionsherkommen nicht im Allgemeinen erörtert, und weder behauptet noch festgestellt worden sei, daß Prozessionen, welche durchziehende auswärtige Prozessionen durch P. geleiten, überhaupt nicht hergebracht, oder daß solche Prozessionen nur für bestimmte andere Prozessionen herkömmlich seien; es sei daher die Ankl. von vorne herein nicht gehörig substantiirt gewesen. NB. des OStA.s Vernichtung und Bestätigung des Urtheils erster Instanz.

Gründe:

Die Ausführung des App.-Richters beruht auf einer rechtsirrthümlichen Auffassung des § 10 l. c. Dieser befreit nämlich kirchliche Prozessionen ꝛc. von der vorherigen Genehmigung der Ortspolizeibehörde resp. von der dieser zu erstattenden Anzeige nur dann, wenn sie an dem betr. Orte in einer bestimmten Art hergebracht sind. Der innere Grund hierfür liegt nahe und ist auch in dem Erk. d. K. OTr. [Z. II.] v. 28. Febr. 1861, R. d. OTr. I. S. 287 hervorgehoben. Denn der § 10 des Vereinsgesetzes geht von der Ansicht aus, daß an sich jeder Aufzug unter den Begriff einer Versammlung falle, und daß auch Aufzüge der öffentlichen Sicherheit und Ordnung oder dem Verkehr gefährlich werden können. Bei kirchlichen Prozessionen und ähnlichen Aufzügen aber, welche an einem Orte durch längere Zeit in stets wiederkehrender Weise stattgefunden haben, lag dem Gesetzgeber dagegen ein so dringendes Bedürfniß der Ueberwachung nicht vor, und deshalb allein hat er die ganz konkrete Ausnahme für bestimmte Fälle eintreten lassen. Hieraus folgt aber bereits aus allgemeinen Interpretationsregeln, daß über diese Vergünstigung hinaus nicht gegangen werden kann, und daß es bei jedem einzelnen derartigen Aufzuge geprüft werden muß, ob er speziell an dem bestimmten Orte als hergebracht zu betrachten ist. Denn daraus, daß bei gewissen, regelmäßig in gewohnter Art wiederkehrenden Prozessionen eine Gefahr für die öffentliche Ordnung nicht zu besorgen ist, kann nicht ohne Weiteres hergeleitet werden, daß andere Prozessionen bei anderen Gelegenheiten, bei denen Zweck und Zeitumstände in Betracht kommen, nicht andere Wirkung haben. Hierzu tritt, daß, wenn neue Prozessionen ꝛc. stattfinden, von vorn herein nicht füglich von einer bereits hergebrachten die Rede sein kann, am wenigsten aber von einer solchen, die in der hergebrachten Art ausgeführt sind, weil eine letztere überhaupt nicht denkbar ist, wenn eine Ausübung an sich nicht stattgehabt hat.

Hiernach hat der App.-Richter den § 10 l. c. rechtsirrthümlich aufgefaßt, und auch darin gefehlt, daß er angenommen hat, die Anklage habe, was sie angeblich nicht gethan, den Nachweis zu führen gehabt, daß die in Rede stehenden Prozessionen nicht herkömmlich gewesen. Denn nach dem Zusammenhange des § 17 l. c. ergiebt sich, daß der Erweis der Herkömmlichkeit dem jedesmaligen Angeklagten obliegt, weil nach dessen Abs. 3 die dort angedrohten Strafen jederzeit verwirkt sind, wenn die Versammlung oder der Aufzug in Städten und Ortschaften oder auf öffentlichen Straßen stattgefunden hat.

Jedenfalls konnte der App.-Richter, wenn er den bisher erbrachten Beweis nicht für ausreichend erachtete, die Freisprechung der Angekl. nicht aus dem Grunde eintreten lassen, weil ihm die Anklage nicht substantiirt erschien. Durch dieselbe war er mit der Sache nach allen Richtungen hin befaßt und deshalb verpflichtet, jeden, ihm noch nothwendig erscheinenden Beweis ohne Rücksicht auf die Anträge der Königl. StA.-schaft eintreten zu lassen.

Antr. des GStA.s: gleichl. [20. — 2.]

---

1. 2. 3. Urkundenfälschung. — Gewinnsucht. — Fragstellung. — Sicherung eines rechtswidrigen Vortheils.
4. Urkunde. — Abrechnung.

1. Es ist statthaft, in die eine Urkundenfälschung betr. Frage statt der „gewinnsüchtigen" Absicht diejenigen faktischen Momente aufzunehmen, welche das Vorhandensein jener Absicht konstatiren.

StGB. § 247 [vgl. dort n. 4].

2. Bei der Urkundenfälschung braucht die gewinnsüchtige Absicht nicht auf die Erlangung dauernder Vortheile gerichtet zu sein.

Ebendas. [dort einzutr. als n. 11 a].

3. Die Absicht, sich die durch ein anderes Vergehen erlangten Vortheile zu sichern, ist eine gewinnsüchtige im Sinne des § 247 l. c.

Ebendas. [vgl. dort n. 15].

4. Eine Schrift, welche eine stattgehabte Abrechnung und die theilweise Aufrechnung gegenseitiger Forderungen bekundet, und den der einen Partei noch herauskommenden Ueberschuß feststellt, ist eine Urkunde, selbst wenn darin die einzelnen zur Berechnung gekommenen Positionen nicht angegeben sind.

Ebendas. [dort einzutr. als n. 156 a].

Erk. (B. I.) v. 17. Sept. 1862 c. Kornmesser (828. I. Cr.).

Der Angekl. war durch Geschwornenspruch einer Unterschlagung, sowie ferner schuldig befunden worden: „— — eine Abrechnung zwischen P. und K. in der Absicht fälschlich angefertigt zu haben, sich diejenigen Vortheile zu sichern, welche er erlangt hatte, indem er 180 Thlr., welche er im Auftrage von P. an Kr. abliefern sollte, zum Nachtheile des Eigenthümers verbrauchte, und um die Aufklärung dieses Verhältnisses zu verzögern von dieser Abrechnung zum Zweck der Täuschung Gebrauch gemacht zu haben." Gleichwohl sprach der Schw.-GH. von der Anklage der Urkundenfälschung frei, weil durch jenen Spruch die „gewinnsüchtige Absicht" nicht genügend festgestellt sei. Auf die NB. des StA.s ist dieses Erk. vernichtet, und K. auch noch wegen Urkundenfälschung verurtheilt worden.

Gründe:

Zunächst trifft das Monitum nicht zu, daß die gestellte Frage, in welcher von der Absicht, Gewinn zu verschaffen, nicht die Rede wäre, dem § 247 nicht adäquat wäre. Denn da der Angekl. zwar die ihm zur Last gelegten Thatsachen in den meisten Punkten zugegeben, aber eine Urkundenfälschung und namentlich eine gewinnsüchtige

Absicht bestritten hatte, so war es vollkommen motivirt, in die Frage nicht die betr. Worte des Gesetzes, sondern die faktischen Momente aufzunehmen, welche das Vorhandensein der gewinnsüchtigen Absicht konstatirten. Abgesehen nun von der Tendenz des Angekl., die Aufklärung des Sachverhältnisses zu verzögern, von welcher der Schw.-GH. schließlich sagt, daß die Verzögerung der Entdeckung der Unterschlagung einen Gewinn im Sinne des Gesetzes enthalten könne, geht das Verdikt zugleich dahin', daß der Angekl. die Fälschung in der Absicht vornahm, diejenigen Vortheile zu sichern, welche er aus der Unterschlagung der 180 Thlr. erlangt hatte. Hierin liegt unzweifelhaft eine gewinnsüchtige Absicht. Wenn der Schw.-GH. meint, es seien die erlangten Vortheile in der Frage nicht näher bezeichnet, so scheint diesem Monitum die unrichtige Ansicht zum Grunde zu liegen, als wäre es zur Anwendung des § 247 erforderlich, daß die Erlangung dauernder Vortheile erstrebt würde. Dieses ist aber keineswegs der Fall. Außerdem hatte sich der Angekl. zweifelsohne einen ihm nicht gebührenden, sehr erheblichen Vortheil dadurch verschafft, daß er die 180 Thlr., welche er an den K. abliefern sollte, für sich verbrauchte, und die Absicht, diesen Vortheil zu sichern, hat nach dem Verdikt der Geschworenen ihn zur Verübung der Fälschung bewogen.

Dieses Verdikt stellt mithin klar fest, daß bei dem Angekl. eine gewinnsüchtige Absicht obwaltete, und speziell, worauf sie gerichtet war. Bei dieser Sachlage war der Schw.-GH. nicht befugt, aus den den Geschworenen nicht zur Prüfung vorgelegten faktischen Momenten ein von dem Verdikt abweichendes Resultat zu konstruiren, und anzunehmen, daß eine gewinnsüchtige Absicht nicht vorhanden gewesen wäre. Die Supposition, daß der Angekl. nur bezweckt haben könne, die Entdeckung der Unterschlagung zu verzögern, enthält eine unzulässige Beschränkung des Verdikts, welches neben dieser Tendenz zugleich den Zweck der Sicherung der Vortheile aus der Unterschlagung, der keineswegs unbedingt mit der erwähnten Absicht zusammenfällt, als erwiesen annimmt.

Das qu. Schriftstück ist, wie die Geschworenen festgestellt haben, eine Abrechnung zwischen dem P. und dem Kr. Wenn nun darunter der gefälschte Vermerk gesetzt worden ist:

> „Vorstehende 65 Thlr. 17 Sgr. 5 Pf. sind am Waaren-Konto, welches 87 Thlr. 20 Sgr. 4 Pf. beträgt, in Abrechnung gebracht, mithin verbleibt Herr 2c. Kr. in Rest mit 22 Thlr. 3 Sgr. 1 Pf.
>
> (Unterschrift.)"

so ist es klar, daß dieser Vermerk zum Beweise des Rechtsverhältnisses zwischen P. und K. von Erheblichkeit gewesen wäre, wenn er wirklich von P. hergerührt hätte. Es erweist sich als unzutreffend, daß der Schw.-GH. dieses deshalb verneint, weil die Spezialien fehlten, welche darthäten, wie der Schluß dieser Abrechnung herausgebracht worden, wie man überhaupt zu dem Ergebniß der Abrechnung gekommen wäre. Denn die qu. Abrechnung bezog sich einerseits auf die Spirituslieferungen des Kr. und andererseits auf die Waaren, die er von P. erhalten hatte, und das Bekenntniß des P. über die Resultate der stattgehabten Berechnungen war auch ohne Angabe der einzelnen zur Berechnung gekommenen Positionen zur Führung eines Beweises gegen P. geeignet. P. erkannte aber auch die Tilgung eines Theils seiner Forderung durch Abrechnung der Schuld von 65 Thlr. 17 Sgr. 5 Pf. an, so daß das Schriftstück in dieser Beziehung allerdings die Natur einer Quittung hat.

Antr. des GStA.s: gleichl. [44. — 2.]

Amtshandlung. — Unbefugte Vornahme. — Vertreten einer Partei vor Gericht.

1. **Die unbefugte Vornahme solcher Handlungen, welche nur kraft eines öffentlichen Amtes vorgenommen werden dürfen, ist strafbar, selbst**

wenn dabei nicht ein amtlicher Charakter angenommen worden ist.

StGB. § 104 [vgl. dort n. 9. 10].

2. **Die Vertretung der Parteien vor Gericht ist ein ausschließliches Recht der Rechtsanwalte. Einklagung einer fremden Forderung auf eigenen Namen auf Grund einer simulirten Cession fällt unter den cit. §.**

Ebendas. [vgl. dort n. 6. — Sic: Z. I. 22. Jan. 1862 c. Honsberg, 1048; Z. II. 18. Sept. 1862 c. Kühne, 186].

Erk. (Z. II.) v. 18. Sept. 1862 c. Grohmann (189. II. Cr.).

G. hatte auf Grund simulirter Cessionen fremde Forderungen eingeklagt, und war deshalb aus § 104 des StGB.s verurtheilt worden. Seine NB. rügte Gesetzesverletzung. Zurückweisung.

Gründe:

Der ein Vergehen wider die öffentliche Ordnung betreffende § 104 a. a. O. unterscheidet in seinen beiden Alternativen von einander:

a) den Fall, wenn sich Jemand unbefugt mit der Ausübung eines öffentlichen Amtes befaßt, und

b) den Fall, wenn Jemand unbefugt solche Handlungen vornimmt, die nur in Kraft eines öffentlichen Amtes vorgenommen werden dürfen, — welche vorzunehmen also nur ein öffentliches Amt die Befugniß gewährt.

Unrichtig ist die (in Temme's Glossen S. 177 und Lehrb. S. 672 ausgesprochene) Ansicht, daß ein solcher Unterschied nicht gemacht und die Fassung des § 104 des StGB.s tautologisch sei. Dies ist schon in Goltd. Arch. 2. S. 74 und 3. S. 638, desgl. in dem Erk. v. 7. März 1862 (RdOTr. 2. S. 291) dargelegt, wie denn auch in den Motiven zu § 367 des Entwurfs v. J. 1847. S. 98 bemerkt wurde: es sei die Vorschrift (des Entwurfs vom J. 1843 § 579) über die Amtsanmaaßung, in Uebereinstimmung mit der Vorschrift über geistliche Amtshandlungen (§ 580 dieses Entwurfs) dahin erläutert und ergänzt worden, daß die Strafe bei der eigenmächtigen Vornahme solcher Handlungen eintreten solle, welche nur in Kraft eines öffentlichen Amtes ausgeübt werden dürfen, und die Fassung, welche rücksichts der ersten (Amtsanmaaßung betreffenden) Alternative der § 367 des Entwurfs v. J. 1847 dahin hatte: „Wer sich die Ausübung eines öffentlichen Amtes anmaaßt," in dem Strafgesetzbuche die jetzige Fassung: „Wer unbefugt sich mit der Ausübung eines öffentlichen Amtes befaßt" deshalb erhalten hat, weil im vereinigten ständischen Ausschusse (Bleich 4. S. 447) gegen die erstere Fassung erinnert worden war, es könne nicht das bloße Vorgeben und Anmaßen eines öffentlichen Amts, sondern nur die unbefugte Befassung mit der Ausübung eines solchen bestraft werden.

In Bezug auf jene Unterscheidung der beiden Alternativen des § 104 des StGB.s ist in dem von dem App.-Richter und in der Beschwerdeschrift angeführten Erk. vom 22. Febr. 1855 [Z. II. c. Braun] JMBl. S. 111 gesagt, „daß das unbefugte Concipiren von Schriften, welche zur Einreichung an Gerichte bestimmt sind, gegen Belohnung, — also eine von den Handlungen, welche Gegenstand der hier vorliegenden Untersuchung sind, verschiedene Handlung — selbst wenn dasselbe als eine Handlung angesehen werden müßte, die nur kraft eines öffentlichen Amtes vorgenommen werden darf, nicht schon eine Befassung mit der Ausübung eines öffentlichen Amts sei, weil zur Befassung mit der Ausübung (nicht, wie es im JMBl. l. c. durch einen Druckfehler heißt: „Vornahme," vgl. G. Arch. 3. S. 638) eines öffentlichen Amts die unbefugte Vornahme von solchen Handlungen, die nur kraft eines öffentlichen Amts vorgenommen werden dürfen, nur dann werden, wenn dafür (also für die unbefugte Vornahme) zugleich der amtliche Charakter in Anspruch genommen, die Handlung als kraft eines Amts dem Handelnden zustehend vorgenommen werde," und sodann ausgeführt worden, „daß solches unbefugte Concipiren auch nicht eine Handlung sei, die nur in Kraft eines öffentlichen Amts vorgenommen werden darf."

Es ist daher völlig richtig, was der App.-Richter in den Gründen seines Erkenntnisses in Bezug auf jenes Erk. v. 22. Febr. 1858 sowie darüber gesagt hat, daß weder in dem letztern ein Grundsatz ausgesprochen ist, wie ihn der Angekl. hat aufstellen wollen, noch solcher aus dem § 104 des StGB.s zu entnehmen ist. Auch die weiteren Ausführungen des App.-Richters darüber, daß die Vertretung von Parteien in Prozessen vor Gericht ein ausschließendes Recht der Rechtsanwalte ist, wozu sie ihr Amt beruft, sowie darüber, daß der Angekl. völlig unpassend aus dem § 35. I, 3 des ALR. in Verbindung mit den von ihm angeführten, dahin ergangenen Entscheidungen, daß der von dem debitor cessus dem klagenden Cessionar entgegengesetzte Einwand, es sei die beigebrachte Cession simulirt (in der Regel) für eine exceptio de iure tertii zu erachten sei, folgern will, es könnten die gegen ihn festgestellten Handlungen nicht strafbar sein und namentlich nicht unter die Strafbestimmung des § 104 des StGB.s fallen, verstoßen nicht gegen Gesetze oder Rechtsgrundsätze. In beiden Beziehungen ergeben dies die Ausführungen in den Gründen des Erk. v. 11. Jan. 1861 (RdOTr. 1. S. 201), worauf der App.-Richter Bezug genommen hat. Die Beantwortung der civilrechtlichen Frage, ob im Civilprozesse der dem klagenden Cessionar von dem debitor cessus entgegengesetzte Einwand, daß die Cession simulirt sei, als sogenannte exceptio deficientis legitimationis ad causam zulässig und erheblich, oder aber und in wie weit für eine exceptio de iure tertii zu erachten sei, ist da einflußlos, wo es sich in strafrechtlicher Beziehung — in Beziehung auf das Interesse der öffentlichen Ordnung — darum handelt, ob der (angebliche) Cessionar dadurch sich straffällig, sich eines Vergehens wider die öffentliche Ordnung schuldig gemacht habe, daß er vor Gericht im Prozesse scheinbar (der äußern Form nach) als Eigenthümer einer Forderung, die er in solcher Art als bloßer Beauftragter nicht würde haben verfolgen können, unter dem Deckmantel einer simulirten Cession aufgetreten ist.

Antr. des GStA.s: gleichl. [26. — 1.]

Freisprechung. — Qualifizirung. — Nichtigkeitsbeschwerde.

Der „nicht schuldig" befundene Angeklagte ist „von der Anklage" freizusprechen, nicht von der der That im Anklage-Beschlusse oder in den Fragen an die Geschwornen beigelegten Qualifizirung. Wäre aber auch eine solche Qualifizirung in die Freisprechungsformel mit aufgenommen, so ist die letztere nichtsdestoweniger auf die ganze Anklage zu beziehen und der Angeklagte hat kein Interesse, jenen Mangel im Wege der Nichtigkeitsbeschwerde zu rügen.

Vdn. v. 3. Jan. 1849 § 118 [vgl. dort n 1]; § 1 [vgl. dort n. 29].

Erk. (Z. II.) v. 18. Sept. 1862 c. Cremer (200. II. Cr.).

Cr. war der vorsätzlichen Körperverletzung angeklagt, die Geschwornen verneinten indessen nicht nur die hierauf bezügliche Hauptfrage sondern auch eine zweite ev. gestellte besondere Frage, welche die Betheiligung an einer Schlägerei mit tödtlichem Ausgange zum Gegenstande hatte. Hierauf sprach der Schw.-GH. (wie es scheint, der in G. Arch. 1. S. 689 ausgesprochenen Ansicht folgend) „von der Anschuldigung der vorsätzlichen Körperverletzung, welche den Tod des Verletzten zur Folge hatte," frei, ohne im Tenor der in der besonderen Frage der That beigelegten Qualifizirung Erwähnung zu thun. Dieses rügte die NB. des Angekl. als Zuwiderhandlung gegen § 118 der Vdn. v. 3. Jan. 1849, sowie gegen Artt. 79. 89. 91. 96 und 100 des Ges. v. 3. Mai 1852, und Verletzung des Gesetzes, weil die Sache nicht vollständig erledigt und beendigt sei. Zurückweisung.

Gründe:

Müßte die Beschwerde für begründet erachtet und also das angefochtene Erkenntniß vernichtet werden, so würde doch immer in der Sache selbst nicht eine Entscheidung, wie sie für solchen Fall in der Beschwerdeschrift beantragt wird, erfolgen können, vielmehr würde nur Freisprechung des Angeklagten von der „Anklage" (schlechthin) stattfinden müssen.

Denn nur dies ist es, was für den Fall, daß der Angekl. durch den Ausspruch der Geschwornen überall für nicht schuldig erklärt worden ist, nach § 118 der Vdn. v. 3. Jan. 1849 der GH. durch Erk., für welches der Ausspruch der Geschwornen, wie überhaupt im schwurgerichtlichen Verfahren die thatsächliche Feststellung und als solche die faktische Unterlage — die sachlichen Erkenntnißgründe — bildet, aussprechen soll. —

Welches reelle Interesse aber der freigesprochene Angeklagte dabei haben könnte, eine solche Formulirung der Freisprechung (von der Anklage schlechthin), an Stelle der in dem vorliegenden Erkenntnisse erfolgten Formulirung des Urtels-Tenors herbeizuführen, läßt sich nicht absehen. Auch die letztere hat augenscheinlich nach der Absicht der Schw.-GHs. eine andere Bedeutung nicht haben sollen, und hat sie, in Verbindung mit den, jedenfalls den Tenor erläuternden Gründen des Erk.s, in welche die Aussprüche der Geschwornen vollständig aufgenommen sind, nicht. —

Zunächst ist aber auch schon die Voraussetzung, von welcher die NB. ausgeht, unrichtig. Der Schw.-GH. hat keineswegs den Ausspruch der Geschwornen auf die diesen gestellt gewesene zweite Frage unberücksichtigt gelassen; er hat ihn vielmehr, wie bemerkt, vollständig in die Gründe seines Erk.s aufgenommen.

Sodann kann davon nicht die Rede sein, daß der Schw.-GH. ein materielles Gesetz oder einen materiellen Rechtsgrundsatz verletzt habe. Die Rede könnte davon sein, wenn der Schw.-GH., ungeachtet dafür der Ausspruch der Geschwornen die erforderliche Unterlage nicht gewährte, mit Anwendung des § 195 des StGBs. eine Verurtheilung ausgesprochen hätte. Allein er hat nicht verurtheilt, sondern freigesprochen. Immer könnte es nur eine Vorschrift oder ein Grundsatz des Verfahrens sein, wogegen von ihm verstoßen wäre. Es erheischt nun aber weder der § 118 der Vdn. v. 3. Jan. 1849, noch eine der in der Beschwerdeschrift angezogenen übrigen Vorschriften, noch auch sonst eine Vorschrift, daß der von den Geschwornen überhaupt für nicht schuldig erklärte Angekl. ausdrücklich auch von der rechtlichen Qualifikation oder rechtlichen Charakterisirung freigesprochen werde, welche der That, die den Gegenstand der Anklage und Verhandlung ausmachte, in der Anklage oder hiernächst in dem Verfahren bei der Fragestellung, durch Stellung besonderer oder eventueller Fragen gegeben wurde — vgl. Erk. v. 28. Febr. 1856 (Z. II. c. Dräge, 78), G. A. 4. S. 377, Oppenhoff Strafverf. § 1 n. 29, § 23 n. 5. 8, § 39 n. 8, § 118 n. 1, § 125 n. 4. 5, Art. 30 n. 29, § 37. —

Deshalb kann es auch die Verletzung einer wesentlichen Vorschrift oder eines wesentlichen Grundsatzes des Verfahrens nicht enthalten, wenn bei der Freisprechung des Angeklagten — wie es hier geschehen ist, und allerdings besser und dem § 118 der Vdn. v. 3. Jan. 1849 entsprechender unterblieben sein würde — auch die jener That in der Anklage gegebene rechtliche Qualifikation, nicht aber auch die ihr demnächst durch besondere eventuelle Fragestellung gegebene erwähnt wird. —

Erledigt ist die Anklage und beendigt ist das Verfahren auch in diesem Falle durch das verkündete Erkenntniß, welches die, die Thatfrage erledigenden Aussprüche der Geschwornen vollständig in seine Gründe aufgenommen hat.

Antr. des GStA.s: gleichl. [26. — 1.]

Amtsunterschlagung. — Exekutor. — Auftrag der Parteien.

Der amtlich zu einer Exekutionsvollstreckung berufene Exekutor, welcher den Auftrag zur Beschaffung der Gelder nur von dem Exekutionssucher erhalten hat, begeht, wenn er das von dem Schuldner Gezahlte unterschlägt, eine Amts-Unterschlagung.

StGB. § 324 [vgl. dort n. 9].

Erk. (Z. II.) v. 18. Sept. 1862 c. Ehrling (221. II. Cr.).

Die thatsächlichen Feststellungen genügen vollkommen für die Anwendung des § 324 des StGBs. und umfassen sowohl die darin vorgesehenen Merkmale der Unterschlagung in amtlicher Eigenschaft empfangener Gelder, als die in § 225 das. bezeichneten Merkmale des Thatbestandes der gemeinen Unterschlagung. Insbesondere konnte der Umstand, daß Angeklagter in den Fällen zu 2 und 3 den Auftrag zur Beschaffung der Gelder von den Exekutionssuchern selbst erhalten und im Falle zu 3 das Mandat der Gerichtskommission, die Personalhaft am Schuldner zu vollstrecken, zurückgegeben hatte, die Vorderrichter nicht an der zugleich vorgenommenen thatsächlichen Feststellung: „daß Angeklagter lediglich in und vermöge seiner amtlichen Eigenschaft als Gerichtsbote und Exekutor von dem Gläubiger mit jenem Auftrage, und von den Schuldnern mit dem Gelde betraut worden sei," und folgeweise an der Anwendung des § 324 hindern.

Antr. des GStA.s: gleichl. [23.—1.]

Rheinisches Verfahren. — Angeklagter. — Vornamen. — Alter. — Irrthum.

Ein Irrthum in der Angabe des Vornamens oder Alters eines Angeklagten macht, insofern die Identität desselben nicht zweifelhaft ist, das gegen ihn gepflogene Strafverfahren nicht nichtig.

Rh. StPO. Art. 408.

Erk. (Z. II.) v. 18. Sept. 1862 c. Bremmer (245. II. Cr.).

Der vom Ass.-Hofe verurtheilte Angekl. machte im Wege des Kass.-Rekurses geltend: das Urtheil könne gegen ihn nicht vollstreckt werden, weil ihm in demselben und in dem ganzen vorhergegangenen Verfahren ein falscher Vornamen beigelegt, auch sein Alter falsch angegeben worden sei. Verwerfung. Erwogen ward:

daß die vorgebrachte Behauptung, wenn sie wahr wäre, ohne allen Einfluß auf die Rechtsbeständigkeit des Verfahrens und des angegriffenen Urtheils bleiben müßte, da die

Identität der Person des Kassationsklägers mit dem von den Geschwornen für schuldig erklärten Angekl. feststeht, und die Uebereinstimmung der Vornamen, unter welchen ein Angeklagter vor Gericht gestanden hat, mit denjenigen, welche ihm in seinem Geburtsakte oder anderswo beigelegt worden sind, sowie die richtige Angabe seines Lebensalters, nirgends zur Bedingung der formellen Gültigkeit der Verhandlungen, im Sinne des Art. 408 der Strafprozeß-Ordn., gemacht ist.

Antr. des GStA.s: gleichl. [23.—1.]

Unzüchtige Handlung. — Kind.

Jede an einem Kinde unter vierzehn Jahren vorgenommene „unzüchtige Handlung" ist strafbar, sollte sie auch nicht auf die Vollziehung des Beischlafs gerichtet sein.

StGB. § 144 Nr. 3 [vgl. dort n. 21].

Erk. (Z. II.) v. 18. Sept. 1862 c. Zickler (264. II. Cr.).

Z. war aus § 144 Nr. 3 des StGB.s verurtheilt worden, weil er „an einem Kinde unter 14 J. unzüchtige Handlungen vorgenommen hatte." Sein Kass.-Rekurs rügte Gesetzesverletzung, weil nicht festgestellt sei, daß die betr. Handlungen auf den Beischlaf gerichtet gewesen seien. Verwerfung; erwogen ward:

daß die Feststellung den Thatbestand des im § 144 Nr. 3 StGB. vorgesehenen Verbrechens wörtlich und unzweideutig umfaßt und kein Grund für den Kassationskläger vorliegt, aus welchem er auf einen dabei untergelaufenen Rechtsirrthum des Assisenhofes schließen könnte;

daß schon deshalb die Deduktion der Kassationsschrift, welche von thatsächlichen Voraussetzungen ausgeht, die nicht feststehen, unerheblich erscheint;

daß überdies die Ausführung, als habe auch die Richtung die dem Angeklagten zur Last gelegten unzüchtigen Handlungen auf Befriedigung des Geschlechtstriebes und sogar Beischlaf, Behufs der Anwendung der Nr. 3 § 144 des StGBs. festgestellt werden müssen, obgleich die Vertheidigung selbst eine Frage darüber nicht beantragt hatte, nicht allein in dem Wegfalle der Worte: „auf Befriedigung des Geschlechtstriebes gerichtet" unter Nr. 3 § 144, gleichwie im § 142, im Gegensatze zu Nr. 1 und 2 § 144, sondern auch in der mit voller Bestimmtheit ausgesprochenen Absicht der Gesetzgebung, daß zu dem Verbrechen Nr. 3 mit Personen unter 14 Jahren und den im § 142 bezeichneten Verbrechen die Richtung der unzüchtigen Handlungen auf Befriedigung des Geschlechtstriebes nicht erfordert werden solle und in dem Zeugnisse des K. B. II. K. (S. 91 zu § 130 des Entw. vergl. S. 93 zu § 131), daß gerade deshalb die betreffenden Worte der Nr. 1 und 2 dort weggelassen worden sind, ihre Widerlegung findet (vgl. Beseler Kommentar zu § 141 und § 144 I. S. 316; Goltd. Mater. zu § 141, 142 u. 144 III. 3).

Antr. des GStA.s: gleichl. [23. — 1.]

---

1. Konkurrenz (reale). — Gesammtstrafe. — Appellationsrichter.

2. Konkurrenz (reale). — Uebertretung. — Vergehen.

1. Es ist nicht unerläßlich, im Falle der realen Konkurrenz für jeden einzelnen Straffall das Strafmaaß besonders festzustellen; es genügt, wenn die Strafe im Ganzen bestimmt wird. Wird dann nur in Beziehung auf einen jener Straffälle Appellation eingelegt, so muß der Appellationsrichter demnächst seinerseits selbstständig die Gesammtstrafe abmessen.

Vdn. v. 3. Jan. 1849 § 23 [vgl. dort n. 13]; StGB. § 56 [vgl. dort n. 30].

2. Konkurrirt eine Uebertretung realiter mit einem Vergehen (Verbrechen), so ist nicht nothwendig die Strafe der ersteren vollständig neben der des letzteren zu verhängen; vielmehr ist der Richter befugt, von dem durch § 56 Abs. 2 verliehenen Strafermäßigungsrechte Gebrauch zu

machen. In diesem Falle findet auch § 57 Anwendung.

StGB. § 56 [dort einzutr. als n. 39]; 57 [dort einzutr. als n. 12]; 338 [vgl. dort n. 2].

Erk. (Z. I.) v. 19. Sept. 1862 c. Kranz (536. I. Cr.).

K. war in erster Instanz wegen Mißhandlung und Verletzung des Hausrechts (§ 346 Nr. 1 StGB.) zu einer Gesammtstrafe von 4 Wochen verurtheilt worden; er appellirte nur in Betreff der ihm zur Last gelegten Mißhandlung, und beantragte zunächst Zurückverweisung der Sache in die erste Instanz, damit dort eine Vertheilung der erkannten Strafe erfolge. Obgleich der OStA. diesem Antrage beitrat, bestätigte das App.-Gericht sofort das erste Erk. mit der Maaßgabe, daß K. wegen Mißhandlung zu 14 Tagen Gefängniß verurtheilt werde, wogegen die übrigen 14 Tage auf die Verletzung des Hausrechts zu rechnen seien. Die NB. des Angekl. rügt es als einen Verstoß gegen Grundsätze des Verfahrens, daß der Antrag: die Sache zur Vertheilung der erkannten Strafe in die erste Instanz zurückzuverweisen, keine Berücksichtigung gefunden habe. Zurückweisung.

Gründe:

Das Gesetz schreibt nicht vor, daß der Richter verpflichtet ist, wegen jeder einzelnen strafbaren Handlung eine besondere Strafe auszusprechen, wenn der Angeklagte durch verschiedene selbstständige Handlungen mehrere Verbrechen oder Vergehen begangen hat, über welche gleichzeitig zu erkennen ist. Der Richter ist vielmehr dann nach § 56 des StGBs. unbedenklich befugt, das Strafmaaß nur im Ganzen festzusetzen, da ihn der zweite Absatz des § 56 l. c. sogar ermächtigt, in soweit es sich um mehrere verwirkte Freiheitsstrafen handelt, die Dauer derselben bis auf das Maaß der für das schwerste Verbrechen oder Vergehen bestimmten Freiheitsstrafe herabzusetzen. Wenn daher der Angeklagte in einem solchen Falle, wo der erste Richter nur eine Gesammtstrafe ausgesprochen hat, sich in Betreff des einen oder des andern Anschuldigungspunktes bei der ergangenen Entscheidung beruhigt, so muß der zweite Richter zwar rücksichtlich der Schuldfrage sein Urtheil nur auf diejenigen dem Angeklagten zur Last gelegten strafbaren

Handlungen beschränken, wegen welcher er appellirt hat, dagegen nichts desto weniger die Höhe des Gesammtstrafmaaßes selbstständig bestimmen. Da in dieser Beziehung das erste Erk. noch nicht rechtskräftig ist, eben weil es keine besondere Strafe für jedes der dem Angeklagten zur Last gelegten Verbrechen oder Vergehen verhängt hat, die Erklärung des Angekl., daß er sich in Betreff der einen oder andern wider ihn festgestellten strafbaren Handlungen beim ersten Erk. beruhigen wolle, mithin nur die Wirkung haben kann, daß rücksichtlich dieser seine Strafbarkeit feststeht, während über die Höhe der dadurch verwirkten Strafe noch vom App.-Richter bei Abmessung des Gesammtstrafmaaßes zu entscheiden ist.

Zwar handelt es sich nun im vorliegenden Fall nicht um mehrere vom Angekl. verübte Verbrechen oder Vergehen, sondern nur um ein nach § 187 des StGBs. mit gewöhnlichem Gefängniß zu bestrafendes Vergehen und eine im § 346 das. vorgesehene Uebertretung, welche mit Geldbuße bis zu 50 Thlr. oder mit polizeilicher Gefängnißstrafe bis zu 6 Wochen geahndet werden soll, und man könnte annehmen, daß unter diesen Umständen für jede von beiden strafbaren Handlungen eine besondere Strafe wider den Angekl. schon vom ersten Richter hätte erkannt werden müssen, einestheils, weil § 56 des StGB.s nur von mehreren Verbrechen oder Vergehen, nicht aber auch von Uebertretungen spricht, anderntheils, weil die gewöhnliche Gefängnißstrafe und die polizeiliche Gefängnißstrafe, wie sich aus Vergleichung der §§ 14 und 334 des StGB.s ergiebt, verschiedener Natur sind. Allein die im ersten Theil des StGB.s aufgestellten allgemeinen Grundsätze über Bestrafung der Verbrechen oder Vergehen finden auch auf Uebertretungen Anwendung, sofern sie nicht ausdrücklich vermöge ihrer Natur auf Verbrechen oder Vergehen beschränkt sind, oder insofern nicht für Uebertretungen ausdrücklich andere Grundsätze vom Gesetzgeber aufgestellt sind. Daß aber der § 56 des StGB.s schon der Natur der Sache nach nur auf Verbrechen oder Vergehen zu beschränken ist, läßt sich nicht behaupten; vielmehr liegt kein innerer Grund vor, weshalb die Vorschrift, daß, wenn es sich um mehrere Freiheitsstrafen handelt, die Dauer derselben bis auf das Maaß der für das schwerste Verbrechen oder Vergehen bestimmten Strafe herabgesetzt werden kann, nicht auch auf einen Fall, wie den vorliegenden, sollte Anwendung finden können, wo es sich um eine andere durch eine Uebertretung verwirkte Freiheitsstrafe handelt. Zwar verordnet § 338 des StGB.s:

„Hat Jemand mehrere Uebertretungen begangen, so kommen die sämmtlichen dadurch begründeten Strafen zur Anwendung."

Hier ist aber nichts anderes ausgesprochen, als was auch der erste Absatz des § 56 — der § 56 in seiner ursprünglichen Fassung — für Verbrechen und Vergehen vorgeschrieben hat, und kann jetzt, nachdem durch das Gesetz v. 9. März 1853 der zweite Absatz des § 56 in Kraft getreten ist, nur noch auf den Fall bezogen werden, wenn Jemand allein mehrere Uebertretungen begangen hat, nicht aber, wenn Uebertretungen mit Verbrechen oder Vergehen konkurriren, in welchem Falle vielmehr der § 56 des StGB.s in seiner jetzigen Fassung maaßgebend ist. Wenn es aber im § 338 l. c. ferner heißt:

„Die Strafe einer Uebertretung wird dadurch nicht ausgeschlossen, daß der Thäter außer der Uebertretung auch noch ein Verbrechen oder Vergehen begangen hat,"

so ist auch hieraus nicht zu folgern, daß für eine Uebertretung, wenn sie mit einem Verbrechen oder Vergehen konkurrirt, jedesmal eine besondere Strafe verhängt werden muß, sondern der Gesetzgeber tritt hier nur dem entgegen, daß die Strafe einer Uebertretung nicht durch die etwa gleichzeitig vom Thäter wegen eines Verbrechens oder Vergehens verwirkte Strafe bei ihrer verhältnißmäßigen Unbedeutenheit für absorbirt erachtet, also nicht jedesmal ohne Weiteres gänzlich erlassen werden soll, wodurch die Frage nicht berührt wird, ob der Richter in einem konkreten Fall nach den obwaltenden Umständen Veranlassung hat, von der ihm im zweiten Absatze des § 56 ertheilten Befugniß bei Festsetzung des Gesammtstrafmaaßes Gebrauch zu machen.

Was endlich den Umstand betrifft, daß die gewöhnliche im § 187 des StGB.s angedrohte Gefängnißstrafe eine härtere Freiheitsstrafe ist, als die nach § 346 l. c. nur verwirkte polizeiliche Gefängnißstrafe, so kann auch hieraus kein Grund hergeleitet werden, dem Richter die Verpflichtung aufzulegen, in einem Fall, wie der vorliegende, für jede der beiden vom Angekl. begangenen strafbaren Handlungen eine besondere Strafe festzusetzen. Denn § 57 Nr. 2 des StGB.s schreibt ausdrücklich vor:

> „daß wenn die in Vereinigung zu erkennenden Freiheitsstrafen von verschiedener Natur sind, unter Verkürzung ihrer Gesammtdauer auf die schwerste dieser Strafarten zu erkennen ist."

Es unterliegt aber nicht dem mindesten Bedenken, diese Vorschrift auch auf den Fall anzuwenden, wenn der Angeklagte außer der ihm wegen eines Vergehens aufzulegenden gewöhnlichen Gefängnißstrafe auch noch durch eine Uebertretung eine polizeiliche Gefängnißstrafe verwirkt hat. Die vorigen Richter sind daher auch nicht bloß befugt, sondern sogar verpflichtet gewesen, wie geschehen, nur auf die gewöhnliche Gefängnißstrafe als die schwerste beider Freiheitsstrafen zu erkennen.

Antr. des GStA.s: entg. [18.—4.]

Steuerdefraude. — Befassung des Richters. — Non bis in idem.

1. Wenn ein Steuerstraffall zur Kognition des Gerichts gelangt ist, so hat dieses die That nach allen Richtungen hin zu beurtheilen und zu entscheiden, ohne an die Anträge der Steuerbehörde gebunden zu sein; es kann daher wegen Schlachtsteuerdefraude strafen, sollte im steueramtlichen Vorverfahren auch nur eine Hausirkontravention in Frage gestanden haben.

Ges. v. 3. Mai 1852 Art. 30 [dort einzutr. als n. 26a]; 136 [dort einzutr. als n. 28a].

2. Ebendeshalb begründet auch die wegen eines Steuerstraffalles ergangene gerichtliche Entscheidung den Einwand des Non bis in idem gegen jede anderweitige Verfolgung derselben That aus einem andern Gesichtspunkte, sollte es sich dabei auch um eine Kontravention gegen ein ganz anderes Steuergesetz handeln.

Vdn. v. 3. Jan. 1849 § 1 [dort einzutr. als n. 48 a].

[Diese Grundsätze (1. u. 2.) erleiden eine Aenderung, wenn die erste Strafverhängung durch Resolut einer Fiskalbehörde erfolgt ist; vgl. unten V. I. 21. Nov. 1862 c. Bauerfeld, 911.]

Erk. (Z. I.) v. 24. Sept. 1862 c. Erbe u. Gen. (616. I. Cr.).

Die Angekll. waren in einem früheren Verfahren von der Anklage: „wiederholt in R., also außerhalb ihres Wohnorts, namentlich auch am 14. Nov. 1857 an verschiedene Personen Fleisch im Umherziehen verkauft zu haben, ohne im Besitze eines Hausirscheins zu sein," freigesprochen worden. Demnächst ward gegen sie die neue Anklage erhoben: „am 14. Nov. 1857 Fleisch gewerbsmäßig zu R., also im halbmeiligen Umkreise von Berlin verkauft zu haben, ohne davon vorher die Schlachtsteuer entrichtet zu haben." Gegen das wegen rechtskräftiger Erledigung der Sache freisprechende Erk. zweiter Inst. erhoben der OStA. und der Pr.-St.-Direktor die NB.: mit Unrecht sei der Grundsatz: Non bis in idem hier zur Anwendung gebracht worden, weil die Schlachtsteuerdefraude früher nicht Gegenstand des steueramtlichen Vorverfahrens gewesen sei, und sonach das Gericht bei der ersten Verhandlung der Sache seine Kognition auf jene nicht habe erstrecken können. Zurückweisung.

Gründe:

In beiden Untersuchungen ist gleichmäßig von der Anklage behauptet: „daß die Angekll. am 14. Nov. 1857 zu R. Fleisch und Fleischwaaren gewerbsmäßig verkauft haben." Früher ist nur darauf Gewicht gelegt, daß dieser gewerbsmäßige Verkauf im Umherziehen ohne Hausirschein geschehen ist, jetzt aber wird von der Anklage geltend gemacht, daß das Fleisch resp. die Fleischwaaren im halbmeiligen äußeren Steuerbezirk von Berlin, ohne daß sie vorher versteuert worden, verkauft sind. In jener früheren Untersuchung ist zwar der Umstand, daß R. im halbmeiligen Umkreis von Berlin liegt, ignorirt, und ebensowenig ausdrücklich festgestellt, daß die am 14. Nov. 1857 zu R. von den Angekl. verkauften Waaren nicht vorher versteuert waren. Wenn aber diese Umstände schon damals erörtert und festgestellt wären, so würde der Richter nach Art. 30 des Ges. v. 3. Mai 1852 durch nichts behindert gewesen sein, in jener früheren Untersuchung die Angeklagten auf Grund des Ges. v. 2. April 1852 wegen Schlachtsteuerdefraudation ex officio zu bestrafen, wenn er auch die Freisprechung der Angekll. wegen unbefugten Hausirens aussprechen mußte, und die Anklage nur wegen des letztgedachten Vergehens, nicht aber wegen Schlachtsteuerdefraudation erhoben war. Nur wenn Steuervergehen überhaupt allein auf den Antrag der Steuerbehörde bestraft werden könnten, würde sich mit den Imploranten annehmen lassen, daß der frühere Richter mit der jetzt erhobenen Anklage gar nicht befaßt gewesen ist. Dies ist aber nicht der Fall. Zwar setzt die Bestrafung wegen Steuervergehen ein vorgängiges administratives Strafverfahren voraus; ist aber die Sache, sei es auf den Antrag der Steuerbehörde, oder des Angeklagten, zur gerichtlichen Untersuchung und Entscheidung gelangt, so hat der Richter die ihm unterbreitete That nach allen Richtungen hin, soweit solches der Art. 30 des Ges. v. 3. Mai 1852 gestattet, seiner Prüfung und Entscheidung zu unterwerfen, ohne in dieser Beziehung an die Anträge der Steuerbehörde gebunden zu sein.

Antr. des GStA.s: gleichl. [18. — 2]

Beschlagnahme. — Hund. — Scharfrichter. — Pfandgläubiger.

Derjenige, welcher einen vom Scharfrichter auf den Grund einer Polizeiverordnung eingefangenen Hund befreit, unterliegt nicht der Strafe des § 271, sondern der des § 272 des StGB.s.

StGB. § 271 [vgl. dort n. 7]; 272 [dort einzutr. als n. 11a].

Erk. (V. I.) v. 24. Sept. 1862 c. Andrieß u. Gen. (715. I. Cr.).

Eine Polizeiverordnung des Pol.-Präsidenten zu B. hatte vorgeschrieben, daß kein Hund ohne Maulkorb auf die Straße gelassen, und daß die ohne solchen angetroffenen weggefangen und getödtet werden sollten, insofern sie nicht vom Eigenthümer beim Scharfrichter durch Zahlung des Fanggeldes und der Futterkosten ausgelöst würden. Die Angekll. hatten nun einen demgemäß von den Scharfrichterknechten eingefangenen Hund befreit, und waren aus § 271 StGB. bestraft worden, weil die Instanzrichter annahmen, es habe dem Scharfrichter an jenem Hunde ein Zurückbehaltungsrecht zugestanden. Das OTr. hat dieses Erk. vernichtet und die Verurtheilung aus § 272 ausgesprochen. Die Gründe lauten:

Das angefochtene Erk. hat die Bedeutung des zur Anwendung gebrachten § 271 des StGB.s verkannt, wie ihm mit Recht vorgeworfen wird.

Wenn der § 271 des StGB.s neben dem Nutznießer und Pfandgläubiger auch desjenigen gedenkt, „welchem an der Sache ein Zurückbehaltungsrecht zusteht," so hat es dabei unzweifelhaft dasjenige Retentionsrecht im Sinne, welches nach den Vorschriften des Civilrechts in Gemäßheit der §§ 536 ff. I, 20 ALR. entsteht. Diese letzteren Vorschriften verlangen aber einen Titel, der den Inhaber einer fremden Sache an und für sich zur Rückgabe verpflichten würde, sofern ihm nicht aus dem Geschäfte oder wegen der Sache eine Gegenforderung zustände, z. B. nach § 396 l. c. der Pächter wegen der ihm gebührenden Vergütungen, der Verwahrer nach § 77 I, 14. ALR. wegen seiner Forderungen für gehabte Auslagen und Bemühungen u. s. w. Diese Grundsätze hat das K. OTr. bei Auslegung des § 271 des StGB.s stets ausgesprochen und namentlich erklärt, daß derselbe auf Pfändungen keine Anwendung finde, von denen, insofern sie amtliche seien, der § 272 l. c. handle, vgl. Erk. I. 2. Jan. 1856 c. Roszek (G. A. 4. S. 264); id. I. v. 12. Sept. 1856 c. Rehfeld, ibid. S. 850.

Ein solches Retentionsrecht liegt aber im gegenwärtigen Falle nicht vor.

Aus der hier zur Sprache kommenden Polizeiverordnung erhellt deutlich, daß in den Fällen der gedachten Art von einem Zurückbehaltungsrecht der Hunde Seitens des Scharfrichtereipächters, im Sinne der civilrechtlichen Bestimmungen, überall nicht die Rede ist, sondern daß es sich lediglich um eine polizeiliche Maaßnahme im Interesse der öffentlichen Ordnung handelt.

Wenn dabei den Eigenthümern der gefangenen Hunde nachgegeben ist, dieselben unter Umständen wieder auszulösen, so liegt es am Tage, daß hierbei an ein Retentionsrecht des Scharfrichtereipächters um so weniger gedacht werden kann, als die Zurückgabe einmal nur unter gewissen Voraussetzungen zulässig ist, dann aber das Einfangen der Hunde unter allen Umständen eine Maaßregel ist, die nicht im Civilrechte wurzelt, sondern aus einer polizeistrafrechtlichen Anordnung entspringt, die mit jenem nichts gemein hat, indeß zur Beurtheilung der Anwendbarkeit der §§ 536 ff. cit. und folgeweise des § 271 des StGB.s nothwendig ist.

In dem festgestellten Thatbestande liegt eine Entziehung einer durch zuständige Vertreter der Obrigkeit mit Beschlag belegten Sache aus der Beschlagnahme, da nach der Pol.-Vdn. v. ꝛc. nicht bezweifelt werden kann, daß, wie der App.-Richter angenommen hat, die beiden Scharfrichterknechte zum Einfangen des Hundes berechtigt waren, also in dieser Beziehung unter amtlicher Autorität gehandelt haben. Diese festgestellten Umstände erfüllen den Thatbestand des § 272.

Antr. des GStA.s: entg. [24. — 2.]

Beschädigung. — Sache zum öffentlichen Nutzen. — Rechtswidrigkeit.

Die Strafbarkeit der Beschädigung ꝛc. einer zum öffentlichen Nutzen ꝛc. dienenden Sache ist nicht dadurch bedingt, daß sie rechtswidrig und die Sache eine fremde gewesen sei.

StGB. § 282 [vgl. dort n. 2. 13].

Erk. (Z. I.) v. 24. Sept. 1862 c. Pust (718. I. Cr.).

Im § 282 des StGB.s ist, abweichend von § 281 a. a. O. nicht als Bedingung der Strafbarkeit einer Beschädigung aufgestellt, daß sie gegen fremde Sachen und rechtswidrig erfolgt sei, und diese Abweichung ist auch in der Natur der im § 282 bezeichneten Sachen begründet, da dieselben, als zu öffentlichen Zwecken dienend, besonders befriedet sind und ihre Beschädigung nicht nur den Eigenthümer, sondern auch das Publikum verletzt. Es ergiebt sich hieraus, daß die Beschädigung der im § 282 gedachten Sachen — den Fall eines wirklichen Nothstandes ausgenommen — nicht als Selbsthülfe gerechtfertigt werden, also ein etwaiges Recht des Angekl. an den zerstörten Badezellen auf die Anwendung dieses Strafgesetzes nicht von Einfluß sein kann.

Antr. des GStA.s: entg. [46. — 2.]

Blutschande. — Uneheliches Stiefkind.

Die Blutschande mit einem unehelichen Stiefkinde ist auch in denjenigen Landestheilen, wo das ALR. gilt, nach § 141 des StGB.s zu bestrafen.

StGB. § 141 [vgl. dort n. 10].

Erk. (B. I.) v. 24. Sept. 1862 c. Mattern & Frieben (757. I. Cr.).

Der Begriff der Blutschande (incestus) ist von der Strafrechtswissenschaft unzweifelhaft dahin festgestellt, daß darunter die Unzucht zwischen den Personen zu verstehen sei, denen gesetzlich die Eingehung der Ehe mit einander unbedingt verboten ist, und daß auch der im § 141 Abs. 2 des StGB.s gebrauchte Ausdruck „Stiefeltern" und „Stiefkinder" in diesem Sinne zu verstehen und nicht auf die Begriffsbestimmung des § 44 I, 1. ALR. zu beschränken ist, ergiebt sich aus der Entstehungsgeschichte des StGB.s, welche in dem vom ersten Richter allegirten Erk. des OTr.s vom 27. Febr. 1854 (Z. Pl. c. Wegner, Präj. n. 96; Oppenhoff StGB. § 141 n. 10) näher ausgeführt ist. Daß aber die Ehe zwischen den beiden Angeklagten unbedingt verboten ist, ergiebt sich aus der Vdn. v. 22. Dez. 1843 (GS. 44. S. 47), welche unter ausdrücklicher Erwähnung des Verhältnisses eines Ehegatten zu den unehelichen Descendenten des anderen, auch für dieses Verhältniß zur Ergänzung der Bestimmung des § 5. II, 2. ALR. und unter Aufhebung des § 62 des Anhangs z. ALR. ein unbedingtes Eheverbot aufstellt. Die Auffassung des § 141 Abs. 2 des StGB.s in diesem Sinne kann daher in den Landestheilen, in denen das ALR. Gesetzeskraft hat, keinesweges einem Bedenken unterliegen, und das auf der entgegengesetzten Ausführung beruhende Erk. des App.-Richters unterliegt deshalb der Vernichtung.

Antr. des GStA.s: gleichl. [46. — 2.]

Beweisantrag. — Prüfung. — Besonderer Beschluß.

Es ist nicht unerläßlich, daß der Instanzrichter die im Hauptverfahren gestellten Beweisanträge durch einen besonders verkündeten Beschluß erledige; es genügt, wenn dieses im Enderkenntnisse geschieht. Ebenso kann der Richter die Entscheidung über die vor der mündlichen Verhandlung gestellten Beweisanträge bis zur näheren Entwicklung durch die letztere aussetzen.

Vdn. v. 3. Jan. 1849 § 52 [vgl. dort n. 21. 15. 18].

Erk. (Z. II.) v. 25. Sept. 1862 c. Kölling (194. II. Cr.).

J. E., daß der erkennende Richter durch keine gesetzliche Vorschrift oder durch keinen in der Natur der Sache liegenden Grund genöthigt ist, die bei der mündlichen Verhandlung gemachte Beweisantretung eines Angeklagten durch besonders zu fassenden und zu verkündenden Beschluß zu erledigen, sondern er die Entscheidung hierüber dem definitiven Erkenntnisse vorbehalten kann, und es daher genügt, wenn er sich in demselben über die Relevanz des Beweiserbietens klar und bestimmt ausspricht; aber insofern die Beweisantretung schon vor der mündlichen Verhandlung gemacht worden, es allerdings formgerecht ist, daß das Gericht hierbei besonders befinde und den Angekl. bescheide, daß aber eine Nichtigkeit nicht darin gefunden werden kann, wenn er die Entscheidung hierüber bis zur näheren Entwickelung durch die mündliche Verhandlung aussetzt und sich dann erst nach Maaßgabe derselben über die Relevanz ausspricht.

A. d. Gr. Zurückweisung der NB. des Angeklagten.

Antr. des. GStA.s: gleichl. [16.—1.]

Schwurgerichtshof. — Unbesoldeter Assessor.

In Schwurgerichtssachen darf nur ein Gerichts-Assessor mit beschränktem Stimmrecht als Richter mitwirken.

Vdn. v. 3. Jan. 1849 § 60 [vgl. dort n. 8].

Erk. (B. II.) v. 25. Sept. 1862 c. Krone (Wollweber u. Gen. 219. II. Cr.).

Für die Entscheidung dieser Sache müssen die vom K. Justiz-Ministerium erlassenen allgemeinen Verfügungen v. 17. Okt. 1859 und v. 10. Okt. 1860 (JMBl. 59. S. 338; 60. S. 378) als maaßgebend betrachtet werden, da sie vom Justiz-Minister innerhalb der ihm gesetzlich eingeräumten Befugniß ergangen sind (Vdn. v. 2. Jan. 1849 § 36). Es kann sich nur fragen, in welchem Verhältnisse die Bestimmungen in der Nr. 2 und 4 der Allg. Verfügung vom 17. Okt. 1859 zu einander stehen. In der Hinsicht kann nun aber der Meinung, daß die den Gerichtsdirigenten in der Nr. 2 beigelegte Befugniß, vorübergehende Vertretungen etatsmäßiger Mitglieder oder zum vollen Votum berechtigter Assessoren durch unentgeltlich bei dem Gerichte beschäftigte Assessoren für einzelne richterliche Geschäfte selbstständig anzuordnen, eine Regel bilde, welcher auch die Vorschrift in Nr. 4 und namentlich die darin enthaltene Beschränkung, daß in jeder Schwurgerichtssache nur ein solcher Assessor als Richter zugezogen werden dürfe, untergeordnet sei, nicht beigetreten werden.

Nach der Folge der Bestimmungen, ihrem Inhalte und ihrem Wortlaute nach, muß vielmehr die Vorschrift in Nr. 4 als eine singuläre für die Schwurgerichtssachen aufgefaßt werden, so daß darin die den Gerichtsdirigenten verliehenen Befugnisse ihre spezielle Begrenzung finden.

Die Nr. 2 beschäftigt sich sichtlich nur mit den gewöhnlichen richterlichen Geschäften, und den dabei zulässigen Vertretungen. Zu diesen Geschäften gehört auch (wie die allg. Verfügung v. 10. Okt. 1860 ausdrücklich bemerkt) die Theilnahme an den Sitzungen der Deputation für Civil- und Strafsachen, und hierbei unterliegt das dem Ermessen des Gerichtsdirigenten überlassene Substitutionsrecht nur der Beschränkung, daß die Zahl der unbesoldeten Richter, welchen durch die Substituirung für die einzelne Sache das volle Stimmrecht beigelegt wird, nicht die Hälfte der Gesammtzahl der Richter, aus welchen das Gericht gebildet ist, erreichen darf (vgl. § 36 der Vdn. v. 2. Jan. 1849; Allg. Verf. v. 10. Okt. 1860). Die Nr. 4 bildet die Schlußbestimmung, und sie handelt speziell von den Schwurgerichtssachen. Mit Rücksicht auf die Geschäftsanhäufung, welche durch die Schwurgerichtssitzungen veranlaßt wird, wird hierbei zunächst die Zuziehung der bei dem Gericht mit beschränktem Stimmrecht beschäftigten Assessoren als Richter bei dem Schwurgerichte allgemein gestattet, so daß sie also vom Gerichtsdirigenten nicht bloß für eine einzelne Sache, sondern für die Dauer der ganzen Schwurgerichtsperiode direkt als Richter designirt werden können. Wenn insofern die Befugniß des Dirigenten zur Verwendung der mit beschränktem Stimmrecht beschäftigten Assessoren, der Nr. 2 der Verfügung gegenüber, erweitert erscheint, so tritt anderer Seits aber auch hier die besondere Einschränkung ein, daß zu jeder einzelnen Sache nur ein solcher Assessor als Richter zugezogen werden darf. Diese Limitation hat offenbar ihren Grund in der höhern Bedeutung der Schwurgerichtsfachen, wobei eventuell die Gerichtsmitglieder auch zugleich als Thatrichter berufen sind. Dieser Grund der Beschränkung, wie ihr bestimmter Wortlaut schließt demnach die Zuziehung von zwei Assessoren mit beschränktem Stimmrecht in einer einzelnen Schwurgerichtssache unbedingt aus. Hiergegen kann das auf die gewöhnlichen richterlichen Geschäfte bezügliche Substitutionsrecht aus Nr. 2 der fraglichen Verfügung nicht angerufen werden. Die Ansicht, daß nach Maaßgabe derselben im Nothfall auch in einer einzelnen Schwurgerichtssache noch ein zweiter mit beschränktem Stimmrecht bei dem Gericht beschäftigter Assessor als Richter zugezogen werden könne, beruht vielmehr auf einer Verkennung des auch noch in der Nr. 3 der allg. Verfügung v. 10. Okt. 1860 anerkannten speziellen Charakters der in der Nr. 4 der allg. Verf. v. 17. Okt. 1859 enthaltenen Bestimmungen. Ja sie würde die unzweideutige Beschränkung, daß in jeder einzelnen Sache nur ein solcher Assessor als Richter mit fungiren dürfe, geradezu illusorisch machen, da alsdann die Zuziehung von zwei solcher Assessoren immerhin nur von dem Ermessen des Gerichtsdirigenten abhängig bleiben würde.

Antr. des GStA.s: Vernichtung. [27. — 1.]

Betrug. — Falsche Thatsache. — Werthloser Wechsel. — Absicht zu beschädigen.

1. Bei einer Anklage wegen Betrugs kann der Instanzrichter in der Hingabe werthloser Wechsel das Vorbringen einer falschen Thatsache über die Kreditfähigkeit des Angeklagten finden.

StGB. § 241 [vgl. dort n. 46].

2. Zum Betruge bedarf es einer auf Vermögensbeschädigung gerichteten Absicht nicht.

Ebendas. [vgl. dort n. 10. Sic: Z. I. 11. Okt. 1861 c. Hilbert, 734. Z. II. 16. Okt. 1862 c. Reinecke, 276.

Erk. (Z. II.) v. 25. Sept. 1862 c. Räggel & Holtmann (268. II. Cr.).

Die Irrthumserregung wird [von den Instanzrichtern] überall auf das Vorbringen falscher Thatsachen gestützt, und wenn dabei durchgehends auch nebenbei auf die von dem einen oder dem andern der Imploranten ausgestellten und hingegebenen Wechsel Gewicht gelegt ist, so konnte selbst darin, bei der den Angeklagten bekannten Werthlosigkeit der Wechsel, und bei dem Bewußtsein, daß sie von den Bezogenen, mit denen sie in keiner Verbindung standen, nie honorirt würden, das Vorbringen einer falschen Thatsache über die Kreditfähigkeit der Angeklagten gefunden werden, wie es mit Rücksicht auf diese Momente von den Vorderrichtern gefunden worden ist.

Wenn H. deducirt, daß eine von ihm beabsichtigte Vermögensbeschädigung nicht vorliege, so übersieht er, daß zum Vergehen des Betrugs nicht die Absicht der Vermögensbeschädigung, sondern nur die gewinnsüchtige Absicht gehört.

Antr. des GStA.s: gleichl. [27. — 1.]

Zolldefraude. — Anvertraute Waaren. — Unterschleif.

1. Die im § 6 des Zoll-Str.-Ges. enthaltene Aufzählung von Fällen, in welchen eine Zolldefraude als vollbracht angesehen wird, ist nicht als eine erschöpfende anzusehen.

2. Insbesondere liegt auch dann eine Defraude vor, wenn Jemand mit den ihm unverzollt anvertrauten Waaren Unterschleif treibt oder zu treiben gestattet.

3. Als ein solcher „Unterschleif" ist jede Handlung anzusehen, durch welche das von der Steuerbehörde durch Anvertrauung der Waaren geschenkte besondere Vertrauen getäuscht werden soll, und welche in ihrem naturgemäßen Erfolge dahin führt, daß dem Staate die Ein-, Aus- oder Durchgangsgefälle entzogen werden.

Zoll-Straf-Ges. v. 23. Jan. 1838 § 6. 12

Erk. (Z. I.) v. 26. Sept. 1862 c. Thurau (393. I. Cr.).

Der Angekl. war wegen Zolldefraude bestraft worden, weil er „— es unternommen hatte, dem Staate die Differenz zwischen dem Eingangs- und Durchgangszoll von 199 Tonnen ausländischer Heringe, welche ihm auf Lager (unverzollt) anvertraut waren, mit 26 Sgr. 9 Pf. pro Tonne dadurch zu entziehen, daß er mit diesen Heringen Unterschleif trieb.“ Seine NB. rügte Gesetzesverletzung, weil der festgestellte Thatbestand nicht zu den im § 6 der Z.-Str.-Ges. aufgezählten Fällen gehöre, in welchen eine Defraude als vollbracht anzusehen sei. Zurückweisung aus folgenden Gründen:

Es ist der NB. zwar zuzugeben, daß auf das von dem App.-Richter festgestellte Sachverhältniß der § 6 des Zoll-Str.-Ges.s keine Anwendung findet. Dieser § 6 erschöpft jedoch auch nicht die Fälle, in welchen ohne Rücksicht darauf, ob dem Staat bereits wirklich die Ein-, Aus- oder Durchgangs-Abgaben entzogen sind oder ob dies nur erst beabsichtigt ist, die Zolldefraudation schon als vollbracht angesehen werden soll, sondern in dem § 6 l. c. sind nur diejenigen Fälle zusammen gestellt, welche besonders häufig vorkommen und in welchen nach den im Gesetz speziell hervorgehobenen Thatsachen kein Zweifel darüber obwalten kann, daß Waaren mit Umgehung des Zolls eingebracht oder ausgeführt sind, resp. doch beabsichtigt ist, dem Staat die Ein-, Aus- oder Durchgangsabgaben zu entziehen: Erk. des OTr. v. 11. Mai 1855 c. Lichenheim (G. A. 3. S. 559).

Der vorliegende Fall ist aber im Zoll-Str.-Ges. auch ausdrücklich vorgesehen, indem es im § 12 a. E. verordnet, daß die im § 11 angedrohte, also um die Hälfte verschärfte Defraudationsstrafe unter andern auch eintreten soll, wenn Personen, denen Waaren unverzollt anvertraut sind, mit denselben Unterschleif treiben oder zu treiben gestatten. Diese gesetzliche Vorschrift greift hier Platz.

Ein der Feststellung zum Grunde liegender Rechtsirrthum erhellt nirgends. Insbesondere setzt die Anwendung des § 12 a. E. l. c. nicht voraus, daß durch den getriebenen Unterschleif auch der beabsichtigte Erfolg schon erreicht ist, oder daß der Unterschleif beim Transport der Waaren stattgefunden hat, oder endlich, daß die Waaren räumlich aus dem Ort, wo sie bisher lagerten, entfernt und mit anderen vertauscht sind. Das Gesetz spricht vielmehr ganz allgemein von Unterschleif, welcher mit den unverzollt anvertrauten Waaren getrieben wird, wohin daher alle Handlungen zu zählen sind, durch welche das von der Steuerbehörde in einem solchen Fall geschenkte besondere Vertrauen getäuscht werden soll, und welche in ihrem naturgemäßen Erfolg dahin führen, daß dem Staat die Ein-, Aus- oder Durchgangsgefälle entzogen werden.

Antr. des GStA.s: gleichl. [18. — 4.]

Urkundenfälschung (intellektuelle). — Kirchenbuch.

Eine (intellektuelle) Urkundenfälschung liegt vor, wenn Jemand in der Absicht ꝛc. es bewirkt, daß unwahrer Weise der Tod eines Menschen im betr. Kirchenbuche als erfolgt bekundet wird.

StGB. § 252 [vgl dort n. 23].

Erk. (Z. I.) v. 26. Sept. 1862 c. Marinke Sudmants (829. I. Cr.).

Die Angekl. war, weil sie: „— (in gewinnsüchtiger) Absicht bewirkt hatte, daß die Thatsache: daß der ꝛc. P. am ꝛc. gestorben, welche Thatsache für die Berechtigung zur Erhebung der betr. Sterbekassengelder von Erheblichkeit war, in dem Kirchenbuche der Landkirche zu M. als geschehen bekundet worden, während dieselbe nicht geschehen war," — aus § 252 StGB. verurtheilt worden. Ihre NB., welche Verletzung des Strafgesetzes rügte, ward zurückgewiesen, und dabei erwogen:

Es unterliegt die Annahme des ersten Richters, daß das Kirchenbuch der Landkirche zu M. eine öffentliche Urkunde im Sinne des § 247. 252. l. c. ist, keinem Bedenken.

Antr. des GStA.s: gleichl. [20. — 4.]

Branntweinsteuer. — Alkoholerzeugung.

Bei Branntweinsteuer-Defraudationen kommt es nicht auf die stattgefundene oder beabsichtigte Erzeugung von mehr oder weniger Alkohol, sondern auf die Benutzung eines nicht versteuerten

Gefäßraumes an. Es darf daher der Thatbestand einer solchen nicht deshalb verneint werden, weil eine Mehrerzeugung von Spiritus weder beabsichtigt noch bewirkt worden sei.

AKO. v. 10. Jan. 1824. [Sic: V. I. 13. Jan. 1860 c. Bräuer u. Gen.; 30. Vgl. RbOTr. I. S. 148 und dort die Note; ibid. S. 172.]

Erk. (V. I.) v. 1. Okt. 1862 c. Koch u. v. Vitzthum (618. I. Cr.).

Der App.-Richter verneint die Absicht der Steuerverkürzung nur deshalb, weil nach dem eidlichen Gutachten des V. das Ueberschöpfen der steigenden Maische eher Nachtheil als Vortheil nach sich ziehe, und weil nach Lage der Sache der Angekl. K., welcher dabei, ob und wieviel Steuer von seinem Dienstherrn bezahlt wird, gar kein Interesse habe, das Ueberschöpfen nur zu seinem eigenen Vortheil und zum Nachtheil seines Dienstherrn vorgenommen zu haben scheine. Hieraus ergiebt sich aber, daß der App.-Richter bei Verneinung des animus defraudandi sich in einem Rechtsirrthum befunden hat, und daß ihm nicht klar gewesen ist, worauf es bei der Frage, ob die Absicht der Steuerverkürzung in einem gegebenen Fall anzunehmen ist, ankommt. In dem Erk. d. OTr.s v. 14. Oktbr. 1859 c. Bennecke (688), dem ein ganz gleicher Fall wie der jetzige zum Grunde lag, ist bereits ausgeführt, daß es bei der Frage, ob eine Verkürzung der Maischbottigsteuer stattgefunden hat oder doch beabsichtigt ist, weder auf die größere oder geringere Quantität des durch die vorgenommene Operation — hier durch das Ueberschöpfen — gewonnenen Spiritus, noch den größeren oder geringeren dadurch erzeugten Alkohol, sondern nur darauf ankommt, ob Maische in einem überhaupt nicht versteuerten Gefäß bereitet ist, oder bereitet werden sollte oder doch zu einem versteuerten Gefäß ein nicht versteuerter Rauminhalt zur Einmaischung oder Zubereitung von Maische durch das stattgehabte Verfahren gewonnen ist, oder doch zu gewinnen beabsichtigt wurde.

Diese Grundsätze, womit auch die Erkk. v. 7. Oktbr. 1859 c. Weimann (722) und v. 20. April 1860 c. Winkler (345) im Einklang stehen, hat der App.-Richter verkannt.

Antr. des GStA.s: gleichl. [18. — 2.]

Anschuldigung (falsche). — Konkrete That. — Dolus.

1. Eine „falsche Anschuldigung" muß die Anzeige einer konkreten Strafthat enthalten, dagegen bedarf es nicht einer genauen Präzisirung derselben.

StGB. § 133 [dort einzutr. als n. 4a].

2. Als Dolus genügt beim Vergehen der falschen Anschuldigung die Kenntniß von der Falschheit der angezeigten Thatsache, sowie das Bewußtsein, daß die Anzeige geeignet sei, ein weiteres Einschreiten wegen der Strafthat zu veranlassen.

Ebendas. [vgl. dort n. 10].

Erk. (Z. I.) v. 1. Okt. 1862 c. Matthes (680. I. Cr.).

Der § 133 des StGB.s verlangt zwar zu seiner Anwendung die Anzeige einer konkreten, keineswegs aber genau präcisirten strafbaren Handlung. Es genügt also die Behauptung der Nothzüchtigung eines Frauenzimmers durch eine kenntlich gemachte Person. Eine Anzeige bei einer öffentlichen Behörde im Sinne des § 133 ist sodann diejenige, welche ein weiteres Einschreiten wegen der strafbaren Handlung veranlassen kann. Daß eine solche von dem Imploranten gemacht sei, im Bewußtsein hierüber und wider besseres Wissen, haben die Richter der Thatfrage festgestellt. Eines anderen Dolus bedarf es nicht.

Antr. des GStA.s: gleichl. [17. — 2.]

Verspottung. — Kirchengebäude.

Die Verspottung eines Kirchengebäudes ist nach § 135 StGB. strafbar.

StGB. § 135 [dort einzutr. als n. 9a].

Erk. (Z. I.) v. 1. Okt. 1862 c. Kirschner (751. I. Cr.).

Gemeinrechtlich ist bekanntlich der Begriff der „Gotteslästerung" ein weit auseinandergehender. Abgesehen von der Haupteintheilung in unmittelbare und mittelbare sind eine Menge Einzelfälle aufgestellt worden, die unter den Thatbestand dieser strafbaren Handlung fallen sollen, ja man hat darunter sogar das Fluchen und Schwören subsumirt. Das StGB. hat dagegen sich absichtlich einer näheren Definition des Begriffs der Gotteslästerung enthalten und, wie es in den Motiven zu demselben Seite 35 dieserhalb heißt, angenommen, „daß das richterliche Ermessen über jenen Begriff am sichersten leiten werde."

Aus demselben Grunde ist auch die Fassung des § 121 des Entw.s z. StGB., der die Stelle des jetzigen § 135 einnahm und bei den Worten: „an Gegenständen, welche dem Gottesdienst gewidmet sind," des Ausdrucks „unmittelbar" sich bediente, in die gegenwärtige von der Kommission der zweiten Kammer umgewandelt worden, „weil die Unterscheidung zwischen den mittelbar und unmittelbar dem Gottesdienst gewidmeten Sachen eine willkührliche zu sein scheine und keinen Anhaltspunkt für den Richter biete" (vgl. Verh. der I. u. II. K. S. 115).

Demgemäß ist nicht anzunehmen, daß unter den im § 135 l. c. genannten Gegenständen der Verehrung gerade und ausschließlich solche gemeint worden, welche nach den Satzungen der christlichen Kirchen oder einer andern mit Korporationsrechten bestehenden Religionsgesellschaft als Objekt einer religiösen Verehrung angesehen werden, sondern auch solche, welche ihrem Zweck und ihrer Bestimmung gemäß dazu dienen, um die religiöse Verehrung der obenbezeichneten Kirchengesellschaften zu vermitteln, resp. zu ermöglichen.

Daß hierzu aber Kirchengebäude geeignet und bestimmt sind, liegt außer jedem Zweifel, und es muß der Ausführung des App.-Richters beigepflichtet werden, daß ein Gotteshaus als für den Gottesdienst geweiht, d. i. eine feierlich übergebene und dazu hergerichtete Stätte, eben deshalb zu denjenigen Gegenständen zu rechnen ist, welche das in Rede stehende Gesetz umfaßt.

Antr. des GStA.s: gleichl. [20. — 2.]

Ehrenrechte (Untersagung). — Verlust.

Auch gegen Denjenigen, welcher früher rechtskräftig zu Zuchthausstrafe verurtheilt und dadurch der bürgerlichen Ehrenrechte für immer verlustig gegangen ist, muß geeigneten Falles die Untersagung der Ausübung der Ehrenrechte ausgesprochen werden.

StGB. § 21 [dort einzutr. als n. 2a].

Erk. (B. I.) v. 1. Okt. 1862 c. Hempel (798. I. Cr.).

Die Untersagung der Ausübung der bürgerlichen Ehrenrechte ist ein integrirender Theil der verwirkten Strafe, der Richter aber nicht ermächtigt, einen Theil der gesetzlichen Strafe dem Angeklagten zu erlassen, sondern verpflichtet, in jedem einzelnen Fall die volle Strafe ihrem ganzen Umfange nach auszusprechen. Das OTr. hat auch bereits anerkannt, daß auf Untersagung der Ausübung der Ehrenrechte wider denselben Angeklagten, wenn über mehrere mit dieser Strafe bedrohete Handlungen desselben in verschiedenen Erkenntnissen zu erkennen ist, in jeder Sache besonders erkannt werden muß, sowie, daß in jeder einzelnen Sache die Dauer der erkannten Interdiktion als einer Nachahndung der Freiheitsstrafe nach Ablauf der letzteren zu berechnen ist, endlich, daß die Interdiktionszeit gleichzeitig in den verschiedenen Sachen laufen kann (Erk. vom 8. Okt. 1858 c. Stimming, und v. 24. Sept. 1857 c. Thonegk, G. Arch. 6. S. 275).

Ganz ebenso verhält es sich, wenn der Angekl. bereits früher zu Zuchthausstrafe verurtheilt ist, also dadurch die bürgerlichen Ehrenrechte für immer verloren hat, und später ein Vergehen von ihm begangen ist, wodurch er zeitige

Untersagung der Ausübung der bürgerlichen Ehrenrechte verwirkt hat. Auch in einem solchen Falle, wie er hier vorliegt, muß auf zeitige Interdiktion erkannt werden, weil möglicherweise jene frühere Zuchthausstrafe mit allen ihren Wirkungen im Wege der Gnade erlassen, oder in Folge Seitens des Angekl. erlangter Restitution aufgehoben werden könnte.

Antr. des GStA.s: gleichl. [18. – 2.]

Strafverwandlung. — Ministerialverfügung. — Rechtsmittel.

Das Rechtsmittel, welches § 590 der Crim.-Ordn. dem Verurtheilten gegen die die erkannte Freiheitsstrafe in Geldbuße verwandelnde Ministerialverfügung gestattet, ist, selbst wenn jene durch schwurgerichtliches Erkenntniß verhängt war, die Appellation; es ist daher vom Appellations-Gerichte darüber zu entscheiden.

Cr.-Ordn. § 590 [vgl. Strafverf. Art. 137 n. 12].

Beschl. (I.) v. 1. Okt. 1862 c. Bierwagen (228. B. I. Cr.).

B. hatte eine gegen ihn durch schwurgerichtliches Erk. verhängte Gefängnißstrafe angetreten, ward aber mit Rücksicht auf seinen die Fortdauer der Haft nicht gestattenden Gesundheitszustand nach einiger Zeit wieder entlassen, worauf der Rest der Strafe durch Ministerialverfügung: „vorbehaltlich des Rechtsmittels" in eine Geldbuße von 2000 Thlr. umgewandelt ward. Ueber die Höhe dieser Summe erhob er Beschwerde, und der OStA. stellte beim App.-Gericht den Antrag, in den Formen der Appellation darüber zu entscheiden; das App.-Gericht lehnte indessen diesen Antrag ab, weil es sich von einer schwurgerichtlichen Sache handle, in welcher das OTr. die gehörige Stelle sei. Auf die Beschw. des OStA.s ist diese Verfügung vom OTr. aufgehoben, und dem App.-Gericht aufgegeben worden, sich der Entscheidung in den Formen der §§ 126 ff. der Vdn. v. 3. Jan. 1849 zu unterziehen. Ausgeführt ward:

Die schwurgerichtliche Kompetenz hat mit der Rechtskraft des Erk.s ihre Endschaft erreicht, so daß der für schwurgerichtliche Erkenntnisse vorgeschriebene Instanzenzug nicht mehr zur Anwendung kommen kann. Die Vollstreckung der Strafe steht dem Gerichte erster Instanz zu — Art. 53 des Ges. v. 3. Mai 1852, Minist.=Verf. v. 27. Febr. 1851, JMBl. S. 66 — und bei der Vollstreckung selbst findet ein Unterschied zwischen den vom Schw.=GH. und den von der Gerichtsabtheilung erkannten Freiheitsstrafen nicht statt. Das im Laufe der Strafvollstreckung auf Grund des § 590 der Crim.=Ordn. etwa eintretende Verfahren ist demnach ein selbstständiges, welches durch die Frage, welches Gericht zur Entscheidung in der Sache selbst kompetent war, nicht berührt wird, es kann daher unter dem dabei zulässigen Rechtsmittel nur dasjenige verstanden werden, welches nach jetziger Lage der Gesetzgebung gegen Straferkenntnisse des Gerichts erster Instanz an sich zulässig ist, also die Appellation. Diese Auffassung ist auch bereits in dem Erk. (Z. I.) v. 2. Dez. 1853 c. Nasse, 1287 (JMBl. 54. S. 81) ausgesprochen.

Antr. des GStA.s: gleichl. [46.—4.]

Schlägerei. — Körperverletzung. — Mildernde Umstände. — Ideale Konkurrenz.

Die durch § 196 gestattete Berücksichtigung von mildernden Umständen greift auch im Falle des § 195 Abs. 2 Platz. Insoweit dabei aber gleichzeitig der Thatbestand des Abs. 1 das. ideell konkurrirt, muß nothwendig wenigstens das geringste Maaß der dort angedrohten Strafe verhängt werden.

StGB. § 195 [dort einzutr. als n. 25a; vgl. n. 20]; § 196 [vgl dort n. 6].

Erk. (Z. II.) v. 2. Okt. 1862 c. Starke (Fricke u. Gen. (193 II. Cr.).

Gegen S. und F. war festgestellt worden: „daß sie bei einer Schlägerei, bei welcher der ꝛc. E. erhebliche Körperverletzungen erlitten, sich betheiligt hatten, wobei ihnen in Gemeinschaft mit andern Personen solche Verletzungen zuzuschreiben seien, welche nicht einzeln für sich, sondern in ihrem Zusammenhange eine erhebliche Körperverletzung des E.

zur Folge hatten." Das AG. nahm aber mildernde Umstände an, und bestrafte aus § 195 (Abs. 2). 196. 192a des StGB.s mit vierwöchentlichem Gefängniß. Die NB. des OStA.s rügte Gesetzesverletzung, weil § 196 auf den Fall des § 195 Abs. 2 ebenso unanwendbar sei, wie auf den des Abs 1, derselbe überhaupt nur auf solche Verletzungen bezogen werden könne, welche außerhalb eines Raufhandels zugefügt würden. Zurückweisung aus folgenden Gründen:

Es ist der NB. zwar zuzugeben, daß die bei der Schlägerei oder dem Angriffe im Sinne des Abs. 1 § 195 des StGB.s Betheiligten eine Gefängnißstrafe von mindestens 3 Monaten treffen muß, ohne daß dabei mildernde Umstände in Betracht kommen könnten. Auch ist es richtig, daß diejenigen, welche der speziellen Betheiligung im Sinne des Abs. 2 dieses § überwiesen sind, schon darum auch als solche betrachtet werden müssen, welche sich bei der Schlägerei betheiligt haben. Wenn aber im Anschluß hieran die NB. die Unanwendbarkeit des § 196 auf den Abs. 2 des § 195 daraus folgert, daß die gegentheilige Annahme mit Rücksicht darauf, daß im Falle des § 196 die im § 192a bestimmte sechsmonatliche Gefängnißstrafe auf einen Monat Gefängniß herabgesetzt werden kann, zu dem unzulässigen Resultate führen müßte, daß das Gesetz für diejenigen, welche sich speziell bei der Schlägerei betheiligt haben, so daß in ihren Handlungen die Ursache der Verletzungen liegt, eine geringere Strafe als für diejenigen bestimmt haben würde, welche sich nur im Allgemeinen ohne den Nachweis einer besonderen Verschuldung bei der Schlägerei betheiligt haben — dieser Folgerung nicht beigetreten werden kann, weil der Grund, worauf dieselbe gestützt wird, nicht zutreffend erscheint. Andererseits treten aber der Ansicht über die Unanwendbarkeit des § 196 auf den Abs. 2 des § 195 die vollgültigsten Gründe entgegen. Zuvörderst behandelt nämlich das StGB., wie eine Vergleichung der in den §§ 176. 192a. 193. 194 daselbst bestimmten Strafen mit den im § 195 Abs. 2 enthaltenen Strafbestimmungen ergiebt, den in diesem Abs. des § 195 vorgesehenen Fall der Collektivverschuldung gelinder, mindestens nie härter, als den Fall, wo der eingetretene schwere Erfolg auf eine ermittelte Thäterschaft zurückzuführen ist. Den Gesetzgeber würde man also mit seinem eigenen System der Strafbarkeit in Widerspruch setzen, wenn man dem Betheiligten im Sinne des § 195 Abs. 2 die Strafmilderungsgründe versagen wollte, welche gesetzlich dem individuellen Urheber einer Tödtung, schweren oder erheblichen Körperverletzung resp. Mißhandlung zu Statten kommen. Allein für die Anwendbarkeit des § 196 auf den Abs. 2 des § 195 spricht auch weiter schon die dem letzteren § nachfolgende Stellung des § 196. Zweifellos wird aber die Sache durch den Umstand, daß der letztgedachte § für den Fall, wo die Mißhandlung oder Körperverletzung den Tod zur Folge gehabt hat, mit dem § 194 den § 195 ausdrücklich in Bezug nimmt, und für diesen Fall Gefängniß nicht unter sechs Monaten bestimmt. Zwar ist für die Fälle des § 192a und 193 der § 195 im § 196 nicht bezogen, allein eine Ungereimtheit würde es sein, deshalb die Anwendbarkeit des § 196 auf diese Fälle ausschließen zu wollen. Wenn für den schwersten Fall des § 195 Abs. 2 die Disposition des § 196 Platz greift, so müssen ihr die beiden weiter darin vorgesehenen gelinderen Fälle selbstredend unterliegen.

Was dagegen die oben bereits hervorgehobene Argumentation der NB. betrifft, so zerfällt dieselbe, sobald man den Gesichtspunkt der Konkurrenz in nähere Beachtung zieht. Ist nämlich, wie bereits oben angenommen ist, der bei der Schlägerei oder dem Angriff speziell Betheiligte (Abs. 2 § 195) zugleich Betheiligter im Sinne des Abs. 1 daselbst so folgt daraus allerdings, daß ihn unter allen Umständen die dreimonatliche Gefängnißstrafe aus dieser letzteren Bestimmung des Strafgesetzes treffen muß. Werden dann, wie zulässig, wegen des Vergehens aus dem Abs. 2 des § 195 Milderungsgründe angenommen, so kann prinzipiell die desfallsige Strafe schon durch die dreimonatliche Gefängnißstrafe aus Abs. 1 des § 1 für absorbirt erachtet werden (§ 55 l. c.), wenn auch eine Strafsteigerung wegen des weiteren speziellen Vergehens durch eine vernünftige Strafzumessung geboten erscheint.

Antr. des GStA.s: gleichl. [27.—1.]

Hazardspiel. — Oeffentlicher Versammlungsort.

Die Instanzrichter können eine dem Publikum zugängliche Nebenstube eines Kaufladens für einen „öffentlichen Versammlungsort" im Sinne des § 267 des StGB.s erachten.

Aus dem Abs. 2 des cit. Paragraphen ist nicht zu folgern, daß die Strafe nur diejenigen Inhaber öffentlicher Versammlungsörter treffe, welche zu ihrem Gewerbebetriebe einer Konzession bedürfen.

StGB. § 267 [vgl. dort n. 1].

Erk. (Z. I.) v. 3. Okt. 1862 c. Sahm (Cohn u. Gen. 743. I. Cr.).

Der App.-Richter hat weder hinsichtlich der Feststellung, daß S. als Inhaber eines öffentlichen Versammlungsortes zu betrachten, noch der eines verbotenen Hazardspiels begrifflich gefehlt. Was namentlich die erstere Feststellung betrifft, so läuft es nicht dem § 267 l. c. entgegen, daß der zweite Richter mit dem ersten die Nebenstube des S.schen Kaufladens, weil sie dem Publikum zugänglich war, insbesondere demjenigen, welcher sich dort Speisen und Getränke aus dem Laden zum Verzehren auf der Stelle verabfolgen ließ, den öffentlichen Versammlungsorten beizählt. Der § 1304, II. 20 des ALR. handelte von Gast- und Kaffeewirthen und überhaupt von allen Unternehmern öffentlicher Zusammenkünfte, wogegen die Allerh. Dekl. v. 8. Febr. 1817 (GS. S. 31) nur der Gast- und Kaffeewirthe Erwähnung thut. An die Stelle der „Unternehmer öffentlicher Zusammenkünfte" hat der § 267 des StGB.s, dessen Entstehungsgeschichte in dem Pl.-Erk. v. 12. Dez. 1853 [c. Hinterlach], Entsch. 27. S. 134 [Oppenhoff StGB. § 267 n. 4] näher entwickelt wird, die „Inhaber öffentlicher Versammlungsörter" genannt. Wenn nun auch der Schlußsatz, daß im zweiten Rückfalle auf den Verlust der Befugniß zum selbstständigen Betriebe des Gewerbes erkannt werden soll, sich auf das Gewerbe beziehen läßt, vermöge dessen der Kontravenient das öffentliche, dem Publikum zugängliche Lokal hält, so trifft doch die Deduktion des Angekl. nicht zu, daß, weil er ein kaufmännisches Geschäft betreibt, der § 267 l. c. auf ihn nicht anwendbar sei, indem er, wie er sagt, keiner Konzession der im § 267 erwähnten Art bedurft hätte, und er eine solche auch nicht besessen. Wo die Grenze dieses Gesetzes zu finden wäre, läßt sich aus der Deduktion des Angekl., welcher als Beispiele Gast- und Schankwirthe, Restaurateurs, Konditoren u. s. w. nennt, nicht erkennen. Für den Begriff eines Inhabers eines öffentlichen Versammlungsortes ist es aber, wie der App.-Richter ganz mit Recht ausführt, wesentlich, daß der Angekl., welcher einen offenen Laden hält, dem Publikum die Comptoir-Stube neben dem Laden zugänglich machte. Wenn er sonach als Inhaber eines Gewerbes, durch das er in offenen Verkehr zu dem Publikum trat, dem letzteren Theile seines Geschäftslokals zur Benutzung überließ, so läßt es sich als kein Rechtsirrthum betrachten, daß der zweite Richter ihn in die Kategorie des § 267 l. c. brachte.

Antr. des GStA.s: gleichl. [44. – 4.]

---

1. Appellationsrichter. — Beweiserhebung. — Abweichende Feststellung.
2. Akten. — Verwahrung. — Beiseiteschaffen.

1. Nach einer in zweiter Instanz veranlaßten Beweisaufnahme kann der App.-Richter die erstrichterliche Feststellung in jeder Richtung, und nicht blos in Beziehung auf die Umstände, über welche Beweis erhoben worden ist, abändern.

Ges. v. 3. Mai 1852 Art. 101 [vgl. dort n. 101 und RdOTr. II. S. 256].

2. Akten, welche einem Beamten zu amtlichen Zwecken in die Wohnung verabfolgt sind, gelangen dadurch in seine amtliche Verwahrung; dieses Verhältniß dauert auch fort, wenn der Beamte die Akten durch einen Privatboten in das Amtslokal zurücksendet (beil.)

StGB. § 106 [vgl. dort n. 11].

Erk. (Z. I.) v. 3. Okt. 1862 c. Laskowicz (781. I. Cr.).

L. war in erster Instanz von der Ankage: „einen an einem öffentlichen Verwahrungsorte aufbewahrten Brief vorsätzlich bei Seite geschafft zu haben" u. A. deshalb freigesprochen worden, weil zwar erwiesen sei, daß L. bei der Fortschaffung des betr. Briefs aus den Untersuchungsakten die Hand im Spiele gehabt habe, diese Beiseiteschaffung aber möglicher Weise während des Transports der Akten aus der Wohnung des StA s in das Gerichtslokal bewirkt sein könne, in diesem Falle aber die Akten zur Zeit nicht an einem öffentlichen Verwahrungsorte sich befunden hätten, da die Beamten jenen Transport auf eigene Kosten bewirken müßten, weshalb selbst ein transportirender Gerichtsbote hierbei nicht amtlich thätig gewesen sein würde. Auf die Appellation des StA.s erhob der App.-Richter über ein angebliches Geständniß des Angekl. Beweis, und verurtheilte denselben aus § 106 des StGB.s. Die NB. rügte einen Verstoß gegen Art. 101 des Ges. v. 3. Mai 1852, weil der erhobene Beweis gar kein Resultat geliefert und daher eine Abweichung von der erstrichterlichen Feststellung nicht gerechtfertigt habe. Zurückweisung aus folgenden Gründen:

Der App.-Richter nimmt zwar bei Prüfung des Thatbestandes verschiedene bereits vom ersten Richter für erwiesen erachtete Thatsachen wieder als richtig an, darunter den in erster Instanz aus dem Zeugnisse des H. entlehnten Umstand, daß der jetzt Blatt 3 der Akten befindliche Brief des Angekl. erst nachträglich eingeheftet ist und an seiner Stelle sich früher ein anderes Schriftstück befunden hat, während in zweiter Instanz H. nicht hierüber, sondern über ein angebliches Geständniß des Angekl. vernommen ist. Allein durch keine Vorschrift des Strafprozesses war es dem App.-Richter untersagt, die Ergebnisse der in erster Instanz im Beisein des Angekl. erfolgten Beweisaufnahme, die vom ersten

Richter für erwiesen erachteten Indicien, bei Beurtheilung des Sachverhaltes zu benutzen, eine Befugniß, die vielmehr dadurch mit anerkannt ist, daß es dem App.-Richter nach Art. 101 des Ges. v. 3. Mai 1852 freisteht, auch nach theilweiser Wiederholung der Beweisaufnahme eine von derjenigen des ersten Richters abweichende Schlußfeststellung zu treffen.

Ebenso wenig aber hat derselbe bei seiner Auffassung Sinn und Bedeutung der erstrichterlichen Feststellungen verkannt und Art. 101 cit. verletzt, sondern ist mit Rücksicht auf die in zweiter Instanz erfolgte Beweisaufnahme und die ihm deshalb in jeder Richtung, nicht blos in Beziehung auf die einzelnen Umstände, über welche Beweis erhoben war, zustehende freie Beurtheilung der Thatfrage von der Auffassung des ersten Richters abgewichen.

Uebrigens ist das Bedenken, um dessen willen der erste Richter es als unerwiesen ansieht, ob der fragliche Brief zu einer Zeit bei Seite geschafft sei, wo er sich in amtlicher Verwahrung befand, nicht rechtlich begründet. Er bemerkt, es sei möglich, daß die Beiseiteschaffung des Briefes zu der Zeit bewirkt sei, als die Akten aus der Wohnung des StA.s oder Untersuchungsrichters zurück in das Amtslokal geschafft wurden; diese Zurückschaffung der Akten aus den Wohnungen der Beamten in das Bureau liege aber den Beamten auf ihre eignen Kosten ob, und selbst ein Gerichtsbote, wenn er diese Zurückschaffung bewirkt hätte, würde hierbei nicht in amtlicher Thätigkeit gewesen sein. Allein wenn die Akten einem Beamten, dem StA. oder Untersuchungsrichter, zu amtlichen Zwecken in die Wohnung verabfolgt und dadurch zugleich seiner amtlichen Verwahrung anvertraut waren, so dauerte dieses Verhältniß, auch wenn der Beamte durch einen Privatboten die Akten in das Amtslokal zurücksandte, bis zur Zurücklieferung der Akten in das Bureau, und der Beamte setzte durch den zu dieser Handlung angenommenen Boten die ihm obliegende Verwahrung der Akten fort. Auf Grund einzelner Bestimmungen der

Geschäftsinstruktion kann man nicht mit dem ersten Richter davon ausgehen, daß die gerichtlichen Akten der öffentlichen Verwahrung so oft entzogen würden, als sie aus der Wohnung eines Beamten nach dem Dienstlokal zurückgebracht werden müßten.

Antr. des GStA.s: gleichl. [47. — 4.]

---

1. Versammlung. — Genehmigung. — Gegenstand der Erörterung.

2. Kirchliche Aufzüge. — Herkommen.

3. Versammlung. — Aufforderung.

4. Redakteur. — Haftbarkeit. — Inserat. — Dolus.

1. Alle öffentlichen Versammlungen unter freiem Himmel bedürfen der vorgängigen schriftlichen Genehmigung der Ortspolizei-Behörde, gleichviel ob dabei öffentliche Angelegenheiten erörtert werden sollen oder nicht.

Vereins-Ges. v. 11. März 1850 § 9.

2. Kirchliche Aufzüge sind nur, wenn sie am Orte hergebracht sind und in hergebrachter Weise stattfinden, von der Bedingung der polizeilichen Genehmigung befreit.

Ebendas. § 10; vgl. RbOTr. 1. S. 287; 3. S. 5.

3. Die Aufforderung zu einer unerlaubten Versammlung ist selbst dann strafbar, wenn die letztere gar nicht stattgefunden hat.

Ebendas. § 17 Abs. 2.

4. Der Redakteur eines kautionspflichtigen Blattes haftet im Sinne des § 37 des Preßgesetzes für den ganzen Inhalt desselben, also auch für die Inserate; er kann sich von dieser Pflicht nicht durch eine Erklärung: „nicht verantwortlich sein zu wollen" befreien. Ebenso wenig kommt es dabei auf Vorsatz oder Fahrlässigkeit an.

Preßges. v. 12. Mai 1851 § 37.

Erk. (Z. I.) v. 3. Okt. 1862 c. Jagielski & Mizerski (784. I. Cr.).

M. hatte in die von J. redigirte kautionspflichtige Zeitung D. P. eine Bekanntmachung aufnehmen lassen, in welcher er zu einer von der Polizei nicht genehmigten öffentlichen Versammlung unter freiem Himmel aufforderte; er ward deshalb aus §§ 9. 17 Abs. 2 des Vereinsges. vom 11. März 1850 und J. aus § 37 des Preßges. bestraft. Beide ergriffen die NB. und machten unter Nr. 1 geltend: „die beabsichtigte Versammlung falle unter den Begriff eines „kirchlichen Aufzugs"; der App.-Richter habe mit Unrecht angenommen, „daß kirchliche Aufzüge in nicht hergebrachter Art den öffentlichen Versammlungen, welche den Bestimmungen des Vereinsgesetzes unterworfen sind, gleichgestellt seien." Die übrigen geltend gemachten Nichtigkeitsgründe ergeben sich aus den Gründen des Erk.s. Das OTr. hat die NB. zurückgewiesen, und jenen ersten Beschwerdepunkt durch die Erwägung beseitigt, daß derselbe gegen die thatsächliche Feststellung der Instanzrichter ankämpfe. Sodann fährt es fort:

Es wird vom App.-Richter festgestellt, daß die Feier nach dem ausdrücklichen Inhalte des Inserats wesentlich der Verherrlichung der in Warschau ꝛc. gemordeten Brüder dienen sollte, welche als Märtyrer der vaterländischen polnischen Sache bezeichnet seien, und es demnach keinem Bedenken unterliege, daß nicht eine kirchliche oder religiöse Ceremonie, sondern eine politische Demonstration beabsichtigt worden, bei welcher die Aufrichtung eines Kreuzes nur das Mittel zum Zweck gewesen. Durch diese Erwägungen wird an sich schon ganz unbedenklich die stattgehabte Anwendung der §§ 1. 9. 10. 17 des Vereinsges. v. 11. März 1850 gerechtfertigt. Denn der § 9 l. c. verbietet seinem klaren Wortlaute nach alle öffentlichen Versammlungen unter freiem Himmel ohne vorgängige schriftliche Genehmigung der Ortspolizeibehörde, gleichviel, ob bei einer solchen Gelegenheit öffentliche Angelegenheiten erörtert resp. berathen werden sollen oder nicht. Der Zweck dieser gesetzlichen Bestimmung ist unschwer zu erkennen, indem dergleichen öffentliche Versammlungen unter freiem Himmel die Ruhe und öffentliche Ordnung sehr leicht stören können, daher die etwaigen Maaßnahmen der Behörden hiergegen erforderlich machen.

Dieser Zweck ist demnächst auch in Abs. 2 des § 9 l. c. ausdrücklich ausgesprochen, indem es dort heißt:

„Die Genehmigung ... darf nur versagt werden, wenn aus Abhaltung der Versammlung Gefahr für die öffentliche Sicherheit oder Ordnung zu befürchten ist,

und die II. Kammer hat dann auch bei der Berathung des Gesetzes die Nothwendigkeit der vorgängigen Genehmigung für alle Versammlungen unter freiem Himmel speziell anerkannt; vgl. Müller, Novelle zum StGB. S. 233.

Es erledigen sich hierdurch alle gegentheiligen Ausführungen der Imploranten, welche nachzuweisen versuchen, daß unter den, im § 9 l. c. gedachten öffentlichen Versammlungen unter freiem Himmel lediglich solche, im § 1 l. c. erwähnte zu verstehen seien, welche die Erörterung oder Berathung öffentlicher Angelegenheiten bezwecken.

Nach der instanzrichterlichen Feststellung kommt es eigentlich auf ein näheres Eingehen auf die von beiden Imploranten hervorgehobene Frage: „ob auch zu den, im § 10 l. c. gedachten kirchlichen Aufzügen, Prozessionen ꝛc. eine vorgängige Genehmigung der Ortsobrigkeit gehöre," nicht an. Wäre dem aber so, dann müßte dennoch der Ausführung des App.-Richters, welcher für den vorliegenden Fall diese Frage bejaht hat, beigetreten werden. Denn der § 10 l. c. entbindet kirchliche Aufzüge ꝛc. nur in sofern von diesem Erforderniß, als sie am Orte hergebracht sind und in derselben Weise stattfinden (vgl. Erk. v. 28. Febr. 1861 c. Lex, RdOTr. 1. S. 284). Der App.-Richter entwickelt dieselbe Ansicht und stellt fest, daß hier von einem dergleichen hergebrachten kirchlichen Aufzuge nicht die Rede sei.

Beide Imploranten versuchen demnächst darzuthun, daß zur Anwendung des § 17 l. c. jederzeit erfordert werde, „daß in Folge der Aufforderung eine öffentliche Versammlung unter freiem Himmel auch wirklich stattgefunden habe," dieses Moment aber nicht festgestellt sei. Jedoch auch hier ist der Ausführung des App.-Richters beizupflichten. Der

§ 17 l. c. enthält in den Absätzen 1 und 2 verschiedene Strafen für die Theilnehmer (socii) und für die sogenannten intellektuellen Urheber. Zu den erstern werden nach Abs. 3 l. c. auch die Ordner, Leiter oder Redner gerechnet, zu den letztern diejenigen, welche die Aufforderung erlassen oder veranlaßt haben, und bestraft sie, gleich den Ordnern, Rednern oder Leitern, der Gefährlichkeit ihrer Handlungsweise wegen, härter, als die im Abs. 1 erwähnten bloßen Theilnehmer. Weil nun aber vorauszusehen war, daß die Theilnehmer im Sinne dieses Gesetzes sich durch den Einwand, daß sie im guten Glauben gehandelt, vor Bestrafung zu schützen suchen würden, erschien es bei der Schwierigkeit eines diesfälligen Nachweises des Dolus nöthig, genaue Bestimmungen in Bezug auf diesen zu treffen. Dies allein ist, wie der App.-Richter zutreffend bemerkt, im Abs. 3 des § 17 l. c. zu finden. Dieser handelt, je nach Verschiedenheit der Fälle, und lediglich hierauf bezieht sich der dort vorkommende Gegensatz, davon, unter welchen Umständen die Theilnehmer im engern Sinne einer Strafe verfallen sein sollen. Hierbei wird dann allerdings vorausgesetzt, daß der Aufzug 2c. wirklich stattgefunden hat. Allein von den oben gedachten Urhebern wird in diesen Bestimmungen Nichts erwähnt, und es konnte dies auch nicht geschehen, da der Gesetzgeber ja bereits den bloßen Erlaß der obrigkeitlich nicht genehmigten Aufforderung für strafbar erklärte, also von einem diesfälligen Erfolge abstrahirte. Dem App.-Richter fällt demgemäß ein Rechtsirrthum nicht zur Last.

Wenn ferner der Angekl. Jagielski speziell die Verletzung des § 37 des Preßges. v. 12. Mai 1851 um deshalb behauptet, weil er nach diesem als Redakteur der Zeitung 2c. für die in dieselbe aufgenommenen Inserate nicht verantwortlich sei, so ist auch dieser Angriff hinfällig, und die Ausführung des App.-Richters begründet. Der § 37 l. c. bestraft „den Redakteur eines kautionspflichtigen Blattes ohne Unterschied, wegen des strafbaren Inhalts desselben in allen Fällen, wo er nicht in Gemäßheit des § 34 l. c. als Urheber oder Theilnehmer erscheint." Es ist hiermit klar ausgesprochen, daß der Gesammtinhalt des ganzen Blattes in allen seinen Theilen von dem Redakteur vertreten werden muß, also auch die Inserate, weil er dem Staate und dem Einzelnen gegenüber die rechtliche Persönlichkeit des Blattes vertritt. Die stenographischen Berichte der I. Kammer S. 691 f. ergeben diese Verpflichtung des Redakteurs deutlich, und hieraus folgt, daß er sich von derselben nicht durch seine, wenn gleich öffentliche Erklärung, für den Inhalt der Inserate nicht verantwortlich sein zu wollen, befreien kann, weshalb es auch nicht auf die dahin gehende Behauptung des Imploranten, oder auf die, mit der Besorgung der Inserate nichts zu thun zu haben, irgendwie ankommt. Eine Ausnahme von der Regel würde zwar dann vorhanden sein, wenn das Inserat seinem Inhalte nach von dem Redakteur für strafbar gar nicht gehalten werden konnte und ihm dabei auch nicht einmal ein thatsächlicher Irrthum zur Last fiel, da der § 37 l. c. lediglich eine Präventivmaaßregel enthält, bei welcher es weder auf einen strafbaren Vorsatz noch auf eine Fahrlässigkeit ankommt. Allein einen solchen Ausnahmefall haben die Vorderrichter nicht festgestellt, und die diesfällige Bemerkung des Imploranten, „daß er nicht verpflichtet oder berechtigt gewesen, den Inserenten nach seiner Legitimation zu befragen," ist hinfällig. Denn da das Inserat, sofern die erforderliche Genehmigung nicht ertheilt worden, strafbaren Inhalts war, so mußte sich der Implorant, weil er mit Unwissenheit des Gesetzes sich nicht schützen konnte, um sich vor Verantwortlichkeit zu verwahren, vor Aufnahme des Artikels vergewissern, daß dem gesetzlichen Erfordernisse Genüge geschehen war. Versäumte er dies, so handelte er auf seine Gefahr hin, und muß sich jetzt die Folgen gefallen lassen. Vgl. Erk. v. 3. April 1857 (JMBl. S. 206) und v. 7. Jan. 1858 c. Fischer.

Antr. des GStA.s: gleichl. [20. — 4.]

Nichtigkeitsbeschwerde. — Formfehler. — Substantiirung.

Soll eine Nichtigkeitsbeschwerde auf Verletzung ꝛc. eines Grundsatzes ꝛc. des Verfahrens gestützt werden, so genügt es nicht, die angeblich verletzten Gesetzesstellen anzuführen, wenn nicht auch die betreffenden Thatsachen hervorgehoben werden.

Ges. v. 3. Mai 1852 Art. 111 [dort einzutr. als n. 17 a].

Erk. (Z. I.) v. 3. Okt. 1862 c. Kelmischkeit (804. I. Cr.).

Es genügt nicht, wenn Implorant das Verfahren nur mit der allgemeinen Behauptung angegriffen hat, daß die §§ ꝛc. verletzt seien, da die Thatsachen, welche dieser Beschwerde zum Grunde liegen, nicht hervorgehoben sind.

Antr. des GStA.s: gleichl. [18. — 4.]

---

1. Beweisantrag. — Ablehnung. — Wiederholung.
2. Verlesung. — Leumundsattest. — Auskunft einer Behörde.
3. Zeuge. — Meineid. — Verhaftung.
4. Verlesung. — Schriftstück.

1. Wird ein vor dem Hauptverfahren gestellter und sofort durch motivirte Verfügung als unerheblich abgelehnter Beweisantrag im Hauptverfahren wiederholt, so genügt es, wenn derselbe nunmehr als „thatsächlich unerheblich" zurückgewiesen wird; einer abermaligen Angabe der Gründe bedarf es nicht.

Vdn. v. 3. Jan. 1849 § 52 [vgl. dort n. 23].

2. Leumunds-Atteste kollegialischer Behörden, sowie überhaupt jede Auskunft einer Behörde, können im Hauptverfahren auf Anordnen des Vorsitzenden verlesen werden, ohne daß es eines dieselbe verordnenden Gerichtsbeschlusses bedürfte.

Ebendas. § 22 [vgl. dort n. 12. 13; RbOTr. 2. S. 174].

3. Die vom Schwurgerichtshofe beschlossene Verhaftung eines Zeugen wegen Verdachts des Meineids begründet keine Nichtigkeit des schwurgerichtlichen Verfahrens.

Ebendas. § 13 [vgl. dort n. 20. 21].

4. Der Vorsitzende kann die Verlesung von Schriftstücken veranlassen, sobald dieselbe zur vollständigen Vernehmung des Angeklagten oder zum vollen Verständnisse seiner Aussagen oder der Anklage erforderlich war.

Ges. v. 3. Mai 1852 Art. 25 [vgl. dort n. 21].

Erk. (Z. I.) v. 3. Okt. 1862 c. Vollmer & Kaiser (840. I. Cr.).

Die NB. der vom Schw.-GH. verurtheilten Angekl. rügte außer mehreren andern angeblichen Verstößen gegen Grundsätze des Verfahrens, daß der GH. einen bereits vor dem Hauptverfahren gestellten und sofort durch motivirten Beschluß als unerheblich abgelehnten, demnächst aber im Hauptverfahren wiederholten Beweisantrag ohne Angabe von Gründen zurückgewiesen habe. Sowohl in Betreff dieses, als aller andern geltend gemachten Nichtigkeitsgründen erfolgte Zurückweisung aus folgenden Gründen:

Wenn auch die im Sitzungsprotokolle registrirten Gründe anscheinend nur indirekt die vom Angekl. aufgestellte Behauptung ꝛc. berühren, so waren doch die Gründe, aus denen das Gericht eine Beweisaufnahme hier für faktisch einflußlos erachtete, dem Angekl. K. bereits durch die Verfügung vom ꝛc. mitgetheilt worden. Sie lauteten dahin: ꝛc. Dieses sind rein thatsächliche Erwägungen. Bei der von dem Angekl. K. veranlaßten nochmaligen Berathung über die Erheblichkeit des gedachten Beweises hat sich auch der Schw.-GH. dahin ausgesprochen, daß der qu. Beweisantrag als thatsächlich unerheblich zurückzuweisen sei, und war es genügend, den Angekl. mit dem Resultate dieser, den früheren Beschluß aufrecht erhaltenden Berathung bekannt zu machen. —

Der Angeklagte erklärt es für ungesetzlich, daß der Vorsitzende, ohne ihn zu befragen, und ohne Einholung eines Beschlusses des G.H.s das Attest des Magistrats zu M. und die Auskunft des Criminal-Kommissarius B. auf den Antrag der K. Staatsanwaltschaft verlesen hätte. Das Protokoll besagt allerdings nur, daß vor dem Eintritt des Zeugen B. und der W. der StA. die Vorlesung der betreffenden Leumundszeugnisse beantragt habe, und daß diesen Anträgen stattgegeben worden ist. Es liegt jedoch ein Verstoß gegen das Prinzip der Mündlichkeit, §§ 14 u. 21 der Vdn. v. 3. Jan. 1849, auf welches der Art. 25 des Ges. v. 3. Mai 1852 zurückweist, nicht vor. Das Attest des Magistrats zu M. enthält die schriftliche Auskunft einer kollegialischen Behörde, die als solche eben nur durch Verlesung zur Kenntniß der Geschwornen gebracht werden konnte. Ueber die Verhältnisse der W. hatte die K. StA.-schaft die K. Polizei-Direktion zu St. um Auskunft ersucht. Diese beauftragte hiermit den Criminal-Kommissarius B., auf dessen Bericht sich die Polizei-Direktion in ihrem Antwortschreiben an die StA.-schaft bezog. Es handelte sich mithin auch hier um die Auskunft einer Behörde und nicht etwa blos um das Zeugniß einer bestimmten Person, bei welcher die Frage zu erörtern gewesen wäre, ob es der Vorladung derselben vor den Schw.-G.H. bedurfte; cf. Erk. v. 23. Okt. 1861 c. Mahlow [RdOTr. 2. S. 174]. Danach war auch ein motivirter Beschluß des G.H.s, um eine etwanige Abweichung von dem Prinzip der Mündlichkeit zu rechtfertigen, nicht geboten.

Die auf den Antrag des StA.s von dem Schw.-G.H. beschlossene Verhaftung der Zeugin W. wegen Verdachts des Meineides involvirt keine Nichtigkeit des schwurgerichtlichen Verfahrens. An sich betrachtet war diese Maaßregel gesetzlich, und der Einfluß, welchen sie zum Nachtheil der beiden Angeklagten auf die Geschwornen geäußert haben könnte, läßt sich einestheils nicht bestimmt bemessen, anderentheils folgt er aus dem Sachverhältnisse selbst, und er ist durch keinen Verstoß gegen wesentliche Vorschriften des schwurgerichtlichen Verfahrens veranlaßt. —

In der Anklage ist mehrfach rücksichtlich der dort behaupteten Thatsachen, insbesondere wegen des Verhältnisses des Angekl. K. zu V. und dem Mühlenmeister Kr. auf Schriftstücke Bezug genommen worden, deren Beschlagnahme bei K. erfolgt war. Das Monitum des Angekl., er wisse nicht, wie diese Schriftstücke zu den Akten gelangt seien, ist nicht fundirt, da die Anklage darthut, daß mit ihr die qu. Schriftstücke dem Gericht zugegangen sind. Sie enthalten theils eigene Skripturen des Angekl. K., theils Schreiben, die andere Personen an ihn richteten. Die Vernehmung des Angekl. über die Anklage machte es nothwendig, ihm diese Schriftstücke vorzulegen und ihn darüber zu hören, und das Verlesen, so weit es erfolgt ist, wurde dadurch bedingt, daß ohne dasselbe weder die Anklage, noch die Erklärungen des Angekl. K., noch die ihm sol. ꝛc. von dem Vorsitzenden gemachten Vorhaltungen, zu denen derselbe berechtigt war, den Geschwornen und den sonst beim schwurgerichtlichen Verfahren betheiligten Personen würden verständlich gewesen sein.

Das Verfahren des Vorsitzenden, wie es durch das Sitzungsprotokoll konstatirt wird, überschreitet die gesetzlichen Grenzen in keiner Weise, und es ist daher nicht abzusehen, weshalb der Angekl. einen Vorwurf darauf glaubt gründen zu können, daß, wie er sagt, der Vorsitzende aus dem qu. Fascikel gewisse Fälschungen und eine verdächtige Verbindung zwischen den beiden Angeklagten und dem Mühlenmeister Kr. festgestellt hätte.

Antr. des GStA.s: gleichl. [44. — 4.]

Vereidung. — Medizinalbeamter.

Ein als Sachverständiger zugezogener Medizinalbeamter muß die Richtigkeit seiner Angaben auf seinen Diensteid nehmen; der Umstand, daß er als Beamter im Allgemeinen vereidet ist, reicht in dieser Beziehung für sich allein nicht aus.

Vdn. v. 3. Jan. 1849 § 55 [dort einzutr. als n. 32 b]; Cr.-Ordn. § 335 Nr. 2.

Beschl. (I.) v. 3. Okt. 1862 c. Lapat (236. B. I. Cr.).

Der Kreisphysikus W. war als Sachverständiger bei einer Obduktion zugezogen worden, weigerte sich aber, die Richtigkeit seiner Angaben auf seinen Diensteid zu nehmen, weil er zur Vornahme der Obduktion als Kreisphysikus von Amtswegen berufen sei, der in jener Eigenschaft geleistete Diensteid daher für sich allein, ebenso wie bei jeder andern Amtshandlung ausreichen müsse. Gegen die instanzgerichtlichen Verfügungen, welche ihn zur Abgabe jener Versicherung anhalten wollten, ergriff er die Beschw. an das OTr. Zurückweisung; in seiner Verbescheidung ward ausgeführt:

Die Beurtheilung der Frage: „ob ein Beamter die Richtigkeit seiner Angaben auf seinen Diensteid zu versichern hat,“ hängt davon ab, „ob er die betreffende Handlung selbstständig vermöge seines Amtes vorgenommen hat oder nicht.“ Diese letztere Voraussetzung muß in dem vorliegenden Falle im Sinne der von Ihnen angefochtenen Verfügung beurtheilt werden. Nach den §§ 147. 157 der Cr.-Ordn. muß die Besichtigung resp. Sektion eines Leichnams im Beisein des Untersuchungs-Gerichts in der Regel durch den Kreisphysikus und den Kreischirurgus erfolgen. Die §§ 157. 162. 163. 165. 168. 169. 171. 172 l. c. bezeichnen hierbei die letzteren ausdrücklich als Sachverständige und nach den §§ 159. 161. 162. 168 l. c. ist es der Richter, welcher die Obduktion dirigirt und das diesfällige Protokoll aufzunehmen hat. Hiernach ist dieser derjenige Beamte, welcher die diesfällige amtliche Handlung vornimmt, und das dabei gesetzlich zuzuziehende ärztliche Personal fungirt lediglich in der Eigenschaft als Sachverständige, nicht aber als selbstständig auftretende Beamte, wenn sie auch sonst einen derartigen Charakter haben.

Demgemäß ist mit Rücksicht auf den § 335 Nr. 2 der Cr.-Ord. mit Recht von Ihnen verlangt worden, daß Sie die Richtigkeit Ihrer Angaben auf Ihren Diensteid versichern und Ihre Weigerung muß als eine nicht begründete erachtet werden.

Antr. des GStA.s: gleichl. [20. — 3.]

Gotteslästerung. — Oeffentlichkeit.

Ob eine Gotteslästerung „öffentlich" erfolgt sei, ist Gegenstand der thatsächlichen Beurtheilung.

StGB. § 135 [vgl dort n. 2; RdOTr. 2. S. 119 u. 488].

Erk. (Z. I.) v. 8. Okt. 1862 c. Heller (544. I. Cr.).

Der § 217. II, 20. ALR. bestrafte denjenigen, „welcher durch öffentlich ausgestoßene grobe Gotteslästerungen zu einem gemeinen Aergerniß Anlaß giebt." Der Entwurf zum StGB. v. 1836 hatte das Requisit des „gemeinen Aergernisses" beibehalten, dasselbe wurde indeß später fallen gelassen, theils wegen der schwierigen Feststellung des Begriffs, theils in Betracht, daß dasselbe bei einem religiösen Volke durch Vorhandensein der Oeffentlichkeit immer eintreten werde. Man beschränkte sich daher auf die Bezeichnung „öffentlich", die bereits in dem Entwurfe von 1847 allein vorkommt. Die Motive zu dem damaligen § 148 besagen darüber S. 49 wörtlich:

> „Um zunächst bei dem Begriff der eigentlichen Blasphemie stehen zu bleiben, so versteht es sich von selbst, daß, soll nicht die Grenze des Strafrechts überschritten werden, der Gotteslästerung der Charakter der Oeffentlichkeit beiwohnen muß; dagegen kann es darauf, ob sie gemeines Aergerniß erregt, wie die Brandenburgischen, Preußischen und Schlesischen Stände wollen, nicht ankommen. Abgesehen davon, daß dieser Erfolg unsicher, ja unerweisbar ist, so leuchtet ein, daß öffentliche Gotteslästerungen stets zum gemeinen Aergerniß Anlaß geben können, worauf es hier überhaupt nur ankommen kann."

Eine ganz gleiche Bemerkung befindet sich in den Motiven zum Entwurfe v. 1850 S. 35 und die Verhandlungen in den Kammern verbreiten sich über den Punkt nicht näher.

Daraus erhellt aber zugleich, daß die Beantwortung der Frage: ob die Gotteslästerung öffentlich erfolgt sei, Gegenstand der thatsächlichen Beurtheilung in jedem gegebenen Falle ist.

Diesen Grundsatz hat in der vorliegenden Untersuchung das K. OTr. in dem Beschl. v. 4. Dez. 1861 [RdOTr. 2.

S. 119] bereits ausgesprochen, und namentlich bemerkt, daß die Heranziehung des § 36 des StGB.s zur Erläuterung des § 135 l. c. nicht maaßgebend, und die Oeffentlichkeit des Ortes allein nicht entscheidend sein könne, daß vielmehr in der letzteren Gesetzstelle die Oeffentlichkeit der Handlung in den verschiedensten Beziehungen vorausgesetzt werde, nämlich einer solchen, welche vermöge der gerade obwaltenden Umstände Anderen erkennbar geworden und solchergestalt in die Oeffentlichkeit gelangt ist oder doch gelangen konnte. Diese Annahme entspricht der Natur der Sache und der Intention des Gesetzgebers. Denn eine an einem öffentlichen Orte oder in einer öffentlichen Versammlung geschehene Aeußerung kann dergestalt unverständlich und leise stattgehabt haben, daß sie ganz unbeachtet vorübergegangen ist, während dem eine in Gegenwart vieler Personen, in einer Privatzusammenkunft ausgestoßene Gotteslästerung so vernehmlich war, daß sie zur weitesten Verbreitung gelangte.

Antr. des GStA.s: gleichl. [20. — 4.]

---

1. Posen. — Geschäftssprache. — Hauptverhandlung. 2. Wegweiser. — Zerstörung.

1. Wenn auch im Großherzogthum Posen über den Gebrauch der deutschen und polnischen Sprache das Bedürfniß der Parteien entscheidet, so unterliegt doch diese Bedürfnißfrage der Prüfung der Instanzgerichte, nicht dem Willen der Parteien.

Vdn. v. 9. Febr. 1817 § 143; Ges. v. 3. Mai 1852 Art. 27 [dort einzutr. als n. 3 b. Sic: Z. I. 3. Dez. 1862 c. Tomicki, 1038; vgl. RdOTr. 1. S. 165].

2. Das Ausgraben und Hinlegen eines aufgestellten Wegweisers ist als eine Zerstörung desselben anzusehen.

StGB. § 282 [dort einzutr. als n. 10 a].

Erk. (Z. I.) v. 8. Okt. 1862 c. v. Radonski & Lipowicz (723. I. Cr.).

Die Angekl. waren in contumaciam aus § 282 des StGB.s verurtheilt worden, weil sie einen (zum öffentlichen Nutzen dienenden) Wegweiser ausgegraben und hingelegt hatten. Beide stützten ihre NB. auf Gesetzesverletzung, v. R. rügte außerdem, daß er nicht vorschriftsmäßig, nämlich nur in deutscher Sprache vorgeladen worden sei; es habe einer solchen in seiner, der polnischen Sprache bedurft; wenn § 143 der Vdn. v. 9. Febr. 1817 in dieser Beziehung auf das Bedürfniß der Parteien verweise, so könne über dieses letztere auch nur die Partei selbst entscheiden; das AG. habe sich daher mit Unrecht auf eine angebliche Notorietät seiner Bekanntschaft mit der deutschen Sprache berufen. Zurückweisung aus folgenden Gründen:

Hinsichtlich der formellen Beschwerde kann in der Rechtsprechung preußischer Strafgerichte für das Großherzogthum Posen nur die Vdn. v. 9. Febr. 1817 § 143 als die Geschäftssprache der Gerichte normirend angesehen werden, soweit nicht die Vorschriften des § 156, desgleichen in Betreff der mündlichen Hauptverhandlung die Regeln des Art. 27 des Ges. v. 3. Mai 1852 Platz greifen. Der § 143 läßt nun zwar das Bedürfniß der Parteien über den Gebrauch der deutschen oder polnischen Sprache bei den Gerichten entscheiden; allein dieses Bedürfniß haben jedenfalls die Gerichte selbst zu ermessen und nicht etwa von dem Willen der Parteien schlechthin abhängig sein zu lassen. In keiner Weise kann ein Irrthum des Richters über das thatsächliche Bedürfniß einer Partei einen Grund zu einer NB. wegen Verletzung prozeßrechtlicher Regeln und Vorschriften abgeben.

Möglicher Weise könnte ein rechtliches Bedenken darüber erhoben werden, ob in dem Ausgraben und Hinlegen eines bereits aufgestellten Wegweisers eine Zerstörung desselben zu befinden sei. Dies ist jedoch nicht in Abrede zu stellen, da ein Wegweiser nur durch seine richtige Aufstellung ein Wegweiser ist, derjenige also, der sie unkenntlich macht und beseitigt, allerdings den Wegweiser als solchen zerstört.

Antr. des GStA.s: gleichl. [17. — 4.]

Schlachtsteuer. — Ortsregulativ. — Differenzsteuer.

Der Finanz-Minister kann durch ein Orts-Regulativ die Pflicht zur Zahlung einer Differenzsteuer für den Fall begründen, wo ein nach Stückzahl versteuernder Schlächter einem nach dem Gewicht versteuernden ausgeschlachtete Viehstücke überläßt, oder umgekehrt.

Ges. v. 30. Mai 1820 §§ 11. 19. 17b; Steuer-Ordn. v. 8. Febr. 1819 § 60. Sic: B. I. v. 5. Nov. 1862 c. Märtens, 896, mit dem Zusatze, daß es hierbei auf Dolus oder Culpa nicht ankomme, sondern nur darauf, ob die mit Bewußtsein begangene That eine Zuwiderhandlung gegen die Steuergesetze bilde.

Erk. (Z. I.) v. 8. Okt. 1862 c. Kuschewski & Popp (741. I. Cr.).

Das Ortsregulativ zur Erhebung der Schlacht- und Mahlsteuer in Elbing schreibt vor, daß jeder Schlächter vor dem Antritte jedes Quartals sich darüber erklären soll, ob er das zu schlachtende Vieh nach dem Gewichte oder nach Stücksatz versteuern will, und daß in dem Falle, wo ein Schlächter einem andern nach andern Grundsätzen versteuernden Schlächter ausgeschlachtete Viehstücke überläßt, so weit nöthig, eine Nachversteuerung Platz greifen müsse. Gegen K. und P. war eine Zuwiderhandlung gegen diese Vorschriften festgestellt worden, gleichwohl sprach der erste Richter von der Anklage der Steuerdefraude frei, weil das Ges. v. 30. Mai 1820 und dessen spätere Ergänzungen eine solche Differenzsteuer gar nicht kennen, diese daher als eine höhere Steuer, wie das allgemeine Gesetz anordne, anzusehen sei, welche der Fin.-Minister in dem Ortsregulative nicht habe anordnen können. Gegen das reformatorische verurtheilende Erk. zweiter Inst. ergriffen die Angeklagten die NB. Zurückweisung aus folgenden Gründen:

Gewiß ist es richtig, daß, wenn das Orts-Regulativ wirklich eine dem allgemeinen Gesetz zuwider laufende Bestimmung enthalten sollte, dieser keine Rechtsgültigkeit beigelegt, also auch auf Grund einer solchen dem allgemeinen Gesetz zuwider laufenden Vorschrift eine Defraudationsstrafe nicht verhängt werden könnte. Nach § 11 des Ges. vom 30. Mai 1820 kann jedoch die Schlachtsteuer nach dem Gewicht der ausgeschlachteten Thiere oder nach den Stücksätzen entrichtet werden, und es bleibt dem Steuerpflichtigen überlassen, entweder die Steuer von dem Stücke vor dem

Schlachten zu erlegen, oder vorher unter dem Erbieten zur Versteuerung nach dem Gewicht gegen Bestellung eines Pfandes den Schlachtzettel des Steueramtes auszuwirken. Der § 11 l. c. ordnet ferner an, daß der Finanzminister in jeder Stadt die nach der Lokalität angemessenen Stücksätze bestimmen soll. Wenn daher der in § 19 des Gesetzes ausdrücklich mit Ausführung desselben beauftragte Finanzminister in dem Orts-Regulativ für Elbing die oben gedachten Bestimmungen § 76 No. 3 und 4 erlassen hat, so kann hierin keine Ueberschreitung seiner Befugnisse, viel weniger die Anordnung einer neuen oder höheren Steuer als in den allgemeinen Abgabegesetzen bestimmt ist, gefunden werden.

Es wird nur in Ausführung des Ges. v. 30. Mai 1820 im Orts-Regulativ § 66 vorgeschrieben, daß jeder Schlächter sich zum voraus erklären muß, ob er im nächsten Quartal nach dem Gewicht oder nach dem Stücksatz steuern will, eine Kontrollvorschrift, zu deren Erlaß der Finanzminister unbedenklich ermächtigt war; und wenn sodann im § 76 des Regulativs in dem Fall, daß ein Schlächter an einen anderen Schlächter Fleisch verkauft, Vorsorge getroffen ist, durch die angeordnete Nachzahlung der jedesmaligen höheren Steuer (der Differenz zwischen der Gewichtsteuer und Stücksatzsteuer oder umgekehrt) Umgehungen der von den Schlächtern für das laufende Quartal ein für allemal erwählten Art der Versteuerung zu verhindern, so liegt hierin nichts, was mit dem allgemeinen Gesetz in Widerspruch steht. Das Orts-Regulativ bringt nur zur Ausführung, daß von dem Fleisch, welches gewerbsweise durch die Schlächter verkauft wird, diejenige höhere Steuer dem Staat entrichtet wird, zu welcher der Schlächter sich gegen die Steuerbehörde ein für allemal im laufenden Quartal verpflichtet hatte. Ohne die Vorschriften No. 3 und 4 § 76 des Regulativs würde durch Kollusionen der nach Gewicht und der nach Stücksatz steuernden Schlächter untereinander bei einer Differenz in der Höhe beider

Arten der Versteuerung dem Staat die höhere Steuer, auf welche er durch die von den einzelnen Schlächtern ein für allemal getroffene Wahl ein Recht erlangt hatte, entzogen werden können.

Antr. des GStA.s: gleichl. [18.—4.]

---

1. Anordnung der Obrigkeit. — Wahlerlaß.
2. Feststellung. — Gründe. — Nichtigkeit.

1. Ein Wahlerlaß eines Ministeriums kann als Anordnung der Obrigkeit im Sinne des § 101 des StGB.s angesehen werden.

StGB. § 101 [vgl. dort n. 16].

2. Es begründet keine Nichtigkeit, wenn die Thatsachen 2c., auf Grund deren ein Beweis als geführt angenommen wird, im Urtheile nicht angegeben sind.

Ges. v. 3. Mai 1852 Art. 31 [vgl. dort n. 26; Sic: Z. I. 3. Okt. 1862 c. Hahn, 800; Z. I. 19. Nov. 1862 c. Strybel, 991].

Erk. (Z. I.) v. 8. Okt. 1862 c. Krause (836. I. Cr.).

Eine Verletzung des § 101 StGB. soll darin liegen, daß der Wahlerlaß des K. Ministerii des Innern zu Unrecht als eine Anordnung der Obrigkeit betrachtet worden sei. Allein der App.-Richter begeht keinen Rechtsirrthum, indem er annimmt, daß dieser Wahlerlaß sich als eine Maaßregel darstellt, welche die K. Staats-Regierung im Gebiete der inneren Politik ergriffen hat, und daß sie deshalb unter den Begriff einer Anordnung der Obrigkeit fällt. —

Eine Verletzung der §§ 32 und 33 des Preßgesetzes läßt sich darin nicht finden, daß der App.-Richter dem § 101 des StGB.s gemäß ausdrücklich feststellt, daß der Angeklagte durch öffentliche Behauptung und Verbreitung entstellter Thatsachen eine Anordnung der Obrigkeit dem Hasse und der Verachtung ausgesetzt habe. Hiermit ist auch der Vorschrift des Art. 31 Abs. 1 des Ges. v. 3. Mai 1852 genügt, da das App.-Urtheil hervorhebt, daß die Thatsachen, welche zu den wesentlichen Merkmalen der den Gegenstand der Entscheidung bildenden strafbaren Handlung gehören, für erwiesen zu erachten. Der Angeklagte könnte füglich nur vermissen, daß der Schlußsatz des Art. 31 nicht gehörig berücksichtigt sei, weil die Thatsachen und Beweismittel, auf Grund deren jener Beweis als geführt angenommen worden, rücksichtlich der Oeffentlichkeit der Handlung in den Entscheidungsgründen nicht näher angegeben wären. Dieser Schlußsatz handelt aber von den Indizien, auf denen die eigentliche thatsächliche Feststellung beruht, und er enthält eine Instruktion für den Richter, deren nicht vollständige Berücksichtigung noch keineswegs eine Nichtigkeit des betreffenden Erkenntnisses nothwendig nach sich zieht.

Antr. des. GStA.s: gleichl. [44.—4.]

---

1. Gerichtsschreiber. — Bildung des Schwurgerichts. — Hauptverhandlung. — Identität.

2. Gerichtsschreiber. — Sachverständiger.

3. Verlesung von Aktenstücken. — Information. — Prozeßmaaßregel.

4. Urkunde. — Bestellzettel. — Adresse.

5. Urkunde. — Unterschrift eines Nichtexistirenden.

1. Es ist nicht unerläßlich, daß der bei der Bildung des Schwurgerichts zugezogene Gerichtsschreiber demnächst auch bei der Hauptverhandlung mitwirke.

Vdn. v. 3. Jan. 1849 § 83 [vgl. dort n. 7].

2. Es ist nicht unstatthaft, den Gerichtsschreiber, welcher bei der Bildung des Schwurgerichts mitgewirkt hat, demnächst im Hauptverfahren als Sachverständigen zuzuziehen.

Ges. v. 3. Mai 1852 Art. 52 [dort einzutr. als n. 6a].

3. Der Schwurgerichtshof kann zum Zwecke einer ihm allein obliegenden Prozeßmaaßregel

(z. B. Behufs Entscheidung über die Statthaftigkeit der Vereidung eines Zeugen) aus anderen Akten Informationen einziehen, ohne dabei an die für die Benutzung von Beweisurkunden geltenden Beschränkungen gebunden zu sein.

Ges. v. 3. Jan. 1852 Art. 25 [dort einzutr. als n. 7a].

4. Ein Bestellzettel kann eine Urkunde darstellen und verliert diese Eigenschaft nicht durch kleine Unrichtigkeiten in der Namensbezeichnung des Adressaten.

StGB. § 247 [vgl. dort n. 147—149; RdOTr. 2. S. 208].

5. Eine Schrift verliert den Charakter einer Urkunde dadurch nicht, daß sie mit dem Namen einer nicht existirenden Person unterzeichnet ist.

Ebendas. [vgl. dort n. 41].

Erk. (Z. I.) v. 8. Okt. 1862 c. Siewert (892. I. Cr.).

Es ist weder aus dem Wortlaut der betreffenden Vorschriften der Vdn. v. 3. Jan. 1849 und des Ges. vom 3. Mai 1852, welche die Zuziehung des Gerichtsschreibers zu den Gerichtsverhandlungen verordnen, insbesondere aus dem Wortlaute des § 83 der Vdn., noch auch dem Zwecke dieser Zuziehung zu folgern, daß eine Identität der Person dieses Gerichtsschreibers bei diesen sämmtlichen Gerichtsverhandlungen, namentlich also, wie hier behauptet wird, bei der Verhandlung über die Bildung des Schwurgerichts und demnächst bei der Hauptverhandlung stattfinden müsse. Das OTr. hat es daher auch bereits in früheren Entscheidungen für statthaft erklärt, daß bei beiden Verhandlungen verschiedene Personen als Gerichtsschreiber fungiren dürfen.

Es ist sodann aktenmäßig richtig, daß der Sekretair S., welcher das Protokoll über die Verhandlung zur Bildung des Schwurgerichts, nicht aber dasjenige über die darauf folgende Hauptverhandlung geführt hat, zugleich als Sachverständiger in dieser Hauptverhandlung vernommen worden ist. Allein darin ist, selbst unter Berücksichtigung der vorangegangenen Verhandlungen in dieser Sache, eine Nichtigkeit des Verfahrens nicht zu befinden.

Zwar gehört der Gerichtsschreiber vermöge seines Amtes nach § 60 der cit. Vdn. und Art. 52 des Ges. v. 1852 zum SchwGH.; er ist ein gesetzlich nothwendiges Glied desselben. Es ist ferner anzuerkennen, daß das Gesetz die Unvereinbarkeit auch der Funktionen des Gerichtsschreibers mit anderen die Verhandlung der Sache selbst betreffenden Verrichtungen, z. B. mit denen des Dolmetschers (Art. 27 l. c.) anerkennt, und daß unzweifelhaft das Richteramt mit der Eigenschaft eines Zeugen oder Sachverständigen in derselben Sache unvereinbar ist (§ 143, I. 2. AGO., § 47 Cr.-O., Art. V. Nr. 2 des Ges. v. 26. April 1852). Allein daraus folgt für den vorliegenden Fall Nichts. Wenn auch der Gerichtsschreiber ein Glied des SchwGH.s ist, so sind doch dieselben Gründe, welche dem Richter als Mitglied desselben GH.s aus seiner Eigenschaft als Zeuge oder Sachverständiger in derselben Sache entgegenstehen, nicht in ihrer vollen Ausdehnung auch auf den Gerichtsschreiber zu übertragen. Der Richter, und auch im Falle des Art. 98 des Ges. v. 1852 der Richter des Schwurgerichtshofes, hat das Urtheil in der Sache selbst zu fällen, er muß sonach bei der ganzen Sache, also bei allen Verhandlungen derselben, unbetheiligt geblieben sein, weil sein Urtheil die ganze Sache umfaßt. Dem Gerichtsschreiber liegen dagegen nur einzelne Funktionen, welche hauptsächlich nur den Zweck der Beglaubigung der speziellen vor ihm verhandelten Akte haben, ob. Es handelt sich also bei ihm nur darum, daß er bei dem speziellen Akte, welchen er beglaubigen soll, unbetheiligt geblieben sei, daß er also in derjenigen Verhandlung, in welcher er das Protokoll führt, nicht zugleich Dolmetscher, Zeuge oder Sachverständiger gewesen sei. Daß dies bei anderen Verhandlungen derselben Sache, welche mit jener nicht in einem innern Zusammenhange stehen, sich auf dieselbe nicht beziehen, der Fall gewesen, ist sonach gleichgültig. Die Funktion der Führung des Protokolles kann in ihrer Zuverlässigkeit dadurch nicht beeinträchtigt werden, daß der Gerichtsschreiber in derselben Sache Zeuge u. s. w. gewesen ist, oder daß er es in derselben Sache werden soll, sobald, wie gedacht, jener innere Zusammenhang zwischen diesen Akten nicht besteht, der Gerichtsschreiber also nicht z. B. den Inhalt einer Verhandlung niederschreiben soll, in welchem auf sein früheres Zeugniß Bezug genommen wird. Nun gehört zwar im rechtlichen Sinn die Verhandlung über die Bildung des SchwG.s zur Hauptverhandlung, weil diese nur im Gegensatze zur Voruntersuchung zu verstehen ist (Urt. v. 26. April 1853; G. Arch. 1. S. 189); aber dennoch ist sie ein von dieser Hauptverhandlung getrennter besonderer Akt derselben, wie dies die §§ 83 ff. der Vdn. von 1849 ergeben. Eine innere Verbindung findet nur insofern statt, als es die in der Verhandlung über die Bildung des SchwG.s ausgelosten Geschwornen sind, welche demnächst in der eigentlichen Hauptverhandlung zu fungiren haben; andere die Sache selbst betreffende, mit dem sonstigen Zwecke der letzteren in unmittelbarer Verbindung stehende Verhandlungen finden in jener ersteren nicht statt, und die Besorgniß, daß der Gerichtsschreiber deshalb ein Interesse bei dem formellen Akte der Bildung des SchwG.s haben könne, weil er in der darauf folgenden eigentlichen Hauptverhandlung Zeuge oder Sachverständiger sein wird, kann nicht obwalten.

Der fernere Angriff der NB. richtet sich gegen das Verfahren des GH.s in Betreff der Benutzung der Akten c. K. u. Gen. in der Schwurgerichtssitzung. Allein wie der Zusammenhang der Sache nach Inhalt des Protokolles deutlich ergiebt, so handelte es sich lediglich darum, die nöthige Information über die Glaubwürdigkeit des von dem Angekl. vorgeschlagenen und so eben vernommenen Zeugen S. zu prüfen, um über dessen Vereidigung, gegen welche der StA. protestirt hatte, zu beschließen. Ein solcher Beschluß liegt nach § 333 der Cr.-O. dem GH. ob, und er hat dabei selbstständige Erwägungen zu fassen, ohne freilich dadurch den Geschwornen in ihrem Urtheil über die Glaubwürdigkeit des Zeugen zu präjudiziren, sowie denn auch der GH. in seinem Beschlusse ein solches Urtheil den Geschwornen ausdrücklich vorbehalten hat. Wenn nun der Gerichtshof zum Zwecke dieser ihm obliegenden Prüfung der Glaubwürdigkeit des S. die von dem StA. in Bezug genommenen Untersuchungsakten c. K. eingesehen und aus denselben dasjenige konstatirt hat, was sein zum Protokolle registrirter Beschluß besagt, so läßt sich auf diese ganze Operation die in der Beschwerde in Bezug genommene Vorschrift des Art. 25 des Ges. v. 3. Mai 1852 nicht anwenden. Informationen, welche der GH. zum Zwecke einer ihm allein obliegenden Maaßregel des Prozesses einzieht, wie hier zum Zwecke des Beschlusses über die Vereidigung eines Zeugen, sind nicht durch diejenigen Förmlichkeiten bedingt, welche insbesondere der Art. 25 für die dort gedachten Fälle der Benutzung von Beweisurkunden in der Sache selbst vorschreibt. Der Umstand, daß hierbei ein Einfluß auf das Ermessen der Geschwornen selbst stattfinden kann, indem z. B. im vorliegenden Fall jene Konstatirung des GH.s aus den vorgelegten Akten sich auch über eine durch die letzteren angedeutete Verbindung des Zeugen mit dem Angeklagten bei anderen Verbrechen ausgelassen hat, ändert hierin Nichts.

Schließlich ist auch die Rüge über die Gesetzesverletzung durch die Annahme des GH.s, daß das vorliegende Schriftstück eine Urkunde im Sinne des § 247 des StGB.s sei, unbegründet. Daß Bestellzettel solche Urkunden sein können, indem sie, wenn die Lieferung in Folge der schriftlichen Bestellung stattgefunden hat, einen Kaufvertrag nach den angegebenen Preisen begründen, unterliegt, wie das OTr. bisher mehrfach erkannt hat, keinem Bedenken. Die Behauptung, daß eine Person des Namens v. L., wie sie unter dem Bestellzettel geschrieben ist, nicht existire, enthält eine neue, durch das Verdikt der Geschwornen nicht festgestellte Thatsache, würde auch unerheblich sein, weil auch

Urkunden unter dem Namen fingirter Personen des im § 247 vorausgesetzten Charakters nicht entbehren. Allerdings setzt sodann zwar der Name des Adressaten, an welchen der Bestellzettel gerichtet ist, welcher die Bestellung leisten und durch die Urkunde getäuscht werden soll, eine bestimmte existirende Person voraus. Im Verdikt der Geschwornen liegt aber, daß der Kaufmann Lebrenz, welcher durch den Gebrauch getäuscht worden ist, sich für den darin genannten Adressaten Namens Lawerenz halten konnte, und daß daher, die Aechtheit der Urkunde vorausgesetzt, trotz der geringen Differenz in der Namensbezeichnung der Vertrag zwischen jenem L. und dem Besteller durch die erfolgte Leistung zu Stande gekommen sein würde.

Antr. des GStA.s: Zurückweisung der NB. [15. — 4.]

Beschwerde. — Betheiligter. — Oeffentlichkeit.

Beschwerden stehen nur den bei einer Verfügung direkt betheiligten Personen zu. Das gilt auch von Beschwerden über Verletzung der Vorschriften wegen Oeffentlichkeit der Verhandlungen.

Ges. v. 3. Mai 1852 Art. 11 [vgl. dort n. 14].

Beschl. (I.) v. 8. Okt. 1862 Klewitz c. v. Rheinbaben
(239. B. I. Cr.).

Der Stadtverordnete S. beschwerte sich beim OTr. darüber, daß bei der Verhandlung einer zwischen dritten Personen schwebenden Injuriensache die Oeffentlichkeit in ungesetzlicher Weise ausgeschlossen worden sei. Zurückweisung. In der Verbescheidung heißt es:

Da nach Ihrem eigenen Vortrage Sie bei dem Injurienprozesse des K. c. v. R. nicht selbst betheiligt sind, so können Sie aus den gesetzlichen Vorschriften über die Oeffentlichkeit der Gerichtsverhandlungen für sich nicht ein Recht herleiten, darüber Beschwerde zu führen, daß — Ihrer Auffassung nach — bei Verhandlung dieses Prozesses im Termine den 6. v. M. die Oeffentlichkeit nicht gehörig stattgefunden habe, oder nicht unter Beobachtung der vorgeschriebenen Formen ausgeschlossen sei.

Antr. des GStA.s: gleichl. [46. — 3.]

Polizeiaufsicht. — Verlassen der Wohnung. — Umzug. — Dolus.

1. Der unter Polizeiaufsicht Gestellte, welchem das Verlassen seiner Wohnung während der Nachtzeit ohne Erlaubniß untersagt worden ist, verstößt nicht gegen dieses Verbot, wenn er seine Wohnung an einen andern Ort ohne vorgängige Erlaubniß verlegt, sobald er nur den Umzug bei Tage bewerkstelligt.

StGB. §§ 28 [dort einzutr. als n. 2a]. 116. Sic: Z. I. 19. Juni 1862 c. Druskat, 810.

2. Der Mangel des Dolus macht eine Zuwiderhandlung gegen § 116 StGB. straflos.

Ebendas. § 116, [vgl. dort n. 6].

Erk. (B. II.) v. 9. Okt. 1862 c. Soculowsky (216. II. Cr.).

Der wegen Diebstahls unter Polizeiaufsicht gestellten Angeklagten war von der Polizeibehörde ihres Wohnorts O. das Verlassen ihrer Wohnung ohne schriftliche Erlaubniß untersagt worden. Sie verlegte darauf ohne vorgängige Erlaubniß am Tage ihren Wohnsitz von O. nach M., um dort einen Dienst anzutreten; aus § 116 angeklagt, ward sie in erster Inst. freigesprochen, weil ihre Wohnung jetzt in O. sei, und sie diese bei Nacht nicht verlassen habe; außerdem habe sie offenbar in gutem Glauben und mit der Absicht gehandelt, den polizeilichen Verfügungen nachzukommen; sie habe die Meldung machen wollen, habe das Büreau verschlossen gefunden, deshalb Angehörige mit jener beauftragt und angenommen, dieser Auftrag werde ausgerichtet werden. Das reformatorische verurtheilende Erk. zweiter Inst. ist auf ihre NB. vernichtet, und das erste Erk. bestätigt worden; ausgeführt ward:

Die gesetzliche Freiheit der Angeklagten, ihren Wohnort zu verändern und statt O. jeden anderen zu wählen, insbesondere auch M., war nicht beschränkt und hätte nur von der Landespolizeibehörde nach Maaßgabe des § 27 des StGB.s beschränkt werden können (vgl. §§ 1 ff. des Ges. v. 31. Dez. 1842, GS. Nr. 2317). Die Angeklagte hat nun in der That von dieser Freiheit Gebrauch gemacht: sie hat am Tage des 2c. ihren dauernden Aufenthalt nach den vorderrichterlichen Feststellungen von O. nach M. verlegt, wozu sie keiner ortspolizeilichen Erlaubniß bedurfte, ihr eine solche nicht einmal verweigert werden konnte. In M. hatte sie die Meldung bei der Polizeiobrigkeit nach Vorschrift des § 8 des Ges. v. 31. Dez. 1842 vorzunehmen und dadurch, gleichwie durch die Vorschrift des § 9 das. wurde die Ortspolizeibehörde von M. vollkommen in Stand gesetzt, die Polizeiaufsicht über die Angeklagte fortzusetzen, wozu sie überdies auch andere Mittel hatte und von O. aus schon in Folge der durch den ersten Richter festgestellten und vom App.-Richter nicht bezweifelten thatsächlichen Abmeldung daselbst, obgleich diese nicht persönlich und förmlich durch die Angeklagte geschehen war, und anderswie veranlaßt werden konnte. Daß demnach das Verbleiben der Angeklagten in M. als ihrem neuen Wohnorte auch während der Nachtzeit straflos geschehen ist, versteht sich so sehr von selbst, daß vielmehr das Verlassen dieses ihres nunmehrigen Wohnortes in der Nacht eine Zuwiderhandlung gegen die erste obige Beschränkung ihrer Freiheit hätte werden können, die das Strafurtel nach § 28 des StGB.s nicht an das Verweilen in ihrer Wohnung zu O., sondern in ihrer jeweiligen Wohnung bei Nacht gebunden hatte.

Auch der zweite Nichtigkeitsgrund, der Mangel des Dolus der Angeklagten, hat seine Berechtigung (vgl. Erk. v. 6. April 1854 bei Oppenhoff § 116 n. 6); doch bedarf es eines näheren Eingehens auf denselben hier nicht, da nach Vorstehendem, wie geschehen, erkannt werden mußte.

Antr. des GStA.s: entg. [23. — 1.]

Hazardspiel. — Wette.

Eine Wette schließt den Begriff des Hazardspiels nicht aus; das gewerbsmäßige Hazardspiel bleibt daher strafbar, selbst wenn es in der Form einer Wette stattfand.

StGB. § 266 [vgl. dort n. 5].

Erk. (Z. II.) v. 9. Okt. 1862 c. Heinemann (269. II. Cr.).

H. focht das ihn wegen gewerbsmäßigen Hazardspiels verurtheilende Erk. durch NB. an, weil es sich nach der als erwiesen angenommenen Art des Spiels nicht um ein Hazardspiel im Sinne des § 266, sondern von einer Wette über das Gelingen eines Taschenspielerkunststücks gehandelt habe. Zurückweisung. Erwogen ward:

daß die Beschwerde ungegründet ist, indem das Charakteristische des Hazardspieles, nämlich das Abhängen des Gewinnes oder Verlustes vom Zufalle auch im untergebenen Falle hervortritt, und die Andeutung des Imploranten „daß bei diesem Spiele nicht der Zufall, sondern eine gewisse Fingerfertigkeit seinerseits den Erfolg bedingt habe," weit entfernt, dem ostensiblen Zwecke und Charakter des Spieles, als eines Hazardspieles, Eintrag zu thun, nur zur Erhöhung der Strafbarkeit des Angekl. beizutragen geeignet sein würde;

daß ebensowenig der Charakter des Hazardspieles dadurch aufgehoben wird, daß Angekl. den gemachten Einsatz als eine Wette qualifizirt, da einerseits eine Bedingung wie die, daß der Spieler eine Karte errathe oder glücklich wähle, oder daß ihm dieselbe zufalle, stillschweigend den meisten Hazardspielen mit Karten zu Grunde liegt, andererseits auch eine Wette, zumal wenn sie bei Gelegenheit eines Hazardspieles vorkommt, die Natur eines Hazardspiels sehr wohl haben kann.

Antr. des GStA.s: gleichl. [16.—1.]

Zeugnißpflicht. — Redakteur. — Konnexität.

Wenn auch der nach § 35—37 des Preßgesetzes strafbare Redakteur nicht als Theilnehmer des Verfassers eines abgedruckten Artikels strafbaren Inhalts anzusehen ist, so darf er doch nicht als Zeuge in der Untersuchung gegen den letzteren vernommen werden, sobald er selbst, wegen Konnexität bei der Straffälle, zusammen mit jenem vor dasselbe Gericht gestellt worden ist.

Vdn. v. 3. Jan. 1849 § 20 [vgl. dort n. 9]; § 22 [vgl. dort

n. 22. 24]; Cr.-Ordn. § 356 Nr. 8. Preßges. v. 12. Mai 1851 §§ 35—37. — Sic: Z. I. 8. Febr. 1861 c. Pietreczko, 3, G.A. 9. S. 273. Vgl. RbOTr. II. S. 91. 267.

Beschl. (II) v. 9. Okt. 1862 c. Rabe & Heidemann (49. B. II. Cr.).

Wegen eines im Herforder Kreisblatte abgedruckten Artikels war gegen R. als Verfasser aus § 102 StGB. und gegen den Redakteur H. aus § 37 des Preßges. die Untersuchung eröffnet worden. In der Sitzung bestritt R. die in der Voruntersuchung zugestandene Verfasserschaft, worauf das Kreisgericht auf den Antr. des StA.s beschloß, den H. durch den Untersuchungsrichter über die Person des Einsenders vernehmen zu lassen. Auf Beschwerde des H. hob das AG. diese Verfügung auf, weil H. und R. zusammen vor denselben Richter gestellt und daher als „Mitschuldige" anzusehen seien. Die hiergegen ergriffene Beschw. des OStA.s, welche sich auf Beschl. I. 21. Nov. 1861 (RbOTr. 2 S. 91) stützte, ward vom OTr. zurückgewiesen, und zur Begründung ausgeführt:

Allerdings ist in den Fällen der §§ 35 bis 37 des Preß-Ges. v. 12. Mai 1851, das in diesem § mit Strafe bedrohte Delikt des Vertriebsunternehmers und des Druckers einer Druckschrift strafbaren Inhalts und des Redakteurs eines kautionspflichtigen Blattes solchen Inhalts ein selbstständiges; es steht an sich mit der That des Verfassers oder Urhebers des durch Druck veröffentlichten Schriftstücks in keinem Zusammenhange. Es kann daher nicht als Theilnahme an der That des Verfassers aufgefaßt werden, wie denn noch in den letzten Stadien der Verhandlungen über das Preßgesetz die Kommission der II. Kammer, nach ihrem Berichte (S. 76. 77 Stenogr. Ber. der II. Kammer 1850—51 Anlagen S. 1153a), beschlossen hatte und beantragte, in dem dritten Absatze des § 49 des Gesetzes vor dem Worte „verantwortlichen" die Worte „nach den Bestimmungen dieses Gesetzes" aufzunehmen, „um", wie in dem Berichte gesagt wurde, „damit auf die in dem vorliegenden Gesetze über die Verantwortlichkeit bestimmter Personen speziell gegebenen Vorschriften hinzudeuten," — also auf die speziellen Vorschriften über die, einer „Mitschuld" entgegengesetzte „Verantwortlichkeit" (im engeren Sinne) derjenigen Personen, welche strafbar werden können, wenn sie auch nicht als Urheber oder Theilnehmer schuldig oder „mitschuldig" (§ 34) und als solche strafbar sind, — und nur das bei der Redaktion der jenem Berichte beigefügten Zusammenstellung (S. 33 Sten. Ber. der II. Kammer 1850—51 Anlagen S. 1171) vorgefallene Versehen, daß in dieser Zusammenstellung jener von der Kommission beschlossene Zusatz wegblieb, die Veranlassung wurde, daß letzterer hiernächst (Stenogr. Ber. S. 1298a) unbeachtet blieb. Allein es ist dies nicht allein entscheidend. Ist gegen mehrere Personen wegen Konnexität der ihnen zur Last gelegten strafbaren Handlungen, — wie solche allerdings auch in Beziehung auf eine Druckschrift strafbaren Inhalts zwischen den als Urheber oder Theilnehmer (§ 34 des Preßges.) und den nur nach § 35—37 ibid. strafbaren Personen eintreten kann, — ein Strafverfahren eröffnet, wie in dem vorliegenden Falle gegen den ꝛc. R. als angeblichen Verfasser des inkriminirten Artikels und gegen den ꝛc. H. als Drucker, Verleger und Redakteur des H.er Kreisblattes, in welchem dieser Artikel Aufnahme gefunden hat, geschehen ist, so würde es der Natur eines geordneten Strafverfahrens zuwider sein, eine der in das Verfahren implizirten Personen bald als Angeschuldigten und bald in Bezug auf eine andere implizirte Person als Zeugen abzuhören. Eine solche Prozedur würde dem unzweifelhaften Grundsatze des Strafprozesses widersprechen, daß dieselbe Person in derselben Untersuchung nicht gleichzeitig Angeschuldigter und Zeuge sein kann, nach welcher Richtung hin und über welchen Anklagepunkt auch ein solches Zeugniß erfordert werden möchte.

In der gegen R. und H. eröffneten Untersuchung nachträglich den H. als Zeugen eidlich darüber zu vernehmen, wer und ob namentlich der Mitangeschuldigte R. der Verfasser und Einsender des inkriminirten Artikels sei, ist daher unzulässig, und zwar um so mehr, als, mit Rücksicht auf Art. 30 des Ges. v. 3. Mai 1852 die Möglichkeit nicht ausgeschlossen ist, daß der nur in Bezug auf § 37 des

Preßgesetzes angeklagte H. in dem weitern Verfahren als Theilnehmer an der dem ꝛc. R. zur Last gelegten strafbaren Handlung (im Sinne des § 34 des Preßgesetzes und des § 34 des StGB.s) verfolgt werde. Darin ändert auch der Umstand nichts, daß nicht sofort in dem Audienz-Termine, in welchem der H. als Mitangeschuldigter erschienen war, mit solcher unzulässiger Vernehmung desselben als Zeuge hat verfahren werden sollen, sondern das Verfahren einstweilen ausgesetzt, und die eidliche Vernehmung des H. durch den Untersuchungsrichter angeordnet wurde. Denn immer handelt es sich um dieselbe bereits eingeleitete Untersuchung, in welcher der ꝛc. H. als Angeschuldigter verfolgt worden ist und auch nach erfüllter Zeugenpflicht als solcher wieder behandelt werden soll.

Antr. des GStA.s: gleichl. [26. — 2.]

Stempel. — Trockner Wechsel. — Ausland.

Ein im Auslande ausgestellter und im Auslande zahlbarer trockner Wechsel ist, selbst wenn er im Inlande in Umlauf kommt, stempelfrei.

AKO. v. 3. Jan. 1830 Nr. 1 (GS. S. 9); Ges. v. 26. Mai 1852 (GS. S. 299).

Erk. (Z. I.) v. 10. Okt. 1862 c. Simon (846. I. Cr.).

Die für gezogene Wechsel erlassene Vorschrift der AKO. v. 3. Jan. 1830 Nr. 1 muß, nachdem nunmehr durch das Ges. v. 26. Mai 1852 die trocknen Wechsel in Beziehung auf ihre Versteuerung den gezogenen ganz allgemein und unbedingt gleich gestellt sind, auch Anwendung finden, wenn es sich, wie im vorliegenden Fall, um einen nicht bloß im Auslande ausgestellten, sondern auch im Auslande zahlbaren trocknen Wechsel handelt, da nicht abzusehen ist, weshalb den trocknen Wechseln, welche gegenwärtig, wie schon bemerkt, den gezogenen rücksichtlich der Versteuerung ganz gleich stehen, nicht dieselbe Verkehrserleichterung zu Theil werden soll, wie sie für die gezogenen Wechsel durch die AKO. v. 3. Jan. 1830 beabsichtigt und eingeführt ist. Zwar macht die NB. geltend, daß die in Rede stehende Vorschrift der cit. AKO. auf trockene Wechsel überhaupt keine Anwendung finde, weil bei letzteren die thatsächlichen Voraussetzungen der KO. nicht zuträfen, und es ist der NB. auch zuzugeben, daß trockene Wechsel ihrer Natur nach weder auf einen Ort im Inlande, noch auf einen Ort im Auslande gezogen sein können, daß die gedachte Kabinetsordre aber nur von Wechseln, die auf einen Ort im Auslande gezogen sind, nicht von Wechseln, die an einem Ort im Auslande zahlbar sind, spricht. Nach Art. 4 Nr. 8 der Allg. D. Wechsel-Ordn. gilt aber der bei dem Namen oder Firma des Bezogenen angegebene Ort für den Wechsel — insofern nicht ein eigener Zahlungsort angegeben ist — als Zahlungsort und zugleich als Wohnort des Bezogenen. Wenn daher die KO. v. 3. Jan. 1830 ad 1 von solchen Wechseln redet, die auf einen Ort im Auslande gezogen sind, so heißt dies im Wesentlichen nichts anderes, als Wechsel, die im Auslande zahlbar sind, was auf trockene Wechsel eben so gut wie auf gezogene paßt.

Antr. des GStA.s: gleichl. [18.—2.]

Diebstahl. — Miteigenthümer.

Der Miteigenthümer kann an der gemeinschaftlichen, nicht in seinem Besitz befindlichen Sache einen Diebstahl begehen.

StGB. § 215 [vgl. dort n. 10].

Erk. (Z. I.) v. 10. Okt. 1862 c. Thoren (850. I. Cr.).

Der Implorant war bereits in erster Instanz mit dem Einwand aufgetreten, er sei Theilnehmer an einer zwischen B., St. und noch andern Personen errichteten Handelsgesellschaft und als solcher Miteigenthümer des weggenommenen Bernsteins gewesen. Diesen Einwand hat der erste Richter verworfen und zwar aus dem rechtlich völlig zutreffenden Grunde, weil die heimlich und ohne Wissen und Willen von B. und St. erfolgte Wegnahme des Bernsteins, auch wenn dem Angeklagten ein Miteigenthum zugestanden, sich als rechtswidrige Wegnahme einer wenigstens theilweise Andern gehörigen, also für den Angeklagten fremden Sache, d. h. als Diebstahl charakterisiren würde; vgl. B. I. 4. Nov. 1857 c. Krause (JMBl. 58. S. 26). Nur wenn der Angeklagte als Handlungsgesellschafter den fraglichen Bernstein in seiner ausschließlichen Gewahrsam gehabt hätte, würde ein Diebstahl des Angeklagten an demselben ausgeschlossen gewesen sein.

Antr. des OStA.s: Zurückweisung der NB. [47. — 2.]

Verbindungszeichen. — Verbot. — Thatbestand.

Wenn die Bezirks-Regierung das Tragen eines bestimmten äußeren Zeichens verboten hat, so bedarf es in einem Zuwiderhandlungsfalle zur Anwendung der Strafe nicht des besonderen Nachweises, daß dieses Zeichen als ein äußeres Verbindungs- 2c. Zeichen getragen worden sei.

StGB. § 93 [vgl. dort n. 3. Aehnlich: B. I. 3. Okt. 1862 c. Zychlinski u. Gen., 758. Vgl. RbOTr. II. S. 360, und unten B. I. 21. Nov. 1862 c. Pertek und Gen., 876].

Erk. (B. I.) v. 15. Okt. 1862 c. Flieger (777. I. Cr.).

Die Regierung zu P. hatte das öffentliche Tragen von Abzeichen in Bändern, Kokarden 2c. in anderen als denen des Landes, welchem der Tragende als Unterthan angehöre, zur Aufrechthaltung der öffentlichen Ruhe und Sicherheit verboten; F. hatte gleichwohl eine roth-weiße Kokarde getragen, ward aber von der aus § 93 StGB. erhobenen Ankl. freigesprochen, weil es an einer Grundlage für die Annahme fehle, daß jene Kokarde das äußere Zeichen einer Verbindung oder Vereinigung sei. Auf die NB. des OStA.s ist das Erk. zweiter Inst. vernichtet und F. aus § 93 bestraft worden aus folgenden Gründen:

Der § 93 Abs. 2 des StGB.s bedrohet denjenigen mit Strafe, welcher an öffentlichen Orten oder in öffentlichen Zusammenkünften äußere Verbindungs- oder Vereinigungszeichen trägt, welche zur Aufrechthaltung der öffentlichen

Ruhe und Sicherheit von der Bezirksregierung verboten sind. Bereits vor Emanation des StGB.s waren dergleichen Verbote ergangen, indem durch das die Bundesbeschlüsse v. 5. Juli 1832 publizirende Patent v. 25. Sept. ej. (GS. S. 216) das öffentliche Tragen von Abzeichen in Bändern, Kokarden u. dgl. in andern Farben als denen des Landes, welchem der, der solche trägt, als Unterthan angehört — verboten, und dieses Verbot durch die Vdn. v. 5. Dez. 1845 (GS. S. 831) auf die Provinzen Preußen und Posen ausgedehnt worden war, auch hatte die K. Regierung zu Posen durch Verf. v. 2. Nov. 1848 für die Uebertretung dieses Verbotes eine Strafe festgesetzt. Wenn nun dieselbe K. Regierung unterm 3. Mai 1857 das Verbot mit dem Bemerken wiederholt hat, daß dieses gegen alle Abzeichen in andern als den K. Preußischen Landesfarben — Schwarz und Weiß — gerichtete allgemeine Verbot dasjenige sei, welches § 93 Abs. 2 des StGB.s zur Begründung der Strafbarkeit voraussetzt, so kann es um so weniger einem Bedenken unterliegen, daß die weiß und rothe Kokarde in die Kategorie der von der Bezirksregierung zur Aufrechthaltung der öffentlichen Ruhe und Sicherheit verbotenen Abzeichen gehört, als angenommen werden muß, daß das im Interesse der Ruhe und Sicherheit erlassene Verbot vorzugsweise gerade gegen das Tragen dieser Farben in Kokarden und andern Abzeichen gerichtet ist. Hieraus ergiebt sich zugleich, daß dergleichen Kokarden als äußere Verbindungs- und Vereinigungszeichen, da ihr Tragen nur um dieser Eigenschaft willen eine die öffentliche Ruhe und Sicherheit gefährdende Bedeutung gewinnt, verboten sind und es auf einer irrthümlichen Rechtsansicht beruhet, wenn der App.-Richter zur Anwendung des §. 93 Abs. 2 cit. noch einen besonderen Nachweis verlangt, daß die weiß und rothe Kokarde als ein äußeres Verbindungs- und Vereinigungszeichen — öffentlich — getragen worden sei, da das Strafgesetz neben dem Verbote der Bezirks-Regierung einen solchen besonderen Nachweis nicht als Bedingung der Strafbarkeit des öffentlichen Tragens von dergleichen Abzeichen aufstellt.

Antr. des GStA.s: gleichl. [44. — 4.]

Medizinalpfuscherei. — Thatbestand.

Zum Thatbestande des § 199 des StGB.s ist nicht erforderlich, daß mit der Absicht zu heilen wirkliche Medikamente verabreicht oder chirurgische Operationen vorgenommen worden seien, und ebensowenig ist der Begriff „Heilung" auf die Anwendung pharmazeutischer Mittel im Gegensatze zu blos diätetischen beschränkt.

StGB. § 199 [vgl. dort n. 15. 16].

Erk. (Z. I.) v. 15. Okt. 1862 c. v. Gerhardt (870. I. Cr.).

Dieses Erk. spricht den aufgestellten Grundsatz ohne weitere Begründung aus, und verweist dafür auf Z. I. 16. Febr. 1859 c. Strozyck, 126, und Z. I. 17. Sept. 1858 c. Petsch, 693 (G. A. 7. S. 391 und 105).

Antr. des GStA.s: gleichl. [44. — 4.]

Betrug. — Falsches Vorbringen. — Irrthumserregung.

Bei einer Anklage wegen Betrugs bedarf es der ausdrücklichen Feststellung, daß der Irrthum durch das Vorbringen einer falschen Thatsache herbeigeführt sei; es genügt nicht, wenn die Irrthumserregung selbst festgestellt und gleichzeitig angegeben wird, worin dieser Irrthum bestanden habe.

StGB. § 241 [dort einzutr. als n. 57 a].

Erk. (Z. II.) v. 16. Okt. 1862 c. Reinecke (276. II. Cr.).

Gegen R. war festgestellt, daß er: „— das Vermögen des rc. M. in gewinnsüchtiger Absicht dadurch beschädigt habe, daß er in diesem den Irrthum erregte, daß rc." Diese Feststellung erachtete das OTr. nicht für ausreichend, wies aber doch die NB. zurück, weil das mangelnde Moment der Irrthumserregung: „durch das Vorbringen einer falschen Thatsache" sich aus dem Zusammenhange der Gründe ergebe. In der ersteren Beziehung ward erwogen:

daß die so [s. o.] formulirte Feststellung zwar nicht alle wesentlichen Merkmale des § 241 des StGB.s vorgesehenen Vergehens der Betrügerei enthält, indem in derselben zwar ausgesprochen ist: „durch den Angekl. sei bei M. der Irrthum erregt worden, daß ꝛc.“; daß aber der § 241 zu seiner Anwendung erfordert, daß die Irrthumserregung durch das Vorbringen falscher ꝛc. Thatsachen stattgefunden habe, und die bloße Bezeichnung dessen, worin dieser Irrthum bestanden, sowie die Feststellung, daß ein solcher Irrthum von dem Angekl. erregt worden, als eine erschöpfende, dem § 241 entsprechende Feststellung nicht angesehen werden kann;

daß gleichwohl ꝛc.

Antr. des GStA.s: gleichl. [16. — 1.]

Jagdbarkeit. — Vertragsmäßige Bestimmung.

Die Gesetze, welche gewisse Thiere für jagdbar erklären, unterliegen nicht der Abänderung durch Verträge.

Rh. Gen.-Gouv.-Vdn. v. 18. Aug. 1814 (Wildpret-Taxe); StGB. § 274 [dort einzutr. als n. 15b].

Erk. (V. II. i. Int. d. Ges.) v. 16. Okt. 1862 c. Schröder (297. II. Cr.).

Schr. war von der Beschuldigung: „— den Krametsvögelfang in dem Gemeindewalde von M. ohne Jagdschein ausgeübt zu haben,“ durch das Pol.-Gericht deshalb freigesprochen worden, weil bei der Verpachtung der Jagd in den betr. Gemeindewaldungen der Krametsvögelfang von der Jagd ausgeschlossen und den Einwohnern reservirt worden sei, weshalb in den qu. Jagddistrikten die Krametsvögel nicht zu den jagdbaren Thieren gehörten. Der Gen.-St.-Anw. hat auf den Grund des Art. 442 der Rh. StPO. gegen dieses Erk. den Kass.-Rekurs im Interesse des Gesetzes eingelegt, und zur Begründung ausgeführt:

„Wenn das Pol.-Gericht der betr. Vertragsklausel den Sinn beilegt, daß nach der Absicht der Kontrahenten die Krametsvögel nicht zu dem jagdbaren Wilde gehören sollten, so unterliegt diese Auslegung einer weiteren Kritik nicht. Allein die gesetzliche Gültigkeit einer derartigen Verabredung ist vom Pol.-Gericht mit Unrecht angenommen worden. Nach dem an dem Orte der That geltenden Gesetze, der Gen.-Gouv.-Vdn. v. 18. Aug. 1814 und der derselben beigefügten Wildprettaxe, gehören Krametsvögel zu dem jagdbaren Wilde. Dies hat das K. OTr. in der Untersuchung c. Sicken durch kassirendes Urtheil v. 16. Febr. 1854, unter Bezugnahme auf den § 7 Nr. 6 und § 8 litt. a jener Verordnung angenommen und jeder Zweifel gegen die Richtigkeit dieser Ansicht wird dadurch beseitigt, daß in der erwähnten Wildprettaxe die Krametsvögel unter dem Wildpret aufgeführt sind. Nun gehören aber diejenigen Vorschriften, welche das Recht des freien Thierfanges einschränken, gewisse Thiere für jagdbar erklären, die Aneignung derselben einer Regelung unterwerfen, und insbesondere die Ausübung der Jagd auf solche Thiere von dem Besitze eines Jagdscheins abhängig machen, zu denjenigen Gesetzen, welche das öffentliche Interesse angehen und daher einer Abänderung durch Verträge nicht unterliegen. Indem daher das Polizeigericht die von ihm als geschlossen angenommene Verabredung, daß in den Gemeindewaldungen von Maynrode die Krametsvögel nicht zu den jagdbaren Thieren gehören sollen, als gültig und deshalb die Ausübung des Krametsvogelfanges ohne Jagdschein als nicht strafbar ansah, hat es den Art. 4 des BGB.s und die §§ 14 und 16 des Jagd-Pol.-Ges. v. 7. März 1860 (GS. S 165) verletzt."

Das KOTr. hat: „aus den in dem vorstehenden Antrage entwickelten Gründen" das Erk. im Interesse des Gesetzes vernichtet.

[16.—1.]

Schamhaftigkeit (Verletzung). — Bewußtsein.

Im Falle des § 150 StGB. bedarf es der Feststellung, daß der Angeklagte sich der Unsittlichkeit seiner Handlung bewußt gewesen sei, nur dann, wenn dieses Bewußtsein bestritten war.

StGB. § 150 [vgl. dort n. 14].

Erk. (Z. I.) v. 17. Okt. 1862 c. Leiber (Neumann u. Gen. 852. I. Cr.).

L. war, weil er „durch Verletzung der Schamhaftigkeit ein öffentliches Aergerniß gegeben habe," aus § 150 bestraft worden; seine NB. rügte: es sei nicht festgestellt, daß er mit dem Bewußtsein der Unsittlichkeit gehandelt habe. Zurückweisung aus folgenden Gründen:

Der Angekl. L. hatte im Laufe der zweiten Instanz gar nicht den Einwand des mangelnden Bewußtseins der

Unsittlichkeit seiner Handlung erhoben, es bedurfte daher auch einer ausdrücklichen desfallsigen Feststellung nicht.

Antr. des GStA.s: gleichl. [20.—2.]

Betrug. — Verpflichtung. — Wohlthat.

Der Thatbestand des Betrugs liegt auch da vor, wo Jemand durch Täuschung zu einer Leistung veranlaßt worden ist, zu welcher er im Falle der Richtigkeit der vorgebrachten Thatsachen rechtlich nicht verpflichtet gewesen wäre, sobald er selbst nur in der Ueberzeugung der Verpflichtung handelte.

StGB. § 241 [dort einzutr. als n. 65a; vgl. n. 11].

Erk. (Z. I.) v. 17. Okt. 1862 c. Boche (898. I. Cr.).

Acht Müllermeister zu B. hatten sich mündlich dahin vereinbart, daß sie zur Unterstützung der wandernden Müllergesellen eine Kasse bildeten, zu welcher jeder nach der Reihe einen bestimmten Geldbetrag einzahlte, sobald er dazu vom Kassirer aufgefordert wurde. B. hat nun als Kassirer die Einziehung jener Gelder in der Weise bewirkt, daß er sich selbst, und den mit der Vertheilung der Gelder beauftragten Müller regelmäßig überging, und sonach nur die sechs übrigen der Reihe nach zur Zahlung aufforderte. Deshalb aus § 241 bestraft, hat er die NB. ergriffen, weil gewinnsüchtige Absicht und Vermögensbeschädigung nicht anzunehmen seien, da die ganze Vereinbarung rechtlich nicht verbindlich gewesen sei. Zurückweisung aus folgenden Gründen:

Es mag zugegeben werden, daß die hier in Rede stehende Vereinigung der 8 Mühlenmeister eine rechtlich verbindliche, also klagbare, nicht gewesen ist. Allein ein entscheidender Einfluß dieses Umstandes auf den hier allein in Frage stehenden strafrechtlichen Gesichtspunkt ist hieraus nicht herzuleiten. Denn das Erforderniß des Betruges, nämlich die Täuschung in Beziehung auf eine bereits bestehende oder einzugehende Verpflichtung hat nur den Sinn, daß dadurch die betrüglich erweckte Wohlthat, also eine lediglich freiwillige nicht auf der Ueberzeugung einer Verpflichtung beruhende Leistung, nicht unter den Begriff des strafbaren Betruges fällt. Wo dagegen eine solche Ueberzeugung vorhanden ist, da ist es gleichgültig, ob sie sich auf einen wirklich klagbaren Rechtstitel bezog, oder ob in dieser Beziehung bei dem Leistenden ein Rechtsirrthum obwaltete. Es genügte daher, daß im vorliegenden Falle nach der offenbaren Annahme der Instanzrichter die Meister nur in der Ueberzeugung, daß sie zu den üblichen Beiträgen innerhalb ihrer Genossenschaft durch die stattgefundene Vereinigung und nach den dabei festgehaltenen Regeln verpflichtet seien, ihre Beiträge geleistet haben, und daß sie dabei in Hinsicht auf das Maaß ihrer Leistungen in der Art getäuscht worden sind, daß sie ein Jeder immer nur den achten Theil der Gesammtbeiträge zu leisten glaubten, während sie durch das Verfahren des Angeklagten in Wirklichkeit immer ein Jeder den sechsten Theil, also mehr als wozu sie sich verpflichtet hatten, geleistet haben.

Es liegt aber auf der Hand, daß nur die Gabe allein, welche den wandernden Gesellen von dem Vertreter des Vereins und Namens desselben verabreicht wurde, jenen Charakter der reinen Wohlthätigkeit an sich trug, daß dagegen das Verhältniß der Meister unter einander insoweit einen wirklich rechtlichen Charakter hatte, als es sich bei der Einziehung der Beiträge von ihnen um die Erstattung von Auslagen handelte, welche der Vertreter in ihrem Namen geleistet hat.

Die Behauptung, daß der Angeklagte zu jeder Zeit von der nicht klagbaren Vereinigung habe zurücktreten können, ist zwar richtig, allein der erste Richter bemerkt mit Recht, daß in dem bloßen Nichtzahlen seiner Beiträge ein solcher Rücktritt des Angeklagten nicht liege. Jedenfalls hätte der Rücktritt den Mitmeistern angezeigt werden müssen.

An den beiden Erfordernissen der gewinnsüchtigen Absicht und der Vermögensbeschädigung kann hiernach auch nicht gezweifelt werden. Der Angeklagte gewann durch sein Verfahren den Betrag derjenigen Zahlungen, welche er und der M. in der Reihenfolge der beitragenden Mitglieder nach dem beobachteten Herkommen selbst hätte leisten müssen, und er veranlaßte dadurch seine Mitmeister irrthümlich mehr zu leisten, als wozu sie sich verpflichtet hatten.

Antr. des GStA.s: gleichl. [15.—2.]

Bankerutt (betr.). — Zahlungseinstellung. — Zeitpunkt.

Für den Thatbestand des betrüglichen Bankerutts ist es gleichgültig, ob die im § 259 des StGB.s unter Nr. 1. 2 und 4 aufgeführten Einzelhandlungen der Zahlungseinstellung vorhergegangen, oder auf dieselbe gefolgt sind.

StGB. § 259 [vgl. dort n. 42, RdOTr. 2. S. 68].

Erk. (Z. I.) v. 22. Okt. 1862 c. Groß (808. I. Cr.).

Es kann der Behauptung, daß die 4 in dem § 259 des StGB.s bezeichneten, das Verbrechen des betrüglichen Bankerutts begründenden, Handlungen, in jedem Falle aber doch die unter 1 und 2 gedachten, nothwendig der bereits erfolgten Zahlungseinstellung gefolgt sein müssen, um den gesetzlichen Thatbestand darstellen zu können, nicht beigetreten werden. Aus der Fassung des Gesetzes „Handelsleute u. s. w., welche ihre Zahlungen eingestellt haben," folgt dies keineswegs. Nach der Natur jener Handlungen ist es zwar richtig, daß einzelne derselben der Zahlungseinstellung vorangegangen sein müssen, so die unter Nr. 3 genannte unterlassene Führung der Handlungsbücher, während bei andern derselben die Verübung erst nach der Zahlungseinstellung in der Regel das Gewöhnliche sein wird. Allein ein gesetzliches Requisit ist daraus überall nicht zu folgern. Das Wesentliche bei allen diesen Handlungen ist vielmehr das, daß sie mit Rücksicht auf eine Zahlungseinstellung, also entweder mit Rücksicht auf eine bevorstehende, oder auf eine vorangegangene, verübt sein müssen, weil nur durch sie die beabsichtigte Wirkung der Handlungen, die betrügliche Benachtheiligung der Gläubiger, herbeigeführt werden kann, und es daher gleichgültig ist, wann das dazu dienende Mittel, die Zahlungseinstellung, eingetreten ist, sobald nur, wie gedacht, der Zusammenhang zwischen beiden vorhanden ist.

Antr. des GStA.s: gleichl. [15. — 4.]

---

1. Polizeiverordnung. — Verkündung. — Prüfung. 2. Polizeiverordnung. — Gesetzliche Regelung. — Abweichung.

1. Es gehört zur thatsächlichen Prüfung des Instanzrichters, in welcher Weise die Verkündung einer Polizeiverordnung geschehen sei; demnächst gehört es dann auch zur Prüfung des Richtigkeitsrichters, ob jene Verkündungsart den gesetzlichen Vorschriften entspreche.

Pol.-Ges. v. 11. März 1850 § 17 [vgl. StGB. § 332 n. 11].

2. Auch solche Gegenstände, welche bereits eine gesetzliche Regelung erfahren haben, können mit Rücksicht auf das örtliche Bedürfniß eine ergänzende Regelung durch Polizeiverordnungen erfahren.

Pol.-Ges. v. 11. März 1850 § 15 [einzutr. StGB. § 332 n. 14a].

Erk. (Z. II.) v. 23. Okt. 1862 c. Schneiders (294. II. Cr.).

Schn. war auf den Grund einer Pol.-Vdn. wegen Laufenlassens seines Hundes ohne Maulkorb bestraft worden. Sein Kass.-Rekurs suchte auszuführen, daß die betr. Pol.-Vdn. nicht, wie die Instanzrichter angenommen hatten, vorschriftsmäßig verkündet, jedenfalls aber auch nicht rechtsbeständig gewesen sei, da hinsichtlich der Tollwuth der Hunde die AKO. nebst Regulativ v. 8. Aug. 1835 das Nöthige anordne, eine Polizeiverordnung aber nur solche Angelegenheiten betreffen dürfe, deren Regelung nicht bereits gesetzlich erfolgt sei. Der GStAnw. beantragte Verwerfung des Rekurses, obgleich er im Grundsatze anerkannte, daß die Frage, ob ein Gesetz oder eine Pol.-Vdn. gehörig publizirt worden sei, nicht nur in rechtlicher, sondern auch in thatsächlicher Beziehung der Prüfung des OTr.s unterliege. Es erfolgte Verwerfung. Erwogen ward:

daß, insoweit in dem angegriffenen Erk. auf Grund der amtlichen Erklärung des Bürgermeisters als erwiesen angenommen worden ist, daß die Verkündigung in der vom Bürgermeister nachträglich bescheinigten Art und Weise geschehen sei, diese Annahme als eine thatsächliche, im Wege des Kass.-Rekurses nicht angreifbar sich darstellt und es sich daher nur in rechtlicher Beziehung fragen kann: ob die so festgestellte Art der Publikation den durch die Regierung zu A. über den Publikationsmodus und über die Formen, von deren Beobachtung die Gültigkeit der Polizeiverordnungen abhängt, erlassenen Bestimmungen entsprechend war, und ob der App.-Richter, wenn er dies annahm, hierbei gegen die Regierungsverordnung v. 24. Juni 1850 (Amts-Bl. S. 191) verstoßen hat?

daß 2c.

daß die Behauptung des Kassationsklägers: „polizeiliche Verordnungen könnten nur solche Angelegenheiten betreffen, deren Regelung nicht bereits gesetzlich stattgefunden habe; daher sei die betreffende Polizeiverordnung um deswillen, weil eine Regulirung in Betreff der Tollwuth der Hunde bereits durch die AKO. v. 8. Aug. 1835 und das derselben beigefügte Regulativ erfolgt sei, überhaupt nicht zu Recht beständig," schon in ihrem, in solcher Allgemeinheit aufgestellten Vordersatze sich nicht rechtfertigt, da nach den §§ 6 und 15 des Ges. über die Pol.-Verw. zu den Gegenständen der ortspolizeilichen Vorschriften Alles gehört, was im besonderen Interesse der Gemeinden und ihrer Angehörigen polizeilich geordnet werden muß; insbesondere auch die Sorge für Leben und Gesundheit, und nur solche Bestimmungen nicht in dieselben aufgenommen werden dürfen, welche mit den Gesetzen oder den Verordnungen einer höheren Instanz im Widerspruch stehen;

daß innerhalb dieser vom Gesetze gezogenen Grenze ortspolizeiliche Vorschriften sich sehr wohl über Angelegenheiten verhalten können, welche eine gesetzliche Regelung bereits erfahren haben und dieselben gerade vorzugsweise dazu bestimmt sind, den allgemeinen, auf Sicherheit und Ordnung gerichteten Willen des Gesetzes zu ergänzen, und denselben im engeren Kreise nach Bedürfniß der örtlichen ꝛc. Verhältnisse zur Ausführung zu bringen.

Antr. des GStA.s: Verwerfung. [16.—1.]

Hausirkontravention. — Steuersatz. — Feststellung.

Die Strafe einer Hausirkontravention besteht im Vierfachen des dem Gewerbe angemessenen, von der Bezirksregierung festzusetzenden Steuersatzes. Die Gerichte können auf die geringeren Strafen, welche die Regierungen in Folge einer besondern ihnen gewordenen Ermächtigung in ihren Strafresoluten festsetzen dürfen, keine Rücksicht nehmen.

Regul. v. 28. April 1824 § 26; Regul. v. 4. Dez. 1836 § 8; AKO. v. 31. Dez. 1836. Vgl. AKO. v. 3. Mai 1843 (nicht publ.) Vgl. Z. I. 22. April 1853 c. Rund.

Erk. (Z. II.) v. 23. Okt. 1862 c. Petermann (281. II. Cr.).

Die Regierung zu M. hatte gegen P. wegen Hausirkontravention ein Strafresolut erlassen, in welchem sie den angemessenen Steuersatz auf 12 Thlr. feststellte, demgemäß auch eine Strafe von 48 Thlr. für verwirkt erachtete, dennoch aber wegen mildernder Umstände die nachträglich zu erhebende Steuer auf 1 und die Strafe auf 4 Thlr. ermäßigte. P. provozirte auf gerichtliches Gehör, der erste Richter sprach frei, der App.-Richter nahm dagegen die Kontravention für erwiesen an, verurtheilte aber auch nur zu einer Geldbuße von 4 Thlr., indem er davon ausging, der von der Regierung im Resolute der Strafverhängung zum Grunde gelegte Steuersatz sei demnächst auch für den Richter maaßgebend. Auf die NB. des OStA.s ist dieses Erkenntniß vernichtet worden. Es ward ausgeführt:

Das Strafresolut der K. Regierung zu M. v. ꝛc. besagt ausdrücklich, der Angekl. habe durch die ihm zur Last gelegten Bestellungen auf Tapeten nach Proben ohne Gewerbeschein, einer Gewerbesteuerkontravention, neben Nachzahlung einer Steuer von 12 Thlr. die Strafe von 48 Thlr. verwirkt und in dem von dem App.-Richter extrahirten Schreiben der K. Regierung v. ꝛc. ist dies dahin erläutert, daß Angekl. zu dem eben gedachten, von ihm betriebenen

Gewerbe nach den gesetzlichen Bestimmungen, insbesondere denjenigen des Regulativs v. 4. Dez. 1836 in Verbindung mit Beilage B sub L des Gewerbesteuer-Ges. v. 30. Mai 1820 unzweifelhaft nur zum Satze von 12 Thlr. einen Gewerbeschein hätte erhalten können, oder — wie das angegriffene Erk. feststellt — daß die Jahressteuer ohne die in dem Resolute v. ꝛc. eingetretene Ermäßigung 12 Thlr. betragen würde. Da nun aber diese Ermäßigung nach vorbemerkter Steuernormirung von 12 Thlr. im Resolute so motivirt ist: „nur in Rücksicht auf den Umstand, daß Angeklagter wegen Gewerbesteuerkontravention noch nicht verwarnt oder bestraft worden, ist Steuer und Strafe wie geschehen ermäßigt," so unterliegt es keinem Bedenken, daß dieselbe nicht als die Festsetzung oder Annahme der Steuer oder des Steuersatzes angenommen werden kann, wovon der § 8 des Regul. v. 4. Dez. 1836 handelt, nicht als eine Ermäßigung nach Maaßgabe dieses Regulativs (AKO. vom 31. Dez. 1836), sondern als ein Akt der den Verwaltungsbehörden in Ausübung ihres provisorischen Strafrechts eingeräumten Strafmilderung, worauf das Schreiben der Kgl. Regierung sich bezieht. Diese Ermäßigung hätte gar nicht Platz greifen können, wenn der im dritten Satze des § 8 a. a. O. vorgesehene Fall vorläge, nämlich sofort eine gerichtliche Untersuchung eingetreten wäre. Dann hätte das Gericht gemäß jener Vorschrift, wenn ihm die Anwendung des Steuersatzes von 12 Thlr. nicht unzweifelhaft war, die Akten der Regierung zur Feststellung des Steuersatzes vorlegen müssen, wobei selbstredend auf die bisherige Straflosigkeit des Angekl. keine Rücksicht genommen werden konnte. Die gerichtlich zu erkennende Strafe konnte aber in einem solchen Falle unmöglich höher sein, als in dem Falle eines vorhergegangenen Strafresolutes der Verwaltungsbehörde, woraus erhellet, daß im Sinne des ganzen § 8 des Regulativs v. 1836 der Richter immer auf das Vierfache des in oder außer dem Strafresolute von der Regierung gesetzmäßig veranschlagten Steuersatzes, nicht auf das Vierfache des in Ausübung und behufs des ihr zustehenden Strafmilderungsrechts herabgesetzten Grundmaaßes der Strafe erkennen muß. Den Gerichten ist eine derartige Befugniß der Strafmilderung in Steuerkontraventionssachen nirgends eingeräumt, daher der vorige Richter auch den mildernden Umstand, welchen die Regierung in ihrem Strafresolute aus der Persönlichkeit des Angekl. geltend gemacht hatte, nicht als eine „Festsetzung der dem Gewerbe angemessenen Steuer“ betrachten durfte.

Antr. des GStA.s: gleichl. [23. — 1.]

Jagdpolizei. — Ruhenlassen der Jagd.

Hat der Landrath einer Gemeinde aufgegeben, die Jagd auf einem Grundstücke ruhen zu lassen, so unterliegt jede Zuwiderhandlung der Strafe des § 17 des Gesetzes vom 7. März 1850, sollte auch jene Verfügung als ungesetzlich angefochten werden, so lange sie nur nicht höheren Orts aufgehoben worden ist.

Jagdpolizeiges. v. 7. März 1850 § 17.

Erk. (Z. I.) v. 24. Okt. 1862 c. Adam (756. I. Cr.).

Es steht fest, daß der Landrath die Gemeinde angewiesen hat, die Jagd auf dem fraglichen Terrain, weil es nicht 300 Morgen Flächeninhalt habe, ruhen zu lassen und daß solches dem Angekl. bekannt gemacht ist. Dieser polizeilichen Anordnung des Landrathes, zu welcher derselbe nach den Vorschriften des Jagdpolizeigesetzes im Allgemeinen unbedenklich befugt war, mußten die Gemeinde K. und der Angekl., welcher nur von der Letzteren sein Jagdrecht herleitet, auch wenn sie die Verfügung des Landrathes gesetzlich nicht für gerechtfertigt erachteten, unbedingt so lange Folge leisten, bis sie dagegen im Wege der Beschwerde bei der vorgesetzten Dienstbehörde des Landraths Remedur nachgesucht und erhalten hatten, und wenn der Angekl., wie festgestellt ist, sich an die gedachte polizeiliche Verfügung des Landrathes nicht kehrte, vielmehr dennoch, und obwohl er sich des Verbots der Polizeibehörde wohlbewußt war, die Jagd auf dem Terrain ausübte, wo sie nach der Anordnung des Landrathes ruhen sollte, so hat er allerdings die Strafe des § 17 des Jagdpolizeiges. v. 7. März 1850 verwirkt, ohne daß es für den Thatbestand dieser Uebertretung darauf ankommt, ob der Landrath im vorliegenden Falle zu der getroffenen polizeilichen Maaßregel unter den obwaltenden Umständen in der That berechtigt war oder nicht.

Antr. des GStA.s: gleichl. [18.—2.]

Befassung mehrerer Gerichte. — Regulirung der Kompetenz.

Ist sowohl ein Rheinisches als ein altländisches Gericht durch Antrag der Staatsanwaltschaft mit einer und derselben Sache befaßt, so erfolgt die Verweisung derselben an eins derselben nach Anleitung des Gesetzes vom 2. Mai 1853 durch das Ober-Tribunal.

Ges. v. 2. Mai 1853 § 2; Ges. v. 3. Mai 1852 Art. 4 [vgl. dort n. 5].

Beschl. (Pl.) v. 28. Okt. 1862 c. Mühlow (65. II. B.; 238. I. B.).

M. hatte zu Königsberg eine Unterschlagung verübt und sich dann auf das linke Rheinufer begeben, wo er sich vor einer Polizeibehörde selbst dieses Vergehens schuldig bekannte. Es wurde daher in Koblenz gegen ihn die Voruntersuchung eröffnet, während ein Gleiches auch in Königsberg erfolgte. Das OTr. (Pl.) hat darauf die weitere Untersuchung und Entscheidung an das LG. zu Koblenz verwiesen, indem es erwog:

daß zwar das Ges. v. 3. Mai 1852 für die Rheinprovinz keine Gültigkeit hat, dagegen das OTr. durch § 2 des Ges. v. 2. Mai 1853 (GS. S. 169) berufen ist, so oft die Nothwendigkeit eintritt, unter verschiedenen zuständigen Gerichten, wobei ein abweichendes Verfahren besteht, dasjenige zu bestimmen, wo die Untersuchung ihre Erledigung zu finden hat;

daß diese Nothwendigkeit im gegenwärtigen Falle vorliegt; 2c.

Antr. des GStA.s: gleichl. [23.—3.]

Diebstahl. — Gewahrsam. — Verstecken.

Es kann als ein Wegnehmen angesehen werden, wenn eine Sache im Grundstücke des Eigenthümers versteckt wird.

StGB. § 215 [vgl. dort n. 54; RdOTr. 1. S. 468; und unten Z. I. v. 12. Dez. 1862 c. Schönfeldt].

Erk. (Z. I.) v. 29. Okt. 1862 c. Krebs (834. I. Cr.).

Ein Rechtsgrundsatz, welcher den Instanzrichter hindert, in einem einzelnen Falle die Gewahrsam des Damnifikaten dadurch ausgeschlossen zu erachten, daß dessen Sachen zwar in seinem Grundstücke, aber in einem Versteck, wohin sie der Angekl. gebracht hat, sich befinden, und somit Wegnahme seitens des letzteren festzustellen, läßt sich weder aus den Gesetzen, noch aus der Rechtswissenschaft herleiten.

Antr. des GStA.s: gleichl. [47.—4.]

Diebstahl. — Urkunde. — Zueignung. — Gewinnsucht.

1. An einer Urkunde ist ein Diebstahl möglich.

StGB. § 215 [vgl. dort n. 4. 64].

2. Beim Diebstahl geht die Absicht der rechtswidrigen Zueignung dahin, über die Sache als Eigenthümer zu verfügen.

Ebendas. [vgl. dort n. 59. 63].

3. Die Absicht, eine weggenommene Urkunde in einem Rechtsstreite gegen den Eigenthümer derselben zu benutzen, ist eine gewinnsüchtige.

Ebendas. [dort einzutr. als n. 68a].

Erk. (Z. I.) v. 29. Okt. 1862 c. Kuthnik (847. I. Cr.).

Urkunden können unter Umständen nicht minder, wie andere bewegliche Sachen, Objekte des Diebstahls sein.

Der § 243 Nr. 8 des StGB.s straft nur die „Beschädigung, Vernichtung oder Unterdrückung" von Urkunden. Als Zweck der Handlung ist hier, nach der Entstehungsgeschichte, die Beseitigung oder Entziehung des in der Urkunde liegenden Beweismittels gegen den Eigenthümer oder sonst Berechtigten gedacht. Wenn nun der erste Richter deshalb von der Anschuldigung dieses Vergehens freispricht, weil es die Absicht des Angeklagten gewesen sei, die Urkunden zur Kognition des Richters zu bringen, nicht aber sie derselben zu entziehen, so wird dadurch allerdings der vorausgesetzte Thatbestand beseitigt. Allein nur jene im Gesetze bezeichneten Formen der Handlung, die „Beschädigung, Vernichtung oder Unterdrückung" werden dadurch, sofern sie nicht unter ein anderes Strafgesetz, z. B. unter den § 281 l. c. fallen, straflos, keineswegs ist dadurch jede andere Form der Handlung, also auch diejenige des Diebstahls, für straflos erklärt. Hier aber hat der App.-Richter die Wegnahme aus dem Besitze des Eigenthümers der Urkunden, und zwar mit der Absicht der rechtswidrigen Zueignung festgestellt.

Diese Zueignung muß nun allerdings eine solche sein, welche erkennen läßt, daß der Thäter die Sache selbst ihrer Substanz nach erwerben, daß er darüber als Eigenthümer verfügen, nicht aber nur ein vorübergehendes, das Eigenthumsrecht des Eigenthümers nicht ausschließendes, Gebrauchsrecht darüber ausüben wolle. Man kann aber in den Feststellungen des App.-Richters keineswegs eine Verkennung dieses in der rechtlichen Natur des Diebstahls liegenden Grundsatzes finden. Denn das „dauernde Behalten" ist allerdings nicht, wie der Richter bemerkt, ein Erforderniß, vielmehr genügt es, auch wenn der Dieb nur die Absicht hat, sofort zu Gunsten Dritter über die Sache zu verfügen, sie zu verschenken u. s. w. Nur in diesem Sinne ist jene Ausführung des App.-Richters zu verstehen, indem er dabei die Disposition im Auge gehabt hat, welche der Angeklagte nach ihrer Wegnahme über die Urkunden getroffen hat. Wenn der Richter hierbei allerdings auch von einer „nur vorübergehenden Entziehung“ spricht, und hierin ein Bedenken gegen die Annahme jenes gesetzlichen Thatbestandes gefunden werden könnte, so erledigt sich dasselbe doch durch die hinzugefügte Bemerkung, daß diese Entziehung den Zweck gehabt haben müsse: „über die Sache, gleichviel, ob im eigenen oder im fremden Interesse, zu verfügen,“ und als eine solche Verfügung ist offenbar die Weggabe der Urkunden durch den Angeklagten an den Kr., mithin jene Disposition darüber zu Gunsten eines Dritten, anzusehen. Muß man nun aber auch aus der ganzen Darstellung des Sachverhältnisses durch den App.-Richter, soweit dasselbe mit derjenigen des ersten Richters übereinstimmt, oder dasselbe doch nicht abändert, annehmen, es sei nur die Absicht des Angeklagten gewesen, daß die Urkunden durch den Kr. zu den Prozeßakten gegeben würden, damit dort, wie es in dem App.-Urtel heißt, der ihrem Inhalte entsprechende Gebrauch mit denselben gemacht werde, so wird doch auch hierdurch, also durch diesen anscheinend modifizirten Zweck der Handlung, der Thatbestand des Diebstahls nicht ausgeschlossen. Denn dem Eigenthümer war dadurch, daß die Urkunden nach ihrer Wegnahme zu den Akten desjenigen Prozesses, in welchem er selbst Partei war, gegeben wurden, nur die Rückforderung derselben erleichtert, ein Umstand, welcher für den Begriff des Diebstahls ohne Einfluß ist; die Handlung des Thäters wurde dadurch keine unter einem anderen Gesichtspunkte zu beurtheilende; ihr Zweck und die demgemäß angenommene Disposition behielt immer den Charakter einer Verfügung über die Sache aus dem durch die Wegnahme erlangten Besitz derselben.

Wenn endlich zwar der App.-Richter bei der Erörterung der Frage über die Unterschlagung die gewinnsüchtige Absicht des Angeklagten verneint, und diese Absicht in gewissem Sinne auch zum Thatbestande des Diebstahls gehört, so ist dies doch nur insoweit der Fall, als der Dieb beabsichtigt haben muß, sich durch die Sache, ihrer Substanz nach, also durch die Ausübung der Eigenthumsrechte darüber, zu bereichern, und das Vorhandensein einer solchen Absicht bei dem Angeklagten liegt, nach den obigen Ausführungen, in der Feststellung der Richter.

Antr. des GStA.s: gleichl. [15. — 4.]

Urkunde. — Taxe. — Ortsgericht.

1. Eine Taxe, welche noch nicht mittel- oder unmittelbar Theil eines Rechtsgeschäfts geworden, ist keine Urkunde.

StGB. § 247 [vgl. dort n. 73. 80].

2. Eine ortsgerichtliche Taxe eines ländlichen Grundstücks ist eine öffentliche Urkunde.

StGB. § 251 [dort einzutr. unter n. 24 a].

Erk. (B. I.) v. 29. Okt. 1862 c. Knappe (983. I. Cr.).

Eine Taxe ist ihrem Zwecke nach ein Zeugniß über die Werthsermittelung einer Sache. Ohne Weiteres liegen darin keine solche rechtlichen Beziehungen, wie sie der § 247 vor Augen hat. Die rein objektive Eigenschaft der Sache, welche in ihrem Kaufwerth liegt, ist an und für sich zum Beweise von Verträgen, Verpflichtungen, Befreiungen oder überhaupt von Rechten oder Rechtsverhältnissen nicht von Erheblichkeit. Allerdings ist es nicht erforderlich, daß das Schriftstück für sich allein einen solchen Beweis enthalte, sondern es genügt, daß es in Verbindung mit anderen Umständen dazu dienen kann, und nach der Absicht des Thäters dazu dienen soll. Allein diese Verbindung ist nicht so aufzufassen, daß das volle Erforderniß des § 247 eigentlich nur in diesen „anderen Umständen" und in dem Schriftstücke an sich gar nicht liegen solle. Ein solcher Fall liegt aber, wenn man der Erläuterung des Schw.-G.s in den Gründen seiner Entscheidung folgt, hier vor. Dem Angeklagten P. soll ein Darlehn versprochen sein, wenn er die ortsgerichtliche Taxe seines Grundstücks beibringen würde.

Zu diesem Zwecke hat er die Taxe seines Grundstücks anfertigen lassen, es ist jedoch zur Hergabe des Darlehns nicht gekommen. Bei dieser Lage der Sache hat das Rechtsgeschäft nur in den Verabredungen über den einzugehenden Darlehnsvertrag bestanden; die Taxe selbst ist noch nicht mittelbar oder unmittelbar Theil dieses Rechtsgeschäftes geworden. Sie kann unter diesen Umständen nur für sich allein betrachtet werden, und enthält so, wie gedacht, die Erfordernisse des § 247 nicht.

Dagegen behauptet die Anklage eine Urkundenfälschung im Sinne des § 251 Nr. 2 des StGB.s. Sie legt also dem Taxinstrument v. 2c. die Eigenschaft einer öffentlichen Urkunde im Sinne dieser Vorschrift bei. Nicht unter allen Umständen brauchen solche Urkunden die Erfordernisse des § 247 in dem oben angeführten Sinne zu enthalten. Obwohl vorauszusetzen ist, daß sie zum Beweise von Rechten u. s. w. der Behörde oder Dritten gegenüber dienen können, so liegt doch das Hauptgewicht bei der Fälschung öffentlicher Urkunden in dem Mißbrauch der Autorität und des öffentlichen Glaubens, welcher denselben für alle Verhältnisse des Verkehrs durch die „Aufnahme, Ausfertigung oder Beglaubigung" von Seiten der Behörden, Korporationen oder Beamten beiwohnt. Einer ortsgerichtlichen Taxe eines ländlichen Grundstückes würde also in diesem Sinne die Eigenschaft einer Urkunde nach § 251 Nr. 2 beizulegen sein; der Glaube, welcher ihr beiwohnt, hat auch für gerichtliche Verhältnisse Einfluß.

Sodann wird ausgeführt, daß die Fragstellung nicht einen genügenden Thatbestand an die Hand gebe, um zu beurtheilen, ob hiernach wirklich eine öffentliche Urkunde vorliege.

Antr. des GStA.s: Vernichtung. [15. — 4.]

Strafverwandlung. — Reale Konkurrenz. — Ausdehnung.

Die im Art. 131 Abs. 1 des Gesetzes vom 3. Mai 1852 gestattete Strafverwandlung greift nicht nur im Falle einer realen Konkurrenz, son-

dern auch dann Platz, wenn die zweite Strafthat nach rechtskräftiger Aburtheilung der ersten begangen ist.

Ges. v. 3. Mai 1852 Art. 131 [dort einzutr. als n. 5a].

Beschl. (I.) v. 29. Okt. 1862 c. Reddig (253. B. I. Cr.).

Die Angekl. war rechtskräftig zu einer Zuchthausstrafe verurtheilt worden; ehe diese aber zur Vollstreckung gelangte, beging sie ein Vergehen, wegen dessen gegen sie Gefängnißstrafe verhängt wurde. Nunmehr beantragte der StA. in Gemäßheit des Art. 131 cit. Verwandlung dieser Gefängnißstrafe in Zuchthaus; beide Instanzrichter lehnten dieses ab, weil der cit. Art. auf Fälle der realen Konkurrenz zu beschränken sei. Der OStA. ergriff die Beschw. an das OTr. Der GStAnw. erachtete die Frage für sehr zweifelhaft; für die Auffassung des AG.s lasse sich Folgendes anführen: „das materielle Strafgesetz gestatte eine Strafverwandlung nur im Falle des § 57 StGB.; es sei im Zweifel nicht anzunehmen, daß das Strafprozeßgesetz an jenen materiellen Grundsätzen des für den ganzen Staat geltenden StGB.s für einen Theil des Staats eine Abänderung bezweckt habe; der Eingang des Abs. 1 des cit. Artikels nehme nun ausdrücklich auf § 57 Bezug; der Schlußsatz sei erst im Plenum der II. Kammer zugesetzt, und in der Berathung vom Abg. Wenzel darauf hingewiesen worden, „daß dieser Satz nicht, wie von anderer Seite behauptet worden, schon in dem Vorhergehenden ausgesprochen sei, da dort ausdrücklich vorausgesetzt werde, daß das verhängte Gesammtstrafmaaß das nach § 57 statthafte Maaß überschreite, während die Strafverwandlung auch da Platz greifen müsse, wo diese Voraussetzung nicht zutreffe" (Matt. S. 675 f.); daraus ergebe sich, daß man auch damals lediglich an Fälle der realen Konkurrenz gedacht habe; dazu komme, daß, wenn Art. 131 wirklich das materielle Strafgesetz abändere, auch der über den zweiten Straffall aberkennende Richter die Strafverwandlung würde vornehmen können und müssen; diese Ansicht sei aber bereits durch ein Z. I. 27. Sept. 1854 c. Robié (873) verworfen worden. Auf der anderen Seite müsse man aber anerkennen, daß die Wortfassung des Artikels nicht unterscheide, und daß vom praktischen Standpunkte aus die Verwandlung auch in andern Fällen als denen der realen Konkurrenz sich als zweckmäßig darstelle, weshalb die Ansicht des OStA.s den Vorzug verdienen dürfte." Das OTr. hat den Beschl. des AG.s aufgehoben und die Verwandlung für statthaft erklärt, indem es ausführte:

Der Art. 131 des Ges. v. 3. Mai 1852 umfaßt in seinem Abs. 1 zwei verschiedene Fälle. Der erste betrifft die Ausführung der darin in Bezug genommenen Vorschrift des § 57 StGB. Dieser letztere hat, wie sein Zweck und seine Wortfassung deutlich ergiebt, den Fall realer Konkurrenz verschiedener Verbrechen oder Vergehen und der darauf ergangenen Verurtheilungen im Auge, weil nur bei realer Konkurrenz überhaupt von einer Reduktion des Gesammtstrafmaaßes auf die im Gesetz bezeichnete Strafhöhe die Rede sein kann. Entweder sind nun in solchem Falle die mehreren erkannten und zu reduzirenden Freiheitsstrafen gleicher, oder sie sind verschiedener Art. Der erste Satz des Art. 131 Abs. 1 spricht nun von der Reduktion der Freiheitsstrafen gleicher Art, der zweite Satz mit den Worten: „Freiheitsstrafen geringerer Art sind in solchem Falle u. s. w. zu verwandeln," von der Umwandlung der verschiedenen Arten gemäß § 16 des StGB.s. Durch diese Anordnungen sind sonach alle bei der Anwendung des § 57 des StGB.s denkbare Fälle erschöpft. Hieraus ergiebt sich, daß der letzte Satz jenes Art. 131 Abs. 1 eine ganz besondere, von jenem ersten Satze unabhängige Vorschrift enthält, welche namentlich auch nicht von jener Voraussetzung der realen Konkurrenz abhängig ist. Für das Erforderniß der letztern könnte allein der Ausdruck: „gleichzeitig zur Vollstreckung zu bringen sind," sprechen. Allein eine gleichzeitige Vollstreckung verschiedener erkannter Freiheitsstrafen ist auch ohne die Voraussetzung der realen Konkurrenz denkbar, und andererseits ist sie kein nothwendiges Erforderniß der letztern, weil sich Fälle denken lassen, in denen bei successiven Verurtheilungen wegen real konkurrirender Verbrechen die Vollstreckung der früher erkannten Strafen bereits lange begonnen hat.

Das Gesetz hat also hier offenbar nur den Rücksichten einer zweckmäßigen Strafvollstreckung überhaupt Geltung verschaffen wollen und stellt es daher in das Ermessen der vollstreckenden Gerichte, die Verwandlung der Freiheitsstrafen geringerer Art in diejenige schwererer Art, sofern beide bereits erkannt sind, alsdann eintreten zu lassen, wenn die verschiedene Art der Vollstreckung mit Uebelständen, durch den Transport oder aus andern Gründen, verbunden ist.

Antr. des GStA.s: Aufhebung des Beschlusses. [15. — 3.]

Schlägerei. — Betheiligter. — Ermittlung des Thäters.

1. Als „Betheiligter" an einer Schlägerei ist jeder anzusehen, welcher freiwillig sich unter die Streitenden mischt.

StGB. § 195 [vgl. dort n. 11; RdOTr. 2. S. 384].

2. Die Strafbarkeit der an einer Schlägerei Betheiligten wird durch die Ermittlung des Urhebers der betreffenden Verletzung nicht ausgeschlossen.

Ebendas. [vgl. dort n. 12].

Erk. (Z. I.) v. 31. Okt. 1862 c. Tempel (Hubert u Gen. 648 I. Cr.).

Die Entstehungsgeschichte des § 195, insbesondere des Abs. 1 desselben, theils nach seiner ursprünglichen Fassung, theils nach derjenigen Fassung, welche derselbe nach dem Ges. v. 14. April 1856 erhalten hat, ergiebt deutlich, daß zur Anwendung jenes Abs. 1 auch die Anwesenheit des Angeklagten unter den Streitenden allein genügt, daß also dazu der Beweis einer aktiven Theilnahme durch Mitschlagen nicht erforderlich ist. Das Gesetz hat der Gefahr, welche durch solche freiwillige Mitbetheiligung entsteht, vorbeugen wollen, und es ist dabei allerdings von der Voraussetzung ausgegangen, daß derjenige, welcher sich freiwillig unter die Streitenden mischt, auch in der That thätigen Antheil an der Schlägerei genommen haben werde, obwohl ihm dies nicht vollständig bewiesen werden kann. Der Schutz gegen eine solche Präsumtion liegt in den Worten des Gesetzes: „insofern nicht festgestellt werden kann, daß er ohne sein Verschulden hineingezogen ist." —

Was sodann die Ermittlung des Thäters der erheblichen Körperverletzung des G. in der Person des H. betrifft, so ist auch sie bei der Anwendung des Abs. 1 des

§ 195 ohne Einfluß. In allen Entwürfen des StGB.s ist, wie jetzt im § 195 unterschieden, ob der oder die Thäter der tödtlichen oder schweren Körperverletzung ermittelt worden oder nicht ermittelt worden sind, ferner ob die Verletzungen individuell oder nur durch ihr Zusammentreffen, also durch ihre kollektive Wirkung, tödtliche oder schwere geworden sind. Daneben aber finden sich zugleich Strafbestimmungen gegen die übrigen Theilnehmer an der Schlägerei. Eine solche enthielt namentlich auch der Entwurf von 1843 in dem Falle, wenn der oder die Thäter nicht ermittelt worden, im § 306 (vgl. § 324), dahin:

> Eben diese Strafe (zwei bis zehn Jahre Zuchthaus) trifft in dem Falle, wenn der Urheber der tödtlichen Verletzungen nicht ermittelt ist, diejenigen Theilnehmer, welchen die That nach den obwaltenden Umständen beigemessen werden kann.

Das Bedenkliche einer solchen, wenn auch nicht unbedingten Präsumtion der Thäterschaft bewog die Revision von 1845, nur eine allgemeine, gleichsam polizeiliche Strafe gegen Alle, welchen die Urheberschaft der Tödtung oder Verletzung nicht nachgewiesen werden könne, in geringerem Maaße anzudrohen. Diese Vorschrift ließ aber das Bedenken, ob sie nur dann angewendet werden dürfe, wenn überhaupt gar kein Thäter ermittelt würde, so daß also für den Fall einer solchen Ermittelung die übrigen Theilnehmer straflos bleiben würden. Um dem zu begegnen, wurde im Abs. 1 gesagt: „schon wegen dieser Theilnahme“ und ausdrücklich in den Motiven zum Entwurfe von 1845 hinzugefügt: dieser Fall sei so aufzufassen, daß er alle Theilnehmer treffe, deren individuelle Schuld — also die im Abs. 2 und im Abs. 3 gedachte — nicht ermittelt sei, es mögen daneben die Urheber einer oder mehrerer erheblicher oder unerheblicher Verletzungen ermittelt sein oder nicht. — Der Sinn des Abs. 1 des § 195 ist hiernach deutlich; die (gleichsam polizeiliche) Strafe der Theilnahme an der Schlägerei dieses Abs. 1 findet auch dann Anwendung, wenn auch die Thäter einer individuell tödtlichen oder schweren Verletzung, oder einer solchen, welche nur durch das Zusammenwirken mehrerer Verletzungen diesen Erfolg gehabt hat, ermittelt worden sind.

Antr. des GStA's: gleichl. [15. — 2.]

Titel. — Musikdirektor.

Die Benennung: „Musikdirektor" ist nicht als Titel im Sinne des § 105 des StGB.s anzusehen.

StGB. § 105 [dort einzutr. als n. 15 a].

Erk. (Z. I.) v. 31. Okt. 1862 c. Behlke (864. I. Cr.).

Der App.-Richter stellt in Uebereinstimmung mit dem ersten Richter fest: daß der Angeklagte Dirigent, also Vorsteher einer Privatkapelle ist, und seiner Ausführung, daß der Ausdruck „Musikdirektor" unbedenklich auch als die thatsächliche Bezeichnung dieses Verhältnisses sprachgebräuchlich gelten könne, muß beigetreten werden. Wenn es nun auch richtig ist, daß von den Behörden, als Ehrenbezeugung, der Titel „Königlicher Musikdirektor" verliehen wird, so wird doch die Strafbarkeit des Angeklagten aus § 105 des StGB.s nur dann begründet werden können, wenn festgestellt wäre, daß sich der Angeklagte dieses Titels bedient, oder daß er beabsichtigt habe, durch die Nennung „Musikdirektor" allein sich dieses Titels zu bedienen. In dem App.-Urtel muß man aber die thatsächliche Verneinung dieser beiden Umstände finden, und sie rechtfertigt die ergangene Entscheidung.

Antr. des GStA.s: entg. [15.—2.]

Theilnahme. — Uebertretung. — Preßgesetz.

Die Theilnahme an eigentlichen Polizei-Uebertretungen, d. h. solchen Handlungen 2c., welche eine materielle Rechtsverletzung nicht in sich schließen, ist nicht strafbar.

StGB. Thl. III. Tit. 1 [vgl. dort n. 7].

Das Gesagte gilt namentlich auch von den Zuwiderhandlungen gegen § 9 des Preßges. vom 12. Mai 1851.

Erk. (Z. I.) v. 5. Nov. 1862 c. Pahl & Eckardt (859. I. Cr.).

Das Preßges. v. 12. Mai 1851, wiewohl es die Preßpolizeiübertretungen absondert § (47), besagt im § 34, daß für das durch eine Druckschrift begangene Verbrechen oder Vergehen Jeder verantwortlich ist, welcher nach allgemeinen strafgesetzlichen Grundsätzen als Urheber oder Theilnehmer strafbar erscheint. Spezielle Bestimmungen über die Theilnahme an einer Uebertretung sind daher in dem Preßges. ebensowenig enthalten, wie in dem StGB. Aus diesem Stillschweigen geht jedoch keineswegs, wie bei der Berathung des Ges. v. 3. Mai 1852 (Matt. z. Vdn. v. 3. Jan. 1849 S. 666) behauptet wurde, hervor, daß eine Theilnahme an einer Uebertretung überhaupt straflos sei. Denn nach der Entstehungsgeschichte des StGB.s sollten allerdings ursprünglich in dem dritten Theile desselben nur Polizeiübertretungen, d. h. solche Handlungen berührt werden, die wegen ihrer Gefährdung des gemeinen Wohles, um Beschädigungen vorzubeugen, und ohne Rücksicht auf ihren Erfolg oder eine wirklich beabsichtigte Rechtsverletzung mit Strafe belegt sind. Dieser Gesichtspunkt wurde aber später verlassen, und es gehören zu den Uebertretungen Handlungen, die überhaupt strafbar erscheinen, und nur wegen der Höhe der Strafe den Uebertretungen beigezählt sind, während sie ihrer Natur und ihrem Charakter nach mit Vergehen auf einer gleichen Linie sich befinden.

Aus der Entstehungsgeschichte des StGB.s geht hervor, daß es vermieden wurde, besondere Bestimmungen über die Strafbarkeit der Theilnahme bei Uebertretungen zu treffen; wiewohl der im Jahre 1848 zusammengerufene vereinigte ständische Ausschuß sich gegen die Straflosigkeit des Anstifters ausgesprochen hatte (vergl. Vhh. d. ged. Aussch. 4. S. 286). Es hat sich nun das OTr. bereits in mehrfachen Entscheidungen (vgl. Erk. I. v. 23. Apr. 1856 c. Blüchert, JMBl. S. 169; I. v. 4. Febr. 1857 c. Fleck [Haase u. Gen.] und I. v. 23. Nov. 1860 c. Görner) dahin ausgesprochen, daß die Anwendbarkeit des § 34 des StGB.s da nicht ausgeschlossen ist, wo es sich um Uebertretungen der zuletzt erwähnten Art, i. e. solche handelt, welche Rechtsverletzungen gleicher Art, wie Vergehen in sich schließen, und denen nur wegen des geringen Strafmaaßes die Qualität von Uebertretungen beigelegt wurde, z. B. Zoll- und Steuer-Defraudationen, Entwendungen (§ 349 Nr. 3 StGB.) ꝛc.

Anders verhält sich die Sache aber bei den eigentlichen Polizei-Uebertretungen. Denn diese bilden eben den Gegensatz zu den gedachten strafbaren Handlungen mit materieller Rechtsverletzung, und so wie es einerseits bei Polizei-Uebertretungen nur auf die That in ihrer äußeren Erscheinung ankommt, weshalb es keiner Feststellung eines Dolus bedarf, um sie zu bestrafen, so findet andrerseits die Ausdehnung der Strafbarkeit auf Theilnehmer im Sinne des § 34 l. c. nicht Statt.

Der § 9 des Preßges. verbietet das Anschlagen, Anheften oder öffentliche Ausstellen in sonstiger Weise von Anschlagezetteln oder Plakaten, die einen anderen als den dort näher bezeichneten Inhalt haben, ohne Rücksicht darauf, ob diesen Plakaten ein strafbarer Inhalt beizumessen oder nicht, und darauf, ob eine andere Art der Verbreitung mit einer Strafe würde zu ahnden sein. Eben so wenig kommt die Absicht, welche bei dem Anheften der Plakate obwaltete, in Betracht. Die Vorschrift des § 9 l. c. stellt sich mithin lediglich als eine Polizeimaaßregel dar, und wenn der Rekursrichter bei einem Zuwiderhandeln gegen dieselbe die allgemeinen Grundsätze des § 34 No. 1 des StGB.s für nicht zutreffend erachtet hat, so liegt hierin keine Verletzung der von der Implorantin allegirten Gesetze, oder sonst eines Gesetzes resp. Rechtsgrundsatzes.

Antr. des GStA.s: entg. [44. — 4.]

1. Holztransport. — Kontrollmaaßregel. — Aufhebung.
2. Pommersche Forstordnung. — Holztransport.

1. Provinzielle Vorschriften über die Handhabung der Holz-Legitimations-Kontrolle sind durch das Holzdiebstahlsgesetz nicht aufgehoben.

H.-D.-Ges. v. 2. Juni 1852 § 44 ff.

2. Der § 24 Tit. 14 der Pommerschen Forst-Ordnung v. 24. Dez. 1777 bezieht sich auf alles nach einer Stadt gebrachte Bau-, Nutz- und Brennholz, ist also auf das zum Verkaufe bestimmte nicht zu beschränken.

Erk. (V. I.) **v. 5. Nov. 1862 c. Sengstock u. Gen.** (888. I. Cr.).

Der § 24 Tit. 14 der Pomm. Forst-Ord. v. 24. Dez. 1777 lautet:

„Alles Bau- und Nutz- und Brennholz oder Borke, welche ohne Attest Unserer Forstbedienten, oder wenn es aus Adlichen-, Städtischen- oder Unterthanen-Heiden ist, ohne Attest des adlichen oder Privatgutsbesitzers, der Magistrate und Beamten nach den Städten gebracht wird, soll von den Thorbedienten angehalten werden und konfiszirt sein."

Das AG. hat nun mit Recht schon angenommen, daß diese Bestimmung der Forst-Ordn. durch das HDGes. v. 2. Juni 1852 nicht aufgehoben ist, womit auch der Erlaß des Fin.-Ministerii v. 17. Juli 1852 (VMBl. S. 237) übereinstimmt, welcher ausdrücklich ausspricht, daß durch den § 54 des cit. Ges. v. 2. Juni 1852 die provinziellen und gemeinrechtlichen Vorschriften über die Handhabung der Holz-Legitimations-Kontrolle nicht aufgehoben sind. Auch steht hiermit das Erk. des OTr.s v. 13. Juni 1857 c. Dammers (G. A. 5. S. 683) im Einklang, welches zwar nur das Verhältniß des HDGes. zu der für die westlichen Provinzen gegebenen Allerh. Vdn. v. 30. Juni 1839 betrifft, wodurch eine polizeiliche Kontrolle des Holzes angeordnet ist, welches unverarbeitet transportirt wird, aber gleichfalls den Grundsatz ausspricht, daß das HDGes. dergleichen polizeiliche Kontrollen nicht aufgehoben hat.

Der Rekursrichter nimmt aber auch blos deshalb an, daß die Angekll. die Konfiskation des von ihnen in die Stadt L. eingebrachten Holzes nicht verwirkt haben, weil der § 24 Tit. 14 der Pomm. Forst-Ordnung v. 1777 sich nur auf solches Holz beziehe, welches zum Verkauf in die Städte eingeführt wird. Davon sagt jedoch der § 24 l. c. nichts, er spricht vielmehr ganz allgemein von allem Bau-, Nutz- und Brennholz, das nach einer Stadt gebracht wird, ohne jeglichen Unterschied. Es liegt auch kein innerer Grund zu dieser beschränkenden Auslegung des AG.s vor. Der Zweck des § 24 l. c., welcher offenbar als eine Präventiv-Maaßregel gegen Holzdiebstähle anzusehen ist, ergiebt gleichfalls, daß der vom AG. gemachte Unterschied, ob das nach der Stadt gebrachte Holz zum Verkauf bestimmt ist, oder nicht, vom Gesetzgeber nicht beabsichtigt sein kann.

Antr. des GStA.s: gleichl. [18. — 4.]

Wucher. — Kaufmann. — Handelsgesetzbuch.

Ein vor Einführung des D. HGB.s verübter damals strafbarer Wucher wird dadurch nicht straflos, daß durch Einführung des Art. 292 des HGB.s in Betreff des Bewucherten die Zinsbeschränkungen fortgefallen sind.

Einf.-Ges. z. StGB. Art. IV [vgl. dort n. 4]; StGB. § 263 [vgl. dort n. 68].

Erk. (V. I.) v. 5. Nov. 1862 c. Röhle (941. I. Cr.).

R. war des Gewohnheitswuchers, dessen er sich im J. 1860 in Beziehung auf den Fuhrherrn Rg. schuldig gemacht haben sollte, angeklagt, aber in zweiter Inst. freigesprochen worden, weil Rg. nach dem mit dem 1. März 1862 ins Leben getretenen HGB. als Kaufmann anzusehen sei und nach Art. 292 l. c. sich als solcher jetzt zur Zahlung von Zinsen in unbegränztem Maaße verbindlich machen könne, unter diesen Umständen aber dem R. die Vorschrift des Art. IV. des EG.s z. StGB. zu statten komme. NB. des OStA.s. Die GStA.-schaft erachtete dieselbe für begründet, weil Art. IV. des Einf.-Ges. hier nur dann würde Platz greifen, wenn entweder die Strafbarkeit des Wuchers überhaupt weggefallen, oder der Begriff desselben so verändert worden sei, daß er auf den vorliegenden Thatbestand nicht mehr passe; beides sei nicht der Fall; Aenderungen, welche seit Verübung der That lediglich in den Verhältnissen und der Rechtsfähigkeit der betr. Personen eingetreten seien, könnten eine Berücksichtigung nicht finden. — Das OTr. hat das Erk. zweiter Inst. vernichtet und das erste verurtheilende Erk. bestätigt. Die Gründe lauten:

Bei der rechtlichen Beurtheilung der vorliegenden NB. kommt es wesentlich auf Beantwortung der Frage an, ob der auch von dem OTr. dem Art. 4 des Ges. v. 14. Apr. 1851 entnommene und in seiner Rechtsprechung festgehaltene Grundsatz: „daß nach eingetretener Aenderung der Strafgesetzgebung für irgend ein Gebiet von Handlungen, die unter der Herrschaft des aufgehobenen Gesetzes begangenen strafbaren Handlungen nur dann noch nach diesem aufgehobenen Gesetze beurtheilt werden dürfen, wenn die nunmehrige Gesetzgebung solche Handlungen noch mit Strafe und mit keiner gelinderen als bisher bedroht" (Urth. v. 18. Jan. 1855 c. Adrian) auf Veränderungen und Modifikationen, welche durch das HGB. in gewissen Rechtsinstituten und Verhältnissen herbeigeführt worden sind, eine Ausdehnung gestatte, wobei aber sogleich daran zu erinnern ist, daß der oberste GH. jenen Satz auch bisher schon nicht völlig ausnahmslos und überall hat gelten lassen, wo ein Verhalten nach dem gerade jetzt vorhandenen Rechtszustande straflos oder minder strafbar sein würde, als wie es zu seiner Zeit gewesen wäre; vielmehr ist in dieser Hinsicht durch einzelne Entscheidungen, namentlich bei Zolldefraudationen, anerkannt worden, daß eine solche nicht dadurch straflos geworden sein würde, wenn in Folge von Tarifänderungen oder aufgehobener Zollgrenze nunmehr dieselbe Handlung eine völlig straflose wäre; G. A. 2. S. 112 [vergl. Oppenh. StGB. Art. 4 n. 3].

Hieran schließt sich sofort auch die Entscheidung des gegenwärtigen Falles. — Dieselbe kann aber nicht hergeleitet werden aus dem Rechtsgefühle, was bei dem einen strenger ist als bei dem andern oder aus einer wissenschaftlichen Ansicht, welche durchaus nicht unbestritten ist, noch weniger aus einem durch kein ius quaesitum gebundenen Staatsinteresse, oder aus bloßen Zweckmäßigkeits- oder Billigkeitsrücksichten, sondern lediglich aus dem erkennbaren Willen des Gesetzgebers, dessen Vollstrecker auch das Richteramt sein soll. —

Wie sicher nun aus Art. 4 des E.G.s z. StGB. der obige Grundsatz als ein allgemein gültiger gefolgert werden darf, daß nämlich, wenn die Strafgesetzgebung sich zum Mildern hinsichts der Kriminalität eines Handelns wendet, dies sofort für alle noch unbestraften Fälle dem älteren und neueren Gesetz gegenüber maaßgebend sein solle, weil gerade hierbei der Gesetzgeber sich genau des Verhältnisses seiner nunmehrigen Bestimmungen zu den früheren Strafgesetzen bewußt gewesen sein muß: so bedenklich ist es, bei einer auf gesetzlichem Wege herbeigeführten Aenderung in anderen Theilen des Rechtsgebiets z. B. in zivilrechtlichen Verhältnissen, bei dem Gesetzgeber ohne Weiteres die Absicht zu unterstellen, daß frühere Handlungen, die zu ihrer Zeit nach dem damaligen Rechtssysteme strafbar waren, nunmehr so angesehen und beurtheilt werden sollten, als wären sie unter den jetzigen Rechtszuständen vorgekommen, sofern dadurch Straflosigkeit oder mindere Bestrafung begründet werden könnte. So folgt im Besonderen nicht, daß, weil die Gesetzgebung mit dem 1. März 1862 durch Einführung des HGB.s eine größere Freiheit des Handels- und Geldverkehrs hat gewähren wollen und deshalb den Begriff eines Kaufmanns sehr ausgedehnt hat, hiermit rückwärts das zu seiner Zeit strafbare Zinsengeschäft mit einer Person, welche jetzt zu Handelsgeschäften ohne Zinsenbeschränkung befähigt ist, damals aber es nicht war, straflos sein solle, wie denn auch zivilrechtlich in den rechtlichen Wirkungen früherer Rechtsgeschäfte, welche jetzt die Natur von Handelsgeschäften haben, nichts geändert ist.

[17. — 4.]

Angeklagter. — Haft. — Vorladung.

Die Haft des Angeklagten in einer andern Untersuchungssache macht seine Vorladung im Gefängnisse nicht nothwendig, sobald in den Akten von jener Haft nichts konstirt.

Ges. v. 3. Mai 1852 Art. 33 [vgl. dort n. 11. Sic: B. I. 12. Sept. 1860 c. Altmann, 697. Vgl. auch RdOTr. 1. S. 65].

Erk. (Z. I.) v. 5. Nov. 1862 c. Wolff (958. I. Cr.).

Implorant W. meint, daß ihm die Vorladung im Gefängnisse hätte zugestellt werden müssen, weil dem Kgl. Kammergericht aus einer Beschwerde bekannt gewesen, daß er in einer andern Untersuchungssache verhaftet gewesen sei. Allein die näheren Umstände, aus denen die Nothwendigkeit einer solchen Kenntniß der Verhaftung sich ersehen lasse, sind nicht angegeben und bei dem großen Umfange der Geschäfte des hiesigen StG.s resp. des Kammer-G.s folgt aus einer in einer Haftsache eingereichten Beschwerde noch keineswegs, daß die Richter in einer andern Untersuchungssache wissen müßten, daß ein Angeklagter in der gleichzeitig schwebenden Sache verhaftet wäre. Aus den vorliegenden Akten konstirte davon, daß W. im Juni verhaftet gewesen, nichts, und er hätte daher zu diesen Akten eine Anzeige machen müssen, wenn er bewirken wollte, daß die hier an ihn zu erlassenden Verfügungen und Citationen nicht in seiner Wohnung, sondern ihm im Gefängnisse insinuirt werden sollten.

Antr. des GStA.s: gleichl. [44.—4.]

Hausirkontravention. — Transportmittel. — Konfiskation.

Bei Hausirkontraventionen unterliegen die Transportmittel nicht der Konfiskation.

Hausir-Regul. v. 28. April 1824 § 26. Vgl. RdOTr. 2. S. 439.

Erk. (Z. I.) v. 5. Nov. 1862 c. Kuchheida (961. I. Cr.).

Die NB. des OStA.s, welche es rügte, daß gegen den wegen Hausirkontravention verurtheilten Angekl. nicht die Konfiskation der Transportmittel ausgesprochen worden war, ist zurückgewiesen worden.

Was zuvörderst den § 19 des StGB.s betrifft, auf welchen der OStA. Bezug nimmt, so greift derselbe hier überhaupt nicht Platz, da das Hausirregulativ v. 28. April 1824 in Betreff der verwirkten Konfiskation seine eigene spezielle Vorschrift in § 26 hat, neben welcher die davon wesentlich verschiedene allgemeine strafrechtliche Bestimmung in § 19 des StGB.s nicht Anwendung finden kann, wie denn aus demselben Grunde die Unanwendbarkeit des § 19 l. c. in Beziehung auf Zollvergehen bereits in dem Erk. des OTr.s v. 20. Jan. 1859 c. Fluchtscheiper (G. A. 4. S. 228) ausgesprochen und ausgeführt ist.

Aber auch der § 26 des cit. Hausirregulativs, welcher verordnet, daß der Kontravenient die Konfiskation derjenigen Gegenstände verwirkt hat, die er wegen seines Gewerbes bei sich führt, ist vom App.-Richter nicht verletzt, wie die NB. behauptet. Schon die Reskripte des Finanzministers v. 21. Juni 1826 und des Just.-Min.s v. 26. Juli 1826 (Gräff 1. S. 341, Jahrbb. 28. S. 112) haben ausgesprochen, daß bei Anwendung des Hausirregulativs die Transportmittel als der Konfiskation nicht unterworfen anzusehen sind, und wenn diese Reskripte zwar keine besonderen Gründe hierfür anführen, sondern sich darauf beschränken, diese Frage für so zweifelhaft zu erklären, daß eine allgemeine Vorschrift in dieser Beziehung nöthig geworden sei, so liegt doch weder ein äußerer noch innerer Grund vor, den § 26 des cit. Regulativs in Betreff der verwirkten Konfiskation strenger auszulegen, als solches von dem mit Ausführung dieses Gesetzes betrauten Finanzminister selbst geschehen ist. Aber auch die Wortfassung des § 26 l. c., nach welcher der Konfiskation die Gegenstände unterliegen sollen, die der Kontravenient wegen seines (im Umherziehen betriebenen) Gewerbes bei sich führt, läßt sich füglich nur auf die zu dem Ende bei sich geführten Waaren beziehen, zumal es a. E. des § 26 l. c. heißt, daß diese Bestimmung auch dann zur Anwendung kommen soll, wenn ein solcher Kontravenient Waaren mit sich führt, auf welche ein Gewerbeschein gar nicht hätte ertheilt werden können. Wenn im § 26 einmal von „Gegenständen" und kurz darauf von „Waaren, die der Kontravenient bei sich führt," die Rede ist, so ergiebt sich, daß beides hier für gleich erachtet und nur im Ausdruck zweifelhaft ist.

Uebrigens findet auch nach § 17 des HDGes.s vom 2. Juni 1852, also in einem ganz ähnlichen Falle, beim Holzdiebstahl die Konfiskation der gebrauchten Transportmittel nicht statt; vgl. Erk. v. 27. Okt. 1854 c. Sablowski (G. A. 2. S. 821).

Antr. des GStA.s: gleichl. [18.—4.]

---

1. Zeuge. — Zwangsmaaßregel. — Strafe.
2. Requisition. — Prüfung des requirirten Richters.

1. Die „Geld- oder Gefängnißstrafe," vermittelst welcher der sein Zeugniß Verweigernde dazu angehalten werden soll, ist keine Strafe, sondern eine Zwangsmaaßregel.

Cr.-Ordn. §§ 312. 337 [vgl. Strafverf. § 20 n. 20].

2. Der von der Disziplinarbehörde eines andern Ressorts zur Vernehmung von Zeugen requirirte Richter hat nicht zu prüfen, ob Veranlassung zur Einleitung der Disziplinaruntersuchung oder eines Skrutinii zum Zweck einer künftigen Disziplinaruntersuchung vorliege.

Ibid. [vgl. l. c. n. 9; RbOTr. I. S. 388; II. S. 91. 249].

Beschl. (I.) v. 5. Nov. 1862 (58. B. I. Cr.).

Wenn auch der § 312 der Crim.-Ordn. bestimmt, daß der sein Zeugniß Verweigernde dazu durch Geld- oder Gefängnißstrafe angehalten werden solle, so geht doch aus der ganzen Fassung dieser Vorschrift, insbesondere aus dem Mangel einer Festsetzung über die Höhe der Geldbuße und der Dauer der Gefängnißhaft, so wie aus dem Worte „anhalten" klar hervor, daß es sich hier nur um eine Zwangsmaaßregel handelt. Eine Strafe kann nur für ein begangenes Unrecht verhängt werden und ist von dem späteren Verhalten des zu Bestrafenden unabhängig, während, wenn das Gesetz vorschreibt, daß Jemand zwangsweise zu etwas angehalten werden soll, eine erst noch von ihm zu leistende Handlung in Frage steht, ihm also ein Uebel zugefügt wird, um ihn dadurch zur Erfüllung seiner Pflicht zu bestimmen.

Mit Recht hat daher das K. AG. angenommen, daß der § 312 cit. eine Strafe im eigentlichen Sinn nicht androht, sondern nur ein Zwangsverfahren gegen den Zeugen zur Ueberwindung seiner Renitenz anordnet. Hierdurch widerlegen sich alle Folgerungen, welche Sie aus der Natur der von Ihnen durch Ihre Weigerung angeblich verwirkten Strafe herzuleiten suchen. Aber auch darin muß dem K. AG. beigetreten werden, daß es für die Anwendung des § 312 cit. gleichgültig ist, wenn Ihnen, wie das K. Kr.-G. annimmt, Ihre Haft pekuniäre Vortheile gebracht habe, und letztere aus der Fortsetzung der Haft für Sie in noch erweitertem Umfange zu erwarten sein möchten. Dieser zufällige Umstand ist für jene allgemeine Gesetzesvorschrift ganz gleichgültig. Eben so wenig hat das K. AG. die Grundsätze über die Kompetenz verletzt, da es allerdings lediglich der Beurtheilung der Disziplinarbehörde, hier also der Militärbehörde, unterliegt, ob Veranlassung zur Einleitung einer Disziplinaruntersuchung oder auch nur eines Skrutinii zum Zweck einer künftigen Disziplinaruntersuchung vorhanden ist. Diese Frage darf mithin von dem um Vernehmung eines Zeugen requirirten Civilrichter keiner Prüfung unterworfen werden.

Antr. des GStA.s: gleichl. [18. — 3.]

Restitution. — Urkunde. — Simulation.

Eine Urkunde über ein simulirtes Rechtsgeschäft ist keine falsche Urkunde, und deshalb zur Begründung eines Restitutionsgesuches nicht geeignet.

Vdn. v. 3. Jan. 1849 § 151 [vgl dort n. 8].

Beschl. (I.) v. 5. Nov. 1862 c. Kuhnke (214. B. I. Cr.).

Das Gesetz gestattet im § 151 der Vdn. v. 3. Jan. 1849 allerdings die Restitution gegen ergangene Strafurtheile, wenn dieselben auf falsche Urkunden oder auf die Aussage meineidiger Zeugen gegründet sind. Nun hat aber das K. AG. in seiner Verfügung vollkommen richtig ausgeführt, daß es sich hier nicht um eine fälschlich angefertigte, oder sonst verfälschte Urkunde im Sinne des § 247 des StGB.s, sondern nur um simulirte Verträge handle, welche niemals als falsche Urkunden im Sinne des § 151 der cit. Vdn. betrachtet werden können.

Antr. des GStA.s: Zurückweisung der Beschw. [15.—2.]

Urkunde. — Dorfgericht. — Attest.

Die Bescheinigung eines Schulzen, daß ein bestimmtes Individuum aus der Gemeinde verzogen sei, ist nicht für eine öffentliche Urkunde im Sinne des § 323 des StGB.s zu erachten.

StGB. § 323 [dort einzutr. als n. 17a].

Beschl. (I.) v. 5. Nov. 1862 c. Kajuth (261. B. I. Cr.).

Der Schulze K. hatte wahrheitswidrig eine Bescheinigung ausgestellt, nach welchem: „der Tischler K. nach Königsberg und wahrscheinlich nach Rußland verzogen" sein sollte, um dadurch von dem Betreffenden eine Exekution abzuwenden. Die Abtheilung des KG.s hatte in einem rechtskräftig gewordenen Inkompetenzurtheile hierin den Thatbestand des § 323 gefunden, wogegen der Anklagesenat darin nur einen Betrug erkannte. Das OTr. hat sich der Ansicht des letzteren angeschlossen, und demgemäß den entstandenen neg. Kompetenzkonflikt entschieden. Es ward erwogen:

daß der § 323 des StGB.s nur von solchen Urkunden spricht, deren Aufnahme oder **Ausstellung** einem **Beamten** vermöge seines Amtes obliegt, während die gesetzlichen Bestimmungen (vgl. §§ 46—71 II. 7. ALR., Land-Gem.-Ordn. v. 14. Apr. 1856, GS. S. 356, § 10) keinen Anhalt dafür geben, daß der Schulze als Vorsteher der Gemeinde befugt und verpflichtet sei, ein Attest wie das in Rede stehende zum öffentlichen Glauben auszustellen, dasselbe eben so wenig eine dorfgerichtliche Urkunde bildet, sowohl mit Rücksicht auf seinen Gegenstand als auf die für dorfgerichtliche Urkunden vorgeschriebenen Formen, vgl. § 79ff. II. 7 ALR., Instr. für die Dorfgerichte v. 11. Mai 1854, JMBl. S. 206 ff., und es endlich auch nicht als Urkunde einer Polizeibehörde gelten kann, weil der Schulze nicht die Orts-Polizeibehörde bildet, vielmehr nur einzelne polizeiliche Geschäfte zu verrichten hat.

Antr. des GStA.s: gleichl. [47.—4.]

Verführung. — Unbescholtenheit. — Antrag.

1. Der Begriff der „Unbescholtenheit" in dem Thatbestande des § 149 des StGB.s ist ein thatsächlicher. Derselbe wird jedenfalls dadurch nicht nothwendig ausgeschlossen, daß das betreffende Mädchen im unentwickelten Alter sich hat Unsittlichkeiten zu Schulden kommen lassen.

StGB. § 149 [vgl. dort n. 1].

2. Leben beide Eltern eines verführten Mädchens, so genügt der Strafantrag des Vaters, um die Bestrafung herbeizuführen.

Ebendas. [vgl. dort n. 4.].

Erk. (Z. II.) v. 6. Nov. 1862 c. Feiden (303. II. Cr.).

F. war wegen „Verführung eines unbescholtenen Mädchens unter 16 J." auf den Antrag ihres Vaters verurtheilt worden, obgleich der Beweis geliefert worden war, daß sie sich in einem Alter, wo sie noch unentwickelt war, mit einem gleichfalls unentwickelten Knaben Unsittlichkeiten habe zu Schulden kommen lassen. Sein Kass.-Rekurs ward verworfen, indem erwogen wurde:

daß zum Thatbestande des im § 149 des StGB.s vorgesehenen Vergehens gehört, daß ein unbescholtenes, im Alter von 14 bis 16 Jahren stehendes Mädchen zum Beischlafe verführt worden; — daß das Vorhandensein dieser Merkmale im untergebenen Falle in dem angegriffenen Urtheile festgestellt und diese Entscheidung von dem Kassationskläger hauptsächlich um deswillen angefochten worden ist, weil der Begriff eines **unbescholtenen Mädchens** auf die angeblich verführte R. B. nicht zutreffe; — daß jedoch darüber, was unter Unbescholtenheit im Sinne des § 149 zu verstehen, das Gesetz keine Definition gegeben hat und die Feststellung hierüber als eine wesentlich thatsächliche erscheint, welche von dem Instanzrichter endgültig vorzunehmen und, sofern ein Rechtsirrthum dabei nicht untergelaufen, durch den Cassationsrekurs nicht angreifbar ist; — daß auch die Gründe, welche der App.-Richter für seine desfallsige Annahme und Behufs Widerlegung der entgegenstehenden Behauptung des Beschuldigten angeführt hat, einen Rechtsirrthum, insbesondere einen Verstoß gegen den Sinn und die Absicht des § 149 nicht erkennen lassen; —

daß zwar eine Bestrafung auf Grund des § 149 nur auf den Antrag der Eltern oder des Vormundes der Verletzten erfolgen kann, daß ein solcher Antrag aber auch von dem Vater der ꝛc. B. gestellt worden ist und derselbe in dieser Beziehung seine Ehefrau mit zu vertreten berechtigt war.

Antr. des GStA.s: gleichl. [16. — 1.]

Staatsanwalt. — Anklage. — Antrag die Untersuchung nicht zu eröffnen.

1. **Der Staatsanwalt kann nicht, ohne eine Anklage zu erheben, das Gericht um Aeußerung über eine Rechtsansicht angehen.**

Vgl. RdOTr. II. S. 369.

2. **Der Antrag: „die Untersuchung nicht zu eröffnen" schließt eine Anklage nicht in sich, und ist für sich allein nicht geeignet, das Gericht mit der Sache zu befassen.**

Vdn. v. 3. Jan. 1849 § 1 [vgl. dort n. 4; § 3 n. 22].

Beschl. (II.) v. 6. Nov. 1862 c. Schulenburg u. Gen. (68. B. II. Cr.).

Nach einem stattgehabten Skrutinialverfahren beantragte der StA.: „die Untersuchung gegen mehrere ausdrücklich namhaft gemachte Personen nach einem bestimmten Paragraphen des StGB.s nicht zu eröffnen", indem er rechtlich auszuführen suchte, daß der Thatbestand des betr. Vergehens nicht vorliege. Die Instanzgerichte lehnten aber eine Beschlußnahme über diesen Antrag ab, weil es an einer sie mit der Sache befassenden Anklage fehle. Die hiergegen vom OStA. ergriffene Beschw. erachtete der GStA. für begründet: eben weil das Gericht mit einer Sache nur durch die Anklage des StA.s befaßt werden könne, müsse ein gestellter Antrag auf Herbeiführung eines Beschlusses über die Eröffnung der Untersuchung so angesehen werden, als schließe er die Anklage in sich, was hier um so unbedenklicher sei, als sowohl die beschuldigten Personen als das Vergehen, wovon es sich handle, namhaft gemacht worden seien; liege sonach eine Anklage vor, so sei das Gericht auch mit der ganzen Sache befaßt gewesen, und es habe selbstständig zu prüfen gehabt, ob es die Eröffnung der Untersuchung aussprechen oder ablehnen oder endlich zur besseren Vorbereitung eine Voruntersuchung anordnen solle *). — Das OTr. hat indessen die Beschwerde zurückgewiesen. Die Gründe lauten:

Nach § 1 der Vdn. v. 3. Jan. 1849 sollen die Gerichte nur auf erhobene Anklage einschreiten. Wie in dem Berichte des Staats-Ministeriums v. 30. Dez. 1848 (Staats-Anz. 1849 Nr. 6 S. 37) und in den Motiven der cit. Vdn. (Stenogr. Ber. d. I. K. 1849—50 S. 47) angegeben wurde, ist mit der cit. Vdn. in Bezug auf das Institut der StA.-

---

*) Es wird nicht selten geschehen, daß es von wesentlichem Interesse ist, eine gerichtliche Entscheidung über die Eröffnung der Untersuchung auch da herbeizuführen, wo der StA. für seine Person diese Eröffnung nicht für gerechtfertigt erachtet. Dieser Fall kann eintreten, wenn der Sachverhalt vollständig aufgeklärt ist, in rechtlicher Beziehung aber Zweifel obwalten, welche die StA.-schaft allein zu lösen, Bedenken trägt; noch leichter kann es vorkommen, daß mit Rücksicht auf die Beziehungen zu andern Behörden oder auch zu auswärtigen Regierungen die Herbeiführung einer gerichtlichen Entscheidung in irgend einer Form höchst wünschenswerth ist. Tritt ein solcher Fall ein, so ist im Hinblick auf den obigen Beschluß des OTr.s den Beamten der StA.-schaft zu empfehlen, zunächst ausdrücklich gegen die speziell zu benennenden Personen die betr. Beschuldigung zu erheben, und dann den Antrag auf Nichteröffnung der Untersuchung hinzuzufügen.

schaft und auf die Stellung der letzteren zu den Strafgerichten, das Ges. v. 17. Juli 1846 (GS. S. 267) zu Grunde gelegt und dabei jenes Prinzip (aus § 5 des letzteren) übernommen und an die Spitze gestellt, jedoch, mit Rücksicht auf die gedachte gegenseitige Stellung der StA.-schaft und der Gerichte, der Grundsatz: „daß auf Antrag des StA.s auch ein bereits bei den Gerichten anhängig gewordenes Voruntersuchungs-Verfahren unbedingt wieder einzustellen sei (§ 12 a. a. O.), beschränkt worden, weil dieser Grundsatz jener Stellung nicht entspreche, und solcher Beschränkung auf das Prinzip des Anklageprozesses insofern nicht entgegenstehe als durch den Antrag des StA.s auf Einleitung einer Voruntersuchung die Wirksamkeit des Gerichts bereits in Anspruch genommen und die Sache bei diesem anhängig geworden sei.

Nur durch Erhebung der Anklage oder durch Beantragung einer gerichtlichen Voruntersuchung soll die StA.-schaft, — welche bis dahin in ihrer Entschließung eine Anklage zu erheben oder nicht zu erheben unbeschränkt ist, und der, wenn sie Anklage nicht erheben will, nicht obliegt, darüber eine Erklärung gegen das Gericht abzugeben, — das Gericht mit einer Sache befassen können. Auf solche Anklagen und Anträge Beschluß zu fassen, liegt dem Gerichte ob. Nicht aber ist es Beruf der Gerichte, Rechtsbelehrungen zu ertheilen und nicht entspricht es der Stellung des StA.s zu den Gerichten, daß jener bei ihm hinsichts des Rechtspunktes aufstoßenden Zweifeln, solche Rechtsbelehrungen bei dem Gerichte suche. Zur Lösung solcher Zweifel gewährt ihm — abgesehen von Erhebung wirklicher Anklage — die hierarchische Einrichtung der StA.-schaft das Mittel, welche ebenso der etwa bei verweigerter Erhebung der Anklage oder Beantragung der Voruntersuchung ein Interesse habenden Privatperson, die sich mit einer Denunziation an den StA. gewandt hatte, den von ihr einzuschlagenden Weg zur Beseitigung etwa unbegründeter rechtlicher Bedenken des StA.s an die Hand giebt.

Der Sache nach ist es aber eine solche Rechtsbelehrung, welche der StA. sucht, wenn er nach stattgehabtem Skrutinial-Verfahren die das letztere betreffenden Verhandlungen dem Gerichte, unter Angabe der rechtlichen Ansicht, welche ihn abhalte, auf Eröffnung der Untersuchung oder Einleitung der Voruntersuchung anzutragen, mit dem Antrage einreicht, zu beschließen, daß die Untersuchung nicht zu eröffnen sei. Durch einen solchen Antrag kann er nicht das Gericht mit der Sache befassen. Denn dieser Antrag enthält keine Beschuldigung irgend einer Person, weder eine Anklage, noch einen Antrag auf Einleitung einer gerichtlichen Untersuchung, ist vielmehr das direkte Gegentheil von beiden. Es ist daraus nicht einmal zu entnehmen, ob für den Fall, daß die dabei geäußerte Rechtsansicht von dem Gerichte nicht getheilt würde, in welchem Falle, entgegen dem der Bestimmung des § 1 der cit. Vdn. zum Grunde liegenden Prinzip, das Gericht den ersten Anstoß zur Anklage geben würde, der StA. die Anklage zu erheben sich vorbehalte, oder aber er eine gerichtliche Voruntersuchung beantrage. Es kann deshalb darin auch nicht der eventuelle Antrag auf Einleitung der letzteren gefunden werden. Jedenfalls erheischt es die gegenseitige Stellung des StA.s und des Gerichts, daß jener, wenn dieses der Zweck seines Antrages sein soll, dies in dem letzteren bestimmt ausspreche, nicht aber supponire, daß, nach einer künstlichen Auslegung, ein Antrag des StA.s, durch welchen er erklärt, sich für die Nichterhebung der Anklage bestimmt zu haben, als Erhebung der Anklage, wie sie nach § 1 der cit. Vdn. Voraussetzung des gerichtlichen Einschreitens ist, angesehen werde.

Antr. des GStA.s: entg. [26.—3.]

---

1. Jagd. — Jagdbares Thier. — Provinzialrecht.

2. Waldeigenthümer. — Pfändungsrecht. — Widersetzlichkeit.

3. Thätliche Widersetzlichkeit. — Art der Ausführung.

1. Ein Provinzial-Recht, welches die als jagdbar angesehenen wilden Thiere aufzählt,

schließt dadurch die Anwendbarkeit des § 32, II. 16 ALR. aus.

StGB. § 274 [dort einzutr. als n. 15a].

2. Der Wald-Eigenthümer ist befugt, gegen denjenigen, welcher auf seinem Gebiete nicht jagdbaren Thieren nachstellt, zu Pfändungen zu schreiten; eine in einem solchen Falle geleistete Widersetzlichkeit fällt unter das Strafverbot des Ges. v. 31. März 1837.

ALR. II, 16 § 35; Ges. v. 31. März 1837 § 1.

3. Zur Anwendung des Ges. v. 31. März 1837 genügt es nicht, wenn eine „thätliche Widersetzlichkeit gegen einen Förster ꝛc." mit den Worten des § 1 festgestellt wird, wenn der Instanzrichter gleichzeitig anerkennt, daß nicht hinreichend aufgeklärt sei, in welcher Art diese Widersetzlichkeit Statt gefunden habe.

Ges. v. 3. Mai 1852 Art. 31 [dort einzutr. als n. 3a und 29a]; Ges. v. 31. März 1837 § 1.

Erk. (Z. B. II.) v. 13. Nov. 1862 c. Allers (244. II. Cr.).

A., der unbefugten Ausübung der Jagd in einem Privatwalde und der thätlichen Widersetzlichkeit gegen einen Förster bei Ausübung seines Amtes angeklagt, war in zweiter Instanz von der ersten Ankl. freigesprochen, wegen des zweiten Vergehens aber verurtheilt worden. Die thatsächliche Feststellung ging dahin, daß er in dem fremden Walde Kaninchen nachgestellt, und sodann sich dem Förster B., als dieser gegen ihn zur Pfändung schreiten wollte, „während der Ausübung seines Amtes thätlich widersetzt habe," daß es aber nicht hinreichend aufgeklärt sei, in welcher Art diese Widersetzlichkeit stattgefunden habe. Die Freisprechung von dem Jagdfrevel erfolgte deshalb; weil in dem links der Elbe belegenen Theile der Altmark das Kaninchen kein jagdbares Thier sei. Die hiergegen gerichtete NB. des OStA.s ward zurückgewiesen, weil dort die Märkische Jagd-Ordn. v. 20. Mai 1720 (Tit. 33 und 34) trotz der zeitweiligen Einführung der Westphälischen Gesetzgebung in Kraft verblieben, und dort das Kaninchen in der Aufzählung der jagdbaren Thiere nicht mit genannt sei [vgl. Oppenh. StGB. § 274 n. 16]. — Dagegen ward die verurtheilende Entscheidung auf die NB. des Angekl. vernichtet, und die Sache an das AG. zurückverwiesen. Die Gründe, so weit sie ein allgemeines Interesse darbieten, lauten:

Das ALR. bezeichnet als Objekt des Jagdrechts nur jagdbare wilde Thiere; darüber, was zu den jagdbaren Thieren gehöre oder Gegenstand des freien Thierfangs sei, verweist es auf die in den Gesetzen einer jeden Provinz enthaltenen Bestimmungen, und nur im Mangel anderer Bestimmungen sollen vierfüßige wilde Thiere und wildes Geflügel, insoweit beide zur Speise gebraucht zu werden pflegen, zur ausschließenden Jagdgerechtigkeit gehören (II. 16, § 31. 32). Solche andere, diese letztere Regel (des § 32) ausschließende Bestimmungen enthält aber ein die Jagd betreffendes Prov.-Ges. schon dann, wenn es die von ihm als jagdbar angesehenen wilden Thiere speziell aufzählt (vgl. v. Kamptz Jahrb. 59. S. 41). —

Es liegt nicht darin ein Rechtsirrthum, daß der App.-Richter, wiewohl er den A. des in den §§ 274. 275. 277 des StGB.s bedrohten Vergehens und selbst der in dem § 347 Nr. 11 a. a. O. bezeichneten Uebertretung nicht schuldig befand, doch eine dem Förster B. bei Ausübung seines Amtes widerfahrene thätliche Widersetzlichkeit angenommen hat. Denn war auch das Fangen und Aneignen von Kaninchen in einem fremden Walde ohne Erlaubniß des Waldeigenthümers, wobei der Angeschuldigte A. von dem rc. B. betroffen wurde, kein solches Vergehen, und, nach der Annahme des App.-Richters, auch keine nach § 347 Nr. 11 des StGB.s zu bestrafende Uebertretung, so war es doch immer eine — wenigstens civilrechtlich — unerlaubte Handlung, welche einen Eingriff in das Recht des Waldeigenthümers, ein Zuwiderhandeln gegen die, auf Verhütung von Mißbräuchen, die unter dem Vorwande eines erlaubten Thierfanges begangen werden können, abzielende polizeiliche (vgl. Suarez in den Jbb. 52. S. 70 zu § 115, I. 9 ALR.) Vorschrift des ALR.s I. 9, § 115, II. 16, §. 35 enthielt, und welche den, die Stelle des Waldeigenthümers vertretenden Aufseher B. zu der, auch nach § 1 des cit. Ges. vom

31. März 1837, in den Befugnissen seines Amtes liegenden Pfändung zu schreiten berechtigte (ALR. I. 14, §§ 413. 416. 420), welcher der A. sich nicht entziehen, und nicht, ohne sich straffällig zu machen, thätlich widersetzen durfte. —

Allein der App.-Richter hat zwar nach bewirkter anderweiter Beweisaufnahme, in seiner schließlichen thatsächlichen Feststellung den besondern Thatbestand einer strafbaren Widersetzlichkeit gegen Forst- und Jagd-Beamte, wie ihn (abweichend von dem des § 89 des StGB.s) das Ges. vom 31. März 1837 § 1 voraussetzt, für festgestellt angenommen; aber ohne sich darüber auszusprechen, in welchen konkreten Handlungen oder Thätlichkeiten des A. die Widersetzlichkeit überhaupt und namentlich die thätliche Widersetzlichkeit zu finden sei. Er hat seiner mit den Worten des Gesetzes geschehenen schließlichen Feststellung eine, aus dem für erwiesen erachteten Sachverhalte entnommene thatsächliche Unterlage nicht gegeben. Dies war aber nach Art. 31 des Ges. v. 3. Mai 1852 Abs. 1 und 2 erforderlich, welche Vorschrift auch für den App.-Richter und namentlich da maaßgebend ist, wo er, wie im vorliegenden Falle geschehen, nach anderweiter oder wiederholter Beweisaufnahme die thatsächliche Feststellung des ersten Richters ändert. Es ist aus den, diese Anordnung motivirenden obigen Erwägungen des App.-Richters nicht zu entnehmen, wie von ihm, wenn er zwar mit dem ersten Richter annehmen wollte, daß thätliche Widersetzlichkeit von dem A. verübt sei, und nur, im Gegensatze zu dem ersten Richter, negiren wollte, daß diese thätliche Widersetzlichkeit auch mit Gewalt an der Person des Försters B. verübt sei, der Begriff einer thätlichen Widersetzlichkeit aufgefaßt worden ist. Da er ausdrücklich erklärt, es sei nicht hinreichend aufgeklärt, in welcher Art der A. sich thätlich widersetzt habe, und gleichwohl in seiner schließlichen Feststellung verübte thätliche Widersetzlichkeit für erwiesen annimmt, so liegt hierin ein Widerspruch, der nur annehmen läßt, daß zugleich jener Begriff von ihm unrichtig aufgefaßt sei.

Antr. des GStA.s: gleichl. [26.—1.]

Aufforderung, öffentliche. — Erfolglosigkeit. — Theilnahme.

Die ohne Erfolg gebliebene öffentliche Aufforderung zur Verübung eines Verbrechens ꝛc. stellt ein selbstständiges Vergehen dar; es ist daher eine Theilnahme an demselben durch wissentliche Hülfeleistung möglich.

StGB. § 36 [dort einzutr. als n. 7a].

Erk. (Z. II.) v. 13. Nov. 1862 c. Schmidt (258. II. Cr.).

Schm. hatte die Aufforderung eines Ausländers C. zum Spiel in einer auswärtigen, in Preußen nicht zugelassenen Lotterie, mit Kenntniß des Inhalts, in das von ihm herausgegebene Kreisblatt aufgenommen, und war deshalb wegen wissentlicher Hülfeleistung zu dem Vergehen des C. (StGB. § 36 Abs. 2) verurtheilt worden. Seine NB. rügte Gesetzesverletzung unter Anderem deshalb, weil die im cit. § 36 vorgesehenen Handlungen nur als eine strafbare Theilnahme am Vergehen des Spielers anzusehen, eine Theilnahme an der Theilnahme aber nicht strafbar sei. Zurückweisung.

Gründe:

Von dem App.-Richter ist der § 36 des StGB.s völlig richtig, in Uebereinstimmung mit den Motiven zu § 33 des Entwurfs vom Jahre 1850 S. 16 (vgl. Beseler Komment. S. 167 Nr. 4, 156b, Temme Gloss. S. 102. Nr. 9, 103. 108b) dahin ausgelegt, daß das im zweiten Absatze dieses § 36 mit Strafe bedrohete Verbrechen eines Andern, sondern ein selbstständiges und daher an demselben Theilnahme durch wissentliche Hülfsleistung möglich sei. Er hat deshalb durch die Annahme solcher Möglichkeit auch nicht gegen § 34 Nr. 2 und § 35 des StGB.s verstoßen. Ausdrücklich setzen die §§ 34. 35—37 des Gesetzes über die Presse v. 12. Mai 1851 die Möglichkeit voraus, daß auch der Verleger und Drucker einer Druckschrift, sowie der Redakteur eines kautionspflichtigen Blattes Theilnehmer (im Sinne des § 34 des StGB.s) an der durch eine Druckschrift begangenen strafbaren Handlung sein können.

Antr. des GStA.s: gleichl. [26.—1.]

Zolldefraude. — Transport unter Kontrolle. — Verstecken.

Die Strafe einer Zolldefraude, welche durch die eigenmächtige Verfügung über zur Durchfuhr rc. deklarirte oder sonst unter Zollkontrolle befindliche Gegenstände auf dem Transporte verübt wird, erleidet nicht deshalb eine Schärfung um die Hälfte, weil diese Gegenstände auf dem Transporte in einer schwer zu entdeckenden Art verborgen waren.

ZStrGes. v. 23. Jan. 1838 § 6 Nr. 3; § 11 Nr. 1.

Erk. (Z. I.) v. 14. Nov. 1862 c. Arnaszus (748. I. Cr.).

A. hatte über 55 Pfd. Weißblech, welche zur Durchfuhr deklarirt waren und demzufolge unter Zollkontrolle sich befanden, auf dem Transporte eigenmächtig verfügt, und einen Theil derselben in einer schwer zu entdeckenden Art in seinem Wagen verborgen. Gleichwohl verhängten die Instanzrichter nur die einfache Strafe der Defraudation (§ 6 Nr. 3 l. c.), indem sie den § 11 Nr. 1 ibid. hier nicht für zutreffend erachteten. Die NB. des OStA.s, welche Verletzung dieser Gesetzesstelle geltend machte, ward zurückgewiesen.

Gründe:

Wenn die zollpflichtigen oder die die Kontrebande bildenden Gegenstände beim Transport in geheimen Behältnissen, oder sonst auf eine künstliche und schwer zu entdeckende Art verborgen werden, so wird dadurch selbstredend das Auffinden derselben bei der Revision der Zollbeamten erschwert. Der § 11 Nr. 1 l. c. kann sich daher auch nur auf solche Fälle beziehen, wo es auf eine Deklaration der transportirten verbotenen oder abgabenpflichtigen Gegenstände ankommt, also auf die im § 6 Nr. 1 und 2 des Zollstrafgesetzes erwähnten Fälle, in welchen die Zolldefraudation oder Kontrebande als vollbracht angenommen werden soll, nicht aber auf den hier vorliegenden in § 6 Nr. 3 l. c. gedachten Fall, wenn bereits unter Zollkontrolle befindliche, unter Begleitschein gehende Gegenstände, die also der Zollbehörde schon bekannt und daher nicht erst noch von ihr zu ermitteln sind, transportirt werden. In einem solchen Falle findet die Verschärfung der Strafe um die Hälfte nur unter der Voraussetzung des § 11 Nr. 2 l. c. statt, wenn nämlich die unter Begleitschein-Kontrolle gehenden Gegenstände auf dem Transport vertauscht, oder in ihren Bestandtheilen verändert worden sind, was hier von dem vorigen Richter thatsächlich nicht festgestellt, auch von der Anklage gar nicht behauptet ist.

Antr. des GStA.s: gleichl. [18. — 2.]

Branntweinsteuer. — Kartoffel-Dampffaß. — Brennereigeräth.

Ein Kartoffel-Dampffaß gehört zu den „Brennerei-Geräthen," und unterliegt daher der Revisionsbefugniß der Steuerbeamten.

Steuer-Ordn. v. 8. Febr. 1819 § 49. 50; Regul. v. 1. Dez. 1820 § 11.

Erk. (V. I.) v. 14. Nov. 1862 c. Hartmann (908. I. Cr.).

Der Gutsadministrator H. war von der Anklage: „den Steuerbeamten eine Hülfeleistung bei der beabsichtigten Vermessung des Dampf-Kartoffelfasses verweigert zu haben" deshalb freigesprochen worden, weil ein solches Faß nicht zu den Destillirgeräthen gehöre, und daher einer Revision Seitens der Steuerbeamten nicht unterliege. Auf die NB. der Regierung zu P. ist das Erk. des AG.s vernichtet und die Sache in die zweite Inst. zurückverwiesen worden. Es ward ausgeführt:

Das Kartoffel-Dampffaß dient dazu, die in dasselbe geschütteten gereinigten Kartoffeln durch hereingelassene Wasserdämpfe gar zu kochen, worauf dann ihre Zerkleinerung und demnächst die Einteigung in dem Vormaischbottich erfolgt. Das Kartoffel-Dampffaß gehört daher auch zu den Brennerei-Geräthen, von denen § 50 der St.-Ordn. spricht, wenngleich desselben ausdrücklich und namentlich weder hier noch im § 16 l. c. erwähnt ist, welcher letztere auch nur beispielsweise einzelne Brennerei-Geräthe benennt. Der § 49 ibid., mit welchem der § 50 in Verbindung steht, erwähnt aber auch der in dem Gebäude, in welchem eine Brennerei oder Brauerei betrieben wird, aufgestellten Gefäße zum Einmaischen, Kochen und Dämpfen des Materials, und es erledigt sich endlich jeder Zweifel, ob das Dampf-Kartoffelfaß zu den der Revision der Steuerbeamten unterliegenden Brennerei-Geräthen gehört, jedenfalls dadurch, daß in dem Regulative v. 24. Nov. 1833 wegen Erhebung und Kontrollirung der Branntweinsteuer, in den Kreisen Erfurt rc., welches als eine authentische Interpretation der die Branntweinsteuer betreffenden Gesetze angesehen werden kann, im § 6 ausdrücklich gesagt ist: „daß die Brennerei-Besitzer verpflichtet sind, die Räume rc. und die Brenn- und Maischgefäße, als Blasehelm, Maischwärmer, Kühlapparate, Maischbottiche, Vormaischbottiche, *Kartoffeldämpfer* und andere Dampfgefäße rc. ihrem Rauminhalte nach anzugeben."

Hier sind also Kartoffeldämpfer und andere Dampfgefäße ausdrücklich als zu deklarirende und zu vermessende Brennerei-Geräthe aufgeführt.

Antr. des GStA.s: gleichl. [18.—2.]

Spruch der Geschwornen. — Aenderung. — Durchstreichung.

1. *Die Vorschrift, daß die Verbesserung eines Wahrspruchs ohne Durchstreichung in der Art geschehen müsse, daß äußerlich erkennbar bleibe, wie der ursprüngliche Ausspruch lautete, — bezieht sich nicht auf den Fall, wo die Geschwornen, vor der Verlesung des Spruchs in der Sitzung, eine Aenderung an demselben vornehmen.*

Ges. v. 3. Mai 1852 Art. 97 Abs. 2 [vgl dort n. 35].

2. *Die Durchstreichung eines verkündeten Wahrspruchs im Falle des Art. 97 l. c. begründet keine Nichtigkeit, wenn nichts desto weniger das Durchstrichene lesbar geblieben ist.*

Ebendas. [vgl. ibid.].

Erk. (Z. I.) v. 14. Nov. 1862 c. Milenz (1015. I. Cr.).

Die Vorschrift des Art. 97 Abs. 2 hat offenbar keinen anderen Zweck, als die Möglichkeit einer späteren Kontrolle über die Nothwendigkeit, Zulässigkeit und Gesetzmäßigkeit der vom GH. angeordneten Maaßregel der Zurückschickung der Geschwornen in ihr Berathungszimmer behufs Abänderung ihres Verdiktes, und darüber zu gewähren, ob hierbei nicht wohl erworbene Rechte des Angeklagten beeinträchtigt worden sind. Das Wesentliche dieser Vorschrift liegt demnach darin, daß nach der Verbesserung des Ausspruchs dessen ursprünglicher Wortlaut noch erkennbar ist, unwesentlich dagegen erscheint es, wenn ungeachtet des Verbots hierbei einzelne Worte oder Sätze durchstrichen sind, vorausgesetzt, daß ungeachtet der Durchstreichung der frühere Kontext des Verdiktes lesbar bleibt.

Der im cit. Art. 97 vorgesehene Fall einer Zurückschickung der Geschwornen wegen Mangelhaftigkeit ihres Ausspruches liegt hier aber gar nicht vor, da sich dies weder aus dem Audienzprotokoll ergiebt, noch von dem Angeklagten behauptet wird. Es muß daher angenommen werden, daß die Geschwornen irrthümlich den verneinenden Ausspruch neben die betreffende Frage geschrieben, und daß sie, nachdem der — sei es bei der Berathung oder Abstimmung, sei es bei dem Niederschreiben untergelaufene — Irrthum entdeckt worden war, an die Stelle des irrigen Ausspruches den durch die Abstimmung ermittelten richtigen Ausspruch setzten und ihn demnächst verkündeten.

Für einen solchen Fall fehlt es an einer Vorschrift darüber, wie die Verbesserung erfolgen solle, und es kann daher durch die Durchstreichung des irrigen Verdiktes, besonders wenn dasselbe, wie hier, lesbar bleibt, eine wesentliche Prozeßvorschrift um so weniger verletzt werden, als dies selbst in dem, im Art. 97 cit. vorgesehenen, Falle nicht würde angenommen werden können.

Antr. des GStA.s: gleichl. [14.—2.]

Rechtsanwalt. — Gebühren. — Honorar.

Ein Rechts-Anwalt darf sich nicht ein den tarifmäßigen Gebührensatz übersteigendes Honorar stipuliren.

Ges. v. 12. Mai 1851 §§ 1. 9; Ges. v. 3. Mai 1853 § 15.

Erk. (I. Civ.-Sen.) v. 17. Nov. 1862 c. Rechtsanwalt E. (307. D.).

Der Rechtsanwalt E. hatte in einer Untersuchungssache die beiden Angeklagten vertheidigt und sich dafür ein Honorar von 40 Thlrn. stipulirt, und demnächst zahlen lassen. Er ward deshalb „wegen Ueberschreitung der Gebührentaxe" im Disziplinarwege vom OTr. zu einer Geldstrafe verurtheilt. Die Gründe lauten:

Die Vorschrift (der §§ 1 und 9 des Ges. v. 12. Mai 1851) gilt auch von den Gebühren der Vertheidiger in Untersuchungssachen, da der II. Abschn. des gedachten Tarifs § 22—27 davon handelt, und an deren Stelle dann der § 15 des Ges. v. 3. Mai 1853 (GS. S. 170) getreten ist. Nach § 15 A. No. 3 und D. l. c. betrugen die Gebühren des Angeschuldigten für die Vertheidigung der beiden Angeklagten für jeden 5 Thlr. und für die angefertigte Appellations-Rechtfertigung des H. S. 2 Thlr. 15 Sgr. — Der Angeschuldigte hat daher offenbar bedeutend mehr erhoben, als die entsprechenden tarifmäßigen Gebühren betrugen. Zu dieser Erhebung war er auch nicht wegen der freiwilligen Zusicherungen der Klienten und ihrer Angehörigen und wegen seiner größeren Bemühungen befugt. Denn, wenn der § 1 des Ges. v. 12. Mai 1851 die Erhebung der Gebühren und Auslagen lediglich nach dem Tarif gestattet und im § 9 die Ausnahmefälle aufführt, so folgt hieraus von selbst das Verbot der Erhebung anderer, als der tarifmäßigen Gebühren und Auslagen, außer diesen Ausnahmefällen. Ein solcher Fall der Ausnahme lag aber hier nicht vor, weder die Annahme eines *Honorars* nach Zustellung der Liquidation, noch die Annahme ohne Aufforderung gegebener *Geschenke* von seinen Klienten. Der Angeschuldigte stellt die empfangene Summe selbst nicht als reines Geschenk der Tochter resp. Schwester der Angeklagten, sondern als die

Abtragung eines vor der Vertheidigung im Allgemeinen zugesicherten und dann auf eine bestimmte Summe stipulirten Honorars von 40 Thlrn. für die Vertheidigung und die damit verbundenen Bemühungen dar. Es kann ihm auch nicht zur Entschuldigung gereichen, daß jene Tochter in dem Civilprozesse gegen ihn mit ihrer Klage auf Erstattung der über den tarifmäßigen Gebührensatz gezahlten Beträge (mit Rücksicht auf § 210, I. 16. ALR.) abgewiesen worden ist. Es wird dadurch in der Lage der Sache, vom Standpunkt der Disziplin aus betrachtet, nichts geändert. Es liegt daher allerdings ein im Disziplinarwege nach den §§ 2 und 66 des Ges. v. 21. Juli 1852, GS. S. 465 und den §§ 2 und 12 der Vdn. v. 30. April 1847 zu rügende Gebühren-Ueberhebung vor.

Antr. des GStA s: gleichl. [—4.]

Aufforderung zum Ungehorsam. — Schulbesuch.

Die öffentliche Aufforderung, die Kinder nicht zur Schule zu schicken, ist als Aufforderung zum Ungehorsam gegen die Gesetze anzusehen.

StGB. § 87 [dort einzutr. als n. 4 b].

Erk. (Z. I.) v. 19. Nov. 1862 c. Weyna (822. I. Cr.).

Der Probst W. hatte, weil ihm die Schulinspektion entzogen worden war, die Gemeindemitglieder öffentlich aufgefordert, ihre Kinder nicht mehr zur Schule zu schicken. Er ward deshalb aus § 87 cit. verurtheilt und seine NB. zurückgewiesen. Die Gründe lauten:

Im § 87 des StGB.s wird die öffentliche Aufforderung zum Ungehorsam gegen allgemein gültige Gesetze resp. generell verpflichtende Anordnungen der Obrigkeit mit Strafe bedroht, was der App.-Richter keineswegs verkennt, indem er ganz richtig ausführt, daß die Verpflichtung, die Kinder zur Schule zu schicken, eine allgemein gebotene wäre, und annimmt, daß die sich auf den Privatunterricht beziehende Ausnahme im vorliegenden Falle nicht maaßgebend sei. Die AKO. v. 14. Mai 1825 in Verbindung mit dem § 43, II. 12. ALR. spricht die allgemeine Pflicht der Einwohner des

Staates klar aus. Die Erwägung des zweiten Richters, daß es sich um den ausnahmsweise gestatteten Privatunterricht nicht gehandelt habe, da die betreffenden Eltern durch das Schicken der Kinder in die Schule faktisch ihren Entschluß zu erkennen gegeben, daß sie keinen Privatunterricht ihnen wollen ertheilen lassen, fällt in das thatsächliche Gebiet, und entzieht sich nach Art. 107 der Kognition des Nichtigkeitsrichters. Es kommt daher hier auf die Ausführung der NB.: die Eltern wären jeden Augenblick berechtigt gewesen, ihren Kindern Unterricht im Hause ertheilen zu lassen, ebenso wenig etwas an, wie auf die Bedeutung des § 48, II. 12. ALR. im Zusammenhange mit dem § 47 l. c.

Antr. des GStA.s: gleichl. [44. — 4.]

Schamhaftigkeit (Verletzung). — Bewußtsein. — Feststellung.

Wenn auch zum Thatbestande der „Verletzung der Schamhaftigkeit“ das Bewußtsein der Unsittlichkeit der Handlung, sowie daß dieselbe ein öffentliches Aergerniß werde erregen können, gehört, so bedarf es doch einer ausdrücklichen Feststellung dieses Bewußtseins nicht, sobald der Angeklagte in dieser Beziehung keinen Einwand erhoben hat.

StGB. § 150 [vgl. dort n. 14]. Sic: Z. II. 16. Okt. 1862 c. Lübars, 234; Z. I. 17. Okt. 1862 c. Leiber, 852.

Erk. (Z. I.) v. 19. Nov. 1862 c. Vogel (894. I. Cr.).

Einer ausdrücklichen Feststellung, daß der Angeklagte sowohl das Bewußtsein der Unsittlichkeit seiner Handlung, als auch das, daß dieselbe ein öffentliches Aergerniß werde erregen können, gehabt habe, bedurfte es nicht, da der Implorant einen hierauf bezüglichen Einwand, mit Ausnahme der Behauptung, zur Zeit des Vorfalles sinnlos betrunken gewesen zu sein, nicht erhoben hatte. Nachdem der App.-

Richter diesen in Anspruch genommenen Strafausschließungsgrund durch thatsächliche Erwägungen beseitigt hatte, lag für ihn keine weitere Veranlassung vor, das Vorhandensein des oben erwähnten Bewußtseins noch außerdem speziell festzustellen, da dasselbe bereits in der Eingangs aufgeführten thatsächlichen Schlußfeststellung enthalten war.

Antr. des GStA.s: gleichl. [20. — 4.]

Militärpflicht. — Unterlassene Rückkehr. — Erklärung der Regierung.

Dem Erfordernisse des § 3 des Gesetzes vom 10. März 1856 ist genügt, wenn die Regierung die Erklärung ausstellt, daß Jemand nach dem Ablaufe des ihm ertheilten Passes außerhalb Landes verblieben sei, um sich dem Eintritte in den Militärdienst zu entziehen.

StGB. § 110 [vgl. dort n. 4. 19. Sie: Beschl. I. 28. Febr. 1862 c. Ahrens u. Gen. 66. B.]; Ges. v. 10. März 1856 § 3 Nr. 3.

Erk. (B. I.) v. 19. Nov. 1862 c. Andersson u. Gen. (918. I. Cr.).

Die Angeklagten hatten als Matrosen vor mehreren Jahren mit Auslandspässen auf ein Jahr das Land verlassen und waren nicht zurückgekehrt. Die Regierung zu Str. attestirte demzufolge: „daß sich keine Umstände ergeben hätten, welche die Annahme ausschlössen, daß dieselben außerhalb der Kgl. Lande ohne Erlaubniß verblieben seien, um sich dadurch dem Eintritte in den Dienst des stehenden Heeres zu entziehen". Das AG. sprach gleichwohl von der Anklage aus § 110 StGB. frei [vgl. hierüber Oppenhoff StGB. § 110 n. 19 a. E.], weil die Regierungserklärung nicht wörtlich der Vorschrift des § 3 Nr. 3 des Ges. v. 10. März 1856 entspreche, und der Richter nicht prüfen dürfe, ob die gewählte Fassung dem Sinne und der Absicht des Gesetzes entspreche. Auf die NB. des OStA.s hat das OTr. dieses Erk. vernichtet und die Sache an das AG. zurückverwiesen. Die Gründe lauten:

Mit dem Anerkenntnisse des App.-Richters, daß, wie dies besonders in dem Erk. v. 13. Nov. 1861 c. Böttcher [836; RdOTr. 2. S. 47; G. A. 10. S. 54] ausgeführt worden, die materiellen Erfordernisse des Thatbestandes im vorliegenden Falle vorhanden sind, müssen nothwendig auch die Bedenken schwinden, welche dagegen lediglich aus dem gedachten formellen Grunde erhoben werden. Erkennt namentlich der App.-Richter an, daß das Verbleiben des Angeklagten ohne Erlaubniß im Auslande über die in dem ertheilten Passe gestellte Frist gleichfalls ein „Verlassen der Königlichen Lande ohne Erlaubniß" enthalte, so muß er nothwendig auch eine Bescheinigung im Sinne des allegirten Gesetzes gelten lassen, welche eben jenes gleichbedeutende „Verbleiben" feststellt.

Antr. des GStA.s: gleichl. [15.—4.]

Mißhandlung. — Strafklage. — Kollision mit der Civilklage.

Wird der wegen Mißhandlung erhobenen Strafklage des Staatsanwalts ungeachtet, dieselbe That zum Gegenstande eines Civilverfahrens gemacht, so kann die hier ergehende Entscheidung den befaßten Strafrichter nicht hindern, über die Anklage frei zu entscheiden.

Einf.-Ges. z. StGB. Art. XVI [vgl. dort n. 3]. Vgl. Oppenhoff Strafverf. § 1 n. 60.

Erk. (Z. I.) v. 19. Nov. 1862 c. Nowacki (953. I. Cr.).

Der StA. hatte gegen N. Anklage wegen Mißhandlung des B. erhoben; darauf klagte N. seinerseits gegen B. wegen erlittener Mißhandlung im Civilwege, und B. machte widerklagend jene von N. erfahrene Mißhandlung geltend. Der mit diesen Civilklagen befaßte Einzelrichter stellte wechselseitige Thätlichkeiten fest, hob beide gegen einander auf (StGB. § 188) und wies beide Klagen ab. Dagegen verurtheilten die Instanzrichter auf die Ankl. des StA.s den N.; insbesondere erwog das AG. die vorhergegangene Entscheidung des Einzelrichters präjudizire hier nicht, weil die Ankl. des StA.s der Civilklage vorhergegangen, und weil das Erk. des Einzelrichters noch nicht rechtskräftig, es daher dem N. zu überlassen sei, aus seiner Verurtheilung im Strafverfahren in der Injuriensache in zweiter Inst. einen etwa statthaften Einwand zu entnehmen. NB. des Angekl. Zurückweisung. Gründe:

Nach Art. 16 des Ges. v. 14. April 1851 schließt unverkennbar das Einschreiten der StA.-schaft wegen leichter Mißhandlung die Verfolgung derselben im Civilwege zum Zwecke einer Bestrafung aus, entziehet also auch einer später dennoch eingeleiteten Civilstrafklage jede Bedeutung. Die Entscheidung der gegenwärtigen Untersuchungssache war und blieb daher eine völlig freie.

Antr. des GStA.s: gleichl. [17—4.]

Landstreicherei. — Begriff.

Es ist nicht als Landstreicherei anzusehen, wenn Jemand aus einer gerechtfertigten Ursache sich an einen andern Ort als seinen Wohnort begeben hat, dann aber seinen dortigen Aufenthalt, ohne im Besitze der Unterhaltungsmittel zu sein, verlängert und dort bettelt.

StGB. § 117 [dort einzutr. als n. 3a].

Erk. (Z. I.) v. 19. Nov. 1862 c. Gast (959. I. Cr.).

Die Instanzrichter haben den Thatbestand des im § 117 des StGB.s vorgesehenen Vergehens nicht festgestellt und es erhellet nicht, daß sie bei dieser wesentlich auf thatsächlicher Beurtheilung beruhenden Verneinung des Thatbestandes gegen Gesetze oder Rechtsgrundsätze verstoßen hätten. Wenn insbesondere der App.-Richter annimmt, daß bis zu seinem Eintreffen in C. der Angeklagte sich des Landstreichens nicht schuldig gemacht habe und hierfür anführt, daß Angeklagter aus einer gerechtfertigten Ursache, um seinen daselbst conditionirenden Sohn aufzusuchen, nach C. gekommen sei, so erscheint diese Annahme als keine rechtsirrthümliche. Auch wird dies von der NB. nicht behauptet. Wohl aber soll darin der Thatbestand des Landstreichens liegen, daß der Angeklagte seinen Aufenthalt in C., einem von seinem Wohnorte entfernten Orte, ohne im Besitze genügender Mittel zu seinem Unterhalte zu sein, verlängert und dort gebettelt habe. Allein sowohl aus dem Wortlaute des § 117 des StGB.s als aus der Entstehungsgeschichte dieses Paragraphen und seinem Zusammenhange mit dem Ges. vom 6. Jan. 1843 (GS. S. 19) ergiebt sich, daß zum Thatbestande des im § 117 des StGB.s verpönten Vergehens das Umherziehen von Ort zu Ort unter den übrigen daselbst hervorgehobenen Umständen erforderlich ist. Diesem Begriffe des in Rede stehenden Vergehens entspricht es, wenn der App.=Richter den Angeklagten, weil er sich in C. auf das Betteln gelegt, zwar deshalb, nicht aber zugleich wegen Landstreichens verurtheilt hat.

Antr. des GStA.s: gleichl. [20.—4.]

Wucher. — Zinsversprechen. — Täuschung.

Ein „Vorbedingen" und „Zahlenlassen" von Zinsen setzt ein Einverständniß des Schuldners voraus. Daher ist es kein Wucher, wenn ein Gläubiger sich bei einem Geldgeschäfte lediglich durch Täuschung des Schuldners einen ungesetzlichen Vortheil verschafft hat.

StGB. § 263 [vgl. dort n. 26. 66; auch einzutr. als n. 30 a].

Erk. (V. I.) v. 19. Nov. 1862 c. Richter (971. I. Cr.).

Die Eheleute L. schuldeten dem R. 75 Thlr. Als sie sich später abermals in einer Geldverlegenheit an ihn wendeten, veranlaßte er sie, einen Wechsel über 110 Thlr. zu acceptiren, indem er ihnen die Nachzahlung von 35 Thlr. versprach. Diese leistete er aber nicht, girirte vielmehr den Wechsel zum Schein auf einen Dritten, und verschaffte sich auf diese Weise die Rückzahlung der vollen 110 Thlr. Hierin fand das AG. den Thatbestand des versteckten Wuchers, weil R. von Anfang an die „Lucrirung" der 35 Thlr. bezweckt habe, diese seine Absicht aber zur Anwendung des § 263 vollkommen genüge, und nichts darauf ankomme, daß die Zuwendung jener 35 Thlr. gar nicht in der Absicht der Eheleute L. gelegen habe. Auf die NB. des Angekl. ist das betr. Erk. vernichtet und die Sache zur nähern Prüfung, ob nicht ein Betrug vorliege, an das AG. zurückverwiesen worden. Die Gründe lauten:

Das Vergehen des strafbaren Zinswuchers steht mit den civilrechtlichen Zinsbeschränkungen im Zusammenhange, und es soll durch den § 263 des StGB.s unter gewissen

Voraussetzungen derjenige getroffen werden, welcher die Noth oder den Leichtsinn seines Schuldners, wenn schon mit dessen Wissen und Einwilligung, bei Geldgeschäften ausbeutet. Zum Thatbestande des im § 263 vorgesehenen Vergehens gehört aber, wie der Wortlaut dieses Paragraphen und sein Zusammenhang mit den Vorschriften des ALR.s und des gemeinen Rechts über den Zinswucher ergeben, daß der Gläubiger und der Schuldner über die Gewährung ungesetzlicher Vortheile (Zinsen) für die Darleihung oder fernere Belassung (Creditirung) einer Geldsumme einverstanden gewesen sein müssen, sei es auf Grund ausdrücklicher Abrede oder durch stillschweigende Uebereinkunft, daß also die Gewährung der ungesetzlichen Zinsen wenigstens eine stillschweigende Bedingung des Geschäfts gebildet hat. Dagegen kann von dem im § 263 erforderten „Sich Vorbedingen" oder „Sich Zahlen lassen" zu hoher Zinsen ohne Mitwissen des Schuldners niemals die Rede sein. Denn es folgt aus dem Wesen des Vertrages, daß von zwei Parteien nicht die eine ohne Wissen und Willen der andern sich von dieser etwas vorbedingen kann, und ebenso aus dem Begriffe der Zahlung — als Erfüllung einer Verbindlichkeit, — daß der Zahlende davon ausgehen muß, er habe eine Verbindlichkeit, und in der Absicht sie zu tilgen, — solvendi causa — die Zahlung leistet. Es kann daher nicht als Vergehen des Wuchers geahndet werden, wenn ein Gläubiger bei Gelegenheit eines Geldgeschäftes zwar ungesetzliche Vortheile von seinem Schuldner sich verschafft hat, aber nicht mit dessen Wissen und Einwilligung, sondern indem es ihm gelang, den Schuldner durch irgend welche Vorspiegelungen zu täuschen. Hieraus ergiebt sich, daß im gegenwärtigen Falle ein strafbarer Wucher nicht nachgewiesen ist.

Mit Rücksicht hierauf ist dem Imploranten auch darin beizutreten, daß eine Verschleierung des Geschäfts nicht vorliege. Zwar würde es eine solche sein, wenn ein Schuldner einen über den Betrag der ihm dargeliehenen Summe und der dem Gläubiger bewilligten ungesetzlichen Zinsen

(Vortheile) lautenden Wechsel acceptirt, da durch das Accept eine formell rechtsgültige Forderung gegen den Acceptanten hergestellt wird. Allein in der gegenwärtigen Sache fehlt es, bei dem Mangel der Uebereinstimmung zwischen Gläubiger und Schuldner, an einem Geschäfte, welches hätte verschleiert werden können.

Antr. des GStA.s: gleichl. [47. — 4.]

Urkundenfälschung. — Oeffentliche Urkunde.

Eine Urkunde kann als eine amtliche im Sinne des § 251 Nr. 2 des StGB.s nur dann angesehen werden, wenn aus ihr der Charakter des Beamten, von dem sie ausgegangen, und seine Befugniß zur Aufnahme rc. derselben hervorgehen.

StGB. § 251 Nr. 2 [vgl. dort n. 8. 7. 15].

Erk. (V. I.) v. 19. Nov. 1862 c. Proft (1032. I. Cr.).

P. war wegen wissentlichen Gebrauchs einer amtlichen Urkunde aus § 251 des StGB.s bestraft worden, weil er geständigermaaßen sich der Abschrift eines Urtheilsextrakts und der Abschrift einer Testamentsverhandlung bedient hatte, welche am Schlusse die Worte trugen: „beglaubigt: Janecke, Justizrath.“ Auf seine NB. ist dieses Erk. vernichtet und die Sache vor den SchwGH. zurückverwiesen worden. Es ward ausgeführt:

Der vermeintliche Justizrath J. hat gar nicht einmal angegeben, auf was sich seine Befugniß zur Beglaubigung gründen soll, und der Titel „Justizrath“ wird an so verschiedene Personen verliehen, daß aus demselben die Qualität eines Beamten, der berechtigt wäre, die Vidimation von Abschriften vorzunehmen, nicht gefolgert werden kann. Insbesondere wird durch denselben der Schluß nicht motivirt, daß eine Beglaubigung durch einen Notar vorhanden wäre, sowie denn auch die Formalitäten, welche Notare bei Vidimationen zu beobachten haben, im vorliegenden Falle mangeln. Die Schriftstücke, auf welche sich das angefochtene Erkenntniß bezieht, tragen sonach den Charakter der Amtlichkeit nicht an sich.

Antr. des GStA.s: gleichl. [44. — 4.]

Widerstand im Amte. — Amtshandlung. — Bezirk.

Vollstreckungshandlungen, welche ein an sich dazu berechtigter Beamter an einem Orte vornimmt, an welchem ihm die Qualität zur Vornahme derselben nicht zusteht, sind keine Amtshandlungen; ein Widerstand, den er dabei erfährt, ist nicht aus § 89 StGB. strafbar.

StGB. § 89 [vgl. dort n. 24. Contra: Z. I. 5. Sept. 1862 c. Brauer, 820; vgl. Z. I. 27. Sept. 1861 c. Grigo, 722, G. A. 9 S. 789].

Erk. (Z. II.) v. 20. Nov. 1862 c. Schürmann (290. II. Cr.).

Der lediglich bei der Kr.-G.-Dep. zu H. als Exekutor angestellte Gerichtsbote R. wollte, ohne speziellen Auftrag seiner vorgesetzten Dienstbehörde, im Bezirke des Kr.-G.s zu W. gegen Sch. den Personalarrest vollstrecken, wobei letzterer ihm Widerstand leistete. Das AG. hielt hier den § 89 cit. für nicht anwendbar, weil R. im fremden Gerichtsbezirke zur Vornahme jener Handlung nicht berufen gewesen sei. Die NB. des OStA.s ward zurückgewiesen, und dabei erwogen:

daß der gewaltsame Widerstand gegen einen Exekutiv-Beamten während der Vornahme einer Amtshandlung, resp. die Beleidigung eines öffentlichen Beamten, während derselbe in Ausübung seines Amts begriffen ist, unter die Strafbestimmungen der §§ 89 und 102 des StGB.s gestellt sind, und es hierbei nur darauf ankommt, daß der Beamte in der Absicht, die Pflichten seines Amtes zu erfüllen, solche Handlungen vorgenommen hat, welche an sich innerhalb seiner Amtsbefugnisse liegen; unter dieser Voraussetzung aber die Anwendung jener Paragraphen auch durch den Umstand nicht ausgeschlossen wird, daß hierbei etwa der Beamte aus einem Versehen über die ihm gesetzlich oder instruktionsmäßig gezogenen Grenzen seiner Amtsthätigkeit hinausgegangen ist, indem das Interesse der öffentlichen Ordnung es erheischt, daß etwaigen Ausschreitungen der Organe der Staatsgewalt nicht mit Gewaltthätigkeit oder Drohungen, beziehungsweise mit beleidigenden Aeußerungen, welche letztere unter jedem Gesichtspunkte strafbar sind, begegnet, sondern Remedur hiergegen von dem betroffenen Privaten, welcher jedenfalls nicht zum Richter über die Gesetzlichkeit der Vollstreckung berufen ist, im Beschwerde- oder sonstigen geeigneten Wege nachgesucht werde;

daß indeß, falls nicht für bestimmte Kategorien von Beamten besondere Ausnahmen aus dem Gesetze oder aus der allgemeinen Natur des betreffenden Amts sich entnehmen lassen, diese Gründe da nicht zutreffen, wo entweder der handelnde Beamte zu derjenigen Gattung von Vollstreckungshandlungen, die er im konkreten Falle vorzunehmen, überhaupt nicht berufen war, oder wo er, falls an sich dazu berechtigt, dieselben an einem Orte ausgeübt hat, an welchem ihm die Qualität zur Vornahme solcher Amtshandlungen gesetzlich gar nicht zustand, indem alsdann weder vom Standpunkte der öffentlichen Ordnung, noch von dem der subjektiven Strafbarkeit des sich widersetzenden Privaten aus, die Rücksicht eines, dem Beamten zu gewährenden, höheren Rechtsschutzes durchgreift, vielmehr dessen Thätigkeit, als ganz außerhalb der Amtssphäre liegend, von vornherein den Charakter einer Amtshandlung in bestimmt hervortretender, jedem Dritten erkennbarer Weise nicht an sich trägt, und der hiergegen geleistete Widerstand, abgesehen von etwa sonst darin liegenden Merkmalen einer strafbaren Handlung, jedenfalls nicht unter die Strafbestimmung des § 89 fällt.

Antr. des GStA.s: entg. [16. — 1.]

Waarenbezeichnung. — Firma. — Wohnort.

1. Die Anwendbarkeit des § 269 des StGB.s ist nicht dadurch bedingt, daß der inländische Fabrik-Unternehmer 2c. seine Waaren besonders, namentlich daß er sie nicht nur mit seinem Namen 2c., sondern auch mit seinem Wohn- 2c. Orte bezeichne.

StGB. § 269 [dort einzutr. als n. 1 a].

2. Der „Wohn- oder Fabrikort" eines Fabrik-Unternehmers kann nicht nur durch ausdrück-

liche Angabe des betr. Namens, sondern auch auf andere dieses Merkmal deutlich zu erkennen gebende Weise bezeichnet werden.

Ebendas. [dort einzutr. als n. 4a].

3. Ein eine örtliche Bezeichnung enthaltender Zusatz zum Namen eines Handlungshauses kann einen integrirenden Theil der Handelsfirma bilden und zugleich den Wohn- oder Fabrikort des Hauses bezeichnen; ob dieses anzunehmen sei, ist Gegenstand thatsächlicher Beurtheilung.

Ebendas. [vgl. dort n. 5].

Erk. (V. II.) v. 20. Nov. 1862 c. Böning (298. II. Cr.).

B. hatte wissentlich sogenanntes „Kölnisches Wasser," welches auf den Etiketten fälschlicher Weise die Bezeichnung des Fabrikanten: „Joh. Maria Farina, gegenüber dem Jülichs-Platze" trug, in den Verkehr gebracht, war aber von der aus § 269 cit. erhobenen Anklage in beiden Instanzen freigesprochen worden, weil jener Paragraph voraussetze, daß neben dem Namen (der Firma) des Fabrikunternehmers auch sein Wohn- oder Fabrikort angegeben werde; diese letztere Angabe müsse ausdrücklich den Namen des betr. Orts enthalten, und könne nicht durch andere diesen Ort erkennbar machende Bezeichnungen ersetzt werden, vielmehr seien die inländischen Fabrikunternehmer verpflichtet, genau die Bedingungen zu erfüllen, unter welchen das Gesetz ihnen Schutz gewähre; die von B. feil gehaltenen Waaren hätten hier den Wohn- ꝛc. Ort des betr. Fabrikunternehmers (Köln) nicht enthalten. Außerdem hatte der erste Richter noch erwogen, daß die Worte: „gegenüber dem Jülichsplatz" einen Theil der Firma des gedachten Unternehmers bildeten, und daher nicht gleichzeitig als Bezeichnung seines Wohnorts gelten könnten. Auf die NB. des OStA.s ist das Erk. zweiter Instanz vernichtet, und die Sache an das betr. AG. zurückverwiesen worden. Die Gründe lauten:

Es sind zwar — wie in den Motiven des Entwurfes v. J. 1850 zu § 247 desselben S. 70 angegeben wurde — der erste und dritte Satz des § 269 des StGB.s aus den §§ 1 und 2, und der zweite Satz jenes § 269 aus dem § 4 des Ges. v. 4. Juli 1840 (GS. S. 244) übernommen worden, wobei — abgesehen von der Bestimmung der Strafe — die Fassung jener §§ 1 und 2 nur insoweit geändert worden ist, als jetzt in dem dritten Absatze des § 269 cit. zwischen dem Worte „Firma“ und dem Worte „und“ sich ein Komma findet, welches dort der § 2 des Ges. v. 4. Juli 1840 nicht hatte; es hatte ferner zwar dieses Gesetz in der Gesetz-Sammlung die Ueberschrift „Gesetz zum Schutze der Waarenbezeichnungen“ erhalten, auch wurde — ebenso wie dies jetzt durch die gleiche Bestimmung im dritten Absatze des § 269 cit. geschieht — durch die Bestimmung des § 2 jenes Gesetzes:

> „daß die Strafe dadurch nicht ausgeschlossen werde, daß bei der Waarenbezeichnung der Name oder die Firma und der Wohn- oder Fabrikort mit geringen Abänderungen wiedergegeben worden (oder, wie jetzt der § 269 des StGB.s Abs. 3 sagt, werden), welche nur durch Anwendung besonderer Aufmerksamkeit wahrgenommen werden können,“ —

allerdings darauf hingewiesen, daß es Zweck des Gesetzes auch sei, den inländischen Fabrik-Unternehmern 2c. für die von ihnen gebrauchten Bezeichnungen ihrer Waaren, oder deren Verpackung Schutz gegen den Mißbrauch eben solcher Bezeichnungen durch Andere zu gewähren. Allein jene dem Ges. v. 4. Juli 1840 in der G.-S. gegebene Ueberschrift war kein Theil des Gesetzes, sie war für die Auslegung des Gesetzes von keiner Bedeutung. Sogleich der Eingang des Gesetzes gab den Zweck desselben als einen weitergehenden dahin an, „um den Handelsverkehr gegen fälschliche Waarenbezeichnungen zu schützen.“ Danach und nach dem weiteren Text des Gesetzes sollten, und sollen jetzt nach § 269 cit. fälschliche Waarenbezeichnungen, sowie das wissentliche in den Verkehr Bringen fälschlich bezeichneter Waaren, wodurch inländische Fabrik-Unternehmer 2c. in Bezug auf die von diesen fabrizirten resp. zum Verkauf gehaltenen Waaren beeinträchtigt oder doch gefährdet werden, die mit Strafe bedrohte Handlung ausmachen, und gegen sie sollte und soll die Strafdrohung dem inländischen Fabrik-Unternehmer 2c. in Betreff des Handelsverkehrs mit seinen Waaren Schutz gewähren. Nicht aber wurde und nicht ist dabei als Bedingung, von deren Erfüllung dieser zu gewährende Schutz abhängig sein sollte, überhaupt, — nämlich abgesehen von dem Gebrauche bestimmter Fabrikzeichen an Eisen- und Stahlwaaren, in Bezug auf welche für Westphalen und Rheinland schon unterm 28. Mai 1842 eine Wiederherstellung der im § 3 Nr. 3 bis 5 des Ges. v. 4. Juli 1840 aufgehobenen Bestimmungen erfolgte und demnächst die Vdn. v. 18. Aug. 1847 und das Ges. v. 24. April 1854 ergingen, — aufgestellt worden, daß der, gegen Beeinträchtigung oder Gefährdung durch Irrthums-Erregung bei dem Publikum zu schützende inländische Fabrikunternehmer rc. seine Waaren besonders, und namentlich daß er sie, außer mit seinem Wohn- oder Fabrikorte bezeichnet habe, wie denn auch der, fälschliche Waarenbezeichnungen (betrügerische Waarenbezeichnungen — wie in der Vdn. v. 5. Jan. 1823 § 50 (GS. S. 9 f.) gesagt wurde) betreffende § 1451 II. 20. ALR., welcher durch den § 3 Nr. 1 jenes Ges. v. 4. Juli 1840 aufgehoben und für das Gebiet des landrechtlichen Strafrechts durch dieses Gesetz ersetzt wurde, eine solche Bedingung nicht enthielt. Die Fassung des Gesetzes hätte eine andere sein müssen, wenn es (allgemein) eine solche Bedingung hätte aufstellen wollen. Das Gesetz will daher Waarenbezeichnungen mit Strafe bedrohen, die, und zwar durch Angabe des Namens oder der Firma und des Wohn- oder Fabrikortes eines inländischen Fabrikunternehmers, Produzenten oder Kaufmanns, so erfolgen, daß das damit auf dem Fabrikate selbst, oder der Verpackung versehene Fabrikat für das eines bestimmten andern inländischen Fabrikunternehmers rc. — für die von einem bestimmten (individuell bezeichneten) andern inländischen Fabrikunternehmer rc. fabrizirte oder feilgehaltene Waare im Handelsverkehr und von dem Publikum, wenn nicht besondere Aufmerksamkeit angewendet wird, gehalten werden könnte und die auf Irrthums-Erregung bei dem Publikum und dadurch auf Beeinträchtigung jenes Fabrikunternehmers rc. berechnet sind. Wo in s o l c h e r Art fälschlich Waaren bezeichnet worden sind, liegt in Betreff desjenigen, der diese Waarenbezeichnung vorgenommen hat, der Thatbestand des im § 269 cit. bedrohten Vergehens vor, wenn auch jener beeinträchtigte oder gefährdete bestimmte inländische Fabrikunternehmer ꝛc. seine Waaren oder deren Verpackung überhaupt nicht oder doch nicht sowohl mit seinem Namen oder seiner Firma, als auch mit seinem Wohn- oder Fabrikorte bezeichnet.

Hätte aber auch das Gesetz, indem es das fälschliche, einen bestimmten inländischen Fabrikunternehmer ꝛc. beeinträchtigende oder gefährdende Waarenbezeichnen mit Strafe bedroht, diese Bestrafung und den dadurch jenem Fabrikunternehmer ꝛc. zu gewährenden Schutz davon abhängig gemacht, daß jener Fabrikunternehmer ꝛc. seine Waaren oder deren Verpackung bezeichne, und zwar sowohl mit seinem Namen oder seiner Firma, als auch mit seinem Wohn- oder Fabrikorte bezeichne, — hätte also die Strafandrohung und solcher Schutz auf den Fall beschränkt werden sollen, wo eine Nachmachung oder Nachahmung (contrefaçon) oder doch fälschlicher Gebrauch der Waarenbezeichnungen jener Art, deren sich ein inländischer Fabrikunternehmer ꝛc. bedient, stattfindet, so kann doch zwar die Benennung einer Fabrik nach der in derselben fabrizirten Waare, wenn auch diese Waare ihre Bezeichnung nach irgend einer Person oder auch nach einem Orte (z. B. Berliner Blau, Kasseler Gelb, eau de Cologne) erhalten hätte, nicht als ausschließliche Firma gelten; — Präj. Nr. 1316 v. 17. Juni 1843 (Entsch. 9 S. 325), vgl. damit Erk. vom 28. Febr. 1861 (RdOTr. 1 S. 283), Erk. v. 4. April 1857 (Strieth. A. 24 S. 166. 187); — allein kein Gesetz untersagt einem Fabrikunternehmer oder sonstigen Handelsmann auch eine örtliche Bezeichnung als charakteristisches und unterscheidendes Merkmal in seine Firma mit aufzunehmen (vgl. jetzt HGB. v. 24. Juni 1861 Art. 16 a. E.).

Ein solcher eine örtliche Bezeichnung enthaltender Zusatz zu dem Namen eines Handlungshauses kann daher zugleich einen integrirenden charakteristischen Theil der Handelsfirma selbst bilden, und zugleich den Wohn- oder Fabrikort des Handlungshauses füglich bezeichnen: Z. II. vom 29. Sept. 1859 c. Aldenbrück, 260.

Ist in eine Firma ein solcher eine örtliche Bezeichnung enthaltender Zusatz aufgenommen worden, so ist es Gegenstand thatsächlicher Beurtheilung, ob dadurch hinsichts der mit solcher Firma geschehenen Waarenbezeichnung zugleich die Firma und der Wohn- oder Fabrikort des Fabrikunternehmers bezeichnet worden ist. Daß aber diese letztere Bezeichnung (des Wohn- oder Fabrikorts) ausschließlich durch ausdrückliche Angabe des Namens der Stadt, des Dorfs, des Gemeinde- oder Gutsbezirks, wo der betreffende Fabrikunternehmer rc. wohnt, oder seine Fabrikstätte hat, neben der Angabe der Firma oder des Namens dieses Fabrikunternehmers rc., namentlich in Bezug auf eine Waare, welche eine örtliche Benennung hat, geschehen könne und geschehe, nicht auch auf andere, dieses Merkmal deutlich zu erkennen gebende Weise geschehen könne, bestimmt das Gesetz nicht.

Antr. des GStA.s: gleichl. [26. — 1.]

Rheinisches Verfahren. — Vorladung. — Befassung des Richters.

Nach Rheinischem Recht wird der Strafrichter durch die Strafklage mit der Entscheidung über die betr. Thatsache nach allen Richtungen hin befaßt, sollten diese in der Vorladung rc. auch nicht hervorgehoben sein.

Rh. StPO. Art. 1. 160. 161. 191. 192. 365. Sic: Z. II. 22. Jan. 1863 c. Jacobs, 33, in welchem weiter ausgeführt wird: der Richter könne dabei auch neue in der Verhandlung hervorgetretene Umstände berücksichtigen. Vgl. Oppenhoff Strafverf. § 1 n. 16 ff.; Art. 30 n. 1 ff.

Erk. (V. II.) v. 20. Nov. 1862 c. Haselier (309. II. Cr.).

Die Regierung zu A. hatte durch eine Polizei-Vdn. das Einhalten der Hunde angeordnet und Zuwiderhandlungen mit einer Polizeistrafe bedroht. H. ward gleichwohl auf einem Wege „mit einem mit einem

Hunde bespannten Schiebkarren betroffen," und deshalb vor das PG. gestellt, aber freigesprochen, weil diese That nicht verpönt, und eine Zuwiderhandlung gegen die erwähnte Pol.-Vdn. nicht behauptet sei. Auf den Kass-Rekurs des PAnw.s ward das betr. Erk. vernichtet, die die Sache vor ein anderes Pol.-G. verwiesen und dabei erwogen:

daß die Ausführungen, welche bezüglich der Mangelhaftigkeit sowohl des über die Zuwiderhandlung errichteten Protokolls als der Formulirung der Beschuldigung in der Ladung in dem angegriffenen Urtheile enthalten sind, eine Freisprechung von der Beschuldigung nicht rechtfertigen konnten, da nach Rheinischem Rechte nicht die formelle Fassung eines Protokolls oder einer Ladung, sondern die zur Kenntniß des Richters gebrachte konkrete Thatsache die Grundlage und der Gegenstand seiner pflichtmäßigen Entscheidung darüber, ob dieselbe nach den bestehenden Gesetzen oder Verordnungen eine strafbare Handlung darstelle, bildet.

Antr. des GStA.s: gleichl. [16. — 1.]

Verbindungszeichen. — Verbot.

1. Hat die Bezirks-Regierung ein Zeichen für ein Verbindungszeichen erklärt und deshalb verboten, so kann der Richter den gedachten Charakter jenes Zeichens nicht mehr in Frage stellen.

StGB. § 93 Nr. 2 [dort einzutr. als n. 4]. Aehnlich: B. I. 3. Okt. 1862 c. Zychlinski, 758; vgl. RdOTr. 2. S. 360.

2. Hat die Bezirks-Regierung das Tragen jeder andern Kokarde als der Preußischen unter Hinverweisung auf § 93 Nr. 2 des StGB.s verboten, so ist auch das Tragen der Kokarde mit den Farben des eignen Wappens, resp. des Wappens des Dienstherrn strafbar.

Ebendas. [dort einzutr. als n. 5].

Erk. (B. I.) v. 21. Nov. 1862 c. Pertek & v. Swinarski (876. I. Cr.).

Da die Regierungs-Verordnung v. 2c. mit Bezugnahme auf § 93 des StGB.s das öffentliche Tragen von Kokarden in anderen als den Preußischen Landesfarben — Schwarz und Weiß — allgemein bei Strafe verbietet, so kann es den Angekl. auch nicht gestattet sein, rothe und weiße Kokarden öffentlich zu tragen, sollten dies auch die Farben des Familien-Wappens des Angekl. v. S. sein, und eben so wenig ist der Richter berechtigt, nachdem einmal die cit. Regierungs-Verordnung Kokarden für äußere Verbindungs- oder Vereinigungszeichen im Sinne des § 93 cit., der ihr in diesem Gesetze ertheilten Befugniß gemäß, erklärt hat, dies noch ferner in Frage zu stellen.

Antr. des GStA.s: gleichl. [18.—2.]

Non bis in idem. — Strafresolut. — Zuständigkeit.

Ist wegen einer Steuer-Kontravention im administrativen Verfahren eine Strafe verhängt worden, so wird dadurch jede anderweite Verfolgung derselben Handlung nur dann ausgeschlossen, wenn die betr. Verwaltungsbehörde für diese anderweite Verfolgung zuständig war; ist dieses nicht der Fall, so greift der Grundsatz Non bis in idem nicht Platz.

Vdn. v. 3. Jan. 1849 § 1 [dort einzutr. als n. 67 a. Vgl. oben S. 23].

Erk. (V. I.) v. 21. Nov. 1862 c. Bauerfeldt (911. I. Cr.).

B. war, weil er „ein Kalb geschlachtet und das Fleisch zu Fr. gewerbsmäßig verkauft hatte, ohne vorher die Gewerbssteuer als Schlächter entrichtet zu haben," durch Resolut der K. Regierung zu P. zur Strafe der Gewerbesteuerkontravention verurtheilt worden. Demnächst ward, weil jener gewerbsmäßige Verkauf des Fleisches im halbmeiligen äußern Stadtbezirke von Berlin ohne vorgängige Entrichtung der Schlachtsteuer stattgefunden habe, gegen ihn auch die Ankl. wegen Schlachtsteuerdefraude erhoben, er aber in zweiter Inst. freigesprochen, weil jenes Strafresolut das non bis in idem begründe. Auf die NB. des OStA.s ist dieses Erk. vernichtet, und die Sache an das Kammer Gericht zurückverwiesen worden. Gründe:

Die I. Abth. der K. Regierung zu P., vor welcher das frühere Strafverfahren schwebte, war mit der Frage, ob der Angekl. sich durch den gewerbsmäßigen Verkauf des unversteuerten Fleisches im halbmeiligen äußern Stadtbezirke von Berlin einer Schlachtsteuerdefraudation schuldig gemacht hatte, gar nicht befaßt, weil Schlachtsteuerdefraudationen nicht zu ihrem Ressort, sondern zu dem des K. Hauptsteueramts zu Berlin gehören. Wäre daher auch in jener frühern administrativen Untersuchung der Umstand, daß Fr. im halbmeiligen äußern Steuerbezirke von Berlin liegt und daß das vom Angekl. in Fr. verkaufte Fleisch nicht versteuert war, zur Sprache gekommen und festgestellt worden, so würde doch die K. Regierung zu P. nicht competent gewesen sein, den Angekl. wegen Schlachtsteuerdefraudation zu bestrafen, woraus denn weiter folgt, daß er sich in der gegenwärtigen deshalb wider ihn eingeleiteten Untersuchung auf das non bis in idem nicht berufen kann, indem die nothwendige Voraussetzung einer solchen Berufung fehlt, daß in dem früheren Verfahren die betreffende Behörde mit der That nach allen Richtungen hin auch wirklich befaßt gewesen ist.

Antr. des GStA.s: gleichl. [18.—2.]

Zollkontravention. — Transport im Grenzbezirk. — Privatbesitzthum.

Beim Transporte zollpflichtiger Gegenstände innerhalb eines im Grenzbezirke belegenen Privatbesitzthums bedarf es nicht des Ausweises über die Befugniß dazu in Gemäßheit des § 83 der Zoll-Ordnung.

Zoll-Ordn. v. 23. Jan. 1838 §§ 83. 84.

Erk. (Z. II.) v. 27. Nov. 1862 c. Reierink (220. II. Cr).

R. hatte eine Quantität Lumpen aus dem im Grenzbezirke belegenen Hause des E. in die nur wenige Schritte davon entfernte Brennerei des letzteren getragen, ohne das E.'sche Grundstück zu verlassen. Da er dabei nicht mit dem im cit. § 83 erwähnten Ausweise versehen gewesen war, ward er in erster Instanz „beim Mangel einer Absicht zu defraudiren" mit einer Ordnungsstrafe belegt, in zweiter nstanz aber freigesprochen, weil es hier jenes Ausweises nicht bedurft habe. Die NB. des OStA.s ward zurückgewiesen, indem erwogen wurde:

daß in der Ansicht des App.-Richters ein Rechtsirrthum nicht zu finden ist, da in dem Fall, wo Jemand innerhalb eines Gesammtbesitzthums eine Waare oder Sache nur von einem Gelaß oder Gebäude zum anderen fortträgt, allerdings von einem Transport im Sinne des § 83 der ZO. nicht die Rede sein kann und zwar um so weniger, als hier die Unterstellung, daß der Weg und die Frist zum Transport in dem Legitimationsscheine bestimmt werden soll, überall nicht zutrifft, zudem der § 84 litt. d. l. c. auch darauf hinweist, indem er von dem Transport-Ausweise sogar solche Gegenstände befreiet, die innerhalb einer Stadt, eines Dorfes, oder einer geschlossenen Ortschaft des Grenzbezirks von Haus zu Haus gesendet werden.

Antr. des GStA.s: gleichl. [27. — 1.]

Gewerbesteuerkontravention. — Wassermühle. — Anmeldung. — Neuer Mahlgang.

Der Müller, welcher den Betrieb seines Gewerbes vorschrifsmäßig angezeigt hat, macht sich einer Gew.-Steuer-Kontravention schuldig, wenn er seiner Wassermühle einen neuen Mahlgang hinzufügt, ohne diesen noch besonders angezeigt zu haben.

Gew.-St.-Ges. v. 30. Mai 1820 § 19 a. 39 b; Beil. B. Nr. I. Abs. 3.

Erk. (S. II.) v. 27. Nov. 1862 c. Schlüter (237. II. Cr.).

Der Betrieb der Wassermühle der Angekl. mit drei Mahlgängen war vorschriftsmäßig zur Besteuerung angezeigt worden; demnächst ward aber ein vierter Mahlgang ohne besondere Anzeige hinzugefügt. Der Pol.-Anw. erhob deshalb Ankl. wegen Gew.-Steuer-Kontravention; der Pol.-Richter sprach aber von dieser frei und verurtheilte wegen Gew.-Polizei-Uebertretung; auf die Appellation des Pol.-Anw.s sprach das AG. gänzlich frei, weil die Gew.-Pol.-Uebertretung verjährt sei, eine Gew.-St.-Kontravention aber nicht vorliege, da § 19 des Gew.-St.-Ges. v. 30. Mai 1820 nur in Betreff des Anfangs des Gewerbebetriebs, nicht aber rücksichtlich der Erweiterung eines einmal angezeigten Gewerbes die Anzeige vorschreibe. Auf die NB. des OStA.s ist dieses Erk. vernichtet und die Strafe wegen Gew.-St.-Kontravention verhängt worden, ohne auf die Frage, ob in einem Falle wie der vorliegende Appellation und NB. zulässig seien [vgl. Oppenhoff Strafverf. § 27 n. 8; Einf.-Ges. z. StGB. Art. XX. n. 6] näher einzugehen. Erwogen ward:

daß der § 2 des Gew.-Steuer-Ges. v. 30. Mai 1820 den Betrieb von Mühlenwerken für gewerbesteuerpflichtig erklärt;

daß nach der Beilage B. dieses Gesetzes die Gewerbesteuer von Wassermühlen nach Mahlgängen geschätzt wird, und das Gesetz, wenn es zum Zwecke der Ausmittelung und Vertheilung der Gewerbesteuer auf diese Beilage verweist, in den §§ 19 und 39 unverkennbar eine solche Anmeldung im Auge hat, welche, wenn das zu betreibende Gewerbe ein steuerpflichtiges ist, zugleich die Grundlage für die Bemessung des steuerpflichtigen Umfangs enthält;

daß an sich die Anlage und der Betrieb eines Mahlganges als ein, die Entrichtung der Gewerbesteuer bedingendes, und dessen Anmeldung erforderndes Mühlenwerk sich darstellt, und es in dieser Beziehung einen Unterschied nicht begründen kann, ob der Mühlenbesitzer gleich bei der ersten Anmeldung eine größere Anzahl von Mahlgängen, als deklarirt, in Betrieb setzt, oder ob er, nachdem er längere Zeit hindurch das in geringerem Umfange angemeldete Geschäft in diesem Umfange wirklich betrieben hat, demselben hinterher eine größere Ausdehnung durch heimliche Einrichtung und Inbetriebsetzung anderer Mahlgänge giebt, indem die frühere Anmeldung ihm hierbei nicht zu Statten kommen kann, vielmehr auch in diesem Falle die Bestimmung des § 39 in Verbindung mit § 2 l. c., wonach der Mühlenbesitzer den Anfang des Betriebs eines steuerpflichtigen Mühlenwerks (in concreto eines vierten Mahlganges) anzuzeigen hat, vollkommen zutrifft;

daß demnach durch das angegriffene Urtheil der § 39 l. c. verletzt worden ist, und, unter Anwendung desselben und mit Rücksicht darauf, daß im untergebenen Falle nach der Festsetzung der K. Regierung die Steuer für jenen vierten Mahlgang 2 Thlr. beträgt, die Angekl. in den vierfachen Betrag der einjährigen Steuer als Strafe zu verurtheilen ist. [16 — 1.]

Hausrecht. — Exekutor. — Gerichtlicher Befehl.

Ein vom Gerichte mit der Verhaftung einer Person beauftragter Exekutor ist befugt, sich zu diesem Zwecke in jede Wohnung zu begeben, in welcher der zu Verhaftende sich aufhält.

Ges. v. 12. Febr. 1850 z. Schutz der pers. Freiheit § 7.

Erk. (Z. I.) v. 3. Dez. 1862 c. Falk (1007. I. Cr.).

Unbedenklich ist ein vom Gericht mit der Verhaftung einer Person schriftlich beauftragter Exekutor berechtigt, sich zur Vollstreckung seines Auftrages in eine jede Wohnung zu begeben, worin, wie er weiß, der zu Verhaftende sich augenblicklich befindet, ohne daß solches in dem Mandate des Gerichtes speziell ausgesprochen zu sein braucht, weil es sich von selbst versteht, daß der Exekutor sich des zu Verhaftenden überall, wo er ihn antrifft, zu bemächtigen, nicht allein befugt, sondern auch verpflichtet ist.

Antr. des GStA.s: gleichl. [18. — 4.]

Beleidigung. — Dolus.

Zum Thatbestande einer Beleidigung genügt es, wenn Jemand eine objektiv das Recht eines Anderen auf Ehre verletzende Aeußerung ꝛc. mit dem Bewußtsein von diesem Charakter der Aeußerung ꝛc. ausspricht.

StGB. § 152 ff. [vgl. Oppenhoff StGB. S. 249 n. 21].

Erk. (Z. I.) v. 3. Dez. 1862 c. Scholz (1023. I. Cr.).

Sch. war wegen Amtsbeleidigung verurtheilt worden, „weil er die betreffende, objektiv eine schwere Ehrenkränkung enthaltende Aeußerung gemacht habe und sich dabei des beleidigenden Charakters dieser Aeußerung bewußt gewesen sei;“ das AG. erwog dabei: „daß hiermit der Thatbestand der strafbaren Beleidigung, welche einen speziellen animus iniuriandi nicht erfordere, erfüllt sei." NB. des Angekl. Zurückweisung. Die Gründe lauten:

Der Implorant rügt, daß der nach allgemeinen Rechtsgrundsätzen zum Thatbestand der Beleidigung gehörige animus iniuriandi für nicht erforderlich erachtet sei. Der Vorwurf des Imploranten ist jedoch unbegründet. Eine Beleidigung kann allerdings nur vorsätzlich, nicht fahrlässig, begangen werden. Allein wer Aeußerungen ausspricht und Handlungen verübt, welche an sich — objektiv — das Recht eines Anderen auf Ehre verletzen, und wer sich dabei des ehrverletzenden Charakters seiner Aeußerungen und Handlungen bewußt ist, wird mit Recht wegen Beleidigung bestraft. Der Feststellung eines besonderen animus iniuriandi bedarf es hierzu in der Regel nicht. Es ist derselbe überhaupt seinem inneren Wesen nach nicht von dem strafrechtlichen dolus bei anderen Vergehen, die nur doloser Weise begangen werden können, verschieden, so daß nach gemeinem wie preußischem Rechte auch dann der Thatbestand einer Beleidigung vorhanden sein kann, wenn die Hauptabsicht des Thäters nicht auf Ehrverletzung gerichtet war (cf. Feuerbach Lehrb. 2c. § 278, Berner Lehrb. § 150 S. 245 Note 2, Goltd. Matt. 2 S. 316, Beseler Komm. S. 324 f.). Nur in bestimmten Fällen und Verhältnissen muß die Absicht zu beleidigen ausdrücklich festgestellt werden, vgl. § 154 des StGB.s.

Antr. des GStA.s: entg. [47.—2.]

Amtsunterschlagung. — Eigene Verwaltung. — Falscher Rechnungsbeleg. — Urkunde.

1. Die Verfälschung 2c. von Rechnungen 2c. rechtfertigt nur da die Anwendung des § 325 des StGB.s auf eine stattgehabte Amts-Unterschlagung, wenn diese Rechnungen 2c. Beläge zu Büchern 2c. bilden, welche der Angeklagte selbst zu führen, oder deren Richtigkeit er den betr. Controllbeamten gegenüber zu belegen hat. — Das

trifft bei einem Postbriefträger, welcher zur Verdeckung einer Unterschlagung einen Geldablieferungsschein fälscht, nicht zu.

StGB. § 325 [vgl. dort n. 2. 5].

2. Im Falle des § 325 brauchen die unrichtig geführten ꝛc. Rechnungen nicht nothwendig Urkunden zu sein.

StGB. § 325 [vgl. dort n. 2 und RdOTr. 2. S. 318].

Erk. (B. I.) v. 3. Dez. 1862 c. Brauer (1043. I. Cr.).

Der Landbriefträger Br. war angeklagt und geständig, mehrere ihm zur Bestellung übergebene Geldbriefe zum Nachtheile der Adressaten bei Seite geschafft und die betr. Geldablieferungsscheine in der Absicht, sich Gewinn zu verschaffen, fälschlich angefertigt und davon zum Zwecke der Täuschung Gebrauch gemacht zu haben. Der Vertheidiger behauptete das Vorhandensein mildernder Umstände; der Schw.-GH. lehnte indessen die Stellung einer Frage hierüber an die Geschwornen ab, weil die Bestrafung aus § 325 in Verbindung mit § 247 und § 55 des StGB.s erfolgen müsse, der erstere aber die Berücksichtigung mildernder Umstände nicht gestatte. In den Gründen des verurtheilenden Erk. ward näher ausgeführt: § 325 setze nicht eine eigene Verwaltung von Geldern, auf welche sich die Führung von Büchern ꝛc. beziehe, voraus, derselbe treffe vielmehr auch da zu, wo, wie hier, zu den Kontrollbüchern einer andern Behörde ein unrichtiger Belag vorgelegt werde. Auf die im Interesse des Angekl. ergriffene NB. des StA.s ist das betr. Erk. vernichtet und die Sache an den Schw.-GH. zur anderweitigen Verhandlung zurückgewiesen worden. Die Gründe lauten:

In dem Geständnisse des Angeklagten selbst war von keiner derjenigen Schriften wörtlich die Rede, von deren Fälschung der § 325 handelt; der Vorderrichter hat erst seinerseits die Anwendbarkeit dieses Strafgesetzes auf den eingestandenen Thatbestand dadurch vermittelt, daß er die Post-Geld-Ablieferungsscheine und die Auszahlungsanweisung mit der darauf befindlichen Quittung in seinem Beschlusse wegen Zurückweisung der Frage nach mildernden Umständen stillschweigend und in den Urtelsgründen ausdrücklich als „Beläge für die zur Kontrolle der Ausgaben bestimmten

Bücher" erkannte; aber auch einmal angenommen, daß dies nur eine rechtliche Forderung aus dem Begriffe der Ablieferungsscheine und Quittungen der in Rede stehenden Art ohne Beimischung einer thatsächlichen Ergänzung des Geständnisses des Angekl. sei, so reicht dies doch noch keineswegs zur Anwendung des § 325 wider den Angekl. aus. Schon nach dem Buchstaben desselben wird nur derjenige darnach bestraft, welcher in Beziehung auf seine Unterschlagung — „unrichtige Beläge zu den Rechnungen, Registern oder Büchern vorlegt" und darunter können augenscheinlich nur Beläge zu Rechnungen oder Büchern verstanden werden, die er selbst zu führen oder deren Richtigkeit er selbst, wenigstens den Kontrollbeamten über seine Einnahmen und Ausgaben gegenüber, zu belegen hat; nur von solchen Schriftstücken kann man sagen: der Angekl. legt sie als Beläge zu den Büchern rc. vor. Dem Imploranten waren aber die Bücher zur Kontrolle der Ausgaben der Postexpedition in G. gar nicht von Amtswegen zugänglich; in seinen Händen waren die Ablieferungsscheine keine Beläge zu Büchern rc., deren Führung und Verantwortung ihm ganz fremd war, sondern bloße Scheine resp. Quittungen der Geldempfänger, die er bei keiner Rechnungs- oder Buch-Kontrolle jemals vorzulegen, sondern seinen vorgesetzten Verwaltungsbeamten zu überbringen hatte, auf daß diese damit ihre Bücher belegen und bei der Kontrolle ihrer Verwaltung, womit der Angekl. nichts zu thun hatte, „zu denselben vorlegen" könnten. Wie die Ausdrucksweise, spricht aber auch die Ratio des Gesetzes dagegen, daß unter Belägen zu Rechnungen, Registern, Büchern im Sinne des § 325 Schriftstücke verstanden werden könnten, die erst in der Hand eines dritten Rechnungs- oder Buchführers zu jenen gelangen, und sobald dies geschehen, demjenigen, der die Unterschlagung der Gelder, worauf sie sich beziehen, verübt hat, in seinem Amte gar nicht mehr zugänglich sind. Denn eine Vergleichung der §§ 247. 251. 323 und 325 des StGB.s ergiebt unter anderen folgende, im Grunde und Grade ihrer

Strafbarkeit verschiedene Verbindungen einer Fälschung mit einer im Amte verübten Unterschlagung:

1) ein Beamter verfälscht (oder fertigt fälschlich an) in Beziehung auf die Unterschlagung, eine Privat- oder öffentliche Urkunde im Sinne der §§ 247 und 251, die ihrem Begriffe nach zu den Schriften, wovon der § 325 Erwähnung thut, durchaus nicht gehört: dann konkurriren Unterschlagung im Dienste — § 324 — und Urkundenfälschung — § 247 oder 251 oder 323 und mildernde Umstände fallen in Anwendung der §§ 324 und 323 weg, während sie in Anwendung der §§ 247 und 251 wie bei einem Privatmanne in Betracht kommen;

2) der Beamte verfälscht in Beziehung auf die Unterschlagung die in § 325 bezeichneten Rechnungen, Register oder Bücher, ohne daß die verfälschte Rechnung ꝛc. eine Urkunde im gesetzlichen Sinne ist: dann liegt selbstredend keine Urkundenfälschung, keine Anwendbarkeit der §§ 247. 251. 323 vor, allein der Beamte verletzt seine Pflicht der Treue in Führung der Rechnungen ꝛc. oder in der ihm obliegenden Verwaltung von gewissen Einnahmen und Ausgaben und diese besondere Amtsverletzung tritt der Unterschlagung als erschwerende Qualifikation hinzu, weshalb dafür die Strafe des § 325 eintritt;

3) der Beamte, welcher die Unterschlagung begangen hat, legt dem Kontrolleur seiner Verwaltung, beziehungsweise Revisor der Rechnungen, Register oder Bücher, unrichtige Abschlüsse oder Auszüge aus denselben oder unrichtige Beläge zu denselben vor, die den rechtlichen Charakter der „Urkunden“ nicht haben: diese Fälle stehen dem vorigen unter 2. ganz gleich und es wird dabei zur Anwendung des § 325 wieder keine Urkundenfälschung, sondern die vorbemerkte Pflichtverletzung des Beamten, dessen Verwaltung der Kontrolle unterliegt, erfordert;

4) hat der Beamte, welcher die Unterschlagung verübte, keine Verwaltung, kann er mithin die unter 2 und 3 eben bezeichnete Pflicht nicht verletzen, so kann folgeweise

von der Anwendung des § 325 keine Rede sein, und entweder der § 324 allein Platz greifen, wenn das unrichtige oder gefälschte Schriftstück die rechtliche Bedeutung einer Urkunde nicht hat, oder es konkurrirt mit der in § 324 vorgesehenen Unterschlagung eine Urkundenfälschung nach den §§ 247. 251 oder 323 des StGB.s. In diesem Falle fehlt zur Anwendbarkeit des § 325 der subjektive Thatbestand, wie in der unter 1 angeführten Voraussetzung der objektive.

Anderweite Modifikationen des möglichen Sachverhältnisses, deren es mehrere geben kann, gehören nicht hierher. Das Vorstehende genügt, um die im vollständigen Einklange mit der ursprünglichen Entstehung des § 325 aus § 423 II. 20. ALR. und dem Wortlaute des § 325 befindliche Absicht des Gesetzgebers zu veranschaulichen, die Untreue der Verwalter öffentlicher Einnahmen und Ausgaben, wozu der Angekl. unstreitig nicht gehört, durch Fälschung oder Vorlage falscher Schriften, die zur Eintragung der Gegenstände ihrer Verwaltung oder zur Kontrolle dieser ihrer Verwaltung bestimmt sind, in Beziehung auf eine Unterschlagung derselben zu bestrafen. Die Schlußworte des § 325, worauf der Vorderrichter zur Unterstützung seiner weiteren Ausführung desselben sich bezieht, beweisen die Nothwendigkeit der angenommenen Extension des § auf alle Beamte, die eine Unterschlagung nach § 324 begehen können, ohne eine Verwaltungspflicht zu haben, keinesweges, da sie jedenfalls sowohl auf eigentliche Verwalter sich beschränken, als in weiterem Sinne verstehen lassen, das engere Verständniß aber nicht allein den allgemeinen Grundsätzen über die Interpretation von Strafgesetzen, sondern auch den vorangeschickten Bestimmungen des § und der oben ausgeführten Absicht des Gesetzgebers entspricht.

Antr. des GStA.s: gleichl. [23. — 4.]

Nichtigkeitsbeschwerde. — Formverletzung. — Interesse.

Der Angeklagte ist nicht befugt, eine für ihn selbst nicht präjudizirliche Formverletzung im Wege der Nichtigkeitsbeschwerde zu rügen.

Ges. v. 3. Mai 1852 Art. 107 [dort einzutr. als n. 28a; vgl. oben S. 14].

Erk. (Z. I.) v. 3. Dez. 1862 c. Rosenkranz (1077. I. Cr.).

Dieses Erk. sprach den obigen Satz ohne weitere Begründung als „sich ohne Weiteres verstehend" aus. Der Angekl. hatte geltend gemacht, daß das Gericht die Ankl. nicht erschöpft habe.

Antr. des GStA.s: gleichl. [17. — 4.]

Versammlungsrecht. — Anzeige. — Irrthum.

Ist bei einer Versammlung die in § 1 des Ges. v. 11. März 1850 vorgeschriebene Anzeige bei der Ortspolizeibehörde verabsäumt worden, so wird die Strafbarkeit derjenigen, welche in derselben als Leiter oder Redner rc. aufgetreten sind, nicht dadurch beseitigt, daß sie irrthümlich annahmen, jene Anzeige sei durch einen Dritten erfolgt.

Ges. v. 11. März 1850 §§ 1. 12; StGB. § 44 [dort einzutr. als n. 10].

Erk. (B. II.) v. 4. Dez. 1862 c. Stupp, Schöller u. Gen. (304. II. Cr.).

St., Sch. u. Gen. waren in einer der Ortspolizeibehörde nicht angezeigten Wahlversammlung als Leiter und Redner aufgetreten, wurden aber von der aus § 12 des Ges. v. 11. März 1850 gegen sie erhobenen Beschuldigung deshalb freigesprochen, weil sie Grund gehabt hätten, anzunehmen: die Anzeige sei durch einen Dritten geschehen, und weil bei diesem faktischen Irrthume ihnen die Bestimmung des § 44 des StGB.s zu Statten komme, dessen Anwendung auf Uebertretungen keinem Bedenken unterliege. Auf den Kass.-Rekurs des Pol.-Anwalts ist dieses Erk. vernichtet und die Sache an ein anderes PG. verwiesen worden; erwogen ward:

daß zwar die Anwendbarkeit des § 44 des StGB.s auf Polizeiübertretungen überhaupt, allerdings nicht unbedingt für ausgeschlossen zu erachten ist; daß indessen die rechtlichen Voraussetzungen dieser gesetzlichen Vorschrift im gegenwärtigen Falle nicht vorhanden sind;

daß nämlich der § 44 cit. sich nur auf solche Handlungen bezieht, welche an sich straflos oder in geringerem Grade strafbar sind, und nur durch besondere Umstände ihre Strafbarkeit überhaupt oder erhöhte Strafbarkeit bekommen;

daß in solchem Falle der Handelnde, eben weil er seine Handlung als erlaubt, oder minder strafbar betrachten konnte, schon durch die bloße Unbekanntschaft mit jenen, die allgemeine oder erhöhte Strafbarkeit bedingenden besonderen Umständen, und ohne Rücksicht auf die Vermeidlichkeit des faktischen Irrthums, gegen strafrechtliche Verantwortlichkeit geschützt ist;

daß aber diese Voraussetzungen auf den Fall nicht passen, wo die Vornahme einer Handlung an die Erfüllung einer polizeilichen Vorschrift geknüpft ist, so daß sie nur unter Beobachtung dieser Vorschrift als gestattet angesehen werden kann;

daß in solchem Falle der Handelnde, da er seine Handlung nicht als eine unbedingt erlaubte ansehen darf, sich der strafrechtlichen Verantwortlichkeit jedenfalls nicht durch den bloßen Nachweis entziehen kann, daß ihm die Nichterfüllung der polizeilichen Vorschrift unbekannt gewesen sei;

daß er vielmehr die Pflicht hatte, sich vorher um die wirkliche Beobachtung jener Vorschrift zu bekümmern und der faktische Irrthum, in welchem er sich in dieser Hinsicht befinden kann, nur einen Umstand betrifft, von dessen Vorhandensein die S t r a f l o s i g k e i t abhängt, während im Falle des § 44 des StGB.s der Irrthum sich in den Umständen bewegt, welche der Handlung den strafbaren Charakter erst verleihen würden;

In Erw., daß es sich bei den, den Kassationsverklagten zur Last gelegten Uebertretungen gerade um einen Fall handelt, wo die Vornahme der angeschuldigten Handlungen bei Strafe von der Erfüllung einer polizeilichen Vorschrift abhängig gemacht ist, der § 44 cit. mithin auf den gegenwärtigen Fall überall nicht paßt;

In Erw., daß, wenn man sodann auch auf das Ges. vom 11. März 1850 über das Versammlungs- und Vereinigungsrecht übergeht, schon die Wortfassung des § 12 doch darauf hinweist, daß die Straflosigkeit derjenigen Personen, welche in der Versammlung als Vorsteher, Leiter oder Redner aufgetreten sind, oder welche den Platz dazu hergegeben haben, nicht schon dadurch begründet werde, daß ihnen der Umstand, daß die Versammlung bei der Polizeibehörde nicht angezeigt worden, nicht bekannt gewesen sei;

daß gegen letztere Annahme noch entschiedener die legislativen Materialien zu diesem § sprechen, indem daraus sich ergiebt, daß die gegen den Unternehmer der Versammlung angedrohte fakultative Gefängnißstrafe um deswillen für gerechtfertigt erachtet worden ist, weil er bei einer, ohne vorherige Anzeige abgehaltenen Versammlung strafbarer sei, als die übrigen im § bezeichneten Personen, indem gerade der Unternehmer unter allen Umständen wissen könne und wissen müsse, ob der Polizeibehörde von der Versammlung Kenntniß gegeben sei, — hier also vorausgesetzt wird, daß die übrigen Theilnehmer strafbar sein können, wenn ihnen auch die Nichtanzeige unbekannt gewesen sein möchte;

daß auch die §§ 13 und 17 des fraglichen Gesetzes Argumente an die Hand geben, welche nicht minder gegen obige Annahme sprechen; der § 13 insofern, als in dem darin vorgesehenen Falle jeder Vorsteher des Vereins mit der Geldbuße belegt werden soll, sofern er nicht nachweisen kann, daß die polizeiliche Anzeige ganz ohne sein Verschulden unterblieben ist, in diesem besonderen Falle also jedenfalls der Nachweis des Mangels eines jeden Verschuldens gefordert, aber auch gerade dieser Nachweis, wie sich aus den Diskussionen zu dem § ergiebt, für erforderlich erachtet worden ist; — der § 17 insofern, als nur in dem gelinderen Falle, dessen der zweite Absatz des Alinea 3 des § gedenkt, der gute Glaube bloß den Theilnehmern an dem Aufzug oder an der Versammlung unter freiem Himmel und den Rednern zu statten kommen soll, und man es hier sichtbar mit einem Ausnahmefalle zu thun hat;

In Erw., daß, wenn dessen ungeachtet schließlich auch nicht anzunehmen ist, daß der mehrbezogene § 12 eine rein formale Vorschrift in dem Sinne enthalte, daß der faktische Irrthum dabei unbedingt und unter allen Umständen ausgeschlossen sei, vielmehr nach allgemeinen Grundsätzen der Nachweis der mangelnden Verschuldung frei bleiben und die desfallsige Würdigung dem Richter überlassen werden muß, — doch jedenfalls das als feststehend zu betrachten ist, daß die Straflosigkeit der Personen, welche sich als Vorsteher, Leiter oder Redner bei einer Versammlung im Sinne des § 12 des Gesetzes betheiligt oder den Platz dazu hergegeben haben, dadurch allein nicht begründet werden kann, daß ihnen der Umstand, daß die Versammlung der Polizeibehörde nicht angezeigt worden, nicht bekannt gewesen, sie sich vielmehr in dem Irrthum und in dem Glauben befunden haben, daß die Anzeige geschehen sei.

Antr. des GStA.s: gleichl. [27. — 1.]

Urkundenfälschung. — Wechsel. — Blanko-Giro. — Ausfüllung.

Wer unbefugter Weise ein auf einem Wechsel befindliches Blanko-Giro ausfüllt, begeht eine Urkundenfälschung.

StGB. §§ 247. 251 [dort einzutr. als n. 39 a]; Wechs.-Ordn. Art. 12.

Berechtigt zur Ausfüllung eines Blanko-Giro ist nur der redliche Inhaber.

Wechs.-Ordn. Art. 13.

Erk. (Z. II.) v. 4. Dez. 1862 c. Brüning (335. II. Cr.).

B. hatte einen mit einem Blanko-Giro versehenen Wechsel gefunden, und nachdem er das Giro mit einem fingirten Namen ausgefüllt, zu verwerthen gesucht. Aus § 251 bestraft, ergriff er die NB. und suchte auszuführen:

1) er sei als Inhaber zur Ausfüllung befugt gewesen (W.-Ordn. Art. 13);

2) die Ausfüllung eines Blanko-Giro sei für den Beweis von Rechtsverhältnissen nicht erheblich, weil auch ohne dieselbe das

Blanko-Giro als gültiges Indossament gelte (l. c. Art. 12). Zurückweisung. Gründe.

Allerdings ist, nach dem Art. 12 der Wechsel-Ordn. ein Indossament gültig, wenn der Indossant auch nur seinen Namen oder seine Firma auf die Rückseite des Wechsels schreibt. Es steht ein solches Blanko-Indossament in seiner Wirksamkeit dem ausgefüllten Indossamente (Art. 9 bis 11 l. c.) gleich; jeder Inhaber des mit einem Blanko-Indossamente versehenen Wechsels gilt (präsumtiv) als dessen rechtmäßiger Eigenthümer, so daß er auch zu weiterer Uebertragung des Eigenthums, und zwar auch durch bloße Uebergabe des Wechsels, legitimirt ist, und das Blanko-Indossament den Wechsel, der allerdings nicht auf jeden Inhaber ausgestellt werden konnte (Art. 4 No. 3 l. c.) zu einem Papiere auf den Inhaber, — wenn auch nicht in jeder Beziehung (vgl. Weiske Rechtsl. 14. S. 311 n. 316; 312. 313 n. 322; 314 n. 324; 378 n. 172; 216. 217 n. 40) macht. Allein gleichwohl wird durch die Ausfüllung eines Blanko-Indossaments eine erhebliche Aenderung vorgenommen. Es wird durch die Ausfüllung eines Blanko-Indossaments dieses zu einem vollständigen Indossamente, und dadurch (in Verbindung mit dem Texte des Wechsels, von dem es einen Theil ausmacht: Beseler Komm. S. 479 e; Oppenhoff StGB. § 251 n. 37. 40) zu einer, andere wechselrechtliche Rechtsverhältnisse, als ein Blanko-Indossament, begründenden Urkunde. Denn sie entzieht dem auf den Inhaber gültig gewordenen Wechsel diese Eigenschaft, es macht ihn wieder personell, während bei der Weiterbegebung eines mit Blanko-Indossament versehenen Wechsels, ohne neues Indossament, durch bloße Uebergabe Seitens des Inhabers, dieser in den Wechselverband nicht eintritt, oder als gewesener Blanko-Indossatar aus demselben ausscheidet und die Garantie für den Wechsel ablehnt (vgl. Rechtslex. Bd. 14 S. 378 n. 172).

Wie es deshalb eine Wechselfälschung enthält, wenn der unrechtmäßige (ungetreue, unredliche) Inhaber eines Wechsels die hinter einem Blanko-Indossamente befindlichen

Indossamente, in der Absicht, den Wechsel wieder zu einem auf den Inhaber gültigen Wechsel zu machen, auslöscht; so enthält es auch eine solche, wenn der unrechtmäßige (ungetreue, unredliche) Inhaber, der Dieb oder der Finder, welcher eine Unterschlagung beabsichtigt, das Blanko-Indossament ausfüllt und namentlich mit einem falschen oder fingirten Namen ausfüllt; und geht er dabei von der irrigen Meinung aus, daß es einer solchen Ausfüllung bedürfe, um den mit Blanko-Indossament versehenen Wechsel negotiabel zu machen, — ihn verkaufen, also resp. unterschlagen zu können, — so ist dies ein Rechtsirrthum, der nur den Zweck oder das Motiv der Handlung, nicht diese selbst berührt, und daher den dolus, — die Zurechnung seiner Handlung als strafbare, — nicht ausschließt.

Wenn nämlich der Art. 13 der Wechs.-Ordn. bestimmt:

„Jeder Inhaber eines Wechsels ist befugt, die auf demselben befindlichen Blanko-Indossamente auszufüllen,"

so hat hier der Ausdruck „Inhaber" keine andere Bedeutung, als in welcher sonst in der Wechsel-Ordn. von dem Inhaber, Wechselinhaber oder auch Besitzer des Wechsels die Rede ist (vgl. Art. 14. 18—20. 29. 36. 38. 40. 45. 49. 74. 81).

Nur der redliche (getreue, rechtmäßige) Inhaber oder Besitzer und der (wenigstens präsumtive) Eigenthümer ist dadurch im Art. 13 bezeichnet. Es ist das Verhältniß eines Blanko-Indossatars, welchen der Art. 13 als „Inhaber" bezeichnet, nicht bloß als Gewahrsam in der rein thatsächlichen Bedeutung aufzufassen (Erk. v. 31. Mai 1856, Strieth. Arch. 20 S. 360).

Der Dieb eines Wechsels, der Finder eines Wechsels, welcher solchen zu unterschlagen beabsichtigt, ist durch den Art. 13, der nur auf das wechselrechtliche Verhältniß der in dem Wechselverbande befindlichen oder in diesen eintretenden Personen Bezug hat, nicht (civilrechtlich und in strafrechtlicher Beziehung) für befugt erklärt, ihm ist nicht die rechtliche Möglichkeit eingeräumt, das Blanko-Indossament eines Wechsels auszufüllen oder diesen weiter zu indossiren, wozu er thatsächlich allerdings im Stande ist, und was, wenn es geschieht, einem weiteren redlichen (getreuen) Inhaber nicht entgegensteht (Art. 74).

Antr. des GStA.s: gleichl. [26.—1.]

---

1. Rheinisches Verfahren. — Beschuldigter. — Akteneinsicht.

2. Gewerbe. — Konzession. — Territorialbegrenzung.

1. Nach Rheinischem Verfahren ist der Beschuldigte nicht befugt, die Einsicht der Untersuchungs-Akten zu fordern.

Rh. StPO. Art. 190. 210.

2. Derjenige, welcher die nach § 49 der Gew.-Ordn. erforderliche Erlaubniß zum Betriebe eines Gewerbes an einem Orte erlangt hat, kann dasselbe auch an einem andern Orte ausüben, ohne dazu einer neuen Erlaubniß zu bedürfen, insofern er nur nicht dort ein stehendes Geschäftsbüreau hat oder sonstige Einrichtungen zum fortgesetzten Betriebe trifft.

Gew.-Ordn. v. 17. Jan. 1845 §§ 49. 22. 23. 59; Vdn. v. 9. Febr. 1849 § 68; Ges. v. 22. Juni 1861 Art. III.

Erk. (V. II.) v. 4. Dez. 1862 c. Gladbach (339. II. Cr.).

Gl. hatte von der Pol.-Direktion in Köln die Erlaubniß zur Abfassung schriftlicher Aufsätze in Köln, sowie zur Vermittlung von Geschäften und zur Uebernahme von Aufträgen erhalten und hatte demnächst in etwa 30 Fällen Aufträge zur Vertretung von Parteien beim Friedens- und Polizei-Gericht zu Bensberg übernommen und gegen Bezahlung ausgeführt. Er ward deshalb aus § 49. 177 der Gew.-Ordn. bestraft, „weil jene Erlaubniß nur für den Verwaltungsbezirk der gedachten Direktion und nicht für die Bürgermeisterei Bensberg Gültigkeit habe." Sein Kass.-Rekurs rügte Verletzung des Prinzips der Oeffentlichkeit, des Rechts der Vertheidigung und der Artt. 190 und 210 der StPO., weil ihm der LG.s-Präsident die Einsich der Akten versagt habe, und außerdem Gesetzesverletzung. Das OTr. hat das angegriffene Erk. vernichtet und auf Freisprechung erkannt, indem es erwog:

daß die Art. 190 und 210 der StPO. eine Mittheilung der Untersuchungsakten an den Beschuldigten nicht vorschreiben, vielmehr nur die Verlesung gewisser Aktenstücke in der öffentlichen Sitzung verordnen und das Recht der Vertheidigung durch Versagung jener Mittheilung nicht beeinträchtigt, vielmehr durch die Befugniß, eine Aussetzung der Sache zu beantragen, sofern dieses zur Vorbereitung der Vertheidigung auf die in der Sitzung vorgebrachten Beweise nothwendig erscheint, gewahrt ist, der Beschuldigte aber von dieser Befugniß keinen Gebrauch gemacht hat;

J. Erw., daß nach der allgemeinen Vorschrift des § 22 der Gew.-Ordn. derjenige, welcher von seiner Absicht, den selbstständigen Betrieb eines stehenden Gewerbes zu beginnen, der Kommunal-Behörde des Orts, in welcher er dasselbe betreiben will, Anzeige gemacht und nach § 23 l. c. hierüber eine Bescheinigung erhalten hat, nach § 59 ibid. nicht verpflichtet ist, sein Gewerbe bei der Kommunal-Behörde eines jeden Ortes von Neuem anzumelden, in welchem er nur einzelne, seinem Gewerbsbetriebe angehörende, Handlungen vornimmt;

daß dieser allgemeine Grundsatz auch auf den Gewerbsbetrieb derjenigen, welche aus der Uebernahme von Aufträgen ein Gewerbe machen, volle Anwendung findet, indem die Vorschrift des § 49 l. c., nach welchem diesen Personen der Beginn des Betriebes erst dann zu gestatten ist, wenn die zuständige Behörde sich von ihrer Zuverlässigkeit überzeugt und die Erlaubniß ertheilt hat, nur eine Beschränkung hinsichtlich der Erwerbung, nicht auch des örtlichen Umfangs der Gewerbsbefugnisse festsetzt, — mithin derjenige, welcher jene Erlaubniß erhalten, nicht verpflichtet ist, dieselbe immer wieder von Neuem nachzusuchen, wenn er an einem andern Orte, ohne daselbst ein stehendes Geschäftsbüreau zu errichten oder sonstige Einrichtungen zum fortgesetzten Betriebe zu treffen, Geschäfte vermittelt, oder Aufträge ausführt;

daß zwar aus der Bestimmung des § 68 der Vdn.

v. 9. Febr. 1849, wonach die polizeiliche Erlaubniß zum Betriebe gewisser Gewerbe, insbesondere auch des hier in Rede stehenden zu versagen sei, wenn die darüber zu vernehmende Kommunal-Behörde nach Anhörung der Gemeinde-Vertreter die Möglichkeit und das Bedürfniß des beabsichtigten Gewerbebetriebes nach den örtlichen Verhältnissen nicht anerkennt, eine Beschränkung der Wirksamkeit der desfallsigen Konzessionen auf das Territorialgebiet der betreffenden Behörde hergeleitet werden konnte; daß indessen der vorbezeichnete § 68 durch Art. III. des Ges. v. 22. Juni 1861 wieder aufgehoben worden ist, mithin das allgemeine Prinzip auch in dieser Hinsicht wieder zur Anwendung zu bringen ist, wie dies auch in dem MR. v. 23. Okt. 1861 ausgesprochen und sämmtlichen Regierungen zur Nachachtung mitgetheilt wird;

daß insbesondere der § 49 des Ges. v. 22. Juni 1861 dem nicht entgegensteht, sondern vollkommen entspricht, indem die persönliche Zuverlässigkeit des betreffenden Gewerbetreibenden nur von der Behörde seines Wohnortes, nicht auch von derjenigen sachgemäß beurtheilt werden kann, in deren Bezirke einzelne Akte jenes Gewerbes vorgenommen werden sollen.

Antr. des GStA.s: gleichl. [22. — 1.]

Geschworner. — Alter. — Geltendmachung vor Gericht.

Der Mangel des vorschriftsmäßigen Alters kann von dem zum Geschwornendienste Einberufenen nicht vor dem Schwurgerichtshofe geltend gemacht werden.

Ges. v. 3. Mai 1852 Art. 56 [vgl. dort n. 6].

Beschl. (II.) v. 4. Dez. 1862 (72. B. II. Cr.).

G , als Geschworner zum Schw.-GH. zu H. einberufen, machte hier geltend, daß er 70 Jahre alt, und daher vom Dienste befreit sei. Mit seinem Entlassungsgesuche zurückgewiesen, beschwerte er sich beim OTr., jedoch ohne Erfolg; seine Verbescheidung lautete:

Durch Offenlegung der Geschwornen-Liste war Ihnen die Gelegenheit und die Möglichkeit gegeben, sich davon zu vergewissern, ob Sie in jene Liste eingetragen waren und den von Ihnen erst später bei dem Schwurgerichtshofe vorgebrachten Befreiungsgrund innerhalb der im § 65 der Vdn. v. 3. Jan. 1849 bestimmten dreitägigen Frist bei der Verwaltungsbehörde geltend zu machen. Sie haben, wie Sie selbst zugeben, dies nicht gethan. Zwar können nach § 63 l. c. solche Personen, welche 70 Jahr alt sind, zu Geschwornen nicht berufen werden, allein nach Art. 56 Abs. 2 des Ges. v. 3. Mai 1852 kann der Mangel der Altersbedingung nicht vor den Gerichten geltend gemacht werden, und zwar gilt dies, wie aus dem Komm.-Ber. d. II. K. sich ergiebt, nicht blos in Betreff des Angeklagten und der StA.-schaft, sondern auch in Betreff des Geschworenen selbst.

Antr. des GStA.s: gleichl. [16. – 3.]

Fragstellung. — Selbstverständliches Merkmal. — Antrag. — Münzfälschung.

Die Aufnahme eines an sich wesentlichen, in der gesetzlichen Begriffsbestimmung aber nicht ausdrücklich enthaltenen, Merkmals des betreffenden Verbrechens in die Fragstellung ist nur dann unerläßlich, wenn dieses vom Angeklagten ausdrücklich beantragt worden ist; das bloße Bestreiten des Vorhandenseins jenes Merkmals genügt nicht, um die Fragstellung darüber nothwendig zu machen. Das gilt namentlich, wenn der einer Münzfälschung Angeklagte behauptet, er habe das falsche Geld nicht in der Absicht der Verausgabung angefertigt.

Ges. v. 3. Mai 1852 Art. 81 [vgl. dort n. 21]; StGB. § 121 [vgl. dort n. 9].

Erk. (Z. I.) v. 5. Dez. 1862 c. Wollny (Groczscheck u. Gen. 1078. I. Cr.).

W. hatte vor dem Schw.-GH. die Anfertigung falscher Münzen zugestanden, gleichzeitig aber behauptet, dieses sei nicht zum Zwecke der Verausgabung geschehen, die Münzen hätten vielmehr nur als Spielzeug dienen sollen, und nur zu diesem Zwecke habe er sie dem Mitangeklagten G gegeben. Ein Antrag auf Stellung einer Frage in Betreff dieser Absicht war nicht gestellt, vielmehr erfolgte die Fragstellung nur mit den Worten des § 121 cit. Die dieses rügende NB. des Angekl. ward zurückgewiesen aus folgenden Gründen:

Das im § 121 des StGB.s i. Anf. vorgesehene Verbrechen der Münzfälschung erfordert zu seiner Vollendung Nichts, als daß Jemand Geld nachgemacht hat; er wird alsdann vom Gesetze als ein Solcher angesehen, der das falsche Geld zum Gebrauche als Geld, also zur Verausgabung und nicht zu irgend einem anderen, der natürlichen Bedeutung und Bestimmung des Geldes fremden, Zwecke angefertigt hat. Der dem Wortlaute des § 121 entsprechende Schuldspruch genügt daher zur Anwendung der darin angedroheten Strafe, indem damit die rechtswidrige Absicht des Angeklagten als im Geld-Nachmachen einbegriffen festgestellt ist. Die Möglichkeit, daß Jemand zwar ein Fabrikat in der äußeren Gestalt von Geld, aber nicht, um ihm als Geld zu dienen, sondern in der bestimmten ausschließlichen Absicht, einen anderen unschuldigen Gebrauch, z. B. als Spielzeug, davon zu machen, angefertigt habe, kam bei dem Gesetzgeber nur als eine unnatürliche seltene Ausnahme von dem Zwecke des Geldmachens in Betracht, wie die Motive der Staatsregierung und die Kommissions-Berichte der Kammern zu § 109 des Entwurfs zeigen, und es kann daher den Worten und der Intention, gleichwie dem Grunde des § 121 gegenüber nicht genügen, daß ein Angeklagter behauptet, er habe das falsche Geld, welches er gemacht und gar in andere Hände gegeben hat, nicht als Geld, sondern als Spielzeug gemacht, um den Thatbestand des § 121 in Zweifel zu stellen. Dagegen muß es dem Angeklagten immerhin frei stehen, Beweise für eine derartige unwahrscheinliche Behauptung, deren Wahrheit allerdings dem § 121 seine Unterlage entziehen, einen Grund zur Ausschließung seiner Anwendbarkeit im gegebenen Falle darstellen würde, herbeizuschaffen oder wenigstens dem Gerichte anzudeuten, wenn sie nicht von selbst aus der besonderen Sachlage hervortreten, und er kann sowohl gemäß dem vorletzten Satze des Art. 81 des Ges. v. 3. Mai 1852 eine Frage an die Geschworenen darüber beantragen, ob er nicht die Absicht gehabt, das Fabrikat als Geld zu verausgaben, als auch es dem richterlichen Ermessen überlassen, ob nach seinem bloßen Vorbringen und den sonstigen Verhandlungen eine solche Frage nöthig ist. In vorliegender Sache fand nun das Stadtschwurgericht in dem Vorbringen des Imploranten, die falschen Münzen, deren Anfertigung und Abgabe an den Mitangeklagten G. er einräumte, nicht zum Zwecke der Verausgabung, sondern zum Spielzeuge gemacht und dem rc. G. auch hierzu gegeben zu haben, zwar einen Mangel des Geständnisses und schritt deshalb zur vollständigen Beweiserhebung vor den Geschworenen; allein die Folge hiervon war, daß er seinerseits eine bezügliche Frage an die Geschworenen nicht für nöthig erachtete, auch weder der Angeklagte noch dessen Vertheidiger sich veranlaßt sahen, eine solche zu beantragen, beide vielmehr nach obigen Auszügen aus dem Audienzprotokolle ohne eine weitere Erwähnung des Umstandes, womit der Angeklagte vor dem Beginne der Beweisverhandlungen sein Geständniß beschränkt hatte, diese und die vom Vorsitzenden an die Geschworenen gestellte Frage für erschöpfend annahmen. Angeklagter kann daher jetzt um so weniger aus dem beobachteten Verfahren des Gerichtshofs und der Anwendung des § 121 des StGB.s gegen ihn noch eine Nichtigkeit herleiten, als der Art. 81 des Ges. v. 3. Mai 1852 ausdrücklich nur die Zurückweisung eines besonders gestellten Antrags auf eine Frage nach Straf-Ausschließungsgründen, nicht aber die Nichtstellung einer betreffenden Frage von Seiten des Richteramts mit der Nichtigkeit bedroht; augenscheinlich aus keinem andern Grunde, als weil die unmittelbar vorher bemerkte Nothwendigkeit einer derartigen Frage von Amtswegen ein thatsächliches Ergebniß der Verhandlungen ist, welches sich der Kritik des Nichtigkeitsrichters entzieht.

Antr. des GStA.s: gleichl. [23.—1.]

Vertagungsantrag. — Prüfung.

Der Antrag des Angeklagten, wegen eingetretener Hindernisse die Hauptverhandlung zu verlegen, macht eine Prüfung der geltend gemachten Hindernisse durch den (Appellations-) Richter nothwendig; derselbe darf jenen Antrag nicht desdeshalb zurückweisen, weil es der Anwesenheit des Angeklagten nicht bedürfe.

Vdn. v. 3. Jan. 1849 § 33 [vgl. dort n. 4].

Erk. (V. I.) v. 10. Dez. 1862 c. Filla (980 I. Cr.).

Der Angekl. hatte gegen das verurtheilende Erk erster Instanz appellirt; in dem angesetzten Termine zweiter Instanz war er nicht erschienen, hatte aber schriftlich um Vertagung und Ansetzung eines neuen Termins gebeten, weil er wegen (bescheinigter) Krankheit seiner Frau seine Wohnung nicht verlassen könne. Das AG. verfuhr indessen in contumaciam, „weil seine persönliche Anwesenheit im Termine nicht nothwendig, seinem Vertagungsantrage also nicht statt zu geben sei." Auf die NB. des Angekl. ist dieses Erk. vernichtet und die Sache an das AG. zurückverwiesen worden aus folgenden Gründen:

Es ist nicht bloß die Pflicht, sondern auch ein wesentliches Recht des Angeklagten, an dem Hauptverfahren persönlich Theil zu nehmen und seine Vertheidigung zu führen, und wenn die Versäumniß jener Pflicht mit dem Nachtheile des Verfahrens in contumaciam bedroht ist (§§ 32. 51. 134 der Vdn. v. 3. Jan. 1849), und er dadurch das Recht seiner Selbstvertheidigung vor dem erkennenden Gerichte verliert, so entspricht es schon den allgemeinen Rechtsgrundsätzen, daß dieser Nachtheil nicht für ihn eintreten darf, wenn keine Versäumniß von seiner Seite vorliegt, sondern äußere, von seinem Willen unabhängige, Umstände sein Erscheinen verhindern. Hierauf beruht die Bestimmung des § 33 a. a. O., daß nur auf Grund bescheinigter erheblicher Hindernisse dem Antrage des Angeklagten auf Ansetzung eines neuen Termins statt gegeben werden könne, deren Fassung einestheils verhüten soll, daß ohne bescheinigte Hindernisse eine Verschleppung der Hauptverhandlung stattfinde, anderntheils die Erheblichkeit jener Hindernisse der richterlichen Prüfung unterwirft und ihrem erwähnten Grunde nach in jedem strafgerichtlichen Verfahren Geltung hat. Nachdem Angeklagter das Vertagungsgesuch mit einer Bescheinigung der Krankheit seiner Frau, die ihn hindere, der Vorladung zum Termine nachzukommen, eingereicht hatte, war es daher die Aufgabe des App.-Richters zu prüfen, ob er in jener Krankheit, bezüglich der darüber beigebrachten Bescheinigung ein solches Hinderniß und folgeweise für sich ein Hinderniß, die der Vorladung an den Angeklagten nach § 32 l. c. hinzugefügte Warnung zu vollziehen, finden könne, und er mußte, wenn er diese Frage zu bejahen hatte, die Vertagung eintreten lassen, ohne daß es darauf, ob das Gericht die Gegenwart des Angeklagten im Termine für nothwendig erachtete, im Mindesten ankam; genug, daß Angeklagter sie zu seiner Vertheidigung für nothwendig erachtete und davon durch ein erhebliches Hinderniß abgehalten zu sein behauptete. Hätte der GH. das persönliche Erscheinen des Angeklagten für nothwendig gehalten, so würde er nicht etwa in contumaciam verfahren, sondern die Vorführung desselben nach § 135 a. a. O. angeordnet haben. So wenig demnach der App.-Richter aus seiner Verneinung dieser Nothwendigkeit die Befugniß zum Kontumazial-Verfahren wider den Angeklagten ableiten konnte, ebenso wenig konnte er jene Verneinung aussprechen, ohne dabei vom rechtlichen Standpunkte aus zugleich zu übersehen, daß Angeklagter nach den §§ 52. 136 a. a. O. und Art. 104 des Ges. v. 3. Mai 1852 noch immer in der Lage sich befand, ein dem GH.e unbekanntes Material zu seiner Vertheidigung und überhaupt zur Ermittelung des wahren Sachverhaltes beibringen zu dürfen.

Antr. des GStA.s: gleichl. [23.—4.]

Betrug. — Uebernahme einer Verbindlichkeit. — Gültigkeit.

Die Uebernahme einer Verbindlichkeit kann als „Vermögensbeschädigung" im Sinne des § 241 des StGB.s nicht angesehen werden, wenn sie in durchaus ungültiger Weise erfolgte.

StGB. § 241 [vgl. dort n. 16].

Erk. (B. I.) v. 10. Dez. 1862 c. Busche (987. I. Cr.).

Der App.-Richter nimmt selbst an, daß die Gebrüder B., als sie die Wechselformulare unterschrieben, noch minorenn waren. Dann aber verpflichteten sie sich durch ihre Unterschriften auch nicht wechselmäßig, übernahmen überhaupt gar keine, und bei der Art und Weise, wie sie zu den Unterschriften durch falsche Vorspiegelungen bewogen worden, nicht einmal eine moralische Verbindlichkeit zur Zahlung der verschriebenen Summen. Es war daher durch die erfolgte Unterschrift allein eine Verschlimmerung ihres Vermögenszustandes weder wirklich eingetreten, noch überhaupt möglich, so daß nach § 241 des StGB.s auch nicht einmal von einem versuchten Betruge die Rede sein kann.

Antr. des GStA.s: entg. [18.—4.]

Zeuge. — Trunkenheit. — Schlußfolgerung.

Der Antrag, Zeugen über die Trunkenheit eines Andern zu vernehmen, kann nicht aus dem Grunde abgelehnt werden, weil Zeugenvernehmungen über ein eignes Urtheil unstatthaft seien.

Vdn. v. 3. Jan. 1849 § 22 [vgl. dort n. 57]; Cr.-Ordn. § 324.

Erk. (B. I.) v. 10. Dez. 1862 c. Bleiber (1000. I. Cr.).

Es muß dem Angeklagten darin beigetreten werden, daß es unstatthaft war, die Vernehmung des 2c. N., wie geschehen, bloß aus dem Grunde abzulehnen, weil er über den auf ein Urtheil hinauslaufenden Umstand, daß K. bei der Wegnahme der Uhr betrunken gewesen sei, zum Zeugen vorgeschlagen sei. Die Trunkenheit eines Menschen bei einem speziellen Vorfall ist eine Thatsache, worüber allerdings Zeugen vorgeschlagen werden können, durch deren Abhörung sich dann die näheren Umstände ergeben werden, woraus sie die Trunkenheit folgern.

Antr. des GStA s: entg. [18.—4.]

Verleitung zum Meineide — Wissentlichkeit.

Zur Anwendung des § 130 des StGB.s genügt die Feststellung des dort vorgesehenen Thatbestandes; es bedarf nicht der ausdrücklichen Feststellung, daß die Verleitung die **wissentliche** eidliche Bekräftigung einer Unwahrheit bezweckt habe.

StGB. § 130 [vgl. dort n. 1].

Erk. (S. I.) v. 10. Dez. 1862 c. Kolschewsky u. Gen. (1098 I. Cr.).

Der § 130 des StGB.s erfordert nicht die besondere Feststellung, daß bei dem wissentlichen Verleitungsversuche zur eidlichen Bekräftigung „einer Unwahrheit" die in Versuchung geführte Person gewußt habe, sie solle eine Unwahrheit sagen, begreift diese Feststellung vielmehr als selbstverständlich in seinen Worten: „zur eidlichen Bekräftigung einer Unwahrheit zu verleiten versucht." Denn der § hat gerade das Verbrechen eines an der Wahrhaftigkeit und Eidestreue des zum Meineide zu Verleitenden gescheiterten Versuchs als ein selbstständiges zum Gegenstande, und derjenige, welcher bewogen wird, eine objektiv unwahre Thatsache eidlich zu bekräftigen, die er subjektiv für wahr hält, kann dadurch kein Meineidiger werden, an seiner Wahrhaftigkeit nichts einbüßen. Hiermit übereinstimmend sagt der Sprachgebrauch von ihm nicht, er sei in Versuchung geführt oder zu verleiten versucht worden, eine Unwahrheit zu beschwören, sondern er ist, wenn er nicht ohnedies die Unwahrheit für wahr ansah, höchstens in einen Irrthum geführt und zu überreden versucht worden, die vermeintliche Wahrheit im guten Glauben zu beeidigen. Der Schlußsatz der Motive, welche die Kommission der II. Kammer für den von ihr entworfenen § 130 StGB (§ 118 des Entw.s) angegeben hat, spricht nicht allein deutlich aus, daß beim Versuche der in Rede stehenden Verleitung der Vorsatz, den Andern zu bestimmen, wissentlich falsch zu schwören, ein nothwendiges Requisit sein solle, sondern daß auch die Fassung des § 130 so, wie geschehen, gerade deshalb gewählt sei, um damit dieses Requisit auszudrücken. Daß es aber dennoch nicht damit ausgedrückt worden, ließe sich nur geltend machen, wenn die gewählten Ausdrücke nach dem gemeinen Sprachgebrauche etwas Anderes bedeuteten, insbesondere jenes Requisit der Strafanwendung nicht zum Verständnisse brächten, während in der That — wie schon bemerkt — die Fassung des § ganz im Einklange mit dem Sprachgebrauche den Verleitungsversuch zum wissentlichen Meineide, nicht zur eidlichen Bekräftigung einer irrthümlichen Ueberzeugung trifft. Hiernach muß die Feststellung des Thatbestandes des fraglichen Verbrechens mit den Worten des § 130 selbst genügen, wenn nicht etwa die spezielle Sachlage während der Verhandlungen Veranlassung gegeben hat, Bedenken gegen die Erschöpfung des strafbaren Thatbestandes durch den Wortlaut des Gesetzes in diesem Falle anzuregen, die alsdann, sei es auf Antrag oder von Amtswegen, etwa durch die Wiederholung des Wortes „wissentlich" resp. „wider besseres Wissen" vor „eidlicher Bekräftigung" oder vor „Unwahrheit" in der Frage an die Geschworenen zu beseitigen sein würden.

Antr. des GStA.s: gleichl. [23. — 4.]

Preßerzeugniß. — Beschlagnahme. — Staatsgerichtshof.

Ist eine Druckschrift deshalb mit Beschlag belegt worden, weil ihr Inhalt den Thatbestand eines zur ausschließlichen Kompetenz des Kammergerichts gehörenden Verbrechens darstelle, so unterliegen auch die Beschwerden über Aufhebung der Beschlagnahme nur der Kognition des gedachten Gerichts.

Ges. v. 25. April 1853 §§ 1. 5; Preßges. v. 12. Mai 1851 § 29; Ges. v. 3. Mai 1852 Art 12 [dort einzutr. als n. 5a].

Erk. (Pl.) v. 10. Dez. 1862 (10. Pl.; 281. B. I. Cr.).

Eine Nummer der Zeitschrift N. war deshalb vorläufig mit Beschlag belegt worden, weil ihr Inhalt den Thatbestand des § 66 des StGB.s darstelle; das betr. KG. hob diese Beschlagnahme auf, der StA. erhob Beschwerde, welche an das vorgesetzte AG. zu M. gelangte. Dieses erklärte sich inkompetent, weil nach § 1 des Ges. vom 25. April 1853 nur das Kammergericht kompetent sei. Ein Gleiches that aber auch das Kammergericht, weil seine Thätigkeit nach § 5 l. c. erst dann beginne, wenn eine Funktion des Anklagesenats in Anspruch genommen werde. Zur Hebung des so entstandenen Kompetenzkonflikts hat das OTr. den Beschluß des Kammergerichts aufgehoben und die Sache an das letztere zurückverwiesen, indem es erwog:

daß die Kompetenz, über die Fortdauer oder Aufhebung der Beschlagnahme zu verfügen, nur denjenigen Gerichten zustehen kann, welche zur Untersuchung und Entscheidung der strafbaren Handlung, die zur Beschlagnahme Veranlassung gegeben, berufen sind;

daß bei dem Verbrechen des § 66 des StGBs das Verfahren, welches der definitiven Versetzung in den Anklagestand vorhergeht, nach § 5 des Ges. v. 25. Apr. 1853 bei demjenigen Gerichte stattfinden soll, welches, abgesehen von den Bestimmungen dieses Gesetzes, zuständig sein würde, daß dagegen die Befugnisse, welche dem Anklagesenat des App.-Gerichts zustehen, von dem Anklagesenat des Kammergerichts ausgeübt werden;

daß diese letztere Bestimmung sich jedoch nicht auf die Funktionen des Anklagesenates nach bereits eingeleiteter Voruntersuchung gegen eine bestimmte Person beschränkt, wie das Königliche Kammergericht in dem Beschlusse v. 2c. annimmt, sondern, da die Beschlagnahme des N. eine solche Untersuchung vorzubereiten geeignet ist, alle Beschwerden gegen die Kreisgerichte in Untersuchungen aber nach Art. 12 des Ges. v. 3. Mai 1852 dem Instanzenzuge der gegen Erkenntnisse in den betreffenden Sachen zulässigen Rechtsmittel folgen, die vorliegende Beschwerde unzweifelhaft zur Kompetenz des Anklagesenates des K. Kammergerichtes gehört.

Antr. des GStA.s: gleichl. [13. — 3.]

Falsches Zeugniß. — Unzulässigkeit des Eides.

Ein falsches Zeugniß wird dadurch nicht straflos, daß die erfolgte Vereidung unzulässig war.

StGB. §§ 126 [vgl dort n. 22]. 132.

Erk. (Z. I.) v. 12. Dez. 1862 c. Hoffmann (982. I. Cr.).

H. hatte als Zeuge in einer Injuriensache in Beziehung auf die Generalfragen eidlich versichert, daß er der Verklagten nicht feindlich gesinnt sei, und sie nicht mehrmals mißhandelt habe. Gleichwohl ward er später wegen einer solchen Mißhandlung bestraft, und demzufolge auch wegen fahrlässiger Bekräftigung eines falschen Zeugnisses aus § 132 verurtheilt. Seine NB. rügte Gesetzesverletzung, weil er in Betreff einer ihm zur Last gelegten Strafthat nicht habe vereidet werden dürfen. Zurückweisung. Gründe:

Hätte auch der Angeklagte sein Zeugniß verweigern dürfen, so war es an ihm, gemäß dem Schlußsatze des § 180 I. 10 der AGO. seine Weigerung auszusprechen, beziehungsweise seine Befreiung von der in § 179 das. bestimmten Pflicht zum Zeugnisse in Anspruch zu nehmen und das Weitere nach Maaßgabe des § 181 das. zu gewärtigen; keinesfalls konnte die Ueberschreitung des Fragerechts an den Zeugen von Seiten des damals instruirenden Zivilrichters (vgl. § 181 a. E.) jenen, den jetzigen Imploranten, berechtigen, eine unwahre Antwort dem Richter zu geben und mit dem Eide zu bekräftigen. Wie daher dem Verfahren in dem Injurien-Prozesse auf die formelle Gültigkeit des vorliegenden Strafverfahrens überhaupt kein Einfluß einzuräumen ist, so kann aus der angeblichen Unzulässigkeit des richterlichen Verlangens des Zeugnisses des Angeklagten über seine feindliche Gesinnung und Mißhandlungen gegen die Wittwe D. insbesondere auch keine Unzulässigkeit der Anklage wegen Meineides, der an die Geschworenen gestellten Fragen und der Anwendung des § 132 des StGB.s auf die bejahende Beantwortung der eventuellen Frage wegen fahrlässiger Beeidung der Unwahrheit, daß Angeklagter gegen die Wittwe D. einen feindlichen Sinn und sie mißhandelt habe, gefunden werden.

Antr. des GStA.s: gleichl. [23. — 2.]

Diebstahl. — Verstecken in den Räumen des Bestohlenen. — Wegnahme. — Einsteigen.

Es kann als ein schwerer Diebstahl angesehen werden, wenn Jemand fremde Sachen, welche er vorher in den Räumen des Eigenthümers rc. versteckt hatte, demnächst mittelst Einsteigens fortschafft.

StGB. § 215 [vgl. dort n. 54; RdOTr. 1. S. 418 (beil.); 3. S. 91].

Erk. (Z. I.) v. 12. Dez. 1862 c. Schönfeldt (1086. I. Cr.).

Nach der thatsächlichen Ermittelung des Sachverhältnisses Seitens der vorderen Richter wurde die Wegnahme des Weizens in gewinnsüchtiger Absicht durch die Fortschaffung desselben aus dem Schaafstalle mittelst Einsteigens bewirkt, und dieses Herausschaffen desselben aus den Gebäuden des rc. v. B. stellte die richtig als Diebstahl bezeichnete That in ihrer Vollendung dar, während das Füllen der Säcke mit Weizen und das Hinbringen der gefüllten Säcke aus der Scheune in den anstoßenden Schaafstall nur den Anfang der Ausführung des Diebstahls bildete. Dabei fiel die Frage, ob durch dieses Hinbringen des Weizens in den Schaafstall der Weizen der Gutsherrschaft weggenommen wurde, oder ob er dessenungeachtet in ihrer Gewahrsam blieb, in das Gebiet der thatsächlichen Erwägungen, und die Instanzrichter haben rechtlich nicht geirrt, indem sie annahmen, daß die Gewahrsam des Gutsherrn noch fortdauerte, als der Weizen sich in dem ihm gehörigen Schaafstall befand, ferner daß der Angeklagte und seine Komplizen den Weizen in ihre eigene Gewahrsam erst mit dem Momente brachten, wo sie ihn aus dem Schaafstalle fortschafften.

Antr. des GStA.s: gleichl. [14.—2.]

Nothzucht. — Versuch.

Der Versuch des im § 144 Nr. 1 des StGB.s vorgesehenen Verbrechens ist nicht nothwendig mit der vollendeten That identisch; es gehört zur thatsächlichen Beurtheilung, ob das eine oder das andere anzunehmen sei.

SGB. § 144 Nr. 1 [vgl. dort n. 8].

Erk. (Z. I.) v. 12. Dez. 1862 c. Niemetz (1107. I. Cr.).

N. war von den Geschwornen der im § 144 Nr. 1 cit. vorgesehenen That nicht schuldig, dagegen des Versuchs derselben schuldig befunden worden; seine NB. machte geltend, zwischen beiden Sprüchen walte ein Widerspruch ob, weil auch der Versuch der Nothzucht alle Begriffserfordernisse des Paragraphen voraussetze. Zurückweisung. Gründe:

Mag es auch zuzugeben sein, daß der Versuch des Verbrechens des § 144 Nr. 1 sowohl eine Gewaltanwendung, als auch das Vorhandensein unzüchtiger, auf Befriedigung des Geschlechtstriebes gerichteter, Handlungen voraussetzt, so folgt doch hieraus keineswegs, daß ein strafbarer Versuch dieses Verbrechens nicht denkbar wäre, weil er mit dem konsumirten Verbrechen identisch sei. Vielmehr ist es stets die Sache thatsächlicher Prüfung im konkreten Falle, ob die das Verbrechen bildenden Handlungen und Intentionen des Angeklagten sich noch im bloßen Stadium des Versuchs bewegten, oder schon den verbrecherischen Zweck erreicht, folglich das Verbrechen konsumirt haben. Ein Widerspruch in der Antwort der Geschworenen auf die erste, verneinte Frage wegen konsumirter Nothzucht, und der Antwort auf die zweite, bejahete, Frage wegen versuchter Nothzucht ist daher nicht ersichtlich, es lag mithin der im Art. 97 des Ges. v. 3. Mai 1852 vorgesehene Fall hier nicht vor, und es hat folglich auch eine Verletzung desselben nicht stattgefunden.

Antr. des GStA.s: gleichl. [44.—2.]

Protokoll. — Antrag auf Vermerknahme.

Der Angeklagte hat das Recht zu beantragen, daß in Beziehung auf die Beobachtung vorgeschriebener Förmlichkeiten ein geeigneter Vermerk im Sitzungsprotokolle gemacht werde.

Ges. v. 3. Mai 1852 Art. 78 [vgl. dort n. 27]. Sic beiläufig: Z. (V.) II. 13. Dez. 1860 c Hahn, 413; RdOTr. 1. S. 89.

Erk. (Z. I.) v. 12. Dez. 1862 c. Schweigler (1116. I. Cr.).

Die NB. des Angekl. rügte die Nichtbeobachtung einer gesetzlichen Förmlichkeit und erbot den Beweis der Unrichtigkeit der betr. Konstatirung im Sitzungsprotokolle. Zurückweisung aus folgenden Gründen:

Ein Beweis gegen den Inhalt des Protokolles durch Berufung auf Zeugen ist nach Art. 78 des Ges. v. 3. Mai 1852 unstatthaft. Denn aus dem Schlußsatze desselben:

„die Beobachtung der vorgeschriebenen Förmlichkeiten kann nicht anders als durch das Protokoll geführt werden,"

folgt, daß die Nichtbeachtung der in dem Protokoll bescheinigten Förmlichkeiten nur wiederum durch das Protokoll selbst, also durch eine Berichtigung desselben mittelst besonderer Vermerke, bewiesen werden kann. Dem Angeklagten oder seinem Vertheidiger liegt es daher ob, zu beantragen, entweder daß die angeblich versäumten Förmlichkeiten in der vorgeschriebenen Weise ausgeführt werden, oder daß registrirt werde, dieselben hätten in der That oder doch nach der Behauptung des Angeklagten nicht stattgefunden. Die Verhandlungen über einen solchen Vermerk sind die Mittel, um die Widersprüche zwischen der Registratur des das Protokoll führenden Beamten und den Behauptungen des Angeklagten, und dadurch den Beweis des wahren Sachverhältnisses sofort zum Austrag zu bringen.

Der Umstand, daß es einer Verlesung des Protokolls

und einer Vollziehung desselben durch den Angeklagten nicht bedarf, steht dem nicht entgegen, weil dadurch allein die Konkurrenz des Angeklagten nicht in allen Fällen ausgeschlossen wird. Denn sobald der Inhalt des Protokolles vollen Beweis gegen ihn begründet, folgt von selbst auch seine Befugniß, von diesem Inhalt Kenntniß zu nehmen, also schon während der Verhandlung die Verlesung betreffender Stellen und nöthigenfalls die Berichtigung derselben durch die oben gedachten Vermerke zu fordern.

Antr. des GStA.s: gleichl. [15.—2.]

Diebstahl. — Behältniß. — Kissen.

Ein Kissenüberzug (Inlett) ist nicht als ein Behältniß der darin enthaltenen Federn anzusehen.

StGB. § 223 Nr. 2 [dort einzutr. als n. 14a].

Beschl. (I.) v. 12. Dez. 1862 c. Steinchen (273. B. I. Cr.).

Die St. war angeklagt: im Innern eines Gebäudes Federn mittelst Auftrennung der Näthe eines Inletts (Kissenüberzugs) gestohlen zu haben. Die Ger.-Abth. erachtete hier den § 223 N. 2 des StGB.s für anwendbar und erklärte sich deshalb inkompetent; der Ankl.-Senat war andrer Ansicht und sprach die Wiedereröffnung der Untersuchung aus. Das OTr. hat zur Hebung des vorliegenden Kompetenz-Konflikts das Erk. der Abtheilung aufgehoben, und die Sache an das KG. zurückverwiesen, indem es erwog:

daß das Inlett nicht als ein Behältniß im Sinne des § 223 Nr. 2 des StGB.s anzusehen und mit den dort erwähnten Schränken und Kisten gleichzustellen ist, da sein Zweck nicht auf Aufbewahrung der Federn geht, dasselbe vielmehr mit den eingefüllten Federn ein Ganzes, eine zusammengesetzte Sache bildet, bei welcher die Wegnahme der Federn nur als die Wegnahme eines Theils derselben, nicht aber als die Wegnahme einer Sache aus dem Behältniß erscheint, in welchem sie aufbewahrt wird.

Antr. des GStA.s: gleichl. [13.—3.]

---

1. Fragstellung. — Nebenfrage. — Besondere Frage.
2. Fragstellung. — Besondere Frage. — Recht des Angeklagten.
3. Sitzungsprotokoll. — Aenderungen.
4. 5. Geschworne. — Aufklärung. — Vorsitzender. — Erläuterung des Gesetzes. — Richtigkeit.

1. Beantragt der Angeklagte Stellung einer Zusatzfrage, in welcher ein wesentliches Begriffsmerkmal des den Gegenstand des Anklagebeschlusses bildenden Verbrechens beseitigt wird, so daß nunmehr die That unter einen andern Verbrechensbegriff fallen würde, so wird nicht Art. 84, sondern Art. 86 des Ges. v. 3. Mai 1852 anwendbar. Es unterliegt daher dem Ermessen des Schwurgerichtshofs, ob er jenem Antrage statt geben will.

Ges. v. 3. Mai 1852 Art. 84 [vgl. dort n. 5. 6]; Art. 86 [vgl. dort n. 7].

2. Der Angeklagte hat kein Recht, auf Stellung einer besondern Frage nach Anleitung des Art. 86 des cit. Ges. anzutragen.

Ebendas. Art. 86 [vgl. dort n. 22]; Einf.-Ges. z. StGB. Art XXV [vgl. dort n. 4].

3. Um gültig und beweisend zu sein, muß das Sitzungsprotokoll im Einverständnisse des Vorsitzenden und Gerichtsschreibers niedergeschrieben und von beiden durch ihre Unterschrift beglaubigt sein.

Ebendas. Art. 78 [vgl. dort n. 49].

4. Der Inhalt der vom Vorsitzenden den Geschwornen nach Anleitung des Art. 94 a. a. O. ertheilten Aufklärungen kann nicht Gegenstand eines Angriffs in der Richtigkeits-Instanz sein.

Ebendas. Art. 94 [vgl. dort n. 12].

5. Darf der Vorsitzende in den den Geschwornen nach Anleitung des Art. 94 a. a. O. ertheilten

Aufklärungen, ihnen die bei der Beurtheilung der Thatfrage in Betracht kommenden gesetzlichen Vorschriften erläutern? (bejaht.)

Ebendas. Art. 94 [dort einzutr. als n. 13].

Erk. (Z. I.) v. 17. Dez. 1862 c. Kokot & Mlynarz (1094. I. Cr.).

Die NB. der wegen Mordes resp. Theilnahme an demselben verurtheilten Angeklagten rügte:

1) Beschränkung der Vertheidigung und Verletzung der Artt. 84. 85 des Ges. v. 3. Mai 1852, weil der Schw.-G.H. ihren Antrag auf Stellung einer besondern Frage wegen tödtlicher Körperverletzung (StGB. § 194) abgelehnt hatte;

2) Verletzung der Artt. 94. 95 l. c., weil der Vorsitzende im Berathungszimmer die Frage der Geschwornen: „ob ein Angeklagter, welcher für unzurechnungsfähig erklärt werde, noch bestraft werden könne," obgleich dieselbe sich nicht auf das von den Geschwornen zu beobachtende Verfahren bezog, beantwortet, und es durch ihre Verneinung herbeigeführt habe, daß die Mehrzahl der Geschwornen die in Betreff der Zurechnungsfähigkeit beider Angekll. gestellten Fragen schließlich bejaht hätten, während vorher die Mehrzahl für die Verneinung gewesen sei. Zum Nachweise des behaupteten Sachverhalts ward u. A. auf das Sitzungsprotokoll, wie es ursprünglich vom Gerichtsschreiber entworfen war, Bezug genommen, und geltend gemacht, die im vollzogenen Protokolle sich jetzt vorfindenden Aenderungen könnten eine Berücksichtigung nicht finden. — Das OTr. hat die NB. zurückgewiesen, indem es ausführte:

Zu Nr. 1. Das Gesetz sieht in dem ersten Absatze des Art. 84 den Fall vor, wenn die höhere oder geringere Strafbarkeit der dem Angeklagten zur Last gelegten That von dem Vorhandensein besonderer in den Strafgesetzen vorgesehener Thatumstände bedingt ist, und verfügt, daß in einem solchen Falle geeignetenfalls besondere Fragen gestellt werden sollen, und es dehnt in dem zweiten Absatze des gedachten Artikels diese Vorschrift auch auf den Fall aus, wenn das Gesetz die Anwendung einer geringeren Strafe von dem Vorhandensein mildernder Umstände überhaupt abhängig gemacht hat. Ein solcher Fall liegt nun aber hier nicht vor. Implorant K. war eines Mordes angeklagt, nämlich der vorsätzlichen, mit Ueberlegung begangenen

Tödtung eines Menschen, also eines Verbrechens, zu dessen Requisiten die Absicht zu tödten mit Nothwendigkeit erforderlich ist. Der Angeklagte K. dagegen beantragte die Stellung einer Frage wegen vorsätzlicher Mißhandlung des W., welche Mißhandlung den Tod des letztern zur Folge gehabt habe. Dieses letztere Verbrechen setzt die Absicht zu tödten nicht voraus, es schließt diese Absicht vielmehr völlig aus. Dieses letztere Verbrechen würde daher eine ganz andere That gewesen sein, als die, welche dem K. zur Last gelegt war, und sie verhält sich in keiner Hinsicht als ein strafmildernder Umstand zu derjenigen That, auf welche die Anklage lautete, folglich kann auch aus den Art. 84 und 85 a. a. O. eine Verpflichtung des Schw.-GH.s nicht hergeleitet werden, die vom Angeklagten verlangte Frage den Geschwornen vorzulegen.

Zwar wäre nach dem Art. 86 a. a. O. die Stellung der beantragten Frage an sich zulässig gewesen, da dieser Artikel verfügt, daß, wenn die Thatsachen, welche der Anklage zum Grunde liegen, oder die etwa hervorgetretenen näheren Umstände, von welchen dieselben begleitet waren, verbunden oder vereinzelt, von einem Gesichtspunkte aus als strafbar erscheinen, unter welchen sie die Anklage nicht gebracht hat, geeignetenfalls darauf bezügliche besondere Fragen vorgelegt werden sollen. Allein die Anwendung dieses Art. 86 ist, wie sein Inhalt besagt, lediglich in das gewissenhafte Ermessen des GH.s gestellt, so daß, wenn dieser nach Prüfung der Umstände des konkreten Falles sich nicht veranlaßt findet, eine besondere Frage den Geschwornen vorzulegen, die desfallsige Entscheidung, besonders wenn sie, wie hier, einen Rechtsirrthum des GH.s nicht erkennen läßt, nicht zum Gegenstande eines Angriffes im Wege der NB. gemacht werden kann, am wenigsten aber von Seiten des Angeklagten, weil es diesem an einem rechtlichen Interesse hierbei mangelt. Denn wenn die Anklage auf ein schwereres Verbrechen — wie hier auf Mord — gerichtet ist, so erscheint die Frage nach dem weniger strafbaren Verbrechen — hier einer bloßen Körperverletzung, die den Tod zur Folge gehabt hat — bedeutungslos, falls die zur Anklage gestellte That als erwiesen angenommen wird, wogegen im Falle der Verneinung der Hauptfrage der Angeklagte kein rechtliches Interesse dabei hat, zu verlangen, daß er nun auf die besondere Frage wegen des geringeren Verbrechens gestraft werde. Nur auf Seiten der StA.-schaft ist ein solches Interesse denkbar, weshalb auch nur auf ihren Antrag oder von Amtswegen die Subsidiarfrage wegen des geringeren Verbrechens gestellt werden kann. Wenn dagegen der Angeklagte oder dessen Vertheidiger bei dem Antrage auf Stellung einer Subsidiarfrage wegen eines geringeren Verbrechens den Zweck verfolgt, daß die Geschwornen aus Milde die ihnen vorgelegte Frage wegen der Hauptthat verneinen und ihn nur wegen des geringeren Verbrechens schuldig erklären sollen, um eine mildere Bestrafung des Angeklagten herbeizuführen, so gestattet das Gesetz ein solches Verfahren nicht nur nicht, sondern es reprobirt dasselbe durch die Vorschrift, daß die Geschwornen ihren Ausspruch ohne Rücksicht auf die gesetzlichen Folgen desselben fällen sollen (Art. 95 l. c.); bei jenem Zwecke der Vertheidigung kann daher ein rechtliches Interesse derselben nicht anerkannt werden.

Zu Nr. 2. Was zunächst den erhobenen Zweifel an der Beweiskraft des vorliegenden Audienzprotokolls betrifft, so beruht es auf einem Irrthum, wenn angenommen wird, daß die von dem Gerichtsschreiber während der Audienz niedergeschriebenen Notizen das eigentliche Audienzprotokoll darstellten. Nach Art. 78 l. c. ist das Audienzprotokoll von dem Vorsitzenden und von dem Gerichtsschreiber zu unterzeichnen; hieraus folgt von selbst, daß dasjenige, was der Gerichtsschreiber während der Audienz niederschreibt, so lange als bloßer Entwurf zu betrachten ist, bis durch die Unterschrift des Vorsitzenden dasselbe beglaubigt und hierdurch zum Audienzprotokoll gemacht worden ist, und ferner folgt daraus, daß der Vorsitzende seine zur Beglaudigung des Inhaltes dienende Unterschrift unter das Aktenstück erst dann setzen kann, wenn er den Inhalt geprüft und als wahrheitsgetreu befunden hat. Findet der Vorsitzende Abänderungen, Einschaltungen, eine deutlichere Redaktion und dergleichen für nothwendig, so liegt es in der Natur der Sache, daß er sich hierüber mit dem Gerichtsschreiber zu verständigen hat, und erst die nach dieser Verständigung dem Protokoll gegebene, und von dem Vorsitzenden und dem Gerichtsschreiber durch ihre Unterschrift beglaubigte Fassung bildet dann das, den Hergang im Termine konstatirende Audienzprotokoll, welches nach dem Schlußsatze des cit. Art. 78 das einzige zulässige Beweismittel über die stattgehabten Verhandlungen sein soll.

Der Inhalt des Audienzprotokolls hinsichtlich des hier fraglichen Vorganges, sowie die faktischen Anführungen der Imploranten, soweit sie dieselben abweichend vom Inhalte des Audienzprotokolls durch Vernehmung des v. B. erweisen wollen, sind jedoch überhaupt für die Frage, ob eine Verletzung des Art. 94 cit. stattgefunden habe, ohne Bedeutung. Der Art. 94 cit. gestattet nämlich den Geschwornen, wenn bei ihnen Zweifel über das zu beobachtende Verfahren, oder über den Sinn der an sie gestellten Fragen, oder endlich über die Fassung ihrer Antwort entstehen, sich von dem Vorsitzenden die geeignete Aufklärung hierüber zu erbitten. Diese Aufklärung soll ihnen von dem Vorsitzenden und zwar in Gegenwart der übrigen Mitglieder des Gerichtshofes ertheilt werden. Dies geschieht nicht in der öffentlichen Sitzung, sondern in dem Berathungszimmer der Geschwornen, es geschieht ohne Zuziehung der StA.-schaft, des Angeklagten und des Gerichtsschreibers, und es soll und kann daher dasjenige, was in dem Berathungszimmer zwischen den Geschwornen und dem Gerichtsvorsitzenden, resp. dem GH. verhandelt wird, nicht konstatirt werden, wenigstens nicht in der glaubwürdigen Weise, welche sonst für die Aufzeichnung der stattgehabten Verhandlungen vorgeschrieben ist. Hieraus ergiebt sich von selbst, daß der Gesetzgeber die einzige Garantie dafür, daß bei den Verhandlungen zwischen den Geschwornen in ihrem Berathungszimmer, und dem von den übrigen Mitgliedern des GH.s kontrollirten Vorsitzenden desselben weder die Interessen der StA.-schaft, noch die des Angeklagten beeinträchtigt werden, lediglich in der Gewissenhaftigkeit und Pflichttreue der Geschwornen einestheils und des GH s anderntheils gefunden, und daß er diese Garantie für die Sicherheit der beiderseitigen Interessen als ausreichend erkannt hat, und es folgt ferner hieraus von selbst, daß die Verhandlungen im Deliberationszimmer der Geschwornen, eben weil sie nicht legal konstatirt werden können und sollen, niemals zum Gegenstand eines Angriffs gegen das Verfahren in der Nichtigkeits-Instanz gemacht werden können und sollen.

Wollte man aber gleichwohl die ꝛc. als eine legale Konstatirung des Vorganges im Berathungszimmer der Geschwornen ansehen, so würde gleichwohl der Angriff der NB. unbegründet erscheinen.

Schon der Art. 79 a. a. O. macht es dem Vorsitzenden zur Pflicht, den Geschwornen, ehe sie zur Deliberation schreiten, die gesetzlichen Vorschriften, welche bei Beurtheilung der Thatfrage etwa in Betracht kommen, nöthigenfalls zu erläutern und überhaupt alle diejenigen Bemerkungen zu machen, welche ihm zur Herbeiführung eines sachgemäßen Ausspruchs der Geschwornen als geeignet erscheinen. Hierbei schon hätte die Belehrung der Geschwornen über die Bedeutung der Frage wegen der Zurechnungsfähigkeit der Angeklagten und über die Folgen der Beantwortung derselben, je nachdem sie affirmativ oder negativ ausfiele, erfolgen können. Aus der dem Vorsitzenden im Berathungszimmer von den Geschwornen vorgelegten Frage obigen Inhalts ging nun aber unzweifelhaft hervor, daß ihnen, oder wenigstens einigen von ihnen, der Sinn und die Bedeutung der ihnen wegen der Zurechnungsfähigkeit der Angeklagten vorgelegten Fragen unbekannt oder unklar war. Es lag daher gerade einer der im Art. 94 cit. bezeichneten

Fälle vor, in denen die Geschwornen eine Aufklärung fordern konnten und in denen ihnen also eine Belehrung zu Theil werden mußte. Von einer Verletzung der Vorschrift des Art. 95 das., wonach die Geschwornen ihren Ausspruch ohne Rücksicht auf die Folgen desselben zu fällen haben, kann daher hier keine Rede sein, denn es handelte sich bei den Geschwornen, wie bemerkt, darum, erst den Sinn der an sie gestellten Frage richtig zu fassen, ehe sie ihren Ausspruch abgaben.

Völlig gleichgültig ist es hierbei, ob, wie die NB. behauptet, nach erfolgter Belehrung die Abstimmung der Geschwornen über die Frage wegen der Zurechnungsfähigkeit eine zum Nachtheile der Angeklagten andere geworden ist, als sie vorher gewesen sein soll. Denn die so genannte frühere Abstimmung kann selbstredend nichts als eine vorläufige Meinungs-Aeußerung der Geschwornen über die betreffende Frage gewesen sein, an welche sie in keiner Weise gebunden waren, ehe sie die für erforderlich gehaltene Aufklärung von dem Vorsitzenden erhalten hatten, und die Angeklagten hatten auf jene frühere angebliche Abstimmung kein erworbenes Recht, da von einem solchen nur erst dann die Rede sein kann, wenn die Abstimmung durch die Abgabe der Antwort konstatirt und diese in vorschriftsmäßiger Weise in der Audienz verkündet worden ist.

Antr. des GStA.s: Zurückweisung der NB. [14.—4.]

Zeuge. — Vereidung. — Unfähigkeit. — Nichtigkeit.

Die Vereidung eines eidesunfähigen Zeugen hat die Nichtigkeit des Verfahrens nicht zur Folge, wenn die betr. Thatsache nicht zur Kenntniß des Gerichts gelangt war.

StGB. § 12 [vgl. dort n. 17; Strafverf. § 22 n. 18; § 55 n. 4].

Erk. (Z. I.) v. 17. Dez. 1862 c. Eichbaum (6. I. Cr. v. 1863.)

Implorant glaubt sich darüber beschweren zu können, daß die Zeugin D. beeidigt worden sei, obgleich dieselbe zur Zeit ihrer Vernehmung nicht im Besitz der bürgerlichen Ehrenrechte sich befunden habe. Allein das Audienzprotokoll ergiebt nicht, daß der Angekl. vor der Beeidigung der Zeugin diesen Einwand erhoben, oder daß die angebliche Thatsache auf sonstige Weise zur Kenntniß des Gerichts gekommen sei.

Antr. des GStA.s: gleichl. [14.—4.]

Verjährung. — Preßsache. — Unterbrechung.

1. Auch in Preßsachen wird die Verjährung nicht nur durch Anträge, sondern auch durch sonstige Handlungen der Staatsanwaltschaft unterbrochen, welche die Eröffnung ꝛc. der Untersuchung betreffen.

Preßges. v. 12 Mai 1851 § 49; StGB. § 48 [dort einzutr. als n. 5 a]. Sic: Z. II. 13. Okt. 1853 c. Weichsel, 367, G. A. 2. S. 109; Z. I. 22. Febr. 1854 c. Streckfuß, 164.

2. Die Erkundigungen, welche der Staatsanwalt bei einem andern Gerichte über die Lage einer ähnlichen Sache anstellt, sowie seine Requisitionen um Uebersendung anderer Akten sind geeignet die Verjährung zu unterbrechen.

StGB. § 48 [vgl dort n. 1].

Beschl. (I.) v. 17. Dez. 1862 c. Koserowsky (292. B. I. Cr.).

K. hatte in das von ihm redigirte Wochenblatt ein Inserat aufgenommen, durch welches mehrere Personen verleumdet sein sollten. Der StA. zu F. veranlaßte zunächst verschiedene Vernehmungen im Skrutinialverfahren, und trat dann mit dem StG. zu B. in Korrespondenz, um über die Lage einer dort gegen andere Personen wegen Veröffentlichung desselben Artikels in einem andern Blatte schwebenden Untersuchung Erkundigungen einzuziehen, und Einsicht der betr. Entscheidungen zu erlangen. Den demnächst erhobenen Antrag auf Eröffnung der Untersuchung lehnten die Instanzrichter ab, weil die Sache seit den letzten Skrutinialverhandlungen mehr als 6 Monate geruht habe, und die Korrespondenz des StA.s mit dem StG. zu B. nicht geeignet sei, die Verjährung zu unterbrechen, da das dem Beschuldigten zur Last gelegte Vergehen ein selbstständiges, mit der in B. schwebenden Untersuchung nicht zusammenhängendes sei. Auf die Beschw. des OStA.s ist der Beschl. des AG.s vom OTr. aufgehoben, und die Sache an das AG. zurückverwiesen worden aus folgenden Gründen:

Die K. StA.=schaft [zu F.] hat auch nach der am 24. Jan. 1862 erfolgten Vernehmung der ꝛc. L. S. mit dem hiesigen K. StG. wiederholt in dieser Angelegenheit korrespondirt, namentlich das gedachte Gericht am ꝛc. um Uebersendung der wider den ꝛc. S. und den ꝛc. H. verhandelten Untersuchungsakten resp. um Mittheilung von Lage der Sache ersucht. Hierin müssen aber allerdings Handlungen der K. StA.-schaft gefunden werden, welche die Eröffnung der Untersuchung wider den Angekl. K. betrafen und daher die Verjährung nach § 48 des StGB.s und § 49 des Preß=Ges. vom 12. Mai 1851 unterbrachen. Auf die Zweckmäßigkeit oder sich später herausstellende Erfolglosigkeit solcher Handlungen kommt es aber nicht an, da das Verfahren der K. StA.=schaft in dieser Beziehung der Kritik der Gerichte nicht unterliegt. Von Verjährung der wider den ꝛc. K. wegen Verleumdung erhobenen Anklage kann daher keine Rede sein.

Antr. des GStA.s: gleichl. [18. — 3.]

Urkunde. — Objektive Bedeutung. — Berücksichtigung der konkurrirenden Umstände.

Wenn auch an sich der Charakter einer Schrift als einer Urkunde objektiv beurtheilt werden muß, so kann doch, wenn die Bedeutung derselben zweifelhaft ist, die Urkundenqualität angenommen werden, wenn nach den beim Gebrauche konkurrirenden gehörig festgestellten Umständen derjenige, welchem gegenüber der Gebrauch stattfand, den Sinn dahin auffassen konnte, daß daraus eine Erheblichkeit für den Beweis folgte.

StGB. § 247 [vgl. dort n 73].

Erk. (Z. II.) v. 18. Dez. 1862 c. Flaswinkel (358. II. Cr.).

Der Angekl. hatte bei dem Kaufmann K. Waaren auf Kredit entnehmen wollen, war aber beschieden worden, daß die Verabfolgung nur erfolgen werde, wenn er einen Bürgschaftsschein des Ziegelbäckers Z.

beibringe. Er ist geständig, demnächst einen die Namensunterschrift: „Z." tragenden Schein, lautend:

„Ich bescheinige hiermit, daß Sie dem Flaswinkel die Waaren zu seinem Gebrauch auf vierzehntägige Bezahlung geben können" —

selbst verfertigt und von demselben bei K. zum Zwecke der Täuschung Gebrauch gemacht zu haben. Aus § 247. 250 verurtheilt, ergriff er die NB., weil, wie das OTr. in einem ähnlichen Falle durch E. II. vom 7. Febr. 1856 c. Schmidt (Oppenhoff StGB. § 247 n. 74) anerkannt habe, der gebrauchte Schein keine Urkunde sei. Zurückweisung aus folgenden Gründen:

Der Schw.-GH. betrachtet das fragliche Skriptum nicht um deswillen als eine Urkunde, weil es einen Auftrag von Seiten des Z. enthalten solle, statt seiner dem Angeklagten Waaren zu geben, oder dieses, auf seine, des Z. Gefahr, gegen Kredit zu thun; er findet vielmehr die Urkundenqualität des Skriptums darin, daß dasselbe als ein Bürgschaftsschein des Z. in Betreff der von dem Angekl. (bei K.) zu borgenden Waaren anzusehen sei. Nun ist ein Schein, welcher eine Bürgschaft enthält, unzweifelhaft eine Urkunde, und es kann sich daher nur fragen, ob das fragliche Skriptum rechtlich als ein Bürgschaftsschein in der angenommenen Weise betrachtet werden konnte. Der Schw.-GH. hat seine Annahme über den Charakter des Schriftstücks darauf gegründet, daß, wenn auch der wörtliche Inhalt des Scheins an und für sich zum Beweise von Verträgen und Verpflichtungen oder überhaupt von Rechtsverhältnissen zu Recht als Urkunde nicht bestehen könne, derselbe dennoch unter den vorhergegangenen Umständen, wie sie nach dem Zugeständniß des Angekl. selbst vorgefallen, als Bürgschaftsschein, wofür der Angekl. ihn ausgegeben, zu erachten, indem K. denselben unter den obwaltenden Umständen nur für das habe halten können, wofür er ausgegeben worden sei, so daß also der Schein im speziellen Falle als eine Urkunde im Sinne des § 247 anzusehen sei. Wäre diese Motivirung dahin zu verstehen, daß es bei Beurtheilung der Urkundenqualität einer Schrift darauf, ob sie objektiv für den Beweis von Rechtsverhältnissen rc. erheblich sei, nicht ankomme, es vielmehr genüge, wenn sie bloß in der Meinung des Getäuschten von Erheblichkeit gewesen sei, so würde dies ein Rechtsirrthum sein, da die bloße Meinung des Getäuschten die objektiv fehlende Erheblichkeit nicht ersetzen kann. Allein der wörtliche Inhalt einer Schrift kann füglich erst durch die Deutung, welche ihr beizulegen ist, ihre Erheblichkeit empfangen, und diese Deutung kann allerdings wiederum durch die Umstände bedingt werden, unter welchen das Skriptum gegeben und angenommen wurde. Sollte darnach die Schrift zum Beweise eines bestimmten Rechtsverhältnisses dienen, und konnte derjenige, dem sie zu diesem Zwecke gegeben wurde, ihren wörtlichen, wenn auch nicht ganz unzweifelhaften Inhalt nur in einem diesem Rechtsverhältniß entsprechenden und dann erheblichen Sinn auffassen, so erleidet es keinen Zweifel, daß auch jene Umstände zum Nachweis der Erheblichkeit des Skriptums benutzt werden können. In diesem Sinne aufgefaßt, würde daher auch das angegriffene Urtheil nicht mit Unrecht das inkriminirte Schriftstück nach den vorwaltenden Umständen für eine Urkunde erachtet haben, und es steht auch nichts entgegen, die Urtheilsgründe gerade in diesem Sinne zu verstehen. Objektiv betrachtet, konnte jenes Schriftstück als ein Bürgschaftsschein des Z. in Betreff der von dem Fl. zu borgenden Waaren gehalten werden, wenn es seinem Zusammenhange nach dahin auszulegen ist, daß die Waaren des Fl. auf Gefahr des Ausstellers Z. auf 14tägige Bezahlung gegeben, geborgt werden können (§ 213. I. 14. ALR.).

Unzweifelhaft ist dieser Sinn allerdings nicht. Der Zweifel kann aber auch durch die Umstände, unter welchen der Schein gegeben und angenommen wurde, gehoben werden. Darnach wollte K. dem Fl. die Waaren nur auf Borg geben, wenn er einen Bürgschein des Z., seines Arbeitsgebers beibringe. Angekl. brachte darauf auch das gefälschte Schriftstück unter dem Vorgeben, daß es der verlangte Bürgschaftsschein des Z. sei, und so wurde es angenommen. Nach der beiderseits ausgesprochenen Willensmeinung sollte also das Skriptum ein Bürgschaftsschein des Z. sein, und es war ihm daher nur die Deutung zu unterlegen, welche der Uebernahme einer Bürgschaft entspricht. In dieser Unterstellung war denn aber auch dasselbe eine Urkunde im gesetzlichen Sinne, und da der Schw.-GH. jene Umstände durch das Geständniß des Angekl. für festgestellt erachtet hat, so konnte er solches unter Berücksichtigung derselben für das ansehen, wofür es ausgegeben worden ist, nämlich als ein Bürgschaftsschein des Z. für die von Fl. zu borgenden Waaren, mithin als eine Schrift, die, ihre Echtheit unterstellt, für den Beweis dieses Rechtsverhältnisses von Erheblichkeit sein würde.

Die Probe dafür ist, daß der Z. bei unterstellter Echtheit des Scheins, sich einer auf Grund dieses Scheins von K. gegen ihn angestellten Klage auf Zahlung der von Fl. auf Borg ausgenommenen Waaren nicht mit der Behauptung entziehen könnte, daß der Schein Mangels der Worte „auf meine Gefahr" eine Bürgschaft nicht beurkunde, sobald andererseits dargethan würde, daß durch seinen Inhalt die Uebernahme einer wirklichen Bürgschaft habe dokumentirt werden sollen.

Antr. des GStA.s: gleichl. [27. — 1.]

Geschwornenliste. — Ergänzungsgeschworne. — Zustellung.

Es hat keine Nichtigkeit zur Folge, wenn das dem Angeklagten zugestellte Verzeichniß der Geschwornen außer den auf der Dienstliste stehenden auch noch die Namen solcher Ergänzungsgeschwornen umfaßt, welche nach Art. 61 Abs. 4 des Ges. v. 3. Mai 1852 zurücktreten mußten, wenn bei der Bildung des Schwurgerichts nur wirklich berechtigte Geschwornen konkurrirten und der Angeklagte bei der Verhandlung jenen Formverstoß nicht gerügt hat.

Vdn. v. 3. Jan. 1849 § 82 [vgl. dort n. 14]; Ges. v. 3 Mai 1852 Art. 58. 61 Abs. 4. Sic: Z II. 18 Dez. 1862 c. Kruthoff, 9.

Erk. (Z. II.) v. 18. Dez. 1862 c. Lösgen (S. II. Cr. v. 1863).

In Erw., daß die gerügte Zustellung einer Geschwornenliste mit mehr als 30 Namen zwar der ausdrücklichen Vorschrift der Art. 58 und 61 Abs. 4 des Ges. v. 3. Mai 1852 zuwiderläuft, indem insbesondere nach dem letztern beim Wiedereintritt so vieler der auf der Dienstliste befindlichen Geschwornen, daß mehr als 30 Geschwornen anwesend sind, von den früher gezogenen Ergänzungsgeschwornen so viele zurücktreten sollen, daß überhaupt nur die Zahl von 30 Geschwornen übrig bleibt;

daß auch eine solche Zustellung die Wirksamkeit des dem Angekl. zustehenden Rekusationsrechts möglicherweise zu beeinträchtigen geeignet ist;

daß indessen in der vorliegenden Sache bei Bildung der Dienstliste und Wahl des Schwurgerichts v. 23 Okt. c. nicht die in der zugestellten Liste benannten 42 Geschwornen, sondern nur 30 nach Maaßgabe der Reihenfolge wirklich berechtigte Geschwornen konkurrirt haben, indem die der Reihenfolge nach später ausgeloosten Ergänzungs-Geschwornen für die zu verhandelnde Sache ausgeschieden wurden;

daß auch der Angekl. bei der mündlichen Verhandlung weder im Allgemeinen der Bildung des Schw.-G.s widersprochen, noch auch eine Beeinträchtigung seines Rekusationsrechts durch die eingetretene Abänderung der Geschwornenliste behauptet, bezüglich Aussetzung der Verhandlung beantragt, vielmehr das Rekusationsrecht wirklich ausgeübt hat, mithin eine Verletzung wesentlicher Vorschriften des Verfahrens im Sinne des Art. 107 l. c. nicht vorliegt, da bei der gerichtlichen Verhandlung nur wirklich berechtigte Geschwornen Theil genommen haben.

Antr. des GStA.s: gleichl. [22. – 1.]

Stempelkontravention. — Beschneidung des Papiers.

Stempelpflichtige Verhandlungen können nur auf unangeschnittene unbeschriebene Bogen geschrieben werden. Dagegen genügt der Umstand, daß von dem Stempelpapier, auf welchem eine Verhandlung sich findet, ein Stück abgeschnitten ist, nicht, um darin eine Stempel-Kontravention zu finden.

Stemp.-Ges. v. 7. März 1822 § 12. Sic: Z. I. eod. c. Wendland, 1089; Z. I. eod. c. Biber, 1091.

Erk. (Z. I.) v. 19. Dez. 1862 c. Dutkiewicz & Telz (1085. I. Cr.).

Zwar geht der App.-Richter darin zu weit, wenn er annimmt, daß nur das Nachbringen des tarifmäßigen Stempels in ganzen unangeschnittenen Bogen erfolgen müsse. Denn obwohl das Stemp.-Ges. im § 12 allein in Beziehung auf das nachgebrachte Stempelpapier ausdrücklich anordnet: daß es nur in ganzen unangeschnittenen Bogen kassirt und umgeschlagen werden darf, so versteht es sich doch von selbst, daß auch in den gewöhnlichen Fällen, worin die stempelpflichtige Verhandlung auf das erforderliche Stempelpapier selbst geschrieben werden soll, das Stempelpapier in der Form gemeint ist, wie es von den Stempel-Distributionen verkauft wird, also in ganzen unangeschnittenen, noch unbeschriebenen Bogen.

Daraus folgt aber noch nicht, daß es jedesmal eine Stempel-Kontravention involvirt, wenn eine stempelpflichtige Verhandlung zwar auf dem tarifmäßigen Stempel geschrieben, von dem Papier aber ein Stück abgeschnitten ist, da solches ja später aus einem für das Stempelinteresse ganz gleichgültigen Grunde geschehen sein kann, während allerdings beispielsweise eine Stempel-Kontravention dann unbedingt vorliegt, sobald feststeht, daß auf dem abgeschnittenen Theil des Papiers bereits eine stempelpflichtige Verhandlung gestanden hat. Daß eine Stempel-Kontravention präsumirt, also unter allen Umständen ohne Weiteres wenigstens bis zum Nachweis des Gegentheils durch den Beschuldigten angenommen werden soll, wenn etwas von dem Stempelbogen, auf welchem die Verhandlung geschrieben ist, abgeschnitten worden, sagt das Gesetz nicht, und hätte, falls vom Gesetzgeber wirklich eine solche Strenge beabsichtigt wäre, wenigstens ausdrücklich ausgesprochen werden müssen.

Im vorliegenden Fall steht aber weiter nichts fest, als daß von dem tarifmäßigen Stempelbogen, auf welchem der in Rede stehende Wechsel geschrieben ist, unten ein Stück fehlt. Hierin allein kann eine Stempel-Kontravention desjenigen, der an dem Umlauf des Wechsels als Girant oder Aussteller Theil genommen hat, noch nicht gefunden werden.

Antr. des GStA.s: gleichl. [18.—2.]

Mahl- und Schlachtsteuer. — Niederlage.

Die unversteuerte Niederlegung mahl- oder schlachtsteuerpflichtiger Gegenstände im halbmeiligen äußern Steuerbezirke durch eine Person, welche selbst den Verkauf solcher Gegenstände gewerbsmäßig betreibt, begründet die Defraudationsstrafe, ohne Unterschied, wo der Betreffende wohnt, und ob er den Verkauf jener Gegenstände im gedachten Bezirke beabsichtigt, oder bewirkt hat.

Ges. v. 2 April 1852 § 1b Nr. 2.

Erk. (Z. I.) v. 19. Dez. 1862 c. Braune (1101. I. Cr.).

„Der vorige Richter nimmt mit Recht an, daß es zur Anwendung des § 1b No. 2 des Ges. v. 2. April 1852 genügt, wenn Jemand innerhalb des halbmeiligen äußern Steuerbezirkes Gegenstände der in Rede stehenden Art, deren Verkauf er selbst gewerbsmäßig betreibt, unversteuert niederlegt, ohne daß es hierbei auf seinen Wohnort, oder darauf ankommt, ob er die Absicht hatte, die niedergelegten Gegenstände auch gerade im halbmeiligen Steuerbezirke gewerbsmäßig zu verkaufen, oder ob gar dieser Verkauf bereits stattgefunden hat.

Der App.-Richter führt vollkommen zutreffend aus, daß der gewerbsmäßige Verkauf oder das Feilhalten der in Rede stehenden Gegenstände im halbmeiligen äußern Steuerbezirke, wenn sie nicht versteuert sind, im § 1 b Nr. 1 l. c. mit der Defraudationsstrafe bedroht ist, daß dagegen nach § 1 b Nr. 2 die Defraudationsstrafe schon dann verwirkt ist, wenn dergleichen Gegenstände unversteuert im halbmeiligen Steuerbezirke bloß niedergelegt werden, vorausgesetzt, daß sie entweder zum gewerbsmäßigen Verkauf für Rechnung eines Andern bestimmt sind, oder aber — wie im vorliegenden Fall festgestellt ist — daß der Niederleger selbst den Verkauf solcher Gegenstände irgendwo gewerbsmäßig betreibt. Daß in letzterem Falle der Gewerbetreibende auch die Absicht hatte, gerade diese niedergelegten Gegenstände, sei es im halbmeiligen äußeren, oder im inneren Steuerbezirke der Stadt, oder sonst irgendwo, gewerbsmäßig zu verkaufen, braucht zur Anwendung des § 1 b Nr. 2 cit. nicht festgestellt zu werden. Das Gesetz präsumirt diese Absicht gewissermaaßen, und will eben dadurch, daß es solchen Personen, die den Verkauf steuerpflichtiger Gegenstände gewerbsmäßig betreiben, das Niederlegen unversteuerter Gegenstände derselben Art im halbmeiligen äußern Steuerbezirk einer Stadt verbietet, Defraudationen entgegentreten, welchen, wenn den Gewerbetreibenden solche unversteuerte Niederlagen in der Nähe einer steuerpflichtigen Stadt erlaubt wären, kaum wirksam würde entgegen getreten werden können.

Antr. des GStA.s: gleichl. [18. — 2.]

---

1. Fragstellung. — Rechtsbegriff. — Auflösung.
2. Sprüche der Geschwornen. — Widerspruch. — Lösung.

1. **Die Zurückweisung eines Antrags, welcher die Auflösung eines Rechtsbegriffs in der den Geschwornen gestellten Frage bezweckt, muß durch Angabe von Gründen gerechtfertigt werden, wenn der betr. Begriff im Strafgesetze selbst durch eine Definition erläutert worden ist.**

Ges. v. 3. Mai 1852 Art. 82 [dort einzutr. als n. 10 a].
Vgl. Art. 81 n. 19 a.

2. Ist die Schuld des angeblichen Thäters auf die ihn selbst betreffende Frage an die Geschwornen verneint, in der den Theilnehmer betreffenden Frage aber bejaht worden, so liegt ein Widerspruch zwischen beiden vor, welcher durch Zurücksendung der Geschwornen behoben werden muß.

Ebendas. Art. 97 [vgl. dort n. 33. Contra: B. II. 11. Sept. 1862 c. Walldorf, 271; RdOTr. 2. S. 560].

Erk. (B. I.) v. 7. Jan. 1863 c. Büchner & Klauß
(769 I. Cr. v. 1862).

Die B. war u. A. eines schweren Diebstahls angeklagt; ihr Vertheidiger beantragte, in der betr. Frage an die Geschwornen den Ausdruck: „falscher Schlüssel" aufzulösen; das lehnte der Schw.-GH. ohne Angabe von Gründen ab; die Geschwornen bejahten die Frage. Dagegen verneinten sie eine fernere Frage, welche einen Meineid einer Mitangekl. Gl. zum Gegenstande hatte, bejahten aber gleichwohl in Betreff des Mitangekl. K. die Frage, ob er die Gl. zur Ausschwörung des Meineides verleitet habe. Der GH verurtheilte ihn aus § 34 und 130 des StGB.s. Auf die NB. der B. und des K. erfolgte Vernichtung. Die Gründe lauten:

1. Der Schw.-GH. hat den Antrag des Vertheidigers ohne Anführung von Gründen abgelehnt, und dadurch allerdings den Art. 87 des Ges. v. 3. Mai 1852 verletzt, indem sich nicht erkennen läßt, ob diese Ablehnung auf faktischen, oder ob sie auf etwa nicht zutreffenden Rechtsgründen beruht. Denn wenn es auch im Allgemeinen richtig sein mag, daß die Auflösung eines Rechtsbegriffs dem thatsächlichen Ermessen des Schw.-GH.s anheimfällt, und es danach in Frage kommen kann, ob bei Strafe der Nichtigkeit ein, die Auflösung verweigernder Beschluß stets der Darlegung der Gründe bedürfe, so muß letzteres doch in den Fällen für unerläßlich erachtet werden, wo das Gesetz den in dem betreffenden § gebrauchten Ausdruck selbst für so wenig allgemein bekannt erachtet, daß es eine legale Definition desselben giebt. Danach mußte im vorliegenden Falle das Schwurgericht sich darüber aussprechen, weshalb

es sich veranlaßt fand, auf den gedachten Antrag des Vertheidigers nicht einzugehen.

2. Es mangelt dem gegen K. ergangenen Erk. eine Basis, welche die Anwendung der allegirten §§ 34 und 130 des StGB.s rechtfertigt. Denn abgesehen davon, daß in der Frage 3 das Mittel, durch welches die Verleitung erfolgt sein soll, fehlt, — § 34 Nr. 1 l. c. — so haben die Geschwornen ad 2 die verehelichte Gl. nicht schuldig erklärt, und es involvirt einen direkten Widerspruch, daß sie dessenungeachtet annahmen, der K. habe sie zu dem dort erwähnten Verbrechen verleitet und ihr dazu Anleitung gegeben. Bei diesem offenbaren Widerspruche konnte der Schw.-GH. nicht zu der Annahme gelangen, der K. sei durch die Geschwornen schuldig erklärt, die Gl. zur Begehung der versuchten wissentlichen Verleitung zum Meineide verleitet und derselben dazu Anleitung gegeben zu haben, sondern er war verpflichtet, in Gemäßheit des Art. 97 des cit. Ges. die Geschwornen zur Behebung des gedachten Widerspruchs in das Berathungszimmer zurück zu senden, da so, wie die Antworten lauten, nicht ersichtlich ist, was die Geschwornen haben bejahen, und was sie haben verneinen wollen.

Antr. des GStA.s: gleichl. [44. — 4.]

---

1. Fragstellung. — Rechtsbegriff. — Auflösung.
2. Urkundenfälschung (intellektuelle). — Thäter. — Theilnehmer.

1. Der Auflösung eines Rechtsbegriffs in der Fragstellung an die Geschwornen bedarf es nicht, wenn nicht von einer Seite ausdrücklich darauf angetragen worden ist.

Ges. v. 3. Mai 1852 Art. 82 [vgl. dort n. 5; RdOTr. 1. S. 485].

2. Wird eine intellektuelle Urkundenfälschung durch Vorschiebung einer falschen Person bewirkt, so ist diese als der Thäter, und ein Dritter, welcher in dem fungirenden Beamten den betreffenden

Irrthum erregt hat, als Theilnehmer zu betrachten.

StGB. § 252 [dort einzutr. als n. 21 a].

Erk. (Z. I.) v. 7. Jan. 1863 c. Köhler & Stürzenbecher (1072. I. Cr. v. 1862).

Die gegen K. und St. erhobene Anklage ging u. A. dahin, daß der erstere den letzteren zur Ausstellung einer Cession unter einem fremden Namen veranlaßt, ihn zu diesem Behufe zu einem Notar geführt, und diesem als Lederhändler G. vorgestellt, sowie daß demgemäß St. unter dem gedachten falschen Namen die Cession einer Forderung des G. erklärt habe. Der Anklagebeschluß fand hierin das Verbrechen des § 252 des StGB.s und sah dabei den St. als Thäter, den K. als Theilnehmer an. In der Verhandlung vor dem Schw.-GH. beantragte der StA. die Fragen dahin zu stellen, ob bei der fr. Fälschung K. Thäter und St. Theilnehmer sei; der Schw.-GH. lehnte diesen Antrag ab, und beließ es bei der durch den Anklagebeschluß an die Hand gegebenen Frage, welche die Geschwornen unter Beseitigung der gewinnsüchtigen Absicht bejahten. Der GH. bestrafte demgemäß aus § 255 des StGB.s, und verhängte außerdem gegen K. die Strafe der Wechselfälschung, deren Thatbestand nach den Worten des § 247 festgestellt worden war. Die NB. des letzteren rügte es, daß in der den zuletzt erwähnten Fall betreffenden Frage: die „Absicht sich Gewinn zu verschaffen," nicht in Gemäßheit des Art. 82 des Ges. v. 3. Mai 1852 aufgelöst worden sei. Der StA. hatte dagegen eine NB. darauf gestützt, daß die Frage in Betreff des ersteren Falles nicht seinem Antrage gemäß gestellt worden sei, während nach dem vorgetragenen Sachverhalte K. es gewesen, welcher die Täuschung des Notars bewirkt habe, weshalb auch nur dieser als Thäter der verübten intellektuellen Urkundenfälschung angesehen werden könne, während St. nur Theilnehmer gewesen sei. Das OTr. hat beide Beschwerden zurückgewiesen aus folgenden Gründen:

I. Beschwerde des K.

Die Differenz in den rechtlichen Auffassungen der beiden nur über die Anklage erkennenden Behörden genügt in dieser Hinsicht nicht, vielmehr ist dafür der Inhalt der Hauptverhandlung vorzugsweise maaßgebend, weil hier Momente zur Sprache gekommen sein können, welche, auch wenn sie thatsächlich streitig, also Gegenstand der Beweisaufnahme gewesen, doch wenigstens rechtlich für den Fall ihres Be-

weises, keinen Zweifel, also auch keinen Streit über das Dasein eines Gewinnes übrig gelassen haben können. Der Inhalt der vorliegenden Hauptverhandlung ergiebt darüber aber Nichts; der Angeklagte hat nur bestritten, daß er aus seinem Verfahren einen Vortheil gehabt und nur berücksichtigt habe, der Wittwe R. zu ihrem Gelde zu verhelfen, er hat aber selbst nicht einmal beantragt, die Auflösung der Frage im Sinne des Art. 82 zu bewirken, und nur ein solcher Antrag, in Verbindung mit den Verhandlungen darüber, würde bewiesen haben, daß und in welchem Maaße der in Rede stehende Begriff wirklich streitig gewesen sei.

Ist hiernach die Beschwerde über die unterbliebene Auflösung, weil es dafür an der genügenden thatsächlichen Grundlage fehlt, unbegründet, so kann auch auf eine Erörterung, wie sie die Beschwerde anregt, darüber nicht eingegangen werden, ob nach dem Ergebniß der Voruntersuchung und nach dem Inhalt der Anklage selbst der Begriff des Gewinnes in diesem Falle anzunehmen oder zu verneinen sei. Nachdem die Geschwornen denselben bejaht haben, ist eine solche Erörterung jetzt unstatthaft, und die Voraussetzungen, unter denen ein solches Verdikt von denselben nicht gefordert werden dürfte, sind nach der obigen Ausführung durch die Verhandlungen nicht dargethan. —

II. Beschwerde des Staats-Anwalts.

Das Gesetz hat in den §§ 252 und 255 des StGB.s der Regel nach wohl denjenigen vor Augen, welcher vor der Behörde Erklärungen abgiebt, die für Rechtsverhältnisse von Erheblichkeit sind. Erfordert es das Gesetz, daß diese Erklärungen zu ihrer Beglaubigung in öffentliche Urkunden, Büchern oder Registern als von dem Erklärenden abgegeben eingetragen werden, so wird hauptsächlich er derjenige sein, welcher bewirkt hat, daß dies geschehen ist. So liegt insbesondere der vorliegende Fall. Die Fälschung selbst besteht hier also nur in der Täuschung der Behörde oder des Beamten über die Person des Erklärenden, also darin, daß der Erklärende sich für einen Anderen ausgiebt, und daß ihm in dieser Hinsicht geglaubt wurde. Nun ist es richtig, daß nach den bestehenden Vorschriften dann, wenn der Erklärende dem Beamten unbekannt war, die Rekognition desselben durch dritte Personen erfolgen muß, daß also die Täuschung nur durch die Hülfe dieser Personen gelingen kann. Dadurch werden aber in solchen Fällen diese nicht die Thäter des Verbrechens, diejenigen, welche die Beurkundung bewirkt haben, sie sind vielmehr im eigentlichen Sinne nur die Gehülfen des Thäters, nämlich des Erklärenden. Dies wird schon dadurch klar, daß, wenn etwa die rekognoscirenden dritten Personen selbst getäuscht wären, also über die Identität des Erklärenden gleichfalls geirrt hätten, es überhaupt an einem Thäter des objektiv dennoch vorhandenen Verbrechens fehlen würde. Mag daher auch die Rekognition als eine noch so nothwendige Handlung erscheinen, ohne welche das Verbrechen in dem Falle, wenn der Erklärende unbekannt ist, gar nicht vollendet werden würde, so ist doch der Charakter der Hülfsleistung nach § 34 Nr. 2 des StGB.s hiervon nicht abhängig, vielmehr auch dann vorhanden, wenn sie in jenem Sinne eine nothwendige war. Giebt es Fälle, in denen das Verbrechen auch ohne solche Hülfsleistung verübt werden kann, — und sie sind vorhanden, namentlich wenn der Erklärende dem Beamten bekannt ist, — so folgt von selbst, daß ihr Thatbestand an sich in anderen Fällen nicht von jenem Hülfsmittel der Rekognition abhängig sein kann.

Antr. des GStA.s: gleichl. [15. — 4.]

Urkunde. — Beweiserheblichkeit. — Rechtsverhältnisse, wessen?

Die Qualität einer Urkunde im Sinne des § 247 des StGB.s ist nicht dadurch bedingt, daß dieselbe sich auf die Rechtsverhältnisse des Angeklagten oder des zu Täuschenden beziehe.

StGB. § 247 [vgl. dort n. 78. 73. 3].

Erk. (Z. I.) v. 7. Jan. 1863 c. Magnus (18. I. Cr.).

Die Ausführung der NB.: es genüge nicht, daß das gefälschte Schriftstück irgend wie zum Beweise von Rechten dienen könne, um die Urkundenqualität zu konstatiren, sondern der § 247 StGB.s erfordere eine spezielle Bezugnahme auf die Rechtsverhältnisse des Beschuldigten, resp. des zu Täuschenden, ist nicht richtig, indem eine solche Einschränkung in dem gedachten § sich nirgends vorfindet.

Antr. des GStA.s: gleichl. [23. — 4.]

Vertheidiger. — Zuordnung. — Mehrheit der Angeklagten.

Mehreren vor dasselbe Gericht gestellten Angeklagten kann in Ermangelung eines widerstreitenden Interesses ein gemeinschaftlicher Vertheidiger bestellt werden.

Cr.-Ordn. § 467. Vgl. Strafverf. Art. 21 n. 4.

Erk. (Z. I.) v. 7. Jan. 1863 c. Frohwerk u. Gen. (63. I. Cr.).

Die Bestellung eines gemeinschaftlichen Vertheidigers ist durch die hierin noch gültige Cr.-O. § 467 in Ermangelung widerstreitender Interessen ausdrücklich gestattet. Ein solcher Widerstreit ist in vorliegender Sache nicht ersichtlich gemacht und von keinem der 4 Angeklagten ein darauf gestützter Antrag vorgebracht worden.

Antr. des GStA.s: gleichl. [17. — 4.]

Schamhaftigkeit (Verletzung). — Oeffentlichkeit. — Eisenbahn-Coupé.

Der Instanzrichter kann ein in einem Eisenbahnwagen gegebenes Aergerniß selbst dann für ein öffentliches erachten, wenn jener Wagen im Fahren begriffen und in demselben außer dem Angeklagten nur noch eine von der Handlung des ersteren betroffene Person anwesend war.

StGB. § 150 (vgl. dort n. 7. 10. 9; RbOTr. 2. S. 510).

Erk. (Z. II.) v. 8. Jan. 1863 c. Windel (332. II. Cr. v. 1862).

Der Eisenbahnschaffner W. hatte in einem im Fahren begriffenen Eisenbahnwagen gegen ein sich mit ihm allein befindendes Frauenzimmer eine die Schamhaftigkeit verletzende Handlung verübt, war aber in erster Instanz von der aus § 150 des StGB.s erhobenen Anklage freigesprochen worden, weil unter den angegebenen Umständen das Aergerniß kein öffentliches gewesen sei; auf die Appellation des StA.s verurtheilte das AG.; die, Gesetzesverletzung rügende, NB. ward zurückgewiesen und dabei erwogen:

daß ein unter den regulativmäßigen Bedingungen dem Publikum (cuivis ex populo) zur Benutzung freistehendes Coupee eines auf einer Fahrt befindlichen Eisenbahnwagens auch für den Fall, wo sich zur Zeit der, die Schamhaftigkeit verletzenden Handlung außer dem Handelnden nur noch eine Person in demselben befand, ohne Rechtsirrthum als ein öffentlicher Ort angesehen werden kann, und daß, wenn eine solche Handlung an einem öffentlichen Orte begangen worden, dadurch ein öffentliches Aergerniß auch dann gegeben ist, wenn die zugleich einen Angriff auf die Schamhaftigkeit einer andern Person enthaltende und hierdurch derselben Aergerniß gebende Handlung auch nur von dieser Person wahrgenommen werden konnte und wahrgenommen wurde. Vgl. Beschl. v. 7. Sept. 1860 c. Köppen (G. A. 8. S. 832); Erk. v. 3. Juli 1862 (RdOTr. 2. S. 510).

Antr. des GStA.s: gleichl. [26.—1.]

Ergänzungsgeschworne. — Rücktritt. — Neue Zuziehung.

Die Ergänzungsgeschwornen, welche wegen des Wiedererscheinens der Hauptgeschwornen zurücktreten, scheiden für alle folgenden Sachen gänzlich aus. Eine spätere Zuziehung derselben hat Nichtigkeit zur Folge.

Ges. v. 3. Mai 1852 Art. 61 [vgl. dort n. 9]. Sic: V. II. 8. Jan. 1863 c. Schlutz, 12.

Erk. (V. II.) v. 8. Jan. 1863 c. Reif (20. II. Cr.).

In einer Schwurgerichtssitzung waren, weil mehrere Geschworne beim Ausgange der Sache ein Interesse hatten, zur Vervollständigung der Zahl 30, 14 Ergänzungsgeschworne gezogen worden. Bei der folgenden Sache traten (am 21. Okt.) 10 der Hauptgeschwornen wieder ein, gleichwohl wurde keiner der Ergänzungsgeschwornen entlassen, vielmehr die sämmtlichen 40 Geschwornen, trotz des entgegenstehenden Antrags des StA.s, beibehalten. Später schieden abermals mehrere Geschworne aus. Als sodann in der Untersuchungssache gegen N. das Schwurgericht gebildet wurde, konkurrirten die sämmtlichen Ergänzungsgeschwornen, insbesondere auch diejenigen 10, welche nach Art. 61 Abs. 4 cit. hätten ausscheiden sollen, und 4 derselben haben an der Entscheidung Theil genommen. Auf die NB. des StA.s ist das betr. Erk. vernichtet worden. Die Gründe lauten:

Es kann nach Maaßgabe der gesetzlichen Bestimmungen nicht zweifelhaft sein, daß die 10 Personen, welche nach dem 21. Okt. als Ergänzungs-Geschworne weiter fungirt haben, von dem bezeichneten Zeitpunkte an jene Qualität nicht mehr besessen haben. Schon aus allgemeinen Gründen der Gesetzgebungspolitik und der Prozeßökonomie, insbesondere kraft des allgemeinen staatlichen Interesses, die mit dem Geschwornenamte ohnehin verbundenen Opfer der einzelnen Staatsbürger nicht über das durch die Bedürfnisse der Rechtspflege gebotene Maaß hinauszudehnen, und um die Wirksamkeit des dem Angeklagten und der StA.-schaft nothwendig zustehenden Rekusationsrechts sicher zu stellen, mußte das Gesetz, nach dem Vorgang aller übrigen, das Geschwornen-Institut adoptirenden Gesetzgebungen, die Zahl der zur Bildung des Schwurgerichts zu berufenden Personen mittelst eines bestimmten Maximal- und Minimalsatzes feststellen. — Der § 68 der Vdn. v. 3. Jan. 1849 hatte jenen Maximalsatz auf 36 fixirt, diese Zahl ist jedoch schon durch Art. 58 des Ges. v. 3. Mai 1852 mit Rücksicht auf die vorbezeichneten allgemeinen Interessen auf 30 herabgesetzt worden, woraus denn schon folgt, daß über jene Zahl effektiver Geschwornen hinaus das Gesetz eine Geschwornen-Qualität nicht anerkennt. — Nach § 73 der cit. Vdn. und Art. 61 des cit. Ges. ist es nun aber nicht erforderlich, daß jene Maximalzahl von 36 resp. 30 Geschwornen jederzeit vorhanden sei, dieselbe kann vielmehr auf die Zahl von 30 resp. 24 herabsinken, ohne daß es darum der Berufung von Ergänzungs-Geschwornen bedarf. — Ist dagegen einmal durch definitives Ausscheiden oder temporäre Verhinderung die Gesammtzahl unter jenen Minimalsatz herabgesunken, so muß zur Ziehung von Ergänzungs-Geschwornen geschritten werden, und zwar nicht bloß bis zur Herstellung jener Minimalzahl, sondern bis zur Komplettirung der Geschwornen-Liste auf die Höhe der gesetzlichen Vollzahl. — Das Gesetz selber hat hierbei die Möglichkeit vorgesehen, daß im Falle des zeitweisen Ausscheidens von Geschwornen späterhin wieder so viele der auf der ursprünglichen Dienstliste befindlichen Geschwornen erscheinen, daß mehr als 30 Geschwornen anwesend sind, und für diesen Fall die ausdrückliche Bestimmung getroffen, daß von den Ergänzungs-Geschwornen, und zwar in umgekehrter Reihenfolge, in welcher sie gezogen sind, so viele zurücktreten, daß überhaupt die Zahl von 30 Geschwornen übrig bleibt. — Daß hiermit nicht bloß ein einstweiliges, sondern ein definitives Zurücktreten, ein Ausscheiden aus dem Kreise der effektiven Geschwornen statuirt werde, ergiebt eben die Wortfassung des Schlußsatzes, wonach nur 30 Geschworne übrig bleiben dürfen, allen Uebrigen mithin jene Qualität abgesprochen wird. Eben dasselbe ergiebt sich aber aus der Bestimmung des Abs. 2 l. c. Derselbe bestimmt nämlich zur Beseitigung der aus § 73 der cit. Vdn. hervorgegangenen Zweifel, ob die bei Nichtanwesenheit der Minimalzahl zu ziehenden Ergänzungs-Geschwornen nur für die unmittelbar anstehende Sache als Geschworne zu betrachten seien, daß dieselben für alle noch zu erledigenden Sachen gezogen sind. Aus diesem Satze folgt denn aber auch weiter, daß die Ergänzungs-Geschwornen, welche nach Abs. 4 einmal wegen eingetretener Ueberschreitung der gesetzlichen Maximalzahl zurücktreten müssen, damit auch für alle noch zu erledigenden Sachen ebenwohl von Rechtswegen zurücktreten, weil es eben keine Ergänzungs-Geschwornen ad hoc giebt, die Geschwornen-Qualität vielmehr schlechthin besteht, oder nicht besteht. Daß dies die wirkliche Bedeutung der bezogenen Gesetzesstellen sei, ist auch in dem JMR. v. 19. Mai 1853 ausgesprochen und in der Gerichtspraxis des Bezirks des Rheinischen App.-GH.s, aus welcher der Art. 61 l. c. seinem wesentlichen Inhalte nach herübergenommen worden ist, niemals zweifelhaft gewesen.

Wenn hiernach an der Schwurgerichts-Verhandlung v. ꝛc. Personen als Geschworne mitgewirkt haben, welchen die gesetzliche Qualität von Geschwornen nicht beiwohnte, so stellt dies eine Verletzung wesentlicher Vorschriften des Verfahrens dar, welche nach § 6 der cit. Vdn. von der StA.-schaft gerügt werden kann, und die Vernichtung des schwurgerichtlichen Verfahrens herbeiführt.

Antr. des GStA s: gleichl. [23.—1.]

---

1. Rekurs. — Polizeirichter. — Zurückweisung.
2. Rekurs. — Zurückweisung. — Beschwerde.

1. Dem Polizei-Richter steht es nicht zu, einen eingelegten Rekurs als unzulässig, z. B. wegen Verabsäumung der Frist zurückzuweisen.

Vdn. v. 3 Jan. 1849 § 167 [vgl. dort n. 5].

2. Die Verfügung, durch welche das App.-Gericht einen eingelegten Rekurs zurückweist, kann vom Angeklagten nicht durch Beschwerde angefochten werden.

Vdn. v. 3. Jan. 1849 § 169 [vgl. dort n. 3. Sic: Beschl. II. 15. Jan. 1863 c. Köpp, 69. B.].

Beschl. (II.) v. 8. Jan. 1863 c. Grothe u. Gen.
(75. B. II. Cr. v. 1862.).

Wenn auch, nach §§ 167—169 der Vdn. v. 3. Jan. 1849 in Verbindung mit §§ 24 und 38 des Ges. v. 2 Juni 1852, der Polizeirichter sich nicht, wie es in der Verfügung v. ꝛc. geschehen ist, auf eine Prüfung der Zuläßigkeit des gegen das Erkenntniß v. ꝛc. eingelegten Rekurses, wenn auch nur in Bezug auf die Innehaltung der Einlegungsfrist, hätte einlassen, vielmehr sofort die Akten dem Polizeianwalte zur Absendung an das App.-G. hätte zustellen (Instr. v. 24. Nov. 1852 § 39, JMBl. 1853 S. 17) und dem letztern jene Prüfung überlassen sollen, — so hat sich doch demnächst der Kriminalsenat des K. App.-G.s auf die bei ihm angebrachte Beschwerde dieser Prüfung unterzogen. Er hat befunden, daß der Rekurs zu spät eingelegt war, deshalb die angebrachte Beschwerde für unbegründet erklärt, und dadurch den eingewandten Rekurs als unzulässig zurückgewiesen und gegen diese zurückweisende Verfügung findet nach § 169 der cit. Vdn. ein weiteres Rechtsmittel der Beschwerde nicht Statt.

Antr. des GStA.s: gleichl. [26. — 3.]

Diebstahl. — Gewinnsucht.

Bei einer Anklage wegen Diebstahls bedarf es der Feststellung der gewinnsüchtigen Absicht, sobald diese vom Angeklagten bestritten wird.

StGB. § 215 [vgl. dort n. 67].

Erk. (S. I.) v. 9. Jan. 1863 c. Pascal (1131. I. Cr. v. 1862).

P. war wegen Diebstahls einer Quantität filtrirten Wassers verurtheilt worden; seine NB. rügte es, daß die Instanzrichter das Vorhandensein der von ihm bestrittenen gewinnsüchtigen Absicht nicht festgestellt hätten. Vernichtung aus folgenden Gründen:

Durch die im § 215 des StGB.s gegebene Definition des Diebstahls hat der gemeinrechtliche Thatbestand des Diebstahls nicht geändert werden sollen, und die im § 215 als wesentliches Merkmal des Diebstahls bezeichnete Absicht rechtswidriger Zueignung begreift zugleich die gewinnsüchtige Absicht (Absicht rechtswidriger Gewinnung) in sich. — Cf. Beseler S. 408—410; Goltd. Matt. II. S. 464. 465. — Wenn gleich daher in der Regel die Feststellung der Absicht rechtswidriger Zueignung zur Anwendung der §§ 215. 216 des StGB.s ausreicht, so muß doch, da die Absicht rechtswidriger Zueignung von weiterer Bedeutung und ohne Gewinnsucht möglich ist, in solchen Fällen, in denen die

Abwesenheit der Gewinnsucht seitens eines Angeklagten behauptet wird, auf die Frage über letztere eingegangen, und von den Instanzrichtern festgestellt worden, ob sie vorhanden sei oder nicht. — Cf. Oppenhoff StGB. 2. Ausg. § 215 Note 58. 59.

Antr. des GStA.s: gleichl. [47. — 2.]

Frist. — Rechtsmittel. — Verhafteter. — Verlängerung.

Dem Angeklagten, welcher beim Anfange der für die Nichtigkeitsbeschwerde bewilligten Präklusivfrist verhaftet ist, aber so zeitig aus der Haft entlassen wird, daß er selbst noch für die Beobachtung der Frist Sorge tragen kann, kommt eine vom Erst-Instanz-Gerichte bewilligte Fristverlängerung nicht zu Statten.

Ges. v. 3. Mai 1852 Art. 110 [vgl Strafverf. S. 457 n. 37].

Beschl. (I.) v. 9. Jan. 1863 c. Klose (286. B. I. Cr. v. 1862).

Dem verhafteten K. war das Erk. zweiter Instanz am 29. Okt. behändigt worden; er meldete rechtzeitig die NB. an und bat um Verlängerung der Rechtfertigungsfrist, welche ihm das KG. am 5. Nov. in dem Augenblicke, wo er der Haft entlassen wurde, bewilligte. Seine Rechtfertigung ging am 11. Nov. ein. Das KG. wies die NB. zurück und das OTr. verwarf die erhobene Beschwerde, weil die betr. Schrift nicht legalisirt war, und erwog zusätzlich:

daß die gesetzliche zehntägige Frist zur Angabe der Beschwerdepunkte vom Tage der Zustellung des angefochtenen Erkenntnisses an N., dem 29. Okt., lief, daher am 11. Nov. bereits ihr Ende erreichte, und die K.-G.-Deputation nicht befugt war, dieselbe zu dem Protokoll vom 5. Novbr., an welchem Sie aus der Haft entlassen und somit in die Lage gesetzt worden sind, für die Beobachtung der gesetzlichen Vorschriften selbst zu sorgen, zu verlängern.

Antr. des GStA.s: entg. [18. — 4.]

Leiche. — Bei-Seite-Schaffen. — Bleiben am Ort.

Unter „Bei-Seite-Schaffen" einer Leiche im § 186 des StGB.s ist eine Handlung zu verstehen, welche geeignet ist, der zuständigen Behörde die Besichtigung unmöglich zu machen oder doch wesentlich zu erschweren. Es ist daher weder erforderlich, daß der Angeklagte die Leiche weiter von sich entfernt, noch daß er beabsichtigt habe, dieselbe für immer an dem Orte, wo sie hingebracht worden, zu belassen.

StGB. § 186 [vgl. dort n. 9].

Beschl. (I.) v. 9. Jan. 1863 c. Schlagowska (28. B. I. Cr.).

In Erw., daß die Ansicht des K. Kr.=G.s zu C.: es sei ein Beiseiteschaffen des Kindesleichnams im Sinne des § 186 des StGB.s deshalb nicht vorhanden, weil die Beschuldigte denselben bei sich versteckt habe, indem das Beiseiteschaffen ein Entfernen der Leiche voraussetze, irrig ist, da unter dem gedachten Ausdrucke solche Handlungen zu verstehen sind, welche geeignet erscheinen, der zuständigen Behörde die Besichtigung der Leiche unmöglich zu machen, oder doch wesentlich zu erschweren, diese Requisite aber sehr wohl in dem Verstecken der Kindesleiche auf dem Laubsacke unter dem Unterbette mit Rücksicht auf die in der Anklage hervorgehobenen Umstände gefunden werden konnten, ohne daß es unbedingt nöthig war, daß die Beschuldigte den Leichnam weiter von sich entfernte;

daß auch dem Beschlusse des K. App.=G.s ein Rechtsirrthum zum Grunde liegt, da derselbe von der nicht quadrirenden Voraussetzung ausgeht, es könne die Niederlegung eines Leichnams an einem Orte, wo der Leichnam nicht bleiben solle und nicht bleiben dürfe, niemals unter das allegirte Strafgesetz fallen; eine solche Beschränkung des § 186 l. c. vielmehr rechtlich verfehlt ist, indem das Beiseiteschaffen der Leiche keinesweges bedingt, daß letztere für immer an der betreffenden Stelle zu belassen ist, und dort nach der Intention des Handelnden belassen werden soll.

Antr. des GStA.s: gleichl. [44.—3.]

Steuerdefraude. — Civilhaftbarkeit. — Tagelöhner. — Auflegen von Aufsätzen.

1. Der Branntweinbrenner haftet auch für die von einem Tagelöhner in seinem Dienste verübten Defrauden.

Ges. v. 21. Sept. 1860 § 2. Vgl. RbOTr. 1. S. 533.

2. Das nicht angesagte Auflegen eines Aufsatzholzes auf einen in steigender Gährung befindlichen Bottich stellt eine Steuer-Kontravention dar. AKO. v. 10 Jan. 1824.

Erk. (Z. I.) v. 14. Jan. 1862 c. Winter & Rosenberger (7. I. Cr.).

R. hat eingeräumt, daß der Angeklagte W. wenigstens vorübergehend in seiner Brennerei als Arbeiter gegen Tagelohn von ihm beschäftigt gewesen ist, was zur Anwendung des § 2 des Ges. v. 21. Sept. 1860 genügt. Ob der ꝛc. W. dauernd in der Brennerei des Imploranten beschäftigt worden, ist unerheblich, und eben so wenig kommt es darauf an, daß er nach der Behauptung des Imploranten nicht in seinem Gesindedienst gestanden, und nur ein gewöhnlicher Handarbeiter gewesen sein soll. Auch ein nur vorübergehend bei der Branntwein-Produktion gegen Tagelohn beschäftigter Arbeiter ist im Sinne des § 2 l. c. als Gewerbegehülfe des Eigenthümers der Brennerei anzusehen, weil es nicht die Absicht des Gesetzes gewesen sein kann, den Letzteren von der Haftung für einen solchen zu entbinden, da andernfalls allen möglichen Kontraventionen und Defraudationen dadurch Vorschub geleistet werden würde, daß man sich dazu solcher Tagelöhner bediente.

Mit Recht ist aber auch der Hauptangeklagte W. in die Kontraventions- und Defraudationsstrafe verurtheilt, da die thatsächliche Schlußfeststellung der vorigen Richter dahin geht: daß der ꝛc. W. — in der Brennerei des ꝛc. R. in einem dem Steuerbeamten nicht angesagten Gefäß Maische zubereitet hat, und zwar in der Absicht der Steuerverkürzung.

Auch hier erhellt kein Rechtsirrthum des vorigen Richters, da eine jede deklarationswidrige Zubereitung von Maische und namentlich das Auflegen von Auffsatzhölzern auf den Bottich, worin sich die Maische in steigender Gährung befindet, wenn dies Verfahren der Steuerbehörde nicht angesagt ist, die in § 5 der AKO. v. 10. Jan. 1824 angedrohten Strafen zur Folge hat, wie solches bereits wiederholt vom OTr. und namentlich in dem Erk. v. 21. April 1858 c. Lachmann (394, G.Arch. 6. S. 413) ausgesprochen ist.

Antr. des GStA.s: gleichl. [18. — 4.]

Stempel. — Kaufgeschäft. — Korrespondenz.

Die Korrespondenz, durch welche ein Kaufgeschäft zu Stande gekommen und perfekt geworden, ist nicht stempelpflichtig.

ALR. I. 5 § 142; AKO. v. 19. Juni 1834.

Erk. (Z. I.) v. 14. Jan. 1863 c. Claassen (12. I. Cr.).

Schon in dem Reskr. des Fin.-Ministers v. 19. Dez. 1843 (Schmidt Komm. z. Stemp.-Ges. 2. Ausg. S. 282) ist bemerkt, wie bei Besteuerung der sogenannten Schlußzettel nicht übersehen werden dürfe, daß die schriftliche Korrespondenz unter Abwesenden nach § 142. I. 5 ALR. nur die Stelle des schriftlichen Vertrags vertritt, nicht aber selbst ein schriftlicher Vertrag sei, welcher letztere allein nach den Bestimmungen des Stempelgesetzes seinem Inhalt nach der Versteuerung unterliege. Sobald also nicht nachgewiesen sei, daß die Korrespondenz simulirt und wirklich ein schriftlicher Kontrakt abgeschlossen worden, könne von einer Stempelkontravention keine Rede sein. In der That kann auch eine Korrespondenz, durch welche ein Kaufgeschäft zu Stande gekommen und perfekt geworden ist, für stempelpflichtig nicht erachtet werden. Das Stempelgesetz bestimmt nirgend, daß eine Korrespondenz unter gewissen Umständen stempelpflichtig sei. Zwar vertritt nach § 142 cit. zwischen Abwesenden die geführte Korrespondenz die Stelle des schriftlichen Vertrages insofern, als die Bedingungen und die wechselseitige

Einwilligung der Kontrahenten daraus zu entnehmen sind, und es soll nach § 143 l. c., wenn zu dem Geschäft, worüber der Vertrag geschlossen worden, die Ausfertigung eines förmlichen Instruments erforderlich ist, der Briefwechsel die Stelle der Punktation vertreten, so daß aus einer solchen Korrespondenz auf Erfüllung geklagt werden kann; die AKO. v. 19. Juni 1834 bestimmt aber, daß Punktationen, welche die Kraft eines Vertrages haben und demnach eine Klage auf Erfüllung begründen, dem gesetzlichen Vertragsstempel unterworfen sind. In der gedachten AKO. ist jedoch ein Schriftstück vorausgesetzt, welches selbstständig, also nicht erst in Verbindung mit einem anderen Schriftstück die gegenseitige Einwilligung der Kontrahenten in alle wesentlichen Bedingungen des Geschäfts ersichtlich macht, und welches von beiden Theilen unterschrieben ist, also den in § 120. I. 5 ALR. vorgeschriebenen Erfordernissen einer Punktation entspricht, der das Gesetz gleiche Gültigkeit mit einem förmlichen Kontrakt beilegt, so daß nach § 121 l. c. auf Erfüllung derselben geklagt werden kann. Nur eine solche Punktation ist stempelpflichtig, aber nicht ein Briefwechsel, welcher erst, nachdem die von den Parteien einseitig abgegebenen und nur je von einer Partei unterschriebenen Erklärungen mit einander in Verbindung gebracht werden, die Stelle des Vertrages resp. der Punktation vertritt und die Klagbarkeit begründet.

Auch die Eintragung in die Handlungsbücher vertritt unter Kaufleuten bei kaufmännischen Geschäften die Stelle des schriftlichen Vertrages und begründet die Klagbarkeit (vgl. § 597. II. 8 ALR., Präj. d. OTr.s Nr. 800 v. 25. Jan. 1840, Entsch. 5. S. 389); dennoch erklärt weder das Stempelgesetz selbst die Eintragung in die Handlungsbücher für stempelpflichtig, noch ist ihre Stempelpflichtigkeit jemals aus allgemeinen gesetzlichen Bestimmungen von den Steuerbehörden gefolgert und behauptet worden.

Antr. des GStA.s: gleichl. [18.—4.]

1. Preßerzeugniß. — Beschlagnahme. — Vernichtung.
2. Schrift. — Inhalt. — Formvorschriften.
3. Redakteur (Verleger). — Uebertretung. — Dolus.

1. Die Vernichtung eines Preßerzeugnisses kann nur wegen der Strafbarkeit des Inhalts, nicht wegen Verabsäumung der formellen Vorschriften des Preßgesetzes ausgesprochen werden.

Preßges. v. 12. Mai 1851 §§ 50. 29. 39. 40

2. In den §§ 29 und 50 des Preßges. bildet das Wort: „Inhalt" nur den Gegensatz gegen die äußere Form, auf welche sich die §§ 7. 24 beziehen. Demgemäß ist der „Inhalt" strafbar, wenn es an der zur Veröffentlichung erforderlichen polizeilichen Erlaubniß fehlt, sollte auch die Nothwendigkeit dieser Erlaubniß auf einer Polizei-Verordnung beruhen.

Ebendas §§ 29. 50. 7. 24.

3. Ist die Statthaftigkeit einer Veröffentlichung von der Einholung einer polizeilichen Erlaubniß abhängig gemacht, und eine Zuwiderhandlung mit einer Uebertretungsstrafe bedroht worden, so trifft diese Strafe auch den Verleger oder Redakteur der betr. Druckschrift, ohne daß es dazu des Nachweises bedürfte, daß sie von der Aufnahme des betr. Artikels in ihr Blatt oder von dem Mangel der Erlaubniß Kenntniß hatten.

Ebendas. § 34.

Beschl. (I.) v. 14. Jan. 1863 c. Ahrens u. Gen. (S. B. I. Cr.).

Eine Regierungsverordnung hatte die Statthaftigkeit aller Kollekten mit Ausnahme der in Privatzirkeln veranstalteten von der Einholung einer polizeilichen Erlaubniß abhängig gemacht und Zuwiderhandlungen mit Strafe bedroht. A. u. Gen. erließen ohne eine solche Erlaubniß in der H.'schen Zeitung einen Aufruf zur Einzahlung von Beiträgen für den Nationalfond. Das betr. Blatt ward mit Beschlag belegt und vom Pol.-Anw. gegen die gedachten Personen wegen Zuwiderhandlung wider die cit. Verordnung und gegen den Redakteur und den Verleger der Zeitung wegen Theilnahme an dieser Uebertretung Ankl. erhoben. Gegen A. u. Gen. erfolgte die Eröffnung der Untersuchung, nicht aber auch gegen den Redakteur ꝛc.; zugleich erfolgte die Aufhebung der Beschlagnahme. In Betreff der letzteren führte der Beschl. des AG.s aus: nicht der Inhalt des Inserats sei strafbar, sondern es sei nur in der vorgeschriebenen Form gefehlt, da es an der erforderlichen polizeilichen Erlaubniß fehle; wegen Verabsäumung von Förmlichkeiten gestatte aber das Preßgesetz (§ 29) die Beschlagnahme und folgerecht auch die Vernichtung (§ 50) nur dann, wenn die Druckschrift den §§ 7 und 24 nicht entspreche. Die Eröffnung der Untersuchung gegen Redakteur und Verleger ward deshalb abgelehnt, weil eine Theilnahme derselben an der Uebertretung des A. und Gen. nur dann vorliegen würde, wenn sie um die Aufnahme des Artikels in ihr Blatt, resp. um die nicht erfolgte Einholung der Erlaubniß von Seiten der Einsender gewußt hätten; für diese Kenntniß fehle es aber an jedem Beweise. Auf die Beschw. des OStA.s hat das OTr. den betr. Beschluß aufgehoben und sowohl die Fortdauer der Beschlagnahme als die Eröffnung der Untersuchung gegen Redakteur und Verleger beschlossen aus folgenden Gründen:

Zuvörderst ist es unrichtig, daß die vorläufige Beschlagnahme einer Druckschrift überall nur dann erfolgen dürfe, wenn demnächst auch auf gänzliche oder theilweise Vernichtung derselben zu erkennen sein würde. Die §§ 29 und 50 des Preßges. stehen vielmehr ihrer Fassung, wie ihrem Grunde nach einer solchen Auffassung geradehin entgegen. Der § 29 gestattet die Beschlagnahme, wenn a) die Druckschrift ihrer äußeren Form nach den Vorschriften der §§ 7 und 24 nicht entspricht, d. h. wenn sie nicht mit Namen und Wohnort des Druckers, beziehungsweise auch mit Namen und Wohnort des Verlegers und des verantwortlichen Redakteurs versehen ist, b) wenn sich ihr Inhalt als Thatbestand einer strafbaren Handlung darstellt. Nur in dem zweiten dieser beiden Fälle, nicht aber auch im ersten muß nach deutlicher Bestimmung des § 50 der vorläufigen Beschlagnahme demnächst auch die Vernichtung folgen. Der Grund dieser Unterscheidung ist klar. Die Vorschrift, daß auf jeder Druckschrift Name und Wohnort des Druckers, und auf jeder Zeitung oder Zeitschrift außerdem Name und Wohnort des Verlegers und des verantwortlichen Redakteurs stehen müsse, dient nur zu polizeilichen Zwecken, um die neu erscheinenden Preßerzeugnisse zu überwachen, und die Personen kennen zu lernen, an die man sich nöthigenfalls wegen ihres Inhalts halten könne.

Die Nichtbeobachtung dieser Vorschrift wird nach den §§ 36. (Nr. 1) 39. 40 an den Schuldigen ausdrücklich nur durch Geldbußen, nicht aber auch durch Vernichtung der betreffenden Druckschrift geahndet. Es dient daher hier die Beschlagnahme, wie in andern Fällen, lediglich zur Sicherung des Beweises. Ist dieser geführt und demnächst erkannt, so bedarf es augenscheinlich der Vernichtung der Beweisstücke nicht, vielmehr können die in Beschlag genommenen Exemplare demnächst ohne Gefahr wieder freigegeben werden. Deshalb ist mit gutem Grunde im § 50 die Vernichtung nicht in beiden Fällen, für welche die Beschlagnahme zugelassen ist, sondern nur in dem einen, und zwar in dem oben zu b. gedachten, wo von dem Inhalte des Preßerzeugnisses die Rede ist, vorgeschrieben. In diesem Falle beruhen Beschlagnahme und Vernichtung auf der Erwägung, daß Preßerzeugnisse gesetzwidrigen Inhalts, wo möglich, der Kenntniß des Publikums ganz und gar entzogen werden müssen, daher denn auch die Vernichtung einer Druckschrift solchen Inhalts noch erkannt werden kann, wenn der Angeschuldigte freigesprochen ist, oder es an einer verantwortlichen Person überhaupt fehlt.

Unter dieser Voraussetzung ist aber das, was das Gesetz von dem „Inhalt" der Druckschrift sagt, nicht auf den materiellen Inhalt, d. h. auf die in der Druckschrift ausgesprochenen Gedanken und Worte zu beschränken, sondern es bezeichnet der Inhalt nur den Gegensatz zur äußern Form, auf welche sich die §§ 7. 24 beziehen. Da nun die Polizei-Verordnung v. rc. jede öffentliche Aufforderung zu Beisteuern irgend welcher Art von der Einholung einer polizeilichen Erlaubniß abhängig macht und die Unterlassung der letzteren mit Strafe bedroht, diese Bestimmung aber auf die äußere Form der Druckschrift, in der eine solche Aufforderung erlassen werden möchte, keinen Bezug hat, so kann man nur sagen, daß eine solche trotzdem erlassene Aufforderung sich ihrem Inhalte nach als eine unerlaubte Handlung darstellt, und das mit um so größerem Rechte, als augenscheinlich schon nach dem gewöhnlichen Sprachgebrauche eine Aufforderung, die nicht ohne Erlaubniß erlassen werden darf, wenn sie dennoch ohne solche erlassen worden ist, ihrem Inhalte nach als eine unerlaubte bezeichnet werden muß. Indem sie aber unerlaubt ist, wird sie zugleich strafbar, weil hier die unerlaubte Handlung ausdrücklich mit Strafe bedroht ist. Daß diese Strafandrohung nur von der Polizeibehörde ausgegangen ist und daß es sich deshalb weder um ein Verbrechen, noch um ein Vergehen, sondern lediglich um eine Uebertretung handelt, ändert in der Sache nichts, weil die §§ 29. 50 des Preßgesetzes übereinstimmend von „strafbaren Handlungen" überhaupt sprechen und unter diesen die Uebertretungen mit begriffen sind. —

Zu Nr. 2 wird zunächst hervorgehoben, daß auch der Verbreiter einer nicht genehmigten Aufforderung mit Strafe bedroht sei, sodann heißt es weiter:

Als Verbreiter einer in ein öffentliches Blatt eingerückten Aufforderung kann nun aber, im Gegensatz zum Auffordernden selbst, nur der Redakteur, welcher die eingehenden Inserate zusammenstellt, und der Verleger, welcher die Ausgabe der Zeitung veranlaßt, angesehen werden, so daß augenscheinlich der Schluß der obigen Bestimmung auf die Angeschuldigten zu 10 und 11 zutrifft. Durch die Fassung dieser Bestimmung ist zugleich der Einwand beseitigt, daß den Angeschuldigten die Wissenschaft von der nicht ertheilten polizeilichen Erlaubniß nachgewiesen werden müsse. Denn die Worte: „ohne diese Genehmigung" beziehen sich offenbar auch auf den Verbreiter der Aufforderung, es kann also vom Verleger und Redakteur gefordert werden, daß, bevor sie eine solche Aufforderung aufnehmen, sie über die ertheilte Erlaubniß Erkundigung einziehen und nöthigenfalls sich dieselbe vorlegen lassen. Eben so unhaltbar ist der Einwand, daß die Angeschuldigten zu 10 und 11 möglicherweise von der erfolgten Einrückung der in Rede stehenden Aufforderung in ihr Blatt überhaupt nichts gewußt haben könnten und daß ihnen daher diese Wissenschaft nachgewiesen werden müsse. Denn, wenn schon nach den §§ 35 bis 37 des Preßgesetzes, im Fall ein Blatt den Thatbestand eines Preßverbrechens oder Preßvergehens enthält, die objektive Existenz desselben genügt, um Drucker, Verleger und Redakteur ohne Nachweis eines bestimmten Dolus strafrechtlich verantwortlich zu machen, — vgl. Z. II. 7. Jan. 1858 c. Fischer, 459 (G. Arch. 6. S. 99); Erk. I. 4. Juni 1862 c. Hahn (ib. 10. S. 569), — so findet dieses hier, wo es sich um eine bloße Polizeiübertretung handelt, um so mehr Anwendung, als es bei Uebertretung von Polizeigesetzen schon nach allgemeinen strafrechtlichen Grundsätzen, wie solches vom OTr. vielfach ausgeführt worden (vgl. z. B. Erk. Pl. 27. Jan. 1862 c. Brandes, JMBl. S. 158), auf die Wissenschaft und den Nachweis eines bestimmten Dolus im Allgemeinen nicht ankommt.

Antr. des GStA.s: gleichl. [28. — 3.]

Branntweinsteuer. — Mehrheit von Kontraventionen und Thätern. — Subsidiarische Haftbarkeit. — Konfiskation.

1. Wird eine Mehrheit von Branntwein-Steuer-Kontraventionen gegen die AKO. v. 10. Jan. 1824 Nr. 5 gleichzeitig entdeckt, so ist, selbst wenn dabei verschiedene Thäter oder Theilnehmer mitgewirkt haben, die Strafe doch nur im einmaligen Betrage verwirkt, für welchen die Schuldigen zu

gleichen Theilen und solidarisch für das Ganze haften. Auch der Brennereibesitzer hat daher subsidiarisch nur für den einmaligen Betrag einzustehen; ist er aber selbst Theilnehmer gewesen, so wird durch die ihn dieserhalb treffende Strafe jene subsidiare Haftbarkeit absorbirt.

AKO. v. 10. Jan. 1824 Nr. 5; Ges. v. 21. Sept. 1860 § 2.

2. Das die Konfiskation von Brennerei-Geräthen aussprechende Urtheil muß diese speziell, insbesondere nach der Zeit des stattgehabten Gebrauchs bezeichnen.

Cit. AKO.; Steuer-Ordn. v. 8. Febr. 1819 § 66 ff.

Erk. (B. II.) v. 15. Jan. 1863 c. Niemann (Dölle u. Gen. 337. II. Cr. v. 1862).

Daß die in Nr. 5 der AKO. v. 10. Jan. 1824 auf die ordnungswidrige Einmaischung angedrohete Ordnungsstrafe von 100 Thlrn. die besondere Natur habe, daß dadurch die Thatsache der ordnungswidrigen Einmaischung objektiv getroffen werden solle, so daß diese Ordnungswidrigkeit unter allen Umständen nur einmal mit der Strafe von 100 Thlrn. gerügt werden dürfe, also wenn sie von Mehreren veranlaßt worden sei, diese nicht, wie sonst bei Bestrafung strafbarer Handlungen der Fall, jeder in die volle Strafe, sondern nur gemeinschaftlich in die Eine Strafe von 100 Thlrn. zu gleichen Antheilen und mit solidarischer Verhaftung verfielen, wurde, in Uebereinstimmung mit dem, was auch Seitens der Steuerverwaltung in den Reskr. v. 23. Febr. 1828, 30. Jan. 1837 u. 12. Sept. 1838 (Schimmelpfennig Indir. Steuern 1. S. 114; 2. S. 27) anerkannt wurde, bereits in dem Erk. v. 19. Okt. 1854 c. Hienzsch (Entsch. 29. S. 428) angenommen, und sodann in dem Plenar-Präjudiz Nr. 190b v. 12. Nov. 1855 c. Schlömer (Entsch. 31. S. 327) auch angenommen, daß mehrere als Thäter oder Anstifter an einer und derselben ordnungswidrigen Einmaischung Betheiligte nur in den einmaligen Betrag der 100 Thlr. gemeinschaftlich zu gleichen Theilen und solidarisch verfallen seien, so daß zwar gegen den Einzelnen der ganze Betrag verfolgt werden könne, so lange und so weit dieser von den Andern noch nicht erlegt sei, bei gleichzeitiger Verfolgung gegen Alle dieselben aber zur gemeinschaftlichen Erlegung zu gleichen Theilen und mit solidarischer Haft zu verurtheilen seien.

Es hatte ferner bereits das an sich nur für einzelne Landestheile ergangene, jedoch eine authentische Erläuterung der Bestimmung Nr. 5 der AKO. v. 10. Jan. 1824 gewährende Erfurter Regulativ v. 24. Nov. 1833 § 62 in Betreff solcher Kontraventions-Strafe ausgesprochen, daß sie (nebst Konfiskation gebrauchter Geräthe), es möge einer oder der andere der (dort bezeichneten) Fälle ordnungswidriger Einmaischung, oder es möchten selbige vereinigt stattgefunden haben, in jedem Entdeckungsfalle eintrete.

Bei den Berathungen über den Entwurf, welcher von der Regierung zu dem hiernächst unterm 21. Sept. 1860 emanirten Gesetze vorgelegt war und welcher nicht die Bestimmungen enthielt, die der § 2 dieses Gesetzes im zweiten Absatze, mit Unterscheidung zwischen Defraudations- und Kontraventions-Strafen, aufgenommen hat, sprach sich sodann der Finanz-Minister, welcher eben deshalb diese Bestimmungen für nicht erforderlich erklärte, wiederholt dahin aus: daß schon nach der bisherigen Gesetzgebung die in Nr. 5 der AKO. v. 10. Jan. 1824 bestimmte Kontraventions- oder Ordnungs-Strafe in einem selbige betreffenden Strafverfahren immer nur einmal festgesetzt werden könne, ohne Rücksicht darauf, ob wenige oder viele Kontraventionsfälle als stattgehabt in dem Verfahren ermittelt würden und ob bei selbigen mehrere Personen betheiligt seien. Es wurde in der Kommission des Abgeordnetenhauses und in diesem selbst ein Antrag: in dem jetzigen Absatze 2 des § 2 des cit. Ges. hinter den Worten „gegen den subsidiarisch Verpflichteten" den Zwischensatz aufzunehmen: „sofern er nicht selbst als Theilnehmer oder Miturheber zu bestrafen ist", abgelehnt; dagegen wurde der sodann beantragte Zusatz, welcher sich jetzt hinter jenen Worten dahin findet: „gleichwie gegen die eigentlichen Thäter oder Theilnehmer“ angenommen. — (KB. d. H. d. Abgg. S. 4. 7. 9, Stenogr. B. d. H. d. Abgg. 1860. Bd. 2. S. 844ff., 848ff.)

Nach diesen, die Redaktionsgeschichte derselben betreffenden Vorgängen stellen sich die Bestimmungen des Ges. v. 21. Sept. 1860 § 2, wenn auch nicht formell, doch der Sache nach zum Theil als Deklaration dar. Aber auch wenn und soweit sie nicht bloß eine solche sind, müssen sie nach dem aus dem Art. IV. des Einf.-Ges. v. 14. Apr. 1851 sich ergebenden allgemeinen strafrechtlichen Grundsatze (vgl. Präj. Nr. 134 Oppenhoff l. c. n. 2) als milderes neues Strafgesetz auch auf früher vorgekommene Fälle, namentlich in Bezug auf Branntweinbrennereibetreibende zur Anwendung kommen. Denn daß bei Erlaß dieses neuen Gesetzes, namentlich Rücksichts der letzteren, die Absicht dahin ging, im Verhältniß zu der früheren Gesetzgebung mildere Bestimmungen anzuordnen, ergeben die Motive, mit welchen der Entwurf des Gesetzes von der Regierung vorgelegt wurde, und die demnächstigen Verhandlungen über diesen Entwurf.

Das Ges. v. 21. Sept. 1860 lautet nun im zweiten Absatze des § 2 nicht dahin: „es kann jedoch ... die ... Ordnungsstrafe von 100 Thlrn. gegen den subsidiarisch Verpflichteten ... in dem einmaligen Betrage festgesetzt werden“, sondern es sagt: „es kann jedoch ... die ... Ordnungsstrafe u. s. w. nur in dem einmaligen Betrage festgesetzt werden.“

Schon nach diesem Wortlaute, sodann aber auch nach der aus der angedeuteten Redaktionsgeschichte sich ergebenden Absicht des Gesetzes hat zunächst keineswegs, wie der App.-Richter angenommen hat, dem erkennenden Richter die Fakultät eingeräumt werden sollen, im Falle mehrerer und wiederholter Kontraventionen derselben Art, — also namentlich im Falle mehrerer oder wiederholter, unter die

Bestimmung Nr. 5 der AKO. v. 10. Jan. 1824 fallender Einmaischungen oder Zubereitungen von Maische, — bei gleichzeitiger Entdeckung (oder, wie das Erfurter Regulativ § 62 sich ausdrückte, „in jedem Entdeckungsfalle") die Kontraventionsstrafe, insbesondere die Ordnungsstrafe der cit. AKO. Nr. 5 von 100 Thlrn. gegen den subsidiarisch Verpflichteten nach seinem Ermessen in dem einmaligen Betrage oder aber auch in dem mehrmaligen Betrage festzusetzen, sondern das Gesetz hat bestimmt, daß in dem vorausgesetzten Falle die bezeichnete Strafe gegen den subsidiarisch Verpflichteten nur in dem einmaligen Betrage eintreten soll, sie gegen selbigen nur in dem einmaligen Betrage festgesetzt werden darf.

Es hat sodann ebenso das cit. Ges. durch den Zwischensatz im zweiten Absatze des § 2 „gleichwie gegen die eigentlichen Thäter oder Theilnehmer" ausgesprochen, daß im Falle mehrerer oder wiederholter Kontraventionen derselben Art, bei gleichzeitiger Entdeckung, die Kontraventionsstrafe, insbesondere die Ordnungsstrafe der cit. AKO. von 100 Thlrn., auch gegen die eigentlichen Thäter oder Theilnehmer (wie § 71 des Erfurter Regulativs mit Zurückweisung auf § 62 sagte, die „eigentlichen Schuldigen") nur in dem einmaligen Betrage eintreten solle. Auch da, wo bei den unter die Strafbestimmung der cit. AKO. fallenden Kontraventionen eine Konkurrenz mehrerer Personen in der Art stattgefunden hat, daß dabei mehrere Personen sich als Thäter oder auch als Theilnehmer (durch Anstiftung oder Hülfsleistung) betheiligt haben, — mithin auch da wo der Branntweinbrennereibetreibende selbst ein solcher Theilnehmer namentlich durch Anstiftung gewesen ist, kann jetzt, nach der Bestimmung des Ges. v. 21. Sept. 1860 § 2 Abs. 2 gegen alle diese Personen die Kontraventions- oder Ordnungsstrafe von 100 Thlrn. nur in dem einmaligen Betrage festgesetzt werden, so daß sie von diesen mehreren Personen gemeinschaftlich zu gleichen Theilen, jedoch mit solidarischer Verhaftung einer jeden dieser Personen für den vollen Betrag, zu erlegen ist, und durch solche solidarische Verhaftung des als Anstifter bei der Kontravention betheiligten Brennereibesitzers, den wegen dieser Theilnahme schon die Erleidung einer antheiligen Strafe mit solidarischer Haft für die Strafantheile der von ihm angestifteten Thäter als prinzipale (nicht bloß subsidiarische) Verpflichtung trifft, denn jetzt auch Hinsichts der Kontraventionsstrafe die sonst eintretende subsidiarische Verhaftung desselben mit seinem Vermögen für die von seinen Dienern und Gewerbsgehülfen verwirkte Geldstrafe absorbirt wird.

Aber auch die von dem App.=Richter in Betreff der Konfiskation von Gefäßen getroffene Bestimmung ist den Gesetzen zuwider. Möchte sich vielleicht auch noch annehmen lassen, daß, indem der App.=Richter in dem Tenor seines Erkenntnisses nur eine „in Rede stehende Kontravention" anführt, in den Gründen aber von den Kontraventionen in der Mehrheit spricht, er auch bei jener Anführung mehrere oder wiederholte Kontraventionen habe bezeichnen wollen, so entspricht doch eine so völlig unbestimmte Bezeichnung des zu konfiszirenden Gegenstandes, wie sie durch die im Tenor des App.=Erk. getroffene Bestimmung: „daß die zu der in Rede stehenden Kontravention bei dem Angeklagten N. gebrauchten Gefäße zu konfisziren", selbst ohne alle nähere Angabe, worin die gemeinte Kontravention oder Kontraventionen bestanden und wann sie stattgefunden haben, geschehen ist, nicht dem Gesetze. Auch durch die in den Gründen des App.=Erk. geschehene Bezugnahme auf Erkenntnisse, welche die im § 277 des StGB.s angeordnete Konfiskation bestimmter Gegenstände betrafen, kann solche völlige Unbestimmtheit der Entscheidung und die Verweisung weiterer Erörterung und Feststellung darüber in das Exekutions=Verfahren um so weniger gerechtfertigt werden, als in Folge der Vorschriften, welche die Steuer=Ordnung v. 8. Febr. 1819 in den §§ 16. 18. 19. 21. 66 (vgl. Regul. v. 1. Dez. 1820 § 11) enthält, die Anklage im Stande sein muß, die Gefäße, auf deren Konfiskation Anspruch gemacht wird, wenigstens der Zeit des stattgehabten Gebrauches nach, näher und bestimmter anzugeben.

Antr. des GStA.s: entg. [26. — 1.]

Nichtigkeitsbeschwerde. — Zurückweisung durch Verfügung. — Zurücknahme.

Die Verfügung, durch welche das OTr. eine Nichtigkeitsbeschwerde als verspätet zurückgewiesen hat, kann zurückgenommen werden, wenn dargethan wird, daß sie auf den Grund eines irrthümlichen Präsentatums erfolgt war.

Ges. v. 3. Mai 1852 Art 113 [vgl. dort n. 5].

Beschl. (II.) v. 15. Jan. 1863 c. Bienengräber (6. B. II. Cr.).

B. war vom OTr. mit seiner NB. zurückgewiesen worden, weil sie nach dem Präsentatum erst am 11. Tage eingereicht war. In einer neuen Eingabe stellte er nun unter Beweis, daß jenes Präsentatum auf einem Irrthum beruhe, und daß die Einreichung rechtzeitig erfolgt sei. Das OTr. hat die Erhebung dieses Beweises angeordnet, weil,

„wenn der behauptete Irrthum wirklich vorgefallen, der Antrag nicht unzulässig erscheinen würde."

Antr. des GStA.s: gleichl. [26. — 3.]

Vorbehalt. — Schwurgerichtshof. — Antrag. — Zeitpunkt.

1. Die Statthaftigkeit des Vorbehalts einer anderweiten Verfolgung der den Gegenstand der Anklage bildenden That ist nicht durch einen Antrag des Staatsanwalts bedingt.

Ges. v. 3. Mai 1852 Art. 30. 86 [vgl. dort n. 43; RdOTr. 1. S. 231].

2. In Schwurgerichtssachen ist der Vorbehalt einer anderweiten Verfolgung nur so lange statthaft, als nicht die erhobene Anklage durch einen vom Vorsteher der Geschwornen verlesenen, regelrechten Wahrspruch erschöpft worden ist.

Ebendas. Art. 86 [vgl. dort n. 38].

3. In Schwurgerichtssachen muß der Vorbehalt durch einen besonderen, in das Sitzungsprotokoll aufzunehmenden und den Parteien zu verkündenden Beschluß ausgesprochen werden.

Ebendas. [vgl. dort n. 39]

Erk. (V. I.) v. 16. Jan. 1863 c. Peter (890. I. Cr.).

Es muß dem vorigen Richter zugegeben werden, daß es eines Antrages des StA.s um den Vorbehalt der anderweitigen Verfolgung des Angeklagten Seitens des GH.s auszusprechen, nicht bedarf, daß der GH. hierzu vielmehr auch ohne einen solchen Antrag von Amtswegen befugt ist, wenn er die Lage der Sache dazu angethan findet. Dies ist, zunächst allerdings nur in Beziehung auf Sachen, die vor den Gerichts-Abtheilungen verhandelt werden, mit Rücksicht auf Art. 30 des Ges. v. 3. Mai 1852 bereits in dem Erk. v. 7. März 1861 c. Knebelkamp (RdOTr.s 1. S. 281) ausgesprochen, jedoch ergiebt die dortige Ausführung, insbesondere die Mitbezugnahme auf Art. 86 l. c., schon genügend, wie der vorige Richter mit Recht annimmt, daß es auch in Schwurgerichtssachen eines Antrages der StA.-schaft auf Vorbehalt der anderweitigen Verfolgung nicht bedarf, ein solcher Vorbehalt vielmehr auch vom Schw.-GH. von Amtswegen ausgesprochen werden kann.

Daraus aber, daß dieser Vorbehalt nicht nothwendig einen darauf gerichteten Antrag der StA.-schaft voraussetzt, folgt noch nicht, daß ein solcher Antrag des StA.s jederzeit im Laufe des Verfahrens gestellt, oder doch jederzeit vom erkennenden Richter ein solcher Vorbehalt von Amtswegen ausgesprochen werden kann. In dieser Beziehung muß zwischen Abtheilungssachen und Schwurgerichtssachen unterschieden werden.

Aus § 30 l. c. ergiebt sich, daß die Sache, mit welcher der GH. durch die Anklage befaßt ist, nach allen sich darbietenden Gesichtspunkten hin entschieden werden soll. Da dies jedoch in einzelnen Fällen mit Nachtheilen für die

Anklage oder Vertheidigung verbunden sein kann, so schreibt der zweite Satz des cit. Art. 30 l. c. vor: „Das Gericht ꝛc.“ Es wird hier also eine Ausnahme von der im ersten Abs. des Art. 30 vorgeschriebenen Regel, nach welcher die Sache nach allen möglichen Richtungen hin in einem Verfahren und durch eine einzige Entscheidung erledigt werden soll, gestattet. Der Richter, welcher mit allen auf die fragliche That möglicherweise anwendbaren Anschuldigungen befaßt ist, soll befugt sein, ausnahmsweise einzelne in der Anklage nicht hervorgehobene Anschuldigungspunkte einem neuen Verfahren vorzubehalten, wodurch dann zugleich der Einwand des Angeklagten, daß ihm das „non bis in idem“ zur Seite stehe, für das erneuerte Verfahren ausgeschlossen wird. In Abtheilungssachen, wo die Mitglieder des Gerichts erster und zweiter Instanz selbst mit der Thatfrage befaßt sind, und letztere erst durch das Erkenntniß ihre definitive Erledigung findet, steht nun allerdings nichts entgegen, daß ein solcher Vorbehalt noch vom erkennenden Richter im Erkenntniß selbst ausgesprochen wird, und der StA.-schaft bleibt folgerecht bis zur Publikation des Erkenntnisses unbenommen, einen solchen Vorbehalt zu beantragen.

Anders aber in Schwurgerichts-Sachen. Der hier maaßgebende Art. 86 l. c. verordnet: „Wenn ꝛc.“ Auch hier ist also das Prinzip des Art. 30 festgehalten, daß die Sache nach allen sich darbietenden Richtungen, nöthigenfalls durch besondere oder wie das Gesetz sie auch nennt, eventuelle Fragen, ausgetragen werden soll. Da nun aber im Schwurgerichtsverfahren die Thatfrage nicht der Entscheidung der richterlichen Mitglieder des GH.s unterliegt, sondern durch das Verdikt der Geschwornen definitiv erledigt wird, so folgt hieraus auch mit Nothwendigkeit, daß die Stellung eventueller Fragen nur so lange statthaft ist, als noch kein regelrechter, die Anklage erschöpfender Wahrspruch der Geschwornen vorliegt. Denn durch einen regelrechten, die Anklage erschöpfenden, von dem Vorsteher der Geschwornen in der Sitzung in Gemäßheit des Art. 96 l. c. verlesenen

Wahrspruchs wird der Thatbestand definitiv festgestellt, und über die Thatfrage dergestalt entschieden, daß dadurch der Einwand des Angeklagten „non bis in idem" begründet wird, und keine Abänderung der Thatfrage mehr zulässig ist. So wenig daher dann noch die Stellung einer eventuellen Frage an die Geschwornen statthaft ist, ebensowenig kann dann nachträglich noch eine neue Verfolgung derselben That in einem anderen Verfahren stattfinden.

Von dieser, aus dem ersten Absatz des Art. 86 sich ergebenden Regel gestattet nun der zweite Absatz desselben ganz in derselben Art wie im Art. 30 eine Ausnahme. Auch in Schwurgerichtssachen soll also, wenn die Durchführung des Prinzipes, daß die Sache, allenfalls durch Stellung eventueller Fragen, nach allen möglichen Richtungen hin in demselben Verfahren erledigt werden soll, zum Nachtheil der Anklage oder der Vertheidigung gereichen würde, der GH. befugt sein, an Stelle derartiger eventueller Fragen die anderweitige Verfolgung wegen der in der Anklage nicht hervorgehobenen Thatsachen vorzubehalten. — Ein solcher Vorbehalt wird der Stellung einer eventuellen Frage vollständig gleichgestellt, und es ergiebt sich hieraus schon, daß in Schwurgerichtssachen auch ein Vorbehalt auf anderweitige Verfolgung nur so lange statthaft ist, als auch noch die Stellung einer eventuellen Frage zulässig gewesen wäre, d. h. nach der obigen Ausführung nur bis ein regelrechter, die Anklage erschöpfender Wahrspruch der Geschwornen von ihrem Vorsteher in der Sitzung verlesen ist. Von diesem Augenblick kann daher ein solcher Vorbehalt weder vom StA. mehr beantragt, noch vom GH. von Amtswegen weiter ausgesprochen werden. Der im Art. 86 l. c. gestattete Vorbehalt gehört zur Erledigung der Thatfrage, diese ist aber durch das regelrechte Verdikt der Geschwornen, wie schon bemerkt, endgültig entschieden, kann also hinterher auch durch einen Vorbehalt der anderweitigen Verfolgung keine Abänderung mehr erleiden. Es handelt sich dann nur noch um Anwendung des Gesetzes.

Dem Vorsitzenden des Schw.-GH.s und dem StA. liegt es aber ob, rechtzeitig, d. h. während noch über die Thatfrage verhandelt wird, zu prüfen, ob es im gegebenen Fall nach Lage der Sache zweckmäßig ist, die Anklage bloß durch Stellung der Hauptfrage oder auch mittelst eventueller Fragen oder endlich dadurch erschöpfend zu erledigen, daß der Vorbehalt einer anderweitigen Verfolgung gemacht wird, und hat der GH. einen solchen Vorbehalt durch einen besonderen, in das Sitzungsprotokoll aufzunehmenden und den Partheien zu verkündenden Beschluß vor der Verkündung des Verdikts durch den Vorsteher der Geschwornen auszusprechen.

Mit den in der gegenwärtigen Entscheidung ausgeführten Grundsätzen steht denn auch das Erk. v. 14. Mai 1857 c. Grimberg (G.Arch. 5. S. 393) in Einklang, welches sich keineswegs, wie der vorige Richter meint, mit dem späteren eben erwähnten Erk. v. 7. März 1861 in Widerspruch befindet.

Antr. des GStA.s: gleich. [18. — 2.]

Hazardspiel. — Gewinnsucht.

Zur Strafbarkeit des gewerbmäßigen Hazardspiels genügt es, wenn der Angeklagte aus Gewinnsucht handelte; ob ein gleiches auch bei seinen Mitspielern der Fall gewesen, ist gleichgültig.

StGB § 266 [vgl. dort n. 8].

Erk. (Z. I.) v. 16. Jan. 1863 c. Kadlofski (13. I. Cr.).

Bedenklich könnte nur der zur Widerlegung des Beweises über die Gewinnsucht der Spieler aufgestellte Satz sein. Es heißt nämlich: darauf, ob die Pointeure aus Gewinnsucht gespielt, komme es nicht an, sondern nur darauf, ob der Angeklagte aus Gewinnsucht gespielt habe. Daß dies letztere der Fall gewesen sei, wird im Verlauf des Urtels festgestellt. Allein bei näherer Betrachtung ist auch in jener Erwägung kein Rechtsirrthum zu finden. Ist allerdings auch nur das aus Gewinnsucht getriebene Hazardspiel ein solches, welches der § 266 vor Augen hat, so gewinnt es diesen Charakter doch nicht nur dann, wenn sämmtliche Mitspieler dasselbe aus Gewinnsucht treiben, vielmehr ist derselbe rücksichtlich aller derjenigen Spieler vorhanden, bei denen diese Voraussetzung eintritt.

Antr. des GStA.s: gleichl. [15. - 2.]

Urkunde (öffentliche). — Posteinlieferungsschein.

Ein Posteinlieferungsschein ist eine öffentliche Urkunde.

StGB. § 247 [vgl. dort n. 130]; § 251 [vgl. dort n. 21].

Erk. (V. I.) v. 16. Jan. 1863 c. Müller (44. I. Cr.).

Der fragliche Postschein ist ein Empfangsbekenntniß der Postbehörde über einen zur Beförderung ihr übergebenen Geldbrief, aus welchem ein Regreßanspruch gegen die Postbehörde für den Fall hergeleitet werden kann, wenn der ihr anvertraute Geldbrief nicht ordnungsmäßig an den Adressaten gelangt. Der Schein ist daher offenbar als eine Urkunde im Sinne des § 247 des StGB.s zu betrachten; er ist aber auch als eine öffentliche Urkunde im Sinne des § 251 Nr. 2 a. a. O. anzusehen. Die von der betr. Postexpedition amtlich ausgefertigte Bescheinigung ist von dem Postexpedienten T. unterzeichnet; daß die gedachte Postexpedition eine K. Behörde und daß der Postexpedient T. ein K. Beamter ist, läßt sich nicht bezweifeln, und ebenso unzweifelhaft ist es, daß Letzterer zur Ausstellung derartiger Postscheine über die bei der Expedition, bei welcher er angestellt ist, eingelieferten Geldbriefe amtlich befugt ist, und daß er durch die Ausstellung eines solchen Scheines den K. Postfiskus verpflichtet. Der Postschein qu. ist also eine von einem inländischen Beamten in den Grenzen seiner Amtsbefugnisse aufgenommene und ausgefertigte, öffentlichen Glauben habende Urkunde, sie gehört mithin in die Kategorie derjenigen öffentlichen Urkunden, deren im § 251 Nr. 2 cit. gedacht ist.

Antr. des GStA.s: gleichl. [14. — 2.]

---

1. Protokoll. — Beweis. — Gegenbeweis.
2. Vertheidigung. — Vorsitzender. — Unterbrechung.

1. Auch in Beziehung auf die nicht zu den Förmlichkeiten gehörenden Erklärungen und Vorgänge in der Hauptverhandlung ist das Sitzungsprotokoll das einzige statthafte Beweismittel; ein Gegenbeweis durch Zeugen ist unstatthaft.

Ges. v. 3. Mai 1852 Art. 78 [vgl. dort n. 62].

2. Der Vorsitzende hat darüber zu wachen, daß in die Vertheidigung nichts Ungehöriges eingemischt werde; seiner Prüfung unterliegt es, ob ein derartiger Fall vorliege. Das Ober-Tribunal kann sich auf eine solche Prüfung nicht einlassen.

Vdn. v. 3. Jan. 1849 § 14 [vgl. dort n. 39]; Ges. v. 3. Mai 1852 Art. 79 [vgl. dort n. 9—11].

Erk. (Z. I.) v. 16. Jan. 1863 c. Picka (107. I. Cr.).

Wenn am Schlusse des Art. 78 des Ges. v. 3. Mai 1852 gesagt wird, daß die Beobachtung der vorgeschriebenen Förmlichkeiten nicht anders als durch das Protokoll bewiesen werden könne, so kann diese Vorschrift nicht in dem Sinne aufgefaßt werden, und ist auch in den bisherigen Entscheidungen nicht in dem Sinne aufgefaßt worden, als wäre in Absicht auf dasjenige, was nicht im engeren Sinne zu den „Förmlichkeiten" gehört, jeder andere Beweis neben dem Protokolle, und zumal gegen den Inhalt desselben, zulässig. Die Natur der Sache, der Zweck des Protokolles und die Unmöglichkeit einer erschöpfenden Beweisführung über einzelne aus dem ganzen in sich verbundenen Zusammenhange der Verhandlung herausgerissenen Umstände ergiebt vielmehr, daß auch sonstige nicht zu jenen „Förmlichkeiten" gehörige Erklärungen und Vorgänge in der Verhandlung nur eben durch den Inhalt des Protokolles bewiesen werden können, und daß daher ein Zeugenbeweis dagegen nicht zulässig ist.

Aus dem Protokoll ergiebt sich nun, daß der StA. den Schlußvortrag des Vertheidigers unterbrochen, und daß der Vorsitzende den Vertheidiger veranlaßt hat, den speziellen, vorerst einer thatsächlichen Feststellung bedürfenden Gegenstand seiner Rede zu verlassen. In diesem Sachverhalte kann aber ohne Weiteres eine Beschränkung der Vertheidigung nicht gefunden werden. Der § 466 der Cr.-O. verbietet den Vertheidigern, Ungehöriges, den eigentlichen Hergang Verdrehendes einzumischen. Darüber zu wachen, ist das Recht und die Pflicht des Vorsitzenden. In wiefern ein Fall dieser Art vorliege, ist der gewissenhaften Prüfung des letzteren überlassen, und eine weitere Prüfung darüber in dieser Instanz ist unmöglich, weil das Protokoll die Thatsache und deren Zusammenhang mit der Sache nicht ergiebt. Den Schutz gegen ungehörige Hinderungen oder Unterbrechungen Seitens des StA.s hat der Vertheidiger bei dem Vorsitzenden zu suchen.

Antr. des GStA.s: gleichl. [15.—2.]

Amtshandlung. — Territoriale Kompetenz. — Höherer Befehl.

Der von einem territorial unzuständigen Vorgesetzten ertheilte Auftrag kann der Handlung eines Beamten nicht den Charakter einer Amtshandlung beilegen. Wenn aber die territoriale Zuständigkeit zweifelhaft ist, muß die amtliche Autorität wenigstens vorläufig und bis zum Beweise des Gegentheils respektirt werden.

StGB. § 102 [dort einzutr. als n. 49a]; § 89 [vgl. dort n. 26. 16]. Vgl. oben S. 134.

Erk. (Z. I.) v. 21. Jan. 1863 c. Kanzler (1069. I. Cr.).

K., der Beleidigung eines vom Stadtmagistrate mit der Beitreibung städtischer Abgaben beauftragten Exekutors in der Ausübung seines Berufs angeklagt, hatte eingewandt, daß sein Wohnort, das

Schloß zu L., nicht zur Stadt gehöre, der Magistrat also zur Ertheilung jenes Auftrags nicht befugt gewesen sei. Seine NB. rügte die Nichtberücksichtigung dieses Einwandes unter Bezugnahme auf die Erkk. des OTr.s: B. I. 15. Mai 1857 c. v. Scheele, 604; Z. I. 21. Dez. 1855 c. Kübert, 1159, G. A. 4. S. 244. Zurückweisung. Gründe:

Der auch im Römischen Recht angenommene Satz: extra territorium suum ius dicenti impune non paretur, der nicht bloß auf richterliche, sondern auch auf Verwaltungsakte zu beziehen ist, liegt in der Natur der staatsrechtlichen Verhältnisse des öffentlichen Dienstes. Gehörte also Schloß L. wirklich nicht zum Kommunal-Bezirke der Stadt L., so hatte der Bürgermeister ohne besondere Neben-Attributionen keine Befugniß, von dem Imploranten als Schloßbewohner einen Kommunal-Beitrag unmittelbar durch einen seiner Beamten einzuziehen, er konnte ihn durch einen solchen im Privatwege zur Erlegung eines etwa schuldigen Beitrages auffordern, jedoch nicht befehlsweise und mit direktem exekutivischen Zwange durch einen Beamten in amtlicher Qualität, und wenn es dennoch geschehen, so war diese Eigenschaft nicht als solche anzuerkennen. Immerhin jedoch versteht sich dies nur bei klar bestimmten Grenzen amtlicher Wirksamkeit, während bei zweifelhaften oder vermischten Grenzbestimmungen, wie sie sich unverkennbar dem App.-G. in den L.er Lokalverhältnissen dargestellt haben, die amtliche Autorität mindestens so lange respektirt werden muß, bis der davon Betroffene seine Freiheit von derselben nachgewiesen hat.

Antr. des GStA.s: entg. [17.—4.]

---

1. Unterschlagung. — Sparkassenbuch. — Gelderhebung.

2. 3. Betrug. — Eigenthum. — Thatsache. — Vorbringen durch Handlungen.

1. Derjenige, welcher ein zum Aufbewahren anvertrautes fremdes Sparkassenbuch dazu mißbraucht, sich als Inhaber von der Kasse den betr.

Betrag zum Nachtheile des Eigenthümers theilweise auszahlen zu lassen und für sich zu verwenden, macht sich einer Unterschlagung schuldig.

StGB. § 225 [dort einzutr. als n. 46 a].

2. Das Vorgeben, Eigenthümer einer Sache zu sein, ist als das Vorbringen einer falschen Thatsache im Sinne des § 241 des StGB.s anzusehen.

StGB. § 241 [dort einzutr. als n. 47 a]; vgl. § 215 n. 63.

3. Das Vorbringen einer falschen Thatsache (StGB. § 241) kann auch in einem bloßen Handeln gefunden werden.

StGB. § 241 [vgl. dort n. 53]. Sic: Z. I. 16. Okt. 1862 c. Klaube, 283; Z. I. 4. März 1863 c. Levin, 203.

Erk. (V. I.) v. 21. Jan. 1863 c. Bösenberg (1132. I. Cr. v. 1862).

B. hatte auf ein ihm von der ꝛc. G. zum Aufbewahren anvertrautes Sparkassenbuch unberechtigter Weise bei der Kasse zweimal 10 Thlr. erhoben; daraus folgerte der erste Richter, daß er dieses Geld, welches er mit der Verpflichtung der Ablieferung an die G. erlangt gehabt, zu ihrem Nachtheile verbraucht habe. Der App.-Richter sprach dagegen frei: eine Unterschlagung liege nicht vor, da ein Sparkassenbuch auf einen bestimmten Berechtigten laute, dem fremden Inhaber also keine Rechte ertheile, wenn auch die Kasse sich durch Zahlung an den Vorzeiger befreien könne, woraus folge, daß in der Anvertrauung des Sparkassenbuchs nicht die Anvertrauung des Geldbetrags liege, und die Erhebung des letztern nicht die Verpflichtung zur Ablieferung begründe; ebensowenig liege aber auch ein Betrug vor, da es an dem Vorbringen oder Unterdrücken einer Thatsache fehle; es sei nicht erwiesen, daß B. sich bei der Kasse für den Eigenthümer des Buchs ausgegeben, oder, daß er solches nicht sei, unterdrückt habe; hätte er aber auch ersteres gethan, so würde die Behauptung: Eigenthümer zu sein, keine Thatsache, sondern ein Urtheil darstellen; wäre endlich das Behaupten nicht ausdrücklich geschehen, so fehle es an dem zum Betruge erforderlichen positiven Handeln. Auf die NB. des OStA.s ist dieses Erk. vernichtet und die Sache an das AG. zurückverwiesen worden aus folgenden Gründen:

Bei näherer Erwägung ist in dem festgestellten Sachverhältnisse noch zur Zeit zwar kein Betrug, wohl aber die

Möglichkeit eines solchen, eventuell auch einer Unterschlagung zu befinden.

Im Allgemeinen ist davon auszugehen, daß ein ausgefertigtes Sparkassenbuch, wenn schon kein eigentliches Inhaberpapier, immerhin jedoch ein Schuldbekenntniß gegen eine bestimmte Person ist, dessen Inhaber zur Einziehung und Erhebung der verschriebenen Beträge im Ganzen oder zu einzelnen Theilen statt des richtigen Gläubigers für legitimirt gilt, wenn die Sparkassen-Verwaltung keine bestimmtere Legitimation für angemessen erachtet, und eine solche zu fordern durch Protest des Einzahlers, bezüglich seiner Erben zufolge des Ges. v. 12. Dez. 1838 Art. XIV. nicht verpflichtet ist. Sonst wird sie regelmäßig befreiet durch Zahlung an den Inhaber.

In dem feststehenden Sachverhalt sind nun zunächst die objektiven Voraussetzungen einer Unterschlagung zu erkennen. Ein Sparkassenbuch ist ein Werthpapier, eine Schuldurkunde über einen wesentlich an deren Besitz geknüpften realisirbaren Geldbetrag. Der Werth besteht in der darin verschriebenen Summe. Wer ein solches Sparbuch zur Aufbewahrung übernimmt, verpflichtet sich dasselbe an den Auftraggeber in seinem vollen Werthe zurückzugeben; vermindert er diesen Werth, diese Summe durch Einziehung eines Theiles und Verbrauch desselben für sich zum Nachtheil des Eigenthümers, so hat er einen Theil der ihm anvertrauten fremden Sache unterschlagen. Der Werth des Sparbuches beruhet freilich in einem Forderungsrecht, allein das Papier, die Urkunde dient nicht bloß zu dessen Beweise, sondern das Forderungsrecht ist auch wesentlich an den Besitz der Urkunde und ihren Inhalt geknüpft. Die Urkunde hat also an sich nach ihrem Inhalte einen substantiellen Werth. Dies hat der App.-Richter verkannt, sein Urtheil unterliegt deshalb der Vernichtung.

Die ferneren Requisite der Unterschlagung, namentlich der Verbrauch oder die Beiseiteschaffung eines Werththeiles zum Nachtheile des Eigenthümers sind aber zur Zeit nicht konstatirt, um schon jetzt ein Urtheil in der Sache selbst fällen zu können. — Schon in dieser Hinsicht bedarf es also einer nochmaligen Verhandlung und Entscheidung.

Aber auch die von der StA.-schaft in voriger Instanz urgirte Annahme und Bestrafung eines Betruges kann aus den in sententia a qua angeführten Gründen noch nicht für rechtlich erledigt angesehen werden. — Zuvörderst ist es eine rechtsgrundsätzlich zu mißbilligende Annahme des App.-Richters, daß selbst das ausdrückliche Vorgeben des Angeklagten bei der Sparkasse, Eigenthümer des vorgelegten Sparkassenbuches oder Bevollmächtigter desselben zu sein, kein Vorbringen einer falschen Thatsache, sondern nur die Aeußerung eines Urtheils darstellen würde. Vielmehr liegt darin die Behauptung eines daseienden Rechtsverhältnisses, folglich auch von Thatsachen, welche dasselbe zu begründen vermögen. Wenn ferner der App.-Richter erklärt, es sei nicht ermittelt, daß Angeklagter sich positiv für den Eigenthümer oder dessen Bevollmächtigten ausgegeben, oder daß er es nicht sei, unterdrückt habe, weshalb es an einer wesentlichen Voraussetzung im Thatbestande des Betruges fehle, so bleibt jedenfalls noch für das Bedenken und die Erwägung Raum, ob nicht in dem Auftreten des Angeklagten mit dem fremden Sparkassenbuche vor der Sparkasse und in der Forderung der Auszahlungen das positive Vorgeben einer Berechtigung thatsächlich zu befinden sei.

Antr. des GStA.s: gleichl. [17. — 4.]

---

1. Geschwornenspruch. — Einfache Stimmenmehrheit. — Berathung des Gerichtshofs.

2. Geschwornenspruch. — Vervollständigung. — Entscheidung des Gerichtshofes.

1. Der Schwurgerichtshof, welcher zur Entscheidung einer von den Geschwornen nur mit sieben Stimmen bejahten Frage berufen ist, braucht sich zum Zweck der Berathung nicht aus dem Sitzungssaale zurückzuziehen; ebensowenig ist es

unerläßlich, daß die Publikation der Entscheidung unmittelbar auf die Berathung folge.

Ges. v. 3. Mai 1852 Art. 98 [vgl. dort n. 4].

2. Haben die Geschwornen von zwei selbstständigen, verschiedene Verbrechen betreffenden Fragen, die eine mit einfacher Stimmenmehrheit bejaht, während die Beantwortung der andern einer Berichtigung bedarf, so kann der Gerichtshof in Betreff der ersteren seine Entscheidung treffen, noch ehe die Zurücksendung der Geschwornen zur Berichtigung der zweiten erfolgt ist.

Ges. v. 3. Mai 1852 Art. 97. 98 [dort einzutr. als n. 4a].

Erk. (Z. I.) v. 21. Jan. 1863 c. Schmidt (110. I. Cr.).

Nachdem auf die erste Frage die dem Angeklagten nachtheilige Beantwortung nur mit einer Mehrheit von sieben gegen fünf Stimmen beschlossen worden, mußte zufolge Art. 98 des cit. Ges. der GH. selbst in Berathung treten und über die Frage entscheiden. Dieses ist hier geschehen und der Vorsitzende hat publizirt, daß zu der ersten Frage der GH. das Schuldig ausgesprochen. Wenn die NB. behauptet, daß unmittelbar vor dieser Publikation eine Zurückziehung des GH.s habe stattfinden müssen, um über die erste Frage zu berathen, so schreibt der Art. 98 weder vor, daß der GH. sich zur Berathung aus der Sitzung zurückziehen müsse, noch daß die Berathung unmittelbar vor der Publikation geschehen solle, und daß nicht vor dieser Publikation ein anderer Beschluß verkündigt werden könne.

Die Entscheidung des Gerichtshofes über die erste Frage ist nicht zur Unzeit, nicht zu früh erfolgt. Abgesehen davon, daß die Publikation derselben erst nach der Verlesung der vervollständigten Antwort der Geschwornen auf die dritte Frage, also zu einem Zeitpunkt stattgefunden, wo die Funktion der Geschwornen beendigt war, so sind die beiden Fragen ganz unabhängig von einander und betreffen verschiedene

Verbrechen. Aus dieser Selbstständigkeit der Fragen folgt, daß, wenn der Fall des Art. 98 bei der einen Frage eintritt, der GH. zur Berathung und Publikation seiner Entscheidung schreiten kann, wenn auch die bei der anderen Frage nach Art. 97 nothwendige Vervollständigung der Antwort der Geschwornen erst später stattfinden sollte. Die Vorschrift des Art. 98 steht ebensowenig entgegen, wie die Rücksicht, daß das Votum der Richter bei der einen Frage sich durch den Ausspruch der Geschwornen über die andere Frage bestimmen lassen könne.

Antr. des GStA s: gleichl. [13.—4.]

Landwehrmann. — Heimathsschein. — Auswanderung.

Die Ertheilung eines Heimathsscheins kann nicht als eine Erlaubniß den Preußischen Staat zu verlassen angesehen werden.

StGB. § 110 [dort einzutr. als n. 12a].

Erk. (V. II.) v. 22. Jan. 1863 c. Heuer (351. II. Cr.).

Der Landwehrmann H. hatte mit einem ihm von dem betr. Bataillons-Kommando auf Zeit bewilligten Urlaube und einem ihm von der Regierung „zum Zweck des Aufenthalts im Großherzogthum Oldenburg" ertheilten Heimathsscheine, Preußen verlassen und war auch nach Ablauf jenes Urlaubs nicht zurückgekehrt. Gleichwohl ward er von der aus § 110 erhobenen Ankl. in erster Instanz freigesprochen, weil er mit Erlaubniß ausgewandert sei. Das AG. bestätigte dieses Erkenntniß, weil es am Beweise fehle, daß H. ausgewandert sei, die Ueberschreitung des Urlaubs aber nach dem Urlaubspasse nur disziplinarisch geahndet werden könne. Auf die NB. des OStA.s hat das OTr. dieses Erk. vernichtet, weil das Bleiben im Auslande über Erlaubniß dem Verlassen des Landes (Auswandern) gleichstehe (vgl. Oppenhoff StGB. § 110 n. 4—6; RdO. 2. S. 47. 87; 3. S. 128). Außerdem ward in Beziehung auf den vom Richter erster Instanz berücksichtigten Heimathsschein ausgeführt:

Die Instanzrichter haben die Bedeutung und den Zweck eines Heimathsscheines verkannt. Ein Heimathsschein ertheilt nicht die Erlaubniß auszuwandern, nicht die Erlaubniß den Preußischen Staat zu verlassen, nicht die Entlassung aus dem Unterthanenverbande. Er enthält überhaupt nicht irgend eine, der darin benannten Person ertheilte Erlaubniß, sondern hat nur das Verhältniß des Preußischen Staats zu einem anderen Staate, bezüglich auf jene Person, zum Gegenstande, und dient nur dazu, den Preußischen Unterthan bei seinem einstweiligen Aufenthalte in einem andern Staate, diesem und namentlich dem Staate gegenüber, welcher darin zum Zwecke solchen Aufenthalts benannt worden ist, einen dem Preußischen Staate Angehörenden zu legitimiren und gegen diesen fremden Staat die Verpflichtung des Preußischen Staats anzuerkennen, den solchergestalt Legitimirten, bei seiner Rückkehr in den Preußischen Staat in diesem, als einen Preußischen Staatsangehörigen aufnehmen zu müssen [vgl. Bekanntmachung, Frankr. betreffend, v. 21. Juli 1827 (GS. S. 81); Vertrag mit Oldenburg v. 12. Febr. 1817 und v. 15. Juli 1855 (GS. 17. S. 33; 55. S. 711); Weiske's Rechtslexikon 4. S. 502—504. 506—508; 7. S. 900; 14. S. 638; v. Rönne Staatsrecht 1. S. 291 n. 1; Koch ALR. II, 19. Note 14 (2. Aufl. S. 972)].

Rechtsirrthümlich war daher die der Feststellung des ersten Richters zu Grunde liegende Ansicht, daß dem H. durch den Heimathsschein qu. die Erlaubniß, die Kgl. Lande zu verlassen, ertheilt gewesen sei, und die daraus gezogene Folgerung, daß der ꝛc. H. nicht ohne Erlaubniß ausgewandert sei.

Antr. des GStA.s: gleichl. [26. — 1.]

Konkurs. — Gläubiger. — Abstimmung. — Vortheil.

Derjenige, welcher durch ein unbedingtes Giro Inhaber eines Wechsels geworden ist, und die daraus entstehenden Rechte geltend macht, ist als „Gläubiger" der betr. Forderung im Sinne des § 341 der Konk.-Ordn. anzusehen, sollte er auch behaupten, daß er nach einer mit seinem Indossanten getroffenen Abrede nicht Eigenthümer des

Wechsels geworden sei und nur als Mandatar des letztern gehandelt habe.

Konk.-Ordn. v. 8. Mai 1855 § 341. 309. Einf.-Ges. v. 14. April 1851 Art. XII. Nr. 3 [dort einzutr. als n. 16a].

Erk. (Z. II.) v. 22. Jan. 1863 c. Stampe (7. II.. Cr.).

St. war durch Giro des ꝛc. L. Inhaber eines von K. acceptirten Wechsels geworden und hatte die betr. Forderung, nachdem er vorher eine Verurtheilung des K. wegen derselben erwirkt hatte, in dem über das Vermögen desselben eröffneten gemeinen Konkurse angemeldet. Demnächst war er einem von K. vorgeschlagenen Akkorde beigetreten, nachdem er sich von einem Dritten einen Revers hatte ausstellen lassen, daß dieser ihm für den Ausfall aufkommen werde. Aus § 341 der Konk.-Ordn. verurtheilt, rügte er im Wege der NB. Beschränkung der Vertheidigung, weil der App.-Richter den von ihm erbetenen Beweis darüber, daß er nach einer Abrede mit seinem Indossanten L. gar nicht Eigenthümer des Wechsels geworden und nur als Mandatar des letztern gehandelt habe, somit gar nicht „Gläubiger" gewesen sei — abgelehnt habe. Zurückweisung; erwogen wurde:

daß der Angeklagte, auf welchen der Wechsel durch unbedingtes Giro übergegangen war und welcher demnächst auf Grund desselben das Judikat auf Zahlung der Wechselsumme in eigenem Namen erwirkt hatte, dem Kridar, und der Konkursmasse wie den Gläubigern derselben gegenüber, allein als der wirkliche Gläubiger der Forderung so sehr zu betrachten war, daß ihm bei der Anmeldung der Forderung zur Konkursmasse seine angebliche Verabredung mit dem ursprünglichen Inhaber des Wechsels mit Erfolg nicht hätte entgegengesetzt werden können; daß er auch nur als Gläubiger zur Theilnahme an der Beschlußnahme über den Akkord berechtigt war und thatsächlich nur in dieser seiner persönlichen Eigenschaft daran Theil genommen, endlich die inkriminirte Handlung nicht minder nur als Gläubiger vorgenommen hat, das Gesetz aber, welches die Strafbarkeit einer solchen Handlung eben darin findet, daß Jemand als Gläubiger durch seine Stimme zur Annahme eines Akkords mitwirkt, dem er sich vorher schon durch einen Vertrag hinter dem Rücken der Mitgläubiger entzogen hat, überall denjenigen treffen muß, welcher thatsächlich unter seiner Voraussetzung gehandelt hat.

Antr. des GStA.s: gleichl. [27.—1.]

Jagd. — Wald-Enclave. — Verpachtung.

Ein Grundstück, welches einen Theil eines verpachteten Gemeindejagdbezirks bildet, scheidet aus diesem Verhältnisse dadurch nicht aus, daß während der Pachtzeit an einem anstoßenden Walde solche Veränderungen vorgenommen werden, daß es nunmehr von diesem ganz oder größtentheils eingeschlossen wird. Der Jagdbezirkspächter bleibt daher auch ferner berechtigt, auf demselben die Jagd auszuüben.

Jagd-Pol.-Ges. v. 7. März 1850 §§ 7. 2. 4. 17.

Erk. (B. II.) v. 22. Jan. 1863 c. Georges (17. II. Cr.).

G. hatte auf einer ihm gehörigen Wiese, welche von einem fremden über 3000 Morgen im Zusammenhange großen Walde von drei Seiten umschlossen, und auf welcher die Jagd nicht an den Eigenthümer jenes Waldes verpachtet war, gejagt, und war deshalb aus §§ 7 und 17 des Jagd-Pol.-Ges. bestraft worden. In zweiter Instanz erbot er den Beweis, daß jene Wiese einen Theil des an ꝛc. K. verpachteten Gemeindejagdbezirks bilde und daß der Eigenthümer des anstoßenden Waldes erst im Laufe der betr. Pachtzeit durch Ankauf und Bepflanzung eines benachbarten, so zum Walde gezogenen Grundstücks es herbeigeführt habe, daß seine Wiese von drei Seiten umschlossen worden sei, sowie endlich daß K. ihm die Erlaubniß zur Jagd ertheilt habe. Das AG. hat indessen diesen Beweis als rechtlich unerheblich abgelehnt und das erste Erk. bestätigt; dieses Urtheil ist auf die NB. des Angekl. vernichtet worden. Die Gründe lauten:

Nach den Bestimmungen des Jagd-Pol.-Ges. v. 7. März 1850 §§ 1. 4—6. 9—11 werden sämmtliche Grundstücke eines Gemeindebezirks, auf welche der § 2 des Gesetzes sich nicht bezieht, und mit Ausnahme der Wald-Enclaven im Sinne des § 7 daselbst zu einem gemeinschaftlichen Jagdbezirke vereinigt. Die Regulirung der Jagdangelegenheiten, die Bildung der Jagdbezirke, die Bestimmung über die Art der Benutzung der Jagd auf dem gemeinschaftlichen Jagdbezirke, ist zunächst den Gemeindebehörden übertragen (§§ 4. 9 und 10 das.). Ueber sich ergebende Anstände entscheidet die Aufsichtsbehörde (der Landrath), an deren Genehmigung zuweilen auch die Maaßnahmen der Gemeindebehörde gebunden sind (§§ 2. 4. 7. 9 das.). Wird nach dem Beschlusse der Ortsbehörde die Jagd auf dem gemeinschaftlichen Jagdbezirke verpachtet, so erhält damit der Pächter für die ganze Dauer seiner Pachtzeit das Recht zur Ausübung der Jagd auf allen Grundstücken, welche zum gemeinsamen Jagdbezirk gehören. Dem § 7 zufolge sollen die Grundstücke, welche Enclaven im Sinne desselben bilden, dem gemeinschaftlichen Jagdbezirke der Gemeinde nicht zugeschlagen werden. Danach ist also der Gemeindebehörde die Pflicht auferlegt, bei etwaiger Verpachtung der Jagd diese Enclaven auszunehmen. Würden sie dies nicht thun wollen, weil sie beispielsweise die Enclave im gesetzlichen Sinne nicht als vorhanden betrachteten, so würde dem Waldeigenthümer, in dessen Interesse die Ausnahme von der Regel im § 7 gemacht ist, allerdings ein Widerspruchsrecht gegen die Verpachtung, und eine Beschwerde bei der Aufsichtsbehörde zustehen. Aber wenn ein Einspruch nicht erhoben, oder derselbe als unbegründet befunden wäre, so würde der Pächter unbedenklich zur Ausübung der Jagd auf solchem Grundstücke, als einem Theil des allgemeinen Jagdbezirkes, berechtigt sein. Der § 7 supponirt dann aber auch gerade den Fall, daß das enclavirte Grundstück dem allgemeinen Jagdbezirke nicht zugeschlagen, von diesem vielmehr ausgenommen ist. Der Waldeigenthümer soll das Recht haben, von dem Besitzer des enclavirten Grundstückes die zeitweise Uebertragung der Ausübung der Jagd, gegen zu bemessende Entschädigung, zu verlangen und, wenn er von diesem Rechte keinen Gebrauch macht, so ist der Besitzer verpflichtet, die Jagd auf dem Grundstück ruhen zu lassen. Gleichwohl soll dem Besitzer die Ausübung der Jagd auf dem eingeschlossenen Grundstücke dann zustehen, wenn er dem Waldeigenthümer die Verpachtung der Jagd angeboten, und dieser von dem Rechte der Erpachtung keinen Gebrauch gemacht hat. Wäre das angeblich enclavirte Grundstück von dem zuständigen Gemeindebehörde als Theil des allgemeinen Jagdbezirks verpachtet, so würde der Besitzer desselben unter keinen Umständen zur Ausübung der Jagd auf demselben berechtigt sein; ihm könnte daher auch von dem Waldeigenthümer weder ein Aequivalent für die Uebertragung der Ausübung der Jagd mit Wirksamkeit angeboten werden, und eben so wenig könnte er dem Waldeigenthümer die Erpachtung der Jagdausübung anbieten, und im Nichtannahmefalle das Recht bekommen, nunmehr die Jagd selbst auszuüben.

Es zeigt sich hiernach, daß der § 7 cit. auf den Fall nicht paßt, wo die Ausübung der Jagd auf einem angeblich enclavirten Grund als Bestandtheil des allgemeinen Jagdbezirks verpachtet ist. Nach dem oben bereits Gesagten würde angenommen werden müssen, daß, wenn bei Verpachtung der Jagd mit Einschluß der angeblichen Enclave von dem Waldeigenthümer dagegen kein Einspruch erhoben worden wäre, das Recht des Pächters für die Dauer seiner Pachtzeit intakt bleiben müßte. Ist dies aber der Fall, so ist noch weniger abzusehen, wie eine Aenderung in diesem Pachtrecht dadurch begründet werden könne, daß der Waldeigenthümer erst im Verlauf der Pachtzeit ein Grundstück, welches zur Zeit der Verpachtung noch keine Enclave im gesetzlichen Sinne bildete, zu einer solchen gemacht hat.

Nach § 4 a. E. des cit. Gesetzes dürfen Beschlüsse der Gemeindebehörden über die zulässigen Abänderungen der gewöhnlichen Jagdbezirke auf keinen kürzeren Zeitraum als auf drei und auf keinen längern Zeitraum als auf zwölf Jahre sich erstrecken. Hand in Hand geht damit offenbar die Bestimmung im Schlußsatz des § 10, wonach Pachtverträge sich ebenfalls auf keinen kürzeren Zeitraum als auf drei, und auf keinen längern als zwölf Jahre erstrecken dürfen. Man hat korrespondirende Zeiträume gewählt, damit die Ausübung der Jagd für eine bestimmte Zeit und nach einem gemeinsamen Plane fest regulirt werden könne. Dies ergiebt sich auch aus der Uebergangsbestimmung des § 26, der zufolge die zur Zeit der Emanation des Gesetzes bestehenden Jagdpacht-Kontrakte mit dem ersten Juli 1851 von selbst außer Kraft treten sollen, falls sie der Bildung der im § 4 und 7 (Schlußsatz) vorgeschriebenen Jagdbezirke hinderlich sein sollten. Diese Bestimmungen lassen dann aber auch keinen Zweifel darüber, daß die von den betr. Behörden gebildeten Jagdbezirke und darnach abgeschlossenen Pachtverträge für die ganze festgesetzte Zeitdauer maaßgebend sind und bleiben, so daß daher auch das Jagdrecht des Pächters dadurch keine Aenderung erleiden kann, daß der Waldeigenthümer während der Pachtzeit einen Zustand herbeiführt, vermöge dessen ein Theil des verpachteten Jagdbezirks zur Wald-Enclave wird. Der Pächter, welcher kraft seines Pachtkontrakts auf einer solchen zwischenzeitlich hervorgerufenen Wald-Enclave die Jagd ausübt, begeht somit eine strafbare Handlung überall nicht, und am wenigsten könnte er dem Abs. 2 des § 17 des cit. Gesetzes verfallen, eben weil dieses Alinea, in Verbindung mit § 7 gesetzt, nur eine Kontravention des Eigenthümers der nicht verpachteten Wald-Enclave vor Augen hat.

Es beruht hiernach auf einer irrigen Rechtsauffassung, wenn der App.-Richter im gegenwärtigen Falle den von dem Imploranten angetretenen Entlastungsbeweis aus dem Grunde abgelehnt hat, weil nach der Fassung des § 7 cit. die Bestimmungen dieses Paragraphen von dem Augenblicke einträten, mit welchem ein Grundstück von einem über 3000 Morgen im Zusammenhange großen Walde ganz oder größtentheils eingeschlossen werde, daß also von diesem Zeitpunkte ab der Besitzer des so enclavirten Grundstückes verpflichtet sei, entweder die Ausübung der Jagd auf demselben dem Eigenthümer des dasselbe umschließenden Waldes zeitpachtweise zu übertragen, oder die Ausübung der Jagd gänzlich ruhen zu lassen, der Pächter aber nicht mehr Rechte haben könne, als der Eigenthümer des Grundstücks selbst.

Die Qualität des Angeklagten als Eigenthümer des Grundstücks, welches zur Zeit, da er die Jagd darauf ausübte, von drei Seiten von einem über 3000 Morgen großen Walde umschlossen gewesen sein soll, kömmt hier gar nicht in Betracht. Nach der unter Beweis gestellten Behauptung des Angeklagten war die Ausübung der Jagd auf dem fraglichen Grundstücke vom Jahre 1856 bis 1862 an ꝛc. K. als Theil des allgemeinen Jagdbezirks mit verpachtet worden, und er, der Angeklagte, will mit der schriftlichen Erlaubniß des Jagdpächters die Jagd auf demselben noch vor Ablauf der Pachtzeit ausgeübt haben. Es fragt sich also, da der Angeklagte nach § 17 Abs. 1 des cit. Ges. sein Recht von dem Pächter ableitet, nur, ob dieser letztere sein Recht, die Jagd auf dem fraglichen Grundstücke auszuüben, dadurch verloren hat, daß dasselbe von dem Eigenthümer des Waldes inzwischen zur Enclave gemacht worden ist. Dies ist aber nach dem grundsätzlich Ausgeführten nicht der Fall, indem, wie gezeigt, der § 7 cit. in seinen Dispositionen eine von der zuständigen Gemeindebehörde verpachtete Jagdausübung nicht unterstellt und dem erworbenen Rechte des Jagdpächters durch spätere Handlungen des Waldeigenthümers, welcher bei der Verpachtung rechtsgültig durch die Gemeindebehörde vertreten war, nicht präjudizirt werden konnte.

Antr. des GStA.s: gleichl. [27. — 1.]

Legalisirung. — Vorbehalt.

Eine Schrift ist genügend legalisirt, wenn sie die Unterschrift eines qualifizirten Rechtsverständigen trägt, und zu erkennen ist, daß sich diese Unterschrift auf den Inhalt der Schrift beziehen soll. In diesem Falle kommt es auf sonstige Zusätze oder Vorbehalte nicht an.

Ges. v. 3. Mai 1852 Art. 110 [vgl. dort n. 27].

Beschl. (II.) v. 22. Jan. 1863 c. Hüttenhein (9. B. II. Cr.).

Allerdings hat der Rechtsanwalt L. die Bedeutung und den Zweck der Legalisirung einer Nichtigkeitsbeschwerde (vgl. Entsch. des OTr.s 47. S. 470) völlig verkannt, wenn er die als Nichtigkeitsbeschwerde-Anzeige bezeichnete Schrift v. rc. und ebenso die Rechtfertigungsschrift v. rc. mit dem von ihm unterschriebenen Vermerke „Pro legalisatione, jedoch ohne Verantwortlichkeit für den Inhalt“ versehen hat. Allein für die formelle Zulässigkeit der NB. ist es einflußlos, wenn auch dadurch der RAnw. L. sich einer Disziplinarrüge ausgesetzt haben möchte. Für diese Zulässigkeit genügt es, zumal bei der Analogie, welche Nr. 29 der Instruktion v. 7. April 1839 (GS. S. 145) darbietet, daß der RAnw. L. die gedachten Schriften nicht nur mit seiner Unterschrift versehen, sondern auch durch den Vermerk „Pro legalisatione“ zu erkennen gegeben hat, daß sich seine Unterschrift auf den Inhalt der Schrift beziehen sollte. Von der Verantwortlichkeit, die er dadurch nach dem Gesetze überkam, konnte ihn der weiter gemachte Zusatz nicht entbinden.

Antr. des GStA.s: gleichl. [26 — 3.]

Diebstahl. — Holz. — Selbstschlag.

Derjenige, der es übernommen hat, in einem fremden Walde für den Eigenthümer Holz zu fällen, um demnächst dieses Holz gegen Abrechnung der Arbeitskosten zu kaufen, begeht einen Diebstahl an geschlagenem Holze, wenn er dasselbe in diebischer Absicht wegschafft.

StGB. § 217 Nr. 3 [dort einzutr. als n. 31 a].

Erk. (Z. I.) v. 23. Jan. 1863 c. Arnoldt (17. I. Cr.).

Dem A. war der „Selbstschlag“ von Holz in einem Kgl. Walde gestattet worden mit dem Anspruche, das gefällte Holz unter Abrechnung der Arbeitskosten zu kaufen; er hat indessen, ohne gekauft zu haben, einen Theil dieses Holzes in der Absicht rechtswidriger Zueignung weggeschafft. Aus § 217 Nr. 3 verurtheilt, ergriff er die NB., welche zurückgewiesen ward aus folgenden Gründen:

Die Erlaubniß zum Selbstschlagen, wie sie von den Instanzrichtern aufgefaßt wird, bezweckt, daß der damit Beauftragte das Holz für die Forstverwaltung fällt und demnächst den Ankauf abschließt. Die rechtliche Folge hiervon ist, daß bis zum Verkauf das geschlagene Holz Eigenthum der Verwaltung bleibt und daß dessen Wegnahme im Walde ohne Einwilligung der Verwaltung und in der Absicht rechtswidriger Zueignung den Thatbestand des im § 217 Nr. 3 bezeichneten Diebstahls enthält.

Antr. des GStA.s: gleichl. [13.—2.]

Vermögensbeschädigung. — Rechtswidrigkeit. — Polizeigebot.

Die Zerstörung einer fremden Sache durch einen Dritten bleibt auch dann rechtswidrig und strafbar, wenn die letztere auf Anordnen der Polizeibehörde beseitigt werden sollte.

StGB. § 281 [dort einzutr. als n. 5 a].

Erk. (Z. I.) v. 23. Jan. 1863 c. Scheer (46. I. Cr.).

Unbegründet ist der Angriff gegen die Annahme des App.-Richters über die Rechtswidrigkeit der Handlung des Angeklagten. Denn wenn auch der in Rede stehende Zaun auf Anordnung der Polizeibehörde, wie behauptet wird, fortgeschafft und beseitigt werden sollte, so bleibt derselbe doch immer in seinem damaligen Bestande ein fremdes Eigenthum, in welches einzugreifen und welches zu zerstören jene polizeiliche Verfügung keinem Dritten, also auch dem Angeklagten nicht, ein Recht gab. Bis zu dem Zeitpunkt, wo jene Verfügung zur Ausführung kommen mußte, hatte vielmehr der Eigenthümer nach wie vor die ausschließliche Disposition darüber. Diese verlor er durch die Handlung des Angeklagten, erlitt also dadurch einen Vermögensnachtheil. Daß aber der Angeklagte nicht etwa nur in der Absicht gehandelt habe, die polizeiliche Verfügung, wenn auch eigenmächtig, auszuführen, nimmt der App.-Richter [thatsächlich] an.

Antr. des GStA.s: gleichl. [15. — 2.]

Fragstellung. — Alternative.

Die einfache Bejahung einer eine Alternative enthaltenden Frage kann einer Verurtheilung zum Grunde gelegt werden, wenn in beiden vorgesehenen Fällen der Thatbestand des betr. Verbrechens und die Strafen dieselben bleiben.

Ges. v. 3. Mai 1852 Art. 31 [vgl. dort n 6]; Art. 80 [vgl. dort n 12]. Vgl. RdOTr. 2. S. 164. Aehnlich: Z. I. 18. Febr. 1863 c. Liebig, 108.

Erk. (Z. I.) v. 23. Jan. 1863 c. Thiele (120. I. Cr.).

Die NB. des Th. rügte es, daß die von den Geschwornen bejahte Frage ein von ihm „allein oder in Gemeinschaft mit einem oder mehreren Andern" verübtes Verbrechen zum Gegenstand gehabt habe, so daß nicht feststehe, welche jener Alternativen die wahre sei. Zurückweisung. Gründe:

Da der Thatbestand des dem Angekl. zur Last gelegten Verbrechens, sowie die demselben aufzulegenden Strafen in jedem Falle dieselben bleiben, mochte der Angekl. die That allein oder in Gemeinschaft mit Andern verübt haben, so war ein bestimmter Ausspruch der Geschwornen darüber, welcher von beiden Fällen vorlag, nicht erforderlich. Nach diesen Grundsätzen ist vom OTr. auch in vielen andern Fällen erkannt worden; vgl. Goltd. Arch. 1. S. 205. 364; 2. S. 94.

Antr. des GStA.s: gleichl. [28. - 2.]

Zolldefraude. — Beschlagnahme. — Haussuchung. — Widersetzlichkeit.

1. Die Zollbehörden sind zur Beschlagnahme muthmaßlich mit Umgehung der Zollgefälle eingebrachter Gegenstände auch im Innern einer Wohnung befugt, ohne daß es dazu der Zuziehung der Ortsbehörde bedarf.

ZStr.-Ges. v. 23. Jan. 1838 §§ 28. 29; Zoll-Ges. § 37.

2. Eine Widersetzlichkeit im Sinne des § 26 des ZStr.-Ges. kann in der Weigerung, eine Sache herauszugeben, und in der Nichtgestattung des Eintritts in die Wohnung zur Vornahme einer Amtshandlung gefunden werden.

ZStr.-Ges. § 26.

Erk. (Z. I.) v. 28. Jan. 1863 c. Reitzenstein (979. I. Cr.).

Nach § 28 und 29 des ZStr.-Ges. war die Zollbehörde zur Beschlagnahme der muthmaßlich mit Umgehung der Zollgefälle eingebrachten Milchgefäße auch in der Wohnung des Angeklagten befugt und der zweite Richter nimmt mit Recht an, daß es der in § 37 des Zoll-Ges. vorgeschriebenen Zuziehung der Ortsbehörde nicht bedurfte, weil dieser Paragraph sich nicht auf Beschlagnahmen, sondern nur auf Hausvisitationen und Revisionen von Waarenlagern bezieht, um welche es sich hier nicht handelt. Von einer unbefugten Einbringung der Steuerbeamten in die Wohnung kann daher keine Rede sein.

Eine Widersetzlichkeit im Sinne des § 26 des ZStr.-Ges. konnte aber rechtlich darin gefunden werden, daß der Angekl. den Beamten bei Bekanntmachung des ihnen ertheilten Auftrags erklärte: „daß er die Gegenstände, da sie sein Eigenthum wären, niemals herausgeben werde, und daß sie ihm nur mit Gewalt entrissen werden könnten," sowie darin, daß der Angekl. sich später weigerte, die Aufnahme des Protokolls in seiner Wohnung zu gestatten, wodurch die Beamten in der rechtmäßigen Ausübung ihres Amtes behindert wurden.

Antr. des GStA.s: gleichl. [18.—4.]

Vertheidiger. — Zuordnung. — Benachrichtigung des Angeklagten.

Dem verhafteten Angeklagten, welcher nicht zum Termine des App.-Richters vorgeführt wird, muß die Person des auf seinen Wunsch zugeordneten Vertheidigers mitgetheilt werden. Im Unterlassungsfalle tritt Nichtigkeit ein, welche nicht dadurch gedeckt wird, daß der zugeordnete Vertheidiger die Vertheidigung geführt hat.

Vdn. v. 3. Jan. 1849 § 134 [vgl. dort n. 16]. Sic: V. I. 29. Okt. 1862 c. Schröder, 900.

Erk. (B. I.) v. 28. Jan. 1863 c. Wieck (143. I. Cr.).

Nach Inhalt der Akten hat Implorant auf sein protokollarisches Gesuch nur eine Abschrift der Verfügung v. ꝛc. erhalten, wonach der Justizrath H. gefragt werden sollte, ob er die Vertheidigung des Imploranten übernehmen wolle, und durch die eventuell der R.-Anw. S. dem Imploranten mit der Aufforderung zum Vertheidiger ex officio zugeordnet ist, den Termin v. ꝛc. wahrzunehmen. Davon, daß der JR. H. die Vertheidigung übernahm, erhielt der Implorant nach Ausweis der Akten keine Kenntniß. Derselbe durfte aber nicht in Ungewißheit über die Person seines Vertheidigers gelassen werden, sondern nach der Erklärung des JR. H. war das Gericht verpflichtet, dem Imploranten mitzutheilen, daß die Vertheidigung nicht durch den R.-Anw. S., sondern durch den JR. H. würde geführt werden, weil nur auf diese Weise der Angeklagte, welcher ausdrücklich gebeten hatte, ihn vor dem Termine zu einer Unterredung mit dem Vertheidiger zu verstatten, in den Stand gesetzt wurde, sich wegen der zu ertheilenden Information mit letzterem in Verbindung zu setzen.

Der erwähnte Verstoß wird dadurch nicht behoben, daß der JR. H. in der Audienz v. ꝛc. den Imploranten vertheidigt hat, da nicht konstirt, daß dieses nach einer zwischen dem JR. H. und dem Imploranten stattgehabten Kommunikation geschehen wäre.

Antr. des GStA.s: entg. [44.—4.]

Bergwerkskonzessionär. — Schürfarbeit. — Entschädigung des Eigenthümers. — Linkes Rheinufer.

Auf dem linken Rheinufer ist der Bergwerkskonzessionär, welcher Schürfarbeiten ohne vorherige Entschädigung [ohne Genehmigung] des Eigenthümers der Oberfläche vornimmt, nicht strafbar.

Rh. Bergw.-Ges. v. 21. April 1810 Art. 10—12. 43. 44. 93. 96. Sic: Z. II. 8. Juni 1854 c. Pons u. Kern, 198 (Zeitschrift f. Berg- ꝛc. Wesen 5. 1. S. 49), welches die vom Konzessionär ohne „Erlaubniß" des Bodeneigenthümers vorgenommenen Arbeiten für straflos erachtete; Erk. AH. Douai 12. Mai 1857 (Sir. 57. 2. S. 749). — Contra: Erk. AH. Köln 1. Juni 1841 (Rh. Arch. 32. 1. S. 159); Erk. AH. Bourges 20. April 1831 (Sir. 31. 2. S. 320); Delebecque Traité 2. n. 741; Peyret-Lallier Traité 1. n. 420; Dupont Traité 1. p. 300; v. Carnall Abh. in d. Zeitschrift f. Berg- rc. Wesen, Berlin 5. 1. S. 49, welche indessen alle, ebenso wie das cit. Erk. v. Douai hauptsächlich nur die civilrechtliche Seite der Frage ins Auge fassen. — Vgl. Achenbach Berg-Polizei-Vorschriften S. 33 Note.

Erk. (V. II.) v. 29. Jan. 1863 c. Mainz (299. II. Cr. v. 1862).

M. war, weil er „— auf der Gemarkung von D. unbefugter Weise geschürft habe," aus Art. 96 des Bergw.-Ges. v. 21. April 1810 bestraft worden. Die Instanzgerichte stellten zwar fest, daß er in dem betr. Distrikte die ministerielle Konzession zum Bergbau erlangt gehabt habe, erachteten aber doch die Strafe für verwirkt, weil in Betreff der nach Art 10 l. c. erforderlichen vorgängigen Entschädigung des Bodeneigenthümers weder eine Einigung mit dem letztern noch eine vorläufige Feststellung durch die zuständige Behörde erfolgt sei; von dieser Verbindlichkeit sei auch der Konzessionär nicht befreit, da die Konzession nur die unterirdische Masse zum Gegenstande habe, während durch die Schürfarbeit die Oberfläche angegriffen werde. Auf den Kassationsrekurs des M. ist das Erk. zweiter Instanz vernichtet und auf Freisprechung erkannt worden. Es wurde erwogen:

daß eine Bergwerkskonzession dem Konzessionsinhaber das Recht beilegt, sich alles in dem Konzessionsfelde vorfindliche Mineral, auf welches die Konzession lautet, zuzueignen, und die für diesen Zueignungszweck erforderlichen Arbeiten, ohne Rücksicht auf den Widerspruch des Bodeneigenthümers, gegen die im Art. 43 und 44 des Bergwerksgesetzes v. 21. April 1810 näher bestimmte Entschädigung dieses Eigenthümers zu unternehmen, und der letztere diese Arbeiten gleichsam vermöge einer seinem Eigenthum auferlegten Legalservitut zu dulden verpflichtet ist;

daß nach ertheilter Konzession an einen Dritten der Eigenthümer der Oberfläche auf dem Konzessionsfelde selbst keine Schürfarbeiten mehr vornehmen darf (Art. 12 l. c.); hieraus aber von selbst folgt, daß der Konzessionär zu den

Schürfarbeiten, wie zu den Exploitationsarbeiten in diesem Felde allein und selbstständig befugt ist;

daß die Art. 93 und 96 l. c. nur die Zuwiderhandlungen gegen die Gesetze und besondere Anordnungen (lois et règlements) unter Strafe stellen, und dabei nur an solche Handlungen gedacht ist, welche einen unerlaubten Bergwerksbetrieb darstellen würden („contraventions à cause d'exploitations illicites“: Ministerielle Instruktion zum Bergwerksgesetze § XIII. Schluß);

daß der Konzessionär, wenn ihm die Konzessionsurkunde das Recht giebt, die Exploitations- wie die Schürfarbeiten in dem Konzessionsfelde selbstständig und ausschließlich vorzunehmen, sich durch Vornahme derselben, sofern er sich dabei in den Grenzen seiner Konzessionsurkunde hält und die bestehenden polizeilichen Vorschriften beobachtet, eines unerlaubten Bergwerksbetriebes an sich nicht schuldig machen kann;

daß er bemerktermaaßen zwar verpflichtet ist, dem Eigenthümer der Oberfläche den durch die Arbeiten verursachten Schaden zu ersetzen;

daß zuvörderst aber das Bergwerksgesetz von 1810, welches als Spezialgesetz der Materie hier die Entscheidungsnorm allein abgeben kann, keine Bestimmung enthält, welche dem Konzessionär die Verpflichtung auflegt, die Entschädigung vor der Besitznahme der zu den Arbeiten erforderlichen Bodenfläche feststellen zu lassen, resp. zu leisten;

daß insbesondere hier der Art. 10 des Bergwerksges., welcher allein von einer vorgängigen Entschädigung spricht, gegen den Konzessionär mit Unrecht angerufen wird, da dieser Artikel in Uebereinstimmung mit der Ueberschrift des Titels III. „des actes, qui précèdent la demande en concession des mines,“ worunter er sich befindet, und auch seinem Inhalte nach sich unzweifelhaft nur auf die die Konzession vorbereitenden travaux de recherches bezieht und nur mit Rücksicht auf diese Arbeiten gesagt ist, daß sie nur mit Einwilligung des Eigenthümers der Oberfläche oder auf Grund einer Autorisation der Regierung vorgenommen werden können, welche Autorisation der Regierung aber nur unter der Auflage der **vorherigen** Entschädigung jenes Eigenthümers und nachdem derselbe gehört worden, ertheilt werden soll;

daß in der Sprache des Bergwerksgesetzes die Autorisation der Regierung, welche zum Behufe der auf die Aufsuchung des Minerals gerichteten Arbeiten ertheilt wird, Permission, die Urkunde aber, welche das selbstständige bergmännische Eigenthum verleiht, dagegen Konzession genannt wird, wie man sich davon schon durch die bloße Ansicht des Art. 11 des Ges. überzeugen kann, wo der Permissionär und der Konzessionär („nulle permission de recherches, ni concession de mines") in Bezug auf die hier gemachte Beschränkung einander gleichgestellt sind;

daß bei dem hiernach klar hervortretenden Unterschiede zwischen dem Permissionär und dem Konzessionär von selbst vorliegt, daß der Konzessionär von der Vorschrift des Art. 10 cit., welcher bloß den Permissionär vor Augen hat, nicht betroffen wird;

J. E., daß dagegen der Art. 43 l. c. die Entschädigungspflicht des Konzessionärs im Abs. 1 nur dahin bestimmt: „Les propriétaires de mines sont tenus de payer les indemnités dues au propriétaire sur le terrain duquel ils établiront leurs travaux;

daß hier also von einer vorgängigen Entschädigung nicht die Rede ist;

daß zwar im zweiten Abs. des Artikels, sowie im Art. 44 ibid. der Konzessionär und Explorateur — Permissionär also — auf eine Linie gestellt sind;

daß solches aber nur mit Bezug auf die Grundlagen der Entschädigung und den Umfang derselben geschieht, indem sie, der eine wie der andere, je nach der Dauer der Arbeiten, entweder eine Summe für die Entziehung der Benutzung während der Okkupation der Oberfläche zahlen, oder aber das Eigenthum der letztern kaufweise übernehmen sollen; aus dieser Gleichstellung aber die andere noch keineswegs folgt, daß der Konzessionsinhaber, welchem nur Entschädigungspflicht im Allgemeinen auferlegt ist, auch gleich dem Explorateur die Entschädigung vorgängig leisten müsse.

J. E., daß, wenn man aber auch, und ungeachtet dessen, daß es nach dem Bisherigen an einer die vorherige Entschädigung des Eigenthümers der Oberfläche bedingenden Bestimmung im Bergwerksgesetze fehlt, annehmen wollte, daß der Eigenthümer der Oberfläche vor getroffener Feststellung und Zahlung der Entschädigung die Besitznahme der Oberfläche zum Behuf der von dem Konzessionsinhaber vorzunehmenden Arbeiten civilrechtlich verweigern könnte, doch durch das eigenmächtige Vorschreiten des letztern noch keine Bergwerkskontravention begründet würde;

daß nämlich das Bergwerksgesetz die Entschädigungen, welche aus den bergmännischen Arbeiten nach ertheilter Konzession hergeleitet werden, als einen Gegenstand betrachtet, welcher das öffentliche Interesse weiter nicht mehr berührt, sondern nur ein civilrechtliches Verhältniß zwischen den beiden Eigenthümern begründet, was schon daraus hervorgeht, daß eben deshalb die Streitigkeiten über die Entschädigung an den ordentlichen Civilrichter verwiesen sind, während die Feststellung der von dem einfachen Permissionär zu leistenden Entschädigung, da die Sache noch als eine öffentliche Angelegenheit mit betrachtet wird, von dem Präfekturrath erfolgen mußte (Art. 46 des Bergwerksgesetzes);

daß daher auch angenommen werden muß, daß im Falle, wo der Eigenthümer der Oberfläche seine Rechte auf die Entschädigung irgend wie von dem Konzessionsinhaber als verletzt betrachtet, er deshalb nur den Weg der Civilklage betreten kann, eine strafrechtliche Verfolgung des Konzessionärs wegen Nichterfüllung der ihm nach der Seite hin obliegenden Verpflichtungen dagegen ausgeschlossen bleibt, eben weil dadurch sein Bergwerksbetrieb zu einem unerlaubten nicht gemacht wird.

J. E., daß in thatsächlicher Hinsicht der App.-Richter annimmt, daß die von dem Kass.-Kläger unternommenen Schürfarbeiten an einer Stelle ausgeführt seien, die innerhalb der Grenzen des Feldes liege, welches behufs Gewinnung der darin lagernden Eisensteine durch Urkunde vom 24. Jan. 1858 in Konzession gegeben worden;

daß, wenn er dessen ungeachtet die Berufung gegen das den Beschuldigten auf Grund des Art. 96 des Bergwerksgesetzes v. 21. April 1810 verurtheilende Erkenntniß erster Instanz verworfen hat, weil der Art. 10 l. c., welcher jedes Schürfen ohne Einigung über die Entschädigung mit dem Eigenthümer der Oberfläche, resp. ohne vorherige Feststellung derselben durch die zuständige Behörde verbiete, und zu Gunsten des Konzessionärs nirgends eine Ausnahme von dieser Vorschrift gemacht sei, die Konzession auch nur ein Recht auf die unterirdische Masse des concedirten Feldes übertrage, während durch das Schürfen die Oberfläche angegriffen werde, diese Entscheidung, nach dem bisher Ausgeführten, auf einer Verkennung der Grundsätze der Materie, einer unrichtigen Anwendung des Art. 10 des Bergwerksgesetzes, und einer Verletzung der Art. 93 u. 96 das. beruht;

daß solche daher der Kassation unterliegt;

J. E., daß der Richter erster Instanz gleichfalls davon ausgeht, daß der Beschuldigte zu den von ihm vorgenommenen Schürfarbeiten die Konzession gehabt, daß er gleichwohl vermeint, daß die Strafbestimmung des Art. 96 auf den Beschuldigten Anwendung finden müsse, weil er die Autorisation des Eigenthümers der Oberfläche nicht erwirkt habe, so lange letzteres aber nicht geschehen, und eine Einigung über den Entschädigungspunkt mit dem Eigenthümer nicht erfolgt sei, die ministerielle Konzession nur als eine bedingte zu betrachten sei;

daß indessen die Konzessionsurkunde keine bedingte ist,

und das Urtheil des ersten Richters offenbar nur auf derselben rechtsirrthümlichen Auffassung beruht, welche dem zweiten Richter zur Last fällt.

Antr. des GStA.s: gleichl. [27.—1.]

Uebertretung. — Auftrag eines Andern.

Eine Uebertretung bleibt an dem Thäter auch dann strafbar, wenn er sie lediglich im Auftrage eines Dritten und innerhalb der Grenzen dieses Auftrags beging.

StGB. Thl. III. Tit. 1 [vgl. dort n. 6 a].

Erk. (B. II.) v. 29. Jan. 1863 c. Drüyen (21. II. Cr.).

J. E., daß die in dem angegriffenen Urtheile enthaltenen Ausführungen sich in den Satz zusammenfassen lassen: „daß derjenige, welcher in Folge eines ihm ertheilten Auftrages und innerhalb der Grenzen desselben eine Uebertretung verübt, weder als Urheber noch als Theilnehmer bestraft werden könne, indem die strafrechtliche Verantwortlichkeit dafür lediglich auf den Auftraggeber zurückfalle;"

daß dieser Satz jedoch, selbst wenn man in denselben die vom Polizeirichter nur beispielsweise gemachte Beschränkung hineinträgt, „daß dies jedenfalls von einem solchen Beauftragten gelte, welcher zu dem Auftraggeber in einem dienstlichen oder abhängigen Verhältnisse steht," jeder rechtlichen Grundlage entbehrt, indem die Strafbarkeit der Uebertretungen lediglich durch die Verübung einer durch Gesetz oder gesetzlich erlassene Verordnungen unter Strafe gestellten Thathandlung bedingt ist, und es hierbei, falls nur überhaupt bei dem Thäter ein zurechnungsfähiger bewußter Wille vorhanden war, nicht darauf ankommt, ob er hierbei in selbstsüchtiger Absicht dolose oder culpose, im eigenen Namen oder als Beauftragter eines Dritten gehandelt hat, indem namentlich in letzterer Beziehung ein Auftrag zur Verübung einer an sich strafbaren Handlung mit der Wirkung, daß hierdurch die strafrechtliche Verantwortlichkeit des ausführenden Beauftragten wegfalle, selbstredend nicht ertheilt werden kann, vielmehr der Handelnde für seine eigene, mit Bewußtsein vorgenommene, gegen ein Strafgesetz verstoßende, Handlung einzustehen hat, und dies namentlich von Zuwiderhandlungen gegen polizeiliche Vorschriften gilt, bei denen, nach der in dem angegriffenen Urtheile ausgesprochenen Theorie, der Polizeirichter, ganz dem Zwecke dieser Vorschriften entgegen, behufs Ermittelung des eigentlich Strafbaren, der schwierigen, in den meisten Fällen erfolglosen Prüfung sich würde zu unterziehen haben, wie der Auftrag eigentlich gelautet, und ob der Beauftragte sich innerhalb der Grenzen desselben gehalten habe oder nicht.

Antr. des GStA.s: gleichl. [16. — 1.]

Kuppelei. — Unzucht. — Vorschubleisten.

1. Im § 147 des StGB.s ist der Ausdruck „Unzucht" nicht auf die Vollziehung des Beischlafs und überhaupt nicht auf einen bestimmten Erfolg zu beschränken.

StGB. § 147 [vgl. dort n. 7].

2. Zum Thatbestande der Kuppelei wird nicht erfordert, daß die Personen, welchen Vorschub geleistet worden ist, die Unzucht wirklich betrieben haben.

Ebendas. [vgl. dort n. 12].

Erk. (Z. II.) v. 29. Jan. 1863 c. Schaller (88. II. Cr.).

Die NB. des aus § 147 verurtheilten Sch. rügte es, daß nach der thatsächlichen Feststellung die Personen, welchen er Vorschub geleistet habe, nur „unzüchtige Handlungen" vorgenommen, nicht aber, daß sie „Unzucht" getrieben hätten. Die Zurückweisung erfolgte, weil

es bei der „Kuppelei," als einem selbstständigen, nicht unter den Begriff der Theilnahme an einer fremden Strafthat fallenden Vergehen, welches durch den, der Unzucht einer oder mehrerer Personen des einen oder anderen Geschlechts geleisteten Vorschub vollendet wird, nach dem Wesen, dem Zwecke und dem Wortlaute der hierauf bezüglichen Strafbestimmung, nicht auf einen bestimmten Erfolg, und namentlich nicht auf einen, in Folge der Vermittlung und Vorschubleistung des Kupplers wirklich vollzogenen Beischlaf ankommt, vielmehr der § 147 Anwendung findet, sobald Seitens des Kupplers Alles geschehen ist, wodurch der Zweck, für welchen er seine Vermittlung eintreten ließ, auch nur hätte erreicht werden können; untergebens aber überdies noch unzüchtige Handlungen des rc. B. mit der rc. E. ausdrücklich festgestellt worden sind.

Antr. des GStA.s: gleichl. [11. — 1.]

Fälschung. — Blankett. — Wechselformular. — Accept.

Wer ein mit einem fremden Blanko-Accept versehenes Wechselformular unberechtigter Weise ausfüllt und als Zieher unterzeichnet, macht sich einer Fälschung im Sinne des § 248 des StGB.s schuldig.

StGB. § 249 [vgl. dort n. 6; RdOTr. 2. S. 84. 156].

Erk. (V. I.) v. 30. Jan. 1863 c. Basch (4. I. Cr.).

B. hatte ein mit dem Blanko-Accepte des rc. M. versehenes Wechselformular durch Ausfüllung, Unterschrift und Giro zu einem vollständigen Wechsel auf eigene Ordre und von demselben Gebrauch gemacht. Gleichwohl hielt der Schw.-GH. den § 249 cit. für nicht zutreffend und sprach frei, weil der Annahmevermerk keine Unterschrift, sondern eine für sich bestehende Erklärung sei, und Art. 4 der D. WO. unter „Unterschrift" nur die des Ausstellers verstehe; der Annahmevermerk bilde nicht die Unterschrift zu der von dem B. gefertigten Wechselerklärung, der Kontext des Wechsels sei eine eigene auch ohne den Annahmevermerk bestehende Urkunde; endlich werde der Annahmevermerk durch das Hinzufügen des Wechsels nur zu dem Zwecke verwendet, für welchen er ursprünglich bestimmt war, also nicht gemißbraucht. Auf die NB. des StA.s hat das OTr. dieses Erk. vernichtet und den B. aus § 248 verurtheilt. In den Gründen wird zunächst ausgeführt, der Schw.-GH. habe die thatsächliche Grundlage zu seiner Entscheidung nicht lediglich aus dem Geschwornenspruche entlehnt, sodann heißt es in Betreff der Rechtsfrage weiter:

Das Wort „Unterschrift" hat im § 248 des StGB.s an sich lediglich den rein thatsächlichen Begriff einer Namensunterschrift; ob daneben und überhaupt auf dem Papiere, worauf sie steht, noch andere Worte sich befinden, ändert daran nichts. Um das im Paragraphen vorgeschriebene Verbrechen zu begehen, muß es nur möglich sein, das Papier noch anderweitig ohne den Willen dessen, der seinen Namen darauf geschrieben hat, so auszufüllen, daß das Ganze vermöge der Namensschrift als eine Urkunde, d. h. zum Beweise eines Vertrags oder eines Rechtsverhältnisses gegen den Schreiber des Namens erheblich erscheint, gleichwie als ob der ganze Kontext zuerst und der Name darauf geschrieben worden sei. So wird, wer in einer Tratte bezogen ist, gleichergestalt, wenn er seinen Namen ohne weiteren Beisatz auf die Vorderseite des Wechsels schreibt, als wenn er diesem Namen das Wort „angenommen" oder ein ähnliches hinzufügt, nach Art. 21 der A. D. W.-Ordn. als Acceptant verpflichtet, tritt in die Wechselverbindlichkeit ein (vgl. Art. 23. 81 das.) und dasselbe ist der Fall, wenn ein Papier, welches noch keine Tratte ist, aber den Annahmevermerk oder eine bloße Namensschrift trägt, mit einem auf deren Autor gezogenen Wechsel wie vorliegend ausgefüllt wird. Die Namensschrift ist dann allerdings nicht die Unterschrift des Ausstellers, wovon der Art. 4 Nr. 5 der D. W.-Ordn. redet, sie ist aber unstreitig die Unterschrift eines Wechselbezogenen im Sinne der Artt. 21. 23. 81, so wie 76 und 77 u. s. w. daselbst, sie macht den Wechsel zu einem acceptirten, zu einer Urkunde gegen den Bezogenen, was sie mit oder ohne Annahmevermerk vor der Ausfüllung des Wechselformulars keineswegs war. Wenn der Vorderrichter sagt: „der Annahmevermerk sei eine selbstständige für sich bestehende Erklärung," so versteht er unter dem Ausdrucke „Erklärung" entweder keine Urkunde, oder bezieht seine Aeußerung auf einen Annahmevermerk, der auf eine schon ausgefüllte Tratte geschrieben wird, allein selbst dann nur sehr uneigentlich eine selbstständige Urkunde insofern genannt werden könnte, als sie unabhängig von der Aechtheit anderer Unterschriften auf dem Wechsel eine Wechselverbindlichkeit erzeugt (Art. 75. 76 a. a. O.).

Dies spricht jedoch mehr gegen als für die Argumentation des Vorderrichters, denn es beweist die rechtliche Untrennbarkeit der Unterschrift des Acceptanten von dem Kontexte des Wechsels, vor dessen Dasein jene Unterschrift und ebenso das davor stehende Wort „angenommen" oder beide zusammen nichts weniger, als eine selbstständige Urkunde sind, gar keinen rechtlichen Inhalt haben. Sie erhalten einen solchen immer erst, je nachdem ein Text hinzukommt, der ein Verständniß des Angenommenen möglich macht und in Verbindung mit dem Annahmevermerke eine Urkunde darstellt; in vorliegendem Falle sind sie nach dem Ausspruche der Geschwornen und der unbestrittenen Natur des ausgefüllten Schriftstücks durch dessen Ausfüllung zu einem Wechsel-Accepte geworden, wie mit jenem zu einem von C. M. acceptirten Wechsel über rc., wozu M. sie nicht bestimmt hatte: „ohne den Willen des M." (vgl. Beseler Komm. S. 475. III.).

Antr. des GStA.s: gleichl. [23. – 2.]

Waarenbezeichnung. — Namen. — Wohnort.

Zum Thatbestande des im § 269 des StGB.s vorgesehenen Vergehens gehört, daß die fälschliche Bezeichnung mit dem Namen (der Firma) und mit dem Wohn- (Fabrik-) Orte eines inländischen Fabrikanten geschehen sei. Dagegen genügt es, wenn auch nur eins von beiden falsch ist.

StGB. § 269 [vgl. dort n. 1].

Erk. (S. II.) v. 5. Febr. 1863 c. Friedländer (343. II. Cr.).

F. hatte sogenanntes „Eau de Cologne," welches auf den Etiketten die fälschliche Bezeichnung des Fabrikanten: „Joh. Maria Farina gegenüber dem Jülichsplatze" trug, in den Verkehr gebracht, war aber von der aus § 269 erhobenen Anklage freigesprochen worden, weil jene Bezeichnung nicht auch den Wohn- (Fabrik-) Ort des Fabrikanten Farina enthalte, dieser auch weder in der Benennung „Eau de Cologne," noch in der Ortsangabe: „gegenüber dem Jülichsplatze" gefunden werden könne. Auf die NB. des OStA.s ist das betr. Erk. des AG.s im Wesentlichen aus den im Erk. v. 20. Nov. 1862 (oben S. 135) erwogenen Gründen vernichtet worden. In demselben heißt es u. A.:

Allerdings fordert das Gesetz zum Thatbestande des mit Strafe bedrohten Vergehens, daß die fälschliche Bezeichnung mit dem Namen oder der Firma **und mit dem** Wohn= oder Fabrikorte eines inländischen Fabrikunternehmers geschehen sei. Allein zunächst ist es schon zur Herstellung des Thatbestandes nicht erforderlich, daß beide Bezeichnungen, sowohl die des Namens oder der Firma als die des Wohn= oder Fabrikorts falsch seien; es genügt vielmehr, wenn auch nur eins von beiden falsch ist; rc.

Antr. des GStA.s: gleichl. [26.—2.]

Körperverletzung (tödtliche). — Successives Mitwirken Mehrerer.

Ist der Tod eines Menschen die Folge verschiedener von verschiedenen Personen zugefügter selbstständiger Mißhandlungen in ihrer Gesammtwirkung gewesen, so genügt es zur Anwendung des § 194 des StGB.s auf die einzelnen Thäter nicht, daß sie bei ihren Thätlichkeiten Kenntniß von den Thätlichkeiten der Andern hatten; es bedarf vielmehr bei jedem Einzelnen auch der Wissenschaft, daß seine Handlung in Verbindung mit den Handlungen der Uebrigen den Tod herbeiführen könne und werde.

StGB. § 194 [vgl. dort n. 7].

Erk. (Z. II.) v. 5. Febr. 1863 c. Jacobs u. Gen. (31. II. Cr.).

Die angeklagten Eheleute J. hatten ebenso wie die Eheleute H. die dreizehnjährige E. E. nicht gemeinschaftlich, sondern successive bald der eine, bald der andere dergestalt vorsätzlich mißhandelt, daß als Folge der Gesammtwirkung der Tod des Kindes erfolgt war. Außerdem ward gegen sie festgestellt, daß jeder bei seinen Handlungen gewußt habe, „daß der E. in demselben Zeitraume von andern Personen ein Theil der in der Anklage erwähnten Mißhandlungen zugefügt werden sei;" dagegen war in Betreff jedes Einzelnen die fernere Frage verneint worden: „ob ihm unter den obwaltenden Umständen nicht habe unbekannt bleiben können, daß seine erwähnten Handlungen in Verbindung mit den Handlungen der erwähnten Andern die Ursache des Todes der E. E. sein könnten." Der Schw.-GH. erachtete hiernach den § 194 StGB. für unanwendbar und strafte aus § 187. Die NB. des StA.s, welche Gesetzesverletzung rügte, hielt der GStA. deshalb für ungerechtfertigt, weil aus dem festgestellten Thatbestande nicht zu ersehen sei, daß die einzelnen Angeklagten von allen Mißhandlungen, welche zur Herbeiführung des Todes mitwirkten, Kenntniß gehabt hätten. Das OTr. hat dagegen die Zurückweisung ausgesprochen aus folgenden Gründen:

Bereits in der in einem gleichen Falle, wie der vorliegende, ergangenen Entscheidung des OTr.s v. 27. Jan. 1858 c. Borisch (G. A. 6. S. 242) ist angenommen und ausgeführt worden, daß es da, wo Jemand von mehreren Personen zu verschiedenen Zeiten und ohne daß sie im Verhältnisse der Komplizität zu einander standen, vorsätzlich mißhandelt und verletzt worden, so daß der eingetretene Tod nur die Folge der Gesammtwirkung der zugefügten Mißhandlungen und Körperverletzungen gewesen ist, zur Anwendung des § 194 des StGB.s gegen die einzelnen Thäter nicht genügen könne, daß sie bei Verübung der ihnen zur Last fallenden Handlungen auch Kenntniß von den Handlungen der Andern gehabt haben; daß dazu vielmehr weiter noch erforderlich sei, daß jeder der Thäter nach den Umständen, wie sie vorlagen, auch habe wissen müssen, oder es ihm doch nicht habe unbekannt sein können, daß seine Handlung in Verbindung mit der Handlung der Andern die Ursache des Todes sein könne und sein würde. Gerade dieses letztere Erforderniß ist aber durch den Ausspruch der Geschwornen im gegenwärtigen Falle ausdrücklich verneint, und würde darnach auch mit Recht der Schwurgerichtshof die Anwendung des § 194 cit. für ausgeschlossen erachtet und nur aus § 187 ibid. gestraft haben, da, wie die NB.

selbst zugiebt, die Voraussetzungen des § 195 Abs. 2 ibid. nicht vorhanden waren.

Die NB. sucht dagegen aber auszuführen, daß in einem Falle der vorliegenden Art das eben erwähnte Erforderniß zur Anwendung des § 194 nicht gestellt werden könne; es solle dazu vielmehr nur erforderlich sein, daß die einzelnen, wenn auch der Zeit nach auseinanderliegenden vorsätzlich zugefügten Mißhandlungen und Körperverletzungen, welche in ihrer Gesammtwirkung den Tod hervorgebracht haben, sich objektiv und subjektiv als eine Gesammtthat charakterisiren ließen, diese Gesammtthat aber dann vorliege, wenn die Einzelhandlungen mit dem Bewußtsein der Konkurrenz miteinander verübt seien, der Einzelne die Mißhandlung vorgenommen habe, trotzdem er gewußt habe, daß die übrigen Mißhandlungen geschehen seien, indem durch diese Kenntniß der übrigen Mißhandlungen die hinzutretende Einzelmißhandlung als ein bewußtes Anschließen an dieselben erscheinen, und so der Gesammtwille Aller zu der Gesammtthat hergestellt sei.

Allein wenn man auch mit der NB. von einer Gesammtthat ausgehen will, so rechtfertigt ihre Deduktion eine solche hier doch überall nicht. Bei Verbrechen und Vergehen, welche zu ihrem Thatbestande einen bestimmten Erfolg fordern, wie dies auch bei der Mißhandlung und Körperverletzung mit tödtlichem Erfolg der Fall ist, trifft nur denjenigen die Strafe des Gesetzes, in dessen selbstständiger Handlung die Ursache des eingetretenen Erfolges liegt. Haben mehrere Personen durch ihre vorsätzlichen Mißhandlungen und Körperverletzungen den Tod einer Person hervorgebracht, so aber, daß die Mißhandlungen und Körperverletzungen, welche den Betheiligten zuzuschreiben sind, nicht einzeln für sich, sondern nur in ihrer Gesammtwirkung tödtlich geworden sind, so kann dieser Erfolg den einzelnen Betheiligten nach allgemeinen Rechtsgrundsätzen ohne Weiteres nicht zugerechnet werden, eben weil in der Handlung des Einzelnen der Erfolg für sich nicht liegt, oder, wie die NB. selbst anerkennt, ein Theil der That die ganze That in ihrer Objektivität nicht deckt. Der § 195 Abs. 2 stellt sich darum auch nur als eine Ausnahme von den allgemeinen Grundsätzen dar. Damit der Einzelne nicht nur für den durch seine Handlung bedingten Erfolg, sondern für den Erfolg der Gesammthandlungen verantwortlich werde, ist vielmehr noch ein subjektives Moment nöthig, welches die Einzelhandlungen zu einer That verbindet. Diese Verbindung kann nur durch zwei Formen hergestellt werden. Durch die Theilnahme in dem technischen Sinne, als der Betheiligung an einem fremden Verbrechen oder Vergehen, oder durch Miturheberschaft. Die erstere setzt die Absicht voraus, dem physischen Urheber bei Ausführung seiner Absicht zu helfen, oder ihn zur That zu bestimmen. Die Miturheberschaft enthält dagegen eine ausdrückliche oder stillschweigende Uebereinkunft, welche die Ausführung der That in nicht bloß gleicher, sondern in gemeinsamer Absicht in der Weise in sich schließt, daß die Thätigkeit eines jeden Urhebers sich unmittelbar auf die Verwirklichung der eigenen Absicht bezieht, und zugleich mit dem Vorsatze und dem Bewußtsein stattfindet, sie auch für die Verwirklichung der gleichen Absicht der andern Miturheber dienen zu lassen (Hälschner, Pr. Strafrecht II. § 91). Gerade durch die gemeinsame Absicht unterscheidet sich die Miturheberschaft von dem zufälligen Zusammentreffen mehrerer Personen in dem Objekte eines Verbrechens, welche stets nur individuelle Zurechnung begründet, eben weil dabei nur gleiche, aber keine gemeinsame Absicht vorhanden ist. Die Thatsachen, welche im vorliegenden Falle durch den Ausspruch der Geschwornen festgestellt sind, enthalten nun aber die Voraussetzungen, welche nach dem Vorstehenden zur Annahme einer Gesammtthat erforderlich sind, überall nicht. Die Voraussetzungen der Komplizität in der bloßen Form der einfachen Theilnahme liegen nicht vor; ebensowenig sind die Merkmale der Miturheberschaft vorhanden. Es sind gegen jeden der Angeklagten nur selbstständige zu verschiedenen Zeiten verübte vorsätzliche Mißhandlungen und Körperverletzungen festgestellt, welche in ihrer Zusammenwirkung den Tod der E. zur Folge gehabt haben. Ein weiterer Zusammenhang dieser von jedem der Angeklagten unabhängig von dem Andern vorgenommenen Handlungen ist, wenn man dabei von einem Zusammenhange in dem Sinne, worauf es ankommt, namentlich nach der subjektiven Seite hin, reden kann, nur insofern vermittelt, als jeder der Angeklagten zur Zeit der Begehung seiner Mißhandlung gewußt hat, daß der E. in demselben Zeitraume von anderen Personen ein Theil der in der Anklage erwähnten Mißhandlungen zugefügt worden ist. Ein solcher Zusammenhang kann auch bei dem zufälligen Zusammentreffen mehrerer Personen im Objekte eines Verbrechens stattfinden. Er ist daher nicht geeignet, das Verhältniß der Theilnahme an einem fremden Verbrechen, noch jenes der Miturheberschaft an einem gemeinschaftlich verübten Verbrechen im eigentlichen Sinne des Worts zu begründen. Das, worauf es entscheidend ankommt, fehlt vielmehr in jeder Beziehung, nämlich die auf einer gemeinsamen Absicht beruhende Verfolgung desselben Zweckes, sei es in der Form der Theilnahme durch Mitwirkung an einem fremden Verbrechen, oder in der Form der Miturheberschaft, bei welcher wegen der Verfolgung der selbstständigen Absicht, und bei dem Bewußtsein und Vorsatz zugleich der gleichen Absicht des Mitthätigen zu dienen, Urheberschaft und Theilnahme koincidiren.

Die Meinung der NB., daß auch im gegenwärtigen Falle der Gesammtwille zu einer That dadurch hergestellt sei, weil durch die Kenntniß der von dem anderen Angeklagten verübten Mißhandlungen und Körperverletzungen, die hinzutretende Einzelhandlung des sonach handelnden Mitthäters als ein bewußtes Anschließen an jene Mißhandlungen und Verletzungen erscheine, übersieht, daß ein solches „Erscheinen" als eine rechtliche Präsumtion nirgends aufgestellt ist, die Frage vielmehr, ob der erforderliche Gesammtwille zu einer That vorhanden sei, ins Gebiet der inneren Thatsachen gehört, und daher auch vom Thatrichter selbstständig festgestellt werden muß. [27.—2.]

Mahl- und Schlachtsteuer. — Halbmeiliger Umkreis. — Gewerbsmäßiger Verkauf.

Der § 1 b Nr. 1 des Ges. v. 2. April 1852 — nach welchem zur Entrichtung der Schlacht- und Mahlsteuer auch diejenigen verpflichtet sind, welche innerhalb des halbmeiligen Umkreises einer steuerpflichtigen Stadt steuerpflichtige Gegenstände feilhalten oder gewerbsmäßig verkaufen — ist nur auf diejenigen Gewerbsverkäufer anwendbar, welche die qu. Gegenstände in den halbmeiligen Umkreis einführen oder dort an den Empfänger abliefern. Dagegen ist es gleichgültig, ob und wo der Ablieferung eine Bestellung vorherging und wo der Verkaufs- oder Lieferungsvertrag zum Abschlusse gekommen ist.

Ges. v. 2. April 1852 § 1 b Nr. 1. Sic: B. I. 14. März 1862 c. Bodenberger, 955 (RbOTr. 2. S. 303), und unten B. I. 20. Febr. 1863 c. Hoppe, 50 — Contra: Z. I. 9. März 1860 c. Jahn, 162 (G. A. 8. S. 403), welches das entscheidende Gewicht darauf legte, wo das betr. Kaufgeschäft perfekt geworden sei, und den Ort der Uebergabe für gleichgültig erachtete.

Erk. (B. II.) v. 5. Febr. 1863 c. Johann & Forstmann (36. II. Cr.).

Der in der Stadt Trier wohnende F. hatte in dem außerhalb des halbmeiligen Umkreises belegenen Dorfe R. eine Bäckerei, und versandte von hier aus mittelst einer durch seinen Knecht J. geführten Fuhre Brod an mehrere Bewohner der Halbmeile. Die Steuerbehörde hielt dafür, daß hierbei eine Steuerpflichtigkeit nicht anzunehmen sei, sobald jener Versendung eine Bestellung außerhalb der Halbmeile (sei es in R. oder auch in Trier selbst) vorhergegangen sei, daß dagegen § 1 b Nr. 1 des cit. Ges. Platz greife, wenn die Ablieferung entweder ohne Bestellung oder auf Grund einer innerhalb der Halbmeile sei es bei F. oder bei dem Knechte J. gemachten Bestellung erfolgt sei. Sie erließ daher wegen mehrerer Fälle der letzteren Art ein Strafresolut, wogegen beide

Angeschuldigten auf rechtliches Gehör antrugen. Der erste Richter sprach frei, weil ein Verkaufen im Sinne des cit. Ges. nur da vorliege, wo das Geschäft auch sofort vollzogen werde, während das Abliefern früher bestellter Waaren unter diesen Begriff nicht falle, gleichgültig wo und durch wen die Bestellung bewirkt sei. Die dagegen ergriffene Berufung des PAnw s ward vom LG. zu Tr. verworfen, da die Lieferungen auf Grund einer vorhergegangenen Bestellung erfolgt, und da nach Art. 1582 und 1583 des BGB.s das betr. Kaufgeschäft, weil nach Zahl und Gewicht verkauft worden, perfekt geworden sei, sobald F. die gemachten Bestellungen dadurch acceptirt habe, daß er das bestellte Brod in N. auf die zur Fortschaffung bestimmte Karre habe abzählen oder abwiegen lassen, wobei der Umstand, ob jeder Besteller seine Brode in N. selbst abnahm oder abnehmen ließ, oder aber F. mit seinem Fuhrwerk die Besorgung übernahm, von keinen rechtlichen Folgen sei. Auf den Kass.-Rekurs des OProk.s hat das OTr. dieses Erk. vernichtet und die Verurtheilung der Beschuldigten zur Steuerstrafe ausgesprochen indem es erwog:

daß zwar, wie hier der zweite Richter gethan, es an und für sich zulässig erscheint, bei der Auslegung von Steuergesetzen, für die Begriffsbestimmung eines darin ohne nähere Begrenzung beantragten Rechtsgeschäftes (untergebens Verkauf) auf die allgemeinen civilrechtlichen Grundsätze zurückzugehen; daß aber gleichwohl die Steuergesetze, da sie ein selbstständiges, in sich abgeschlossenes Rechtsgebiet betreffen, zunächst aus sich selbst, aus ihrem Zusammenhange und ihrem Zwecke zu erklären sind, hiernach der Sinn ihrer Dispositionen zu bestimmen und nur in subsidium auf allgemeine civilistische Grundsätze zurückzugreifen ist, welche letztere bei dem Bestehen verschiedener Gesetzgebungen in Einem Staate möglicherweise zu einer ganz entgegengesetzten Auslegung und Anwendung der Steuergesetze, welche doch alle Staatsangehörige in gleicher Weise verbindlich machen sollen, führen können; —

daß zuvörderst die Auffassung des Polizeirichters: „daß zum gewerbsweisen Verkaufe im Sinne dieser Bestimmung gehöre, daß der Verkauf auch sofort vollzogen werde, oder mit anderen Worten, daß der gewerbsmäßige Verkäufer die Waaren im halbmeiligen Umkreise mit sich führe, um sie sofort dem Käufer überliefern zu können" — jedenfalls nicht begründet erscheint, indem schon der Gegensatz des gewerbsmäßigen Verkaufs zum Feilhalten (§ 1 lit. b. Nr. 1), sowie die Schlußbestimmung des § 1, wonach die lit. b. Nr. 1 auf diejenigen keine Anwendung findet, welche nach Inhalt eines ihnen ertheilten Gewerbscheins oder eines polizeilichen Erlaubnißscheins die Befugniß haben, mahlsteuerpflichtige Gegenstände innerhalb des halbmeiligen Umkreises zum Verkaufe umherzutragen, einer solchen Interpretation direkt entgegentreten;

daß gleichwohl diese Auffassung nach einer anderen Richtung hin in sofern keine ganz unberechtigte ist, als zur Anwendung des § 1 lit. b. Nr. 1 keinesweges hinreicht, daß der gewerbsmäßig Verkaufende innerhalb der Halbmeile Verkäufe über die im § 1 gedachten Gegenstände abschließe, vielmehr dazu gehört, daß er die Waare in den halbmeiligen Umkreis auch einführe und daselbst an die Käufer abliefere; —

daß dies sich schon aus dem Zwecke und den sonstigen Dispositionen des Schlacht- und Mahlsteuergesetzes ergiebt, wonach der Konsum der in der Halbmeile wohnenden Privaten (dieser Ausdruck hier im Gegensatze von Gewerbtreibenden gebraucht) der Mahlsteuer an und für sich nicht, d. h. nur indirekt insofern unterworfen ist, als die Privaten ihren Bedarf von einem innerhalb der Halbmeile wohnenden Gewerbtreibenden beziehen und Letzterer den Betrag der von ihm persönlich zu entrichtenden Mahlsteuer auf die Waare schlägt; —

daß es dagegen dem Privaten unbenommen ist, auch dieser indirekten Besteuerung sich dadurch zu entziehen, daß er seinen Bedarf von einem außerhalb wohnenden Gewerbtreibenden entnimmt, vorausgesetzt, daß er selbst persönlich oder durch seine Dienstleute resp. Beauftragte die Waare in den halbmeiligen Umkreis einführt;

daß unter dieser Voraussetzung es selbstredend auf Seiten des außerhalb der Halbmeile wohnenden Gewerbtreibenden eine Mahlsteuerkontravention nicht darstellt, wenn er von den Waaren, mit denen er handelt, an die Bewohner der Halbmeile abläßt, oder, wenn er, selbst innerhalb der Halbmeile, die Verträge abschließt, durch welche ihm, sei es für eine bestimmte Lieferung, sei es Ein für Allemal, die Kundschaft der Bewohner dieses Umkreises eröffnet und gesichert wird;

daß er in einem solchen Falle keineswegs als ein gewerbsmäßiger Verkäufer innerhalb des halbmeiligen Umkreises im Sinne des § 1 l. c. zu betrachten, sondern nur überhaupt als Handel- oder Gewerbtreibender steuerpflichtig ist, indem die Gewerbesteuer und die Schlacht- und Mahlsteuer ganz verschiedene Grundlagen und Voraussetzungen haben;

daß vielmehr dem Rechte des Bewohners der Halbmeile, sich das mahlsteuerpflichtige Produkt, unbelastet von dieser Steuer, von einem außerhalb der Halbmeile wohnenden Gewerbtreibenden zu verschaffen, das Recht des Letzteren entspricht, dem Ersteren die Waare, unbeschwert von der Mahlsteuer, käuflich zu überlassen und der Unterschied zwischen Beiden sich nur darin äußert, daß, während der Bewohner der Halbmeile die außerhalb derselben gekaufte Waare frei von der Steuer in den halbmeiligen Umkreis einführt und konsumirt, der außerhalb wohnende Händler die Mahlsteuer entrichten muß, sobald er es ist, welcher die Waare in die Halbmeile einführt;

daß er in dieser Unterstellung auch auf eine vorhergehende Bestellung, gleichviel, ob dieselbe innerhalb oder außerhalb der Halbmeile erfolgt ist, sich nicht berufen kann und eine entgegenstehende Auffassung mit dem Zwecke des Ges. v. 2. April 1852 sich gar nicht würde vereinigen lassen;

daß dieser Zweck nämlich theils ein finanzieller, theils ein gewerbepolizeilicher ist, indem er sowohl das Interesse der Staatseinnahme, als das der Gewerbtreibenden einer mahlsteuerpflichtigen Stadt, resp. des halbmeiligen Umkreises, im Auge hat, und die Bestimmung des § 15 a des Schl.-

u. M.-St.-Ges. v. 30. Mai 1820, wonach Quantitäten unter einem sechzehntel Centner bei dem Eingange in eine steuerpflichtige Stadt nicht angemeldet und versteuert zu werden brauchen, nicht dazu gemißbraucht werden sollte, um durch Etablirung von Verkaufsstätten oder Niederlagen in großer Nähe der Städte mit Leichtigkeit eine, in kleinere Quantitäten zerlegte bedeutende Masse mahl- oder schlachtsteuerpflichtiger Gegenstände zum Nachtheile des Staatsärars, resp. der Gewerbtreibenden einzuführen;

daß deshalb auch die Gewerbtreibenden der Halbmeile, wenn sie steuerpflichtige Gegenstände in ihren Wohnort (innerhalb der Halbmeile) einführen (§ 1 a. 1 l. c.), der Mahlsteuer ebenso unterworfen wurden, als wenn sie zur Stadt selbst gehörten, ohne deshalb von der Klassensteuer oder klassifizirten Einkommensteuer ihres Wohnortes entbunden zu sein;

daß aber gerade diesen mahlsteuerpflichtigen Gewerbtreibenden der Halbmeile, welche solchergestalt im Verhältniß zu den Gewerbtreibenden des Stadtbezirks selbst einer doppelten Besteuerung unterliegen, es zum größten Nachtheile gereichen würde, wenn es einem außerhalb der Halbmeile Wohnenden gestattet sein könnte, ganze Wagenladungen mahlsteuerpflichtiger Gegenstände unversteuert in den halbmeiligen Bezirk einzuführen;

daß die Fuhrkosten, welche er hierbei trägt, bei der Ausdehnung eines solchen Betriebes zu dem Vortheile, welcher ihm aus der Befreiung von der Mahlsteuer erwächst, nur in sehr untergeordnetem Verhältnisse stehen würden, wogegen in dem Falle, wo der Bewohner der Halbmeile genöthigt ist, die außerhalb derselben gekaufte Waare selbst abzuholen oder abholen zu lassen, die mit einem solchen Transport verbundene Mühe, Zeitverlust und Kosten den Eintritt einer namhaften Gefährdung des steuerlichen oder gewerblichen Interesses nicht besorgen lassen;

daß daher alle Gründe, welche den Gesetzgeber bestimmten, die Niederlegung mahlsteuerpflichtiger Gegenstände innerhalb der Halbmeile der Mahlsteuer zu unterwerfen (§ 1 b. Nr. 2), auch auf einen solchen gewerbsmäßigen Verkauf zutreffen, in Folge dessen der Verkäufer im Stande wäre, solche Gegenstände massenhaft in den halbmeiligen Umkreis selbst einzuführen;

daß, wollte man die Entscheidung nicht von der Frage: durch Wen die Einführung geschehen, sondern von den Fragen: ob eine Bestellung vorhergegangen, an welchem Orte, resp. in welchem Momente das Verkaufsgeschäft zur Perfektion gelangt sei 2c., abhängig machen, eine steuerliche Kontrolle, wenn nicht gerade unmöglich, doch mit den größten Schwierigkeiten verknüpft sein würde, und in Betreff eines jeden einzelnen Transportartikels untersucht werden müßte, ob ihm eine Bestellung zum Grunde liege, ob dieselbe innerhalb oder außerhalb des halbmeiligen Umkreises erfolgt, wann und wo die Uebergabe geschehen sei, etc.;

daß unbedenklich, wenn F. durch seinen Knecht und durch seine Fuhre auf seine Kosten die Waare an die in der Halbmeile wohnenden Besteller, resp. Abnehmer, ablieferte, auch nur er, und nicht etwa die einzelnen Abnehmer als derjenige erscheint, durch welche der Transport und die Einführung in den halbmeiligen Umkreis bewirkt wurde, indem der Knecht hierbei lediglich seinen Dienstherrn vertrat, und selbst ein dem Knecht etwa gelegentlich persönlich ertheilter Auftrag zur Besorgung von Broden denselben nicht zum gemeinschaftlichen Bevollmächtigten des Verkäufers und des Käufers machen konnte;

daß, wie demnach bei der Einführung mahlsteuerpflichtiger Gegenstände in einen dieser Steuer unterliegenden Stadtbezirk derjenige der Kontravenient ist, welcher unversteuert einführt, so auch die Defraudationsstrafe denjenigen treffen muß, welcher im halbmeiligen Umkreise gewerbsweise mahlsteuerpflichtige Gegenstände unversteuert verkauft, oder mit andern Worten, welcher, als gewerbsweiser Verkäufer handelnd, die bestellten oder nicht bestellten Gegenstände unversteuert in die

Halbmeile einführt oder dort an die Empfänger abliefert;

daß endlich, selbst wenn man die vorliegende Frage lediglich nach allgemein civilrechtlichen Grundsätzen entscheiden wollte, hieraus ein anderes Resultat sich nicht ergeben würde;

daß zunächst die Annahme des zweiten Richters: „die Perfektion des Geschäfts sei in dem Augenblicke eingetreten, wo F. in R. die Brode auf die Karre laden ließ" jeden rechtlichen Anhalts entbehrt;

daß es sich überhaupt untergebens nicht von einem Verkaufsgeschäfte über eine individuell bestimmte Sache, sondern von einer allgemeinen Bestellung auf Viktualien handelt, welche dem Käufer zugebracht und zugezählt werden sollten, ein solches Geschäft aber, welches mehr die Natur eines Lieferungs- als eines Kaufvertrages an sich trägt, erst in dem Augenblicke als konsumirt angesehen werden kann, wo die der Bestellung entsprechende Waare abgeliefert und in Empfang genommen wird.

Antr. des GStA.s: gleichl. [16. — 1.]

Polizei-Verordnung. — Eingriff in Privatrechte.

Einer Polizei-Verordnung darf die Gültigkeit nicht deshalb abgesprochen werden, weil sie einen Eingriff in Privatrechte enthalte.

Pol.-Ges. v. 11. März 1850 § 15. 17. StGB. § 332 [vgl. dort n. 24; Oppenhoff Ressortgesetze S. 512 n. 36]. Sic: V. II. v. 26. Febr. 1863 c. Hölterhoff u. Gen., 113.

Erk. (V. II.) v. 5. Febr. 1863 c. Ramacher (70. II. Cr.).

R. war, in Zuwiderhandlung gegen ein gehörig verkündetes Eisenbahn-Polizei-Reglement, über das Planum der Bahn gegangen, ward aber von der betr. Beschuldigung durch das PG. freigesprochen, weil er sich zu ökonomischen Zwecken auf sein jenseits der Bahn belegenes Grundstück begeben und weil er bereits vor dem Baue der Bahn an den betr. Grundstücken eine Wegeservitut gehabt habe, welche durch diesen Bau nicht habe alterirt werden können; das betr. Bahn-Reglement müsse daher für unverbindlich erachtet werden, weil es erwordenen Rechten Eintrag thue (cit. Pol.-Ges. § 15). Auf den Kass.-Rek. des PA.s ist dieses Erk. vernichtet und R. zu der betr. Strafe verurtheilt worden, indem erwogen ward:

daß, ganz abgesehen davon, daß ein Besitzstand an einem integrirenden Bestandtheile einer öffentlichen Verkehrsstraße rechtlich nicht gedenkbar ist, das Gesetz vom 11. März 1850, welches die Befugniß zur Erlassung polizeilicher Vorschriften selbstständig und mit Aufhebung aller entgegenstehenden Bestimmungen regelt, nur eines Widerspruches mit Gesetzen und Verordnungen Erwähnung thut und nur in diesem Falle die Polizeirichter ermächtigt, den polizeilichen Vorschriften die Anerkennung ihrer gesetzlichen Gültigkeit zu versagen; daß dagegen die Frage: in wie fern Eingriffe in Privatrechte, welche durch polizeiliche Verfügungen herbeigeführt werden, angefochten werden können, durch besondere Gesetze, namentlich durch das in Kraft bestehende, für die ganze Monarchie erlassene Gesetz über die Zulässigkeit des Rechtsweges vom 11. Mai 1842 regulirt wird, welches in dem hier zutreffenden § 4 bestimmt: „daß, falls ein solcher Eingriff in Privatrechte behauptet werde, für welchen, nach den gesetzlichen Vorschriften über Aufopferungen der Rechte des Einzelnen, im Interesse des Allgemeinen, Entschädigung gewährt werden müsse, der Rechtsweg darüber stattfinde: ob ein Eingriff dieser Art vorhanden sei und zu welchem Betrage dafür Entschädigung geleistet werden müsse; daß aber eine Wiederherstellung des früheren Zustandes in diesem Falle niemals verlangt werden könne, wenn solche nach dem Ermessen der Polizeibehörde unzulässig sei;"

daß daher die Einrede einer dem Beschuldigten zustehenden Weggerechtigkeit den Polizeirichter nicht berechtigte, dem fraglichen Bahn-Polizei-Reglement die Kraft einer gültig erlassenen Polizei-Verordnung abzusprechen (§§ 15 und 17 des Ges. v. 11. März 1850), er demnach die §§ 7 und 18 desselben durch Nichtanwendung verletzt hat.

Antr. des GStA.s: gleichl. [16. — 2.]

Zolldefraudation. — Haftbarkeit. — Gewerbtreibender. Ausführung einer übertragenen Verrichtung.

Gewerbtreibende haften für die Defraudationen ihrer Gewerbsgehülfen 2c., wenn diese dabei in dem ihnen übertragenen Dienste gewerblich beschäftigt waren; es ist nicht erforderlich, daß auch die Defraudation in einer Beziehung zum Gewerbe der ersteren stehe.

Zoll=Straf=Ges. v. 23. Jan. 1838 § 19.

Erk. (B. I.) v. 6. Jan. 1863 c. Maschke (Labrenz u. Gen. 38. I. Cr.).

Mehrere Matrosen hatten auf dem von dem Kapitän M. geführten Schiffe, während sie in dem ihnen von M. übertragenen Schiffsdienste gewerblich beschäftigt waren, sich einer Zolldefraudation schuldig gemacht, und wurden deshalb verurtheilt, M. dagegen für nicht haftbar erklärt, weil „die Defraudation in keiner Beziehung zu seinem Gewerbe stehe." Auf die NB. des OStA.s ist das Erk. zweiter Instanz vernichtet und jene Haftbarkeit gegen M. ausgesprochen worden.

Gründe:

Daß ein Schiffer als Gewerbtreibender für seine Matrosen nach § 19 cit. haften muß, kann nicht bezweifelt werden. Der App.=Richter spricht den 2c. M. auch nur deshalb von dieser subsidiarischen Haftbarkeit frei, weil die Defraudation in keiner Beziehung zu dem Gewerbe des M. stehe. Dies ist aber unrichtig. Der § 19 l. c. schreibt die Haftbarkeit vor für die Geldbußen, Zollgefälle und Prozeßkosten, in welche die zu vertretenden Personen wegen Verletzung der bei Ausführung der ihnen von den subsidiarisch Verhafteten übertragenen Handels=Gewerbs= und anderen Verrichtungen zu beobachtenden zollgesetzlichen oder Zollverwaltungs=Vorschriften verurtheilt werden. Im vorliegenden Falle haben aber die Hauptangeklagten nicht nur ihr Verhältniß als Matrosen zur Verübung der in Rede stehenden Zolldefraudation benutzt, sondern letztere auch auf dem Schiff des M. selbst begangen, also während sie in dem ihnen von dem Angeklagten M. übertragenen Schiffs=

dienst gewerblich beschäftigt waren. Dies genügt zur Anwendung des § 19 cit.

Antr. des GStA.s: entg. [18. — 4.]

Gewerbe. — Befugniß. — Stellvertreter.

Nur derjenige, welcher selbst zum Betriebe eines Gewerbes befugt ist, darf dasselbe durch einen qualifizirten Stellvertreter ausüben lassen. Eine Ausnahme von diesem Grundsatze gilt nur zu Gunsten der Wittwe und der minderjährigen Kinder eines Gewerbtreibenden.

Gew.-Ordn. v. 17. Jan. 1845 §§ 61. 62; Vdn. v. 9. Febr. 1849 § 23. Vgl. RdOTr. 1. S. 364.

Erk. (V. I.) v. 6. Febr. 1863 c. Zahrt (40. I. Cr.).

Z. war von der Anklage: „das Müllergewerbe selbstständig betrieben zu haben, ohne dazu — weil er den Erfordernissen des § 23 der Vdn. v. 9. Febr. 1849 nicht entsprochen — befugt gewesen zu sein" deshalb freigesprochen worden, weil er jenes Gewerbe nicht persönlich, sondern durch einen qualifizirten Stellvertreter betrieben habe. Auf die NB. des OStA.s ist das Erk. des AG.s vernichtet und die Strafe der Gewerbe-Polizei-Kontravention gegen Z. verhängt worden. Gründe:

Der § 61 der Gew.-Ordn. v. 17. Jan. 1845 gestattet keineswegs die Stellvertretung allgemein und unbedingt, sondern es können nach demselben nur die Befugnisse zum Gewerbebetrieb durch Stellvertreter ausgeübt werden, und aus der Vorschrift in § 62 l. c., worin ausnahmsweise bestimmt ist, daß Wittwen und minorenne Erben Gewerbetreibender die Fortsetzung des Gewerbes durch einen qualifizirten Stellvertreter betreiben können, ergiebt sich unzweifelhaft, daß, abgesehen von dieser Ausnahme nur derjenige, welcher zum Betriebe eines Gewerbes selbst befugt ist, dasselbe durch einen qualifizirten Stellvertreter ausüben darf. Die Frage aber, wer zum Betriebe eines Gewerbes befugt ist, kann jetzt nicht mehr nach der cit. Gew.-Ordn. allein, sondern muß vorzugsweise nach dem neueren Ges. v. 9. Febr. 1849 entschieden werden. Wer daher ein im § 23 dieses Ges. benanntes Gewerbe — wozu auch das Müllergewerbe gehört — durch einen Stellvertreter ausüben will, muß ebenso wie der Stellvertreter, auch selbst die Befugniß zu diesem Gewerbebetrieb besitzen, also nach § 23 l. c. entweder in eine Innung aufgenommen sein, nach vorgängigem Nachweis der Befähigung zum Betrieb des Gewerbes, oder diese Befähigung vor einer Prüfungskommission des Handwerks besonders nachgewiesen haben. Von diesen Grundsätzen geht auch das Erk. des OTr.s v. 26. April 1861 c. Frölich aus [RbOTr. 1. S. 364]. Es erkennt als unbedingte Regel an, daß der, welcher eins der im § 23 des Ges. v. 9. Febr. 1849 benannten Gewerbe betreiben will, die Befähigung zu demselben in der dort vorgeschriebenen Weise nachgewiesen haben muß und daß nur im Falle des § 62 hiervon eine Ausnahme eintritt, daß aber auch in diesem Ausnahmefall wenigstens der Stellvertreter nach Maaßgabe des § 23 des Ges. v. 9. Febr. 1849 seine Befähigung für dies Gewerbe nachgewiesen haben muß.

Antr. des GStA.s: entg. [18. — 4.]

---

1. Appellationsrichter. — Vernichtung.
2. Stempel. — Civilrechtsweg.
3. Stempel. — Wechsel. — Analphabet.

1. Der Appellationsrichter kann die Vernichtung des erstrichterlichen Erkenntnisses nur dann aussprechen, wenn gegen Grundsätze ꝛc. des Verfahrens verstoßen ist.

Ges. v. 3. Mai 1852 Art. 102 [vgl. dort n. 7; RbOTr. 1. S. 206; 2. S. 255; 400].

2. Bei einer Anklage wegen Stempelkontravention hat der Strafrichter nur dann unter Aussetzung des Erkenntnisses dem Angeklagten eine Frist zur Beschreitung des Civilrechtswegs zu setzen, wenn dieser die Stempelpflichtigkeit, nicht aber, wenn er aus andern Gründen seine Strafbarkeit

bestreitet; die letztern unterliegen nur der Kognition des Strafrichters.

Ges. v. 24. Mai 1861 § 14.

3. Der Aussteller eines Wechsels, welcher nur seinen Namen schreiben kann und daher einem Analphabeten gleich geachtet wird, macht sich durch Uebersendung des Wechsels an den Remittenten einer Stempelkontravention nicht schuldig*).

Erk. (V. I.) v. 6. Febr. 1863 c. Eheleute Gütsche (51. I. Cr.).

Die Angeklagten hatten einen von ihnen als Zieher unterzeichneten Wechsel über 200 Thlr. ungestempelt dem Remittenten R. aus-

*) Die obige Entscheidung dürfte mit den vom OTr. anderweitig angenommenen Grundsätzen nicht im Einklange stehen. An und für sich ist es zwar anerkannt, daß ein schriftlicher Vertrag nur dann stempelpflichtig ist, wenn er eine Klage begründet (vgl. Z. I. 29. Juni 1855 c. Burchardt, 559; Z. I. 9. Sept. 1857 c. Leist, 807; Z. I. 20. Juni 1862 c. Zimmermann, 539, RdOTr. 2. S. 469). Auf der andern Seite steht es aber auch nach dem Z. Pl. v. 9. März 1857 c. Hartung (Präj. n. 233; Entsch. 36. S. 460) fest, daß die Stempelpflichtigkeit einer Urkunde nur nach ihrem Inhalte und nicht nach solchen Momenten zu beurtheilen ist, welche außerhalb des letztern liegen. Demgemäß ward eine deutsch geschriebene Punktation, welche die Unterschrift eines der deutschen Sprache nicht Mächtigen und deshalb (ALR. I, 5. § 179) einem Analphabeten gleich geachteten trug, obgleich aus derselben nicht auf Erfüllung geklagt werden konnte, doch für stempelpflichtig erklärt, weil jener Mangel nicht aus ihr selbst hervorgehe: V. I. 16. Mai 1860 c. Ostermann, 120 (G. A. 8. S. 552); ähnlich: Z. I. 7. Okt. 1860 c. Gudohr u. Gen, 1040; vgl. auch Z. I. 4. Juli 1862 c. Schönebeck, 351 (RdOTr. 2. S. 511). Ebenso ward die Stempelpflichtigkeit eines Wechsels angenommen, obgleich der Aussteller desselben noch unter väterlicher Gewalt stand, weil auch dieser Mangel nicht aus dem Wechsel selbst zu ersehen war: V. I. 13. Mai 1859 c. Schöning, 461 (G. A. 7. S. 528). Nach diesen Grundsätzen wäre auch im obigen Falle die erfolgte Freisprechung nur dann zu rechtfertigen gewesen, wenn die Instanzrichter gleichzeitig festgestellt hätten, daß aus dem Wechsel selbst zu ersehen sei, daß die Aussteller nur ihren Namen schreiben konnten, und das umsomehr, als nach dem Präj. Nr. 2269 v. 6. Febr. 1851 jener Einwand im Wechselprozesse überhaupt unzulässig ist.

gehändigt, waren aber vom P.-Richter freigesprochen worden, weil erwiesen sei, daß sie nur ihre Namenszüge schreiben könnten und daher als Analphabeten zu betrachten seien. Auf die Appellation des StA.s hob das AG. das erste Erk. auf und verwies die Sache in die erste Instanz zurück, weil die Angeklagten bereits in erster Instanz ihre Verpflichtung zur Entrichtung des Stempels bestritten hätten, daher nach § 14 des Ges. v. 24. Mai 1861 von Amtswegen unter Aussetzung der Entscheidung den Angeklagten eine Frist zur Beschreitung des Civilrechtswegs zu setzen gewesen wäre. Auf die NB. des OStA.s ist dieses Erk. vernichtet und die erstrichterliche Freisprechung bestätigt worden. Gründe:

Zuvörderst kann der App.-Richter die Vernichtung eines Erk. erster Inst. auf Grund des Art. 102 des Ges. v. 3. Mai 1852 nur aussprechen, wenn gegen wesentliche Vorschriften oder Grundsätze des Verfahrens gefehlt ist. Wenn nun aber auch die Voraussetzungen des § 14 des Ges. v. 24. Mai 1861 (GS. S. 241) hier wirklich zuträfen, so würde doch nur dann aus der nicht erfolgten Aussetzung des Erkenntnisses und der Nichtbewilligung einer Frist zur Anstellung der Civilklage die Nichtigkeit des Verfahrens erster Instanz hergeleitet werden können, wenn sich die Angeklagten vergeblich auf den § 14 l. c. berufen und die Bewilligung einer Frist zur Anstellung der Civilklage beantragt hätten, was nicht geschehen ist.

Aber der App.-Richter hat auch den § 14 l. c. unrichtig ausgelegt. — Dies Gesetz greift nur Platz, wenn der Angeklagte behauptet, daß er die Stempelabgabe selbst nicht zu entrichten habe — woraus denn seine Straflosigkeit von selbst folgen würde — nicht aber wenn der Angeklagte aus irgend einem anderen Grunde die Stempelstrafe verwirkt zu haben bestreitet. Wollte man dies nicht annehmen, sondern den § 14 l. c. so wie der App.-Richter auslegen, so würde derselbe jedesmal in einem gerichtlichen Stempel-Strafverfahren Anwendung finden, weil der Angeklagte im gerichtlichen Stempel-Strafverfahren immer behauptet, daß er zur Zahlung der Stempelstrafe nicht verpflichtet sei. Im vorliegenden Falle haben die Angeklagten auf gerichtliche Entscheidung provozirt, weil sie behaupten, daß der Wechsel rechtzeitig in ihrem Auftrage dem Steueramte zur Stempelung vorgelegt sei. Ihre Verpflichtung, den Wechsel stempeln zu lassen, also die Stempelsteuer zu entrichten, haben sie niemals bestritten; der § 14 l. c. findet daher im vorliegenden Falle überhaupt nicht Anwendung. Das angefochtene Erkenntniß unterliegt deshalb der Vernichtung.

In der Sache selbst mußte aber auf die Appellation des P.-Anw's das erste, die Angeklagten von der ihnen zur Last gelegten Stempelkontravention freisprechende Erkenntniß bestätigt werden, da thatsächlich festgestellt ist, daß die Angeklagten nur ihre Namenszüge schreiben können, sie also nach § 72 des Anh. z. AGO. den Analphabeten gleichstehen, ein von einem solchen ausgestellter Wechsel aber nach §§ 172 und 174 des ALR. I, 5 für den Aussteller nicht rechtsverbindlich ist, die Angeklagten mithin durch Uebersendung des Wechsels an den Remittenten kein Geschäft mit demselben machten, ihn daher auch vorher stempeln zu lassen nicht verpflichtet waren.

Antr. des GStA.s: entg. [18.—4.]

Bedrohung. — Ernstlichkeit.

Zur Strafbarkeit der Bedrohung mit Brand genügt es, wenn der Bedrohte dieselbe erfahren hat und sie für ernstlich gemeint halten konnte; ob er sie dafür gehalten hat, ist gleichgültig.

StGB. § 213 [vgl. dort n. 3].

Erk. (Z. I.) v. 6. Febr. 1863 c. Schäfler (130. I. Cr.).

Der aus § 213 bestrafte Angeklagte rügte es in der NB., daß nach der instanzrichterlichen Feststellung die Drohung für ernstlich gemeint habe *gelten können*, während nicht feststehe, daß sie von der Bedrohten auch für ernstlich gemeint *gehalten* worden sei. *Zurückweisung.* Gründe:

Es reicht zur Anwendbarkeit des § 213 hin, daß der Bedrohte die Drohung erfahren hat und sie für ernstlich gemeint halten konnte, die Drohung selbst daher objektiv geeignet war, Besorgnisse zu erregen.

Antr. des GStA.s: entg. [28. — 4.]

Wucher. — Zinsversprechen. — Klagbarkeit.

Die Strafbarkeit des Wuchers ist nicht durch die Klagbarkeit des Zinsversprechens bedingt.

StGB. § 263 [vgl. dort n. 8 und oben S. 4].

Erk. (Z. I.) v. 6. Febr. 1863 c. Riebatsch (152. I. Cr.).

Die Rüge, als sei der § 729. I, 11. ALR. insofern verletzt, weil das von den Instanzrichtern angenommene Zinsversprechen und die Festsetzung der Rückzahlungsfrist zu ihrer rechtlichen Gültigkeit die schriftliche Form erfordert haben würde, in welcher diese Stipulationen eingekleidet gewesen sind, ist schon aus dem Grunde und abgesehen von allem Uebrigen ungerechtfertigt, weil eine solche ungesetzliche Zinsstipulation überhaupt niemals rechtsbeständig ist, weshalb es auf die formelle Gültigkeit derselben nicht ankommen würde, und von einer solchen die Anwendbarkeit des Paragraphen nicht abhängen kann.

Antr. des GStA.s: gleichl. [14. — 4.]

Geschworne. — Absperrung.

Die Nothwendigkeit der Absperrung der Geschwornen tritt nur während ihrer Anwesenheit im Berathungszimmer ein.

Ges. v. 3. Mai 1852 Art. 90 [vgl. dort n. 3; Art. 89 n. 2].

Erk. (Z. I.) v. 6. Febr. 1863 c. Pulver (153. I. Cr.).

Der Art. 90 cit. schreibt nur vor, daß die Geschwornen innerhalb des Berathungszimmers von jedem Verkehr nach Außen abgeschnitten sein sollen. Daß dieses auch während der Dauer der Verhandlung, namentlich auf dem

Gange nach dem Berathungszimmer und aus demselben zu geschehen habe, ist im Gesetz weder vorgeschrieben noch ausführbar.

Antr. des GStA.s: gleichl. [28. — 4.]

---

1. Medizinalpfuscherei. — Gegenwart des Kranken. 2. Rückfall. — Strafvollzug.

1. Zum Thatbestande der Medizinalpfuscherei bedarf es nicht der Gegenwart des Kranken.

StGB. § 199 [vgl. dort n. 17. 18].

2. Die Rückfallsstrafe findet Anwendung, sollte die Vorbestrafung auch noch nicht zur Vollstreckung gebracht sein.

StGB. § 58 [vgl. dort n. 16].

Erk. (Z. I.) v. 11. Febr. 1863 c. Buchholz (42. I. Cr.).

In der thatsächlichen Feststellung sind alle Voraussetzungen des § 199 des StGB.s enthalten, daher ist dessen Anwendung gerechtfertigt. Welche Handlungen als Unternehmung der Heilung einer Krankheit zu betrachten, ist hauptsächlich eine thatsächliche Beurtheilung, daß aber die Gegenwart des Kranken erforderlich sei, kann nicht behauptet werden.

Der § 58 l. c. nimmt den Rückfall an, wenn der Angeklagte wegen desselben Verbrechens ꝛc. von einem Preuß. G.-Hofe rechtskräftig verurtheilt worden ist. Die rechtskräftige Verurtheilung reicht also hin, und der Vollzug der erkannten Strafe wird nicht vorausgesetzt, daher auch eine Begnadigung, welche die Strafe erläßt, nicht aber die Verurtheilung aufhebt, der Annahme des Rückfalls nicht entgegensteht.

Antr. des GStA.s: gleichl. [13. — 4.]

Arzt. — Approbation. — Entziehung. — Kompetenz. — Verbot.

1. Der § 199 des StGB.s findet auch auf den Arzt Anwendung, welchem die erlangte Approbation wieder entzogen worden ist.

StGB. § 199 [vgl. dort n. 5]; Gew.-Ordn. v. 17. Jan. 1845 §§ 42. 71. 73. 171 ff.

2. Den Gerichten steht es nicht zu, die durch die berufenen Verwaltungsbehörden bewirkte Zurücknahme der einem Arzte ertheilten Approbation, und ihre Rechtsbeständigkeit zu prüfen.

StGB. § 199 [vgl. l. c.]; Ges. v. 22. Juni 1861 Art. 2. § 71 ff.

3. In der Zurücknahme der Approbation kann gleichzeitig das polizeiliche Verbot zur ferneren Ausübung der Praxis gefunden werden.

Ebendas. [dort einzutr. als n 14 a].

Erk. (Z. I.) v. 11. Febr. 1863 c. Ceynowa (128. I. Cr.).

Dem Dr. med. C. war die Approbation zur Ausübung der ärztlichen Praxis im Verwaltungswege entzogen worden; als er nichts desto weniger zu praktiziren fortfuhr, ward er aus § 199 cit. bestraft, und sein Einwand: die Approbationsentziehung sei zu Unrecht erfolgt, unberücksichtigt gelassen, weil eine derartige Prüfung den Gerichten nicht zustehe. NB. Zurückweisung. Gründe:

Der klare Wortlaut der §§ 42. 71 der Gew.-Ordn. v. 17. Jan. 1845, die zur Zeit des hier stattgehabten Administrativverfahrens allein maaßgebend war, spricht gegen die Ausführung des Imploranten. Nach den §§ 42 ff. l. c. bedürfen Gewerbe u. s. w., deren Ausübung dem Gemeinwohl Gefahr bringen kann, bevor sie begonnen werden dürfen, der entsprechenden polizeilichen Genehmigung, da nicht allein die bloße Befähigung, sondern auch die übrige Zuverlässigkeit der betreffenden Person, ein nothwendiges Erforderniß zu einem derartigen Gewerbebetriebe ist. Die Aerzte, Wundärzte u. s. w. sind ausdrücklich hierzu gerechnet. Dieselbe Rücksicht nun, welche vorwaltete, den Anfang eines derartigen Geschäfts nicht ohne vorherige Konzession zu gestatten, waltete auch ob, sofern es sich um die Fortsetzung desselben handelt. Deshalb hat der § 71 l. c. verordnet, daß die Verwaltungsbehörde, auch wenn keine Veranlassung vorhanden, ein besonderes gerichtliches Strafverfahren einzuleiten, das nach den §§ 171 ff. l. c. die Entziehung der bereits früher ertheilten polizeilichen Genehmignng zur Folge haben kann, unter näher bezeichneten Voraussetzungen berechtigt sein soll, die vorhandene Approbation zurück zu nehmen. Gegen eine solche administrative Maaßregel läßt das Gesetz im § 73 l. c. ausschließlich den Rekurs an das kompetente Ministerium zu, keineswegs aber die Provokation auf gerichtliche Entscheidung. Den Rekurs hat nun in dem vorliegenden Falle der Angeklagte festgestelltermaaßen ergriffen gehabt und ist somit von ihm der vorgeschriebene Instanzenzug erschöpft worden. Es muß hiernach dem App.-Richter lediglich beigepflichtet werden, daß nunmehr den Gerichten keine Befugniß zusteht, die endgültig erledigte Angelegenheit vor ihr Forum zu ziehen, und es erweist sich somit der spezielle Angriff der Nichtigkeitsbeschwerde als unbegründet.

Allein auch in anderer Beziehung fällt dem angefochtenen Erkenntniß keine Gesetzesverletzung zur Last. Die obige thatsächliche Feststellung entspricht dem zur Anwendung gebrachten § 199 des StGB.s und es konnten die Vorderrichter, ohne in einen Rechtsirrthum zu verfallen, in der Zurücknahme der früher ertheilten Approbation zugleich ein polizeiliches Verbot zur fernern Ausübung der ärztlichen Praxis erblicken.

Antr. des GStA.s: gleichl. [20. — 4.]

---

1. Anklage. — Prüfung.

2. Hausir-Kontravention. — Reale Konkurrenz. — Getrennte Aburtheilung.

1. Der Instanzrichter kann die Anklage nicht dadurch beseitigen, daß er nur den in derselben

aufgestellten Thatbestand in abstracto prüft und — weil derselbe unter kein Strafgesetz falle — ohne Beweiserhebung und Feststellung des Ergebnisses derselben freispricht.

Ges. v. 3. Mai 1852 Art. 1 [vgl. dort n. 16]; Art. 30 [vgl. dort n. 1. 11; § 39 n. 21; oben S. 5].

2. Mehrere im Laufe desselben Jahres begangene Hausirkontraventionen bilden nur einen Straffall; es kann daher wegen aller zusammen auch nur eine einmalige Strafverhängung stattfinden, ohne Unterschied, ob sie gleichzeitig bei demselben oder nach einander und bei verschiedenen Gerichten verfolgt werden. Eine Ausnahme tritt nur dann ein, wenn nach stattgehabter Verurtheilung in demselben Jahre eine neue Kontravention begangen wird.

Hausir-Regul. v. 26. April 1824 §§ 26. 31; Ges. v. 31. Dez. 1836; StGB. § 56 [vgl. dort n. 21].

Erk. (Z. II.) v. 12. Febr. 1863 c. Lehmann (19. II. Cr.).

L. war, weil er „im Jahre 1861, ohne sich im Besitze eines Gewerbescheins zu befinden, zu H. das Mäklergewerbe im Umherziehen betrieben habe," von dem KG. zu E. zur Zahlung der Kontraventionsstrafe von 48 Thlrn. verurtheilt, um dieselbe Zeit aber durch das KG. zu D. von der Anklage derselben Kontravention, deren er sich in demselben Jahre zu Off. schuldig gemacht haben sollte, freigesprochen worden. Das erste Erk. ward von ihm, das zweite von dem PAnw. durch Appellation angefochten; beide aber wurden vom AG. zu N. durch zwei an demselben Tage verkündete Urtheile bestätigt, namentlich das freisprechende Erk. von D. aus dem Grunde, weil beide Kontraventionen, wenn bewiesen, nur Einen Straffall bildeten, welcher durch die in E. verhängte einmalige Strafe vollständig erledigt werde. Gegen diese letztere Entscheidung hat der OStA. NB. erhoben, weil das AG. freigesprochen habe, ohne die zum Grunde liegenden Thatsachen und Beweise zu prüfen, und wegen Gesetzesverletzung. Zurückweisung. Gründe:

Richtig ist zwar, daß der mit einer Strafsache befaßte Instanzrichter im Allgemeinen eine Anklage nicht dadurch beseitigen kann, daß er sich auf eine bloße Prüfung desselben nach dem darin aufgestellten Thatbestande in abstracto einläßt und demgemäß etwa ohne Beweiserhebung und Feststellung des desfalsigen Ergebnisses, den Angeklagten freisprechen könne: Wenn dagegen die strafrechtliche Verfolgung der dem Angeklagten zur Last gelegten That unter allen Umständen ausgeschlossen ist, weil ihr z. B. die Verjährung, eine Amnestie, das non bis in idem entgegensteht, so ist der mit der Sache befaßte Instanzrichter nicht behindert, darauf hin ohne Weiteres die Anklage als unstatthaft zurückzuweisen, da die von der NB. angerufenen Prozeßvorschriften eine statthafte Anklage unterstellen. Und ein solcher Fall liegt hier vor. Bildeten die Handlungen, die der Angeklagte im Dez. 1861 in Off. vorgenommen haben soll, mit denjenigen, welche er um Michaelis deff. Jahres zu H. begangen hat, in ihrer Gesammtheit nur das eine Vergehen des unbefugten Gewerbebetriebs im Umherziehen, so wäre es jedenfalls unzulässig gewesen, ihn wegen der erstgedachten Handlungen dann noch strafrechtlich zu verfolgen, nachdem seine Bestrafung auf Grund der zuletzt erwähnten Handlungen durch ein dem Monate Dez. 1861 nachfolgendes Urtheil erfolgt war. Zwar ist hier die Sache so gestaltet, daß der Angeklagte wegen seiner verschiedenen, den gewerbsmäßigen Betrieb des Maklergeschäfts im Umherziehen darstellenden successiven Thätigkeiten bei verschiedenen Gerichten in erster Instanz verfolgt wurde, und daß dabei eine getrennte Aburtheilung darüber stattgefunden hat. Allein hierdurch wird an dem Prinzipe nichts geändert, daß wegen der nämlichen That Jemand nicht zwei und mehrmals bestraft werden kann. Dies Prinzip kann aber auch in der App.-Instanz dann gewahrt werden, wenn, wie es hier der Fall ist, die verschiedenen Sachen zur gleichzeitigen Aburtheilung in der App.-Instanz zusammentreffen. Wäre der Angeklagte auch bei dem KG. zu D., wie es bei dem KG. zu E. geschehen ist, ebenfalls mit der höchsten auf dem Vergehen haftenden Strafe von 48 Thlrn.

belegt worden, so hätte der App.-Richter, nach Bestätigung des zuerst ergangenen Urtheils, das zweite nicht gleichfalls bestehen lassen können, eben weil er sonst zweimal wegen eines Vergehens gestraft hätte. Er hätte dann die Anklage, welche dem späteren Urtheil zu Grunde lag, gleich der desfallsigen Appellation für erledigt erklären müssen. Ist dies richtig — und schon die Analogie des Art. 131 des Ges. v. 3. Mai 1852, welcher die Fälle der realen Konkurrenz vor Augen hat, spricht für diese Richtigkeit — so ist auch nicht abzusehen, weshalb der App.-Richter im gegenwärtigen Falle behindert gewesen sein soll, nachdem er das kondemnatorische Urtheil des KG.s zu E. bestätigt hatte, ohne weitere Beweisaufnahme die Anklage wie die Appellation in Bezug auf das freisprechende Erk. des KG.s zu D. als erledigt anzusehen und darnach die Freisprechung des Angeklagten zu bestätigen. Allerdings ist im Falle der realen Konkurrenz verschiedener strafbarer Handlungen, welche gleichzeitig hätten abgeurtheilt werden können, die Feststellung des Thatbestandes für jedes der Vergehen nothwendig, weil dann verschiedene selbstständige Handlungen vorliegen; allein diese Nothwendigkeit fällt weg, wo die verschiedenen Handlungen zusammen überall nur Ein Vergehen ausmachen, und wegen eines Theils derselben die gesetzliche Strafe verhängt ist. Der formelle Angriff mußte hiernach als unbegründet zurückgewiesen werden.

Bei der materiellen Beschwerde behauptet die NB. Verletzung des § 56 des StGB.s, weil der App.-Richter mit Unrecht angenommen habe, daß die hier in Rede stehenden Handlungen des Angeklagten (welche dem Urtheil des KG.s zu D. zu Grunde liegen) mit denjenigen, welche den Gegenstand der bei dem KG. zu E. anhängigen Untersuchung ein Vergehen ausmachten, und deshalb nur mit einer Strafe zu belegen seien. Die diesen beiden Untersuchungssachen zu Grunde liegenden Fakta enthielten vielmehr räumlich und zeitlich verschiedene selbstständige Handlungen, daß sie, wenn strafbar, als mehrfache Vergehen anzusehen seien. Allein auch diese Beschwerde entbehrt der Begründung. Mögen auch die verschiedenen Handlungen räumlich und zeitlich aus einander liegen, so enthalten sie doch nur das eine Vergehen des unbefugten Gewerbebetriebs im Umherziehen, wie der App.-Richter richtig angenommen hat. Alle in Frage stehenden Fälle, welche dem Angeklagten als unbefugter Gewerbetrieb zur Last gelegt worden, fallen in das Jahr 1861. Die Jahressteuer für den Gewerbebetrieb im Umherziehen betrug im höchsten Satze 12 Thlr. Die Strafe für den unbefugten Betrieb des Gewerbes konnte also 48 Thlr. nicht übersteigen. Alle Einzelhandlungen aus dem Jahre 1861 enthalten demnach so lange nur eine Verletzung des Gesetzes, als nicht behauptet werden kann, daß sie zum Theil nach dem ersten Strafurtheil vorgenommen worden seien. Daß solches aber hier der Fall nicht ist, liegt in facto klar vor. Die NB. vermeint zwar noch, mehrfache Vergehen hätten im vorliegenden Falle um so mehr angenommen werden müssen, als nach dem hier zur Anwendung kommenden Hausirregulativ v. 26. Apr. 1824 selbst schon ein jedes, insonderheit blos örtliches Ausschreiten in der Befugniß zum Gewerbebetrieb eine Strafthat involvire. Es ist dabei auf die §§ 21. 22. 26. 27 und 30 ibid. verwiesen. Allein auf die Strafe aus § 26 ist erkannt, und es ist nicht erfindlich, wie noch eine weitere Strafe auf Grund der übrigen citirten §§, welche hier überall nicht vorliegende Voraussetzungen haben, hätte ausgesprochen werden können.

Antr. des GStA.s: gleichl. [27. — 2.]

Zoll. — Kleidungsstücke. — Reisender. — Mitsichführen.

Die Zollfreiheit der Kleidungsstücke und Wäsche, welche ein Reisender „mit sich führt," wird dadurch nicht nothwendig aufgehoben, daß

der letztere von der die Effekten für ihn tragenden Person sich zeitweise trennt.

Zoll-Tarif v. 27. Juni 1860 Abth. I. Pos. 17 (GS. S. 306).

Erk. (Z. II.) v. 12. Febr. 1863 c. Kruse (86. II. Cr.).

Die Kr. war von der Beschuldigung der Einschwärzung einer Quantität Kleider und Leibwäsche freigesprochen worden, weil die Instanzgerichte als erwiesen annahmen, daß sie diese Gegenstände für eine andere auf einer Reise befindliche Person getragen habe, die trotz der zeitlichen Trennung von der Kr. doch so anzusehen sei, als „führe sie dieselben mit sich." Kass.-Rekurs des öff. Min.s. Verwerfung; erwogen ward:

daß es an sich nicht bestritten ist, daß es sich hier um Kleidungsstücke und Wäsche eines Reisenden handelt, vielmehr im Interesse des Kass.-Rekurses nur behauptet wird, daß die Voraussetzung, unter welcher der Tarif die Zollfreiheit gewähre, vorliegend nicht zutreffe, weil die reisende Person die fraglichen Gegenstände beim Einbringen ins Inland nicht „mit sich geführt" habe;

daß gleichwohl das angefochtene Urtheil durch die Annahme rechtlich nicht geirrt hat, daß der Reisende, auch wenn er sich fremder Hülfe bediene, um seine Reiseeffekten zur Eisenbahn zu befördern, und sich zeitweise von der diese Hülfe vermittelnden Person getrennt habe, doch im gesetzlichen Sinne als derjenige zu betrachten sei, welcher die Effekten mit sich führte.

Antr. des GStA.s: gleichl. [27—2.]

Presse. — Schriftstück eines Strafverfahrens. — Oeffentlichkeit der Gerichtsverhandlungen. — Veröffentlichung. — Dolus.

1. Der § 48 des Preßgesetzes enthält nicht eine unbedingte Gestattung der Veröffentlichung der Schriftstücke eines Strafverfahrens nach stattgehabter mündlicher Verhandlung, vielmehr ist es nach den allgemeinen Strafgesetzen zu beur-

theilen, ob eine solche Veröffentlichung strafbar sei oder nicht.

Preßges. v. 12. Mai 1851 § 48.

2. Aus der Oeffentlichkeit der Gerichtsverhandlungen ist nicht zu folgern, daß die demnächstige fernere Veröffentlichung des Inhalts derselben durch die Presse nothwendig straflos sei, oder daß sie den zur Strafbarkeit erforderlichen Dolus allgemein ausschließe.

Preßges. v. 12. Mai 1851 § 34; Vdn. v. 3. Jan. 1849 § 14 [dort einzutr. als n. 9 a].

Beschl. (II.) v. 12. Febr. 1863 (20. B. II. Cr.).

H. war von der Anklage: „durch mehrere in der von ihm redigirten M.er Zeitung abgedruckte Artikel Beamten und Behörden in Beziehung auf ihren Beruf beleidigt zu haben," freigesprochen worden. Die gedachte Zeitung brachte darauf eine Mittheilung über die stattgehabte Gerichtsverhandlung, in welcher jene Artikel wörtlich abermals abgedruckt waren; die dieserhalb erfolgte polizeiliche Beschlagnahme ward aber von den Instanzgerichten aufgehoben, weil § 48 des Preßgesetzes die Veröffentlichung der Schriftstücke eines Kriminalprozesses nach stattgehabter mündlicher Verhandlung gestatte, die gleiche Befugniß aber auch aus dem Grundsatze der Oeffentlichkeit der Gerichtsverhandlungen folge; jedenfalls aber könne die Wiederholung derjenigen Aeußerungen, welche zum Gegenstande einer strafrechtlichen Verfolgung gemacht worden seien, in dem über die betr. Gerichtsverhandlung erstatteten Zeitungsreferate nicht als eine Wiederholung des betr. Vergehens angesehen werden, weil es präsumtive an dem erforderlichen Dolus fehle. Auf die Beschw. des OStA.s ist der Beschl. des AG.s aufgehoben und die Sache an dieses zur nähern thatsächlichen Prüfung zurückverwiesen worden. Gründe:

Die rechtlichen Erwägungen, auf welche der angefochtene Beschluß ausschließlich gebaut ist, enthalten sowohl eine unrichtige Auslegung des § 48 des Preßges. v. 12. Mai 1851 als eine Verkennung der Grundsätze der Oeffentlichkeit und des Beweisverfahrens im Strafprozesse. Indem das Verbot in § 48, die Anklageschriften oder andere Schriftstücke eines Kriminal-Prozesses vor der mündlichen Verhandlung desselben zu veröffentlichen, alle dergleichen Schriftstücke ohne Unterschied des Inhalts umfaßt, ist damit keineswegs die Erlaubniß ausgesprochen oder beabsichtigt, nach der mündlichen Verhandlung auch die schon durch die allgemeinen Strafgesetze, an welchen das Preßgesetz nichts ändert, verbotenen Veröffentlichungen vorzunehmen. Eben so wenig folgt eine solche Erlaubniß aus dem Prinzipe der Oeffentlichkeit der Gerichtsverhandlungen, da diese sich auf das Verfahren in der öffentlichen Sitzung selbst beschränkt und das Bekanntwerden des Inhalts gewisser Schriftstücke für die Zuhörer im Zusammenhange mit der ganzen unter Leitung des Gerichts vorgenommenen Verhandlung rechtlich nicht zu der Konsequenz führt, daß jene Schriftstücke deshalb auch durch die Presse nachträglich verbreitet werden dürfen, oder daß eine solche Verbreitung den zur Strafbarkeit erforderlichen Dolus allgemein ausschließe. Eine Präsumtion dieser Art deutet das Gesetz nirgends an, und es bedarf daher in jedem einzelnen Falle der thatsächlichen Untersuchung, ob der Redakteur oder sonstige Urheber oder Theilnehmer beziehungsweise Verbreiter einer Druckschrift, die den Thatbestand einer strafbaren Handlung, wie der Beleidigung eines Beamten in Beziehung auf seinen Beruf enthält, nicht vorsätzlich im Bewußtsein dieses Inhalts derselben gehandelt habe.

Die Annahme des Appellationsrichters, die objektive und subjektive Strafbarkeit eines Preßerzeugnisses sei dadurch, daß es aus einer vorhergegangenen mündlichen Gerichtsverhandlung referirt wird, rechtlich getilgt oder ausgeschlossen, würde die Wirksamkeit eines auf Vernichtung desselben in seiner ursprünglichen Erscheinung gerichteten Urtheils wesentlich aufheben, und auf ein freisprechendes Erkenntniß erster Instanz, wie im vorliegenden Falle, jene Wirksamkeit den Erkenntnissen der höheren Richter vorweg nehmen.

Antr. des GStA.s: gleichl. [23. – 3.]

Frieden. — Gefährdung. — Anreizung. — Anstiftung. — Absicht.

1. Die den öffentlichen Frieden gefährdende Anreizung der Staatsangehörigen zum Haß ꝛc. braucht nicht den Erfordernissen der Anstiftung zu einer Strafthat zu entsprechen.

StGB. § 100 [dort einzutr. als n. 7 a].

2. Im cit. § 100 genügt zur „Gefährdung" des Friedens die objektive Möglichkeit einer Störung desselben; es bedarf weder des Eintritts einer solchen Störung, noch beim Thäter der Absicht, sie herbeizuführen.

Ebendas. [vgl. dort n. 4. 5]. Sic: Z. I. 9. Jan. 1863 c. Röder, 1129, welches die „Feststellung" einer solchen Absicht für unnöthig erklärte.

3. Zum Thatbestande des cit. § 100 gehört nicht die erfolgte Erregung von Haß ꝛc.; es reicht hin, wenn die Handlung geeignet war, Haß ꝛc. hervorzurufen.

Ebendas. [dort einzutr. als n. 8 a].

Erk. (Z. I.) v. 13. Febr. 1863 c. Kattner (74. I. Cr.).

Die NB. des Angeklagten fordert die Erregung von Haß oder Verachtung als die wirklich eingetretene Folge der anreizenden Handlung und die auf Hervorbringung dieser Folge gerichtete direkte Absicht. Was das erstere Erforderniß betrifft, so ist die Hinweisung auf die Theorie des StGB.s über die Anstiftung und das dabei erwähnte Mittel der „Anreizung zur That" verfehlt. Der strafrechtliche Begriff der Anstiftung bezieht sich ausschließlich auf strafbare Handlungen des Angestifteten, sind diese nicht verübt, ist also die Anstiftung in soweit erfolglos geblieben, so ist nach dem StGB. die Anstiftung, also auch die Anreizung, allerdings straflos. Hier aber im § 100 handelt es sich um keinerlei Anstiftung zu einer strafbaren Handlung derjenigen Personen, auf welche sich die Anreizung bezieht, sind diese in Folge der letzteren wirklich etwa verübt, so treten die besonderen strafrechtlichen Vorschriften für sie, also auch die Regeln der Anstiftung zu diesen strafbaren Handlungen ein. Der § 100 hat also, für sich betrachtet, den im StGB. häufig erwähnten Fall einer strafbaren Einwirkung auf den Willen Anderer vor Augen, bei welcher eben nur das Bestreben, auf diesen Willen oder auch nur auf das Vorstellungsvermögen eines Andern einzuwirken, den vollendeten Thatbestand darstellt. In anderer Weise ist dies in einzelnen Vorschriften durch den Ausdruck „versucht" (z. B. zu zwingen versucht in den §§ 212. 234) geschehen. Hier aber in einem andern Sinne als im § 100.

Was nämlich das Erforderniß einer auf den Erfolg gerichteten direkten Absicht betrifft, welche allerdings durch den Ausdruck „versucht" angedeutet ist, so ergiebt sich aus den Redaktionsverhandlungen, daß der § 100 des StGB.s aus dem § 17 der Verordn. v. 30. Juni 1849 hervorgegangen ist. Dieser hatte die Fassung: „Wer den öffentlichen Frieden dadurch zu stören sucht" u. s. w.; statt ihrer wurde die jetzige Fassung: „Wer den öffentlichen Frieden dadurch gefährdet" u. s. w. gewählt. Jene erstere Fassung, so wurde ausgeführt, enthalte nämlich ein Doppeltes, einmal, daß die Anreizung objektiv den öffentlichen Frieden gefährde, und sodann, daß der Thäter bei seiner Anreizung die Absicht haben müsse, jenen Frieden zu stören. Diesem letzteren Erfordernisse sei aber nicht beizustimmen, vielmehr genüge das objektive Erforderniß der „Gefährdung" allein (Goltd. Matt. 2. S. 157).

Hiernach genügt, wie dies auch der Wortlaut des § 100 deutlich ergiebt, die objektive Möglichkeit der Störung des Friedens, nämlich nur seine Gefährdung, nicht aber ist das wirkliche Eintreten einer solchen Störung erforderlich. Daß aber der Angeklagte die Absicht gehabt habe, zum Hasse und zur Verachtung anzureizen, daß er also in soweit nicht etwa bloß fahrlässig gehandelt habe, stellt der Appellationsrichter ausdrücklich fest. Die thatsächliche Schlußfeststellung und die ihr zum Grunde liegende Erwägung beider Richter entspricht somit vollkommen dem Thatbestande des § 100.

Was nun die ferneren Angriffe der NB. betrifft, so geht dieselbe ad 1 davon aus, daß es zur Anwendung des § 100 auch erforderlich sei, es müsse in Folge der Anreizung auch die wirklich erfolgte Erregung von Haß oder Verachtung stattgefunden haben, namentlich aber, da die Richter eine bereits aus andern Ursachen existirende Friedensstörung in der Provinz Posen anerkennen, eine Steigerung derselben durch die Schrift des Angeklagten. Allein die Beschwerde verkennt hier wiederum die Absicht des Gesetzes. Es handelt sich hier, wie oben bemerkt, um eine strafbare Einwirkung auf die Gesinnung der Bewohner dieser Provinz; so wenig das Gesetz die wirklich erfolgte Störung des Friedens fordert, so wenig fordert es auch die wirklich erfolgte Erregung des Hasses oder der Verachtung, und zwar dies letztere nicht, weil, wenn sie eingetreten wäre, damit unmittelbar auch der öffentliche Friede gestört ist, und nicht nur gefährdet sein würde.

In dem Begriffe dieser „Gefährdung" liegt somit zugleich ausgedrückt, daß die Handlung nur geeignet zu sein brauche, Haß oder Verachtung zu erregen, und daß sie dies im vorliegenden Falle gewesen sei, ist von den Instanzrichtern ausdrücklich festgestellt. In wieweit dies bei einer größeren oder geringeren Verbreitung der Schrift vorhanden gewesen, unterlag lediglich ihrem thatsächlichen Ermessen. Auf die in dieser Beziehung in der Beschwerde zugleich im Hinblick auf den § 33 des Preßgesetzes in Betracht gezogenen Fälle bedarf es keines weiteren Eingehens. Da es sich hier zugleich um ein durch die Presse begangenes Vergehen handelt, so ist allerdings für den Begriff des „öffentlicheu Anreizens" mit Recht der gedachte § 33 in Bezug genommen, indem hier die Regel über die erfolgte „Veröffentlichung" festgestellt ist. Allerdings ist dadurch allein die Möglichkeit der Gefährdung nicht für erwiesen zu achten, muß vielmehr im Sinne des § 100 besonders erwogen werden, ist aber auch durch die Instanzrichter erwogen worden, und wenn sie unter den hier vorliegenden Umständen, da einmal die Schrift bekannt geworden ist, jene Möglichkeit der Gefährdung annehmen, so ist dies, wie erwähnt, eine rein thatsächliche Feststellung, welche in dieser Instanz keiner Prüfung weiter unterliegt.

Antr. des GStA.s: gleichl. [15. – 4.]

Privatförster. — Vermeintlicher Angriff. — Recht der Verfolgung.

Ein Privatförster, welcher bei Ausübung seines Dienstes angegriffen zu sein glaubt, hat das Recht, die vermeintlichen Thäter über die Gränzen seines Reviers hinaus zu verfolgen, und genießt bei Ausübung dieses Rechts den Schutz des Gesetzes gegen etwaige Widersetzlichkeiten und Beleidigungen.

Ges. v. 31. März 1837 § 1; StGB. § 89.

Erk. (B. I.) v. 13. Febr. 1863 c. Schneider u. Gen. (146. I. Cr.).

Die gräflich L.'schen Förster N. und S, sowie der Sohn des ersteren, hatten sich zur Ausübung des Forstschutzes und behufs der Jagd in einem L.'schen Forst in einiger Entfernung von der Grenze aufgestellt, während die drei Angeklagten Schn., Z. und B. sich auf der benachbarten Feldmark, auf welcher die Jagd an Schn. verpachtet war, versteckt befanden. Ein von Schn. abgefeuerter Schuß verletzte den N. Sohn leicht; als nun die drei Förster zur Ermittlung des Thäters sich jener Feldmark näherten, jedoch noch auf L.'schem Gebiete waren, feuerten die drei Angeklagten noch fünf Schüsse ab, wobei N. sen. ebenfalls leicht verletzt ward. Darauf holten die Förster außerhalb ihres Reviers die Angeklagten ein, und es erfolgte, da diese nicht zum Schulzen folgen wollten, ein Kampf, bei welchem N. jun. sein Gewehr einbüßte. Die Instanzrichter erachteten die erste Verletzung des N. jun. nicht für strafbar, weil dieser kein Forstbeamter und weil nicht erwiesen sei, daß Schn. ihn habe treffen wollen; dasselbe nahm der App.-Richter von den fünf demnächst abgefeuerten Schüssen an, da die Angeklagten auf dem Jagdgebiete des Sch. und sonach zu schießen befugt gewesen, es aber nicht bewiesen sei, daß sie von der Anwesenheit der Förster Kenntniß gehabt und auf diese geschossen hätten; ebenso stelle der spätere Kampf eine Widersetzlichkeit im Sinne des Ges. v. 31. März 1837 oder des § 89 des StGB.s nicht dar, weil die Angeklagten auf dem L.'schen Forstreviere nicht betreffen, also auch nicht über die Grenze desselben hinaus verfolgt worden, und weil die Förster keine öffentlichen, sondern Privatbeamte gewesen seien. Demgemäß erfolgte die Bestrafung nur wegen Mißhandlung. Dieses Erk. ist auf die NB. des OStA.s vernichtet und die Sache an ein anderes AG. verwiesen worden.

Gründe:

Zuvörderst ist die Behauptung des App.-Richters, die von den Angeklagten abgefeuerten fünf Schüsse, deren einer den Förster N. unbedeutend verletzt hat, seien straflos, weil die Angeklagten sich auf dem von einem von ihnen gepachteten Jagdreviere befunden und hier zu schießen das Recht gehabt hätten, in dieser Allgemeinheit jedenfalls nicht richtig, muß vielmehr so, wie sie gestellt worden, als eine rechtsirrthümliche bezeichnet werden. Denn abgesehen von vielen anderen gesetzlichen Beschränkungen dieses Rechts waren die Angeklagten unter allen Umständen nicht befugt, ihre Schüsse auf einen jenseits der Grenze ihres Reviers liegenden Gegenstand zu richten und machten sich, wenn sie dieses dennoch thaten, je nachdem ihr jenseits der Grenze befindliches Ziel ein jagdbares Thier oder ein Mensch war, eines Jagvergehens oder einer Verletzung der Persönlichkeit schuldig. Hier scheint der zweite Fall vorzuliegen. Denn es steht thatsächlich fest, daß nicht bloß der erste Schuß, welcher den jüngeren N. verwundete, sondern daß auch die späteren fünf Schüsse, deren einer den älteren N. traf, von den Angeklagten gegen Menschen, die sich außerhalb des Jagdreviers der Angeklagten befanden, gerichtet gewesen sind. Nun geht zwar der App.-Richter davon aus, daß die Angeklagten, als sie jene fünf Schüsse abfeuerten, die gräflich L.'schen Forstbeamten nicht gesehen und eben so wenig hätten glauben können, daß bei den vorhandenen Entfernungen die Schüsse über die Grenze ihres Reviers hinausgehen würden. Allein wenn gleich auch diese Annahme thatsächlicher Natur ist und deshalb an derselben in der gegenwärtigen Instanz nichts geändert werden kann, so steht dieselbe doch der Erwägung nicht entgegen, ob die Forstbeamten, nachdem zwei Mal Schüsse auf sie gefallen waren und beide Male leichte Verwundungen verursacht hatten, nicht wenigstens subjektiv zu der Annahme berechtigt gewesen seien, daß ein Angriff auf sie verübt, oder doch beabsichtigt worden und zwar zu einer Zeit, wo sie sich auf dem Gebiete ihres Herrn in Ausübung ihres Dienstes befanden. Einer solchen ebenfalls thatsächlichen Erwägung hat sich der App.-Richter bis jetzt nicht unterzogen, sie ist daher nachzuholen. Sollte dann die gestellte Frage bejaht werden, so würde die rechtliche Beurtheilung der Sache zu einem wesentlich verschiedenen Resultate führen.

Waren die Forstbeamten, als sie sich zur Ausübung des Forstschutzes auf dem Territorium ihres Herrn befanden, bei Ausübung dieses Dienstes angegriffen worden, oder hatten sie doch hinlänglichen Grund sich für angegriffen zu halten, so waren sie auch berechtigt, diesen wirklichen oder vermeintlichen Angriff abzuwehren, die Urheber desselben zu ermitteln und erforderlichen Falles zu ergreifen. Dies folgt zunächst aus dem § 1 des Ges. v. 31. März 1837 über den Waffengebrauch der Forst- und Jagdbeamten, wonach alle Königlichen, Kommunal- und Privatforstbeamten, die an sich zur Führung von Waffen berechtigt sind, von diesen Gebrauch machen dürfen, wenn ein Angriff auf ihre Person erfolgt oder wenn sie mit einem solchen Angriffe bedroht werden. Das andere Gesetz von demselben Datum über die Strafe der Widersetzlichkeiten bei Forst- und Jagdverbrechen spricht zwar im § 1 nur von dem Falle, wo einem Forstbeamten bei Ausübung seines Amtes Widerstand geleistet wird und es ist anzuerkennen, daß von einem solchen Widerstande zu der Zeit, als die fünf Schüsse fielen, noch nicht die Rede sein konnte, weil damals die Forstbeamten noch gegen keine bestimmte Person amtlich eingeschritten waren. Einmal aber ist schon in dem Erk. v. 11. Juni 1858 c. Hantschick (G. A. 6. S. 834) ausgeführt, daß die beiden Gesetze v. 31. März 1837 einander gegenseitig ergänzen und daher nur im Zusammenhange mit einander verstanden werden können, sodann ist es klar, daß im Verhältnisse zur Erwiderung und Abwehr eines Angriffs durch Waffengewalt, die nöthigenfalls bis zur Tödtung gehen kann, die Verfolgung und Ergreifung des Angreifers sich als ein Minus darstellt, welches in dem Maius enthalten ist. Hält man hiernächst den weitern Gesichtspunkt fest, daß seit dem Gesetze vom 12. Febr. 1850 zum Schutze der pers. Freiheit §§ 2. 3 in Verbindung mit § 21 des Holzdiebst.-Ges. v. 2. Juni 1852 sämmtliche Forstschutzbeamte, auch die in Privatdiensten stehenden, wenn sie gehörig bestallt und vereidigt sind, rücksichtlich aller Forst-, Jagd- und ähnlicher Frevel als Polizeibeamte anzusehen sind, die das Recht haben, wirkliche oder vermuthete Frevler über die Grenzen ihres Reviers zu verfolgen und festzunehmen, und bei Ausübung dieses Rechtes gegen etwanige Widersetzlichkeiten und Beleidigungen durch das Gesetz geschützt sind (vgl. die Präjudikate des OTr.s in G. A. 6. S. 108. 694. 834; Bd. 8. S. 112), so kann es keinem Zweifel unterliegen, daß auch im vorliegenden Falle die beiden gräflich L.'schen Forstbeamten N. und S., sobald sie sich durch die von Seiten der Angeklagten gegen sie gerichteten Schüsse auf dem ihrer Obhut anvertrauten Gebiet in Ausübung ihres Dienstes für angegriffen erachten durften, berechtigt waren, die Angreifer aufzusuchen und erforderlichen Falles über die Grenzen ihres Reviers zu verfolgen, daß dann aber auch der Widerstand, den sie hierbei erfahren haben, nach dem Gesetze v. 31. März 1837 über die Widersetzlichkeiten, event. nach § 89 des StGB.s zu beurtheilen ist. Beide Gesetze sind demnach vom App.-Richter resp. durch Nichtanwendung oder durch unrichtige Anwendung verletzt worden und deshalb unterliegt das Urtheil desselben der Vernichtung.

Antr. des GStA.s: gleichl. [28.—4.]

Diebstahl. — Gebäude. — Vollendung.

Ein im Innern unvollendeter Neubau kann ohne Rechtsirrthum für ein „Gebäude" erachtet werden.

StGB. §§ 218 Nr. 2; 220 [vgl. dort n. 4a; RbOTr. 2. S. 485].

Erk. (Z. I.) v. 13. Febr. 1863 c. Bartsch (Fuchs u. Gen. 213. I. Cr.).

Mag immerhin die Frage, ob eine bestimmte Räumlichkeit als ein Gebäude anzusehen, zum Theil rechtlicher Natur sein, so läßt sich doch ein Rechtsirrthum darin nicht erkennen, wenn eine schon in den Mauern und im Dachwerke vollendete, zur Wohnung von Menschen bestimmte, mit dem Erdboden dauernd verbundene Gebäulichkeit, mögen ihr auch einstweilen noch Thüren und Fenster fehlen, ein Gebäude genannt wird, zumal wenn es sich um ein schon provisorisch eingerichtetes Zimmer desselben und einen in diesem aufbewahrten verschlossenen Schrank handelt.

Antr. des GStA.s: gleichl. [28.—4.]

1. Polizei-Verordnung. — Richterliche Prüfung. 2. 3. Preßfreiheit. — Beschränkung. — Polizei-Verordnung.

1. Die Gerichte dürfen nicht untersuchen, ob eine Polizei-Verordnung den Vorschriften des § 6 des Gesetzes vom 11. März 1850 entspreche.

Pol.-Ges. v. 11. März 1850 §§ 6. 17; StGB. § 332 [vgl. dort n. 41; vgl. Oppenhoff, Ressortgesetze S. 511 n. 24. 25, S. 294 n. 295].

2. Das Preßgesetz schließt die Erlassung einer Polizei-Verordnung über Preß-Angelegenheiten nicht aus.

3. Im Art. 27 der Verf.-Urkunde sind unter „Beschränkungen der Preßfreiheit" nur solche zu

verstehen, welche die freie Meinungsäußerung in Beziehung auf die materiellen Bestandtheile der Gedankenausdrücke in Grenzen ziehen.

Verf. v. 31. Jan. 1850 Art. 27.

Beschl. (I.) v. 13. Febr. 1863 c. Säbisch (71. B. I. Cr.).

S. hatte in Zuwiderhandlung gegen eine Pol.-Vdn. der Regierung zu F., welche die Bezeichnung einer nichtamtlichen Zeitschrift als „Kreisblatt" untersagte, einem in seinem Verlage erscheinenden Blatte nach wie vor diese Bezeichnung beigelegt. Gleichwohl lehnten die Instanzgerichte die Eröffnung der Untersuchung ab, weil jene Vdn. unverbindlich sei, denn 1) sei kein gesetzlicher Grund (§ 6 des Ges. v. 11. März 1850) zu ersehen, aus welchem die Regierung zum Erlasse derselben befugt gewesen wäre; 2) Alles auf die Presse Bezügliche sei, nur nach dem Preßges. v. 12. Mai 1851 zu beurtheilen, welches ein solches Verbot nicht enthalte; 3) gestatte Art. 27 der Verfassung eine Beschränkung der Preßfreiheit nur im Wege der Gesetzgebung, also nicht durch Pol.-Vdn. Auf die Beschw. des OStA.s ist der app.-gerichtliche Beschluß aufgehoben worden. Gründe:

Wenn das K. AG. in eine Erörterung darüber eingeht, ob nach § 6 des Ges. v. 11. März 1850 über die Polizeiverwaltung ein Grund ersichtlich sei, weshalb eine nicht amtliche Zeitschrift den Titel: „Kreisblatt" nicht führen solle, so ist hierbei der § 17 l. c. übersehen worden, nach welchem den Gerichten das Recht nicht zusteht, die Nothwendigkeit oder Zweckmäßigkeit der ergangenen Polizeivorschriften in Erwägung zu ziehen.

Demnächst kann auch der fernere, in jenen Verfügungen hervorgehobene Grund: „daß alles auf die Presse und Druckschriften Bezügliche nach dem Preßges. v. 12. Mai 1851 zu beurtheilen, und darin die Wahl des Titels einer Schrift nicht eingeschränkt sei," als eine zutreffende nicht angesehen werden. Denn neben dem Preßgesetz kommen in Bezug auf die Presse auch noch die einschlagenden Bestimmungen des StGB.s und eine Reihe anderer Gesetze in Betracht, wie z. B. die zum Schutze des Autorenrechts ꝛc., sodann aber folgt daraus, daß das Preßgesetz keine Einschränkung über die Wahl eines Titels einer Schrift enthält, noch nicht, daß hierüber in die polizeilichen Vorschriften keine Bestimmungen aufgenommen werden dürfen, da nach § 15 des Ges. v. 11. März 1850 nur solche unterbleiben müssen, welche mit den Gesetzen oder den Verordnungen einer höhern Instanz im Widerspruche stehen. Ebenso wenig kann endlich der von dem ersten Richter in Betracht gezogene Art. 27 der Verf.-Urk. v. 31. Jan. 1850 zur Begründung der angefochtenen Verfügungen dienen. Denn der gedachte Art. 27 l. c. verbietet lediglich jede, nicht im Wege der Gesetzgebung erfolgende Beschränkung der freien Meinungsäußerung durch die Presse, bezieht sich also auf die eigentlich materiellen Bestandtheile solcher Gedankenausdrücke, als deren einer die bloße äußere Bezeichnung einer Zeitschrift als „Kreisblatt" nicht angesehen werden kann. Dergleichen Fälle unterliegen der polizeilichen Einwirkung und Beaufsichtigung im gleichen Maaße wie andere außerhalb der Presse sich ereignende.

Antr. des GStA.s: gleichl. [20. — 3.]

Gewerbe-Polizei-Kontravention. — Hausir-Kontravention. — Vermittlung fremder Geschäfte.

1. Wenn Jemand ein Gewerbe ohne die erforderliche polizeiliche Erlaubniß und ohne Gewerbeschein im Umherziehen betreibt, so ist er nur wegen Hausir-Kontravention und nicht wegen Gewerbe-Polizei-Kontravention zu bestrafen.

Gew.-Ordn. v. 17. Jan. 1845 §§ 14. 177; Gew.-St.-Ges. vom 30. Mai 1820 § 40; Hauf.-Regul. v. 28. April 1824 §§ 7. 26. Sic: Z. Pl. 12. März 1855 c. Gobitz, 1099. I.; Präj. n. 144; Entsch. 31. S. 298; JMBl. S. 134.

2. Das gilt auch in solchen Fällen, wo ein Gewerbe im Umherziehen betrieben ist, für welches ein Gewerbeschein zum Hausiren gar nicht ertheilt werden kann.

Hauf.-Regul. v. 28. April 1824 § 14 ff.; Gew.-Ordn. v. 17. Jan. 1845 § 49.

Erk. (Z. I.) v. 18. Febr. 1863 c. Koch (1042. I. Cr. v. 1862.).

K. hatte „ohne polizeiliche Erlaubniß und ohne Versteuerung" [ohne Gewerbeschein] das Gewerbe der Vermittlung von Geschäften für Andere (insbesondere der Vermittlung mehrerer Gutsverkäufe) betrieben und war daher mit der Strafe der Hausir-Kontravention belegt worden. Die NB. des OStA.s rügte Verletzung der §§ 49. 177 der Gew.-Ordn., welche hier hätten Anwendung finden müssen, da die Gewerbe-Polizei-Kontravention diesen Charakter dadurch nicht verlieren könne, daß damit auch eine Hausir-Kontravention konkurrire. Die GStAnw.-schaft erachtete die Beschwerde für begründet: zwar schließe nach dem (oben cit.) Präj. Nr. 144 die Hausir-Kontraventionsstrafe die Gewerbe-Polizei-Kontraventionsstrafe aus; das könne aber doch nur da gelten, wo es sich von einem Gewerbe handle, für welches überhaupt ein Gewerbeschein zum Hausiren ertheilt werden könne, während die Gew.-Ordn. § 177 da Platz greifen müsse, wo das betr. Gewerbe einen Hausirbetrieb gar nicht zulasse. Das OTr. hat die NB. zurückgewiesen. Gründe:

Nach § 7 des Regulativs über den Gewerbebetrieb im Umherziehen v. 28. April 1824 darf Niemand ohne den Besitz eines Gewerbescheins irgend ein Gewerbe umherziehend betreiben. Der Angeklagte ist daher mit Recht vom App.-Richter nach § 40 des Gew.-St.-Ges. v. 30. Mai 1820 und nach § 26 des Hausir-Regulativs v. 28. April 1824 mit dem vierfachen Betrage der Jahressteuer von 16 Thlrn. bestraft worden. Wenn aber die NB. des OStA.s die Bestrafung des Angekl. auf Grund des § 177 der Gew.-Ordn. v. 17. Jan. 1845 deshalb verlangt, weil er der Vorschrift des § 49 ibid. zuwider das Gewerbe der Vermittelung von Geschäften, ohne die vorschriftsmäßige polizeiliche Genehmigung vorher einzuholen, unternommen, also angefangen habe, so ist dabei übersehen, daß nach § 14 ibid. die Vorschriften derselben auf den Gewerbebetrieb im Umherziehen, abgesehen von den hier nicht zutreffenden §§ 1 bis 4 und 60 keine Anwendung finden, daß in dieser Beziehung vielmehr die früheren Vorschriften, also das Hauf.-Reg. v. 28. April 1824 und dessen Ergänzungen allein maaßgebend geblieben sind. Mit Recht ist daher von den vorigen Richtern der § 177 der Gew.-Ordn. hier nicht zur Anwendung gebracht.

Antr. des OStA.s: entg. [18.—4.]

Chausseegeldpächter. — Vertreter. — Beamter.

Der von der betr. Behörde zugelassene und vereidete Vertreter eines Chausseegeldpächters ist als Beamter im Sinne des § 102 des StGB.s zu betrachten.

StGB. § 102 [dort einzutr. als n. 39a; vgl. n. 40; § 89 n. 9]. Dasselbe gilt von einem Afterpächter, welcher die Genehmigung der betr. Behörde erlangt hat: Z. I. 27. März 1863 c. Caspari, 286.

Erk. (B. I.) v. 18. Febr. 1863 c. v. Gruchalla (2. I. Cr.).

v. Gr. hatte den vom betr. Haupt-Steueramte zur Vertretung der Chausseepächterin N. zugelassenen und vereideten C. N. öffentlich beleidigt; die Instanzgerichte straften aber nur aus § 152 und 160 StGB., weil C. N. nicht selbst Pächter und daher mit Rücksicht auf den Ch.-G.-Tarif v. 29. Febr. 1840 Zus.-Bem. Nr. 22 (vgl. auch Regul. v. 7. Juli 1844) nicht als Beamter anzusehen, mithin § 102 ibid. unanwendbar sei. Auf die NB. des OStA.s ist das Erk. des AG.s vernichtet worden. Gründe:

Wenngleich in den angeführten Gesetzen ausdrücklich blos den Chausseegelderhebern und Pächtern eine amtliche Eigenschaft zugestanden und ihren Vertretern im Erhebungsgeschäft die Protokollirung der Kontraventionen entzogen ist, so folgt daraus nicht, daß ein von der Behörde dem an der eigenen Verwaltung der Hebestelle verhinderten Chausseepächter bestellter und vereideter Vertreter, wie es festgestelltermaaßen der C. N. ist, jene Eigenschaft nicht haben könne oder sollte, vielmehr ist sie schon um deswillen anzunehmen, weil das öffentliche Interesse eine amtliche Vorsehung jener Chaussee-Hebestelle erheischt, und dafür also, es sei nur vorübergehend oder auf längere Dauer Fürsorge getroffen werden muß; ja es läßt sich nicht verkennen, daß, wenn die Behörde im Interesse des Dienstes, z. B. wegen großer Frequenz einer Straße dem Chausseegeldpächter einen Assistenten zugeordnet und vereidet hat, diesem eine amtliche Eigenschaft wie dem Pächter selbst beizulegen sei, wie bereits am 14. Okt. 1859 in der Sache c. Christ, 954 (Oppenhoff StGB. § 89 n. 9) hierorts erkannt worden ist. Denn § 3 des Regulativs v. 7. Juni 1844 schließt offenbar nur die von den Chausseegelderhebern und Pächtern für das Erhebungsgeschäft angenommenen Privatvertreter von der Protokollirung aus. Wenn anderweit in einer Entscheidung v. 18. Jan. 1855 c. Lenartz (Rh. Arch. 50. 2. A. S. 67) angenommen worden ist, daß dem Diener eines Brückenpächters so wenig als den Vertretern von Chausseepächtern eine amtliche Eigenschaft beiwohne, so liegt dabei die deutlich ausgesprochene Voraussetzung zum Grunde, daß diese Vertreter nur für das Privatinteresse des Pächters zu sorgen bestimmt sind.

Antr. des GStA.s: gleichl. [17. — 4.]

Fragstellung. — Begriffsmerkmale. — Spezialisirung.

Es unterliegt dem richterlichen Ermessen, ob in eine an die Geschwornen zu richtende Frage außer den Begriffsmerkmalen des betreffenden Verbrechens auch noch eine Spezialisirung der Umstände des Einzelfalls, durch welche jene Merkmale gebildet werden, aufzunehmen seien. Die Ablehnung eines solchen Antrags kann keine Nichtigkeitsbeschwerde begründen.

Ges. v. 3. Mai 1852 Artt. 80. 81 [vgl. dort n. 28—30]. Art. 82 [vgl. dort n. 8—11].

Erk. (Z. I.) v. 18. Febr. 1863 c. Liebig (Masch u. Gen. 108. I. Cr.).

Wenn es auch dem Vertheidiger des Angeklagten zustand, auf eine nähere Spezialisirung der Umstände anzutragen, durch welche bei der Frage 3 die Beschuldigung der Anstiftung, und bei der Frage 4 diejenige der Hülfsleistung begründet werden sollte, so war der GH. doch nicht verpflichtet, hierauf unbedingt einzugehen. Das Gesetz schreibt eine solche Spezialisirung in keinem Falle vor; es fordert im Art. 80 des Ges. v. 3. Mai 1852 nur, daß die Frage alle die wesentlichen Merkmale der dem Angeklagten zur Last gelegten strafbaren Handlung enthalten solle. Solche Merkmale sind aber die im StGB. angegebenen Begriffserfordernisse der einzelnen Handlungen. Nur eine Verletzung in dieser Beziehung unterliegt einer Rüge in der Nichtigkeitsinstanz. Ueber jene Grenze hinaus, also in Beziehung auf die Aufnahme auch derjenigen Thatsachen, durch welche jene „wesentlichen Merkmale" in dem gegebenen Falle gebildet werden, unterliegt die Ausdehnung der Fragestellung lediglich dem durch die Umstände geleiteten Ermessen des Schw.-GH.s. Dieser hat dasselbe hier nach seinem verkündeten Beschlusse eintreten lassen.

Antr. des GStA.s: gleichl. [14. — 5.]

Fragstellung. — Rechtsbegriff. — Auflösung. — „Beamter."

Hängt die Strafbarkeit einer Handlung von der Qualität einer Person als „Beamter" ab, so müssen in die Fragstellung an die Geschwornen statt dieses Begriffs diejenigen Thatsachen aufgenommen werden, welche jene amtliche Eigenschaft begründen sollen, sobald dieses vom Staatsanwalt beantragt wird.

Ges. v. 3. Mai 1852 Art. 82 [vgl. dort n. 8]; StGB. § 331 [vgl. dort n. 8].

Erk. (V. II.) v. 19. Febr. 1863 c. Müller (32. II. Cr.).

Der „Post-Expeditions-Gehülfe" M. war wegen Amts-Unterschlagung (§ 324 StGB.) in Anklagestand versetzt worden; da die Vertheidigung die amtliche Eigenschaft desselben bestritt, beantragte der StA. in die Fragstellung nicht diesen (Rechts-) Begriff, sondern die Thatsachen aufzunehmen, welche jene Eigenschaft begründen sollten; der GH. lehnte diesen Antrag ab, und stellte die Frage nach dem Wortlaute des § 324, worauf die Geschwornen die „amtliche Eigenschaft" verneinten. Auf die NB. des StA.s erfolgte Vernichtung, indem erwogen wurde:

daß die Frage, ob der Angekl. die Unterschlagung rc. in amtlicher Eigenschaft begangen habe, von seiner Beamtenqualität zur Zeit der That abhing; — daß da, wo nach der Natur der Sache eine solche Qualität nicht unzweifelhaft vorliegt, dieselbe vielmehr von thatsächlichen Umständen abhängig sein kann, die Frage über diese Qualität eine thatsächliche und rechtliche Seite darbietet; — daß alsdann die Feststellung der thatsächlichen Voraussetzungen für die Beamtenqualtiät vom Richter der That festgestellt werden muß, wogegen es eine ins Gebiet des Thatrichters nicht gehörige Rechtsfrage bleibt, ob aus den festgestellten Thatsachen die fragliche Eigenschaft zu entnehmen sei oder nicht; —

J. E., daß daher, und da im vorliegenden Fall der Streit bei der Fragestellung sich darum drehte, ob der Angekl., obwohl nominell Postexpeditionsgehülfe, unter den von der Anklage behaupteten und von der StA.-schaft vertretenen Umständen, als Beamter im gesetzlichen Sinne zu betrachten war, der SchwGH. mit Unrecht den von dem StA. formirten Antrag auf Stellung der besondern Frage über die speziellen Thatsachen abgelehnt hat, welche der Beurtheilung, ob Angekl. in amtlicher Eigenschaft gehandelt habe, zur rechtlichen Grundlage dienen sollten; — daß der AH. namentlich die Geschwornen dadurch, daß er i h n e n lediglich die Frage unterbreitete, ob der Angekl. in amtlicher Eigenschaft als Postexpediteur die ihm imputirte Unterschlagung (mit unrichtiger Führung der Bücher und Register) begangen habe, zu Richtern über eine ihrer Beurtheilung entzogene Rechtsfrage gemacht, sich aber zugleich, Mangels einer thatsächlichen Grundlage, außer Stand gesetzt hat, diese Rechtsfrage selbstständig zu entscheiden; — daß demnach der Schwurgerichtshof das Fundamentalprinzip des Verfahrens, daß die Geschwornen nur zur Lösung der Thatfragen berufen sind, und speziell auch den Art. 82 des Ges. v. 3. Mai 1852 verletzt hat, weil ein bestrittener Rechtsbegriff in seine thatsächlichen Momente, wie es geschehen konnte, nicht aufgelöst worden ist, obschon Seitens der Staatsanwaltschaft ein Antrag darauf gestellt war.

Antr. des GStA.s: gleichl. [27—2.]

Holzdiebstahl. — Gewalt (Aufsicht). — Haftbarkeit.

Die im § 10 des Holzdiebstahl-Gesetzes vom 2. Juni 1852 angeordnete Haftbarkeit desjenigen, unter dessen Gewalt (Aufsicht) der Holzdieb steht, ist nicht auf solche Personen zu beschränken, welchen nach positiven Gesetzen eine solche Gewalt oder Aufsicht zusteht, trifft vielmehr jeden, welcher aus einem natürlichen Verhältnisse, einem Herkommen oder Uebereinkommen über einen Hausgenossen eine Aufsicht in der Weise führt, daß daraus die Vermuthung einer Theilnahme am Holzdiebstahl oder dessen Vortheilen oder einer Mitwissenschaft um denselben hergeleitet werden kann.

Holzdiebst.-Ges. v. 2. Juni 1852 § 10. Sic: B. II. 19. Febr. 1863 c. Heinz, 97.

Erk. (B. II.) v. 19. Febr. 1863 c. Porten (96. II. Cr.).

Der Tagelöhner Willibrod P., welcher keine eigene Haushaltung führt und kein eigenes Vieh besitzt, und in der Haushaltung seines Vaters Wendel P. lebt, ward wegen eines begangenen Holzdiebstahls verurtheilt; gleichzeitig aber der genannte Vater desselben, welcher mit vorgeladen worden war, um in Gemäßheit des § 10 für die Geldbuße, Wertherſatz und Kosten haftbar erklärt zu werden, von dieser Haftbarkeit entbunden, weil der Sohn, wenn auch Hausgenosse des Vaters, doch großjährig sei und deshalb nach dem Rh. BGB. nicht mehr in der Gewalt seines Vaters, und eben so wenig unter dessen Aufsicht stehe, da von einer solchen nur bei einem Vormunde oder Lehrherrn die Rede sein könne. Auf den Kass.-Rekurs des betr. Ober-Prokurators ist das in der App.-Instanz ergangene Erk. vernichtet und die Sache zur nähern thatsächlichen Prüfung des zwischen Vater und Sohn bestehenden Verhältnisses an ein anderes ZPG. verwiesen worden. Erwogen ward:

daß die im § 10 des Ges. v. 2. Juni 1852 ausgesprochene Haftbarkeit der Personen, welche Andere unter ihrer Gewalt oder Aufsicht oder in Diensten und in ihrer Hausgenossenschaft haben, für die von den Letztern durch Holzdiebstähle verwirkten Geldbußen, Werthersatz und Kosten nach Ausweis der Motive des Gesetzgebers zu dieser Bestimmung, auf der Präsumtion einer gewissen Komplizität der Gewalthaber, Aufsichtspersonen und Dienstherrschaften an denjenigen Entwendungen von Holz und anderen Waldprodukten beruht, welche sie geschehen lassen, obgleich sie dieselben vermöge einer Gewalt oder Aufsicht verhindern konnten, und welche naturgemäß und in der Regel für den Nutzen der Hausgenossenschaft, der sie vorstehen, mithin vorzugsweise ihren eigenen, unternommen werden;

daß demgemäß die Haftbarkeit nicht auf eine aus den Gesetzen positiv fließende Gewalt oder Aufsicht beschränkt, sondern dem Richter die Untersuchung und thatsächliche Feststellung überlassen ist, ob ein Hausgenosse des Diebes über denselben zugleich eine aus einem natürlichen Verhältnisse, einem Herkommen oder einem Uebereinkommen entstandene Aufsicht der Art führe, daß ihm die vorgedachte Präsumtion einer Theilnahme am Diebstahle oder dessen Vortheilen oder einer Mitwissenschaft um denselben entgegensteht;

daß das Haupt einer Hausgenossenschaft, von dessen Anordnungen der Haushalt abhängt, hiermit unstreitig auch eine gewisse Aufsicht über die andern Hausgenossen zu verbinden hat und nach beiderseitigem ausdrücklichen oder stillschweigenden Uebereinkommen bis zu einem Grade verbinden kann, der die Vermuthung, daß der Diebstahl von Waldprodukten, die ihrer Beschaffenheit nach zur Verwendung im Haushalte bestimmt sind, nicht ohne sein Wissen und gegen seinen Willen verübt worden sei, bis zu dem im Schlußsatze des § 10 vorbehaltenen Beweise des Gegentheils faktisch rechtfertigt;

daß insbesondere aus dem angegebenen Grunde, wie den Worten des § 10, die lediglich aus strafrechtlichen Gesichtspunkten und nicht in civilrechtlichen Bestimmungen ihre Erklärung finden, kein Unterschied in der subsidiären Strafbarkeit oder Haftbarkeit eines Familienhauptes für seinen noch zur Hausgenossenschaft gehörigen minder- oder großjährigen Sohn sich herleiten läßt und vom Richteramte nicht in das Gesetz hineingetragen werden darf, zumal da hierdurch die Eltern in einer Provinz des Staates, für dessen ganzen Umfang das Holzdiebstahlsgesetz gegeben ist, mehrere Jahre später bezüglich früher für die Holzfrevel ihrer Kinder haftbar werden würden, als in den andern Provinzen;

daß aus dem nämlichen Grunde ein Unterschied zwischen großjährigen und minderjährigen Kindern hinsichtlich der Haftbarkeit der Eltern für Geldbußen auch im § 19 des Zollstrafgesetzes v. 23. Jan. 1838, an welches die Motive zu § 10 des Holzdiebstahlsgesetzes sich ausdrücklich anschließen und im § 7 des Gesetzes über die Beschränkung der Nachtweide v. 5. Juli 1844 nicht gemacht ist, vielmehr alles Gewicht auf den gewöhnlichen Aufenthalt bei der Familie, resp. Verrichtungen für die Familie, „Aufenthalt im elterlichen Hause," gelegt und die Haftbarkeit für die Kinder der Haftbarkeit für die Ehegatten gleich gestellt wird.

Antr. des GStA.s: gleichl. [23. — 2].

Beschwerde. — Hauptverfahren.

Die das Hauptverfahren vorbereitenden Verfügungen, welche die Herbeischaffung der Mittel betreffen, aus welchen der erkennende Richter die Elemente seiner Ueberzeugung schöpfen soll, unterliegen nicht der Beschwerde. — Dasselbe gilt von den Beschlüssen über solche Fragen, welche wesentlich der Hauptsache angehören, und daher in dem über diese ergehenden Enderkenntnisse einer erneuerten Prüfung zu unterwerfen sind;

z. B. von dem Beschlusse, welcher die Zurücknahme der Appellation für unstatthaft erklärt.

Ges. v. 3. Mai 1852 Art. 11 [vgl. dort n. 3. 4].

Beschl. (II.) v. 19. Febr. 1863 c. Fernkorn (19. B. II. Cr.).

F. war in erster Instanz aus §§ 89. 340 Nr. 9 und 55 des StGB.s verurtheilt worden; der StA. appellirte, weil reale und nicht ideale Konkurrenz anzunehmen und demgemäß das Strafmaaß zu erhöhen sei; der Appellation schloß sich der Angekl. nach dem Ablaufe der betr. Frist an und berief sich auf drei Entlastungszeugen. Nachdem das AG. die Vernehmung derselben angeordnet hatte, erklärte der OStA., daß er die Appellation zurücknehme, weil die Kosten der verfügten Zeugenvernehmung voraussichtlich vom Angekl. nicht beizutreiben und im Verhältniß zu dem zu erzielenden Erfolge (der Strafverschärfung) zu hoch sein würden. Das AG. verfügte indessen die angeordnete Beweiserhebung, weil eine Zurücknahme der Appellation durch den OStA. unzulässig sei. Diesen Beschluß griff der OStA. durch Beschwerde an, welche der GStA. für unstatthaft und für unbegründet erachtete; letzteres aus dem Grunde, weil die StA.-schaft ihre Appellation jedenfalls dann nicht mehr zurücknehmen könne, wenn der App.-Richter sich mit der Sache befaßt und (nach theilweiser kontradiktorischer Hauptverhandlung) eine Verfügung in derselben erlassen habe (vgl. Oppenhoff Strafverf. § 1 n. 79; S. 460 n. 56 a). Das OTr. hat unter Annahme der für die Unstatthaftigkeit der Beschwerde geltend gemachten Gründe dieselbe zurückgewiesen, indem es erwog:

daß, wenn auch der Art. 11 des Ges. v. 3. Mai 1852 die Beschwerde gegen alle gerichtliche Verfügungen und Beschlüsse zuläßt, insoweit sie nicht ausdrücklich ausgeschlossen worden ist, man doch darüber einverstanden ist (und es ist dies im K.-Ber. der I. K., Matt. S. 770, sofort anerkannt worden) daß die Beschwerde auch da wegfalle, wo die Natur der Sache dieses mit sich bringe, und daß man hierher namentlich den Fall gerechnet hat, wo das Gesetz ein anderes Rechtsmittel gewährt habe;

daß nun zwar der Art. 106 l. c. an und für sich das Rechtsmittel der NB. nur gegen die Erkenntnisse der Schwurgerichte und der App.-Richter gestattet;

daß aus Art. 117 ibid. aber hervorgeht, daß eine gegen das Endurtheil ergriffene NB. auch das vorhergegangene Verfahren mit umfassen und die Vernichtung desselben herbeiführen könne;

daß, insoweit daher im Wege der NB. eine Abhülfe zu erzielen ist, das Rechtsmittel der Beschwerde ausgeschlossen bleiben muß, zumal da die im Beschwerdewege ergehenden Entscheidungen in der Regel den Richter der untern Instanz in seiner materiellen Beurtheilung nicht behindern, die freie Zulassung der Beschwerde aber auch dazu führen müßte, die Erledigung der anhängigen Sachen ohne allen Gewinn für dieselben zu verzögern;

daß hiernach alle Verfügungen, welche nur das Hauptverfahren vorbereiten, und welche die Herbeischaffung der Mittel für dasselbe betreffen, aus denen der erkennende Richter demnächst die Elemente seiner Ueberzeugung schöpfen soll, der Beschwerde nicht unterliegen;

daß dasselbe aber auch von den Beschlüssen über solche Fragen gilt, welche wesentlich der Hauptsache angehören und daher nothwendig in dem über diese ergehenden Erk. einer erneuerten Prüfung unterworfen sind;

daß sie als Theile der Hauptsache eben eine Entscheidung durch Urtheil erheischen, und eine vorhergegangene Entscheidung im Verfügungswege diesen Anforderungen nicht genügt, und daher auch eine nochmalige Prüfung im Endurtheil nicht überflüssig machen, und hierbei den Richter auch nicht binden kann;

daß in solchen Fällen, daher so lange der befaßte untere Richter seine Entscheidung zur Hauptsache noch vorbehalten hat, die betreffende Frage hierbei einer neuen Prüfung vorbehalten bleibt, und es demnächst der StA.-schaft wie dem Angekl. freisteht, vermeintliche Verstöße im Wege des gegen das Enderkenntniß stattgehabten Rechtsmittels geltend zu machen;

J. E., daß in solcher Lage die gegenwärtige Sache sich befindet;

daß nämlich der von dem K. OStA. angefochtene Beschluß des K. AG.s zu H. recht eigentlich das Schicksal der

Hauptsache, nämlich die vom StA. zu W. gegen das kreisgerichtliche Erkenntniß ergriffene Appellation und die Frage, ob und in welchem Sinne jetzt zur Sache erkannt werden dürfe, betrifft;

daß der App.-Richter dahin entschieden hat, daß er sich trotz der Zurücknahme der Appellation mit der Sache noch immer für befaßt und sonach für befugt erachte, das angefochtene Erkenntniß entweder abzuändern oder zu bestätigen;

daß die Entscheidung des App.-Richters daher augenfällig zur Hauptsache gehört, dieselbe rechtlich eigentlich betrifft, und es deshalb auch eventuell in der Beziehung einer Entscheidung durch Erk. bedurfte, die ja auch der App.-Richter sich im Allgemeinen vorbehalten hatte;

daß daher auch nichts im Wege stehen konnte, nach Erledigung des Resoluts auf diesen Punkt zurückzukommen und demnächst ihn auch im Wege der gegen das Erkenntniß zu ergreifenden NB. weiter zur Geltung zu bringen;

daß nach Allem diesem aber die jetzt erhobene Beschwerde als statthaft nicht erachtet werden kann.

[27.—3.]

---

1. Anklage. — Gesichtspunkt. — Erschöpfung.
2. Vernichtung. — Formverstoß des ersten Richters. — Zurückverweisung wohin?
3. Anklage. — Staatsanwalt. — Antrag. — Pflicht des Gerichts.
4. 5. Mahl- und Schlachtsteuer. — Halbmeile. — Niederlegung. — Verkauf. — Bestellung.

1. Der erkennende Richter muß die Anklage von allen in derselben geltend gemachten Gesichtspunkten aus erschöpfen.

Vdn. v. 3. Jan. 1849 § 1 [vgl. dort n. 21. 23. 25];
Ges. v. 3. Mai 1852 Art. 30 [vgl. dort n. 6].

2. Hat der erste Richter wesentliche Grundsätze des Verfahrens verletzt, so muß [kann] das

Ober-Tribual, wenn es das Erkenntniß zweiter Instanz vernichtet, die Sache in die erste Instanz zurückverweisen.

Ges. v. 3. Mai 1852 Artt. 117 [vgl. dort n. 8]. 116 [vgl. dort n. 17]. Sic: B. I. 4. Juni 1862 c. Gruschka, 376.

3. Der erkennende Richter muß die erhobene Anklage vollständig erledigen, und kann von dieser Pflicht nicht durch die Erklärungen und Anträge des Staatsanwalts entbunden werden [zumal wenn die Anklage von einer Finanzbehörde ausging].

Vdn. v. 3. Jan. 1849 § 1 [vgl. dort n. 76; RdOTr. 1. S. 550].

4. Die unversteuerte Niederlegung steuerpflichtiger Gegenstände durch einen den Verkauf solcher Gegenstände gewerbmäßig Betreibenden innerhalb der Halbmeile ist strafar, ohne Unterschied, in welcher Absicht dieselbe geschah.

Ges. v. 2. April 1852 § 1 b Nr. 2 [vgl. oben S. 189].

5. Der gewerbsmäßige Verkauf eines steuerpflichtigen unversteuerten Gegenstandes ist strafbar, sobald die Uebergabe innerhalb der Halbmeile erfolgt ist, sollte auch an einem andern Orte das Kaufgeschäft abgeschlossen sein.

Ges. v. 2. April 1852 § 1 b Nr. 1 [vgl. RdOTr. 2. S. 303; 3. S. 258].

Erk. (B. I.) v. 20. Febr. 1862 c. Hoppe & Hahn (50. I. Cr.).

Die NB. des Prov.-St.-Direktors rügt in formeller Beziehung zunächst mit Recht, daß, obwohl das die Anklage hier vertretende Resolut des Pr.-St.-Direktors v. ꝛc. sowohl auf § 1 b Nr. 1, als auch auf § 1 b Nr. 2 des Ges. v. 2. April 1852 gegründet ist, und in der Appellationsschrift der Steuerbehörde ausdrücklich beide rechtliche Gesichtspunkte festgehalten sind, der App.-Richter sich doch nur mit der Frage beschäftigt hat, ob ein Niederlegen im Sinne des § 1 b Nr. 2 l. c. stattgefunden, ohne die Anklage auch nach der Richtung des § 1 b Nr. 1 hin, ob nämlich das in

Rede stehende Kartoffelmehl gewerblich im halbmeiligen äußern Steuerbezirk der Stadt D. verkauft ist, zu erschöpfen. Schon aus diesem Grunde, weil der App.-Richter die Anklage nicht erledigt hat, unterliegt seine Entscheidung der Nichtigkeit.

Der App.-Richter hat aber auch den § 1 b Nr. 2 des cit. Ges. unrichtig ausgelegt. Zwar ist es wesentlich eine thatsächliche Frage: ob ein Niederlegen im Sinne des § 1 b Nr. 2 l. c. stattgefunden hat. Die Gründe indessen, aus welchen der App.-Richter dies im vorliegenden Falle verneint, ergeben, daß solches aus einem Rechtsirrthum geschehen ist. Das vom Angeklagten Hoppe beim Mitangeklagten Hahn niedergelegte Kartoffelmehl soll nach der Behauptung der Anklage im Ganzen 71 Ctr. an Gewicht betragen haben und das Niederlegen nur selten auf kurze Zeit erfolgt sein. Der App.-Richter findet aber nichts desto weniger hierin kein Niederlegen im technischen Sinne, wie er sich ausdrückt, weil das ein Niederlegen einer Quantität steuerpflichtiger Gegenstände des Handels und Wandels auf dauernde Weise, *sei es zum Handel en gros oder en détail, oder gar zum Einschmuggeln sei*, während hier nur ein *vorläufiges* Niederlegen auf dem *Transport* zu bestimmten Abnehmern und Käufern auf Grund bereits vorher, und also vor dem Niederlegen abgeschlossener Geschäfte stattgefunden habe. Auf dies alles kommt es aber rechtlich gar nicht an. Das Gesetz unterscheidet nicht zwischen einem dauernden und vorläufigen Niederlegen und erfordert noch viel weniger, daß das Niederlegen ausdrücklich zum gewerbsmäßigen Verkauf en gros oder en détail oder gar zum Einschmuggeln stattgefunden hat, sondern es genügt zur Anwendung des § 1 b Nr. 2 l. c., wenn Jemand innerhalb des äußeren halbmeiligen Steuerbezirks steuerpflichtige Gegenstände unversteuert niederlegt, sobald er selbst den Verkauf derartiger Gegenstände *irgendwo* gewerbsmäßig betreibt. Eine Feststellung darüber, in welcher Absicht das Niederlegen geschah, erfordert das

Gesetz nicht. Es will nur dadurch, daß es denjenigen Personen, die den Verkauf steuerpflichtiger Gegenstände gewerbsmäßig betreiben, das Niederlegen unversteuerter Gegenstände derselben Art im halbmeiligen äußern Steuerbezirk überhaupt gänzlich verbietet, Defraudationen verhüten, welche, wenn solche unversteuerte Niederlagen in der Nähe einer steuerpflichtigen Stadt den Gewerbetreibenden erlaubt wären, schwer würden verhindert werden können.

Von diesen Grundsätzen ist auch das OTr. bereits in dem Z. I. v. 19. Dez. 1862 c. Braune [oben S. 189] ausgegangen. —

Die Zurückweisung der Sache zur anderweitigen Verhandlung und Entscheidung mußte aber in die erste Instanz erfolgen, weil auch der erste Richter die Anklage in keiner Weise erledigt hat, da er auf die im Resolut v. ꝛc. geltend gemachten speziellen Thatsachen gar nicht erschöpfend eingegangen ist. Er hat dies, was die Anwendung des § 1 b Nr. 2 l. c. betrifft, deshalb unterlassen, weil er von der unrichtigen Rechtsansicht ausgeht, wie erwiesen sein müsse, daß die Niederlegung zu dem Zwecke erfolgt ist, um den Verkauf der niedergelegten Gegenstände gewerbsmäßig zu bewirken.

Anlangend aber die Anwendung des § 1 b Nr. 1 l. c., so heißt es im ersten Erkenntnisse, daß auf die thatsächlichen Ausführungen des Resoluts v. ꝛc. näher einzugehen nicht erforderlich sei, da die StA.-schaft erklärt habe, daß die Vernehmung der vorgeschlagenen Zeugen zu einer Feststellung der von der StA.-schaft nicht aufrecht zu erhaltenden Thatsache, daß ꝛc., nicht führen könne. Dieser Grund, aus welchem sich der erste Richter eines näheren Eingehens auf die Anklage überhoben erachtet, ist jedoch unzutreffend. Sollte wirklich die StA.-schaft eine solche Erklärung abgegeben haben, obwohl im Audienzprotokoll ausdrücklich bemerkt ist, daß der StA. an den Ausführungen des Resoluts festhalte, so würde dadurch doch der Gerichtshof von seiner Pflicht, die Anklage nach allen Richtungen hin in

Gemäßheit der Art. 30 und 31 des Ges. v. 3. Mai 1852 vollständig in seinem Erkenntniß zu erledigen, keineswegs befreit. Denn dazu war er von Amtswegen verpflichtet, ohne an die von der StA.-schaft in dieser Beziehung abgegebene Erklärung oder gestellten Anträge gebunden zu sein.

Der erste Richter legt aber auch den § 1 b Nr. 1 des Ges. v. 2. April 1852 unrichtig aus, wenn er denselben deshalb hier nicht für anwendbar erachtet, weil die Bestellung des Mehls nicht im halbmeiligen Bezirk, sondern in der Stadt D. selbst geschehen sei. Sowohl, wenn das Kaufgeschäft im halbmeiligen Bezirk abgeschlossen ist, als auch, wenn dies zwar anderswo geschehen ist, in Folge dessen aber die Uebergabe im halbmeiligen Bezirk stattgefunden hat, liegt ein Verkauf im Sinne des § 1 b Nr. 1 l. c. vor.

Diesen Grundsatz hat das OTr. bereits in dem B. I. v. 14. März 1862 c. Bodenberger [955. RdOT. 2. S. 303] ausgesprochen und namentlich ausgeführt, daß, wenn auch die Bestellung oder das Kaufgeschäft nicht im halbmeiligen äußern Steuerbezirk, sondern in der Stadt selbst zu Stande gekommen ist, in Folge dessen und zur Ausführung des Geschäfts aber die Uebergabe im halbmeiligen Steuerbezirk stattgefunden hat, der § 1 b Nr. 1 l. c. Anwendung finde, sobald die Gewerbsmäßigkeit des Verkaufs feststeht.

Antr. des GStA.s: gleichl. [18. 4.]

Jagd. — Konfiskation. — Fallwild.

Wegen unberechtigten Jagens greift die Konfiskation des vom Thäter mitgeführten Gewehrs ꝛc. auch dann Platz, wenn es zur Ausübung der Jagd eines Gewehrs ꝛc. gar nicht bedurfte, z. B. im Falle der Aneignung von Fallwild.

StGB. § 277 [vgl. dort n. 1].

Erk. (Z. I.) v. 20. Febr. 1863 c. Woggan (115. I. Cr.).

W., wegen unberechtigter Aneignung von Fallwild in einem fremden Jagdreviere bestraft, rügte im Wege der NB., daß das von ihm geführte Gewehr dem Fiskus zugesprochen worden sei, obgleich es zur Aneignung von Fallwild keines Jagdgeräths bedürfe, das Mitführen eines Gewehrs hier also nicht zum Zwecke der Kontravention geschehen sei. Zurückweisung. Gründe:

Der Ausdruck im § 277 cit.: „welche der Thäter — bei sich führt" ist so allgemein, daß er der von der Beschwerde behaupteten Beschränkung nicht unterliegt.

Antr. des GStA.s: gleichl. [15.—4.]

Anklageschrift. — Verhafteter. — Andere Sache.

Auch dann, wenn der Angeklagte sich wegen einer anderen Untersuchung in Haft befindet, genügt es zur Vorbereitung des Hauptverfahrens, ihm die Anklageschrift vorzulesen; es bedarf nicht der abschriftlichen Mittheilung.

Vdn. v. 3. Jan. 1849 §§ 49 [vgl. dort n. 1]. 51.

Erk. (Z. I.) v. 20. Febr. 1863 c. Brauer (Boschan u. Gen. 162. I. Cr.).

Die Beschw. erledigt sich durch § 49 cit., nach welchem, wenn der Angekl., wie im gegenwärtigen Falle, verhaftet ist, gleichviel ob in dieser oder in einer andern Untersuchungssache, ihm die Anklageschrift, wie geschehen, nur vorgelesen zu werden braucht.

Antr. des GStA.s: gleichl. [20.—4.]

Vorsitzender. — Vertheidiger. — Verwandtschaft. — Nichtigkeit.

Nichtigkeit des Verfahrens tritt ein, wenn der Vertheidiger des Angeklagten mit dem Vorsitzenden des erkennenden Gerichts in auf- oder absteigender Linie oder im zweiten Grade der Seitenlinie verwandt ist. Diese Nichtigkeit kann auch vom Staatsanwalt geltend gemacht werden.

Vdn. v. 3. Jan. 1849 § 38 [dort einzutr. als n. 12a]; Ges. v. 3. Mai 1852 Art. 109 [dort einzutr. als n. 4a].

Erk. (B. I.) v. 20. Febr. 1863 c. Bonsien (178. I. Cr.).

In zweiter Instanz war der Angekl. vom Referendar v. G. vertheidigt worden, während der Vater des letztern den Vorsitz des AG.s führte. Auf die NB. des StA.s ist das betr. Erk. vernichtet worden. Gründe:

Wenn gleich die Formen des durch die Vdn. v. 3. Jan. 1849 eingeführten Anklageprozesses es nicht bedingen, den StA. als eine dem Angekl. gegenüberstehende Partei aufzufassen, so ist doch unbedenklich der Angekl. für eine solche Partei zu halten, über die kein Richter urtheilen darf, der mit ihr in auf- oder absteigender bis zum vierten Grade der Seitenlinie verwandt oder verschwägert ist: Cr.-Ordn. § 47; § 143 I, 2 der AGO.; Ges. v. 26. April 1851 Art. 5; Vdn. v. 14. Dez. 1833 § 5 Nr. 5; Dekl. vom 6. April 1839 Art. 17. — Nun ist zwar der Vertheidiger in dieser Beziehung mit dem Angekl. nicht identisch und es liegt auch zu Tage, daß das Interesse des Vertheidigers bei der Sache sehr viel geringer ist, als das des Angekl. selbst. Dennoch ist ein solches immerhin vorhanden und es bestimmt deshalb der § 16 III, 13 der AGO. wörtlich: „Sollte ꝛc. —"

Was hier von dem Justiz-Kommissarius (Rechtsanwalt) gesagt wird, gilt selbstredend auch von dessen Substituten und da im gegenwärtigen Strafverfahren der Vorsitzende des erkennenden Gerichts erster oder zweiter Instanz die dem Spruche vorhergehende mündliche Verhandlung nicht bloß zu leiten, sondern auch den Angeschuldigten und die Zeugen zu vernehmen, mithin dasjenige zu thun hat, was im früheren Strafprozesse dem Inquirenten und im früheren Civilprozesse dem Instruenten oblag, so folgt von selbst, daß der Präsident v. G. in der Sache, in der sein Sohn die Vertheidigung führte, nicht als Vorsitzender fungiren durfte.

Die hieraus folgende Nichtigkeit wird auch durch den Art. 109 des Ges. v. 3. Mai 1852 nicht gehoben, wonach die Verletzung von Vorschriften, welche lediglich im Interesse des Angeklagten gegeben sind, von der StA.=schaft nicht zu dem Zwecke geltend gemacht werden kann, um eine Vernichtung des Urtheils zum Nachtheil des Angeklagten herbeizuführen, weil die oben allegirten Vorschriften nicht bloß im Interesse des Angeklagten gegeben sind, sondern auch den Zweck haben, die Unparteilichkeit des Gerichts nach allen Seiten hin zu wahren, mithin auch in das Gebiet des öffentlichen Rechts gehören.

Antr. des GStA.s: gleichl. [28.—4.]

Beschlagnahme. — Aktivforderung (unverbriefte). — Einziehung.

Derjenige, welcher eine ihm zustehende mit Arrest belegte Aktivforderung von seinem Schuldner einzieht, verwirkt die Strafe des § 272 des StGB.s auch dann, wenn diese Forderung eine unverbriefte war, der gedachte Schuldner also durch die trotz des Inhibitoriums geleistete Zahlung dem Exekutionssucher gegenüber nicht befreit wird.

StGB. § 272 [vgl. dort n. 6].

Erk. (Z. II.) v. 26. Febr. 1863 c. Schenke (14. II. Cr.).

Wegen Kosten, welche Sch. der Salarienkasse schuldete, wurde durch gerichtliche Verfügung eine Forderung desselben gegen M., deren exekutivische Beitreibung bereits nachgesucht war, mit Arrest belegt und dem Sch. das Arrestatorium, dem M. aber das Inhibitorium zugestellt. Inzwischen war indessen auch die von Sch. nachgesuchte exekutivische Beitreibung gegen M. verfügt worden; M. zahlte darauf den Betrag an den Exekutor und dieser lieferte denselben an Sch. ab, welcher darüber, als eine von M. geleistete Zahlung quittirte. Auf Grund dieses Sachverhalts ward Sch. von den Instanzrichtern aus § 272 verurtheilt. Seine NB. rügte Gesetzesverletzung, weil das betr. Aktivum ein unverbrieftes gewesen sei, in einem solchen Falle aber der trotz des Inhibitoriums zahlende Schuldner dem Arrestanten gegenüber verhaftet bleibe, sonach also der Beschlagnahme Nichts entzogen werde. Zurückweisung aus folgenden Gründen:

Ein der Beschlagnahme Entziehen findet da, wo die verkümmerte Sache ein dem Arrestaten oder Exequenden zustehendes — wenn auch unverbrieftes — Aktivum ist, allerdings statt, wenn auf ein solches Aktivum der Schuldner, dem an ihn ergangenen Inhibitorium zuwider, Zahlung leistet, und der Arrestat oder Exequende, dem Verbote jeder Disposition zuwider, welches in dem an ihn ergangenen, in Bezug auf ihn den eigentlichen Akt der Beschlagnahme ausmachenden Arrestatorium ihm ertheilt war, solche Zahlung annimmt. Es ist unrichtig, wenn in der Beschwerdeschrift, unter Bezugnahme auf die Gründe der Plenarentscheidung v. 31. März 1856 c. Meißner [Oppenhoff zu § 272 n. 6] behauptet wird, daß ein mit Beschlag belegtes unverbrieftes Aktivum durch solche Zahlungsleistung und Zahlungsannahme der Beschlagnahme nicht entzogen werde und nicht entzogen werden könne, weil solche Zahlung dem Schuldner, gegenüber dem Arrestanten oder Exekutionssucher, als gültige Zahlung nicht angerechnet, sie vielmehr in Ansehung des letzteren für nicht geschehen angesehen werde. — Denn, ist dies letztere — vorausgesetzt, daß die Zustellung des Inhibitoriums an den Schuldner des Arrestaten oder Exequenden erfolgt war — auch richtig, so wird doch eben nur dem Arrestanten oder Exekutionssucher gegenüber solche Zahlungsleistung als nicht geschehen angesehen, nicht auch in Ansehung des Arrestaten oder Exequenden. In Bezug auf diesen letzteren bleibt die von ihm angenommene Zahlung gültig; ihm gegenüber ist durch die Zahlungsleistung und Zahlungsannahme dessen Forderung getilgt und der Schuldner von seiner Verbindlichkeit befreit (ALR. I, 16 §§ 10. 149), und ob der gegen den Arrestanten oder Exekutionssucher zur (nochmaligen) Zahlung verhaftet bleibende Schuldner, welcher dem ihm zugestellten Inhibitorium zuwider Zahlung geleistet hat, zu solcher nochmaligen Zahlung solvent sein wird, steht dahin; es kann der zufällige Umstand, daß er dazu solvent ist, in dem Wesen der Handlung des Arrestaten oder Exequenden, nämlich in dem wissentlichen und geflissentlichen Zuwiderhandeln gegen die erfolgte und noch fortbestehende amtliche Beschlagnahme nichts ändern.

Die oben gedachte Plenarentscheidung v. 31. März 1856 hat denn auch unbeschränkt angenommen, daß unter „Sachen" im Sinne des § 272 des StGB.s auch Aktivforderungen zu verstehen sind.

Antr. des GStA.s: gleichl. [26.—2.]

Redakteur. — Verantwortlichkeit. — Dolus. — Lotterie. — Zulassung.

1. Der Redakteur eines kautionspflichtigen Blattes hat die Strafe des § 37 des Preßgesetzes verwirkt, sobald in dem Blatte ein Preßvergehen 2c. begangen worden ist, ohne daß es dabei auf den Nachweis eines Dolus oder einer Fahrlässigkeit ankäme.

Preßges. v. 12. Mai 1851 § 37. Vgl. oben S. 48.

2. Diese Strafe trifft ihn namentlich auch dann, wenn eine Aufforderung zum Spiel in einer auswärtigen, in Preußen nicht zugelassenen Lotterie im Blatte abgedruckt worden ist, sobald er es versäumt hatte, sich die erfolgte Zulassung jener Lotterie in Preußen nachweisen zu lassen.

Ebendas. Vgl. Beschl. I. 13. Jan. 1863 c. Ahrens u. Gen. oben S. 207.

Erk. (V. II.) v. 26. Febr. 1863 c. Krüger (24. II. Cr.).

Das von dem Angeklagten redigirte kautionspflichtige Blatt hatte eine Aufforderung der Bankiers S. u. C. zum Spiel in der Hamburger Lotterie gebracht; gleichwohl ward er von der aus § 37 des Preßges. erhobenen Ankl. deshalb freigesprochen, weil es am Nachweise des erforderlichen Dolus fehle; es sei nicht erwiesen, daß er sich über die wahre Bedeutung des Inserats, die zu ergründen er keine Verpflichtung gehabt, nicht getäuscht habe, und ob ihm nicht die Aufnahme als straflos habe erscheinen können, da an sich durch dasselbe nicht klar sei, daß dasselbe eine gewöhnliche Lotterie betreffe, § 37 aber voraussetze, daß der betr. Artikel an sich, d. h. äußerlich genommen, etwas Strafbares enthalte. NB des OStA.s. Vernichtung. Gründe:

Der App.-Richter hat den Wortlaut, den Grund und den Zweck des Gesetzes verkannt. Es soll nach § 37 des Preßges. der Redakteur eines kautionspflichtigen Blattes wegen des strafbaren Inhalts des letzteren (vgl. §§ 20. 29. 35. 36. 47. 50) in allen Fällen, wo er nicht in Gemäßheit des § 34 als Urheber oder Theilnehmer strafbar erscheint, wenn in dem von ihm redigirten Blatte ein Preßvergehen (vgl. §§ 19. 23. 27. 32. 34. 35. 36. 54) begangen worden, einer Geldbuße bis zu 500 Thlrn. unterliegen; er soll dieser Bestimmung auch dann unterworfen bleiben, wenn er durch Abwesenheit oder andere Gründe an der Redaktion gehindert ist, so lange nicht ein anderer verantwortlicher Stellvertreter bestellt worden. Schon die Thatsache also, daß in dem kautionspflichtigen, zur Veröffentlichung gekommenen Blatte ein Artikel strafbaren, ein Vergehen ausmachenden Inhalts, — wenn auch als Inserat, und selbst wenn der Redakteur dafür keine Verantwortlichkeit übernehmen zu wollen erklärt hat (Stenogr. Ber. 1850—51 I. K. S. 692; Erk. I. v. 3. Okt. 1862 [RdOTr. 3 S. 48]), und wenn auch während der Abwesenheit oder sonstigen Verhinderung des nicht mit einem gehörig bestellten Stellvertreter versehenen Redakteurs, — Aufnahme gefunden hat, läßt den Redakteur in die angedrohte Geldstrafe bis zu 500 Thlr. verfallen. — Es bedarf gegen ihn nicht des Nachweises des strafrechtlichen Dolus oder einer Fahrlässigkeit. Vielmehr liegt die von dem Gesetze mit Strafe bedrohte Fahrlässigkeit des Redakteurs in der Handhabung seines Redaktionsgeschäfts, — die Unterlassung der von ihm, im öffentlichen Interesse dabei aufzuwendenden Sorgfalt, schon in jener Thatsache, wie dies auch bei den Verhandlungen in den Kammern über den Entwurf des Preßgesetzes ausgesprochen wurde (Stenogr. Berichte cit. S. 679. 681. 687—692; ead. II. K. S. 1290 f.) und schon vielfach in früheren durch Druck veröffentlichten Entscheidungen ausgeführt worden ist (Z. I. 3. April 1857 c. Voigt, JMBl. S. 206; Z. II. 7. Jan.

1858 c. Fischer, 439, G. A. 6. S. 99; B. I. 13. Mai 1859 c. Levysohn, 421, JMBl. S. 235; Erk. 4. Juni 1862 c. Hahn, G. A. 10. S. 569; cit. Erk. 3. Okt. 1862; vgl. auch Z. II. 13. Nov. 1862 c. Schmidt, 258, RdO. 3. S. 120; Beschl. I. 14. Jan. 1863 c. Ahrens, 8. B, RdO. 3. S. 207). Nur wenn ein Inserat von dem Redakteur, auch bei Anwendung der ihm obliegenden Sorgfalt, gar nicht für strafbaren Inhalts gehalten werden konnte, würde ihm, der auf Nichtkenntniß oder Mißverständniß eines gehörig publizirten Gesetzes, also auf Rechtsirrthum sich nicht berufen kann, die Nichtkenntniß des strafbaren Inhalts zu statten kommen können.

Ein solcher Fall liegt aber nach der Feststellung nicht vor. Hätten etwa die undeutlichen Angaben des App.-Richters: „es sei an sich nicht klar, daß die Inserate des ꝛc. S. u. C. eine gewöhnliche Lotterie beträfen," und „die Anwendung des § 37 cit. habe zur Voraussetzung, daß der inkriminirte Artikel an sich, das heiße äußerlich genommen, etwas Strafbares enthalte," ausdrücken sollen, daß ein solcher Fall hier vorliege, so würde doch auch hierbei seine Argumentation in sich widersprechend sein. Denn da, wo der Richter in einem, in ein kautionspflichtiges Blatt aufgenommenen Inserate die Aufforderung zum Spiel in einer auswärtigen, in Preußen nicht mit Kgl. Genehmigung besonders zugelassenen Lotterie (oder auch die Anbietung von Promessen zu Verloosungen bei einer Prämienanleihe; vgl. Z. I. 8. Okt. 1858 c. Behrendt, 905, JMBl. S. 351; B. II. 3. Febr. 1859 c. Bauer, 24, JMBl. S. 91), der durch den Gebrauch anderer Bezeichnungen beabsichtigten und versuchten Verschleierung ungeachtet, erkannt, war es auch dem Redakteur möglich, bei Anwendung der ihm obliegenden Sorgfalt dies zu erkennen, und hat er diese Sorgfalt anzuwenden verabsäumt, namentlich sich in Bezug auf Inserate, welche vom Auslande aus Loose zu einer Lotterie anbieten, nicht vorher nachweisen lassen, daß diese in Preußen besonders zugelassen sei, so liegt eben darin die Nachlässigkeit, welche das Gesetz mit Strafe bedroht.

Antr. des GStA.s: gleichl. [26.—2.]

Steuerdefraudation. — Betrug. — Konkurrenz.

Wenn auch eine Steuer- (Zoll-) Defraudation nicht bloß deshalb, weil dabei Beamte im Sinne des § 241 des StGB. in Irrthum versetzt sind, auch noch besonders mit der Betrugsstrafe belegt werden kann, so gilt doch das Gegentheil da, wo das betr. Gesetz dieses ausdrücklich vorschreibt, z. B. in dem Falle, wo die Defraudation durch Verletzung rc. eines steueramtlichen Verschlusses verübt wird.

Steuer-Ordn. v. 8. Febr. 1819 §§ 84. 86. 87; Z.-Str.-Ges. v. 23. Jan. 1838 §§ 23. 24.

Erk. (S. I.) v. 27. Febr. 1863 c. Pfuhl & Krüger (163. I. Cr.).

In dem Bd. 2. S. 178 erwähnten Falle war zwar in Folge der vom OTr. ausgesprochenen Zurückverweisung an das Gericht erster Instanz die Eröffnung der Untersuchung wegen Steuerdefraude und Betrugs erfolgt, beide Instanzrichter bestraften aber nur wegen der erstern und sprachen von dem Betruge frei, weil die §§ 86. 87 der St.-Ordn. keine praktische Wirksamkeit mehr hätten, und weil überhaupt eine Steuerdefraudation nie ideell mit einem Betruge konkurriren könne, da jene nothwendig die Begriffsmerkmale des letzteren in sich schließe, und i. c. die Verletzung des Verschlusses des Malzschrotkastens nur das Mittel zur Verübung der Defraudation gewesen sei. Auf die NB. des OStA.s ist das Erk. zweiter Instanz vernichtet und die Sache an ein anderes AG. verwiesen worden. Die Gründe nehmen, was die vermeintliche Unwirksamkeit der §§ 86. 87 l. c. anlangt, lediglich auf die Ausführungen in dem Beschl. v. 20. Dez. 1861 (RdOTr. 2. S. 179) Bezug. Sodann heißt es weiter:

Im § 84 der Steuer-Ordn. ist ausdrücklich ausgesprochen, daß, wenn bei einer Kontravention gegen die Steuerverordnungen andere Verbrechen hinzutreten, die Vorschriften der §§ 54—57 II, 20 ALR. Anwendung finden sollen, an deren Stelle jetzt die §§ 55—57 StGB.

vom Zusammentreffen mehrerer Verbrechen oder Vergehen getreten sind, und hiermit im Einklange ordnet auch § 23 des Z.-Str.-Ges. v. 23. Jan. 1838 an, daß, wenn mit einem Zollvergehen andere Verbrechen zusammentreffen, die für erstere bestimmte Strafe zugleich mit der für letztere vorgeschriebenen zur Anwendung kommen soll. Nun ist es zwar richtig, daß eine Steuer- oder Zolldefraudation nicht bloß deshalb, weil dabei durch Vorbringen falscher oder Entstellen oder Unterdrücken wahrer Thatsachen ein Irrthum der Steuer- oder Zollbeamten erregt ist, auch noch besonders mit der Strafe des Betruges zu ahnden ist. Aber wenn das Gesetz. wie dies in den §§ 86 und 87 der Steuer-Ordn. und im § 24 des Zollstrafges. geschehen ist, für gewisse Fälle, wo die Defraudation unter ganz besonders erschwerenden Umständen, nämlich durch Abnahme, Verletzung oder sonstige Unbrauchbarmachung des steueramtlichen Verschlusses verübt ist, bestimmt, daß den Defraudanten auch noch besonders die durch die allgemeinen Strafgesetze für solche Fälschungen angedrohte Strafe treffen soll, der Ausdruck Fälschung aber weder nach dem System des jetzigen Strafgesetzbuchs, noch dem des Tit. 20 II. ALR. eine feststehende technische Bedeutung hat, so kann es keinem Bedenken unterliegen, daß Fälle dieser Art, wenn sie auch nicht als Urkundenfälschungen im Sinne des § 247 des StGB.s angesehen werden können, wenigstens mit der allgemeinen Strafe des Betruges zu ahnden sind, sobald die Voraussetzungen des § 241 des StGB.s zutreffen.

Antrag des GStA.s: gleichl. [18. — 4.]

Perhorreszenz. — Beschwerde. — Zwischenzeitliche Entscheidung.

Der ein Perhorreszenzgesuch zurückweisende Beschluß kann nicht mehr im Beschwerdewege abgeändert werden, wenn das perhorreszirte Gericht in der Sache selbst erkannt hat; es bleibt dann nur noch die Anfechtung des Erkenntnisses durch die gesetzlichen Rechtsmittel statthaft.

Ges. v. 3. Mai 1852 Art. 11 [vgl. dort n. 5].

Beschl. (I.) v. 27. Febr. 1863 c. Jensch (235. B. I. Cr. v. 1862).

J. war mit einem Perhorreszenzgesuche gegen das KG. zu L. von dem AG. am 25. Nov. zurückgewiesen worden; hiergegen ergriff er am 15. Dez. die Beschwerde; ehe aber die betr. Akten vom OTr. eingefordert werden konnten, hatte das KG. am 18. Dez. bereits in der Sache entschieden. Mit Rücksicht hierauf erging folgende Verbescheidung:

daß, da in der vorliegenden Sache das K. KG. zu L. bereits am 18. Dez. v. J. erkannt hat, es Ihnen nur überlassen bleiben kann, im Wege der von Ihnen ergriffenen Appellation Ihre Perhorreszenzgründe gegen den ersten Richter vor dem K. AG., ev. künftig mit der NB. anzuführen, indem die von Ihnen beantragte Vernichtung des Erk.s v. 18. Dez. im Wege der bloßen Beschwerde unstatthaft ist.

Antr. des GStA.s: gleichl. [18.—3.]

Vermögensbeschädigung. — Vorsatz. — Zweck.

Bei der Vermögensbeschädigung genügt als Dolus das Bewußtsein der Widerrechtlichkeit; es ist nicht erforderlich, daß auch der Zweck auf eine Rechtsverletzung gerichtet sei.

StGB. § 281 [vgl. dort n. 2 - 4].

Erk. (Z. I.) v. 4. März 1863 c. Wigand (84. I. Cr.).

W. war aus § 281 bestraft worden, weil er das Schloß der Thür am Gehöfte eines Andern gesprengt hatte, um sich die Durchfahrt durch das letztere zu eröffnen. Seine NB. rügte Gesetzesverletzung, weil sein Vorsatz nicht auf die widerrechtliche Beschädigung des Schlosses gerichtet gewesen sei. Zurückweisung. Gründe:

Wenn das angegriffene Erkenntniß sagt, der § 281 StGB. erfordere zu seiner Anwendbarkeit nicht den gerade auf die Rechtswidrigkeit gerichteten Vorsatz des Thäters, sondern außer der objektiven Vermögensbeschädigung den Vorsatz oder bestimmten Willen, die betreffende rechtswidrige Handlung zu verüben, das Bewußtsein einer Handlung, mit welcher eine widerrechtliche Beschädigung fremden Vermögens verbunden sei, so kann es nur auf einem Mißverständnisse beruhen, wenn Implorant nichts desto weniger behaupten will, der App.-Richter habe die objektive Widerrechtlichkeit der beabsichtigten Vermögensbeschädigung für genügend erachtet, nicht aber zum subjektiven Thatbestande das Wissen erfordert, die gewollte Handlung sei eine widerrechtliche. Was der App.-Richter zur Anwendung des § 281 nicht für nothwendig erachtet, ist die Richtung des Willens des Thäters auf eine Rechtsverletzung als den Zweck seiner Handlung, und er nimmt mit Recht an, daß die Kränkung des Vermögensrechtes des Beschädigten nicht der Zweck des Beschädigers zu sein brauche, um den § 281 anzuwenden, sondern es bloß darauf ankomme, ob die Vermögensbeschädigung mit dem Bewußtsein ihrer Widerrechtlichkeit gewollt und verübt worden sei, sei es auch zur Erreichung eines Zweckes, der mit dem Vermögen des Beschädigten gar nichts zu schaffen hat und vielleicht vom Thäter selbst ohne jede Vermögensbeschädigung eines Andern lieber erreicht worden wäre, aber in der That durch eine wissentlich widerrechtliche Vermögensbeschädigung verfolgt worden ist. Indem im vorliegenden Falle die Vorderrichter den Vorsatz der Beschädigung des Thorschlosses mit dem Bewußtsein der Widerrechtlichkeit dieser Beschädigung gegen den Angeklagten feststellen, erklären sie in allgemeinen, der Deduktion des Angeklagten entsprechenden Gründen für rechtlich unerheblich, daß der Zweck der Handlung die Durchfahrt durch das Thor und den Hof, und nicht jene Beschädigung war, und befinden sich hierbei in voller Uebereinstimmung sowohl mit den Worten als mit der Absicht des Gesetzes, die nach der Entstehungsgeschichte desselben zu dem fraglichen Vergehen nur den allgemeinen strafrechtlichen Dolus, keine besondere Böswilligkeit oder Muthwilligkeit erfordern wollte (Goltd. Matt. 2. S. 626 ff.). Mit dieser Auslegung des § 281 steht auch die bisherige

Rechtsprechung des Ober-Tribunals im Einklange, und die darin gegebene Auslegung des § 210 daselbst keineswegs im Widerspruche.

Antr. des GStA.s: gleichl. [23. — 2.]

Abbildung (unzüchtige). — Verkauf.

Unzüchtig im Sinne des § 151 des Strafgesetzbuchs ist nur das in geschlechtlicher Beziehung Unsittliche.

StGB. § 151 [dort einzutr. vor n. 1; vgl. unten Z. II. 19. März 1863 c. Altenkirch, 135].

Erk. (B. I.) v. 4. März 1863 c. Mecklenburg (202. I. Cr.).

M. war wegen des Verkaufs einer „unzüchtigen Abbildung" aus § 151 StGB. bestraft worden, und es war in Betreff der gedachten Qualifizirung vom AG. erwogen worden, „daß die Entstehung des § 151 aus der Vdn. v. 30. Juni 1849 § 24 und Art. 287 des Code dénal, sowie die Vergleichung mit § 150 des StGB.s ergäben, daß unter „unzüchtig" alles dasjenige verstanden werde, was Anstand und Sitte [wenn auch nicht in geschlechtlicher Beziehung] verletze. Auf die NB. des Angekl. ist dieses Erk. vernichtet worden. Gründe:

Daß der Begriff von „unzüchtig" geschlechtliche Beziehungen voraussetzt, ergiebt sich nicht nur aus der Aufnahme des § 151 in den 12. Titel des StGB.s und der Bedeutung, in welcher sonst in diesem Titel das Wort „unzüchtig" gebraucht wird, sondern auch daraus, daß bei Berathung des StGB.s der im Entwurfe desselben — damals § 140 — gewählte Ausdruck: „welche die Sittlichkeit verletzen" in Folge des Komm.-Ber. d. II. Kammer, in welchem als Grund angeführt ist, daß dieser Ausdruck unbestimmt sei und auf ein weites Feld führe, — in „unzüchtige" abgeändert worden ist.

Antr. des GStA.s: gleichl. [46. — 2.]

Stempel. — Wechsel. — Aushändigung an den Remittenten.

Zur Verhängung der Wechselstrafe gegen den Aussteller und den Acceptanten eines Wechsels

genügt es nicht, wenn der letztere sich ungestempelt im Comptoir des Remittenten befunden hat; es muß vielmehr feststehen, daß die Angeklagten die Aushändigung an den Remittenten bewirkt haben [1]).

Stemp.-Ges. v. 7. März 1822 §§ 20. 26.

Erk. (B. I.) v. 4. März 1863 c. Samuelssohn & Solmsen (206. I. Cr.).

Vernichtung des verurtheilenden Erk.s. Gründe:

Die thatsächliche Feststellung der vorigen Richter ergiebt nicht mit Bestimmtheit, daß der Angekl. Samuelssohn den in Rede stehenden, von ihm ausgestellten Wechsel dem Remittenten R. S. übersandt hat, und eben so wenig erhellt mit Sicherheit, auf welche Weise der Wechsel in die Hände des Angekl. L. Solmsen zur Acceptation gelangt ist, worauf es gleichfalls bei Entscheidung der Sache wesentlich ankommt: B. I. 18. Febr. 1857 c. Cramer (170, G. A. 5.

---

[1]) Die Aushändigung eines gezogenen Wechsels Seitens des Ausstellers [oder des Acceptanten] an den Remittenten stellt ein mit demselben gemachtes „Geschäft" dar, und begründet daher ev. die Defraudationsstrafe: Z. I. 28. Mai 1856 c. Samter, 533; Z. I. 3. Okt. 1856 c. Gützlaff, 888, G. A. 4. S. 821; Z. II. 14. März 1861 c. Richter, 87, RbOTr. 1. S. 299. Die Strafbarkeit kann auch nicht durch einen dem Remittenten ertheilten Auftrag, den Wechsel im Namen des Uebersenders stempeln zu lassen, beseitigt werden, sollte auch gleichzeitig verabredet sein, daß der Remittent den Wechsel erst nach bewirkter Stempelung für sich in Besitz nehmen solle: B. I. 14. Okt. 1857 c. Cramer, 1142, G. A. 6. S. 269; B. I. 24. Febr. 1860 c. Pfeifer, 176, G. A. 8. S. 401; cit. Z. 14. März 1861. Ja der Remittent ist — weil er auch persönlich verpflichtet ist, die Stempelung zu veranlassen — als unqualifizirt anzusehen, um als Mandatar des Tressanten stempeln zu lassen: B. II. 15. Mai 1858 c. Krutemeyer, 158; B. I. 18. Febr. 1857 c. Cramer, 170, G. A. 5. S. 256; B. II. 13. Jan. 1859 c. Heimath, 388 v. 1858. Demgemäß kann auch die Verabredung, der Remittent solle, nach der im Auftrage des Ausstellers bewirkten Stempelung, den Wechsel diesem zurückgeben, die Strafe nicht ausschließen: Z. I. 26. März 1858 c. Frey, 342; Z. I. 3. Juni 1859 c. Appel, 541; Z. I. 4. Nov. 1857 c. Hoffmann, 1171. Diese

S. 256); Erk. v. 3. Juli 1857 c. Baltes (G. A. 5. S. 682).

Es ist von den vorigen Richtern nur festgestellt, daß sich der Wechsel am Tage nach seiner Ausstellung im Comtoir des Remittenten befunden hat, was nicht ausschließt, daß der Aussteller Samuelssohn den Wechsel zunächst dem Bezogenen L. Solmsen zur Acceptation übersandt hat und daß der Wechsel erst später in das Comtoir des Remittenten gelangt ist, zumal alle diese Personen an demselben Ort, nämlich in Schneidemühl wohnen. Es kann hiernach bei jetziger Lage der Sache allerdings noch nicht angenommen werden, daß die Angeklagten resp. als Aussteller und als Acceptant die Stempelstrafe verwirkt haben, daß also die §§ 20 und 26 des Stempelgesetzes richtig zur Anwendung gebracht sind.

Antr. des GStA.s: gleichl. [18. — 2.]

---

greift sogar dann Platz, wenn der Trassant den Wechsel einem Dritten zur Bewirkung der Stempelung ausgehändigt hätte, und dieser ihn (gegen den Auftrag) an den Remittenten gelangen läßt, weil jener dafür einzustehen hat, daß der Wechsel nicht ungestempelt in die Hände des Remittenten komme: B. I. 23. April 1858 c. Meyer, 373, JMBl. S. 198; Z. II. 14. März 1861 c. Richter, 87, RdOTr. 1. S. 99; B. II. 12. Sept. 1861 c. Dreinhöfer, 223; vgl. Borchardt Wechs.-Ordn. 2. Ausg. Art. 7 Note 83 1. g. — Dagegen gilt das von der Aushändigung an den Remittenten Gesagte nicht in gleicher Weise von der Aushändigung an einen Angehörigen, Geschäftsführer, Prokuristen, Verwandten oder Dienstboten desselben, insofern diese dabei nicht als Vertreter ihres Herrn 2c. handeln. Grundsätzlich steht Nichts im Wege, daß der Trassant eine dieser Personen mit der Besorgung der Stempelung beauftrage: Z. I. 8. Juli 1857 c. Rosenthal, 816; Z. II. 31. März 1859 c. Weinberg, 246 v. 1858. — Endlich folgt aus dem Umstande, daß der Remittent sich im Besitze des ungestempelten Wechsels befindet, noch nicht ein Verschulden des Ausstellers [oder Acceptanten]; insbesondere könnte der Instanzrichter in einem Falle, wo der Wechsel dem Aussteller gestohlen und auf diesem Wege demnächst an den Remittenten gelangt ist, Schuld- und Straflosigkeit des ersteren annehmen.

1. Unterschlagung. — Diebstahl. — Urkunde.
2. Urkunde. — Unterdrückung. — Unterschlagung. — Diebstahl.

1. Eine Urkunde kann Gegenstand einer Unterschlagung oder eines Diebstahls sein.

StGB. §§ 225 [vgl. dort n. 12]; 215 [vgl. dort n. 4]. Vgl. oben S. 91.

2. Der Diebstahl und die Unterschlagung einer Urkunde unterscheiden sich von der „Unterdrückung ꝛc. einer solchen durch die Absicht des Thäters; bei jenen ist die Hauptabsicht auf einen durch die Veräußerung ꝛc. zu erzielenden Vortheil, bei dieser dagegen darauf gerichtet, daß die Urkunde für einen Andern verloren gehe, daß aus diesem Verluste einem Andern Nachtheil erwachse.

StGB. §§ 215 [vgl. dort n. 4]; 225 [vgl. dort n. 12. 54]; 243 Nr. 8 [vgl. dort n. 40].

Erk. (Z. I.) v. 6. März 1863 c. Hackbarth (96. I. Cr.).

H. verschuldete den Eheleuten B. eine bedeutende Summe, welche für diese auf seinen Grundstücken ꝛc. eingetragen war. Das betr. Hypothekendokument war von den Eheleuten B. in einem Prozesse zu den Akten eingereicht worden und gelangte aus diesen durch ein Versehen in die Hände des H., welcher dasselbe vor Gericht verleugnete und bei Seite schaffte. Der erste Richter bestrafte ihn deshalb aus den §§ 226. 227. StGB.; auf seine Appellation änderte der zweite Richter das Erk. ab und bestrafte aus § 243 Nr. 8, weil eine Urkunde keine bewegliche Sache sei, sonach an ihr eine Unterschlagung nicht verübt werden könne. Die NB. des Angekl., welche Verletzung des angewendeten Paragraphen behauptete, ward zurückgewiesen. Gründe:

Dem Grunde, welchen der App.-Richter für die Abänderung des ersten Urtels angegeben hat, weil nämlich die darin gemachte Schlußfeststellung (oder vielmehr Schlußfolgerung) die wesentlichen Merkmale des Vergehens der Unterschlagung nach § 226 des StGB.s darstelle, „was rechtlich nicht möglich sei, da das Objekt des Vergehens eine Urkunde, also nicht eine bewegliche Sache ist, an welcher allein eine Unterschlagung verübt werden kann," kann in dieser Fassung und Allgemeinheit allerdings nicht beigepflichtet werden. — Der Ausdruck „bewegliche Sache" bezeichnet überhaupt nur insofern einen Rechtsbegriff, als er „unbeweglichen Sachen" gegenüber gestellt und auf unkörperliche Sachen ausgedehnt wird (§§ 6. 7. I, 2. ALR.), das Strafrecht, insbesondere in der Lehre vom Diebstahl und der Unterschlagung, bindet sich aber auch nur in sofern an die civilrechtlichen Begriffsbestimmungen desselben, als diese sich dem Sprachgebrauche des gemeinen Lebens anschließen, und versteht darunter jede körperliche Sache, die vermöge ihrer Natur der Bewegung und somit der Wegnahme oder Beiseiteschaffung (§§ 215. 225. StGB.) empfänglich ist. — Daß demnach auch eine Urkunde Gegenstand eines Diebstahls oder einer Unterschlagung sein könne, ist klar; wer eine fremde Urkunde, sei es um des Materials, worauf der Text geschrieben steht, sei es um der Kalligraphie oder um den Inhalt des Textes (wie bei Papieren auf jeden Inhaber und ähnlichen) willen einem Andern in der Absicht wegnimmt, dieselbe sich rechtswidrig zuzueignen, begeht unstreitig einen Diebstahl. Ebenso unstreitig haben die Worte „bewegliche Sache" in den §§ 225. 226 des StGB.s keinen anderen Sinn, als im § 215. Soweit man nichts desto weniger das entscheidende Merkmal für die Beantwortung der Frage: ob §§ 215. 225. 226 oder § 243 Nr. 8 l. c. anzuwenden seien, in dem Objekte der fraglichen Vergehen finden könnte, würde man also den Unterschied nur so ausdrücken dürfen: daß die erstgedachten Paragraphen den Diebstahl, resp. die Unterschlagung an fremden beweglichen Sachen mit Ausschluß der Urkunden, der § 243 Nr. 8 den Diebstahl und die Unterschlagung an Urkunden speziell bestrafe. So entzog der § 1398 II, 20. ALR. geradezu die „Entwendung oder Unterschlagung der Urkunden" den Strafen der Entwendung oder Untenschlagung anderer beweglicher Sachen und unterwarf jene der Strafe der Fälschung. Allein eben diese Stellung des § 1398, wie des § 243

Nr. 8 des StGB.s unter den Fällen des qualifizirten Betruges zeigt, daß das entscheidende Moment für die Anwendung derselben nicht sowohl in dem materiellen Objekte des fraglichen Vergehens, als in dem subjektiven Thatbestande desselben zu suchen ist, in der Absicht, womit eine Urkunde unterdrückt wird. Der Wortlaut des § 243 Nr. 8 weiset schon darauf insofern hin, als die Nebeneinanderstellung von „vernichten, beschädigen, unterdrücken" es gleichgültig erscheinen läßt, ob der Thäter irgend einen Gebrauch von der Urkunde seinerseits machen oder gar sich dieselbe aneignen, überhaupt sich damit bereichern wolle und könne. Seine Absicht muß nur darauf gerichtet sein, daß die Urkunde für einen Andern verloren geht, daß aus diesem Verluste einem Andern Nachtheil entsteht. Dabei ist denn freilich nicht das Papier, das corpus, sondern dessen geistiger Inhalt, die darin niedergelegte veritas, der eigentliche Gegenstand des Verbrechens, die suppressio oder oppressio veritatis das Wesen desselben, und aus diesem Grunde wurde dasselbe schon im Römischen Rechte dem Verbrechen der Fälschung, resp. des qualifizirten Betruges subsumirt und blieb es im gemeinen, im ALR. und im jetzigen StGB. (vgl. L. 16 § 2 D. 48, 10; Boehmer, Med. in C. C. C. art. 112; Feuerbach, Lehrbuch des peinl. Rechts § 411; Tittmann, Handbuch Bd. III. § 525 2c.). — Es stimmt mit dem in L. 16 § 2 cit. angegebenen Erfordernisse der Absicht des Thäters: ut verum non appareat, wesentlich überein und hebt nur das gewöhnlichste Beispiel hervor, daß der Staatsrath in dem Ausdrucke „unterdrückt" der Entwürfe zu § 243 Nr. 8 eine deutlichere Bezeichnung des Zweckes des Beiseiteschaffens der Urkunde, damit der bisherige Besitzer sich derselben in einem Prozesse gegen den Thäter oder Andere 2c. nicht mehr bedienen könne, vermißte, ohne daß man gleichwohl einen andern Ausdruck für diesen unbestrittenen Sinn der Bestimmung fand; vgl. Goltd. Matt. 2. S. 554 Nr. 6. Ganz verschieden ist der strafrechtliche Charakter der Handlungen, welche in den §§ 215.

225. 226 des StGB.s vorgesehen sind. Hierbei kann die Unterdrückung einer Wahrheit möglicherweise nebenbei vorkommen, allein die Hauptabsicht des Thäters muß auf einen Vortheil gerichtet sein, den er sich durch Veräußerung, Verpfändung, Verbrauch oder Beiseiteschaffung der Sache verschafft, durch Vernichtung, Beschädigung oder Unterdrückung derselben dagegen in der nämlichen Bedeutung nicht verschaffen kann. — Das Wort „unterdrücken" wird überhaupt nur selten auf die Unterschlagung rein körperlicher Sachen anwendbar und umgekehrt die Unterschlagung einer Urkunde im Sinne des gemeinen Sprachgebrauches in der Regel eine Unterdrückung im Sinne des § 243 Nr. 6 sein, falls ein bloßes Beiseiteschaffen, nicht spezieller eine Veräußerung rc. der Urkunde, konstatirt ist.

Der § 106 des StGB.s stellt zwar das Vernichten und „Beiseiteschaffen" amtlich aufbewahrter Urkunden unter die nämliche Strafe, allein daraus läßt sich weder auf die Gleichbedeutung des letztern Ausdruckes in den §§ 225. 226, noch weniger auf die Gleichbedeutung des „Beiseiteschaffens" und „Unterdrückens" in denselben Paragraphen und dem § 243 Nr. 8 schließen. Dieses und jenes erhalten vielmehr ihre Erklärung aus ihrem eigenen Zusammenhange mit „veräußern," „verbrauchen," resp. „vernichten und beschädigen." Die einem Andern nachtheilige Vernichtung, Beschädigung oder Unterdrückung der Urkunde als einer Beurkundung zu Gunsten eines Andern, die Entziehung eines Titels oder Beweismittels für ein Recht eines Andern aus dessen Bereiche nach Absicht und Erfolg bildet den subjektiven und objektiven Inhalt des nach § 243 Nr. 8, die Beiseiteschaffung einer fremden Urkunde zur Benutzung durch den Thäter oder einen Dritten als einer ihm gehörigen Sache den Inhalt des nach den §§ 225. 226 zu bestrafenden Vergehens.

Für diese Unterscheidung läßt außer dem Wortlaut der Gesetze und der ganzen oben erwähnten Geschichte des Vergehens der Urkunden-Unterdrückung auch noch der Umstand sich anführen, daß der § 226 cit. in der Fassung des § 273 des Entwurfs von 1847 statt des Ausdrucks „bei Seite schafft" hinter „verbraucht" die Ausdrücke „auf andere Weise sich oder andern zueignet" folgen ließ, während das Rh. StGB., auf welches in den Vorverhandlungen zu den Bestimmungen des StGB.s über die in Rede stehenden Vergehen (§§ 225. 226. 106. 243 Nr. 8) mitunter Bezug genommen worden ist, im Art. 439 nur des Verbrennens oder Zerstörens von Urkunden unter dem Titel „Zerstörungen, Beschädigungen" gedenkt und welches bei § 106 des jetzigen StGB.s (vgl. § 281) zum Anhalt gedient zu haben scheint, in Art. 408 nur unter dem Titel „Mißbrauch des Zutrauens" die Unterschlagung sowohl von Urkunden als andern beweglichen Sachen behandelte, über den sogenannten Funddiebstahl aber gar keine Bestimmungen enthielt und somit zur Interpretation der dem Römischen und landrechtlichen Systeme folgenden § 225. 226 und 243 Nr. 8 des StGB.s nicht geeignet ist.

Die Absicht der Gesetzgebung, in den §§ 225. 226 mit den Worten „zum Nachtheil des Eigenthümers, Besitzers oder Inhabers" einen auf den Vortheil des Thäters mehr oder weniger gerichteten Dolus nach Analogie des Diebstahls, worauf die Zusammenstellung der Unterschlagung mit demselben im 18. Titel und das Römische Recht schon hinweist, wird durch die Verhandlungen darüber eben so beglaubigt, wie dabei von den Kriterien des Betrugs, unter dessen Arten die Urkunden-Unterdrückung in § 243 Nr. 8 erscheint, keine Rede war; vgl. Goltd. Matt. 2. S. 502 ff.; 554 b; Beseler Kom. S. 428 ff.; 466 g.

Für die wesentliche Uebereinstimmung der bisherigen Praxis mit obiger Ausführung vergleiche man: Oppenhoff zum StGB. §§ 215 n. 4, 225 n. 12, 226 n. 19, 243 n. 44; id. RdOTr. 1. S. 307. 350.

Wendet man das Gesagte an auf den vom ersten Richter festgestellten, vom zweiten beibehaltenen reinen Thatbestand — die Beseitigung eines Hypotheken-Schulddokuments durch den Angeklagten als Schuldner zum Nachtheil seiner Gläubiger, die dasselbe zu den Akten eines zwischen beiden schwebenden Prozesses eingereicht hatten — so muß unbedenklich die appellationsgerichtliche Subsumption dieses Thatbestandes unter den § 243 Nr. 8 des StGB.s für die richtigere erkannt werden. Denn es war darnach dem Angeklagten lediglich darum zu thun, den Forderungstitel der Belau'schen Eheleute gegen ihn wegzuschaffen, zu vernichten oder zur Zeit zu unterdrücken, und weder eine weitergehende Absicht, noch eine weiter gehende Handlung zu seinem eigenen oder dritter Personen Vortheil haben die Vorderrichter festgestellt, noch in Gemäßheit der von ihnen konstatirten Natur des Dokuments, wonach Angeklagter diese Urkunde für sich nicht einmal geltend machen konnte, festzustellen Gelegenheit gehabt.

Antr. des GStA.s: gleichl. [23.—4.]

Geschwornenspruch. — Undeutlichkeit. — Unterschrift des Vorsitzenden.

Wenn der vom Vorsteher der Geschwornen verlesene Spruch einer Berichtigung nach Art. 97 des Ges. v. 3. Mai 1852 bedarf, so erfolgt die Unterzeichnung durch den Vorsitzenden erst nach Bewirkung der letzteren. Es ist nicht erforderlich, daß beide Sprüche vom Vorsitzenden 2c. besonders unterzeichnet werden, wenn kein Zweifel darüber obwaltet, wie der erste Spruch lautete.

Ges. v. 3. Mai 1852 Art. 96 [vgl. dort n. 15].

Erk. (Z. I.) v. 6. März. 1863 c. Okonek (112. I. Cr.).

Die Geschwornen hatten drei Fragen, von welchen die erste die That selbst, die beiden anderen die Voraussetzungen des § 41 StGB. zum Gegenstande hatten, beantwortet, wurden aber, weil der GH. die Sprüche auf die letzten Fragen undeutlich fand, zur nochmaligen Berathung zurückgeschickt. Auf Grund der demnächst ergangenen neuen Sprüche erfolgte die Freisprechung des Angekl. Die NB. des OStA.s rügte es, daß der Vorsitzende und der Gerichtsschreiber nur die neuen in Folge der zweiten Berathung ergangenen, nicht auch die ersten für undeutlich erachteten Sprüche unterzeichnet hatten; es habe dieser Unterschrift bedurft, weil das OTr. event. prüfen müsse, ob diese ersten Sprüche nicht ganz regelrecht gewesen und deshalb dem Erk. zum Grunde zu legen seien, was nicht geschehen könne, wenn nicht auch rücksichtlich ihrer der Vorschrift des Art. 96 cit. genügt sei. Der Angekl. setzte dieser Beschw. entgegen, der OStA. sei nach Art. 109 l. c. nicht befugt, diesen Formmangel geltend zu machen. Zurückweisung. Gründe:

Der Implorant übersieht zunächst, daß durch den Text des Sitzungsprotokolls selbst, dessen Inhalt und Beweiskraft er nicht anficht, konstatirt ist, daß die Antworten der Geschwornen, welche auf die zweite und dritte Frage aus ihrer ersten Berathung hervorgegangen (und von dem Vorsteher derselben auch nur einmal, nach Ausweis des Fragebogens an dessen Schlusse unterzeichnet) waren, von dem GH. zu undeutlich befunden worden sind, um als ein zur Grundlage des Urtheils dienliches Verdikt gelten zu können. Gerade deshalb schritt der Vorsitzende nicht mit dem Gerichtsschreiber zur Unterzeichnung jener mangelhaften Antworten, indem ihn für diesen Fall der Art. 97 des Ges. v. 3. Mai 1852 vielmehr von der Vorschrift des Art. 96 a. E. entband, die eben nur bezweckt, die Urkunde über die Entscheidung der Thatrichter formell abzuschließen, um mit Sicherheit die Entscheidung der Strafrichter darauf zu bauen. Auf einen unregelmäßigen oder unverständlichen Ausspruch der Geschwornen soll daher der Vorsitzende die Schlußvorschrift des Art. 96 gar nicht anwenden, eben so wenig, wie der GH. einen solchen Ausspruch, der die Schuldfrage nicht gehörig erledigt, für sein Strafurtheil brauchen soll und kann. — Unterzeichnet der Vorsitzende einen solchen mangelhaften Ausspruch der Geschwornen dennoch, so hat er etwas Ueberflüssiges gethan, wenn der GH. dessen ungeachtet noch zu der Maaßregel des Art. 97 vor seinem Urtheile schreitet, etwas Gefährliches, insofern der GH. dadurch veranlaßt werden kann, auch seinerseits die Mängel in der

Antwort der Geschwornen, die Untauglichkeit dieser Antwort als Schuldspruch, zu übersehen.

Die NB. behauptet also zu Unrecht die Anwendbarkeit der Schlußvorschrift des Art. 96 auf Aussprüche der Geschwornen, die nach Art. 97 keine Verdikte sind. Zur formellen Rechtfertigung der Anwendung des Art. 97 wird nichts weiter erfordert, als daß gemäß dem Alinea desselben ein vollständig erkennbarer Ausspruch der Geschwornen vorliege, der damit auch vollständig erkennen läßt, ob und welche Ungehörigkeiten oder Zweifel und Widersprüche darin enthalten seien. Nach dem vorliegenden Fragebogen in Verbindung mit dem Sitzungsprotokolle kann nun nicht das mindeste Bedenken darüber aufkommen, wie die ursprünglichen Antworten lauteten. Sie sind durch die Stelle, die sie auf dem Fragebogen ohne jegliche Rasur und Durchstreichung einnehmen, die äußerlich unmittelbar darunter geschriebenen „zweiten Sprüche" und die formgerechte schließliche Vollziehung dieser zweiten Sprüche, deren Entstehungsart und Verhältniß zu den ersten das Sitzungsprotokoll beweist, ihrem ganzen Inhalte nach außer Zweifel gestellt, sie setzen darnach den Nichtigkeitsrichter vollkommen in den Stand zu der Beurtheilung, ob der Schw.=GH. darin die Voraussetzungen einer Zurücksendung der Geschwornen nach Art. 97 mit Recht gefunden habe, was Implorant für den darnach gegebenen Fall, daß ihre richtige Aufzeichnung angenommen werden könne, gar nicht bestreitet.

Formell und materiell sind also jetzt nur zwei positive Wahrsprüche der Geschwornen vorhanden, derjenige auf die erste Frage und derjenige auf die dritte Frage, der auch die Unterschriften des Schwurgerichtspräsidenten und des Gerichtsschreibers außer der Unterschrift des Vorstehers der Geschwornen trägt. Indem durch den letztern unbestrittenermaaßen die Nothwehr des Angeklagten bei der fraglichen That in Gemäßheit des Schlußsatzes des § 41 des StGB.s bejaht ist, ist seine Schuld bei jener That in Wirklichkeit verneint, der in der Fassung der Antwort auf die erste

Frage enthaltene Schuldspruch materiell wieder aufgehoben worden, die NB. der StA.=schaft daher nach Art. 109 des Ges. v. 3. Mai 1852 nicht statthaft gewesen, wiewohl die Gründe dieser Unstatthaftigkeit ihrer konkreten Eigenthümlichkeit halber sich von der Prüfung des Inhalts der aufgestellten Beschwerde nicht trennen ließen und zugleich die Hinfälligkeit der letztern, wie geschehen, dargelegt werden mußte.

Antr. des GStA.s: gleichl. [23.—4.]

Waarenbezeichnung. — Namen und Wohnort des Fabrikanten.

Zum Thatbestande des § 269 des Strafgesetzbuchs genügt es, wenn der Namen (die Firma) und der Wohnort des andern Fabrikunternehmers ꝛc. in der Art kenntlich gemacht sind, daß daraus die Identität gefolgert und damit eine Täuschung erreicht werden kann; es bedarf daher nicht einer ausdrücklichen Angabe derselben.

StGB. § 269 [vgl. dort n 6a; oben S. 135. Sic: B. II. 5. Febr. 1863 c. Friedländer, 343 v. 1862].

Erk. (B. I.) v. 6. März 1863 c. Bering u. Gen. (158. I. Cr.).

In einem Falle, welcher denselben Sachverhalt darbot wie der oben S. 136 mitgetheilte, erkannte auch die 1. Abth. des Senats für Strafsachen auf Vernichtung des freisprechenden Erk.s des AG.s und auf Zurückverweisung an das letztere. Gründe:

Das Gesetz hat, indem es im § 269 des StGB.s die fälschliche Bezeichnung einer Waare mit dem Namen oder der Firma und mit dem Wohn= und Fabrikorte eines Fabrikunternehmers u. s. w. mit Strafe bedroht, nicht die Form angegeben und, bei der Verschiedenheit der Fälle, nicht angeben können, unter welcher eine solche fälschliche Bezeichnung erfolgt sein müsse. Es handelt sich nicht um eine Fälschung an sich, sondern um den Schutz inländischer — oder nach Abs. 2 ausländischer, durch Verträge u. s. w. diesen gleichgestellter — Fabrikunternehmer, Produzenten ꝛc.

und um den Schutz des Publikums vor Täuschung. Es genügt in diesem Sinne, wenn eine Waarenbezeichnung vorliegt, welche den Namen oder die Firma und den Wohnort des (ächten) Fabrikunternehmers u. s. w. der Art kenntlich macht, daß daraus die Identität gefolgert und damit die Täuschung erreicht werden kann. Es ist daher auch genügend, wenn der Wohn- oder Fabrikort zwar nicht ausdrücklich und besonders als solcher, sondern durch eine Verbindung mit und in dem Namen oder der Firma oder in anderer Art so bezeichnet ist, daß daraus der Ursprungsort erkennbar ist. —

Dies hat der App.-Richter verkannt, indem er die ausdrückliche und besondere Bezeichnung einer Stadt, eines Dorfes oder eines Etablissements fordert, ohne zu erwägen, ob diesem Erfordernisse hier nicht auch auf jenem Wege durch eine Bezeichnung genügt sei, welche bei dem Publikum keinen Zweifel über den Ursprungsort übrig läßt. Es handelt sich aber hierbei nicht, wie der App.-Richter meint, um ein gänzliches Fehlen des objektiven Thatbestandes und um dessen Ergänzung aus dem Geiste der Käufer, sondern um eine Ersetzung des zum Thatbestande gehörigen Erkennungszeichens durch ein dem Käufer erkennbares gleichbedeutendes Zeichen.

Antr. des GStA.s: gleichl. [15. — 4.]

Hausiren. — Gewerbeschein. — Freiheit. — Umhertragen.

Das im § 4 des Regulativs vom 28. April 1824 auch ohne Gewerbeschein gestattete Umhertragen (Schicken) von selbstverfertigten Waaren rc. zum Verkaufe in der Umgegend des Wohnorts ist auf ein durch die eigene Körperkraft des Gewerbtreibenden oder seiner Hausgenossen bewirktes Tragen zu beschränken und daher auf ein Umherfahren nicht auszudehnen.

Hausf.-Regul. v. 28. April 1824 §§ 4. 3; Ges. v. 14. Sept. 1857 § 3. Sic: B. I. 12. April 1861 c. Mehrmann, 268, RbOTr. 1.

S. 340; ähnlich: B. I. 22. Nov. 1860 c. Schmidt, 841, G. A. 9. S. 65 in Beziehung auf § 1 des Ges. v. 2. April 1852.

Erk. (V. Pl.) v. 9. März 1863 c. Steinhilber (310. II. Cr. v. 1862).

Der § 3 des für die Hohenzollernschen Lande ergangenen Gesetzes v. 14. Sept. 1857 untersagt den Hausirhandel mit Fleisch rc. gänzlich; dagegen hatte die Regierung zu Sigmaringen in einer Bekanntmachung v. 16. Nov. 1860 ausgesprochen, daß jenes Verbot nur den eigentlichen Hausirhandel treffe, und daß daher der innerhalb der Grenzen des § 4 des Hauſ.-Regul. verbleibende Handel mit Fleisch gestattet bleibe, und es zu einem solchen auch für Ausländer (vgl. AKO. v. 6. Okt. 1829) nur einer Legitimation des betr. Oberamts bedürfe. Die Angeschuldigte St., die Tochter eines Metzgers im Württembergischen, hatte auf Grund eines solchen ihr vom Oberamte zu H. ertheilten Erlaubnißscheines im betr. Bezirke den Handel mit Fleisch betrieben, und sich zum Transporte desselben eines Fuhrwerks bedient. Hierin fand die Steuerbehörde den Thatbestand einer Hausirkontravention; die Instanzrichter sprachen indessen frei, weil § 4 ein solches Umherfahren nicht ausschließe. NB. des OStA.s wegen Verletzung des § 4 des Hausir-Regulativs. Der GStAnw. erachtete dieselbe für nicht begründet, und führte in dieser Beziehung Folgendes aus: Es sei nicht mehr zu untersuchen, ob das von einem Metzger ausgeschlachtete Fleisch als ein „selbstgewonnenes Produkt anzusehen sei, da die Regierung zu S. der St. die Erlaubniß hierfür ertheilt habe, die letztere also nicht deshalb strafbar sein könne, weil ihr vielleicht die Erlaubniß nicht hätte ertheilt werden sollen; es frage sich nur noch, ob im § 4 cit. der Ausdruck „umhertragen" limitativ aufzufassen sei; das würde zu bejahen sein, wenn § 4 eine Ausnahme von der Regel der Gewerbscheinpflichtigkeit des Handels im Umherziehen bildete; dieses letztere sei aber nicht der Fall, weil ein „Umherziehen" nur da vorliege, wo Jemand sich von seinem „Wohnorte" an einen oder mehrere andere Orte begebe, der Ausdruck „Wohnort" aber (wie sich aus § 1 und 4 des dem Staatsrath im J. 1822 vorgelegten Entwurfs des Regulativs ergebe) den Polizeibezirk des Wohnorts umfasse; die §§ 3 und 4 behandelten sonach gar nicht Fälle des „Gewerbebetriebs im Umherziehen," und die Regel des § 2 sei auf sie nicht anwendbar; dazu komme, daß der Verkauf selbstgewonnener Produkte und selbstverfertigter Waaren nach §§ 5. 6 aa und bb des Gew.-St.-Ges. v. 30. Mai 1820 und der dort bezogenen Vorschriften des ALR.s, besonders § 485. II, 8 gar nicht als „Handel" angesehen worden sei, ohne Unterschied, ob diese Gegenstände gefahren oder getragen würden; das deute denn auch § 4 des Regulativs an, welcher ebenso das Umherschicken oder das Verfahren zu Schiff gestatte; unter diesen Umständen müsse man annehmen: der Ausdruck „Umhertragen" sei nur gewählt, weil diese Transportart innerhalb des Polizeibezirks des Wohnorts die gebräuchliche sei; für diese Auslegung sei auch die Fassung des oben erwähnten Entwurfs des Regulativs, nach welcher die ganze Bestimmung des § 4 sich als Instruktion für die die Erlaubniß ertheilende Polizeibehörde dargestellt habe; auch deute nichts auf eine beschränkende Auslegung des Wortes „Umhertragen" hin. — Das OTr. hat indessen das Erk. des AG.s vernichtet und die Sache an das KG. zu Hechingen zurückverwiesen.

Gründe:

Im Gegensatze zu dem Betriebe eines stehenden Gewerbes wird als Gewerbebetrieb im Umherziehen in dem Regul. v. 28. April 1824, durch welches sowohl in Bezug auf die Steuergesetzgebung als in Bezug auf die polizeiliche Zulässigkeit des Gewerbebetriebes der Betrieb der nicht stehenden Gewerbe — der Gewerbebetrieb im Umherziehen — geregelt wurde, und zwar zunächst im § 1 desselben, ohne daß hier, wie es in den §§ 62 und 136 des Ges. v. 7. Sept. 1811 geschah, von Krämern und andererseits von Landwirthen und Landhandwerkern gesprochen wird, der Gewerbebetrieb derjenigen bezeichnet, welche eigene oder fremde Erzeugnisse von einem Orte zum andern herumführen und auf offenen Straßen, in Gasthöfen oder in Privathäusern umherziehend feilbieten; wogegen für Personen, die ihr Gewerbe im Umherziehen betreiben, nicht geachtet werden sollen: Kaufleute, Fabrikanten und Handwerker, welche mit ihren Waaren Jahrmärkte beziehen und sie daselbst in offenen Laden oder Buden feilhalten, ingleichen Personen, welche auf die Wochenmärkte solche Erzeugnisse zum Verkauf bringen, die nach den deshalb geltenden besonderen Vorschriften, oder nach der Ortsobservanz zu den Gegenständen gehören, womit auf diesen Märkten auch von andern als Ortseinwohnern Handel getrieben werden darf. Zu solchem Gewerbebetriebe im Umherziehen soll es in der Regel, wie diese Regel der § 7 des Regulativs, mit Bezug auf § 20a des Ges. über die Gewerbesteuer v. 30. Mai 1820, dahin ausspricht:

daß die vorstehend (nämlich in den §§ 1 bis 6) bezeichneten Fälle der Ausnahme abgerechnet, überhaupt Niemand ohne den Besitz eines Gewerbescheins irgend ein Gewerbe umherziehend betreiben solle,

eines Gewerbescheins bedürfen, den der Inhaber bei seinem Gewerbebetriebe bei sich führen muß und für welchen, falls er nicht etwa steuerfrei zu ertheilen ist (vgl. AKO. vom 12. Febr. 1831, id. v. 31. Dez. 1836, id. v. 8. Dez. 1843 zu 1, Ges. v. 14. Sept. 1857 § 2 litt. d; Ges. v. 19. Juli 1861 § 20), besondere Steuer zu entrichten ist (Gew.-St.-Ges. v. 30. Mai 1820 §§ 2 a. E., 25, Beil. B litt. L; Pl.-Beschl. v. 26. Aug. 1839, Entsch. 4. S. 404; Erk. v. 27. Jan. 1859, G. A. 7. S. 534), es möge für das von dem Inhaber etwa außerdem bereits betriebene stehende Gewerbe — und nur von der absichtlichen Verbindung eines solchen mit einem andern, an demselben Orte betriebenen stehenden Gewerbe ist auch im § 18 des Gew.-St.-Ges. die Rede — schon Gewerbesteuer entrichtet, oder, wie es bei Handwerkern, die ohne oder nur mit einem erwachsenen Gehülfen ihr Gewerbe betreiben, eintritt (Gew.-St.-Ges. §§ 2. 12 a; vgl. Rescr. v. 30. April 1829, v. Kamptz Annal. Bd. 13. S. 371) nicht entrichtet werden.

Es bezeichnet sodann der § 2 des Regulativs vom 28. April 1824 als solchen Gewerbebetrieb im Umherziehen, wozu es eines Gewerbescheins bedarf, den Gewerbebetrieb desjenigen, der Waaren — und zwar, sofern nicht der Ausnahmefall des § 4 eintritt, auch selbstverfertigte Waaren (vgl. Regul. v. 4. Dez. 1836 § 6 Nr. 1, § 3; Erk. vom 31. Mai 1862, RdOTr. 2. S. 439), also namentlich auch die der Schlächter, deren Gewerbebetrieb nach dem Gewerbe-Steuer-Gesetze vom 30. Mai 1820 §§ 2. 10 e. Beil. B. Nr. 8. 10. 11 und litt. E (vgl. Ges. v. 19. Juli 1861 § 17) weder als Handwerk noch als Handel, sondern als Fertigung von Waaren auf den Kauf besteuert wird, so wie selbstgewonnene Produkte (vgl. Regul. v. 4. Dez. 1836 § 6 Nr. 1, § 3) ohne Bestellung an einen oder mehrere andere Orte außer seinem Wohnorte bringt oder versendet, um solche daselbst außer den Märkten zu Zeiten (nicht fortdauernd) selbst zu verkaufen oder durch Andere für seine Rechnung verkaufen oder öffentlich versteigern zu lassen.

Im Gegensatze zu diesem § 2 bestimmen die §§ 3 und 4 Satz 1 des Regul. v. 28. April 1824 Fälle, in denen zwar auch, — nur mit Beschränkung auf einen Bezirk geringeren Umfanges, nämlich auf den Polizeibezirk des Wohnorts und resp. auf die Umgegend des Wohnorts des Gewerbtreibenden, — ein Gewerbebetrieb im Umherziehen, aber ein nicht gewerbescheinpflichtiger stattfindet (vgl. Erk. v. 13. Febr. 1857, JMBl. S. 132; Erk. v. 27. Jan. 1859, G. Arch. 7. S. 534). Als Gegenstand des gewerbscheinfreien Umhertragens zum Verkauf ꝛc. bezeichnet der § 3 solche Waaren, mit denen der Verkehr im Umherziehen überhaupt statthaft ist (vgl. §§ 14—16); er beschränkt solches aber auf den Fall, daß das Umhertragen von dem Gewerbtreibenden selbst oder seinen Hausgenossen und bloß in dem Polizeibezirke seines Wohnorts geschieht, wozu es dann nur der Erlaubniß der Ortspolizeibehörde bedürfen soll. Der § 4 bezeichnet dagegen im ersten Satze als Gegenstand des hier gedachten gewerbscheinfreien Verkehrs durch Umhertragen oder Schicken zum feilen (also ohne vorgängige Bestellung erfolgenden) Verkauf und zwar nicht bloß im Wohnorte (in dem Polizeibezirke des Wohnorts) des Gewerbtreibenden, sondern auch in der von der Kreispolizeibehörde event. näher zu bestimmenden Umgegend desselben, nur eine Art der Gattung von Waaren, deren der § 3 gedenkt, nämlich selbstgewonnene Produkte und selbstverfertigte Waaren, welche zu denen gehören, die Jedermann auf Wochenmärkten feil halten darf (§ 14 Nr. 1). In dem zweiten Satze des § 4 sind dann weiter als Gegenstände eines Verkehrs, der zwar auch (für sich) nicht ein stehendes Gewerbe ausmacht, zu dem aber auch der Gewerbeschein nicht erforderlich sein soll, selbstgewonnene

Waaren, welche (wie Holz ꝛc.) gewöhnlich zu Schiffe verfahren und auch außer der gewöhnlichen Marktzeit vom Schiffe aus verkauft zu werden pflegen, angegeben, und in Bezug auf sie fügt der dritte Satz hinzu, daß, wenn aber solche Waaren nicht selbst gewonnen, sondern aufgekauft sind, darauf der § 2 Anwendung finde, — also dann zu solchem außerhalb des Markts und der Marktzeit stattfindendem Verkehre mit selbigen ein Gewerbeschein erforderlich sei, dieser Verkehr unter die Regel des § 2 (und damit unter die des § 7) zurückfalle.

Wenn nun der § 3 nicht, wie der § 1 im letzten Satze von einem „Herumführen," und nicht, wie der § 3 von einem „Bringen" oder „Versenden" spricht, sondern für nicht gewerbescheinpflichtig das Umhertragen von solchen Waaren, mit welchen der Verkehr im Umherziehen überhaupt statthaft ist, dann erachtet, wenn dies bloß in dem Polizeibezirke des Wohnorts von dem Gewerbtreibenden selbst oder von seinen Hausgenossen geschieht, so läßt sich nach dieser Beschränkung unter dem „Herumtragen" hier (wie dies auch rücksichts des gleichen Ausdrucks der Fall ist, welchen in eben solcher Beziehung und resp. unter Bezugnahme auf die Vorschriften über den Gewerbebetrieb im Umherziehen, die Gew.-Ordn. v. 17. Jan. 1845 in den §§ 81 und 86 gebraucht), nur ein durch persönliche Körperkraft des Gewerbtreibenden oder seiner Hausgenossen bewirkter Transport verstehen, so daß der Gebrauch eines Fuhrwerks ausgeschlossen und nur, neben dem Umhertragen durch persönliche Körperkraft des Gewerbtreibenden selbst, das Umhertragen-lassen durch persönliche Körperkraft der Hausgenossen desselben zulässig bleibt.

Von eben diesem Umhertragen ist in dem sogleich folgenden ersten Satze des § 4, rücksichts des gewerbscheinfreien Verkehrs eines jeden Inländers (und unter nähern Maaßgaben auch eines Ausländers, AKO. v. 6. Okt. 1829) mit selbstgewonnenen Produkten und selbstverfertigten Waaren der im § 14 Nr. 1 bezeichneten Art in einem weitern, jedoch auch auf die Umgegend des Wohnorts beschränkten Bezirke, die Rede; und wenn dabei neben dem „Umhertragen" auch das „Schicken," als in den Befugnissen des solchen Verkehr Treibenden liegend, erwähnt wird, so kann hierunter, nach dem Zusammenhange, dem Zwecke und Grunde des Gesetzes, auch nur ein durch persönliche Körperkraft einer Mittelsperson, bei deren Auswahl der solchen Verkehr Treibende nur nicht, wie im Falle des § 3, auf seine Hausgenossen beschränkt ist, stattfindendes Umhertragenlassen verstanden werden.

Allerdings hat, wie dies auch demnächst die Ministerial-Verfügung v. 22. Juli 1830 (v. K. Annal. 14. S. 609, G. Arch. 7. S. 334) angedeutet hat, durch die Bestimmung des § 4 Satz 1 des Regul. v. 28. April 1824 namentlich den Landwirthen der Absatz selbstgewonnener landwirthschaftlicher Erzeugnisse, wie sie der § 14. Nr. 1 bezeichnet, in der Umgegend ihres Wohnorts erleichtert, sie haben nicht auf den Marktverkehr, nicht darauf beschränkt werden sollen, solche bei dem Betriebe ihres Gewerbes selbstgewonnene Produkte, beim Verkauf derselben stets nur auf den Markt zu bringen, und es hat ebenso der Absatz selbstverfertigter Waaren der im § 14. Nr. 1 bezeichneten Art den Handwerkern und Fabrikanten in der Umgegend ihres Wohnorts erleichtert werden sollen. Allein immer hat dies auf einen kleineren, umherziehend zum Verkauf betriebenen Verkehr, der durch Umhertragen oder Umhertragenlassen, nicht aber unter Gebrauch eines Fuhrwerks erfolgt, beschränkt sein sollen. Dafür waren sowohl finanzielle als polizeiliche Rücksichten bestimmend. Denn nicht nur würde ein ausgedehnterer, mittelst Fuhrwerks umherziehend gewerbscheinfrei betriebener Verkehr mit den im ersten Satze des § 4 bezeichneten Waaren andere zur Gewerbesteuer für ein stehendes Gewerbe in demselben Bezirke herangezogene Gewerbtreibende in ihrem Gewerbe und damit auch das Steuerinteresse des Staats beeinträchtigen, sondern auch die Beaufsichtigung der den herumziehenden Verkehr Treibenden rücksichts ihrer

Person und des Ursprungs der von ihnen transportirten Waaren erschweren.

Aus solchen Rücksichten haben denn auch schon um die Zeit des Erlasses des Regul. v. 28. April 1824 und bald nachher die Ministerien, deren Entwurf zu diesem Regulative durch die AKO. v. 21. Mai 1824 genehmigt wurde und die — was dabei nicht außer Betracht zu lassen ist — in den §§ 16 und 17 des Regulativs (vgl. auch §§ 8. 9. 12) sogar ermächtigt werden, Erweiterungen oder Beschränkungen der in dem Regulative bestimmten Hausirbefugnisse, wenn auch zunächst nach örtlichen Verhältnissen und Bedürfnissen und hinsichts der Gegenstände des Verkehrs zu bestimmen, sich in den Verfügungen v. 31. Mai 1824 (v. K. Annal. 8. S. 587) und v. 17. Dez. 1825 (v. K. Annal. 9. S. 1084) dafür ausgesprochen, daß die Bestimmung im § 4 Satz 1 des Regulativs nur von einem kleineren Verkehre, bei welchem der Transport nicht durch Fuhrwerk erfolgt, zu verstehen sei. Namentlich sagte die letztgedachte Verfügung, mit welcher hinsichts dieser Ausschließung des Gebrauchs eines Fuhrwerks die spätere Verf. d. Min. d. Inn. u. d. Fin. v. 19. Juli 1846 (BMBl. S. 144) übereinstimmt, schon:

„Die im § 4 des Regulativs den Inländern gegebene Erlaubniß, selbstverfertigte Waaren zu jeder Zeit in der Umgegend ihres Wohnorts zum feilen Verkaufe umhertragen oder schicken zu dürfen, hat auf den feilen Verkehr, der nicht über ein Verhökern der Waare durch dieselbe ausrufende Personen hinausgeht, beschränkt werden sollen, wie dies auch durch die in jenem Paragraphen gewählten Worte „zum feilen Verkauf umhertragen oder schicken" angedeutet worden. Wer aber so große Quantitäten versenden will, daß er dazu eines Fuhrwerks bedarf, muß hierzu nach § 2 des Regulativs einen Gewerbeschein lösen."

Der zweite Satz des § 4 läßt allerdings rücksichts des auch außerhalb des Markts und der gewöhnlichen Marktzeit stattfindenden und nicht auf den Polizeibezirk des Wohnorts und der Umgegend desselben beschränkten Verkehrs mit bestimmten selbstgewonnenen Waaren, die rücksichts ihres Gewichts oder Volumens eine andere Transportweise nicht wohl gestatten, ein Verfahren derselben gewerbscheinfrei zu; aber es geschieht dies ausdrücklich nur für ein gewöhnlich zu Schiffe erfolgendes Verfahren und für den Verkauf, der vom Schiffe aus stattzufinden pflegt; und wenn in Bezug auf diese Gegenstände der dritte Satz des § 4 bestimmt, daß, wenn aber solche Waaren nicht selbst gewonnen, sondern aufgekauft seien, darauf der § 2 Anwendung finde, so ist hierdurch nicht etwa angedeutet, daß erst dadurch, daß solche Waaren aufgekauft sind, der durch jenes Verfahren derselben zum feilen Verkaufe stattfindende Verkehr mit selbigen zum Betriebe eines Gewerbes und namentlich zum Handel im Sinne des Regul. v. 28. April 1824, im Sinne des bei Erlaß des letztern geltenden Ges. v. 7. Sept. 1811 § 59 f. und im Sinne des spätern Regulativs v. 4. Dez. 1836 § 3 und 6 Nr. 1 werde; vielmehr ist durch diese Gegenüberstellung nur dieselbe Begünstigung und Erleichterung des Verkehrs mit selbstgewonnenen Produkten und selbstverfertigten Waaren ausgesprochen, welche der § 6 Nr. 1 des Regul. v. 4. Dez. 1836 dem Hausirhandel mit selbstgewonnenen oder selbstverfertigten Handelsgegenständen, wie sie der § 3 dieses Regulativs vom 4. Dez. 1836 angiebt, in Bezug auf geringere Bestimmung des Steuersatzes für den Gewerbeschein angedeihen läßt.

Wenn ferner der § 13 des Regul. v. 28. April 1824 in Bezug auf das dort gedachte „umhertragen oder schicken" auch der zur Wartung des Gespanns dienenden Begleiter gedenkt, so ist dort nur von einem gewerbscheinpflichtigen umherziehend betriebenen Verkehre mit bestimmten Waaren (Werken der bildenden Kunst 2c.) die Rede. Es kann daraus nichts für die Auslegung der im § 4 Satz 1 gebrauchten Ausdrücke „umhertragen oder schicken" entnommen, und namentlich nicht gefolgert werden, daß der hier (im § 4 Satz 1) gedachte Verkehr gewerbscheinfrei bleibe, wenn dabei zum Transport ein Fuhrwerk gebraucht wird.

Ist nun aber hiernach in dem § 4 des Regul. vom 28. April 1824 der Ausdruck „umhertragen" nur wörtlich dergestalt zu verstehen, daß durch den Gebrauch eines Fuhrwerks zum Transporte die dem Verkaufe im Umherziehen vorgeschriebene Grenze überschritten wird, so gehörte auch, nachdem der Angeschuldigten, auf Grund der Regierungsbekanntmachung v. 16. Nov. 1860, welche ebenfalls nur aussprach, daß Metzger das Fleisch des von ihnen geschlachteten Viehes im zweimeiligen Umkreise ihres Wohnorts auch ohne Bestellung ungehindert (ohne Gewerbschein) zum Verkaufe umhertragen oder schicken könnten, in dem ihr ausgefertigten Erlaubnißscheine des Oberamts H. gestattet war, in den darin genannten drei Ortschaften mit Fleisch Handel zu treiben, zu den dabei von ihr inne zu haltenden Grenzen, auf welche in jener Regierungsbekanntmachung ausdrücklich hingewiesen wurde, auch, daß bei dem ihr gestatteten Handelsbetriebe der Transport des Fleisches nur durch Herumtragen, nicht aber auf einem Fuhrwerke bewirkt wurde.

Wurde von der Angeschuldigten, der das Gesetz bekannt sein mußte und der auch ein etwaniges Mißverständniß der gedachten Bekanntmachung und des ihr ertheilten polizeilichen Erlaubnißscheines nicht zur Entschuldigung gereichen kann, weil es bei dem Zuwiderhandeln gegen Steuer- und Polizeigesetze — abgesehen von dem Falle, wo erwiesenermaaßen auch nicht einmal das Bewußtsein der die Zuwiderhandlung ausmachenden That vorhanden war — auf Dolus nicht ankommt, diese Grenze nicht innegehalten, so wurde der umherziehend betriebene Handel, falls dabei der Verkauf ohne vorgängige Bestellung stattfand, zu einem gewerbscheinpflichtigen, und, da es Fleisch zum Gegenstande hatte, womit nach § 3 des Ges. v. 14. Sept. 1857 der Hausirhandel nicht gestattet ist, worauf also ein Gewerbeschein gar nicht ertheilt werden kann, zu einem verbotenen Gewerbebetriebe.

Der App.-Richter hat daher durch seine Annahme, daß die Angeschuldigte, wiewohl sie sich zum Transporte ihrer Fleischwaaren eines Fuhrwerks bediente, auch wenn — was der App.-Richter unerörtert gelassen hat — keine vorgängige Bestellung stattgefunden hatte, sich nicht straffällig gemacht habe, das Gesetz verletzt.

Antr. des GStA.s: entg. [26. — 1.]

---

1. Vertreter. — Ehefrau. — Bestellung eines Rechtsanwalts.

2. Beleidigung. — Wahrheit. — Absicht zu beleidigen.

1. Die Ehefrau des Angeklagten kann als Bevollmächtigte des Mannes gültig einen Rechtsanwalt mit der Anmeldung und Rechtfertigung eines Rechtsmittels beauftragen.

Ges. v. 3. Mai 1852 Art. 20 [vgl. dort n. 23. 24].

2. Auch bei solchen Ehrverletzungen, welche den Charakter einer Verleumdung nicht an sich tragen, kann der Einwand der Wahrheit der vorgebrachten Thatsachen insoweit statthaft sein, als daraus auf die Abwesenheit der beleidigenden Absicht zu schließen ist.

StGB. Th. II. Tit. 13 [vgl. dort S. 249 n. 18].

Erk. (V. Pl.) v. 9. März 1863 c. Boljahn (899. I. Cr. v. 1862 [9. Pl.]).

Die Ehefrau des Angekl. hatte, gestützt auf eine Generalvollmacht, eine NB. für den letzteren eingereicht, welche von ihr und einem durch sie dazu bestellten Rechtsanwalt unterschrieben war. Das OTr. erachtete diese NB. zwar für „zulässig," wies dieselbe aber in der Sache zurück. Gründe:

Etwas Verschiedenes ist es, als Vertreter oder Vertheidiger des Angekl. gerichtlich aufzutreten und bloß für die Vertretung oder Vertheidigung des Angekl. durch Bestellung einer dazu gesetzlich geeigneten Person zu sorgen. Die Fähigkeit, außergerichtlich im letztern Sinne zu handeln, verbleibt der Frau schon kraft der ihr beiwohnenden vermutheten Vollmacht zur Besorgung der dringenden Angelegenheiten ihres Mannes (119. I, 13 des ALR.). Noch unbedenklicher erscheint die Sache, wenn sie ein darauf gerichtetes ausdrückliches Spezial- oder Generalmandat besitzt. Geht insbesondere die Generalvollmacht des Mannes dahin, daß die Frau während seiner Abwesenheit in allen seinen Rechtssachen Rechtsmittel einlegen könne, so befindet sich die Frau in ganz gleicher Lage mit dem gewöhnlichen Generalbevollmächtigten eines Abwesenden, der auch in bürgerlichen Rechtsstreitigkeiten zur Prozeßführung persönlich nicht befugt ist. Wie er aber einen Anwalt bestellen kann und muß, selbst wenn die Vollmacht die Substitutionsklausel nicht enthält (Präj. des OTr.s Nr. 2033), so muß auch die Frau, welche im Strafverfahren behindert ist, in Person als Vertheidiger oder Vertreter aufzutreten, berechtigt sein, kraft ihrer Generalvollmacht eine geeignete Person zur Ein- und Ausführung eines Rechtsmittels zu bestellen. Bei Ausstellung einer solchen Vollmacht hatte der Machtgeber hier wie dort unbezweifelt den Willen und die Absicht, daß sein prozessualisches Interesse von dem Bevollmächtigten jedenfalls so weit als möglich gewahrt werde; der letztere erscheint deshalb auch nicht nur berechtigt, sondern auch verpflichtet, alles das zu thun, was in seiner Person zur Erreichung jener Absicht geschehen kann, also auch da, wo er persönlich am gerichtlichen Auftreten durch das Gesetz behindert ist, für die Wahl einer dazu befähigten Person Sorge zu tragen. Hieraus folgt zugleich, daß die unstreitige Generalvollmacht der Ehefrau des abwesenden Angekl. auch geeignet sein muß, dem von ihr kraft der Vollmacht zur Ein- und Ausführung eines Rechtsmittels in einer Strafsache bestellten R.-Anw. die zu dem Ende erforderliche Legitimation zu ertheilen. Nur der Sache entsprechend ist es dann aber auch weiter, daß die in solcher Weise von der Ehefrau veranlaßte Schrift zur Anmeldung und Rechtfertigung des Rechtsmittels von dem bestellten R.-Anw. unter der Person des Angekl. konzipirt wird, da, vermöge der persönlichen Natur der Rechtsmittel, nur ihm das Rechtsmittel zusteht, der Anwalt aber durch den berechtigten Auftrag von Seiten der Ehefrau auch zum Auftreten im Namen des Mannes befugt wird. Der Umstand, daß die Ehefrau die von ihr veranlaßte und von dem Anwalt unter der Person des Angekl. konzipirte Beschwerdeschrift mit unterzeichnet und (bei Gericht) übergeben hat, kann der Schrift ihre rechtliche Wirksamkeit nicht benehmen, wenn diese schon durch den Auftrag Seitens der Frau an den Anwalt gesichert ist. —

Hinsichts des Einwandes der Wahrheit kann zwar dem App.-Richter nicht darin beigestimmt werden, daß derselbe nur bei verleumderischen Aeußerungen statthaft sei; er ist auch bei beleidigenden Behauptungen für zulässig zu achten, die nicht gerade dem Hasse und der Verachtung aussetzen, insoweit nämlich daraus auf die Abwesenheit der Absicht zu beleidigen geschlossen werden kann. Allerdings aber müssen die Behauptungen bestimmte Thatsachen enthalten, deren Existenz von dem App.-Richter in den Aeußerungen des Angeklagten, welche in der That auch nur Urtheile aussprechen, vermißt wird.

Antr. des GStA.s: gleichl. [17.—1.]

Appellationsrichter. — Beweiserhebung. — Ergebniß. — Abweichende Feststellung.

Wenn der Appellationsrichter von der erstrichterlichen thatsächlichen Feststellung auf Grund einer wiederholten oder einer neuen Beweisaufnahme abweicht, so muß er in den Entscheidungsgründen hervorheben, welches Ergebniß diese Beweisaufnahme gehabt habe und daß er auf Grund derselben allein oder in Verbindung mit den an-

zugebenden Verhandlungen erster Instanz zu seiner neuen Feststellung gelangt sei.

Ges. v. 3. Mai 1852 Art. 101 [vgl. dort n. 101]. Vgl. unten V. I. 17. April 1863 c. Peglau, 312.

Erk. (V. Pl.) v. 9. März 1863 c. Laucks (65. I. Cr.; 2. Pl.).

Der erste Richter hatte die Angekl. wegen Hehlerei bestraft und dabei auf eine Vorbestrafung derselben wegen Diebstahls als Strafzumessungsgrund gerücksichtigt. Auf ihre Appellation erachtete das AG. die thatsächliche Feststellung für bedenklich, ließ daher: „zum Zwecke der Beweisaufnahme" die die erwähnte Vorbestrafung betreffenden Untersuchungsakten „vorlegen," und indem es nunmehr davon ausging, daß es durch diese Maaßregel „Herr der Thatfrage geworden sei," erklärte es den Beweis für nicht erbracht und sprach frei. Die vom OStA. ergriffene, auf Verletzung des Art. 101 cit. gestützte NB. erachtete der GStA. für begründet: die ganze Vorschrift des § 126 der Vdn. und des Art. 101 cit. beruhe darauf, daß man es für einen Widerspruch gegen das Prinzip der Mündlichkeit erachtet habe, wenn (wie es im Rheinischen Verfahren statthaft sei), der App.-Richter die Feststellungen, welche der erste Richter auf Grund der vor ihm stattgehabten unmittelbaren Beweisverhandlungen getroffen habe, seinerseits auf den Grund schriftlicher Aufzeichnungen abändern könnte; auch er sollte das Recht einer selbstständigen Feststellung nur durch eine eigene Beweiserhebung erlangen; dazu könne dann aber nicht die bloße Thatsache irgend einer Beweisoperation genügen, vielmehr sei es unerläßlich, daß (wie Art. 101 ausdrücklich besage) die Erneuerung oder Wiederholung der Beweisaufnahme die abweichende Feststellung „begründe," d. h. daß das Ergebniß jener Maaßregel die Abweichung rechtfertige. Sei dieses im Prinzipe anzuerkennen, dann müsse der App.-Richter auch in seinem Erk. zu erkennen geben, daß er die Grenzen der ihm ertheilten Befugniß nicht überschritten habe, damit das OTr. die Gesetzlichkeit seiner Verfahrungsweise zu prüfen im Stande sei. Der App.-Richter müsse daher, wenn er eine abweichende Feststellung treffe, hervorheben, welches Ergebniß die erneuerte oder wiederholte Beweiserhebung gehabt habe, und er müsse es aussprechen, daß er auf Grund dieses Ergebnisses, sei es für sich allein, sei es in Verbindung mit den ebenfalls anzugebenden Momenten aus den Verhandlungen der ersten Instanz, diejenigen Thatsachen, welche zu den wesentlichen Merkmalen der betr. Strafthat gehören, als bewiesen, oder daß und welche dieser Thatsachen er für nicht bewiesen erachte; dieser Pflicht habe hier das AG. nicht genügt, es sei daher sein Erk. zu vernichten. Das OTr. hat die **Vernichtung** und die Zurückverweisung der Sache in die zweite Instanz ausgesprochen aus folgenden Gründen:

Nach dem deutlichen Inhalt des Art. 101 des Gesetzes v. 3. Mai 1852 darf der App.-Richter die thatsächliche Feststellung des ersten Richters nur dann abändern, wenn er sich dazu durch neuen Beweis oder durch theilweise oder gänzliche Wiederholung des in erster Instanz erhobenen Beweises in den Stand setzt. Es ist damit das Prinzip der Mündlichkeit des Verfahrens, die Schöpfung des Urtheils aus dem Inbegriff der vor dem erkennenden Richter selbst gepflogenen Verhandlungen (§ 22 der Vdn. v. 3. Jan. 1849) auch auf die zweite Instanz übertragen, soweit es sich um eine selbstständige Feststellung handelt, und soweit nicht Modifikationen durch die Stellung des App.-Richters als solchen zu der Entscheidung des ersten Richters geboten sind. Es ist hierdurch also an sich klar, daß es sich, um den App.-Richter zu jener Abänderung in den Stand zu setzen, nicht um die durch die Audienzverhandlung zweiter Instanz konstatirte Thatsache einer stattgefundenen Beweisaufnahme allein, sondern daß es sich auch darum handelt, ihre Resultate erkennbar zu machen. Denn der Art. 101 Abs. 2 fordert: daß die abweichende thatsächliche Feststellung durch den neuen Beweis oder durch die gänzliche oder theilweise Wiederholung der in erster Instanz stattgefundenen Beweisaufnahme begründet werde. Eine solche Begründung liegt aber nicht darin allein, daß der App.-Richter nur ausspricht, oder vermuthen läßt, der erhobene Beweis habe ihn zu der neuen Feststellung geführt, vielmehr muß er die Vermittelung jener Thatsache des Beweises mit diesem Schlußresultate seiner Ueberzeugung erkennbar machen. Gegen dieses Erforderniß des Art. 101 hat der App.-Richter im vorliegenden Falle gefehlt. Er hat in seinem Urtheil nur erwähnt, daß er die oben bezeichneten Akten zum Zwecke der Beweisaufnahme vorgelegt habe, und er hat sodann durch eine Ausführung, welche anscheinend ausschließlich den Akteninhalt der ersten Instanz zur Grundlage hat, eine neue Schlußfeststellung getroffen, jedenfalls hat er, auch wenn ihn hierbei zugleich irgend ein Ergebniß jener Beweisaufnahme wirklich geleitet haben sollte, unterlassen, dies erkennbar zu machen, also zu bemerken, welches Ergebniß diese Beweisaufnahme gehabt habe, und daß er auf Grund desselben allein oder in Verbindung mit den anzugebenden Resultaten der Vorverhandlung erster Instanz zu seiner neuen Feststellung gelangt sei.

Das OTr. geht also von dem bei der vorliegenden Plenarentscheidung festgestellten Grundsatze aus, daß der App.-Richter, sobald er auf Grund eines neuen oder wiederholten Beweises von der erstrichterlichen Feststellung abweicht, die aus diesem Beweise sich ergebenden Thatsachen in seinen Entscheidungsgründen anzugeben verpflichtet ist. [15.—1.]

---

1. Theilnehmer. — Thäter. — Gleichzeitige Untersuchung und Bestrafung.

2. That. — Andere Qualifizirung. — Antrag des Staatsanwalts.

3—5. Zerstückelung von Grundstücken. — Eigenthümer. — Bevollmächtigter. — Versteigerung. — Theilnehmer.

1. Die Bestrafung des Theilnehmers ist nicht durch die gleichzeitige Verfolgung oder Bestrafung des Thäters bedingt.

StGB. § 34 [vgl. dort n. 22].

2. Die Prüfung einer That von einem andern als dem durch die Anklage an die Hand gegebenen Gesichtspunkte aus ist nicht durch einen Antrag des Staatsanwalts bedingt.

Ges. v. 3. Mai 1852 Art. 30 [vgl. dort n. 5].

3. Der Eigenthümer eines Grundstückes, welcher die Versteigerung desselben ohne die im Ges. v. 24. Mai 1853 vorgeschriebenen Förmlichkeiten vornehmen läßt, hört deshalb nicht auf Veräußerer zu sein, weil er zur Ausführung der

Versteigerung sich eines Bevollmächtigten bedient.

Ges. v. 24. Mai 1853 §§ 6—9.

4. Ein Versteigerungsverfahren im Sinne des cit. Gesetzes kann darin gefunden werden, wenn der Verkauf öffentlich bekannt gemacht, den Kauflustigen die Bedingungen verkündet und Gebote entgegen genommen worden sind.

Ebendas.

5. Auch die Theilnahme an dem gedachten Vergehen ist strafbar.

Ebendas.

Erk. (Z. I.) v. 11. März 1863 c. Hirsch (150. I. Cr.).

H. war angeklagt und in erster Instanz verurtheilt worden, weil er eine Vertheilung des den Eheleuten W. gehörigen Bauerguts im Wege der Versteigerung ohne Zuziehung eines Richters, und ohne die vorherige Regulirung der Kosten vorgenommen habe. Das AG. stellte abweichend fest, daß H. nur Theilnehmer an dem von den Eheleuten W. verübten Vergehen gewesen sei, bestätigte aber im Uebrigen das Erk. erster Instanz. Hierin fand die NB. des Angekl. eine Verletzung der §§ 34. 52 des StGB.s, der §§ 11. 14 der Vdn. v. 3. Jan. 1849, der Artt. 30. 101 des Ges. v. 3. Mai 1852 und der §§ 4. 6. 9 des Ges. v. 24. Mai 1853. Zurückweisung. Gründe:

1. Es ist die Rüge des Imploranten ungegründet, daß zur Bestrafung eines Theilnehmers an einem Vergehen oder Verbrechen die gleichzeitige Einleitung einer Untersuchung gegen den Thäter resp. dessen Bestrafung gehört. Zur Verfolgung resp. Verurtheilung des Theilnehmers erfordert der § 34 des StGB.s nur die Feststellung, daß eine Strafthat begangen worden, und daß ein Anderer in der sub Nr. 1 und 2 l. c. hervorgehobenen Weise daran sich betheiligt hat. Dadurch ist den gesetzlichen Requisiten genügt, und nirgend ist angeordnet, daß eine gleichzeitige Heranziehung des Thäters nothwendig ist, um zur Verurtheilung des Theilnehmers zu gelangen, obschon ein solches Verfahren in der Regel stattfinden wird. In gleicher Weise hat bereits das K. OTr. am 5. Febr. 1858 in der U.-Sache

c. Meißner (G. Archiv 6. S. 273) entschieden. Es sind deshalb die §§ 11. 14 der Vdn. v. 3. Jan. 1849 resp. der Art. 108 Nr. 5 des Ges. v. 3. Mai 1852 und der § 52 des StGB.s nicht verletzt worden. Dieselben sprechen nirgends den, von dem Imploranten behaupteten Grundsatz aus, namentlich nicht der § 52 des StGB.s, welcher seinem Wortlaute und seiner Stellung nach nur von denjenigen Vergehen oder Verbrechen handelt, deren Bestrafung nur auf den Antrag einer Privatperson erfolgen kann, in welchem hier nicht vorliegenden Falle es für unzulässig erklärt wird, den Antrag auf Bestrafung Seitens der berechtigten Privatperson bezüglich der verschiedenen Betheiligten zu theilen. —

3. Ebenso verfehlt ist die von dem Imploranten behauptete Verletzung des Art. 101 des Ges. v. 3. Mai 1852, die darin bestehen soll, daß der App.-Richter sich für ermächtigt gehalten, ohne Antrag des OStAnw.s die Verurtheilung des Angekl. als Theilnehmer auszusprechen. Denn die Anklage hatte dem Imploranten eine Zuwiderhandlung gegen das Ges. v. 24. Mai 1853 und zwar in der strengeren Auffassung als Thäter vorgeworfen, der App.-Richter war daher nach Artikel l. c. wohl befugt, die Thätigkeit des Angeklagten, den ermittelten näheren Umständen gemäß, anders zu qualifiziren, ohne dabei von einem Antrage der StA.-schaft abzuhängen. —

7. Endlich fällt auch nicht, wie der Implorant behauptet, dem App.-Richter eine Verletzung der §§ 4. 6. 9 des Ges. v. 24. Mai 1853 um deshalb zur Last, weil er angenommen, daß die W.-schen Eheleute die Veräußerer, und die von dem Angekl. vorgenommenen Handlungen für ein öffentliches Ausgebot, resp. für eine Versteigerung anzusehen gewesen. Im vorliegenden Falle hat der App.-Richter, um zu seiner Feststellung zu gelangen, daß die W.-schen Eheleute als Besitzer des parzellirten Grundstücks für die Veräußerer zu erachten, nicht erklärt, daß unter allen Umständen ausschließlich nur die Eigenthümer eines

zertheilten Grundstücks als Veräußerer im Sinne des Gesetzes betrachtet werden können. Eine solche Rechtsansicht würde, wie die Erkk. des K. OTr.s v. 27. Okt. 1857 c. Lewin, I. 988, v. 7. Okt. 1857 c. Pincoffs, I. 1008, und v. 16. Juli 1858 c. Schmöckel I. 728 (G. Arch. 5. S. 849; 6. S. 687) ausgeführt haben, eine irrthümliche, weil zu beengte sein. Die Feststellung des App.-Richters, die sich auf die in dem ersten Erk. näher entwickelten Thatumstände stützt, ist vielmehr thatsächlich und konkret für den vorliegenden Fall aufzufassen und enthält so betrachtet keinen Rechtsirrthum. Denn daß die Eigenthümer des zerstückelten Grundstücks als die Veräußerer im Sinne des Gesetzes betrachtet werden **können**, und faktisch in den meisten Fällen auch sein werden, ist nicht zu bezweifeln und folgt bereits aus dem § 4 des cit. Ges. Daß in diesem Verhältniß nicht schon dadurch allein eine Aenderung eintreten **muß**, sofern der Eigenthümer des Grundstücks zur Ausführung des Versteigerungsaktes eines **Bevollmächtigten** sich bedient hat, ergiebt sich aus der Natur des Vollmachtsvertrages. Liegt aber kein Rechtsirrthum vor, dann ist die thatsächliche Feststellung des angefochtenen Erk.s unangreifbar. Dasselbe gilt von der fernerweitigen, daß in dem vorliegenden Falle ein Ausgebots- resp. Versteigerungsverfahren stattgefunden hat. Es ist dies gefolgert worden, weil der Angekl. als Bevollmächtigter der W.-schen Eheleute den Verkauf des Grundstücks mehrfach öffentlich bekannt gemacht, in dem öffentlichen Termine den erschienenen Kauflustigen unter Vorlegung der Parzellirungskarte und des Vermessungsregisters die Verkaufsbedingungen verkündet, Gebote und Uebergebote entgegengenommen und registrirt habe, ohne daß hierzu, wie in den §§ 6. 8 l. c. vorgeschrieben, ein Richter zugezogen, und vorher die Regulirung und Vertheilung der öffentlichen Lasten ꝛc. bewirkt worden. Diese Merkmale genügen, wie auch bereits das oben allegirte Urtheil v. 27. Okt. 1857 c. Lewin ausgeführt hat, um ein Ausgebots- resp. Versteigerungsverfahren anzunehmen, weil es hinreichend erscheint, wenn überhaupt nur die Gelegenheit gegeben worden, daß sich Kaufliebhaber ohne Beschränkung des Zutritts einfinden können. Bei dieser Sachlage ist es denn auch rechtlich unerheblich, wenn der Angekl. in den frühern Instanzen behauptet und unter Beweis gestellt hat, daß die W.-schen Eheleute die „Veräußerer" seien.

Daß bei der vorstehend gedachten strafbaren Handlung eine Theilnahme nach den diesfälligen allgemeinen strafrechtlichen Grundsätzen statthaft ist, kann nicht bezweifelt werden, ist auch bereits in den oben allegirten Erkk. ausgesprochen worden.

Antr. des GStA.s: gleichl. [20. — 4.]

Zoll. — Durchgang durch's Ausland. — Wiedereinführung.

Verzollte oder inländische Waaren, welche vom Inlande durch das Ausland und wieder in's Inland eingeführt werden, sind zollfrei. Der Beweis der Identität kann nicht nur durch die Deklaration beim Aus- und Eingange, sondern in jeder Weise geführt werden.

Zoll-Ges. v. 23. Jan. 1838 § 41; Zoll-Ordn. de eod. § 76. Vgl. Z. I. 4. Juni 1856 c. Kuhberg, 231, G. A. 4. S. 687, nach welchem die Verabsäumung der Deklaration bei der Wiedereinführung die Verhängung einer Ordnungsstrafe rechtfertigt.

Erk. (Z. I.) v. 11. März 1863 c. Ernst (187. I. Cr.).

Die Richter haben die Ueberzeugung gewonnen, daß dieselben Gegenstände wieder eingeführt sind, welche aus dem Inlande ausgeführt sind. Von einer Zolldefraudation kann daher nicht die Rede sein. Das Gesetz sagt nicht, auf welche Weise die Ueberzeugung, von welcher § 41 des Zollgesetzes spricht, gewonnen werden soll; es kann damit also nur gemeint sein, daß der Beweis vollständig (früher nach der alten Beweistheorie, jetzt nach § 22 der Vdn. vom 3. Jan. 1849) geführt werden soll. Nun bestimmt zwar

§ 76 der Zoll-Ordn. allerdings: „Bei Versendungen — rc.“ Hieraus kann aber nicht mit der NB. gefolgert werden, daß, wenn diese Kontrollvorschrift nicht beobachtet ist, dadurch die im § 41 des Zollges. bewilligte Zollfreiheit ohne weiteres ausgeschlossen wird. Hiermit befindet sich auch das Erk. des OTr.s v. 4. Juni 1856 (cit.) im Einklange.

Antr. des GStA.s: gleichl. [18.—4.]

Jagdvergehen. — Dolus.

Das Jagdvergehen setzt als Dolus das Bewußtsein eines widerrechtlichen Handelns voraus; ein kulposes Handeln genügt nicht.

StGB. § 274 [vgl. dort n. 13].

Erk. (B. II.) v. 12. März 1863 c. Wormstall (119. II. Cr.).

W., eines Jagdvergehens angeklagt, hatte eingewendet, eine Strafe könne ihn nicht treffen, weil er lediglich einer fremden Einladung gefolgt sei; das AG. beseitigte dieses mit der Erwägung: „W. habe sich nach der Befugniß der Einladenden erkundigen müssen; eine solche Befugniß sei nicht vorhanden gewesen.“ Auf die NB. des Angeklagten erfolgte Vernichtung dieses Erk.s, weil

die desfallsige Erwägung nicht als eine positive Feststellung des zur Anwendung des § 274 l. c. erforderlichen strafrechtlichen Dolus des Bewußtseins eines widerrechtlichen und strafbaren Handelns angesehen werden kann, indem die betreffende Erwägung nur zur Annahme eines dem Angekl. zur Last fallenden kulposen Handelns führt, ein solches aber den etwa an sich vorhandenen guten Glauben aufzuheben nicht geeignet ist.

Antr. des GStA.s: entg. [16.—2.]

Beleidigung. — Vertheidigung. — Vermögensrechte. — Behörde.

1. Die Wahrung pekuniärer Vortheile sowie die Abwendung pekuniärer Nachtheile kann als die Vertheidigung von Gerechtsamen aufgefaßt werden.

StGB. § 154 [dort einzutr. als n. 5 a].

2. Die „Vertheidigung von Gerechtsamen“ kann nicht bloß einer Behörde gegenüber stattfinden; daher ist es auch nicht undenkbar, daß sie in einem durch die Presse veröffentlichten Artikel erfolge. Ebendas. [vgl. dort n. 5].

Erk. (S. I.) v. 13. März 1863 c. Michaelis & Flemming (234. I. Cr.).

Der von F. verlegte „— Anzeiger“ hatte einen von M. verfaßten Artikel gebracht, nach welchem verschiedene Beamte einem andern periodischen Blatte in gesetzwidriger Weise durch Drohungen Eingang zu verschaffen gesucht hätten. Beide wurden deshalb aus § 102 des StGB.s bestraft, indem der App.-Richter den Einwand: der Artikel habe zur Ausführung und Vertheidigung von Gerechtsamen gedient, mit der Erwägung beseitigte: der Artikel sei lediglich verfaßt ꝛc. zur Wahrung eines pekuniären Vortheils und zur Abwendung vermögensrechtlicher aus dem Entstehen eines Konkurrenzblattes drohender Nachtheile, da die Imploranten selbst nicht ein ausschließliches Recht zur Herausgabe eines Blattes behaupteten. Die NB. der Angekll. erachtete der GStAnw. für nicht begründet, weil es im Allgemeinen der thatsächlichen Beurtheilung anheimfalle, ob ein Fall des § 154 vorliege, und die Gründe des AG.s einen Rechtsirrthum nicht erkennen ließen. Das OTr. hat indessen das Erk. vernichtet und die Sache an das AG. zurückverwiesen. Gründe.

Die Ausführung [des AG.s] muß als eine rechtsirrthümliche bezeichnet werden, weil Vertheidigung von Gerechtsamen und Wahrung pekuniären Vortheils, resp. Abwendung vermögensrechtlicher Nachtheile nicht mit einander im Gegensatze stehen, die letzteren vielmehr sehr wohl als Vertheidigung von Gerechtsamen aufgefaßt werden können, sollte diese Vertheidigung auch mittelst der Presse geschehen sein, da nicht bloß in gerichtlichen, oder sonst von einer Behörde gepflogenen Verhandlungen zur Ausführung von Gerechtsamen u. s. w. gemachte Aeußerungen, welche den Gegner kränken, auf Straflosigkeit Anspruch haben. Denn diese Beschränkung, welche noch die §§ 552—554 II, 20. ALR. enthielten, ist im § 154 des StGB.s absichtlich fortgeblieben; vgl. Goltd. Matt. 2. S. 325 Nr. 3.

[28.—4.]

Schamhaftigkeit. — Verletzung. — Aergerniß.

Ein durch Verletzung der Schamhaftigkeit gegebenes öffentliches Aergerniß ist auch dann strafbar, wenn jene Verletzung eine geschlechtliche Beziehung nicht hatte.

StGB. § 150 [vgl. dort n. 1, und oben Seite 319].

Erk. (Z. II.) v. 19. März 1863 c. Altenkirch (135. II. Cr.).

Zurückweisung der NB. der Angeklagten, weil

der § 150 cit. nur ein durch Verletzung der Schamhaftigkeit erregtes Aergerniß erfordert, ohne Beschränkung, ob die Schamhaftigkeit in geschlechtlicher Beziehung oder in anderer Weise verletzt war.

Antr. des GStA.s: gleichl. [14.—2.]

---

1. Mitthäter. — Gemeinschaftlichkeit. — Thatbestand.
2. Mitthäter. — Anstifter. — Konkurrenz.

1. Bei einer von mehreren Mitthätern gemeinschaftlich verübten Strafthat ist für den Thatbestand die Gesammtthätigkeit aller maaßgebend. Es ist daher im Falle eines Raubes die nur von einem angewendete Gewalt in Ermangelung besonderer Umstände allen zuzurechnen.

StGB. Th. I. Tit. III. [vgl. dort S. 81 n. 8].

2. Treffen bei demselben Angeklagten Mitthäterschaft und Theilnahme an demselben Verbrechen zusammen, so kann die letztere nicht als neue selbstständige Strafthat neben der ersteren angesehen werden; es kann vielmehr dann nur wegen der Thäterschaft eine Strafverhängung statt finden.

StGB. § 34 [vgl. dort n. 25].

Erk. (B. II.) v. 19. März 1863 c. Privenau (Grassing u. Gen. 145. II. Cr.).

Pr. war von den Geschwornen eines gemeinschaftlich mit zwei andern Personen verübten Raubversuchs gegen den 2c. T., jedoch mit dem Zusatze schuldig befunden worden: es sei nicht erwiesen, daß er bei der von einem Mitangeklagten ausgegangenen Bedrohung, sowie bei der an dem 2c. T. verübten Gewalt persönlich thätig gewesen sei. Sodann beantworteten die Geschwornen auch noch eine (sub Nr. 3) gestellte Eventualfrage, ob Pr. sich der Verleitung der Mitangeklagten und der Hülfeleistung zu der That derselben schuldig gemacht habe, mit: „Ja, der Angekl. ist schuldig, soweit die Frage nicht bereits durch die Antwort ad 2 erledigt ist." Der Schw.-GH. verurtheilte denselben darauf unter Anwendung der §§ 232. 31. 32. 34 und 56 des StGB.s zu einer Zuchthausstrafe von 15 J., und stellte ihn auf 10 J. unter Polizeiaufsicht. Auf die NB. des Angekl. ist dieses Erk. vernichtet und „weil das von dem Schw.-GH. erkannte Strafmaaß sich als ein angemessenes darstelle" [vgl. Strafverf. S. 464 n. 66; StGB. § 56 n. 30; RdOTr. 2. S. 7], vom OTr. dieselbe Strafe gegen Pr. verhängt worden. Es ward erwogen:

daß durch das Verdikt auf Frage II. der Thatbestand eines Raubversuches auch gegen P. vollständig festgestellt ist, da durch den Ausspruch auf die Frage I. festgestellt war, daß der Mitangeklagte G. Gewalt gegen die Person des T. verübt hatte, und schon dieser Umstand die von beiden Angeklagten festgestelltermaaßen gemeinschaftlich ausgeführte That zu einem Raubversuche (§ 230 StGB.) stempelte, weil es bei der Miturheberschaft nur auf die Gesammtthätigkeit der zu einem gemeinschaftlichen Handeln verbundenen Personen ankommt, mithin nach allgemeinen strafrechtlichen Grundsätzen die von dem 2c. G. verübte Gewalt in Ermangelung besonderer, in concreto überall nicht festgestellter Thatumstände, auch dem 2c. P. zugerechnet werden mußte; —

daß, wenn daher die Geschwornen überdies auf die Frage III. feststellten, daß P. auch in Betreff der gegen T. verübten Gewalt als intellektueller Urheber und Hülfeleistender schuldig sei, hierdurch nicht neben seiner, bereits durch die Antwort auf Frage II. festgestellten Miturheberschaft ein neues selbstständiges Verbrechen — das der Theilnahme an dem, von ihm selbst gemeinschaftlich mit Andern verübten Raubversuche — festgestellt werden sollte und festgestellt worden ist, vielmehr dadurch nur ein Moment bejaht wurde, welches an sich keinesweges außerhalb der Sphäre der den Geschwornen zur Beantwortung vorgelegten zweiten Frage lag, welches vielmehr, seiner Wesenheit nach, in die Bejahung auch des sub Nr. 6 der Frage II. erwähnten Umstandes sich auflöste, und dessen rechtliche Bedeutung durch den zur Anwendung des Strafgesetzes berufenen GH. zu fixiren war;

daß, wenn also auch nach dem Vorgesagten der von dem Angekl. und seinem Vertheidiger behauptete Widerspruch in dem vorliegenden Verdikte nicht vorhanden ist, dennoch der Schw.=GH., indem er darin den Thatbestand zweier verschiedener Verbrechen, nämlich: 1) einen versuchten schweren Diebstahl (Antwort auf Frage II.) und 2) eine Theilnahme an einem versuchten Raube (Antwort auf die Frage III.) gefunden, und wegen beider Verbrechen unter Anwendung des § 56 des StGB.s eine Kondemnation ausgesprochen hat, hierdurch die rechtliche Bedeutung und Wirksamkeit dieses Ausspruches verkannt und das Strafgesetz unrichtig angewendet hat; —

daß es sich hierbei auch nicht, wie die StA.=schaft in ihrer Beantwortung der NB. vermeint, bloß von einer an sich unerheblichen generischen Bezeichnung der Strafthat, sondern von einer über den festgestellten Thatbestand hinausgehenden Verurtheilung wegen zweier verschiedener Verbrechen handelt, während doch nur Eins — strafbarer Raubversuch — gegen den Angekl. P. festgestellt war.

Antr. des GStA.s: gleichl. [27.—2.]

---

1. Nichtigkeitsbeschwerde. — Staatsanwalt. — Ausschließung.
2. Geschwornenspruch. — Schuldbekenntniß. — Widerspruch.
3. 4. Schuldbekenntniß. — Befragung der Geschwornen. — Statthaftigkeit. — Abänderung des ersteren.
5. Schuldbekenntniß. — Geschwornenspruch. — Widerspruch.

1. Die Nichtigkeitsbeschwerde des Staatsanwalts ist in schwurgerichtlichen Sachen nur in soweit ausgeschlossen, als der Spruch auf ein „Nichtschuldig" lautet. Sie greift daher auch dann Platz, wenn die Beschwerde die gänzlich unterlassene Zuziehung der Geschwornen betrifft.

Ges. v. 3. Mai 1852 Art. 109 [vgl. dort n. 12].

2. Wenn die Anklage zwei verschiedene Verbrechen zum Gegenstande hat, so kann die Thatfrage in Betreff der einen durch ein Schuldbekenntniß festgestellt werden, sollte auch in Betreff der andern die Befragung der Geschwornen nothwendig sein, und beide in naher und unmittelbarer Verbindung unter einander stehen.

Ebendas. Art. 75 [vgl. dort n. 9. 10].

3. Der Schwurgerichtshof kann, selbst wenn er anfänglich ein Schuldbekenntniß für unbedenklich erklärt hat, später noch immer im Laufe der Verhandlungen die Geschwornen zuziehen.

Ebendas. Art. 75 [vgl. dort n. 28].

4. Es steht dem Schwurgerichtshofe nicht zu, an dem durch ein erschöpfendes Schuldbekenntniß festgestellten Thatbestande mit Rücksicht auf einen in Betreff eines andern Straffalls ergangenen Geschwornenspruch selbst eine Aenderung vorzunehmen.

Ebendas. Art. 75 [vgl. dort n. 31. 34].

5. Wie ist zu verfahren, wenn zwischen einem Schuldbekenntnisse und einem auf eine andere Frage ergangenen Geschwornenspruche ein Widerspruch hervortritt?

Ebendas. Art. 75 [vgl. dort n. 34. 28; Art. 97 n. 22; RdOTr. 2. S. 492].

Erk. (Z. I.) v. 20. März 1863 c. Güthling (232. I. Cr.).

G. war wegen eines Betrugs und einer zur Verdeckung desselben verübten Urkundenfälschung in Anklagestand versetzt worden, und legte in Betreff beider ein vollständig erschöpfendes Schuldbekenntniß ab. Da indessen der Vertheidiger rücksichtlich des Betrugs die Annahme mildernder Umstände beantragte, welche der StA. nicht zugestand, so erfolgte wegen dieses Vergehens eine Frage an die Geschwornen, welche gänzlich verneinend beantwortet wurde. Hierauf gestützt erwog der Schw.-GH., daß auch bei der Urkundenfälschung die vom Angekl. zugestandene gewinnsüchtige Absicht nicht angenommen werden könne, und sprach auch wegen dieses Verbrechens frei. Der StA. ergriff die NB. wegen Verletzung des Art. 75 des Ges. v. 3. Mai 1852 und der §§ 247. 250 des StGB.s, und hob namentlich hervor, daß der Schw.-GH. an dem durch ein Schuldbekenntniß festgestellten Thatbestande nicht selbstständig eine Aenderung vornehmen und nicht ein zugestandenes Begriffsmerkmal als nicht vorhanden beseitigen könne. Diese Beschw. ward von der GStA.-schaft für begründet erachtet: Ein schwurgerichtliches Erkenntniß müsse sich nothwendig entweder auf ein Schuldbekenntniß oder auf einen Geschwornenspruch stützen; es sei durchaus unstatthaft, daß der Schw.-GH. an diesen Grundlagen für seine Entscheidung eine Aenderung vornehme, insbesondere könne er nicht einen Spruch oder ein Bekenntniß aus einem andern ergänzen oder nach demselben modifiziren, vielmehr habe er, wenn verschiedene Sprüche rc. nicht in dem erforderlichen Einklange mit einander ständen, andere Mittel, um diesen herbeizuführen; insbesondere biete bei widersprechenden Geschwornensprüchen Art. 97 des Ges. v. 3. Mai 1852 das Mittel dar, diesen Widerspruch durch die dazu allein berufenen Geschwornen heben zu lassen; wenn dagegen ein Schuldbekenntniß mit einem in Betreff eines andern Anklagepunktes ergangenen Geschwornenspruche nicht vereinbar sei, so habe der Schw.-GH. zu untersuchen, ob er seinerseits nunmehr die Richtigkeit des Bekenntnisses für bedenklich erachte; im Bejahungsfalle müsse nachträglich die Befragung der Geschwornen auch über diesen Anklagepunkt erfolgen, und Art. 97 cit. biete dann ev. wieder das Mittel, widersprechende Geschwornensprüche in Einklang zu bringen; halte dagegen der Schw.-GH. das Bekenntniß auch jetzt für unbedenklich (und den davon abweichenden, den andern Anklagepunkt betreffenden Geschwornenspruch für irrig), so sei es ebenso geboten als statthaft, auf Grund des ersteren zur Verurtheilung zu schreiten, ohne daß jener Widerspruch ein Hinderniß abgebe, da derselbe von verschiedenen Personen ausgegangen sei; so habe das OTr. durch B. I. 13. Jan. 1858 c. Monhaupt (1175 v. 1857, G. Arch. 6. S. 236) entschieden (vgl. Oppenh. Strafverf. Art. 75 n. 34), und in ähnlichem Sinne: Z. I. 25. Juni 1862 c. Berger (RdOTr. 2. S. 492). Hiernach habe der Schw.-GH. unzweifelhaft den Art. 75 verletzt, nach welchem er wegen der Urkundenfälschung entweder nachträglich die Geschwornen habe befragen oder aber sofort die Verurtheilung habe aussprechen müssen; das Erk. sei also zu vernichten und, da aus demselben zu ersehen sei, daß der Schw.-GH. Zweifel an der Richtigkeit des Schuldbekenntnisses gehegt habe, eine neue Verhandlung über die Fälschung zu veranlassen. Das OTr. hat indessen die NB. zurückgewiesen [1]).

[1]) Die rechtlichen Ausführungen des OTr.s treffen mit dem Antrage der GStA.-schaft überall zusammen; wenn gleichwohl nicht auf die beantragte Vernichtung und Zurückverweisung der Sache an den Schw.-GH. erkannt worden ist, so beruht dieses offenbar auf der Annahme, daß, nachdem in Betreff des Betrugs rechtskräftig das „Nichtschuldig" ausgesprochen worden, eine Verurtheilung wegen einer zur Verdeckung dieses Betrugs verübten Fälschung undenkbar sei. Das kann aber nicht zugegeben werden. Dieselben Richter (dieselben Geschwornen) können zwar nicht auf Grund derselben Beweisaufnahme widersprechende Entscheidungen fällen; dagegen kann in zwei verschiedenen Verfahren in widersprechendem Sinne erkannt werden, ohne daß dadurch eine Nichtigkeit herbeigeführt würde. Hierüber sind zu vergleichen: Oppenhoff Strafverf. Art. 31 n. 16, Art. 97 n. 17. 33. Der hier angeregte Zweifel hängt mit der Frage zusammen, ob, wenn der Hauptthäter als nicht schuldig befunden worden, noch eine Verurtheilung desjenigen erfolgen könne, welcher an der That dieses Thäters Theil genommen haben soll. Die Rechtsprechung des Ober-Tribunals hierüber steht noch nicht fest, vgl. Oppenhoff l. c. Art. 97 n. 33, RdOTr. 2. S. 560; 3. S. 190. Die richtige Lösung kann auch hier nur dahin gefunden werden, daß solche widersprechende Entscheidungen zwar in verschiedenen Verfahren, nicht aber in demselben Verfahren ergehen dürfen, und daß, wenn dieselben Geschwornen so widersprechende Sprüche abgegeben haben, eine Zurücksendung erfolgen muß, wobei eine erneuerte Beantwortung beider Fragen nothwendig wird. — Die von der GStA.-schaft in der obigen Sache vertretene Ansicht hat in dem bereits cit. B. I. 13. Jan. 1858 c. Monhaupt bereits die vollständigste Anerkennung gefunden; vgl. Oppenhoff l. c. Art. 75 n. 34; Abh. in G. A. 11. S. 242.

Gründe:

Die von dem Angekl. verneinte Zulässigkeit der Beschwerde ist dennoch nach Art. 109 l. c. anzuerkennen. Derselbe schließt im Abs. 2 diese Beschwerde im Allgemeinen dann aus, wenn der Angekl. von den Geschwornen nicht schuldig erklärt ist, mit Ausnahme jedoch der Fälle, in denen durch die Zusammensetzung des Schw.-G.s, oder durch die Stellung oder Nichtstellung von Fragen an die Geschwornen eine Nichtigkeit begründet wird. Es kann dahin gestellt bleiben, ob dieser zuletzt gedachte Fall nur als ein solcher gedacht ist, in welchem zwar mit den Geschwornen verhandelt, und hierbei nur die Stellung oder Nichtstellung besonderer Fragen an sie streitig geworden ist, oder ob der Fall auch die Nichtzuziehung der Geschwornen überhaupt und aus diesem Grunde die unterlassene Fragestellung umfaßt. Immer aber findet der gedachte Absatz hier schon deshalb keine Anwendung, weil die Voraussetzung desselben, nämlich ein Nichschuldig der Geschwornen, bei dem hier allein in Rede stehenden Verbrechen der Urkundenfälschung gar nicht vorliegt.

Die Beschwerde ist indeß sachlich nicht begründet. Der Angekl. legte, in Betreff der beiden, selbstständige Anklagepunkte bildenden, aber in einem genauen Zusammenhange stehenden Verbrechen des Betruges und der Urkundenfälschung, ein vollständiges allerseits für ausreichend erachtetes Geständniß ab. Es lag also formell die Voraussetzung zur Anwendung des Art. 75 l. c. zur Ausschließung der Geschwornen vor. Diese Voraussetzung wurde hiernächst zwar in Betreff des einen Verbrechens, des Betruges, dadurch wieder aufgehoben, daß die von dem Vertheidiger beantragte Annahme mildernder Umstände bei diesem Verbrechen nicht zugestanden wurde. Allein der Wortlaut des Geständnisses in Absicht auf beide Verbrechen zusammen war dadurch in keiner Weise alterirt; jedenfalls blieb das Verbrechen der Urkundenfälschung dadurch gänzlich unberührt, daß hinterher in Betreff des Betruges nur die die Strafhöhe, nicht aber den Thatbestand an sich ändernden mildernden Umstände streitig geworden waren. Es ist gesetzlich nun unstatthaft, bei einem und demselben Verbrechen die Thatfrage theils durch Geständniß und theils durch das Verdikt der Geschworenen festzustellen. Zwei Verbrechen dagegen, welche besondere Anklagepunkte bilden, ihren gesonderten und selbstständigen gesetzlichen Thatbestand haben, wie der Betrug nach § 241 und die Urkundenfälschung nach § 247 des StGB.s, können auch dann, wenn sie, wie hier, in einer nahen und unmittelbaren Verbindung unter einander stehen, einer solchen verschiedenen Feststellung durch Geständniß resp. Verdikt in demselben Verfahren allerdings unterliegen. In jedem Falle liegt eine gesetzliche Verpflichtung, wie die Beschwerde sie andeutet, für den Gerichtshof nicht vor, auch das andere Verbrechen, für welches er ein erschöpfendes Geständniß findet, den Geschworenen bloß deshalb zu unterbreiten, weil das erste Verbrechen aus anderen Gründen den Geschwornen unterbreitet werden muß. In jedem Falle ist, auch bei solchem inneren Zusammenhange beider Verbrechen unter einander, die Besorgniß eines Widerspruches zwischen dem zu erwartenden Verdikte und dem bereis abgelegten Geständnisse kein zwingender Grund, beide Verbrechen den Geschwornen zu unterbreiten, und die NB. kann es ohnedies niemals rügen, daß der Schw.-GH. von vorn herein eine solche Besorgniß nicht gehabt habe.

Nachdem indeß sodann in Betreff des Betruges das verneinende Verdikt ergangen war, mußte sich der Schw.-GH. allerdings nochmals die Frage vorlegen, ob er nun noch die Thatfrage auch in Betreff der Urkundenfälschung durch das Geständniß für erschöpft halte, oder auch in Betreff dieses Verbrechens die Geschwornen hinzuziehen müsse. Sein früheres, im Laufe der Verhandlung in Gemäßheit des Abs. 3 des Art. 75 ausgesprochenes Urtheil: „daß er gegen die Richtigkeit des Bekenntnisses kein Bedenken hege,“ konnte ihn hieran nicht hindern; der GH. hat vielmehr bis zum Schlusse der Verhandlung, unter Berücksichtigung aller erst nach jenem Urtheil eingetretenen Zwischenfälle, zu denen also auch ein solches Verdikt gehört, die Befugniß, die Thatfrage dennoch für nicht erschöpft zu erklären, und demgemäß die Pflicht, die Geschwornen zuzuziehen.

Im vorliegenden Falle fand nun der GH. nach Ausweis des Erkenntnisses, daß die von dem Angekl. auch bei der Urkundenfälschung zugestandene gewinnsüchtige Absicht dennoch nicht angenommen werden könne. Zwar ist dies dadurch motivirt, daß, weil die Geschwornen das Vergehen des Betruges verneint, zu dessen Verdeckung allein die Urkundenfälschung verübt sein sollte, es an dem Objekt der auch zu diesem Verbrechen erforderlichen gewinnsüchtigen Absicht fehle, und diese Erwägung würde lediglich eine rechtliche sein, welche auch unter Festhaltung der zugestandenen Thatsachen die darauf ergangene Entscheidung rechtfertigen könnte. Allein in dieser Weise unterscheidet das Gesetz im Art. 75 nicht. Sobald der GH. auf den alle Merkmale des Verbrechens für sich allein enthaltenden Wortlaut des Geständnisses das Gesetz dennoch nicht anzuwenden vermag, weil durch irgend einen hinzutretenden Umstand der Thatbestand selbst modifizirt wird, fällt nach dem Geiste des Gesetzes die Entscheidung über die Schuld oder Nichtschuld den Geschworenen anheim, sobald nicht etwa die Voraussetzungen vorhanden sind, deren der Schlußsatz des Art. 75 erwähnt, von denen hier aber keine Rede ist.

Würde sonach anerkannt werden müssen, daß der GH. im vorliegenden Falle gegen die Vorschrift des Art. 75 gefehlt hat, so hat doch andererseits auch die eigenthümliche Lage dieses Falles in Betracht gezogen werden müssen. Es handelt sich nämlich um die Frage: ob nach dem Antrage des StA.s das Erkenntniß und das stattgefundene Verfahren allein in Betreff der Urkundenfälschung, oder, ob beide auch in Betreff des Betruges, also mit Einschluß des darüber ergangenen Verdikts der Geschwornen zu vernichten seien, die Sache also in dem letzteren Falle in der Ausdehnung auf beide Anklagepunkte an ein neues Schwurgericht zu verweisen sei. Die erstere Alternative ist aber die allein zulässige. Abgesehen von der Frage: ob über den Antrag der Beschwerde hinaus zum Nachtheil des Angekl. auch über das selbstständige Vergehen des Betruges, von welchem der Angekl. auf Grund des Verdikts der Geschwornen freigesprochen ist, wegen seines inneren Zusammenhanges mit dem Verbrechen der Urkundenfälschung, jetzt noch in der gedachten Weise erkannt werden könne, so würde dies doch nur auf dem Wege des Art. 97 des Ges. von 1852 denkbar sein. Allein der Art. 97 ist hier nicht anwendbar. Er giebt nur den Weg an, auf welchem Widersprüche in einem Verdikte der Geschwornen, oder in mehreren Verdikten unter einander, durch die Geschwornen selbst gelöst werden sollen. Ueber Widersprüche zwischen einem Verdikte und einem Geständnisse des Angekl., zumal bei verschiedenen Verbrechen, enthält es keine Bestimmung; ihre Lösung kann daher, sobald das Verdikt zum Nachtheil des Angekl. ergangen ist, höchstens auf dem im Art. 99 angegebenen, hier aber nicht mehr in Rede stehenden Wege versucht werden.

Sonach ist im vorliegenden Falle das Verdikt der Geschwornen wegen des Betruges, welches, für sich allein betrachtet, weder unregelmäßig in der Form, noch in der Sache undeutlich, unvollständig oder sich widersprechend ist, dem Angekl. unwiderruflich erworben und rechtfertigt seine Freisprechung von der Anklage des gedachten Vergehens. Würde nun bei dieser Lage der Sache das Erk. in Betreff der Urkundenfälschung vernichtet, und selbstverständlich auf Grund der vorliegenden Anklage allein das Verfahren wegen dieses Verbrechens vor ein neues Schw.-G. verwiesen, so würde ein anderes Resultat als das von dem Schw.-GH. in seinem Erkenntnisse ausgedrückte, nicht mehr möglich sein. Die erneute Verhandlung würde nach wie vor über den in der Anklage und dem Anklagebeschlusse ausgedrückten Thatbestand einer Urkundenfälschung, in der Absicht verübt, den Betrug zu verdecken und sich die Vortheile derselben zu sichern, zu entscheiden haben, und wenn die Geschwornen nun etwa das Schuldig über den Angekl. aussprechen sollten, so würde es sich alsdann nicht um den Widerspruch zwischen zwei Verdikten derselben Geschwornen, sondern um einen Widerspruch zwischen den Verdikten verschiedener Geschwornen die in auf einanderfolgenden Schwurgerichten geurtheilt haben, handeln, und ein solcher Widerspruch ist gleichfalls nicht auf dem im Art. 97 bezeichneten Wege zu lösen; er läßt also gleichfalls das frühere Verdikt unberührt und würde nur das neue treffen können. Es würde somit entweder der Weg des Art. 99, die Aufhebung dieses Verdikts wegen sachlichen Irrthums, oder die rechtliche Entscheidung nach Lage der Sache, also nach der in dem vorliegenden Erkenntnisse enthaltenen Auffassung über ein bloß putatives Verbrechen, nachfolgen müssen.

Es liegt aber schließlich auf der Hand, daß bei der jetzigen Entscheidung die möglichen Fälle, welche die NB. am Schlusse hervorhebt, nicht ins Auge gefaßt werden können. Abgesehen davon, ob es den Geschwornen gestattet gewesen sein würde, auf eine wegen der Urkundenfälschung ihnen vorgelegte Frage etwa dahin zu antworten: ja, er ist schuldig u. s. w., es ist aber nicht erwiesen, daß er dies in der Absicht gethan hat, den ad 2. gedachten Betrug zu verdecken und sich die Vortheile desselben zu sichern, und ob auf ein solches über den Inhalt der Frage hinausgehendes Verdikt eine Verurtheilung gegründet werden könnte, so hat doch auch der GH. in seinem Erk. selbst zu erkennen gegeben, daß die Entwicklung des Sachverhältnisses in der Hauptverhandlung gar kein anderes Resultat, als das in der Anklage behauptete Sachverhältniß ergeben hat, und es kann daher auch in der jetzigen Lage der Sache nur angenommen werden, daß er eben deshalb keine Veranlassung gefunden haben würde, bei der Vorlegung der Frage von dem Wortlaute der Anklageformel abzuweichen. —

Es mußte sonach, wie geschehen, erkannt werden.

Antr. des GStA.s: entg. [15. — 4.]

Bestrafung. — Anderer Gesichtspunkt. — Vorherige Belehrung.

Die Bestrafung des Angeklagten von einem andern als dem in der Anklage hervorgehobenen Gesichtspunkte aus ist nicht dadurch bedingt, daß ihm dieser andere Gesichtspunkt vorher bekannt gemacht worden sei.

Ges. v. 3. Mai 1852 Art. 30 [dort einzutr. als n. 5a].

Erk. (Z. I.) v. 20. März 1863 c. Walesrode (250. I. Cr.).

Der Angekl. hatte die Anklageschrift erhalten und war dadurch in den Stand gesetzt, seine Vertheidigung nach allen Richtungen hin zu führen. Unterließ er dies, so lag für den erkennenden Richter nach Abs. 2 des Art. 30 l. c. keine, zur Vermeidung einer Nichtigkeit bindende Pflicht vor, den Angekl. vor Fällung des Erk. nochmals persönlich zu hören, und ihm diejenigen Gesichtspunkte zu eröffnen, von denen aus die Strafbarkeit der thatsächlichen Unterlage der Anklage beurtheilt werden würde. Daß diese Auslegung des cit. Art. 30 die richtige ist, ergiebt sich aus der Entstehungsgeschichte desselben. Nach dem Komm.-Ber. der II. Kammer sollte der Abs. 2 des Art. 33 (jetzt Art. 30) also lauten:

> „Wird die Sache vor einem anderen Gericht als einem Schwurgerichte verhandelt, so muß das Gericht geeigneten Falls die Staatsanwaltschaft und den Angeklagten, wenn letzterer erschienen ist, auf den neuen Gesichtspunkt aufmerksam machen, und kann auf deshalb gestellten Antrag oder auch von Amtswegen die Sache vertagen."

Das Plenum der II. Kammer adoptirte indeß in seiner Sitzung v. 9. März 1852 diese Fassung nicht, nahm vielmehr die jetzt lautende an, nach welcher die gedachte Maaßregel lediglich in das Ermessen des Gerichts gestellt ist (vgl. Matt. z. Vdn. v. 3. Jan. 1849 S. 89. 428). —

Antr. des GStA.s: gleichl. [20. — 4.]

Zusammenrotten. — Begriff. — Oeffentlichkeit.

1. „Zusammenrotten“ ist eine Vereinigung Mehrerer zu einem gemeinschaftlichen ungesetzlichen Handeln.

StGB. § 91 [vgl. dort n. 2; § 96 n. 8. 9].

2. Im § 91 des StGB.s deutet das Wort: „öffentlich“ auf einen Jedem zugänglichen Ort.

StGB. § 91 [vgl. dort n. 6].

Erk. (Z. I.) v. 20. März 1863 c. Zydek u. Gen. (346. I. Cr.).

In dem „Zusammenrotten“ ist eine Vereinigung Mehrerer zu einem gemeinschaftlichen und zwar ungesetzlichen Handeln ausgedrückt, wie denn dem Worte: „Rotte,“ wo es nicht im technich-militärischen Sinne gebraucht wird, stets der Begriff des Verbrecherischen oder Verächtlichen anklebt. —

Das an verschiedenen Stellen des StGB.s in verschiedener Bedeutung gebrauchte Wort „öffentlich“ im § 91 drückt nur den Gegensatz der Vereinigung in Form eines Komplotts oder einer Verschwörung aus, soll also andeuten, daß das Zusammenrotten an einem Jedermann zugänglichen Orte stattgefunden habe; vgl. Goltd. Matt. 1. S. 129; Abegg in G. Arch. 9. S. 7. 8.

Antr. des GStA.s: gleichl. [28. — 4.]

Untersuchungshaft. — Anrechnung. — Appellation des Angeklagten.

Hat der verurtheilte Angeklagte gegen das erste Erkenntniß appellirt, so wird ihm die fortdauernde Untersuchungshaft auf die Strafe nicht angerechnet, ohne Unterschied, ob er das Rechtsmittel wegen der Entscheidung über die Schuldfrage oder wegen des verhängten Strafmaaßes ergriffen hat, und ob die Haft mit Recht oder mit

Unrecht gegen ihn zur Anwendung gebracht worden war.

Vdn. v. 3. Jan. 1849 § 159 [vgl. dort n. 3].

Beschl. (I.) v. 24. März 1863 c. Tschirschnitz (103. B. I. Cr.).

T., in erster Instanz verurtheilt, hatte lediglich wegen der Höhe des Strafmaaßes appellirt, und eine Ermäßigung desselben in zweiter Instanz erwirkt, dagegen ward sein Antrag: auf diese Strafe die seit dem ersten Erk. erlittene Untersuchungshaft anzurechnen, abgelehnt, und seine hierauf bezügliche Beschwerde zurückgewiesen, indem erwogen ward:

daß der § 159 der Vdn. v. 3. Jan. 1849 nach seiner klaren Wortfassung vorschreibt, daß die Vollstreckung der erkannten Strafe durch die Appellation des Angeklagten aufgehalten wird, ohne dabei zu unterscheiden, ob dieses zum Vortheile oder zum Nachtheile des Angeklagten gereichen solle, ob derselbe sich in Haft befindet oder nicht, ob er das ergangene Erkenntniß wegen der Entscheidung über die Schuldfrage oder lediglich mit Rücksicht auf die Strafzumessung anficht;

daß insbesondere auch der Schlußsatz des cit. Paragraphen nicht den geringsten Anhalt dafür bietet, daß im Falle einer Untersuchungshaft die Vorschrift außer Anwendung bleiben solle, da es auf den Grund dieses Schlußsatzes unbedenklich statthaft sein würde, den Angeklagten, obgleich er bis dahin auf freiem Fuße belassen worden war, nach Ergreifung der Appellation zur Untersuchungshaft bringen zu lassen, welche dann eben nur Sicherungsmaaßregel und nicht eine antizipirte Strafvollstreckung sein würde;

daß im vorliegenden Falle thatsächlich festgestellt ist, daß Sie von dem K. KG. zu P. nach Ihrer Appellation in Untersuchungshaft behalten worden sind, welche als solche demnächst erst durch eine appellationsgerichtliche Verfügung ihr Ende gefunden hat; daß es dem Instanzrichter unter diesen Umständen gar nicht zustand, gegen die Vorschrift des cit. § 159 die Untersuchungshaft demnächst auf die Strafverbüßung anzurechnen, ohne daß es dabei in Betracht zu ziehen war, ob diese Untersuchungshaft mit Recht oder mit Unrecht verhängt worden war, und ob sie später vom K. AG. gut geheißen oder mißbilligt wurde;

daß endlich der Umstand, daß das K. AG. bei seiner Strafzumessung nur eine fünfmonatliche und nicht die wirkliche stattgehabte fast siebenmonatliche Untersuchungshaft berücksichtigte, unmöglich dahin aufgefaßt werden kann, daß nach seiner Intention die überschießende Zeit auf die Strafe angerechnet werden solle.

Antr. des GStA.s: gleichl. [18.—3.]

Diebstahl. — Transport. — Aufschneiden. — Abschneiden.

1. Ein Diebstahl an einem Gegenstande des Transports ist nur dann „mittelst Abschneidens ꝛc." verübt, wenn das letztere durch einen der Diebe oder der Theilnehmer und in der Absicht, die Ausführung des Diebstahls zu erleichtern, bewirkt worden ist.

StGB. § 218 Nr. 4 [dort einzutr. als n. 43b; vgl. ibid. n. 20].

2. Im Falle des § 218 Nr. 4 cit. steht dem Abschneiden das Aufschneiden des Verwahrungsmittels gleich.

Ebendas. [vgl. dort n. 44].

Erk. (V. I.) v. 25. März 1863 c. Heidenreich (279. I. Cr.).

H. war von den Geschwornen schuldig befunden worden, ihm nicht gehörige Wolle dem ꝛc. S. gestohlen zu haben und zwar: „auf einem öffentlichen Wege von dem Wagen des S., auf welchem sich die Wolle als Transportgegenstand befand, mittelst Aufschneidens des Sackes, in welchem sie verwahrt wurde;" dagegen war es nicht für erwiesen erklärt worden, daß der Angekl. das Aufschneiden des Sackes selbst vollführt habe. Der Schw.-GH. erachtete hierauf den § 218 Nr. 4 cit. nicht für anwendbar und strafte nur wegen einfachen Diebstahls. NB. des StA.s, welche auszuführen suchte: es sei festgestellt, daß H. den Diebstahl „mittelst Aufschneidens" verübt habe; wenn gleichwohl hinzugefügt sei, derselbe habe das Aufschneiden nicht selbst vollführt, so seien nur drei Fälle möglich, entweder habe ein Mitthäter oder Theilnehmer das Aufschneiden bewirkt, oder eine fremde, ohne Dolus handelnde, von dem H. als Werkzeug benutzte Person, oder eine ganz unbetheiligte mit eigner diebischer Absicht handelnde Person, deren Handlung H. später wissentlich zur Verübung seines Diebstahls benutzt habe; in allen drei Fällen treffe aber § 218 Nr. 4 zu [vgl. Oppenh. l. c. n. 20]; eventuell sei der Spruch unklar und deshalb eine Zurücksendung der Geschwornen nothwendig gewesen. Das OTr. hat das Erk. vernichtet und die Sache an den Schw.-GH. zurückverwiesen.

Gründe:

Zum Thatbestande des § 218 Nr. 4 des StGB.s ist erforderlich, daß das Abschneiden oder das in der Rechtsprechung ihm gleichgeachtete Aufschneiden des Verwahrungsmittels mit der Wegnahme der Sachen in einem inneren (Kausal-) Zusammenhange steht, und bewußt zum Zwecke des demnächst verübten Diebstahls vorgenommen wird, so daß also das Verwahrungsmittel entweder durch den Dieb (beziehungsweise eine von ihm als Werkzeug benutzte Person) oder durch einen Theilnehmer an dem Diebstahle und in der Absicht, die Ausführung derselben zu erleichtern und zu ermöglichen, aufgeschnitten sein muß, wie in dem den analogen Thatbestand des Diebstahls „mittelst“ Einbruchs betreffenden Beschl. Pl. v. 14. Sept. 1857 c. Wessel, Entsch. 37. 2. S. 22 [Oppenhoff StGB. § 218 Nr. 20] nachgewiesen ist. Nach der Ansicht der K. StA.-schaft, nach welcher die Geschwornen die drei von ihr erwähnten Möglichkeiten bei ihrer Antwort vorausgesetzt haben können, reicht somit die Antwort zur Anwendung des § 218 Nr. 4 l. c. nicht hin, indem die dritte Möglichkeit nicht unter den Thatbestand dieses Paragraphen fällt. Nun könnte man zwar geltend machen, daß der Ausspruch: die Wegnahme der Wolle sei „mittelst Aufschneidens des Sackes“ erfolgt, sich an den Wortlaut des § 218 Nr. 4 cit. anschließe, und daher der in dieser Strafbestimmung erforderte Thatbestand durch die Antwort der Geschwornen ungeachtet des beigefügten Schlußsatzes für festgestellt zu erachten sei, indem man annehmen müsse, daß die Geschwornen durch das Wort „mittelst“ den in dem Gesetze damit bezeichneten inneren Zusammenhang zwischen der Wegnahme und dem Ab- (Auf-) schneiden des Verwahrungsmittels ebenfalls hätten ausdrücken und bejahen wollen. Hierin würde man jedoch zu weit gehen. Es kann nicht geprüft werden, ob der Rechtsbegriff des in Frage stehenden schweren Diebstahls den Geschwornen völlig klar gewesen ist und es muß der K. StA.-schaft insoweit beigetreten werden, daß die Geschwornen auch den von der letzteren erwähnten dritten Fall als möglich im Auge gehabt haben können, da auch in diesem Falle, rein sprachlich betrachtet, sich wohl sagen läßt, der Diebstahl habe „mittelst Aufschneidens des Sackes" stattgefunden. Andererseits aber kann noch weniger die Ansicht des Schw.-GH.s gebilligt werden, daß der Thatbestand des schweren Diebstahls durch die Antwort der Geschwornen unzweifelhaft verneint sei. Zur Rechtfertigung dieser Ansicht wird nur angeführt, die Anklage biete keinen Anhalt dafür und sei nicht darauf gerichtet, daß ein Anderer, mit dem der Angekl. in Verbindung gestanden, den Sack aufgeschnitten hätte; nach Lage der Sache könne also von der Verübung des Diebstahls in Gemeinschaft mit einem Andern nicht die Rede sein, und dies vorausgesetzt, enthalte der Wahrspruch der Geschwornen ein „Nichtschuldig" in Betreff des aus § 218 Nr. 4 des StGB.s entnommenen erschwerenden Moments. Allein der Inhalt der Anklage ist nicht entscheidend, da die Verhandlung, — was nicht nachgeprüft werden kann, — auf die Theilnahme eines Dritten hindeutende Umstände ergeben haben könnte (vgl. Artt. 30. 86 des Ges. v. 3. Mai 1852), der Gerichtshof war zu dem aus thatsächlichen Erwägungen gebildeten Schlusse, daß die Geschwornen eine solche Theilnahme nicht als vielleicht vorhanden hätten annehmen können, nicht befugt, und läßt es völlig unaufgeklärt, was eigentlich die Geschwornen durch den Ausspruch, die Wegnahme sei „mittelst Aufschneidens des Sackes" erfolgt, haben sagen wollen. Die Möglichkeit, daß sie durch den Schlußsatz ihrer Antwort nur haben aussprechen wollen, es stehe nicht fest, ob der Angekl. selbst oder ein mit dem Angekl. zu dem Diebstahle als Theilnehmer verbundener Dritter (§ 34 Nr. 2 StGB.) den Sack aufgeschnitten habe, ist keineswegs ausgeschlossen, und in diesem Falle hätte der Zusatz die Anwendung des § 218 Nr. 4 StGB. nicht gehindert. —

Hiernach lag ein in der Sache undeutlicher, die Anklage nicht erschöpfender Ausspruch vor, und der Gerichtshof hätte daher die Geschwornen nach Art. 97 in das Berathungszimmer zurückweisen müssen, und war um so mehr in der Lage eine vollständige Aufklärung herbeizuführen, als selbst die Stellung von Zusatzfragen so lange statthaft ist, bis ein regelrechter Ausspruch verlesen ist.

Antr. des GStA.s: gleichl. [46. — 4.]

Geschworner. — Sachverständiger.

Ein Geschworner ist nicht als „Sachverständiger" thätig, wenn er in einer Verhandlung unberufen ein sachverständiges Urtheil ausspricht.

Vdn. v. 3. Jan. 1849 § 95 [vgl. dort n. 4]; Ges. v. 3. Mai 1852 Art. 95. — Sic: Z. I. 3. Mai 1861 c. Dahms, 467, G. A. 9. S. 366; Z. I. 4. Sept. 1861 c. Schwarz, 787.

Erk. (Z. I.) v. 25. März 1863 c. Specovius (367. I. Cr.).

Wenn der § 95 der Vdn. v. 3. Jan. 1849 vorschreibt, daß Niemand in der Sache, in welcher er als Zeuge, Dolmetscher, Sachverständiger u. s. w. thätig gewesen ist, Geschworner sein könne, so hat derselbe nur den Fall vor Augen, wo derjenige, welcher hiernächst Geschworner sein soll, von dem GH. in den Vorverhandlungen oder in dem Hauptverfahren als Sachverständiger nach den Vorschriften der Crim.-Ordn. vernommen worden ist; nicht aber den Fall, wo der Geschworne bei seinen als solcher ihm obliegenden Funktionen unberufen und ohne Erfordern des GH.s seine ein sachverständiges Urtheil enthaltende Meinung abgiebt. Wenn ein solches Urtheil auch, wie hier, auf Grund der Privatkenntniß des Geschwornen abgegeben wird, während der Art. 95 des Ges. v. 3. Mai 1852 denselben lediglich auf seine aus den vorgebrachten Beweisen geschöpfte Ueberzeugung verweist, so ist die Befolgung dieser eidlich angelobten Pflicht doch nur dem Gewissen der Geschwornen überlassen, und unterliegt insoweit einer richterlichen Kontrolle nicht.

Antrag des GStA.s: gleichl. [15. — 4.]

Presse. — Amtliche Bekanntmachung. — Verurtheilung.

Ist durch ein wegen Ehrverletzung verurtheilendes Erkenntniß dem Verletzten die Befugniß beigelegt worden, die Verurtheilung bekannt zu machen, so ist jeder Herausgeber einer Zeitung rc. verpflichtet, auf gerichtliche Aufforderung jene Bekanntmachung aufzunehmen.

Preßges. v. 12. Mai 1852 § 25; StGB. § 163 [dort einzutr. als n. 7 a].

Beschl. (I.) v. 25. März 1863 c. Budack (102. B. I. Cr.).

In einer Injuriensache war dem Verletzten die Befugniß beigelegt worden, den Tenor des verurtheilenden Erkenntnisses durch die — Zeitung bekannt zu machen. Die Redaktion der letztern verweigerte aber die von dem KG. requirirte Aufnahme, weil es sich hier nicht von einer „amtlichen Bekanntmachung" des Gerichts im Sinne des § 25 des Preßges. handle. Ihre bezügliche Beschwerde ward indessen vom OTr. zurückgewiesen. Gründe:

Der Abs. 2 des § 163 des StGB.s schreibt vor, daß bei öffentlichen Ehrverletzungen dem Verletzten die Befugniß ertheilt werden soll, die Verurtheilung bekannt zu machen, und daß die Art und Weise dieser Bekanntmachung in dem Straferkenntnisse bestimmt werden soll. Diese gesetzliche Maaßregel soll nunmehr die früher bei Ehrverletzungen vorgeschrieben gewesene Privatgenugthuung ersetzen, und sie muß, wie diese, der gerichtlichen Hülfe unterliegen, wenn sie überhaupt ausführbar werden, und nicht lediglich von dem Befinden derjenigen Institute, welche dabei betheiligt sein können, abhängig sein soll. Deshalb soll auch in dem ergehenden Erkenntnisse selbst die Ertheilung der gedachten

Befugniß und die Art und Weise der Bekanntmachung ausdrücklich ausgesprochen werden; sie wird dadurch zu einer richterlichen Anordnung, welche auf Anrufen des Verletzten nöthigenfalls durch das Gericht selbst zur Ausführung gebracht werden muß, sobald der Verletzte dieselbe nicht zu bewirken vermag. Wenn Sie sich daher auf Ansuchen des ꝛc. S. geweigert haben, den Tenor des in seiner Prozeßsache wider den ꝛc. v. G. ergangenen Erkenntnisses in Ihre in Gemäßheit jenes § 163 des StGB.s darin ausdrücklich genannte Zeitung aufzunehmen, und der S. sich dieserhalb an das dortige KG. gewendet hat, so hat die von dem letztern an Sie erlassene Verfügung unter diesen Umständen allerdings den Charakter einer „amtlichen Bekanntmachung" im Sinne des § 25 des Preßgesetzes erhalten, und Sie sind demgemäß verpflichtet, derselben Folge zu leisten.

Antr. des GStA.s: gleichl. [15. — 3.]

Betrug. — Postschein. — Begriffsmerkmale.

Wenn auch an sich zur Anwendung des § 243 Nr. 6 des StGB.s die Feststellung des dort vorgesehenen Thatbestandes genügt, so werden doch auch hier alle Begriffsmerkmale des Betrugs vorausgesetzt und ihre ausdrückliche Feststellung wird nothwendig, sobald ihr Vorhandensein bestritten ist. Das gilt namentlich vom Dolus.

StGB. § 243 Nr. 6 [vgl. dort n. 19. 21. 26; RdOTr. 1. S. 509. Sic: Z. I. 9. April 1862 c. Matulka, 292; Z. I. 18. Juni 1862 c. Zander, 524].

Erk. (V. II.) v. 26. März 1863 c. Schenk (76. II. Cr.).

Das in dem § 243 Nr. 6 des StGB.s unter Strafe gestellte Vergehen ist eine gesetzlich ausgezeichnete Art des Betrugs. Zur Herstellung seines Thatbestandes müssen deshalb an und für sich die Erfordernisse des Betrugs (§ 241, vgl. § 245) vorhanden sein. Es ist jedoch nicht erforderlich, daß in einer jenes Vergehen betreffenden schließlichen thatsächlichen Feststellung diese Begriffserfordernisse des Betrugs noch ausgedrückt werden, wenn die Feststellung, den Worten des Gesetzes (§ 243 Nr. 6) entsprechend, die Thatsachen enthält, in welchen das letztere schon die wesentlichen Merkmale dieser Art des Betruges findet. Nur wo das Vorhandensein eines jener wesentlichen Merkmale des Betrugs in Abrede gestellt, wo insbesondere rücksichts des Dolus — der dolosen Absicht, in welcher gehandelt wurde — von dem Angeschuldigten das Bewußtsein bestritten worden ist, daß der von ihm versendete Brief nicht dasjenige enthalten habe, was als abgesendet durch den zur Abwendung oder Hinausschiebung einer verhängten Exekution produzirten Postschein nachzuweisen gesucht wurde, bedarf es darüber einer ausdrücklichen Feststellung.

Antr. des GStA.s: entg. [26. — 2.]

---

1. 2. Rheinisches Verfahren. — Zeugniß (Weigerung). — Strafverhängung. — Kassationsrekurs. — Succumbenzstrafe.

3. Zeugenvernehmung. — Requisition.

4. Disziplinargewalt. — Kriegsminister.

5. Disziplinarverfahren. — Eidliche Zeugenvernehmung.

1. Nach Rheinischem Verfahren kann die Ordonnanz, durch welche der Untersuchungsrichter gegen einen sein Zeugniß Versagenden eine Strafe verhängt, durch Kassationsrekurs angefochten werden (ind. entsch.).

Rh. StPrO. Art. 80. Sic: die Praxis des franz. Kass.-Hofs, vgl. Dalloz Rép. de législ. m. Cassation n. 153; Sir. Coll. nouv. 9. 1. p. 564.

2. In dem gedachten Falle beträgt die zu hinterlegende Succumbenzstrafe nur 75 Franks, sollte auch der vorgeladene Zeuge erschienen sein und ausdrücklich sein Zeugniß verweigert haben.

Ebendas. Artt. 419. 420. 436; Ges. v. 14. brum. V.

3. Der von einer zuständigen Disziplinarbehörde zur Vornahme einer Zeugenvernehmung requirirte Untersuchungsrichter darf nicht untersuchen, ob Veranlassung zur Einleitung eines Disziplinarverfahrens vorliege, diese Prüfung steht nur der requirirenden Behörde zu.

Vgl. RdOTr. 1. S. 388; 2. S. 408. 91. 214. 249. [Strafverf. § 20 n. 9].

4. Der Kriegsminister ist diejenige Behörde, welche die Initiative zur Einleitung eines Disziplinarverfahrens in Betreff der Militärverwaltungsbeamten zu ergreifen hat; er kann daher auch die gerichtlichen Behörden zur Vornahme einer Zeugenvernehmung requiriren.

Disz.-Ges. v. 21. Juli 1852 §§ 18. 19. 21. 23. 33. 62 Nr. 5. 8. 2.

5. In einem Disziplinarverfahren ist die eidliche Vernehmung von Zeugen auch dann statthaft, wenn der Beamte, gegen den das Verfahren zu richten ist, noch nicht ermittelt worden ist.

Disz.-Ges. v. 21. Juli 1852 § 32.

Erk. (Z. II.) v. 26. März 1863 c. Kruse (87. II. Cr.).

Die K.sche Zeitung hatte einen Korrespondenzartikel gebracht, aus dessen Inhalt der Kriegsminister folgerte, daß der Verfasser seine Wissenschaft nur durch Verletzung des Amtsgeheimnisses Seitens eines Kgl. Beamten oder Offiziers erlangt haben könne. Derselbe requirirte daher die eidliche Vernehmung des Redakteurs Kr. über die Person des Einsenders. Kr. verweigerte seine Vernehmlassung und ward daher vom Unters.-Richter auf Grund des Art. 80 der Rh. StPO. zu einer Geldbuße verurtheilt. Die betr. Ordonnanz hat Kr. durch Kass.-Rekurs angefochten und eine Succumbenzstrafe von 40 Thlrn. hinterlegt, zugleich aber beantragt, daß selbst für den Fall der Verwerfung des Rekurses die Rückgabe der Hälfte jener Summe angeordnet werden möge. Das OTr. hat den Rekurs verworfen, die Verurtheilung zur Succumbenzstrafe aber (ohne weitere Begründung) nur bis zum Belaufe von 20 Thlr. ausgesprochen. Erwogen ward:

daß die Pflicht des Kassationsklägers, das von ihm auf Grund der Requisition des K. Kriegsministeriums als

Chefredakteur der K. Zeitung verlangte eidliche Zeugniß über die Person des Verfassers des in der Nr. rc. enthaltenen Korrespondenzartikels rc. abzulegen, davon überall nicht abhängig war, ob zur Zeit der Thatbestand eines Vergehens, und namentlich die von einem Offizier oder Beamten begangene Verletzung des Dienstgeheimnisses, durch welche der Verfasser des fraglichen Artikels seine Kenntniß erlangt haben müsse, konstatirt oder doch wahrscheinlich gemacht gewesen sei, da über die Frage, ob Grund für die Annahme eines durch einen Offizier oder Beamten begangenen Dienstvergehens vorhanden war, nur die requirirende Behörde zu entscheiden hatte und daher auch nach den allgemeinen Grundsätzen über die Stellung der requirirten Behörde zur requirirenden, der Instruktionsrichter im vorliegenden Falle sich vergeblich mit dieser Frage befaßt, und der Kassationskläger es ebenso vergeblich versucht hat, die von demselben für die Bejahung der Frage angeführten Gründe zu widerlegen;

daß zwar der requirirte Richter allerdings die Frage seiner Prüfung zu unterwerfen hat, ob die an ihn gestellte Requisition von einer dazu berufenen Behörde ausgegangen ist;

daß aber das Dasein dieser Voraussetzung von dem Kassationskläger im gegenwärtigen Falle dermalen mit Unrecht bestritten wird;

daß, wenn man nämlich auch davon absehen will, daß er einen desfallsigen Einwand vor dem Instruktionsrichter nicht erhoben und dieser selbst nach der Seite hin ein Bedenken überall nicht gefunden hat, der K. Kriegs- und Marineminister vermöge der ihm gesetzlich beiwohnenden Disziplinarbefugnisse zu der von ihm gestellten Requisition kompetent gewesen ist;

In Erw., daß in der Beziehung der Kriegsminister, welchem schon das Publikandum v. 18. Febr. 1809, betreffend die äußeren Verhältnisse des Kriegsministeriums, das nach zeitiger Aufhebung durch die AKO. v. 31. Aug.

1824 nur mit nominellen Aenderungen wieder hergestellt und in seinen Grundzügen bisher nicht abgeändert worden ist, unter den die persönlichen Verhältnisse der Militärpersonen betreffenden Gegenständen sub Nr. I b die Disziplin, Polizei und Justiz zuweist, nach dem Ges. v. 21. Juli 1852, betreffend die Dienstvergehen der nicht richterlichen Beamten, als die Behörde erscheint, welche die Initiative zur Einleitung eines Disziplinarverfahrens in Betreff der Militärverwaltungsbeamten zu ergreifen, mithin auch die vorbereitenden Maaßregeln zum Zwecke einer solchen Einleitung zu treffen und unter Umständen selbst ein disziplinarisches Entscheidungsrecht hat; §§ 18. 19. 21. 23. 33. 62 Nr. 5. 8. 2;

daß daher auch in einem Falle, wo, wie hier, ein von einem Offizier oder Militärverwaltungsbeamten begangenes Dienstvergehen indizirt ist und es vorläufig sich darum handelt, die betreffende, noch unbekannte Persönlichkeit zu ermitteln, der Kriegsminister befugt erscheinen muß, die zum Zweck der Ermittlung der Persönlichkeit geeigneten Mittel anzuwenden, also auch zu dem Ende die Vernehmung von Zeugen zu requiriren;

daß auch aus dem § 32 des Disziplinargesetzes keineswegs folgt, daß in einem solchen vorläufigen Verfahren die eidliche Vernehmung von Zeugen resp. die Requisition um eine derartige Vernehmung ausgeschlossen sei, da hier nur der Fall der gegen eine bestimmte Person eingeleiteten förmlichen Untersuchung im Auge gehalten ist;

In Erw., daß, wenn nach Allem diesem aber die eidliche Vernehmung des Kassationsklägers auch von einer dazu berufenen Behörde beantragt worden ist, es sich nur noch fragen kann, ob dem Kassationskläger, vermöge seiner Eigenschaft als kautionspflichtiger Redakteur der K. Zeitung ein gesetzlicher Grund zur Ablehnung des von ihm verlangten Zeugnisses zur Seite stand;

daß solches aber ebensowenig der Fall ist;

In Erw., daß nämlich kein Gesetz den Zeitungsredakteur von der Pflicht, auf Erfordern des Richters den Korrespondenten seines Blattes namhaft zu machen, entbindet;

daß eine solche Entbindung auch namentlich aus den Bestimmungen des Preßgesetzes und insbesondere den §§ 22 und 37 daselbst nicht hergeleitet werden kann;

daß jedenfalls der Kassationskläger im gegenwärtigen Falle jene Bestimmungen zur Verweigerung seines Zeugnisses überall nicht anrufen kann, da, wie bereits in dem angegriffenen Resolute des Instruktionsrichters richtig hervorgehoben ist, es sich hier keineswegs um den strafbaren Inhalt eines Zeitungsartikels, sondern nur darum handelt, ein durch den Zeitungsartikel indizirtes oder zu Tage getretenes Dienstvergehen — das Vergehen der verletzten Amtsverschwiegenheit — resp. die Person, von welcher dasselbe ausgegangen sein mag, zu ermitteln, in solcher Beziehung aber der Redakteur eines kautionspflichtigen Blattes unter allen Umständen von jeder Verantwortlichkeit frei ist, und daher auch von der allgemeinen staatsbürgerlichen Pflicht zur Zeugnißablage selbst dann nicht entbunden sein kann, wenn man annehmen will, daß bei dem strafbaren Inhalt eines Blattes seine Zeugenpflicht gewissen Modifikationen unterworfen sein könne;

In Erw., daß, wenn hiernach der Kassationskläger das von ihm erforderte Zeugniß ohne rechtlichen Grund verweigert und somit der an ihn ergangenen Vorladung im Sinne des Art. 80 der Rh. StPO. nicht genügt hat, das auf Grund dieses Artikels von dem Instruktionsrichter erlassene Strafresolut vollkommen gerechtfertigt erscheint. —

Antr. des GStA.s: gleichl. [27. — 2.]

Gewerbsunzucht. — Identität der Handlung. — Ausland.

Eine Verfolgung wegen Gewerbsunzucht wird dadurch nicht ausgeschlossen, daß die Angeklagte im Auslande wegen einer dort zu derselben Zeit betriebenen Gewerbsunzucht bestraft worden ist.

StGB. § 146 [vgl. dort n. 7; RbOTr. 2. S. 159].

Erk. (Z. II.) v. 26. März 1863 c. Strutz (121. II. Cr.).

Die Angekl. war, wegen „im Frühjahr 1862 zu Aschersleben betriebener Gewerbsunzucht" aus § 146 bestraft worden; ihre NB. rügte es, daß das AG. ihren Einwand: sie sei am 2. Juli 1862 vom Anhaltischen KG. zu Bernburg wegen „Gewerbsunzucht" bestraft und damit alle älteren Unzuchtsfälle abgeurtheilt, — unberücksichtigt gelassen habe. Zurückweisung. Gründe:

Die thatsächliche Ausführung, daß das Erk. des KG.s in Bernburg auf die jetzt zur Untersuchung gezogenen einzelnen Unzuchtshandlungen der Angeklagten keine Rücksicht genommen habe, diese vielmehr dem KG. ganz unbekannt gewesen seien, würde zwar nicht entscheidend sein, wenn dieses Gericht ein inländisches gewesen wäre, denn in diesem Falle würden mit der am 2. Juli erfolgten Bestrafung der gewerbsmäßigen Unzucht der Angeklagten alle früheren Unzuchtshandlungen derselben ohne Unterschied, ob sie dem Gerichte bekannt oder unbekannt gewesen, gesühnt und nicht geeignet sein, als ein neues Vergehen „gewerbsmäßiger Unzucht" eine abermalige Strafe oder eine höhere als die erkannte herbeizuführen. Allein der in § 3 des StGB.s für die im Inlande verübten Vergehen anerkannte und hinsichtlich solcher Vergehen ausnahmslose Grundsatz der Territorialität, wonach jede in Preußen begangene strafbare Handlung „in Preußen und nach Preußischen Gesetzen" bestraft werden muß (K. B. II. K. zu § 3. 4. StGB. S. 21) machte es dem Hzgl. Anhalt'schen Gerichte nicht allein unmöglich, einzelne in Preußen vorgekommene Unzuchtshandlungen als solche der diesseitigen Strafgerichtsbarkeit zu entziehen, sondern konnte auch eben so wenig die Kognition der Preußischen Gerichte darüber, ob die Angeklagte in Preußen „den polizeilichen Anordnungen zuwider gewerbsmäßig Unzucht getrieben" habe, durch ihre Bestrafung der in dem Herzogthum Anhalt-Bernburg getriebenen gewerbsmäßigen Unzucht ausschließen oder beschränken. — Es leuchtet dies bei dem vorliegenden Vergehen um so mehr ein, als sowohl die Vorbedingung der Strafbarkeit nach § 146 des StGB.s, daß nicht „polizeiliche Anordnungen" der Angeklagten zur Seite stehen, worunter doch nur Anordnungen der Preußischen Polizeibehörden verstanden werden können, wie die arbiträre Folge der Strafe — Einsperrung in ein Arbeitshaus — die Nothwendigkeit der Anwendung des Grundsatzes der Territorialität dabei noch besonders veranschaulicht. —

Demgemäß haben denn auch die Vorderrichter die Kognition des KG.s in Bernburg über die im diesseitigen Staatsgebiete stattgehabten Unzuchtshandlungen sowohl rechtlich als faktisch verneint und eben so ist das Gesammtergebniß dieser in Preußen verübten Handlungen an und für sich als eine hier den polizeilichen Anordnungen in Aschersleben zuwider gewohnheitsmäßig getriebene Unzucht der gerichtlichen Kognition in Bernburg entzogen gewesen und mit Recht von den Vorderrichtern untersucht und abgeurtheilt worden.

Antr. des GStA.s: gleichl. [23. — 2.]

Unterschlagung. — Wechsel. — Bevollmächtigter. — Eigenthum.

Das Geld, welches Jemand durch die im Auftrage eines Andern bewirkte Verwerthung eines Wechsels erlangt, ist in seiner Hand eine „fremde Sache" im Sinne des § 225 des StGB.s, sollte er auch formell Inhaber des Wechsels gewesen sein.

StGB. § 225 [vgl. dort. n. 24; RbOTr. 2. S. 482].

Erk. (Z. I.) **v. 27. März 1863 c. Bittner** (295. I. Cr.).

B. hatte im Auftrage der Eheleute St. einen eignen Wechsel derselben verwerthet und das gelöste Geld für sich verwendet. Aus § 225 cit. bestraft, rügte er in der NB. Verletzung dieses Paragraphen, weil er Inhaber des Wechsels gewesen und deshalb auch Eigenthümer des Geldes geworden sei. Zurückweisung,

weil, wie der erste Richter festgestellt hat, das zum Grunde liegende Rechtsgeschäft in der Verabredung des Angeklagten mit den St.'schen Eheleuten bestand, daß er ihnen Geld verschaffen solle, und wenn auch die zu diesem Behufe gewählte Form der Ausstellung eines Wechsels dem Angeklagten Dritten gegenüber die Rechte des Eigenthümers verlieh, derselbe doch den St.'schen Eheleuten gegenüber als Bevollmächtigter zu betrachten ist, welcher gegen Begebung des Wechsels das ihnen zustehende, also für ihn fremde Geld, zu dessen Ablieferung er verpflichtet war, in Empfang genommen hat.

Antr. des GStA.s: gleichl. [46.—4.]

Jagd. — Begriff.

Das „Stehen auf Anstand" ist als Ausübung der Jagd anzusehen.

StGB. § 274 [vgl. dort n. 12]; ALR. II, 16 § 30.

Erk. (Z. I.) v. 27. März 1863 c. Link (298. I. Cr.).

Die NB. verkennt den rechtlichen Begriff des Jagens, da dasselbe nach § 30 II, 16 ALR. schon in dem Nachstellen oder Aufsuchen des Wildes besteht. Einen solchen Akt des Nachstellens hat aber der App.-Richter, wie er richtig ausführt, in dem s. g. „Stehen auf Anstand" gefunden und ist daher die gerügte Rechtsverletzung weder in der Richtung des Versuchs noch überhaupt vorhanden; ꝛc.

Antr. des GStA.s: gleichl. [48. — 4.]

Friedensgefährdung. — Anreizung der Staatsangehörigen.

Im § 100 des StGB.s ist unter „Angehörigen des Staats" eine konkrete, erkennbare Mehrheit von Personen, eine unter eine allgemeine Bezeichnung fallende und danach erkennbare Gesellschaftsschicht zu verstehen. Als eine solche kann eine Gesammtheit von Personen angesehen werden, welchen unter einem politischen Parteinamen eine gewisse politische Richtung beigemessen wird.

StGB. § 100 [vgl. dort n. 6].

Erk. (Z. II.) v. 9. April 1863 c. Heine (38. II. Cr.).

Unter den Angehörigen des Staates im Sinne des § 100 des StGB.s sind keineswegs ausschließlich solche Berufs- und Gesellschaftsklassen zu verstehen, welche in den Staatsorganismus eingefügt sind. Das, worauf es beim Thatbestand des § 100 cit. ankommt, ist, daß man es nicht mit dem allgemeinen Begriff von Staatsangehörigen, sondern mit einer konkreten, im Staatsleben thatsächlich vorhandenen erkennbaren Mehrheit von Personen mit einer, unter eine allgemeine Bezeichnung fallenden und danach erkennbaren Gesellschaftsschicht zu thun habe, auf welche als solche Haß und Verachtung in einer den öffentlichen Frieden störenden Weise gelenkt werden kann. Hierunter kann denn auch eine Gesammtheit von Personen fallen, welchen unter einem politischen Parteinamen eine gewisse politische Richtung beigemessen wird und welche darnach so bezeichnet sind, daß ihre Mitglieder erkannt werden können. Es wird dies aber noch unbedenklicher der Fall sein, wenn sogar vorhandene Gesellschaftsklassen im Großen, Ganzen bezeichnet sind, welche der politischen Partei angehören sollen. In der angegriffenen „Junkerpartei" hat der App.-Richter eine wirklich vorhandene, in ihren Mitgliedern erkennbare Personenmehrheit gefunden, und es liegt daher eine dem § 100 cit. entsprechende Klasse von Staatsangehörigen um so mehr vor, als bestimmte Kategorien von Personen, welche der Junkerpartei angehören sollen — der größte Theil der Rittergutsbesitzer, die Landräthe ꝛc. — namhaft gemacht sind. Der App.-Richter konnte auch annehmen, daß der zu jener Partei gehörige Personenkreis seine Erkennbarkeit dadurch nicht verliere, daß nicht gerade alle Rittergutsbesitzer ꝛc. bezeichnet seien, da auch bei dem Anerkenntnisse von Ausnahmen das große Ganze der Rittergutsbesitzer bestehen bleibt, auf welches Haß und Verachtung in einer den öffentlichen Frieden gefährdenden Weise gelenkt werden kann.

Antr. des GStA.s: gleichl. [26. — 2].

Aufruhr. — Thatbestand.

Eine Verurtheilung wegen Aufruhrs ist nur dann gerechtfertigt, wenn die sämmtlichen Begriffsmerkmale eines der in den §§ 89 und 90 des StGB.s vorgesehenen Vergehen festgestellt sind.

StGB. § 91 [vgl. dort n. 10].

Erk. (B. II.) v. 9. April 1863 c. Hohaus (Borgmann u. Gen. 99. II. Cr.).

H. war aus § 91 l. c. bestraft worden, weil er und andere „sich — — öffentlich zusammengerottet und mit vereinten Kräften einen Beamten gezwungen hatten, eine Amtshandlung zu unterlassen." Auf seine NB. ist das Erk. 2. Inst. vernichtet worden. Gründe:

Der Aufruhr setzt den Thatbestand des § 89 oder jenen des im § 90 des StGB.s vorgesehenen Vergehens voraus. Wie aber der Widerstand gegen den Exekutivbeamten im Sinne des § 89 durch Gewalt oder Drohung verübt sein muß, so fordert auch das im § 90 vorgesehene Vergehen der Nöthigung, daß der Zwang gegen die Behörde oder den Beamten durch Gewalt oder Drohung erfolge, so daß also im Einzelfalle diese gesetzlichen Requisite zur Anwendung des Gesetzes speziell festgestellt werden müssen. —

Hier enthält die thatsächliche Feststellung die auch nach § 90 erforderliche Feststellung, daß der Zwang gegen den betreffenden Beamten durch Gewalt oder Drohung geübt sei, nicht; auch ergeben die Urtheilsgründe der Instanzrichter und namentlich die Gründe, welche der erste Richter seiner Schlußfeststellung vorangeschickt hat, zureichende Anhaltspunkte für die Annahme einer Feststellung nach der bezeichneten Richtung nicht, ꝛc.

Antr. des GStA.s: gleichl. [27. — 2.]

Betrug. — Täuschung des Richters. — Verzögerte Befriedigung eines Gläubigers.

1. Der Thatbestand des Betrugs kann in der bei einem Prozeßverfahren bewirkten Täuschung

des Richters gefunden werden, wenn derselbe dadurch zu einer der andern Partei nachtheiligen vorläufigen, auf einseitiger Prüfung beruhenden Verfügung veranlaßt worden ist.

StGB. § 241 [vgl. dort n. 68].

2. In der Verzögerung der Befriedigung eines Gläubigers kann eine Vermögensbeschädigung gefunden werden.

StGB. § 241 [vgl. dort n. 15].

Erk. (Z. II.) v. 9. April 1863 c. Weber (123. II. Cr.).

W. hatte auf den Grund eines simulirten Kaufvertrags eine Interventionsklage in einem Exekutionsverfahren angestellt und dadurch das Gericht veranlaßt, den Verkauf der gepfändeten Mobilien einstweilen zu sistiren. Deshalb aus § 241 bestraft, ergriff er die NB., welche vom OTr. zurückgewiesen wurde. Gründe:

Man wird zwar da, wo eine Prozeßpartei falsche Thatsachen vorbringt, von einer durch sie die Partei veranlaßten Irrthumserregung selten sprechen können, weil das einseitige Vorbringen einer Prozeßpartei regelmäßig für den Richter nicht bindend ist, und in sofern der Richter auch dadurch nicht getäuscht werden kann. Allein es müssen doch Ausnahmen von der Regel anerkannt werden, und namentlich in dem Falle, wenn, wie hier, die falschen Thatsachen unter Umständen vorgebracht werden, daß der Richter wenigstens vorläufig nach den Regeln des Prozesses darauf Rücksicht nehmen, und in Folge dessen eine für den Prozeßgegner vermögensnachtheilige Maaßregel anordnen kann. Der mittelst der Intervention erhobene Eigenthumsanspruch auf die gepfändeten Mobilien konnte durch den rc. Kaufvertrag für bescheinigt erachtet, und es konnte somit nach § 77. I. 24 der AGO. der Verkauf derselben einstweilen sistirt werden. —

Bei dem Richter ist daher durch das Vorbringen der durch den Vertrag dokumentirten falschen Thatsachen, die nur einer vorläufigen und einseitigen Prüfung zu unterwerfen waren, wirklich eine Irrthumserregung möglich gewesen, und wenn in Folge dessen, wie die Instanzrichter annehmen, der Verkauf ausgesetzt und der Extrahent der Exekution in seinem Vermögen beschädigt wurde, so liegt auch der Kausalzusammenhang vor, welcher zwischen der Täuschung und der Vermögensbeschädigung vorausgesetzt wird.

Rechtlich konnte übrigens auch in der verzögerten Befriedigung des Extrahenten ein Vermögensnachtheil für denselben gefunden werden; die desfalsige Beurtheilung fiel lediglich in das Bereich des Thatrichters. Wenn demnach die NB. das Dasein der Irrthumserregung verneint und auszuführen sucht, daß auch der Extrahent in seinem Vermögen jedenfalls dadurch nicht beschädigt worden sei, so liegt darin nur ein erfolgloser Angriff auf die rechtlich wohl begründete Feststellung des App.-Richters.

Antr. des GStA.s: gleichl. [27. — 2.]

Ehrverletzung. — Vertheidigung. — Druckschrift.

Der Instanzrichter, welcher eine außergerichtliche, namentlich eine in veröffentlichten Druckschriften dem Publikum gegenüber erfolgende Ausführung deshalb nicht als Ehrverletzung straft, weil sie zur Vertheidigung von Gerechtsamen geschehen sei, macht sich keines Rechtsirrthums schuldig.

StGB. § 154 [vgl dort n. 5].

Beschl. (II.) v. 9. April 1863 c. Hoppe (35. B. II. Cr.).

Eine Nummer der von H. redigirten M.er Zeitung war mit Beschlag belegt worden, weil in derselben ein Beamter in Beziehung auf sein Amt beleidigt sein sollte; das AG. hob indessen diese Beschlagnahme u. A. aus dem Grunde auf, weil H durch diesen Artikel sich vor dem Publikum habe rechtfertigen wollen. Hiergegen Beschw. des OStA.s, weil eine Rechtfertigung vor dem AG. die Anwendung des § 154 cit. nicht begründen könne; das OTr. hat dieselbe zurückgewiesen, indem es den obigen Rechtssatz aussprach und zur Begründung auf B. I. 8. Okt. 1858 c. Blandow, G. A. 7. S. 103, und Erk. v. 8. Febr. 1860 c. v. Plotho u. Gen., G. A. 8. S. 265 verwies.

Antr. des GStA.s: entg. [26. — 3.]

Unzucht (widernatürliche). — Onanie (gegenseitige).

Die s. g. gegenseitige Onanie zwischen Personen männlichen Geschlechts ist nicht als widernatürliche Unzucht im Sinne des § 143 des StGB.s anzusehen.

StGB. § 143 [vgl. dort n. 1]. Sic: B. I. 1. Mai 1863 c. Grünewald, 427.

Beschl. (Pl.) v. 13. April 1863 c. Lerner u. Gen. (3. Pl.).

L. war beschuldigt worden, durch Ausübung der Onanie am Körper des H. widernatürliche Unzucht getrieben zu haben; die Instanzrichter lehnten aber den Antrag auf Versetzung in Anklagestand mit Rücksicht auf das Präjudiz n. 48 (Oppenhoff StGB. § 143 n. 1) ab. Die dagegen ergriffene Beschw. des OStA.s gelangte an das Plenum des Senats für Strafsachen, vor welchem sich der GStAnw. für die Aufhebung des Beschlusses aussprach, und auszuführen suchte, daß an und für sich auch die hier fragliche Handlung eine widernatürliche Unzucht zwischen männlichen Personen darstelle, und daß es dabei keinen Unterschied begründen könne, welcher Körpertheil eines Andern zur widernatürlichen Befriedigung des Geschlechtstriebs benutzt sei; im gemeinen Rechte habe man meistentheils auch solche Handlungen zur Sodomiterei gerechnet und bestraft, und die allgemeine Fassung des § 1069 II. 20 ALR. schließe dieselben nicht aus; aus den Motiven des StGB.s ergebe sich nur, daß man die eigentliche Selbstbefleckung, d. h. die Handlung am eignen Körper, nicht habe bestrafen wollen, eine „gegenseitige Onanie" sei gar nicht denkbar; schließlich sei nicht anzunehmen, daß der Gesetzgeber, welcher bei der Nothzucht (§ 144) jede auf Befriedigung des Geschlechtstriebs gerichtete unzüchtige Handlung für genügend erachtet habe, um alle ärgerlichen Unterscheidungen und Ermittelungen zu vermeiden, diese bei dem hier fraglichen Verbrechen habe beibehalten wollen. Das OTrib. hat indessen die Beschw. zurückgewiesen. Gründe:

Bekanntlich wurde schon der Art. 116 der peinlichen Halsgerichts-Ordnung von den Lehrern des gemeinen Rechts in der Regel nur auf die sogenannte sodomia propria ratione sexus et generis, nicht aber auf die sogenannte sodomia impropria, als manustupratio, onania u. s. w. bezogen, wenngleich die letztere gemeinhin mit willkürlichen und außerordentlichen Strafen belegt wurde, namentlich wenn öffentliches Aergerniß oder Verführung der Jugend vorlag:

Den damals gangbaren Ansichten des gemeinen Rechts ist auch das preußische ALR. gefolgt; denn wenngleich die unbestimmte Fassung des § 1069 II. 20 zu einer weiteren Ausdehnung des Thatbestandes dieses Verbrechens hätte berechtigen können, so ist man doch bei Abfassung dieses Paragraphen, wie ein von Suarez verfaßtes Schreiben des Großkanzlers von Carmer v. 6. Okt. 1787 mit mehrerem darthut, darüber einverstanden gewesen, daß unter den „anderen dergleichen unnatürlichen Sünden" die Onanie gar nicht gemeint sei, weil „diese Unfläthereі gar nicht vor das Kriminalforum gehöre," man damit vielmehr hauptsächlich der Knabenschänderei habe entgegentreten wollen.

Von derselben Ansicht ist man bei Abfassung des StGB.s ausgegangen. Denn die Entwürfe von 1845. 1846 sprechen ausdrücklich nur von „Sodomie" und erst in dem Entwurfe von 1847 wurden aus Rücksicht auf die an die Geschwornen zu stellenden Fragen, nicht aber um den Begriff zu ändern, statt des technischen Ausdrucks „Sodomie" diejenigen Worte gewählt, welche jetzt der § 143 des StGB.s enthält. Darüber, daß hierdurch die bloße Onanie nicht habe getroffen werden sollen, daß diese vielmehr nur unter gewissen besonderen erschwerenden Umständen, welche die §§ 142. 144 (Nr. 3). 150 voraussetzen, als eine „unzüchtige Handlung" zu bestrafen sei, war man allerseits einverstanden; vgl. Goltd. Matt. 2. S. 294. Daß dem so sei, wird auch von Seiten des K. GStAnw.s nicht in Abrede gestellt; derselbe spricht jedoch die Ansicht aus, daß der Begriff der sogenannten Onanie auf die von dem Thäter mit dessen eigenen Händen, oder doch durch dessen alleinige Thätigkeit hervorgerufene Samenergießung zu beschränken sei und daß, wenn dieser Erfolg, wie in dem vorliegenden Falle geschehen sein soll, durch die Hand einer andern Mannsperson erzielt oder doch beabsichtigt worden sei, das Verbrechen der eigentlichen sogenannten Sodomie, d. h. der

„widernatürlichen Unzucht zwischen Personen männlichen Geschlechts" im Sinne des § 143 des StGB.s vorliege, indem es auf den Theil des Körpers der andern Mannsperson, welcher zu diesem Zwecke gemißbraucht worden sei, nicht ankommen könne.

Dieser Ansicht kann jedoch in solcher Allgemeinheit nicht beigepflichtet werden.

Der Begriff der „Onanie" stammt bekanntlich von der im ersten Buche Mosis Kap. 38 V. 9 erzählten That Onans her, der, als er sich zu seines Bruders Weib (Wittwe) legen sollte, den Samen „auf die Erde fallen ließ," ohne daß gesagt wäre, wie er dieses bewerkstelligt hätte. Schon dieses deutet darauf hin, daß zum Begriffe der Onanie die bloße vorsätzlich und naturwidrig herbeigeführte emissio seminis im Gegensatze zur immissio gezählt werden soll, gleichviel welche Mittel dazu angewendet worden sind.

Damit stimmen auch die Rechtslehrer überein, so weit sich dieselben überhaupt veranlaßt gesehen haben, auf eine so widerwärtige Materie näher einzugehen.

So sagt Hommel (Rhaps. quaest. Obs. 308 n. 6), wo von der (außerordentlichen) Strafe, welche nach gemeinem Rechte für bloße Onanie verhängt zu werden pflegte, die Rede ist:

> „quam poenam Helmstadienses juris consulti etiam in viro, qui non sibi ipsi, sed quod multo gravius, alteri manu semen illicuerat, irrogarunt."

Noch bestimmter spricht sich von Quistorp (Grundſ. d. peinl. R. § 497) dahin aus:

> „Die Sodomie kann auf verschiedene Weise begangen werden und beruhet nicht allemal auf der wirklich geschehenen fleischlichen Vermischung. Denn es kann einer an seinem eigenen Körper sodomitische Sünden begehen, wenn er nämlich mit seinen eigenen Händen oder durch Hülfe anderer, oder mittelst eines Instruments die Ausschüttung des Samens verursacht. Man pflegt eine solche That gewöhnlich mit der allgemeinen Benennung „Onanie" zu bezeichnen."

Daß dieses nun auch die Ansicht der Verfasser des jetzigen preußischen Strafgesetzbuches gewesen sei, dafür sprechen die Worte des § 143 unzweideutig. Zuvörderst wäre nicht abzusehen, warum, wenn jede durch Manipulationen eines Dritten herbeigeführte Samenergießung (emissio seminis) schon für allein ausreichend erachtet worden wäre, um den Thatbestand des darin erwähnten Vergehens zu erfüllen, nur von widernatürlicher Unzucht zwischen Personen männlichen Geschlechts hätte die Rede sein können, da etwanige Dienstleistungen dieser Art, zu denen sich ein Frauenzimmer hergäbe, nothwendig mit derselben Strafe geahndet werden müßten, während sie jetzt unzweifelhaft von Strafe befreit sind.

Spricht dieses also schon dafür, daß man mit der widernatürlichen Unzucht zwischen Personen männlichen Geschlechts nur die sogenannte Knabenschändung oder Päderastie gemeint habe, die eine dem Beischlafe ähnliche Handlung voraussetzt, deren Ziel also keine bloße emissio, sondern eine naturwidrige immissio seminis in einen lebenden Körper ist, so spricht dafür nicht minder der Gegensatz zwischen „Unzucht," von welcher die §§ 141. 143 handeln, und von bloßen sogenannten „unzüchtigen Handlungen," von welchen in den §§ 142. 144 die Rede ist. Denn daß die im § 141 vorgesehene „Unzucht" zwischen leiblichen Eltern und Kindern in der That nichts anderes bedeute, als die wirkliche Vollziehung des Beischlafs, ist vom OTr. wiederholentlich ausgeführt worden; vgl. G. A. 1. S. 703; 10. S. 781; eben so, daß unter den sogenannten „unzüchtigen Handlungen," deren die §§ 142 und 144 gedenken, auch andere, „das Scham- und Sittlichkeitsgefühl in grober Weise verletzende, in wollüstiger Richtung verübte Handlungen" begriffen sind (a. a. O. 1. S. 238. 706, vgl. Goltd. Matt. 2. S. 291). Wenn daher der § 143 nicht von bloßen (auf Befriedigung oder Reizung der Wollust gerichteten) unzüchtigen Handlungen, sondern von unnatürlicher „Unzucht" spricht, so ist um so mehr anzunehmen, daß hier

Handlungen gemeint seien, die, weil sie eine wirkliche immissio seminis in einen lebenden Körper bezwecken, ein naturwidriges Analogon des Beischlafs darbieten. [28.—1.]

Ideale Konkurrenz. — Voruntersuchung. — Theilweise Einstellung.

Ist die Voruntersuchung wegen verschiedener ideell konkurrirender Strafthaten eingeleitet worden, so darf die Rathskammer (der Anklagesenat), wenn sie einzelne derselben für erwiesen, andere für nicht erwiesen erachtet, in Betreff der letztern nicht die Einstellung des Verfahrens aussprechen, vielmehr muß sie sich auf die Eröffnung der Untersuchung ꝛc. wegen der für erwiesen erachteten beschränken. Ist nichts destoweniger mit der letztern eine solche Einstellung verbunden worden, so ist sie wirkungslos, insbesondere kann sie den erkennenden Richter nicht hindern, auf die dadurch beseitigten Gesichtspunkte zurückzukommen und mit Rücksicht auf sie zu verurtheilen.

Vdn. v. 3. Jan. 1849 § 47 [dort einzutr. als n. 8a]. § 39 n. 22. Vgl. § 12 n. 11. 14; § 1 n. 29; RdOTr. 3. S. 14.

Erk. (Z. I.) v. 15. April 1863 c. Kohnke (236. I. Cr.).

Nach den Aufstellungen der Anklage hatte K. der von ihm geschwängerten B. auf ihren Wunsch Gift (chromsaures Kali) in der Meinung eingehändigt, daß dieses ein Abortivmittel sei; die B. hatte es genossen und war in Folge dessen gestorben. Da der gedachte Stoff zur Abtreibung der Leibesfrucht gar nicht geeignet ist, so nahm die Rathskammer im Einverständnisse mit dem StA. an, die Handlung des K. falle nicht unter § 181 Abs. 2 des StGB s. Aus diesem Grunde stellte sie das ursprünglich mit Rücksicht auf diesen Paragraphen eingeleitete Verfahren ein und eröffnete die Untersuchung nur wegen fahrlässiger Tödtung. Das Gericht erster Instanz sprach wegen mangelnden Beweises frei; auf die Appellation des StA.s sprach aber das AG. die Inkompetenz der Abtheilung aus, weil K. die Tödtung der Frucht beabsichtigt und durch ein dazu geeignetes Mittel bewirkt habe; daß er fahrlässiger Weise gleichzeitig auch die Mutter getödtet habe, könne die Strafbarkeit der ersten Handlung nicht ausschließen; hiernach liege der Thatbestand des § 181 Abs. 2 vor, da die Einhändigung des Mittels an die einwilligende Schwangere als „Verabreichen" im Sinne jenes Gesetzes, jedenfalls aber K. als Theilnehmer an der Handlung der B. anzusehen sei. Dieses Erk. hat K. durch NB. angefochten und u. A. Verletzung des rechtskräftigen RK.-Beschlusses behauptet, durch welchen das Verfahren wegen Abtreibung der Leibesfrucht eingestellt worden war. Das OTr. hat diese NB. aus den unten folgenden Gründen zurückgewiesen, gleichzeitig aber beiläufig die Ansicht des AG.s: daß im § 181 Abs. 2 cit. das „Verabreichen" gleichbedeutend mit „Einhändigen" sei, unter Hinverweisung auf die Gründe des V. Pl. 9. März 1857 c. Seyffert (Oppenhoff StGB. § 181 n. 10. 11) gemißbilligt.

Der App.-Richter hat mit Fug jenen kreisgerichtlichen Beschluß einer allseitigen rechtlichen Beurtheilung der zur Anklage gebrachten That nicht entgegenstehend, sondern insoweit wirkungslos befunden. Es kann nämlich demselben nur die Bedeutung beigelegt werden, daß es nach Lage der Sache bei der von der StA.-schaft beigebrachten Anklage auf Grund des § 184 bewenden und jede weitere Ermittelung aus dem Gesichtspunkte des § 181 und 197 in der Voruntersuchung unterbleiben solle. Denn eine theilweise Einstellung der Untersuchung in Betreff einer und derselben Handlung, welche nach mehreren Richtungen hin strafbar erscheint, kennt das Gesetz überhaupt nicht; wenigstens kann ihr nicht die Kraft beigemessen werden, die Hauptuntersuchung und endliche Entscheidung den deutlichsten Anordnungen in Art. 30 und 86 des Ges. v. 3. Mai 1852 zuwider auf eine bestimmte oder auf nicht ausgeschlossene Richtungen zu beschränken, so daß es wie bei Einstellung der ganzen Untersuchung neuer Thatsachen oder Beweise zur Wiederaufnahme des Verfahrens in der ausgeschlossenen Richtung bedurft hätte; und ebensowenig ist in der oft gedachten, ohne alle Beifügung von Gründen ausgesprochenen theilweisen Einstellung eine Entscheidung zu befinden, daß von der Anwendbarkeit des § 181 oder 197 des StGB.s auf die Handlung des Angekl. rechtlich keine Rede sein könne. Vielmehr muß der gleichzeitigen Einstellungserklärung in Bezug jener Paragraphen und der Zulassung der Anklage aus § 184 die obige, aus der Gliederung des Verfahrens und aus den angeführten Prozeßgrundsätzen sich von selbst ergebende Auslegung gegeben werden, daß vorläufig nur die Anklage aus § 184 die Grundlage des weiteren Verfahrens bilden solle, unbeschadet der weiteren selbstverständlichen Befugnisse des Richters der Sache. Es bedurfte also auch keines Rechtsmittels von Seiten der Staatsanwaltschaft gegen diese theilweise Einstellung des Verfahrens.

Antr. des GStA.s: gleichl. [17.—4].

Vertheidiger. — Akteneinsicht. — Verweigerung. — Rüge.

Die Verweigerung der vom Vertheidiger verlangten Akteneinsicht kann nicht zum ersten Male in der Nichtigkeitsinstanz gerügt werden.

Vdn. v. 3. Jan. 1849 § 17 [dort einzutr. als n. 6b].

Erk. (Z. I.) v. 15. April 1863 c. Tschäche (301. I. Cr.).

Es ist während des ganzen schwurgerichtlichen Verfahrens weder vom Vertheidiger, noch von dem Angeklagten gerügt worden, daß Ersterem die Einsicht der gerichtlichen Akten verweigert und er dadurch etwa in der Wahrnehmung der Gerechtsame seines Klienten gehemmt sei, und es ist nach Art. 107. 108 des Ges. v. 3. Mai 1852 unstatthaft, wenn Implorant mit dieser Behauptung zuerst in der Nichtigkeitsinstanz auftritt, und dieselbe durch das Zeugniß des Vertheidigers beweisen will.

Antr. des GStA.s: gleichl. [47.—4.]

Verlesung. — Amtliches Schriftstück.

Amtliche Schriftstücke einer Behörde über ihre Amtshandlungen können in der Sitzung als Beweismittel verlesen werden.

Vdn. v. 3. Jan. 1849 § 22 [vgl. dort n. 13]; ähnlich: Z. I. 3. Okt. 1860 c. Möller, 719.

Erk. (Z. I.) v. 15. April 1863 c. Ulrich (370. I. Cr.).

Es unterliegt nach dem Inhalt des Schriftstücks Bl. 7. der Akten keinem Bedenken, daß dasselbe eine amtliche Anzeige des Polizeiverwalters zu D. an die StA.-schaft über die Ermittelung der Spuren des hier in Rede stehenden Verbrechens und über die Veranstaltungen zur Verfolgung und Ergreifung des Verbrechers ist, daß es sich also um ein amtliches Schriftstück einer Behörde über ihre Amtshandlungen handelt, und daß der v. P. Polizeiverwalter zu D. sei, ist von dem GH. ermittelt worden. Einer persönlichen Vernehmung desselben über seine gedachten Amtshandlungen und die dabei vorgefallenen Umstände würde es also nur dann bedurft haben, wenn der Angekl. dieselbe beantragt und der Gerichtshof sie für erforderlich erachtet hätte. Da dies Beides aber nicht der Fall gewesen ist, so durfte der GH. das Schriftstück als eigentliches Beweismittel für sich verlesen lassen.

Antr. des GStA s: gleichl. [15.—4.]

Legalisirung. — Vorbehalt.

Eine Legalisirung ist nur dann wirksam, wenn sie sich in ersichtlicher Weise auf die Schrift und ihren Inhalt bezieht; ist das aber der Fall, so werden anderweitige Zusätze oder Vorbehalte nicht berücksichtigt.

Ges. v. 3. Mai 1852 Art. 110 [vgl. dort n. 27 und oben S. 237].

Beschl. (I.) v. 15. April 1863 c. Fuchs (376. I. Cr.).

In Erw., daß es zunächst in Frage kommen könnte, ob die NB. für vorschriftsmäßig legalisirt zu erachten sei, da es in dieser Beziehung nicht hinreichen kann, wenn sich die Unterschrift eines qualifizirten Rechtsverständigen räumlich unter der betreffenden Schrift befindet, vielmehr wesentlich auch erforderlich ist, daß jene Unterschrift in ersichtlicher Weise sich auf die Schrift selbst und ihren Inhalt beziehe; vgl. Oppenhoff Strafverf. Art. 110 n. 27; Beschl. II. v. 23. Jan. 1863 (oben S. 237);

daß nun im vorliegenden Falle der RAnw. Sch. der von dem Imploranten selbst abgefaßten Schrift den Schlußsatz beigefügt hat: „Legalisirt, ohne jedoch für Form oder Inhalt irgendwie Verantwortung zu übernehmen;“

daß aus dem an die Spitze gestellten Worte: „Legalisirt“ zu ersehen ist, wie die Absicht des ꝛc. Sch. dahin ging, hier in Beziehung auf die fragliche Schrift der Formvorschrift des Art. 110 l. c., der Vdn. v. 14. Dez. 1833 § 11, der Dekl. v. 6. Apr. 1839 Art. 7, und der Instr. v. 7. Apr. 1839 Nr. 28 (vgl. Vdn. v. 21. Juli 1843 § 1) zu genügen, und dadurch dieser Schrift und respektive ihrem Inhalte die Bedeutung beizulegen, daß sie vor den Gerichten Berücksichtigung finden könne;

daß unter diesen Voraussetzungen aber die Verantwortlichkeit des ꝛc. Sch. für den Inhalt ꝛc. kraft des Gesetzes von selbst eintrat, ohne daß er dieselbe durch irgend einen hinzugefügten Zusatz oder eine angeschlossene Verwahrung von sich ablehnen konnte, vgl. cit. Instr. v. 7. April 1839 Nr. 29;

daß demgemäß dem vorn erwähnten Zusatze überhaupt eine Wirkung nicht beigelegt werden kann, derselbe auch namentlich nicht die Folge herbeiführen darf, daß der ganze Legalisationsvermerk als nicht geschrieben anzusehen sei; ꝛc.

Antr. des GStA.s: gleichl. [18.—3.]

---

1. Urkundenfälschung. — Blankett. — Falsche Unterschrift.

2. Urkundenfälschung. — Gebrauch. — Zweck der Täuschung.

1. Die unbefugte Ausfüllung und der Gebrauch eines Blanketts sind auch dann strafbar, wenn die Unterschrift des letztern nicht von demjenigen herrührt, dessen Namen sie wiedergiebt.

StGB. § 248 [vgl. dort n. 2; § 247 n. 37].

2. Im Falle des § 249 des StGB. bedarf es der Feststellung, daß der Gebrauch der gefälschten Urkunde „zum Zwecke der Täuschung" Statt gefunden habe, nicht, wenn dieses vom Angeklagten nicht bestritten worden ist.

StGB. § 249 [vgl. dort n. 7; RbOTr. 2. S. 334].

Erk. (Z. I.) v. 15. April 1863 c. Besser (391. I. Cr.).

B. war von den Geschwornen schuldig befunden worden: in drei Fällen „in gewinnsüchtiger Absicht von einem Wechsel, wissend, daß das hierzu benutzte Formular wider den Willen des angeblichen Acceptanten (P. resp. S.) vom Aussteller K. durch Einrücken der Wechselsumme so wie des Datums und der Zahlungsfrist ausgefüllt worden war, Gebrauch gemacht zu haben." Aus §§ 247—249 und 251 Nr. 5 des StGB.s bestraft, ergriff er die NB. und rügte Gesetzesverletzung, weil nicht feststehe, daß die mißbrauchten Blanketts eine echte Namensunterschrift getragen hätten, sowie daß er von denselben „zum Zweck der Täuschung Gebrauch gemacht habe." Zurückweisung. Gründe:

Allerdings ist es bei Stellung der beiden ersten Fragen unentschieden gelassen worden, ob die Unterschriften unter den Acceptationsvermerken von den angeblichen beiden Acceptanten P. und S. hergerührt haben oder nicht, weil es in Bezug auf den Imploranten möglich blieb, daß er diese Unterschriften für echt gehalten habe, auch wenn sie es wirklich nicht gewesen sein sollten, und ihm in diesem Falle der wissentliche Gebrauch einer falschen Urkunde im Sinne der §§ 247. 249 nicht hätte zur Last gelegt werden können. Was ihm mit Fug zur Last gelegt werden konnte und sollte, war nur, daß er von der wider den Willen der angeblichen Unterzeichner erfolgten Ausfüllung der respektiven Acceptationsvermerke Kenntniß gehabt, dennoch aber von denselben in gewinnsüchtiger Absicht Gebrauch gemacht habe. Ein solcher Fall wird nach § 248 der Urkundenfälschung gleichgeachtet und der wissentliche Gebrauch einer solchen Urkunde nach § 249 gleichfalls mit der Strafe der Fälschung belegt. Da nun die Existenz dieses Falles durch den Spruch der Geschwornen dargethan worden ist, so läßt sich nicht behaupten, daß der Schwurgerichtshof die §§ 249. 250, verbunden mit § 251 Nr. 5 unrichtig angewendet habe.

Zu 2. ist es zwar richtig, daß auch im § 249 der Gebrauch der Urkunde zum Zwecke der Täuschung vorausgesetzt wird. Es liegt dieses indessen schon in dem Erfordernisse des wissentlichen Gebrauchs einer falschen Urkunde in der Absicht, sich Gewinn zu verschaffen (Präj. Nr. 185, Entsch. 31. S. 261), so daß es einer besonderen Aufnahme dieser Worte in die Frage höchstens dann bedürfen kann, wenn der Zweck der Täuschung besonders bestritten und die Aufnahme dieses Zusatzes besonders beantragt worden wäre. Nach Ausweis des Audienzprotokolles ist dieses indessen nicht geschehen und sind namentlich von Seiten des Imploranten Einwendungen gegen die Fragestellung nicht erhoben worden.

Antr. des GStA.s: gleichl. [28. — 4.]

Vertheidiger. — Zuordnung. — Wahl.

Es begründet keine Nichtigkeit, wenn mit Zustimmung des Angeklagten statt des zugeordneten Vertheidigers ein anderer die Vertheidigung geführt hat.

Ges. v. 3. Mai 1852 Art. 21 [vgl. dort n. 5].

Erk. (Z. I.) v. 15. April 1863 c. Neumann (395. I. Cr.).

Dem Angekl. N. war der RAnw. B., dem Mitangekl. W. der RAnw. Sch. als Vertheidiger zugeordnet worden; beide wurden vorgeladen und wohnten der Verhandlung bei; erst nach dem Vortrage des StA.s ergab es sich, daß der RAnw. Sch. irriger Weise als Vertheidiger des N. vorgeladen worden war; mit Zustimmung des letzteren hat derselbe darauf für diesen die Vertheidigung geführt. Die dieses rügende NB. des N. ward zurückgewiesen, weil

hierin ein Verstoß gegen die Art. 21 und 22 des Ges. v. 3. Mai 1852 nicht gefunden werden könne.

Antr. des GStA.s: gleichl. [47. — 4.]

---

1. Gift. — Quantität.
2. Vergiftung. — Versuch. — Mittel.

1. Ein an sich giftiger Stoff kann vermöge seiner durchaus unschädlichen Quantität die Eigenschaft als „Gift“ (StGB. § 197) verlieren.

StGB. § 197 [vgl. dort n. 4; RbOTr. 2. S. 207; 411].

2. Ein Vergiftungsversuch kann nicht mit einem Stoffe gemacht werden, der wegen seiner geringen Quantität nicht als „Gift“ anzusehen ist.

Ebendas. [vgl. dort n. 9; § 31 n. 6. 30].

Erk. (Z. II.) v. 16. April 1863 c. Danziger (129. II. Cr.).

D. hatte drei Schwefelhölzchen in den Bierkrug seines Lehrherrn geworfen, war aber von der Anklage des Vergiftungsversuchs deshalb freigesprochen worden, weil der Phosphor an jenen Hölzchen nicht als „Gift“ im Sinne des cit. § 197 anzusehen sei, und weil die Voraussetzungen eines strafbaren Versuchs nicht vorlägen. Die NB. des OStA.s, welche Verletzung der §§ 197 und 31 des StGB.s rügte, ward zurückgewiesen; und dabei erwogen:

daß schon durch die Feststellung ad 1 allein, sofern sie auf einem Rechtsirrthum nicht beruht, der Thatbestand des § 197 des StGB.s ausgeschlossen wird; — daß dabei aber ein Rechtsirrthum überall nicht hervortritt; — daß jene Feststellung nämlich darauf gegründet ist, daß die 3 Schwefelhölzchen eine so unbedeutende Quantität Gift enthielten, daß diese Quantität, wenn auch Phosphor an sich zu den Giften gerechnet werde, gar keine schädliche Wirkung auf die Gesundheit habe ausüben können, vielmehr in weit größern Dosen als Medizin verabreicht werde; —

daß aber unter diesen Umständen rechtlich angenommen werden konnte, daß der Phosphor an den 3 Schwefelhölzchen als Gift im Sinne des § 197 des StGB.s nicht zu betrachten sei, da auch ein an sich giftiger Stoff vermöge seiner durchaus unschädlichen Quantität die Eigenschaft des Giftes, dessen Beibringung in der ersten Alternative des § 197 cit. vorausgesetzt wird, verlieren kann;

daß sodann der App.-Richter auch den Versuch des im § 197 c. vorgesehenen Verbrechens aus dem Grunde verneint hat, weil mit der an den Schwefelhölzchen befindlichen Quantität Phosphor eine Vergiftung überhaupt nicht habe ausgeführt werden können;

daß hierin ein Rechtsirrthum ebensowenig zu finden ist, da der strafbare Versuch der Vergiftung die Möglichkeit der Vollendung des Verbrechens unterstellt, durch die Beibringung eines Stoffes, der thatsächlich als Nichtgift betrachtet ist, eine Vergiftung, die Vollendung des Verbrechens überhaupt aber nicht herbeigeführt werden kann.

Antr. des GStA.s: gleichl. [27. — 2.]

---

1. Fragstellung. — Mehrheit. — Zusammenfassung. 2. Hauptfrage. — Theilweise Bejahung mit sieben Stimmen. — Abstimmung des Gerichtshofs.

1. Es ist unzweckmäßig die, verschiedene Straffälle betreffenden, Fragen in der Weise zusammenzufassen, daß der Eingang und die bei allen sich wiederholenden Begriffserfordernisse für alle gemeinschaftlich an die Spitze gestellt werden, und daß dann unter verschiedenen Unterabtheilungen die Besonderheiten folgen.

Ges. v. 3. Mai 1852 Art. 80 [vgl. dort n. 4. 5. 11].

2. Wird von den Geschwornen eine Hauptfrage theilweise mit absoluter Stimmenmehrheit, theilweise aber nur mit sieben Stimmen bejaht, so wird die Entscheidung des Gerichtshofes über die ganze Frage nothwendig.

Ges. v. 3. Mai 1852 Art. 98 [dort einzutr. als n. 1 a].

Erk. (B. II.) v. 16. April 1863 c. Peters u. Gen. (165. II. Cr.).

P. war wegen betrüglichen und einfachen Bankerutts und verschiedener anderer Verbrechen ꝛc. in Anklagestand versetzt worden; in Beziehung auf jene ward den Geschwornen die Frage vorgelegt:

Ist P. schuldig:

1) im J. 1862 zu T., während er gewerbsmäßig einen Handel mit Pferden trieb, seine Zahlungen eingestellt und

a. sein Vermögen theilweise im Sept. 1862 bei Seite geschafft,
b. im Sept. 1862 ein Rechtsgeschäft, welches erdichtet ist, anerkannt,
e. im Sept. 1862 zu S. nach erfolgter Zahlungseinstellung seinen Gläubiger L. zum Nachtheile seiner übrigen Gläubiger begünstigt zu haben.

Sie beantworteten dieselbe dahin, daß sie den unter 1) aufgeführten Eingang mit sieben gegen fünf Stimmen und die Unterabtheilungen a. b. und e. mit mehr als 7 Stimmen bejahten, endlich die Unterabtheilungen c. und d. verneinten. Der Schw.-GH. berieth hierauf über den nur mit sieben Stimmen bejahten Eingang der Fragen, bejahte denselben, und verurtheilte den P. aus § 259 Nr. 1 und 2 des StGB.s und § 308 der Konk.-Ordn. Auf die NB. des Angekl. ist dieses Erk. vernichtet und die Sache an den Schw.-GH. zurückverwiesen worden. Gründe:

Zwar war es den Geschwornen nach Art. 80 Abs. 1 des Ges. v. 3. Mai 1852 unbenommen, jeden Theil der ihnen vorgelegten Frage für sich zu bejahen oder zu verneinen, also auch die Bejahung des einen Theils mit 7 gegen 5, diejenige der andern mit mehr als 7 Stimmen auszusprechen; allein ganz unabhängig von dieser Befugniß der Geschwornen mußte darauf die Prüfung des GH.s eintreten, welches Resultat aus dem Gebrauche jener Befugniß für sein weiteres Verfahren und die Gesetzesanwendung zu folgern sei. Dieses Resultat war offenbar ein anderes, als welches der GH. zog und durch die wenigstens unzweckmäßige Unterordnung verschiedener Thatbestände des betrüglichen und einfachen Bankerutts unter das allen gemeinsame Merkmal der erfolgten Zahlungseinstellung eines Handelsmannes, wodurch äußerlich eine Trennung des Eingangs 1 von a bewirkt wurde, wenn nicht veranlaßt, doch erleichtert hatte. Denn es sind nunmehr auf je eine innerlich untheilbare Hauptfrage, deren jede, nämlich 1 mit a, sodann 1 mit b u. s. w., unter Hinzuziehung der Schlußworte „zu haben" zu einer jeden, den selbstständigen Thatbestand eines Verbrechens beziehentlich Vergehens bildete, zwei durch die Stimmenangabe sich von einander unterscheidende Antworten erfolgt; zwei wesentliche Merkmale einer jeden der artikulirten strafbaren Handlungen, deren Mangel den ganzen Begriff der in den §§ 259 und 261 des StGB.s resp. § 308 der Konk.-Ordn. vorgesehenen Verbrechen und Vergehen aufhebt, die Eigenschaft des Hauptangeklagten P. als Handelsmann (sein gewerbsmäßiger Betrieb eines Handels mit Pferden) und seine Zahlungseinstellung sind nur mit 7 gegen 5 Stimmen von den Geschwornen bejaht worden, ihr Ausspruch war also nicht allein darüber, sondern über die Existenz des Bankerutts, beziehentlich der strafbaren Begünstigung eines Gläubigers von Seiten des rc. P. überhaupt nach Art. 98 l. c. nicht entscheidend. Ebenso gewiß wie eine Verneinung der Geschwornen zu 1, nämlich der Widerspruch, es sei nicht erwiesen, daß der Angeklagte Handel getrieben, oder daß er seine Zahlungen eingestellt habe, die Freisprechung des Angeklagten von den in den angeführten §§ vorgesehenen Verbrechen und Vergehen nach § 125 der Vdn. v. 3. Jan. 1849, ungeachtet der Bejahung des übrigen Theils einer jeden Frage (a u. s. w.), hätte zur Folge haben müssen: mußte der Schuldspruch mit 7 gegen 5 Stimmen die Anwendung des Art. 98 cit. für jede Frage in ihrem ganzen, für die Anwendbarkeit des Strafgesetzes untheilbaren Thatbestande nach sich ziehen. Wäre die schon gerügte Zusammenfassung verschiedener Thatbestände unter einem Eingange und die folgeweise äußere Zergliederung eines jeden in zwei Theile — die generellen Merkmale im Eingange und die speziellen Merkmale — bei der Fassung der Frage zu 1 nicht gewählt werden, so hätte die erste Frage gelautet: „Ist rc. P. schuldig, im J. 1862 zu T., wo er gewerbsmäßig einen Handel mit Pferden trieb und seine Zahlungen eingestellt hat, sein Vermögen theilweise bei Seite geschafft zu haben?“ und es leuchtet ein, daß die Verneinung, sowohl des Handelsbetriebes für sich allein, als der Zahlungseinstellung oder der Beiseiteschaffung des Vermögens für sich allein in der korrekten Fassung des Art. 91 a. a. O.: „ja, aber es ist nicht erwiesen, daß Angeklagter Handel getrieben ꝛc." gleiche Wirkung mit einer Verneinung der ganzen Frage geäußert haben würde.

Die Bejahung mit 7 gegen 5 Stimmen der Geschwornen ist aber ihrer Wirksamkeit nach auch keine Bejahung, sondern befaßt den GH. mit der Thatfrage und kann, wenn sie über einen wesentlichen Bestandtheil des in Rede stehenden Verbrechens erfolgt, nicht die Kognition über die anderen, mit mehr als 7 Stimmen bejahten Theile des Thatbestandes dem GH. entziehen, indem hierdurch ein völlig unstatthafter Ausspruch über die Hauptthat aus einer Zusammensetzung der Erklärung der Geschwornen über einige wesentliche Merkmale des Verbrechens mit einer Erklärung des GH.s über andere, eine offenbare Verletzung der in den Art. 81. 91 und 98 l. c. niedergelegten Grundsätze entstände.

Und so ist es im vorliegenden Falle geschehen.

Die Geschwornen haben zu 1a (§ 259 Nr. 1 des StGB.s) nur entschieden, daß der Angeklagte theilweise sein Vermögen im Sept. 1862 bei Seite geschafft habe; der GH. seinerseits hat entschieden, daß P. im J. 1862 seine Zahlungen, während er ꝛc. Handel trieb, eingestellt habe, also weder die Geschwornen noch der GH. haben den Thatbestand des § 259 Nr. 1 festgestellt, vielmehr hat der GH., um zu dieser Feststellung zu gelangen, nach erfolgter Erklärung der Geschwornen die Hauptfrage, welche er vorher noch nicht geradezu in mehrere Fragen getheilt, sondern nur zweckwidrig zergliedert hatte, wirklich als zwei dergestalt von einander verschiedene Fragen aufgefaßt, daß sogar jede für sich von einem anderen Gerichte der That beantwortet werden könnte, was mit dem Geiste des dritten Satzes des Art. 80 a. a. O. eben so unvereinbar erscheint, wie die ursprüngliche Theilung der Hauptfrage in mehrere Fragen, und hat sodann seinen Spruch über einen Bestandtheil der Hauptfrage mit dem Spruche der Geschwornen über einen andern für ein einziges regelrechtes Verdikt über die ganze

Hauptfrage angesehen und darauf die Anwendung des § 259 Nr. 1 des StGB.s gegründet.

Faßt man die möglichen Folgen eines solchen Verfahrens ins Auge, so erscheint dasselbe nicht minder beschwerend für den Angeklagten, als nach den angeführten Artikeln unstatthaft: denn es steht überall nicht fest, ob der GH., wenn er sich nicht an die Antwort der Geschwornen auf einen Theil der Frage gebunden erachtet, die ganze Frage eben so bejaht haben würde, wie den von jenen unerledigt gelassenen Theil derselben.

Antr. des GStA.s: gleichl. [23. — 2.]

Appellationsrichter. — Beweiserhebung. — Resultatlosigkeit. — Abweichung von der Feststellung.

Auf den Grund einer als resultatlos anerkannten neuen Beweisaufnahme kann der Appellationsrichter nicht von der erstrichterlichen Feststellung abweichen.

Ges. v. 3. Mai 1852 Art. 101 [vgl. dort n. 101]. Vgl. RdOTr. 2. S. 256; 3. S. 343. Contra früher: Z. I. 16. Jan. 1857 c. Licht, 78; Z. I. 19. Dez. 1860 c. Schimming, 878.

Erk. (B. I.) v. 17. April 1863 c. Peglan (Pawelke u. Gen. 312. I. Cr.).

Der App.-Richter erkennt selbst an, daß die in zweiter Instanz erfolgte neue Beweisaufnahme für das Sach- und Rechtsverhältniß ganz resultatlos ist. Durch eine nach seiner eigenen Annahme ganz unerhebliche Beweisaufnahme konnte er aber eine Abweichung von der thatsächlichen Feststellung des ersten Richters im Sinne des Art. 101 l. c. nicht begründen. Das OTrib. hat auch bereits in dem Plen.-Erk. v. 9. März 1863 c. Laucks [oben S. 343] ausgesprochen, daß der App.-Richter, sobald er auf Grund eines neuen oder wiederholten Beweises von der erstrichterlichen Feststellung abweicht, die aus diesem Beweise sich ergebenden Thatsachen anzugeben verpflichtet ist, und es folgt hieraus konsequenter Weise, daß der App.-Richter, wenn er selbst anerkennt, daß der aufgenommene neue Beweis von keiner Erheblichkeit ist, von der erstrichterlichen Feststellung abzuweichen nicht befugt sein kann.

Antr. des GStA.s: gleichl. [18.—4.]

Urkunde. — Verständlicher Sinn.

Eine Schrift kann als Urkunde nur dann betrachtet werden, wenn sie einen allgemein verständlichen Sinn hat.

StGB. § 247 [vgl. dort n. 74. 68].

Erk. (S. I.) v. 17. April 1863 c. Kruck (322. I. Cr.).

Der Inspektor S. hatte für eine Brennerei an verschiedenen Stellen Kartoffeln aufgekauft und den Verkäufern Zettel übergeben, auf welche sie an einem dritten Orte Zahlung erhalten sollten. Nach dem Geschwornenspruche hat Kr. zwei solche Scheine, lautend:

1¼ (2) Scheffel Kartoffel à 10½ Sgr.

Schiffke.

durch Vorsetzung einer 2 vor der die Scheffelzahl ausdrückenden Ziffer verändert, und darauf Zahlung für den fälschlich erhöhten Betrag erhoben. Das ihn deshalb aus § 247 cit. verurtheilende Erk. ist auf seine NB. vernichtet, und es ist auf Freisprechung erkannt worden. Gründe:

Es ist zwar richtig, wenn das angefochtene Erkenntniß annimmt, daß eine Schrift, um als Urkunde zu gelten, für sich allein nicht den Beweis eines Rechtsgeschäftes vollständig zu liefern brauche, sondern daß es genüge, wenn dieselbe für den Beweis von Rechtsverhältnissen auch nur von Erheblichkeit sei. Allein damit das letztere Platz greifen kann, ist es erforderlich, daß das bezügliche Schriftstück auch einen allgemein verständlichen Sinn besitzt, nicht bloß abgerissene Worte und Zeichen, welche nur durch außerhalb liegende Thatumstände eine Erläuterung erhalten resp. eine Bedeutung gewinnen.

Keiner der beiden in Rede stehenden Zettel entspricht dieser Anforderung. Das Fehlen des Datums ist allerdings unerheblich, allein der Inhalt selbst:

1¼ (2) Scheffel Kartoffel à 10½ Sgr.

Schiffke.

läßt die eigentliche Bedeutung nach keiner Richtung hin erkennen. Ein solches Schriftstück ist zum Erweise irgend eines Rechtsverhältnisses nicht einmal annähernd von Erheblichkeit, trägt mithin auch nicht den Charakter einer Urkunde im Sinne des § 247 des StGB.s an sich.

Antr. des GStA.s: gleichl. [20.—4.]

---

1. Fragstellung. — Anklage. — Erschöpfung.
2. Fragstellung. — Mehrheit von Angeklagten.

1. Die im Anklagebeschlusse formulirte Anklage muß durch die Fragstellung nothwendig erschöpft werden, sollte auch der Schwurgerichtshof aus Rechtsgründen der Meinung sein, daß die betreffende Formulirung dem Sachverhalte nicht entspreche.

Ges. v. 3. Mai 1852 Art. 79 n. 43; Art. 81 n. 3—5; Art. 86 n. 2—4.

2. Sind mehrere Personen desselben Verbrechens rc. oder der Theilnahme an demselben angeklagt, so muß gegen jeden derselben der betreffende Thatbestand selbstständig festgestellt werden.

Ebendas. Art. 80 n. 2. 3. 8; vgl. oben S. 94.

Erk. (Z. I.) v. 17. April 1863 c. Priesen & Caspary (343. I. Cr.).

I. Beschwerde des P.

Es ist gegen beide Angeklagte die Anklage der Mitthäterschaft einer materiellen Urkundenfälschung im Sinne der §§ 247 und 251 Nr. 5 des StGB.s beschlossen worden. Demgemäß war der Schw.-GH. verpflichtet, die Fragen an die Geschwornen zu stellen; er mußte den Thatbestand desjenigen Verbrechens, welches der Anklagebeschluß und die Anklageformel nach seinen wesentlichen Erfordernissen bezeichnet hatte, durch diese Fragestellung erschöpfen, und er durfte davon etwa aus dem Grunde allein, daß das in der Anklage behauptete Sachverhältniß rechtlich ein anderes Verbrechen, oder eine andere Betheiligung der beiden Angeklagten daran ergebe, nicht abweichen, vielmehr würde es ihm obgelegen haben, den von ihm gefundenen abweichenden rechtlichen Gesichtspunkt erst durch eine für den Fall der Verneinung der Hauptfrage zu stellende Eventualfrage zum Austrag zu bringen (Art. 86 des Ges. vom 3. Mai 1852). Daraus folgt aber zugleich, daß auch in der Nichtigkeitsinstanz nicht mehr darüber entschieden werden kann, ob der Anklagebeschluß das in der Anklage behauptete Sachverhältniß rechtlich irrthümlich aufgefaßt habe, die Beschwerde muß vielmehr zurückgewiesen werden, da der Schw.-GH. aus dem obigen Grunde verpflichtet war, die Frage, wie geschehen, zu stellen, und die Geschwornen diese Frage gegen den P. bejaht haben.

II. Beschwerde des Staatsanwalts.

Es ist ein durch die Natur des schwurgerichtlichen Verfahrens und der thatsächlichen Feststellung in demselben durch die Verdikte der Geschwornen gebotenes nothwendiges Erforderniß, daß gegen jeden einzelnen Angeklagten der Thatbestand des Verbrechens, welches er mit Andern verübt oder an welchem er Theil genommen haben soll, selbstständig festgestellt wird, also entweder durch eine den vollen Thatbestand enthaltende Frage, oder durch eine solche, welche vermittelst ihrer Beziehung auf die die Mitangeklagten betreffende Frage diesen Thatbestand enthält. Es ist sonach, wie erwähnt, gegen C. nicht erwiesen, daß der P. von dem Wechsel Gebrauch gemacht habe und eine Ergänzung dieses Mangels im Hinblick auf das nicht ausdrücklich in Bezug genommene Verdikt gegen den P. ist aus dem obigen Grunde unstatthaft.

Antr. des GStA.s: gleichl. [15.—4.]

Vertheidigung. — Letztes Wort.

Einer Aufforderung des Angeklagten das letzte Wort zu nehmen bedarf es nicht. Nichtigkeit tritt nur dann ein, wenn er dasselbe vergebens verlangt hat.

Vdn. v. 3. Jan. 1849 § 136 [vgl. dort n. 12; § 14 n. 40]; Ges. v. 3. Mai 1852 Art. 79 n. 15. Sic: Z. II. 26. Sept. 1861 c. Jobs, 281; Z. I. 3. Dez. 1862 c. Hübner, 1061.

Erk. (Z. I.) v. 22. April 1863 c. Hellmiß (311. I. Cr.).

H. beschwerte sich in seiner NB. darüber, daß sein Vertheidiger nicht ausdrücklich aufgefordert worden sei, das letzte Wort zu nehmen. Zurückweisung. Gründe:

Eine solche ausdrückliche Aufforderung schreibt das Gesetz nicht vor, sondern nur, daß der Angeklagte gehört werden müsse, vorausgesetzt natürlich: wenn er noch sprechen will. Nur wenn ihm dies nicht gestattet oder unmöglich gemacht wird, ist die Vorschrift des § 136 cit. verletzt und daher die Beschwerde des Angeklagten nicht begründet, da eine Versagung oder Entziehung des Worts in keiner Weise konstirt; vgl. Oppenhoff Strafverf. § 136 n. 12.

Antr. des GStA.s: gleichl. [48. — 4.]

Chaussee. — Frachtwagen.

Als Frachtwagen im Sinne des Chausseegeld-Tarifs ist ein Fuhrwerk zu verstehen, welches seiner Beschaffenheit nach dazu dienen soll, um den gewerbsmäßigen Transport von Lasten von einem Orte zum andern zu bewerkstelligen.

Chausseegeld-Tarif v. 29. Febr. 1840. Vgl. RbOTr. 1. S. 481.

Erk. (Z. I.) v. 22. April 1863 c. Jantzen (336. I. Cr.).

Zurückweisung der NB. des Prov.-St.-Direktors. Gründe:

Es ist zwar nicht zutreffend, wenn der App.-Richter in seinen Erwägungsgründen sich auf den Sprachgebrauch beruft, nach welchem Frachtwagen starke, zum Transport von Frachtgütern bestimmte Fuhrwerke sein sollen, zu denen in der Regel Einspänner nicht gezählt werden. Denn das Gesetz giebt hierfür keinen Anhalt und der behauptete

Sprachgebrauch möchte kein allgemein gültiger sein. Ebenso wenig kann an und für sich allein das Gutachten von Sachverständigen darüber entscheiden, ob ein Fuhrwerk im gesetzlichen Sinn als ein Frachtwagen anzusehen sei, weil die Bestimmung hierüber, auf Grund der thatsächlich ermittelten Umstände, lediglich dem erkennenden Richter zusteht. Das entscheidende Prinzip liegt vielmehr auf einer andern Seite. Bereits in den Erk. des K. OTr.s vom 16. Dez. 1859 c. Nehring (1080, JMBl. 60. S. 154) und vom 3. Juli 1861 c. Kleemann (578, RdOTr. 1. S. 481) ist bezüglich der Frage: „welcher Unterschied zwischen einem Fuhrwerke zum Fortschaffen von Personen und einem solchen zum Fortschaffen von Lasten im Sinne des Chausseegeld-Tarifs obwalte," der Grundsatz aufgestellt worden, daß es hierbei nicht auf den jedesmaligen Gebrauch des Fuhrwerks, sondern nur auf den allgemeinen Charakter desselben ankomme, nämlich, ob es seiner Natur und Beschaffenheit nach wesentlich und hauptsächlich zum Fortschaffen von Personen oder von Lasten bestimmt sei. — Ganz dasselbe gilt von der gegenwärtigen Frage. Danach ist ausschließlich maaßgebend, ob das jedesmal in Rede stehende Fuhrwerk seiner Beschaffenheit nach dazu dienen soll, um den gewerbsmäßigen Transport von Lasten von einem Ort zum andern zu bewerkstelligen, und je nach dem diesfälligen Ergebniß ist sodann das Vorhandensein eines Frachtwagens anzunehmen oder nicht. Im vorliegenden Falle hat der App.-Richter nach den ermittelten Umständen thatsächlich festgestellt: daß der Wagen des Angeklagten nach seiner ganzen Konstruktion nicht zu den Frachtwagen, sondern zu den gewöhnlichen Fischwagen zu rechnen sei; und hiergegen läßt sich in dieser Instanz nicht ankämpfen.

Antr. des GStA.s: gleichl. [20.—4.]

Beweiserhebung. — Informationseinziehung.

Im schwurgerichtlichen Hauptverfahren kann jeder Beweis aufgenommen werden, mag er ein vollständig giltiger oder unzureichender sein; insbesondere ist die Vernehmung von Informationszeugen nicht ausgeschlossen.

Vdn. v. 3. Jan. 1849 § 22 [dort einzutr. als n. 9 a; vgl. ebendas. n. 70, RdOTr. 2. S. 110].

Erk. (V. I.) v. 22. April 1863 c. Keller (442. I. Cr.).

K. hatte darauf angetragen, seine Frau und seinen Sohn über gewisse Thatsachen zu vernehmen; obgleich der StA. gegen diese Vernehmung pro informatione nichts einzuwenden fand, lehnte der GH. sie ab, „weil dieselbe nur pro informatione geschehen könne, im Audienztermine aber kein Grund zu Informationseinziehungen vorliege, vielmehr den Geschwornen nur Beweise vorgeführt werden könnten." Auf die NB. des K. erfolgte Vernichtung. Gründe:

Im Strafverfahren gilt auch nach der neueren Gesetzgebung als oberster Grundsatz die Ermittelung der objektiven Wahrheit. Deshalb sind auch nach § 22 der Vdn. v. 3. Jan. 1849 die bisherigen positiven Regeln über die Wirkungen der Beweise außer Anwendung gesetzt, und der erkennende Richter soll unter genauer Prüfung aller Beweise, für die Anklage oder Vertheidigung nach seiner freien, aus dem Inbegriffe der vor ihm erfolgten Verhandlungen geschöpften Ueberzeugung entscheiden. Es ist daher unrichtig, daß es unzulässig sein soll, im Audienztermine sogenannte Informationszeugen zu vernehmen; es ist ferner rechtsirrthümlich, daß den Geschwornen lediglich vollständig giltige Beweisstücke vorgeführt werden dürfen. Es ist vielmehr unzweifelhaft, daß in jedem Augenblicke des Verfahrens, sofern dasselbe nicht schon geschlossen ist, und wenn es sonst für erheblich erachtet wird, ein jeder Beweis aufgenommen werden kann, mag er ein vollständig giltiger oder ein unzureichender sein, und daß auch die Geschwornen bei ihrer Beurtheilung darauf Rücksicht zu nehmen haben, vorausgesetzt, daß ihnen über die Qualität des Beweismittels die erforderliche Aufklärung gegeben worden ist. Ihrer Ueberzeugung ist es sodann überlassen, welches Gewicht sie auf den solchergestalt erbrachten Beweis legen wollen.

Antr. des GStA.s: gleichl. [20.—4.]

Appellationsrichter. — Beweiserhebung. — Verlesung eines Beweisstücks.

Die Verlesung eines das corpus delicti darstellenden Schriftstücks vor dem Appellationsrichter ermächtigt diesen nur dann zur Abweichung von der erstrichterlichen Feststellung, wenn das Protokoll nachweist, daß dieselbe ausdrücklich zum Zwecke der Beweisaufnahme erfolgt sei.

Ges. v. 3. Mai 1852 Art. 101 [vgl. dort n. 95].

Erk. (B. II.) v. 23. April 1863 c. Albers & Pokorny (160. II. Cr.).

Die Angeklagten waren von der Anklage, durch eine von ihnen verfaßte, resp. gedruckte Flugschrift das Staatsministerium in Beziehung auf seinen Beruf beleidigt zu haben, in erster Instanz freigesprochen worden, weil jene Aeußerungen in Ausübung eines politischen Rechts gemacht worden seien; vor dem App.-Richter erfolgte die Verlesung jener Schrift, ohne daß das Protokoll über den Zweck dieser Verlesung etwas ergeben hätte; das AG. sah dieselbe aber als neue Beweiserhebung an, stellte eine beleidigende Absicht der Angeklagten fest und verurtheilte. Auf die NB. der Angeklagten erfolgte Vernichtung dieses Erkenntnisses, indem erwogen wurde:

daß das Audienzprotokoll zweiter Instanz eine Beweiserhebung nicht bekundet, und die im Eingange derselben erwähnte Vorlesung der rc. Flugschrift weder ausdrücklich zum Zwecke der Beweisaufnahme erfolgt ist, noch stillschweigend dafür angesehen werden konnte, da sie gemäß der Fassung des Protokolles zu Anfang des Referates stattfand, mithin noch gar nicht übersehen werden konnte, was in erster Instanz für erwiesen angenommen und was dabei bedenklich und etwa näher zu ermitteln sei;

daß in den Erkenntnißgründen die Vorlesung der Druckschrift zwar als eine „wiederholte Beweisaufnahme involvirende" bezeichnet, diese Bezeichnung aber nach Vorstehendem ebenso ungerechtfertigt, als keinesfalls geeignet ist, die im Protokolle mangelnde Beurkundung über die Beobachtung wesentlicher Theile des Verfahrens zu ergänzen, durch welche die Angeklagten hätten in Stand gesetzt werden müssen, ihre Vertheidigung gehörig zu führen, und insbesondere gegen Abänderungen des in erster Instanz festgestellten Thatbestandes zu richten.

Antr. des OStA.s: gleichl. [23. — 2.]

Nichtigkeitsbeschwerde. — Staatsanwalt. — Mittheilung.

Die Nichtigkeitsbeschwerde des Angeklagten ist dem beim Gerichte erster Instanz fungirenden Staatsanwalt mitzutheilen, und er ist zur Gegenerklärung berufen, wenn nicht der Ober-Staatsanwalt die betr. Funktionen übernimmt.

Vdn. v. 3. Jan. 1849 § 144 [vgl. dort n. 3; RdOTr. 2. S. 546].

Beschl. (II.) v. 23. April 1863 c. Allers (36. B. II. Cr.).

Das KG. hatte die vom Angekl. gegen das Erk. des AG.s ergriffene NB. dem OStA. mitgetheilt, sodann die von dem letztern beantragte Mittheilung an den StA. beim KG. abgelehnt, und nach dem Ablauf der Frist des § 144 cit. die Akten dem OTr. eingereicht. Auf die Beschw. des OStA.s hat das letztere die Mittheilung an den StA. angeordnet. Gründe:

Nach § 144 [cit.] ist das Rechtsmittel der NB. bei dem Gerichte erster Instanz zu instruiren und daher auch dem bei diesem fungirenden StA. die Beschwerde des Angeklagten mitzutheilen. Die Funktionen der StA.-schaft bei dem Gerichte erster Instanz zu übernehmen ist allerdings auch der OStA. befugt, wenn er es für zweckmäßig hält (§ 10 a. a. O.) und es kann daher keinem Bedenken unterliegen, daß, wenn von ihm auf eine NB. des Angekl. die Erklärung der Staatsanwaltschaft abgegeben worden ist, dem Gesetze Genüge geschehen ist. Wie aber bereits in dem Beschl. v. 3. Sept. 1862 (RdOTr. 2. S. 546) angegeben ist, folgt aus dem Grundsatze, daß gegen ein App.s-

Erk. nur der OStA. die NB. einzulegen befugt ist, und aus der Vorschrift des § 144 nicht, daß in dem Falle, wo nur der Angeschuldigte die NB. gegen ein App.-Erk. einlegt, eine darauf von der StA.-schaft abzugebende Gegenerklärung nur dem OStA. zukomme oder obliege, vielmehr steht besonders einem Ansuchen, wie es in dem vorliegenden Falle dahin gestellt wurde, die im § 144 vorgeschriebene Mittheilung an den bei dem Gerichte erster Instanz, welches das Rechtsmittel zu instruiren hat, fungirenden StA. zu bewirken, ein gesetzliches Hinderniß durchaus nicht entgegen.

Antr. des GStA.s: gleichl. [26. — 4.]

---

1. Hehlerei. — Gewohnheit. — Personenzahl.
2. Untersuchungshaft. — Anrechnung.

1. Zum Begriffe der gewohnheitsmäßigen Hehlerei bedarf es nicht der Einlassung mit verschiedenen Personen.

StGB. § 239 [vgl. dort n. 3].

2. Die Untersuchungshaft darf nicht auf die zu erkennende Strafe angerechnet werden.

StGB. § 10 [vgl. dort n. 2]; § 14 [vgl. dort n. 1].

Erk. (Z. I.) v. 24. April 1863 c. Priewe & Levy (362. I. Cr.).

Das Erk. spricht die vorstehenden Grundsätze ohne weitere Begründung unter Hinverweisung auf die früheren Entscheidungen des Ober-Tribunals aus.

Antr. des GStA.s: gleichl. [28. — 4.]

Todtschlag. — Absicht. — Körperverletzung. — Geschwornenspruch.

Im Falle eines durch einen vorsätzlich abgefeuerten Schuß verübten oder versuchten Todtschlags bildet die Absicht zu tödten nicht einen die Hauptthat begleitenden Umstand, in Betreff dessen im Geschwornenspruche das Stimmenverhältniß besonders anzugeben wäre.

Ges. v. 3. Mai 1852 Art. 91 [dort einzutr. als n. 20a; vgl. n. 15].

Erk. (Z. I.) v. 24. April 1863 c. Koltermann (465. I. Cr.).

Die Geschwornen hatten die Frage:

Ist K. schuldig, — — ein mit Rehposten geladenes Gewehr auf den 2c. Z. vorsätzlich und in der Absicht, ihn zu tödten, jedoch ohne Ueberlegung, abgeschossen, hierdurch aber eine Handlung unternommen zu haben, welche den Anfang der Ausführung eines Todtschlags enthält, 2c.

einfach mit: „Ja, schuldig, mit mehr als sieben Stimmen" beantwortet, und der GH. hatte die Strafe aus § 176. 31. 32 des StGB.s verhängt. Die NB. des Angekl. rügte Verletzung des Art. 91 des Ges. v. 3. Mai 1852, weil die vorsätzliche Verletzung eines Menschen durch einen Schuß ein Vergehen sei, die hinzutretende Absicht, ihn zu tödten, also einen die einfache Strafthat qualifizirenden und erschwerenden Umstand darstelle, über welchen die Geschwornen hätten besonders abstimmen, und das Ergebniß im Ausspruch besonders erwähnen müssen. Zurückweisung. Gründe:

Es ist allerdings durch die Pl.-Entsch. v. 17. Dez. 1855 c. Koch und Hübenthal der Grundsatz ausgesprochen, daß im Sinne des gedachten Art. 91 begleitende erschwerende Umstände solche sind, welche, als die Hauptthat, d. h. die schon in einfacher Gestalt strafbare Handlung qualifizirend, die That unter ein härteres Strafgesetz fallen lassen, also auch die Momente, welche die schon in einfacher Gestalt strafbare Handlung dergestalt qualifiziren, daß diese dadurch in dem System des materiellen Strafrechts einen strafrechtlichen Charakter erhält, sie dadurch zu einem Verbrechen oder zu einem schweren Verbrechen wird. Allein dieser damals auf den Mord in seinem Verhältnisse zum Todtschlag angewendete Grundsatz paßt nicht auch auf den Todtschlag allein in seinem Verhältnisse zur Körperverletzung. Die bei dem Todtschlag erforderte Absicht zu tödten verhält sich zu dem einfachen Vorsatz bei der Körperverletzung oder der Absicht, körperlich zu verletzen, nicht wie eine Steigerung von dem Niederen zum Höheren, sondern sie ist eine in ihrem Zwecke verschiedene Absicht von der letzteren, die nur deshalb, also nur wegen dieses verschiedenen, eine höhere Rechtsverletzung verfolgenden Zweckes von dem Gesetze mit einer schwereren Strafe bedroht ist. Die Absicht zu tödten ist demnach ein eigenthümliches für sich bestehendes Kriterium des Todtschlags, sie wird durch das Hinzutreten der Ueberlegung zum Dolus des Mordes gesteigert, enthält aber nicht in einfacher Gestalt den bloßen Dolus der Körperverletzung, jedenfalls nicht in dem Sinne des Art. 91 in der Art, daß sie diesem mit qualifizirender Wirkung hinzutritt, sondern sie bildet an Stelle dieses ein besonderes Verbrechen.

Antr. des GStA.s: gleichl. [15.—4.]

Disziplin. — Rechtsanwalt. — Ehrenrath. — Perhorreszenz.

Der Ehrenrath der Rechtsanwalte kann ein bei ihm selbst vom Angeschuldigten angebrachtes Perhorreszenzgesuch prüfen, und, wenn er dasselbe als gänzlich unbegründet befindet, unberücksichtigt lassen.

Ges. v. 21. Juli 1852 § 70. Vgl. Strafverf. S. 55 n. 6; RdOTr. 1. S. 164. 378; 2. S. 378.

Erk. (Best. I. Civ.-Sen.) v. 27. April 1863 c. Rechts-Anwalt S. (303 D.).

Der RAnw. S., wegen eines Dienstvergehens disziplinarisch verfolgt, verweigerte die Einlassung auf die Sache, weil der Ehrenrath die betr. Thatsache früher bei der StA.-schaft zur Anzeige gebracht habe, die einzelnen Mitglieder daher möglicher Weise zu einem Zeugnisse berufen sein könnten. Der Ehrenrath verwarf diesen Einwand. S. ergriff demnächst gegen das verurtheilende Erkenntniß die Berufung, und machte geltend: nach § 70 cit. habe der Ehrenrath über den gemachten Einwand nicht selbst beschließen dürfen, vielmehr habe er die Sache an das hierfür allein zuständige AG. abgeben, und dessen Entscheidung über diesen Präjudizialpunkt abwarten müssen. Das OTr. hat das erste Erk. bestätigt, und rücksichtlich der gedachten Beschwerde ausgeführt:

Würde es auch, sofern der Ehrenrath ein gehörig substanziirtes, auf gesetzlichen Gründen beruhendes Perhorreszenzgesuch nicht beachtet hätte, eine Nichtigkeit der vor ihm gepflogenen Verhandlung und des darauf gefällten Urtheils nach sich ziehen, so kann doch die Verletzung einer wesentlichen Vorschrift des Verfahrens darin nicht gefunden werden, daß derselbe einer vom Angeschuldigten ohne zureichende Veranlassung vorgebrachten, völlig unberechtigten Rekusation keine Folge gegeben, dieselbe vielmehr für unbegründet erklärt und die Untersuchung durch Vornahme der Haupt- und Beweisverhandlungen, sowie durch Entscheidung der Sache in erster Instanz zu Ende geführt hat. Die Kompetenz der hierzu berufenen Disziplinarbehörde läßt sich willkührlich, mittelst der bloßen Aufstellung ungenügender Perhorreszenzgründe, durch den Angeschuldigten nicht beseitigen. — Die entgegengesetzte Ansicht wird durch den dafür allegirten § 70 des Ges. v. 21. Juli 1852 so wenig, wie durch irgend eine prozeßrechtliche Bestimmung unterstützt. Nach § 70 cit. hat das AG. zwar die, ihm vom Angeschuldigten oder der StA.-schaft gegen die Unbefangenheit des Ehrenraths vorgetragenen Bedenken zu prüfen und geeigneten Falls die Untersuchung zu übernehmen; es ist auch einzuräumen, daß der Ehrenrath verpflichtet ist, dem AG. Anzeige zu machen, und sich jedes Vorgehens in der Sache selbst zu enthalten, sobald Verhältnisse vorwalten, die gesetzlich der Ausübung seiner amtlichen Befugnisse und Pflichten entgegenstehen. — Daraus folgt aber nicht die Nothwendigkeit, schon deshalb, weil seine Zuständigkeit im Perhorreszenzwege vom Angeschuldigten aus unerheblichen Ursachen bestritten worden, zur Vermeidung der Nichtigkeit des Verfahrens dasselbe zu sistiren und dem AG. die weitere Verfügung und Anordnung zu überlassen.

Antr. des GStA.s: gleichl. [—4.]

Beweisantrag. — Nichtberücksichtigung. — Nichtigkeitsbeschwerde.

Die Nichtberücksichtigung eines Beweisantrags kann nur von demjenigen Angeklagten durch Nichtigkeitsbeschwerde gerügt werden, von welchem derselbe ausging.

Vdn. v. 3. Jan. 1849 § 52 [vgl. dort n. 24; RdOTr. 1. S. 125].

Erk. (Z. I.) v. 1. Mai 1863 c. Krause (Nitschke u. Gen. 339. I. Cr.).

Ganz unzulässig ist die Beschwerde, daß der nur von dem Mitangeklagten gestellte Beweisantrag, daß ꝛc., für unerheblich erklärt worden ist. Implorant hat diesen Antrag und die desfallsige Behauptung nie aufgestellt, ihm ist daher mit Verwerfung eines von ihm nicht ausgegangenen Antrags auch keine Beschwerde erwachsen.

Antr. des GStA.s: gleichl. [48. — 4.]

---

1. Zoll. — Identitätsbezeichnung. — Verletzung.
2. Zolldefraude. — Waarenverschluß. — Verletzung.
3. Zolldefraude. — Betrug. — Strafkumulirung.

1. Die Abnahme der amtlichen Bezeichnung, welche an einer ausgeführten Waare zum Zwecke ihrer künftigen zollfreien Wiedereinführung angebracht war, ist als solche straflos, selbst wenn das abgenommene Zeichen später zu einer mit andern Waaren bewirkten Zolldefraude benutzt wird.

Zoll-Strafges. v. 23. Jan. 1838 § 24.

2. Die mit der Abnahme ꝛc. eines amtlichen Waarenverschlusses verübte Zolldefraude zieht die Strafe des Betrugs nach sich.

Ebendaselbst; vgl. RdOTr. 2. S. 178.

3. Die Betrugsstrafe ist mit der Zolldefraudationsstrafe zu kumuliren, wenn das Z.-Str.-Ges. die Strafkumulirung vorschreibt, sollte auch zur Zeit der Verkündung jenes Gesetzes die betr.

Handlung nicht als Betrug, sondern in anderer Weise, z. B. als Fälschung strafbar gewesen sein.

Ebendaselbst; vgl. oben S. 315.

Erk. (B. I.) v. 1. Mai 1863 c. Cham (349. I. Cr.).

Nach der Zollgesetzgebung können Muster, welche ein Handlungsreisender mit sich führt, wenn sie aus dem Zollvereine ausgeführt waren, in denselben zollfrei wieder eingebracht werden, vorausgesetzt, daß dafür vorher ein s. g. Freipaß erwirkt, und die Identität der eingeführten mit den vorher ausgeführten Mustern in vorschriftsmäßiger Weise festgestellt wird. Letzteres geschieht in der Weise, daß die Muster bei der Ausführung mit dem Amtssiegel bezeichnet werden, welches bei der Wiedereinführung sich unverletzt vorfinden muß. — Der Angekl. Ch. hat eine Anzahl Mäntel bei der Einführung aus dem Auslande als „zollfrei zurückgehende Mustermäntel für das Handlungshaus D. in B." angemeldet; eine nähere Besichtigung ergab aber, daß die mittelst durchgezogener Fäden angebrachten Amtssiegel verletzt und in täuschender Weise wieder befestigt waren, und es ward demnächst ermittelt, daß diese Mäntel mit den für das gedachte Handlungshaus ausgeführten nicht identisch seien. Ch. wurde daher der Zolldefraude und des Betrugsversuchs angeklagt; die Instanzrichter aber straften nur wegen der erstern, weil der Fall des § 24 des Z.-Str.-Ges. hier nicht vorliege, die Zolldefraude aber immer gleichzeitig die Begriffsmerkmale des Betrugs oder Betrugsversuchs in sich schließe, nichts desto weniger aber mit einer besondern Strafe bedroht sei, weshalb die Betrugsstrafe nothwendig ausgeschlossen bleiben müsse. Die NB. des OStA.s behauptete Verletzung des cit. § 24 des Z.-Str.-Ges., weil feststehe, daß echte Amtssiegel von andern Mänteln abgenommen und an nicht identifizirte befestigt seien; da nun dieses als Mittel zur Verübung der Defraude benutzt worden sei, so greife § 24 allerdings Platz, und es sei die Strafe der Fälschung öffentlicher Urkunden (StGB. § 251) verwirkt, und nur der Schw.-GH. sei für die That kompetent gewesen. — Das OTr. hat das kammergerichtliche Erk. vernichtet und die Sache zur nähern Prüfung, ob nicht neben der Strafe für die Zolldefraude auch die Betrugsstrafe verwirkt sei, an das Gericht erster Instanz zurückverwiesen.

Der § 24 des Z.-Str.-Ges. straft, unter Verweisung auf die allgemeinen Strafgesetze, die Abnahme, Verletzung oder sonstige Unbrauchbarmachung des amtlichen Waarenverschlusses als Fälschung öffentlicher Urkunden. Er beschränkt also den Thatbestand auf jene drei Handlungen,

durch welche der amtliche Waarenverschluß beseitigt oder doch in seiner Beweiskraft alterirt werden soll. Diese Beschränkung hat insofern einen Sinn, als, für den Bereich der Zollgesetze, der Waarenverschluß fast ausschließlich nur den Zweck hat, die Identität der Waare zur Führung des darauf haftenden fiskalischen Anspruches auf den Zoll zu wahren. Die Beseitigung des Verschlusses würde diesen Anspruch aufheben oder doch seinen Beweis wesentlich erschweren. Nach § 55 der Z.-Ordn. hat daher der Waarenverschluß den Zweck:

> sich zu versichern, daß die Waare bis zur Lösung des Verschlusses durch ein dazu befugtes Amt nach Menge, Gattung und Beschaffenheit unverändert bleibe.

Die Verletzung des Verschlusses hat demnach gemäß § 58 die Folge der Entrichtung des Eingangszolles. Hieraus folgt, daß die gedachte Vorschrift des § 24 des Z.-St.-Ges. unmittelbar auch nur auf die darin genannten Handlungen angewendet werden kann. Die Handlung des Angeklagten, soweit sie in der Abnahme oder sonstigen Beseitigung oder Unbrauchbarmachung des Verschlusses an den zu seinen Gunsten durch diesen Verschluß identifizirten Mänteln bestand, war sonach straflos; der Angeklagte war dazu vollkommen befugt, weil er dadurch nicht einen auf den Mänteln haftenden Zollanspruch des Fiskus beseitigte, sondern im Gegentheil einen solchen Anspruch für den Fall, daß er die Mäntel in den Zollverein wieder einführen wollte, begründete, mithin die Zollfreiheit zu seinem eigenen Nachtheil beseitigte.

Es ist nun aber unstatthaft, diese völlig erlaubte Handlung dadurch zu einer strafbaren zu qualifiziren, daß sie, wie behauptet wird, zugleich als Hülfsmittel für eine andere angeblich strafbare Handlung gedient haben soll. Diese letztere Handlung hat in der Anlegung der von den identifizirten, mit einem Freipaß ins Ausland gegangenen Mänteln abgenommenen Verschlußmittel an andere nicht identifizirte und nicht mit dem Freipaß versendete Mäntel bestanden. Ist diese Handlung strafbar, so wird sie als solche, also als Anlegung falscher amtlicher Verifizirungsmittel gestraft, nicht aber deshalb, weil dazu jene Abnahme der ächten Verifizirungsmittel als Vorbereitung oder Hülfsmittel gedient hat, am wenigsten wird diese Abnahme dadurch für sich allein strafbar.

Wollte man aber hiervon absehen, und unter den angeführten Umständen die gedachte Abnahme nach § 24 des Z.-St.-Ges.s für strafbar erklären, so würde darauf aus den in dem Beschl. v. 20. Dez. 1861 c. Pfuhl (RdOTr. 2. S. 178) angeführten Gründen, so wie aus den nachfolgend angeführten Gründen nicht die Strafe der Urkundenfälschung nach § 251 StGB., wie solche der OStA. in Antrag bringt, anwendbar sein.

Es fragt sich hiernach, ob, da der § 24 cit. aus den oben angeführten Gründen unanwendbar ist, die Handlung mit den Instanzrichtern überhaupt straflos, resp. nur mit der den Angeklagten ohnedies treffenden Strafe der Zolldefraudation zu ahnden ist. Die Instanzrichter gehen nämlich davon aus, daß in dem Thatbestande der Zolldefraudation immer auch derjenige des Betruges mit enthalten, nach einer milderen Auffassung der Gesetzgebung also durch die Strafbarkeit der ersteren absorbirt sei. Dieser Grundsatz ist in seiner Allgemeinheit nicht richtig. Der § 23 des Z.-St.-Ges.s ordnet bei der Konkurrenz anderer — also gemeiner — Verbrechen mit einem Zollvergehen die besondere Ahndung der ersteren an. Die vorliegende Handlung könnte als Fälschung oder als Betrug besonders strafbar sein. In der That erachtet der § 24 cit. die Abnahme u. s. w. der Verschlußmittel, und der § 87 der Steuer-Ord. v. 8. Febr. 1819 die Anlegung falscher Verschlußmittel resp. die Veränderung der Stempel u. s. w. auf den Geräthen für eine Fälschung. Sie bestimmen dafür aber nicht einen besonderen, für die Steuergesetzgebung überall und dauernd anwendbaren Thatbestand der Fälschung, und auch nicht eine besondere Strafe dafür, sondern verweisen in dieser Hinsicht lediglich auf die allgemeinen Strafgesetze. Aus diesem Mangel eines besonderen, für den Bereich der Steuergesetzgebung unverändert maaßgebend bleibenden Thatbestandes, also aus der Beziehung auf das gemeine Strafrecht überhaupt folgt also, daß jene Strafbestimmungen auch den Aenderungen folgen müssen, welche dieses gemeine Strafrecht in Bezug auf den Thatbestand der Fälschung erleidet. Das ALR., auf welches sich die Zollstrafgesetzgebung von 1838 als das gemeine Strafrecht des Landes bezog, kannte nur, wie das gemeine deutsche Strafrecht, unter dem Gattungsbegriff des Betruges als besondere, aber qualifizirte Art desselben ein allgemeines Verbrechen der Fälschung (§ 1378 II. 20), also die Herstellung eines falschen Gegenstandes überhaupt, oder die Veränderung eines ächten Gegenstandes zum Zwecke der Täuschung Anderer. Unter diesen weiten Begriff der Fälschung konnte, zumal auch die in den §§ 1380 f. angegebenen Fälle nur als besonders qualifizirte Handlungen gelten sollten, somit auch die Abnahme ächter und die Anlegung falscher Verschlußmittel an Waaren oder Geräthen zur Täuschung der Steuerbehörde gerechnet werden.

Das StGB. hat jedoch diesen allgemeinen Begriff der Fälschung aufgehoben, und, getrennt von dem Vergehen des Betruges, das besondere Verbrechen der Urkundenfälschung aufgestellt. Nach dem Wortlaut des § 247 StGB. und nach der Entstehungsgeschichte des Titels 23 des StGB.s ist dieses Verbrechen auf schriftliche, d. h. geschriebene, Dokumente beschränkt, obwohl, was hier dahin gestellt bleiben kann, die Ausdehnung auch auf die Fälschung oder Verfälschung der Beglaubigungsmittel geschriebener Urkunden, wie Siegel, in Frage kommen kann. Dergleichen Beschränkung unterliegen somit auch die im § 251 genannten öffentlichen Urkunden, wie dies auch der Wortlaut der Vorschrift zeigt.

Fälschungen oder Verfälschungen anderer Art oder an anderen Objekten als an solchen Dokumenten fallen demnach nach dem StGB. nur unter den Betrug. Dies gilt also auch von den Handlungen, welche die Steuergesetze Fälschungen nennen, und rücksichtlich deren sie auf das ALR. verweisen. An die Stelle des letzteren ist ausschließlich das StGB. getreten, und in diesem fehlt es, wie gezeigt, an anderen Strafbestimmungen für solche Handlungen außer denen über den Betrug.

Sie fallen aber auch in der That unter einen solchen, nach § 23 des Z.-St.-Ges.s neben der Zolldefraudation besonders zu bestrafenden Betrug.

Den allgemeinen Begriff der Zolldefraudation kann man in den §§ 1 und 2 dieses Gesetzes, in den beiden Sätzen finden:

> Wer es unternimmt, Gegenstände, deren Ein- oder Ausfuhr verboten ist, diesem Verbote zuwider, ein- oder auszuführen u. s. w.—

und

> Wer es unternimmt, dem Staate die Ein-, Aus- oder Durchgangs- oder die an der Grenze zu erhebenden Ausgleichungs-Abgaben zu entziehen u. s. w.

Spezieller sind diese Handlungen in den §§ 6 f. zu dem Zwecke angegeben, um zu bestimmen, wann die Zolldefraudation als vollbracht angesehen werden soll. Hiernach genügt in der Mehrzahl der Fälle ein Verhalten, welches an und für sich weder nach dem ALR. noch viel weniger nach dem StGB. als gemeiner Betrug zu erachten sein würde, während dies allerdings in anderen Fällen, z. B. bei der unrichtigen Deklaration oder der Verheimlichung bei der Revision u. s. w. angenommen werden muß. In der Allgemeinheit ist es daher unrichtig, daß die Zolldefraudation immer zugleich als eine im gesetzlichen Sinne betrügerische Handlung gegen den Fiskus zu betrachten sei, und eben deshalb auch die sonst verwirkte Strafe des Betruges durch diejenige der Zolldefraudation absorbirt werde. Der Grundsatz läßt sich in dieser Allgemeinheit aus dem Z.-St.-Ges. nicht herleiten.

Will man indeß auch annehmen, daß derselbe als nothwendige Konsequenz aus dem Umstande folge, daß auch gegen die in dem Z.-St.-Ges. als einfache Defraudationen bezeichneten Fälle, in denen, wie erwähnt, in der That auch die Handlung zugleich den Thatbestand des gemeinen Betruges enthält, dennoch nur die Defraudationsstrafe angedroht ist, mithin in den anderen Fällen ein Hinzutreten betrügerischer Handlungen zu der Defraudation nicht wohl die besondere Betrugsstrafe begründen kann; daß ferner selbst in den im § 11 des Z.-St.-Ges.s bezeichneten Fällen der qualifizirten Defraudation, welche unzweifelhaft betrügerische Handlungen erheblicher Art betreffen, auch nur die wenn auch verschärfte Defraudationsstrafe eintreten soll, so darf doch nicht außer Acht gelassen werden, daß das Z.-St.-Ges., wenn es sonach in der That überall die besondere Betrugsstrafe nicht gewollt hat, doch nur den gemeinen Betrug überhaupt, abgesehen von seiner damals qualifizirten Art, nämlich von der Fälschung, wie das ALR. nach der obigen Ausführung beide kannte, vor Augen gehabt haben kann. Es ist also undenkbar, daß auch solche Fälschungen durch die Defraudationsstrafe allein sollten getroffen werden, bloß weil sie nach dem System des ALR.s nur eine qualifizirte Art des allgemeinen Verbrechens des Betruges im weiteren Sinne waren. Der § 143 der Z.-Ordn. v. 26. Mai 1818 strafte daher auch allgemein den Gebrauch falscher Frachtbriefe, verfälschter Begleitscheine oder anderer unrichtiger Papiere zum Zweck der Verübung einer Zolldefraudation nach den allgemeinen Strafgesetzen mit der Fälschungsstrafe, und fügte sodann im § 144 die gleiche Strafandrohung, welche jetzt der § 24 des Z.-St.-Ges.s v. 23. Jan. 1838 enthält, gegen die Abnahme, Verletzung u. s. w. des Waarenverschlusses hinzu. Eben so, wie jener § 143, lautet sodann auch — für den Bereich der Konsumtionssteuer-Gesetzgebung — der § 86 der St.-Ordn. v. 8. Febr. 1819, indem er sich zugleich der allgemeineren Bezeichnung „verfälschter und überhaupt unrichtiger Papiere oder B e s c h e i n i g u n g e n“ bedient.

Indem nun aber das Z.-St.-Ges. v. 1838 den § 143

des Zollgesetzes v. 1818 nicht wiederum aufgenommen hat, folgt nicht, daß es auch diese Art des qualifizirten Betruges durch Fälschung nach dem obigen Grundsatze durch die Defraudationsstrafe allein habe wollen absorbiren lassen, vielmehr folgt im Gegentheil, daß dasselbe nicht diese Art der Fälschung allein, wie sie der § 143 enthält, sondern daß es alle Fälschungshandlungen, soweit sie nach dem ALR. als solche strafbar waren, neben der Zolldefraudation besonders bestraft wissen will. Eine andere Auslegung des Gesetzes führt zu Widersprüchen, die mit dem § 23 des Z.-St.-Ges.s unvereinbar sind.

Hat aber das Z.-St.-Ges. jene besondere Ahndung unzweifelhaft gewollt, so kann seine Absicht dadurch nicht hinterher erfolglos geworden sein, daß durch die Aenderung der Strafgesetzgebung nunmehr die Mehrzahl der Handlungen, welche das ALR. als Fälschungen strafte, in den Thatbestand des gemeinen Betruges nach § 241 StGB. fallen. Das Verhältniß ist vielmehr unter der oben gedachten Voraussetzung, daß in den gewöhnlichen Fällen nach dem Z.-St.-Ges. die Strafe der Defraudation zugleich die Strafe des Betruges mit enthalte, in folgender Art aufzufassen: das Z.-St.-Ges. ist im Allgemeinen ein selbstständiges und erschöpfendes Strafgesetz über alle strafbaren Handlungen in Beziehung auf die Zollgesetzgebung; es ist daher nach seinem Zwecke und Geiste besonders auszulegen, soweit es sich nicht in einzelnen seiner Vorschriften ausdrücklich auf das gemeine Strafrecht bezieht, daher in diesen Vorschriften denjenigen Veränderungen mit unterliegt, welche dieses Strafrecht hinterher erfahren hat; selbstständige, nicht ausdrücklich auf das gemeine Strafrecht sich beziehende Vorschriften enthält es aber über den Thatbestand der Zolldefraudation, und, wenn es dabei diejenigen Handlungen, welche zugleich den Thatbestand des Betruges darstellen würden, dennoch nur mit der Strafe der Zolldefraudation bedroht, so muß, nach jenem Grundsatze über seine selbstständige Auslegung, angenommen werden, daß es hierbei nur den Begriff des gewöhnlichen Betruges im ALR., also mit Ausschluß der Fälschungen, mithin mit Ausschluß der qualifizirten Fälle des allgemeinen Verbrechens des Betruges vor Augen gehabt, also nach der Regel des § 23 deren besondere Bestrafung gewollt habe; daß diese Absicht aber dadurch allein nicht ein Hinderniß gefunden haben kann, daß die später veränderte Gesetzgebung in dem StGB. jene Fälle nicht mehr als qualifizirten, sondern nur noch als gewöhnlichen Betrug ahndet, als ersteren vielmehr nur die im § 243 StGB. angeführten auszeichnet.

Diese Auffassung wird durch die Andeutungen unterstützt, welche, wie erwähnt, das Z.-Ges. v. 26. Mai 1818 und welche die übrigen Steuergesetze, welche zur Zeit der Geltung des Strafrechts im ALR. erlassen sind, enthalten, so wie durch die Betrachtung, daß die Regeln über die Konkurrenz nur dann ausgeschlossen sind, wenn in dem vom Gesetze angegebenen Thatbestande einer strafbaren Handlung zugleich die Merkmale anderer strafbaren Handlungen enthalten sind, deren Strafbarkeit mithin in derjenigen der Haupthandlung aufgeht, während hier der gesetzliche Thatbestand der Zolldefraudation die Merkmale der Fälschung nach dem damaligen Strafrecht zur Zeit der Emanation des Zollstrafgesetzes nicht enthält. Endlich wird diese Auffassung auch durch dasjenige unterstützt, was in dem B. Pl. v. 25. März 1861 c. Bussas (RdOTr. I. S. 316) und in den denselbem vorangegangenen Erörterungen über das Verhältniß älterer Spezialgesetze zu dem StGB. ausgeführt ist.

Antr. des GStA.s: gleichl. [15.—4.]

Appellationsrichter. — Verspätete neue Anführungen.

Der Appellationsrichter kann nicht bloß verspätete Appellationsschriften, sondern auch mündlich vorgebrachte neue Anführungen nach dem Ablaufe der betr. Frist noch zulassen.

Ges. v. 3. Mai 1852 Art. 104 [vgl. dort n. 3].

Erk. (V. I.) v. 1. Mai 1863 c. Kozock (354. I. Cr.).

Das AG. hatte einen erst nach Ablauf der betr. Frist in der Sitzung gestellten Antrag auf Erhebung eines neuen Beweises deshalb abgelehnt, weil Art. 104 cit. nur die nachträgliche Zulassung von Appellationsschriften gestatte, dieses aber auf mündlich angebrachte Nachträge zur App.-Rechtfertigungsschrift nicht auszudehnen sei. Auf die NB. des Angekl. erfolgte Vernichtung. Gründe:

Der Art. 104 cit. erkennt jedenfalls das allgemeine Prinzip an, daß unter besonderen Umständen, also besonders dann, wenn erhebliche Gründe in Beziehung auf die Verspätung angeführt werden, wenn die behaupteten Thatsachen geeignet sind, eine andere Entscheidung herbeizuführen, u. s. w., die im § 129 der Vdn. v. 3. Jan. 1849 vorgeschriebene Frist nach dem Ermessen des AG.s ihren präklusivischen Charakter nicht behalten soll. Das Gesetz will also dem App.-Richter ein Hülfsmittel mehr gewähren, um die materielle Wahrheit zu erforschen. Bei diesem deutlichen Zwecke des Gesetzes ist es aber offenbar gleichgültig, ob die neuen Anführungen in der Form einer Appellationsschrift resp. einer Gegenschrift, oder in schriftlichen Nachträgen zu solchen enthalten sind, oder ob sie auf den Vortrag der Partei in das Audienzprotokoll aufgenommen werden, also auch in dieser Form schließlich dem erkennenden Richter schriftlich vorliegen. So hat auch das OTr. bisher stets erkannt.

Antr. des GStA.s: gleichl. [15.—4.]

Mißhandlung. — Begießen mit Urin.

Das vorsätzliche Begießen mit Urin stellt eine Mißhandlung dar.

StGB. § 187 [vgl. dort n. 8].

Erk. (Z. I.) v. 1. Mai 1863 c. Rathmann (383. I. Cr.).

Es ist völlig zutreffend, wenn die Instanzrichter, welche es für erwiesen erachten, daß die Angekl. den 2c. F. vorsätzlich mit Urin begossen habe, in einer solchen Handlung, die geeignet ist, ein körperliches Mißbehagen zu erregen, selbst wenn nur die Kleider von der Flüssigkeit getroffen würden, eine Mißhandlung gefunden haben.

Antr. des GStA.s: gleichl. [46.—4].

Sitzungsprotokoll. — Geschworne. — Hinverweisung.

Es begründet keine Nichtigkeit, wenn im Sitzungsprotokolle statt der namentlichen Aufzählung der Geschwornen auf das Separatprotokoll über die Bildung des Schwurgerichts verwiesen und gesagt ist: die dort genannten und vereideten Geschwornen seien anwesend gewesen.

Ges. v. 3. Mai 1852 Art. 78 [vgl. dort n. 12].

Erk. (Z. I.) v. 1. Mai 1863 c. Mennicke (484. I. Cr.).

Es läßt sich nicht behaupten, daß nach dem, im vorliegenden Falle eingeschlagenen Verfahren die Namen der Geschwornen in dem Schw.-Gs.-Protokolle nicht enthalten sind, da auf die unmittelbar vorangehende Verhandlung von demselben Tage über die Bildung des Schw.-G.s Bezug genommen ist, und in dieser die Namen der ausgeloosten Geschwornen speziell aufgeführt stehen, in dem Schw.-Gs.-Termine auch weder der Angekl. noch auch dessen Vertheidiger, so wenig wie jetzt, behauptet haben, daß andere, als die berechtigten Geschwornen zu der Hauptverhandlung zugezogen worden seien.

Antr. des GStA.s: gleichl. [20.—4.]

1. Preßvergehen. — Referat. — Fremde Aeußerung. 2. 3. Redakteur. — Objektiver Thatbestand. — Dolus. — Vertheidigung von Gerechtsamen.

1. Der strafbare Inhalt eines Preßerzeugnisses wird deshalb nicht straflos, weil dasselbe lediglich ein Referat der Aeußerungen eines Andern darstellt.

Preßges. v. 12. Mai 1851 §§ 34—37. [Vgl. StGB. S. 249 n. 20 a.]

2. Der Redakteur eines kautionspflichtigen Blattes unterliegt der Strafe des § 37 l. c., sobald der Inhalt desselben objektiv den Thatbestand einer Strafthat enthält; auf Dolus und Kulpa kommt es dabei nicht an.

Ebendas. § 37. Vgl. oben S. 48. 312. Sic: Z. I. 3. April 1857 c. Voigt, JMBl. S. 206; Z. II. 7. Jan. 1858 c. Fischer, G.A. 6. S. 99; Z. I. 13. Mai 1859 c. Levysohn, 421, JMBl. S. 235.

3. Ebendeshalb kann es dem Redakteur auch nicht zu Statten kommen, wenn der Verfasser des betr. Artikels aus dem Grunde straflos bleiben muß, weil derselbe die Aeußerungen zur Vertheidigung einer Gerechtsame gemacht hat.

Ebendas. § 37; StGB. § 154 [dort einzutr. als n. 18].

Beschl. (I.) v. 1. Mai 1863 c. Wiemann (Hacker u. Gen. 125. B. I. Cr.).

Die von W. redigirte — Zeitung hatte ein Referat über die Verhandlungen der Stadtverordnetenversammlung zu St. gebracht und darin eine von dem Kaufmann H. dort gemachte Aeußerung wiedergegeben, in welcher der Thatbestand des § 102 des StGB.s gefunden wurde. Der StA. beantragte daher die Eröffnung der Untersuchung gegen beide aus dem cit. § 102, und gegen W. aus § 37 des Preßges. — Die Eröffnung der Untersuchung gegen H. erfolgte, dagegen lehnten beide Instanzgerichte die Eröffnung in Betr. des W. ab, weil ihm der Nachweis der Absicht zu beleidigen nicht geführt, und weil die Mittheilung der Aeußerung eines Andern als bloßes Referat, auch wenn dieselbe Beleidigungen enthalte, nicht als Beleidigung strafbar sei. Auf die Beschw. des OStA.s erfolgte Aufhebung des app.-gerichtlichen Beschlusses und Eröffnung der Untersuchung gegen W. aus § 37 des Preßgesetzes, indem erwogen wurde:

daß gegen den rc. H. die Untersuchung wegen Beleidigung des Staatsministeriums durch den Gebrauch des gedachten Ausdrucks in der Stadtverordnetenversammlung aus § 102 StGB. eingeleitet, demnach, soweit dies für diese Einleitung der Untersuchung erforderlich, der objektiv beleidigende, also strafbare Charakter des Ausdrucks anerkannt ist; — daß mithin durch die Aufnahme desselben Ausdrucks in das Referat der Zeitung ein Preßvergehen vorliegt, weil der objektiv beleidigende, also strafbare Charakter nicht dadurch aufhören kann, ein solcher zu sein, weil er durch die Presse wiederholt worden ist; — daß der § 37 des Preßges. v. 12. Mai 1851 den Redakteur in allen Fällen wegen des strafbaren Inhalts seines Blattes, also wenn dadurch ein Preßvergehen begangen worden, mit Strafe bedroht, das Preßvergehen an sich auch stehen bleibt, selbst wenn wegen desselben eine verantwortliche Person nicht verfolgt werden kann (§ 50), wie hier, wo die Untersuchung gegen den H. nur wegen der mündlichen Aeußerung eingeleitet, im Uebrigen aber der W. persönlich wegen des durch die Aufnahme des Artikels als Thäter oder Theilnehmer verübten Vergehens aus § 102 außer Verfolgung gesetzt ist; — J.E., daß hiernach die Thatsache allein, daß in ein kautionspflichtiges Blatt ein Artikel strafbaren Inhalts aufgenommen ist, den Redakteur desselben in allen Fällen, und ohne daß es hierbei des Nachweises des Dolus oder einer strafbaren Kulpa bedarf, verantwortlich macht, weil das Gesetz von ihm im öffentlichen Interesse die Vertretung des seiner Aufsicht unterworfenen Blattes auch in strafrechtlicher Beziehung fordert, und er von dieser Vertretung nur dann als befreit gedacht werden kann, wenn der inkriminirte Artikel von ihm auch bei Anwendung der ihm obliegenden Sorgfalt gar nicht für strafbar gehalten werden konnte, wovon, nach Lage der Sache, keine Rede sein kann; — J.E., daß die in dem Beschlusse des AG.s enthaltene Berücksichtigung des § 154 StGB. hier, wo es sich lediglich um die Anwendung des § 37 des Preßges.s, also um die bloß objektive Strafbarkeit des inkriminirten Artikels in Beziehung auf den Redakteur W. handelt, die etwanigen subjektiven Entschuldigungsgründe in Beziehung auf den H. also gar nicht in Betracht kommen, verfehlt ist.

Antr. des GStA.s: gleichl. [15.—3.]

Angeklagter (verhaftet). — Abschrift der Anklage.

Die Ertheilung einer Abschrift der Anklage an den verhafteten Angeklagten unterliegt dem richterlichen Ermessen.

Vdn. v. 3. Jan. 1849 §§ 49. 50 [vgl. § 49 n. 8].

Beschl. (I.) v. 6. Mai 1863 c. Krobiell (133. B. I. Cr.).

Nach den §§ 49 und 50 der Vdn. v. 3. Jan. 1849 hat der verhaftete Angeklagte kein Recht, eine Abschrift der wider ihn erhobenen Anklage zu verlangen. Die Gewährung eines desfallsigen Antrags liegt daher lediglich in dem Ermessen des Untersuchungsrichters, das im Wege der Beschwerde zur Prüfung des K.OTr.s nach Art. 13 des Ges. v. 3. Mai 1852 nicht gebracht werden kann.

Antr. des GStA.s: gleichl. [20. — 3.]

Wucher. — Kapitalswucher. — Einkleidung. — Handelsgesetzbuch.

1. Die „Einkleidung" des Wuchers ist nicht dadurch bedingt, daß dem betr. Rechtsgeschäfte eine andere, als die ihm seiner Natur nach zukommende Form gegeben werde; es genügt, wenn der Inhalt des Schulddokuments mit der Zinsverabredung nicht übereinstimmt.

StGB. § 263 [dort einzutr. als n. 51 a; Sic: Z. I. 24. Okt. 1862 c. Böse, 934.]

2. Die Verschreibung einer höheren Darlehnssumme als wirklich gegeben worden, sowie die Verlängerung eines solchen Schuldverhältnisses gegen eine übermäßige Vergütung können als eingekleideter Wucher angesehen werden.

StGB. § 263 n. 15. 53. 54.

3. Ein vor Einführung des D. HGB.s verübter, damals strafbarer Wucher wird dadurch nicht straflos, daß durch Einführung des Art. 292

l. c. für den Bewucherten die Zinsbeschränkungen weggefallen sind.

Ebendas. [vgl. dort n. 68]; Einf.-Ges. z. StGB. Art. IV. [vgl. dort n. 4]. Vgl. oben S. 104.

Erk. (Z. II.) v. 7. Mai 1863 c. Heinrich (168. II. Cr.).

H. war des eingekleideten und gewohnheitsmäßigen Wuchers angeklagt; der Richter erster Inst. nahm an, daß er sich in den Jahren 1859—61 in Beziehung auf den rc. Schn. des eingekleideten, und außerdem in Beziehung auf den rc. St. des einfachen Wuchers schuldig gemacht habe; dagegen beseitigte derselbe zwei anderen Fälle aus derselben Zeit, weil die Bewucherten seit der inzwischen erfolgten Einführung des D. HGB.s Kaufleute und jetzt zur Zahlung von Zinsen in unbeschränktem Maaße befugt seien, weshalb der Grunds. des Art. IV. des Einf.-Ges.s dem Angekl. zu Statten komme. Nichts destoweniger fand der erste Richter in den festgestellten beiden Fällen auch den Thatbestand des gewohnheitsmäßigen Wuchers und bestrafte aus § 263. H. appellirte, bestritt in Betr. des Sch.-schen Falles die Einkleidung des Wuchers und stellte unter Beweis, daß auch St. zur Zeit, wo er das Darlehn erhielt, Handelsgeschäfte betrieben und das Darlehn zum Zwecke dieses Handels gebraucht habe, so daß also nur ein einziger nicht eingekleideter Wucherfall (des Sch.) bestehen bleibe. Der App.-Richter bestätigte das erste Erk., indem er den erbotenen Beweis unter Hinverweisung auf den oben unter Nr. 3. an die Spitze gestellten Grundsatz beseitigte und gleichzeitig erwog, daß selbst, wenn auch der St.-sche Fall an und für sich jetzt nicht mehr strafbar sein möchte, doch auf ihn und die beiden andern vom ersten Richter bereits beseitigten Fälle zur Feststellung der Gewohnheitsmäßigkeit des stehen bleibenden Sch.-schen Falles ebenso gerücksichtigt werden dürfe, wie dieses in Betreff verjährter oder abgeurtheilter Fälle (vgl. StGB. § 263 n. 43) statthaft sei. NB. des Angekl. Zurückweisung. Erwogen ward:

daß, wenn wie untergebens von den Instanz-Richtern als erwiesen angenommen worden, bei einem auf 3 Monate gegebenen Darlehne im Betrage von 50 Thlrn. sofort die Summe von 3 Thlrn. einbehalten, gleichwohl aber ein Schuldschein über 49 Thlr. 29 Sgr. ausgestellt und demnächst bei Verfall eine Prolongation auf fernere 3 Monate gegen Zahlung von 4 Thlrn. bewilligt worden ist, die Instanz-Richter in der schriftlichen Verbriefung einer höheren, als der wirklich gegebenen Kapitalsumme eine Einkleidung und Versteckung des an sich wucherlichen Geschäfts im Sinne des Gesetzes ohne Verletzung eines Rechtsgrundsatzes finden konnten, indem zur Herstellung dieses Begriffs nicht nothwendig gehört, daß dem Rechtsgeschäfte, wodurch der Wucher verübt wird, eine andere, als die ihm seiner Natur nach zukommende Form gegeben werde, es vielmehr genügt, daß der Inhalt des ausgestellten Schulddokuments mit der Verabredung des Kontrahenten in Betreff der Zinsen oder desjenigen, was deren Stelle vertritt, nicht in Uebereinstimmung steht, mithin das eigentliche Uebereinkommen durch die Verschreibung versteckt wird;

daß, wenn hiernach dieser Angriff zerfällt, zwar schon durch die, den S.-schen Fall betreffende Feststellung die im angegriffenen Urtheile ausgesprochene, auf das Minimum der gesetzlichen Strafe beschränkte Strafverhängung wegen verschleierten Wuchers sich rechtfertigt;

In Erw., daß aber auch der Angriff, welcher die Nichterhebung des von dem Angekl. angetretenen Beweises über die Qualität des St., als Kaufmannes, rügt, nicht begründet ist;

daß nämlich die Beweisantretung von dem App.-Richter in erster Linie aus dem rechtlichen Grunde zurückgewiesen worden, weil die Bestimmung des am 1. März 1862 in Kraft getretenen Allg. D. HGB.s in Betreff der Gestattung einer höheren Zinsstipulation bei Darlehen an Kaufleute, auf solche Fälle keine Anwendung finde, welche bereits vor dem Eintritt dieser Gesetzeskraft verübt, aber erst später zur Kognition des Strafrichters gebracht worden sind;

daß es eine allgemeine Regel des Strafrechts bildet, daß strafbare Handlungen nach denjenigen Strafgesetzen beurtheilt werden müssen, welche zur Zeit ihrer Verübung in Kraft bestanden, der Art. IV. des Einf.-Ges.s jedoch die Bestimmung enthält, „daß bei solchen Handlungen, welche in dem gegenwärtigen StGB. mit keiner Strafe, oder mit einer gelinderen, als der bisher vorgeschriebenen bedroht sind, die vor dem 1. Juli 1851 (Eintritt der Gesetzeskraft des StGB.s) begangenen Handlungen nach dem gegenwärtigen StGB. beurtheilt werden sollen," — daß diese Bestimmung, auf welche Implorant zur Begründung seines Angriffs sich beruft, wörtlich genommen, auf den St.-schen Fall nicht zutrifft, indem derselbe nach der thatsächlichen Feststellung sich im Jahre 1861, also unter Herrschaft des StGB.s v. 14. April 1851 ereignet hat, und Letzteres gerade diejenige Strafbestimmung (§ 263) enthält, welche vom Appell.-Richter gegen den Angekl. zur Anwendung gebracht, und welche durch kein späteres Strafgesetz aufgehoben, oder gemildert worden ist;

daß aber auch, wenn man den im Art. IV. impl. ausgesprochenen allgemeinen Grundsatz ins Auge faßt, die Argumentation des Angekl., „daß, weil durch die nach Verübung der That eingetretene Veränderung in der Civilgesetzgebung (Art. 292 Abs. 2 des HGB.s) das Ausbedingen höherer Zinsen in gewissen Fällen gestattet worden, obige Regel in den ausgenommenen Fällen nicht mehr eintrete," für zutreffend nicht erachtet werden kann, da daraus, daß der Gesetzgeber aus handelspolitischen Rücksichten bei Darlehen an Kaufleute das Ausbedingen höherer als 6 Prozent Zinsen jetzt gestattet habe, noch keinesweges folgt, daß hierdurch ungeachtet der fortdauernden Strafbarkeit des Wuchers doch das Gebiet des Strafrechts rückwirkend berührt worden sei, oder habe berührt werden sollen, indem auch die Bestimmung des HGB.s selbst civilrechtlich nur für die Zukunft, und nicht rückwirkend, Geltung hat; daß demnach auch dieser Angriff zerfällt.

Antr. des GStA.s: gleichl. [16.—3.]

Anordnung der Obrigkeit. — Maaßnahme der Politik.

Die von der Staatsregierung im Gebiete der äußern Politik getroffenen Maaßnahmen können als Anordnungen der Obrigkeit angesehen werden.

StGB. § 101 [vgl. dort. n. 16; und oben S. 63].

Erk. (Z. II.) v. 7. Mai 1863 c. Theising (180. II. Cr.).

Der App.-Richter hat nicht mit Unrecht angenommen, daß die vom diesseitigen Staate erfolgte Anerkennung des Königreichs Italien als eine Anordnung der Obrigkeit im Sinne des § 101 cit. zu betrachten sei, da die Regierung des Staates von dem Begriffe der Obrigkeit nicht ausgeschlossen ist und Maaßregeln, welche sie im Gebiete der äußern Politik trifft, und die öffentlichen Beziehungen des diesseitigen Staats zu einem andern zu normiren bestimmt sind, auch als Anordnungen der Obrigkeit angesehen werden können.

Antr. des GStA.s: gleichl. [27. — 3.]

---

1. 2. Ehebruch. — Ehescheidung. — Feststellung. — Nichtigkeit.

3. Ehebruch. — Antrag auf Nichtbestrafung. — Zeitpunkt.

1. Im Falle eines Ehebruchs ist die erfolgte Ehescheidung die Bedingung der Bestrafung, nicht aber ein Begriffsmerkmal des Vergehens selbst.

StGB. § 140 [vgl. dort n. 6].

2. Ebendeshalb verstößt die unterlassene Feststellung der erfolgten Ehescheidung im erstrichterlichen Erkenntnisse nicht gegen Art. 31 des Ges. v. 3. Mai 1852 und berechtigt den App.-Richter nicht, das letztere zu vernichten.

Ges. v. 3. Mai 1852 Art. 31 [dort einzutr. als n. 13 a].

3. Die Strafe des Ehebruchs wird nur dann ausgeschlossen, wenn der unschuldige Ehegatte vor Verkündung des erstrichterlichen verurtheilenden Erkenntnisses die Nichtbestrafung beantragt.

StGB. § 140 [vgl. dort n. 18].

Erk. (B. II.) v. 7. Mai 1863 c. Hülse u. Gen. (195. II. Cr.).

Der erste Richter hatte die Angekll. wegen Ehebruchs bestraft, ohne festzustellen, daß wegen dieses Vergehens die betr. Ehe geschieden worden sei. Der App.-Richter vernichtete wegen dieses Mangels auf Grund der Artt. 31 und 102 das Erk., erachtete sodann aber die Bestrafung für ausgeschlossen, weil nach dem ersten Erk. der unschuldige Ehegatte die Nichtbestrafung beantragt habe, dieser Antrag aber noch zu berücksichtigen sei, weil durch jene Vernichtung die Sache in die Lage zurückversetzt sei, in welcher sie sich vor jenem Erk. befunden habe. Auf die NB. des OStA.s ist dieses Erk. vernichtet und das erstrichterliche Erk. wieder hergestellt worden; erwogen ward:

daß der § 140 des StGB.s, indem er die strafrechtliche Verfolgung des Ehebruchs davon abhängig macht, „daß wegen dieses Vergehens geschieden ist," das Vergehen an sich wie natürlich in dem Ehebruch selbst findet und daneben nur eine Bedingung aufstellt, unter welcher allein wegen dieses Vergehens die gerichtliche Untersuchung und Bestrafung eintreten darf; so daß diese Bedingung nicht als ein Theil des Thatbestandes des strafbaren Ehebruchs selbst zu betrachten ist;

daß daher auch, wenngleich das Dasein dieser Bedingung bei der Untersuchung festzustellen ist, um die Anwendung des Strafgesetzes zu rechtfertigen, doch die formelle Prozeßvorschrift des Art. 31 des Ges. v. 3. Mai 1852 darauf keine Anwendung findet, nach welcher das Urtheil erster Instanz hervorheben muß, welche derjenigen Thatsachen, die zu den wesentlichen Merkmalen der den Gegenstand der Entscheidung bildenden strafbaren Handlungen gehören, für erwiesen oder für nicht erwiesen zu erachten seien, und dies insbesondere von solchen Umständen gilt, welche nach Vorschrift der Gesetze die Strafe ausschließen, mildern oder erschweren;

daß folglich das angefochtene App.-Urtheil, indem es auf Grund des Art. 31 das Erkenntniß v. ꝛc. um deswillen vernichtete, weil in demselben der Thatumstand, daß die H. wegen Ehebruchs mit ꝛc. von ihrem Ehemanne A.H. geschieden worden, nicht festgestellt ist, die Vorschrift des Art. 31 c. verkannt, und eine unrichtige Anwendung von dem Art. 102 a. a. O. gemacht hat, weshalb das Erkenntniß zweiter Instanz der Vernichtung unterliegt;

daß, da hiernach das erste Erkenntniß nicht vernichtet werden durfte, dasselbe zu Recht bestand, mithin die erst durch gerichtliches Protokoll v. 2c. abgegebene Erklärung des A. H., wonach er auf die Bestrafung der sämmtlichen Angeklagten verzichtete, verspätet war und daher nach § 140 des StGB.s keine Berücksichtigung mehr finden konnte.

Antr. des GStA.s: gleichl. [14. — 3.]

Strafvollstreckung. — Restitutionsgesuch. — Aussetzung.

Die Vollstreckung eines rechtskräftigen Strafurtheils wird durch die in Folge eines Restitutionsgesuchs des Verurtheilten veranlaßte Einleitung einer Voruntersuchung gegen einen angeblich meineidigen Zeugen 2c. nicht gehemmt; die Aussetzung der Vollstreckung unterliegt vielmehr dem richterlichen Ermessen.

Vdn. v. 3. Jan. 1849 §§ 159 [vgl. dort n. 5] 151. 153; Cr.-Ordn. § 536.

Beschl. (II.) v. 7. Mai 1863 c. Scholber (38. B. II. Cr.).

Aus den §§ 151 und 153 der Vdn. v. 3. Jan. 1849 ist keinesweges zu folgern, daß die Vollstreckung eines rechtskräftigen Strafurtheils, welche nach § 536 der Cr.-Ordn., sofern nicht in der Person des Verurtheilten eingetretene Veränderungen eine Ausnahme begründen, unverzüglich erfolgen soll, jederzeit ausgesetzt werden müßte, wenn auf ein von dem Verurtheilten angebrachtes Restitutionsgesuch das solche Restitution betreffende Verfahren eingeleitet oder gar erst, — wie in dem vorliegenden Falle durch Extrahirung einer Voruntersuchung gegen den des Meineides beschuldigten Sachverständigen K. bei dem ausländischen Gerichte geschehen ist, — vorbereitende Schritte dazu geschehen sind. Vielmehr soll nach jedesmaliger Sachlage das richterliche Ermessen dabei eintreten, wie denn der im JMBl. 1851 S. 142 abgedruckte Entwurf der St.-Pr.-Ordn. § 506 (vgl. auch § 504) dieserhalb bestimmen wollte, daß durch den Antrag eines Verurtheilten auf Wiederaufnahme der Untersuchung die Vollstreckung des Urtheils nicht gehemmt werde.

Antr. des GStA.s: gleichl. [26.—4.]

Zolldefraude. — Frachtführer.

Als Frachtführer im Sinne des § 6 Nr. 1 a des Zoll-Str.-Ges.s ist nicht jeder Waarenführer zu verstehen, sondern nur Fuhrleute und Schiffer.

Zoll-Str.-Ges. v. 23. Jan. 1838 § 6 Nr. 1 a. — Sic: Z. I. 1. Nov. 1854 c. Pagels, 1110, G. Arch. 3 S. 127.

Erk. (Z. I.) v. 8. Mai 1863 c. Arndt (114. I. Cr.).

A., der Knecht eines Gutspächters, war von der Anklage der Zolldefraude freigesprochen worden, weil er die ihm zur Last gelegte unrichtige Deklaration eingebrachter Waaren nicht wider besseres Wissen abgegeben habe. Die NB. des Pr.-St.-Dir.s machte geltend, A. sei Waarenführer gewesen; das sei gleichbedeutend mit „Frachtführer" und § 6 Nr. 1 a l. c. finde auf ihn Anwendung. Zurückweisung. Gründe:

Der Angeklagte, der Knecht eines Gutspächters, ist weder ein Gewerbetreibender, noch ein Frachtführer im Sinne dieses Gesetzes. Hätte das Zollstrafgesetz unter einem Frachtführer jeden Waarenführer verstehen wollen, so würde es sich des letztgedachten Ausdruckes, wie solches in § 2 der Zoll-Ordn. geschehen ist, wo gleichfalls von der Anmeldung beim Grenz-Zollamt die Rede ist, bedient haben, und es ergiebt sich schon daraus, daß in § 9 der Zoll-Ordn. zwischen Waarenführern und Frachtführern ausdrücklich unterschieden wird, daß beide Ausdrücke in der Zollgesetzgebung nicht als gleichbedeutend anzusehen sind. Die Verordnung zur Erläuterung und Ergänzung einiger Bestimmungen der Zoll-Ordn. v. 26. Mai 1818, d. d. 13. Juli 1829, versteht in § 5 unter „Frachtführern" Fuhrleute und Schiffer, und es ist kein Grund ersichtlich anzunehmen, daß die neuere Zollgesetzgebung hiervon hat abweichen wollen.

Antr. des GStA.s: gleichl. [28.—4.]

Holzdiebstahl. — Kompetenz. — Abtheilung.

Ist wegen eines einfachen Holzdiebstahls die Untersuchung bei der Gerichtsabtheilung eröffnet worden, so kann diese sich nicht aus dem Grunde inkompetent erklären, weil die Sache zur Zuständigkeit des Einzelrichters gehöre und in dem durch die §§ 25 ff. des Holzdiebstahlsgesetzes angeordneten Verfahren zu erledigen sei.

Ges. v. 3. Mai 1852 Art. 6 [dort einzutr. als n. 3a]; HDGes. v. 2. Juni 1852 § 24 ff. Vgl. RbOTr. 2 S. 235.

Erk. (Z. I.) v. 8. Mai 1863 c. Ende (392. I. Cr.).

Gegen E. war wegen eines „im dritten Rückfalle verübten Holzdiebstahls" die Untersuchung bei der Gerichtsabtheilung eröffnet worden; diese erklärte sich indessen inkompetent, weil nur zweiter Rückfall vorliege. Auf die Appellation des StA.s vernichtete das AG. mit Rücksicht auf Art. 6 des Ges. v. 3. Mai 1852 dieses Erk. und wies die Sache an das KG. zurück. NB. des OStA.s, welche Verletzung des Art. 6, des § 181 der Vdn. v. 3. Jan. 1849 und der §§ 24 ff. des HDGes.s rügte und auszuführen suchte: Art. 6 beziehe sich nur auf die Fälle, in welchen die materielle Inkompetenz auf der Dreitheilung der strafbaren Handlungen beruhe, er bleibe also ausgeschlossen, wo besondere Gesetzesvorschriften einzelne Sachen ausnahmsweise besondern Gerichten zuweisen (Oppenh. Strafverf. Art. 6 n. 2); als ein solches besonderes Gericht sei auch das „Forstgericht" für die einfachen Holzdiebstähle anzusehen, welches ein wesentlich abweichendes Verfahren zu beobachten, und auch über den Civilanspruch zu entscheiden habe. Zurückweisung. Gründe:

Die Artt. 6 und 7 des Ges.s v. 3. Mai 1852 haben allerdings nur die Dreitheilung der strafbaren Handlungen, und in soweit nur die Kompetenzfrage der im Art. XIII. des Einf.-Ges.s für diese Dreitheilung bestellten richterlichen Organe im Auge. Ihre Anwendung ist daher von der durch sie gar nicht bestimmten Frage über die Kompetenz der gewöhnlichen Gerichte überhaupt abhängig. Sind diese aber für Holzdiebstahlssachen an und für sich kompetent, so handelt es sich um die hiervon ganz verschiedene Frage, ob das durch das HDGes. v. 2. Juni 1852 angeordnete Verfahren ein solches sei, welches seiner Natur nach der Verhandlung einer Gerichtsabtheilung widerstrebt, und daher aus inneren Gründen vor den Einzelrichter gehöre.

Die Kompetenz der Gerichte als solcher überhaupt, also in Betreff der ihrer Kognition unterworfenen Angelegenheiten, ist durch das Organis.-Ges. v. 2. Jan. 1849 bestimmt. Dasselbe hebt die Mehrzahl der bis dahin bestandenen fora specialia causae im Sinne des § 6 I, 2. AGO. auf, und von solchen Foris könnte, abgesehen von den Artt. 6 und 7 in Betreff der Kompetenz der ordentlichen Gerichte, nur die Rede sein. Für die Holzdiebstahlssachen hat aber ein solches Forum überhaupt auch niemals bestanden und um so weniger jetzt, nach Erlaß des Ges.s v. 2. Jan. 1849, durch das cit. HDGes. eingeführt werden sollen. Schon das HDGes. v. 7. Juni 1821 sagte in den §§ 6 und 10:

> Die Untersuchung und Bestrafung der Holzdiebstähle steht dem gewöhnlichen Gerichte, in dessen Bezirk der beschädigte Forst gelegen ist, zu u. s. w. Bei den in kollegialischer Form bestehenden Gerichten soll zur Abhaltung der (Forst-) Gerichtstage und zur Aburtelung der auf denselben vorkommenden Holzdiebstähle ein Abgeordneter des Gerichts als Forstrichter bestellt werden.

Ebenso weist sodann der § 22 des Ges.s v. 2. Jan. 1849 unter anderen, dem Einzelrichter, als gewöhnlichem Kommissar des KG.s, zustehenden Gegenständen sub Nr. 3 auch die Forstrügesachen zu und das Gesch.-Regul. v. 18. Juli 1850 ordnet die Modalitäten dieser lediglich eine Eintheilung der gewöhnlichen Geschäfte des Gerichts bezweckenden Ueberweisung, indem es sich dabei im § 13 sub B Nr. 1 ausdrücklich auf jenen § 10 des HDGes.s v. 7. Juni 1821, welches damals noch in Kraft war, bezieht. Von einem forum speciale causae des Forstrichters, also des Einzelrichters als Kommissars zur Entscheidung der Forstrügesachen, kann sonach im Sinne der RB. keine Rede sein.

Ein solches Forum des Einzelrichters für die ihm durch das Gesetz überwiesenen Gegenstände in dem Verhältniß zur Kompetenz des KG.s überhaupt ist undenkbar. Der Einzelrichter ist, wie erwähnt, nur der Kommissar dieses Gerichts für die gedachten Gegenstände, rücksichtlich deren das Gesetz besondere Bestimmungen darüber enthält, welche von diesen Gegenständen auch vor die Gerichtsabtheilung gezogen werden können, und welche dem Einzelrichter ausschließlich bleiben müssen.

Wenn nun also der § 24 des HDGes.s v. 2. Juni 1852 in Betreff der Gerichtszuständigkeit bestimmt, daß dieselbe für die im § 16 gedachten Holzdiebstähle diejenige sein soll, welche nach den allgemeinen Vorschriften für Vergehen bestimmt ist, daß aber für die übrigen durch dieses Gesetz vorgesehenen strafbaren Handlungen die Vorschriften über die Gerichtszuständigkeit und das Verfahren bei Uebertretungen zur Anwendung kommen sollen, so hat derselbe hierbei unzweifelhaft den Art. XIII des Einf.-Ges.s, also diejenige Vorschrift im Auge gehabt, welche nicht die Kompetenz der Gerichte im Allgemeinen in deren Verhältnissen zu anderen Staatsbehörden, sondern nur die innere Kompetenz der für die Dreitheilung bestellten richterlichen Organe untereinander ordnet, und auf welche sich somit auch die Artt. 6 und 7 des Ges.s v. 3. Mai 1852 beziehen.

Um dies ganz zweifellos zu machen, hatte auch die Kommission der II. Kam. zur Prüfung des HDGes.s v. 2. Juni 1852 beantragt, hinter dem Worte „Uebertretungen" im Abs. 2 jenes § 24 einzuschalten: „Ges. über die Einf. des StGB.s Artt. XIII und XIV," um, wie sie in ihrem Berichte sagt, durch diese Hinweisung jedes Mißverständniß darüber zu vermeiden, als ob durch dieses Gesetz in den Kompetenzverhältnissen der Gerichte etwas geändert werden sollte (KB. II. Kam. v. 9. Mai 1852 Nr. 294 S. 31).

Die Ausführung der NB., der § 24 des HDGes.s habe nur den Zweck gehabt, eine Wiederholung der §§ 27 bis 37 der Vdn. v. 3. Jan. 1849 und ihrer Zusätze im Ges. v. 3. Mai 1852 zu vermeiden, und diese nur speziell für das Holzdiebstahls-Verfahren anwendbar zu machen, erweist sich sonach als unrichtig. Der oben bereits allegirte Abs. 2

des § 24 des HDGes.s hat in seinem Schlußsatze nach dem bisher Ausgeführten nur auf Modifikationen in Hinsicht auf das Verfahren, nicht aber in Hinsicht auf die Zuständigkeit der Gerichte hinweisen wollen; sowie sich denn in den in Bezug genommenen nachfolgenden §§ 25 ff. solche auch nur für das Verfahren finden.

Ist sonach die Kompetenz der Gerichtsabtheilungen in Fällen der vorliegenden Art nach der Vorschrift des Art. 6 des Ges.s v. 3. Mai 1852 nicht ausgeschlossen, vielmehr geboten, so kann es sich nur fragen, ob die Vorschriften über das Verfahren die Verhandlung vor der Gerichtsabtheilung geradezu als unstatthaft erscheinen lassen.

Der Plenarentscheidung des Senats für Strafsachen beim OTr. v. 25. Juni 1860 c. Ramelow (G.A. 8 S. 488) lag die Frage zum Grunde: „ob, wenn in den auf Anklage der StA.-schaft eingeleiteten Untersuchungen wegen öffentlicher oder schriftlicher Beleidigung der erkennende Richter nur das Vorhandensein einer nur im Civilverfahren verfolgbaren einfachen Beleidigung findet, derselbe seine Kompetenz verletzt, indem er dennoch wegen solcher einfachen Beleidigung erkennt." Diese Frage ist verneint, vielmehr auch in solchem Falle die Kompetenz des erkennenden Richters, also der Gerichtsabtheilung, nach der Regel des Art. 6 anerkannt worden. Es ist dabei erwogen, ob die Verschiedenheit des für jene beide Arten der strafbaren Handlungen vorgeschriebenen Verfahrens, nämlich der Criminal-Untersuchung und des Civilprozesses, ein absolutes Hinderniß bei der Anwendung des Art. 6 bilde. Dies ist aber verneint, insbesondere im Hinblick auf das öffentliche Interesse, welches der Aufhebung des Verfahrens vielleicht in seinem letzten Stadium und der Verweisung der Sache in das für die festgestellte strafbare Handlung besonders vorgeschriebene Verfahren widerstrebe.

In noch höherem Grade findet dies Alles in einem Falle der vorliegenden Art Anwendung.

Findet die Gerichtsabtheilung, nachdem sie verhandelt

hat, erst bei der Abfassung des Erkenntnisses, daß nicht ein Holzdiebstahl im dritten Rückfalle nach § 16 des Ges.s v. 2. Juni 1852, sondern nur ein einfacher Holzdiebstahl vorliege, so hat sie selbstverständlich nach dieser Feststellung zu erkennen, ohne genöthigt zu sein, das Verfahren nach den besondern Regeln der §§ 25 ff. jenes Gesetzes zu wiederholen. Findet dieselbe aber, wie hier, nach eröffneter Untersuchung, aber vor begonnener Verhandlung der Sache das Vorhandensein nur eines einfachen Holzdiebstahls, so bleibt zwar für sie auch das Verfahren nach der Vdn. v. 3. Jan. 1849 und dem Ges. v. 3. Mai 1852 maaßgebend, allein sie wird dabei diejenigen Besonderheiten, welche das HDGes. vorschreibt, soweit sie in dem besonderen Interesse des Angeschuldigten resp. des Verletzten gegeben und soweit sie mit jenem Verfahren vereinbar sind, nach ihrem Ermessen beobachten dürfen.

Dem steht auch der Beschluß des OTr.s v. 29. [31.] Jan. 1862 c. Paust (RdOTr. 2 S. 235; G.A. 10 S. 283) überall nicht entgegen. Dort handelte es sich um die Fassung des Einleitungs-Beschlusses, und dabei darum, ob vermöge der Konnexität die Anklage sowohl wegen des Vergehens der thätlichen Widersetzlichkeit gegen einen Forstbeamten, als auch wegen einfachen Holzdiebstahls einzuleiten und demgemäß wegen dieser beiden strafbaren Handlungen das Verfahren vor die Gerichtsabtheilung zu weisen sei. Bei diesem, erst die Einleitung der Sache betreffenden Beschlusse konnten sonach die aus der Verschiedenheit des Verfahrens herzunehmenden Rücksichten in Erwägung kommen. Im vorliegenden Falle handelt es sich dagegen um eine bereits eingeleitete Untersuchung und zwar nicht bloß um die Konnexität zweier strafbaren Handlungen, deren Trennung hinterher aus höheren Rücksichten wieder statthaft ist (Oppenhoff Strafverf. Art. 3 Nr. 14), sondern um eine und dieselbe hinterher nur anders qualifizirte strafbare Handlung und in einem solchen Falle müssen gegen das höhere

Prinzip des Art. 6 jene Rücksichten, wie erwähnt, zurücktreten.

Antr. des GStA.s: gleichl. [15.—4.]

---

1. 2. Nachdruck. — Entschädigung. — Strafrichter. — Kompetenz. — Maaß.
3. Nachdruck. — Culpa.

1. **Der Strafrichter ist kompetent, in Untersuchungen wegen Nachdrucks 2c. zugleich über die vom Verletzten geforderte Entschädigung zu erkennen.**

Ges. v. 11. Juni 1837 §§ 10. 13; StGB. § 6. — Vgl. RdOTr. 1 S. 220.

2. **Das Maaß der Entschädigung, welches nach § 11 l. c. dem durch den Nachdruck 2c. Beschädigten zuzusprechen ist, ist durch den Bundesbeschluß v. 19. Juni 1845 nicht herabgesetzt worden.**

Ebendas. §§ 11. 30; Bundesschl. v. 19. Juni 1845, publ. 16. Jan. 1846.

3. **Auch ein kulposer Nachdruck (Nachbildung) ist strafbar.**

Ebendas. §§ 2. 10.

Erk. (Z. I.) v. 8. Mai 1863 c. Bassi (402. I. Cr.).

B. hatte einen vom Modelleur M. in Steinpappe angefertigten, beim Ministerium der geistl. 2c. Angelegenheiten zum Schutze gegen Nachbildung angemeldeten Hundekopf in Gyps nachgebildet und war deshalb aus §§ 10 und 22 des Ges.s v. 11. Juni 1837 zu Strafe und zu einer Entschädigung von 100 Thlrn. verurtheilt worden. Seine NB. rügte: 1. die Inkompetenz des Strafrichters zur Entscheidung über die Civil-Entschädigung; 2. die Höhe der Entschädigung, in Betreff welcher der App.-Richter den § 11 l. c. mit Unrecht als maaßgebend betrachtet und übersehen habe, daß derselbe durch den publizirten Bundesbeschl. v. 19. Juni 1845 abgeändert sei; 3. Verletzung des cit. § 11; er habe nicht gewußt, daß das benutzte Modell von M. herrühre und vorschriftsmäßig angemeldet sei, er habe geglaubt, es sei das nicht angemeldete Fabrikat eines Andern S.; das AG. habe den darüber angebotenen Beweis mit Unrecht abgelehnt, und angenommen, daß es auf seine Kenntniß von jener Thatsache gar nicht ankomme, während ihm diese Kenntniß nothwendig nachgewiesen werden müsse. Zurückweisung. Gründe:

Zu Nr. 1. Das OTr. hat sich bereits in mehrfachen Entscheidungen dahin ausgesprochen, daß der in der Untersuchung über das Vergehen des Nachdrucks entscheidende Criminalrichter alsdann, wenn der Verletzte in derselben zugleich, wie hier geschehen, die Festsetzung der Entschädigung fordert, nach den Vorschriften des Ges.s v. 11. Juni 1837 zu einer solchen Festsetzung in seinem Strafurtheil allerdings kompetent sei. Es ist dies namentlich zuletzt noch in den Z. I. v. 18. Jan. 1861 c. Ziegler (RdOTr. 1 S. 220; G.Arch. 9 S. 195) geschehen. Den dort angeführten Gründen stehen auch diejenigen nicht entgegen, welche in dem Rescr. des Just.-Min.s v. 15. Apr. 1840 (G.Arch. 8. S. 73) enthalten sind. Denn sie beruhen hauptsächlich nur in Erwägungen, welche aus der früheren Gerichtsverfassung zur Zeit der Emanation des Ges.s v. 11. Juni 1837 hergenommen sind. Eine organische Trennung der Criminal- und der Civilgerichtsbarkeit findet aber seit der Vdn. v. 2. Jan. 1849 nicht mehr statt; dieselben Gerichte sind für beide Gerichtsbarkeiten bestellt und die Natur des Verfahrens kann kein Hinderniß gegen die Kompetenz des Criminalrichters an sich bilden, zumal man überdies in den einzelnen Vorschriften des Ges.s v. 11. Juni 1837 eine deutliche Hinweisung finden muß, daß es ein und derselbe Richter sein solle, welcher über die Strafe und über die geforderte Entschädigung zu befinden hat.

[2.] Was sodann die Höhe der Entschädigung im vorliegenden Falle betrifft, so schreibt der § 11 des cit. Ges. vor: War 2c. Demgemäß haben die Instanzrichter hier in Gemäßheit des auf den § 11 verweisenden § 30 den Betrag der Entschädigung auf den 50fachen Verkaufswerth des in Rede stehenden Kunstwerkes festgesetzt, und den Beweis eines geringeren Schadens durch den Angeklagten als unstatthaft zurückgewiesen. Die hiergegen behauptete Verletzung des durch das Publ.-Pat. v. 16. Jan. 1846 auch für Preußen emanirten Bundesbeschl.s v. 19. Juni 1845 ist nicht anzuerkennen; denn die Vorschrift der Nr. 5 dieses Bundesbeschlusses derogirt, indem sie allerdings das in dem § 11 des Preuß. Ges.s v. 11. Juni 1837 festgesetzte Minimum von 50 Exemplaren nicht nennt, insoweit diesem Gesetze nicht. Denn die aus dem Inhalt und dem Zwecke der Bundesgesetze über den Nachdruck und die strafbare Nachbildung deutlich erhellende Absicht derselben ist nur die gewesen, den mindesten Grad des Schutzes, welchen das literarische und artistische Eigenthum in den deutschen Bundesländern genießen soll, festzusetzen, ohne dadurch also den Gesetzgebungen der einzelnen Länder in der Gewährung etwa eines noch größeren Schutzes Schranken setzen zu wollen.

In wie weit nun in dieser Hinsicht die Bundesgesetze über den Nachdruck u. s. w. in den einzelnen Ländern bindende Kraft im Verhältniß zu der bereits bestehenden Landesgesetzgebung erhalten sollen, geht aus den einzelnen Publikationspatenten dieser Länder hervor. Das für Preußen erlassene Publ.-Pat. v. 16. Jan. 1846 (G.S. S. 149) bestimmt nun, daß in Folge des Bundesbeschl.s v. 19. Juni 1845 die §§ 6. 7. 28. 29 des Ges.s v. 11. Juni 1837 und die §§ 1. 2 der Vdn. v. 5. Juli 1844 in der näher bezeichneten Art abgeändert sein sollen. Ueber den hier in Rede stehenden § 11, des zuerst gedachten Gesetzes, in Verbindung mit § 30 ist also nichts bestimmt, es verbleibt daher nach jenem Grundsatze bei dessen, einen erweiterten Schutz des literarischen u. s. w. Eigenthums bestimmenden, Grundsatze, daß das Minimum der Entschädigung in dem 50fachen Verkaufswerthe des Originalwerkes bestehen soll. —

Zu Nr. 2. [3.] Der App.-Richter nimmt allerdings nur ein kulposes Vergehen des Angeklagten an, während dieser nur das dolose Vergehen für strafbar erachtet. Allein der App.-Richter hat nicht geirrt, indem er auch das erstere für strafbar erklärt. Das StGB., welches nunmehr das gemeine Strafrecht für Preußen bildet, und dessen allgemeiner Theil sonach auch für die neben demselben stehen gebliebenen Spezialgesetze maaßgebend ist, soweit nicht besondere Vorschriften der letzteren entgegenstehen, enthält keine allgemeine Vorschrift dahin, daß die Fahrlässigkeit nur da strafbar sein solle, wo sie ausdrücklich und in den speziellen Bestimmungen mit Strafe bedroht ist. Es muß daher in jedem Falle entweder nach der Natur der einzelnen strafbaren Handlungen, oder aber nach dem Wortlaut der einzelnen Bestimmungen entschieden werden, ob die vorliegende Handlung auch als eine nur fahrlässige strafbare gedacht sei (K.-B. II. Kam. S. 35, id. I. Kam. S. 5). Der Wortlaut des Ges. v. 11. Juni 1837 steht nun der Annahme eines fahrlässigen Vergehens des Nachdrucks oder der unerlaubten Nachbildung nicht entgegen. Die §§ 2 und 10 sagen: ꝛc. Hierauf beziehen sich auch die Bestimmungen über die strafbare Nachbildung. Aus dieser Fassung läßt sich also keineswegs entnehmen, daß nur der dolose Nachdruck strafbar sein solle. Entscheidend aber ist die Erwägung, daß das Gesetz die Strafbarkeit und die Entschädigungspflicht in eine unmittelbare Verbindung gebracht und, wie oben gezeigt, den Strafrichter auch für die Festsetzung der letzteren kompetent erklärt hat. Die Entschädigungspflicht ist aber nach den Grundsätzen des Civilrechts (§§ 10 I, 6 ALR.) an und für sich von der Rücksicht, ob die beschädigende Handlung vorsätzlich oder ob sie nur fahrlässig verübt worden, nicht abhängig. Daraus folgt, daß das Ges. v. 11. Juni 1837 auch die Strafbarkeit des Nachdrucks hiervon nicht abhängig gemacht haben könne, es müßte denn, was undenkbar ist, gewollt haben, daß der Strafrichter den Angeklagten von der Strafe des Nachdrucks, weil derselbe nicht vorsätzlich verübt worden, freisprechen, ihn aber gleichwohl zur Entschädigung aus demselben verurtheilen müßte, weil die Handlung doch wenigstens fahrlässig verübt worden. Man kann daher nur annehmen, daß das Gesetz die Strafbarkeit auch soweit, wie die strafrechtlichen Grundsätze über die culpa reichen, hat anerkennen wollen.

In den vorstehenden Grundsätzen wird auch durch den

Inhalt des Gutachtens des O.Tr.s v. 13. Febr. 1844 (JMBl. Beil. zu Nr. 16) über die Frage: „ob zu dem Vergehen des Nachdrucks nach dem Ges. v. 11. Juni 1837 eigennützige Absicht erforderlich sei," nichts geändert. Allerdings wird darin gesagt:

> Die Strafbarkeit hängt in subjektiver Beziehung nur davon ab, ob die verbotene Handlung in der Absicht, das durch die Gesetze geschützte Recht verletzen zu wollen, verübt worden ist, d. h. also hier in der Absicht, die ausschließliche Verfügung des Verfassers über sein Geisteswerk demselben zu entziehen.

Daraus folgt aber nicht, daß dieselbe Handlung mit dem gleichen Erfolge nicht auch fahrlässig verübt, und alsdann nicht strafbar sein könne. In der Hauptsache verneint aber das Gutachten jene an die Spitze gestellte Frage, fordert also zur Strafbarkeit des Nachdrucks nicht die eigennützige Absicht des Verletzenden, und dies ist das entscheidende Moment. Denn die strafbaren Handlungen aus strafbarem Eigennutz können allerdings nur als vorsätzliche strafbar erscheinen; bei den Handlungen dagegen, welche nur als beschädigende strafbar sind, ist dagegen auch eine strafbare culpa sehr wohl denkbar.

Der App.-Richter hat nur die Gründe, aus denen er eine strafbare Fahrlässigkeit des Angeklagten annimmt, dargelegt. Er verweist in dieser Hinsicht insbesondere auf den § 27 des cit. Ges., in welchem Jeder, welcher ein Kunstwerk nachbilden will, aufgefordert wird, eine amtliche Aeußerung des obersten Kuratoriums der Künste darüber einzuholen, ob das nachzubildende Kunstwerk durch Anmeldung bei demselben geschützt sei. Eine solche Anfrage hat, wie der App.-Richter feststellt, durch den Angeklagten nicht stattgefunden. Der Angeklagte will nun zwar darin einen Irrthum in der Anwendung dieser Vorschrift finden, daß er hervorhebt, die von dem App.-Richter geforderte Anfrage hätte sich bei ihm nur um ein S.-sches Kunstwerk, für welches er das von ihm nachgebildete nur gehalten, nicht aber um ein M.-sches, von welchem er nichts gewußt, handeln können, und die Nichtanmeldung des ersteren habe er ja gewußt. Allein in diesem beschränkten Sinne ist die Vorschrift nicht aufzufassen. Es wäre immer Sache des Angeklagten gewesen, seine Anfrage an das Kuratorium der Künste zu richten, also den gesetzlich bezeichneten Weg zu betreten, und es würde dann Sache des Richters gewesen sein, zu entscheiden, ob auch dann noch eine culpa anzunehmen wäre, wenn die Bescheidung dahin ergangen wäre, daß das in Rede stehende Kunstwerk nicht angemeldet sei, obwohl sich ergiebt, daß dies unter dem Namen des M. allerdings der Fall gewesen ist.

Antr. des GStA.s: gleichl. [15. — 4.]

Porto-Kontravention. — Bewußtsein.

Eine Porto-Kontravention setzt eine mit Bewußtsein vorgenommene Handlung voraus.

Post-Ges. v. 5. Juni 1852 §§ 32 ff. — Sic: Z. I. 11. Feb. 1859 c. v. Korff, 161.

Erk. (Z. I.) v. 8. Mai 1863 c. Levy (423. I. Cr.).

Es ist zwar richtig, daß der Thatbestand einer Porto-Kontravention, sowie überhaupt einer Uebertretung der Vorschriften über die Erhebung der Staatsgefälle durch die strafbare Absicht des Zuwiderhandelnden im Allgemeinen nicht bedingt ist. Der App.-Richter nimmt aber im vorliegenden Fall für erwiesen an, daß der Angekl. nicht allein nicht die Absicht gehabt habe, zur Umgehung des höheren Briefportos den in Rede stehenden geschriebenen Brief in der Zeitungs-Nummer zu verbergen, und mit dieser unter Kreuzband durch die Post zu befördern, sondern auch, daß er wissentlich und durch eine willkührliche Handlung es gar nicht veranlaßt habe, daß der geschriebene Brief sich in die Zeitungs-Nummer verschoben hat und in dieser unter Kreuzband der Post von ihm zur Beförderung übergeben worden ist. Unter diesen Umständen kann aber von einer Porto-Kontravention keine Rede sein, — weil dieselbe, wenn auch nicht nothwendig eine strafbare Absicht, doch jedenfalls eine mit Bewußtsein vorgenommene Handlung voraussetzt, an welcher es hier nach der thatsächlichen Feststellung des App.-Richters fehlt.

Antr. des GStA.s: gleichl. [18.—4].

Heilung. — Krankheit.

Das Unternehmen einer Heilung kann auch da vorliegen, wo ein krankhafter Zustand nur vorausgesetzt wird; insbesondere können auch geringere Leiden, welche die Natur ohne künstliche Hülfe zu heben pflegt, als Krankheit angesehen werden.

StGB. § 199 [vgl. dort n. 15a; vgl. RdOTr. 2. S. 514].

Erk. (Z. I.) v. 13. Mai 1863 c. Sachs (408. I. Cr.).

Wenn in der NB. hervorgehoben wird, nicht jede Abweichung von dem normalen Zustande der Gliedmaaßen sei eine Krankheit, so ist dies um so weniger entscheidend, als das zur Anwendung des § 199 cit. erforderliche Handeln in bestimmter Richtung, in der Absicht zu heilen, auch Strafe finden kann, wenn ein krankhafter Zustand auch nur vorausgesetzt wird, und als die Verabfolgung von Mitteln auch gegen geringere Leiden, welche die Natur ohne Kunsthülfe zu heben pflegt, den Thatbestand des betr. Vergehens bilden kann, denn die in Rede stehende Strafvorschrift hat wesentlich einen polizeilichen präventiven Charakter.

Antr. des GStA.s: gleichl. [46.—4.]

Urkunde. — Unterkreuzung.

Nach gemeinem Rechte kann ein Schriftstück in verbindender Weise auch durch Handzeichen (Kreuze) unterzeichnet werden, und dann eine Urkunde bilden.

StGB. § 247 [dort einzutr. als n. 90a].

Beschl. (I.) v. 15. Mai 1863 c. Schmidt (144. B. I. Cr.).

Dieser Beschl. hat einen unterkreuzten Quittungsvermerk, unter welchem der Angekl. mit seiner Namensunterschrift bescheinigt hatte, daß die Kreuze von 2 andern namhaft gemachten Personen herrührten, für eine Urkunde erachtet, und weil jene Bescheinigung wahrheitswidrig war, die Versetzung des Schm. in Anklagestand wegen Urkundenfälschung ausgesprochen, indem in jener Beziehung erwogen wurde:

daß die Ansicht des ꝛc., zufolge welcher nach gemeinem Rechte auch durch Handzeichen (Kreuze) Schriftstücke in verbindender Weise unterzeichnet werden können und auch so vollzogene Schriftstücke recognoscibel sind, — begründet sei; vgl. Baier Civ.=Proz. 7. Ausg. S. 497; Bopp in Lindes Zeitschr. 4 S. 297. [46.—3.]

Anlage (öffentliche). — Beschädigung. — Eigenthum. — Dolus.

1. Zum Thatbestande des § 282 des StGB.s gehört nicht die Rechtswidrigkeit der Handlung. Die betr. Strafe kann daher auch den Eigenthümer eines Grundstücks treffen, welches von ihm der Gemeinde zur Herstellung einer öffentlichen Anlage prekarich eingeräumt worden ist, wenn er die zur Verschönerung angebrachten Baumpflanzungen wegnimmt, ohne vorher die Rückgabe des Grundstücks erwirkt zu haben.

StGB. § 282 [vgl. dort n. 13; RdOTr. 3 S. 27].

2. Die im § 282 cit. erwähnte „Vorsätzlichkeit" besteht in dem Bewußtsein, daß der Gegenstand, gegen welchen sich die Thätigkeit richtet, ein solcher Gegenstand sei, wie vorausgesetzt wird, und daß durch die Handlung der Erfolge der Beschädigung ꝛc. herbeigeführt werde; dagegen bedarf es ebensowenig der Beabsichtigung des Erfolgs als des Bewußtseins von der Rechtswidrigkeit der Handlung.

Ebendas. [vgl. dort n. 11].

Erk. (V. II.) v. 16. Mai 1863 c. Kligge u. Gen. (118. II. Cr.).

Die Stadtgemeinde P. hatte einen im Innern der Stadt gelegenen durch den Abbruch einer Kirche freigewordenen Platz mit Bäumen bepflanzen lassen, später aber anerkannt, daß das Eigenthum desselben der Kirchengemeinde zustehe und verbleiben solle. Demnächst ward von einem Privat-Vereine auf diesem Platze eine Mariensäule errichtet und der Wunsch gehegt, einige jener Bäume zu beseitigen, damit ein freier Anblick der Säule gewonnen werde. Die Angeklagten haben daher in ihrer Eigenschaft als Direktoren jenes Vereins auf den Grund einer ihnen vom Kirchenvorstande ertheilten Genehmigung bei der städtischen Verwaltung die Beseitigung jener Bäume beantragt, und, als auf mehrfache Wiederholung dieses Ansuchens eine Antwort nicht erfolgte, selbst die Herausnahme bewirken lassen und die Bäume zur Verfügung der Stadt gestellt. Dieserhalb aus § 282 cit. angeklagt, wurden sie in beiden Instanzen freigesprochen, weil sie die Rechte der Kirche als Eigenthümerin des Platzes ausgeübt hätten, dieser gegenüber aber das letztere keine öffentliche Anlage gewesen sei; jedenfalls aber sei der Platz nebst den Bäumen für sie keine fremde Sache gewesen, wie dieses § 282 nach der Ueberschrift des betr. Titels „Vermögensbeschädigung" unzweifelhaft voraussetze; endlich fehle es an dem zum Vergehen erforderlichen Dolus, weil die Angeklagten grade die Verschönerung des Platzes in seiner jetzigen Gestalt bezweckt, sonach die Beschädigung oder Verletzung einer fremden Sache nicht beabsichtigt, vielmehr in der Ueberzeugung eines zuständigen Rechts gehandelt hätten. Auf die NB. des OStA.s ist das Erk. 2. Inst. vernichtet und die Sache zur abermaligen Verhandlung an das AG. zurückverwiesen worden. Gründe:

Wie die Entstehungsgeschichte der §§ 281. 282 des StGB.s (vgl. Motive des Entw. v. 1847 §§ 341. 342 S. 92. 93; Motive des Entw. v. 1850 §§ 255—258 S. 73. 74; Bes. Komm. S. 518; Goltd. Matt. 2 S. 626. 628; G. Arch. 4 S. 144), aber auch schon der Wortlaut der §§ 281—284 des StGB.s ergiebt, ist in dem StGB. bei den Strafvorschriften über vorsätzliche Sachbeschädigungen von dem Grundsatze ausgegangen, daß die zu bestimmende Strafe nicht, wie im ALR. (vgl. II, 20 §§ 211. 1151. 1488. 1490—1492) geschehen war, nach den Motiven der That (Muthwille, Bosheit, Rache, eigennützige Absicht) abzustufen, sondern daß das Objekt der Beschädigung und dessen Bedeutung für das öffentliche Interesse dabei vorzugsweise zu berücksichtigen sei. Diesem Grundsatze entsprechend, werden zwar in den §§ 281. 283. 284 des StGB.s „fremde Sachen", „Sachen eines Andern", „fremdes Eigenthum", nicht aber werden auch in dem § 282, welcher an die Stelle des § 211 II, 20 ALR. (vgl. auch

I, 8 § 35) trat, während der § 281 an die Stelle des § 1492 II, 20 des ALR. trat (vgl. B. II, 19. Dez. 1861 c. Heinrich; RdOTr. 2. S. 164), — „fremde Sachen" als Gegenstände der Beschädigung oder Zerstörung bezeichnet. Es geschieht ebenso in dem § 282 nicht, wie im § 281, der „Rechtswidrigkeit" der Handlung Erwähnung. Vielmehr ist es wesentlich das öffentliche Interesse, in dessen Betracht die in § 282 bezeichneten Gegenstände, als unter öffentlichen Schutz gestellte, besonders befriedete, und unter ihnen namentlich Gegenstände, welche zum öffentlichen Nutzen oder zur Verschönerung öffentlicher Wege und Anlagen dienen, insbesondere (nach der Fassungs-Aenderung, welche dieserhalb Hinsichts des § 256 des Entw.s v. 1850 getroffen wurde, vgl. Goltd. Matt. 2. S. 629) auch Bäume an öffentlichen Wegen oder Anlagen, durch diese Strafvorschrift (§ 282) gegen vorsätzliche Zerstörung und Beschädigung haben geschützt werden sollen.

Aus dem Umstande, daß der § 282 seine Stellung in dem mit dem Rubrum „Vermögensbeschädigung" versehenen Tit. 26 Thl. II. des StGB.s erhalten hat, läßt sich nicht folgern, daß, dem Wortlaute des § 282 zuwider, es als Requisit des Thatbestandes der in diesem § bedroheten vorsätzlichen Sach-Beschädigung oder Zerstörung, anzusehen sei, daß sie an Sachen, die (und namentlich in jeder Beziehung) fremde sind, und daß sie rechtswidrig und mit dem Bewußtsein der Rechtswidrigkeit erfolgt sei. Denn solche, den einzelnen Abtheilungen und Titeln eines Gesetzes gegebenen Ueberschriften sollen nur zur Erleichterung der Uebersicht dienen, nur zu diesem Zwecke eine allgemeine und ungefähre Hindeutung auf den Inhalt gewähren, nicht aber den Gesetzes-Inhalt ergänzen und erläutern; sie sind nicht Bestandtheil des Gesetzes selbst.

Es sind aber auch die im § 282 gedachten Gegenstände und namentlich Gegenstände, welche zur Verschönerung öffentlicher Anlagen dienen, so lange sie diese Bestimmung haben, selbst wenn sie nach der im Publikum oder bei dem größern Theile des Publikums herrschenden Ansicht diese Bestimmung zur Zeit nicht mehr erfüllen möchten, vermöge der Zweckbestimmung, der sie bei ihrer Aufstellung gewidmet wurden, der Privatwillkühr, — dem Verkehr, — entzogen. Sie sind insoweit und in dieser Beziehung für jeden, — wer es auch sein möge (ALR. I, 8 § 35), — der sie zerstört oder beschädigt, und dabei nicht unter Autorisation der öffentlichen Behörde, welche sie aufgestellt hat, oder mit deren Zustimmung und unter deren Autorität sie, wie z. B. Bäume an Landstraßen (ALR. II, 15 §§ 9 und 10), aufgestellt wurden, und unter deren Obhut sie stehen, handelt, schon dieser ihrer Natur nach (als res publicae oder universitatis) fremde Sachen, und ihre durch ihn ohne solche Autorisation erfolgende Zerstörung oder Beschädigung ist schon deshalb auch eine rechtswidrige, und zwar auch dann, wenn er Eigenthums-Ansprüche auf diesen Gegenstand zu haben vermeint, oder wirklich hat; sie kann auch dann, — den Fall eines wirklichen Nothstandes ausgenommen, — nicht als Selbsthülfe gerechtfertigt werden, wie alles dieses bereits in früheren, durch Druck veröffentlichten Erkenntnissen ausgeführt ist (vgl. Erk. 10. Sept. 1858, 28. Jan. 1859, G.A. 7. S. 119. 413; v. 19. Dez. 1861, 24. Sept. 1862, RdOTr. 2. S. 171, 3. S. 27). War daher der in Rede stehende leere Platz, der sogenannte Kettenplatz, der doch in der Stadt an der Straße belegen und in dieser Beziehung der städtischen Baupolizei unterworfen war (ALR. I, 8 §§ 35 ff. 66 ff. 78. 82), im Jahre 1839, wie der App.-Richter angeführt hat, von der Stadtbehörde mit einer den Platz umgebenden Allee von Lindenbäumen verziert und bepflanzt worden, also doch von einer öffentlichen Behörde, die auch die Baupolizei in der Stadt auszuüben hatte, so war zunächst diese zur Verzierung geschehene Baumpflanzung in allen ihren Theilen eine öffentliche Anlage, die ihrer Bestimmung nach zur Verschönerung dem städtischen Publikum dienen sollte und deren Integrität verletzt wurde, wenn einzelne dieser Bäume Behufs ihrer Fortschaffung ausgehoben wurden.

Der Umstand, daß der Grund und Boden, worauf die Bäume gepflanzt waren, nicht Eigenthum der Stadt, derselbe vielmehr, wie die Instanzrichter festgestellt haben, Eigenthum der Kirchengemeinde, deren Kirchengebäude auf demselben gestanden hatte, geblieben, beseitigt nicht den Charakter jener Baumpflanzung als einer von einer öffentlichen Behörde gemachten Anlage, welche dem städtischen Publikum, wenn auch nicht zum Nutzen, doch zur Verschönerung dienen sollte.

Wenn nämlich auch jene im Jahre 1839 durch die Stadtbehörde geschehene Verzierung und Bepflanzung, nach der Feststellung des App.-Richters, der Stadt von dem Eigenthümer (von der gedachten Kirchengemeinde) nur stillschweigend gestattet, der Stadt mithin dieser Platz, soweit darauf Bäume gepflanzt wurden, wenn auch zu diesem seiner Art und seinem Zwecke nach bestimmten Gebrauche (ALR. I, 21 §§ 230 und 231), doch nicht durch einen mit dem Eigenthümer eingegangenen schriftlichen Vertrag (§ 233 a. a. O.) eingeräumt (geliehen) deshalb die Stadt, wie der App.-Richter angenommen hat, für bloße Inhaberin des Platzes oder vielmehr des zu der Anpflanzung der Bäume gebrauchten Theils desselben zu achten (§ 231 a. a. O.) und solchen also zu allen Zeiten, auf jedesmaliges Erfordern des Eigenthümers, zurückzugeben schuldig war (§§ 232. 233 a. a. O.); so war doch deshalb dieser Eigenthümer keinesweges befugt, ohne possessorisch oder petitorisch den geordneten Rechtsweg zu betreten, aus eigener Macht die Stadt der Gewahrsam zu entsetzen, und nicht stand ihm die Befugniß zu, eigenmächtig die von der Stadtbehörde gepflanzten Bäume oder einzelne derselben fortzuschaffen. Denn auch dem bloßen Inhaber gebührt der possessorische Schutz (ALR. I, 7 §§ 141. 143, I, 14 § 124; Erk. v. 26. März 1852, JMBl. 1854 S. 101[1]; Erk. v. 5. Juni 1857, Strieth. Arch. 24. S. 352, Koch Besitz S. 21. 60. 107, Dr. Baron Abhandlung 1860 S. 16. 18. 45. 46), namentlich auch dem, der als Prekarist (im Falle der §§ 232 und 233 I, 21 des ALR.s) mit dem (wenn auch nur stillschweigend durch konkludente Handlungen) erklärten Willen des Eigenthümers (v. Savigny System 5. S. 298) inne hat, und der Eigenthümer ist, wenn jener die Rückgabe verweigert, nicht befugt, ihn eigenmächtig zu entsetzen, muß vielmehr gegen ihn possessorisch oder petitorisch den Rechtsweg betreten (vgl. Erk. v. 5. Juni 1857, Strieth. Arch. 24. S. 351—353; Erk. v. 28. Jan. 1857, Entsch. 35. S. 17—21); wie dies auch bei dem nach den Vorschriften des ALR.s I, 9 §§ 275—282 eintretenden Verhältnisse gilt.

Wenn der § 144 I, 7 des ALR.s, als Ausnahme von der Disposition des § 142, bestimmt:

> „den bloßen Inhaber kann der, in dessen Namen derselbe besitzt (detinirt), der Gewahrsam aus eigener Macht zu allen Zeiten entsetzen;"

so geht diese Bestimmung nur auf ein Stellvertretungs-Verhältniß, nur auf einen solchen Inhaber, der im Namen eines Andern, als Stellvertreter desselben detinirt (vgl. I, 14 § 3; Simon und v. Strampff Zeitschr. 3. S. 283². 284. 623; Koch Besitz S. 245. 246; Erk. v. 26. März 1852, JMBl. 1854 S. 101).

Ein solches Stellvertretungs-Verhältniß waltet aber zwischen dem Eigenthümer des Kettenplatzes und der Stadt, welcher der in Rede stehende Platz zu eigenem bestimmten Gebrauche, wenn auch nur durch stillschweigende Vergünstigung eingeräumt, der — wie der erste Richter in der von dem App.-Richter theilweise aufgenommenen Erwägung zu 4. seiner Erkenntnißgründe angab — von der Kirchengemeinde resp. der geistlichen Behörde (ALR. II, 11 §§ 115. 217. 1041) in solcher Art und unter ausdrücklicher Reservation des Eigenthums gestattet war, den qu. Platz mit Bäumen zu bepflanzen, nicht ob. Sodann, — und darum, nicht aber eigentlich um Eigenthum, Besitz oder Gewahrsam an dem Grunde und Boden des Platzes selbst, handelt es sich zunächst, — kann auch an stehenden Bäumen ein besonderes Eigenthum stattfinden; sie können Eigenthum eines Andern, als des Eigenthümers des Grundes und Bodens, auf dem sie stehen, sein, und deshalb auch von einem Andern, als dem Herrn des Grundes und Bodens besessen werden, — vgl. ALR. I, 22 §§ 243—245 (187. 199. 200); Entsch. 11. S. 207; Koch Besitz S. 170; JMBl. 1854 S. 104 Nr. 15 litt. C; Koch Komment. z. ALR. I, 9 § 275 Nr. 24, § 221 Nr. 2. — In solchem Besitze des Rechts auf die Baumpflanzung, welche dort anzulegen ihr, wenn auch nur durch stillschweigende Vergünstigung, nach jener Feststellung gestattet war, befand sich die Stadt, und sie besaß dabei keinesweges als Stellvertreterin des Eigenthümers des Grundes und Bodens.

War aber dieser Eigenthümer nicht befugt, die Stadt eigenmächtig des Besitzes oder der Gewahrsam zu entsetzen und eigenmächtig einzelne der qu. Bäume fortzuschaffen, so kann auch eine solche Befugniß den Angeschuldigten nicht von ihm übertragen sein; auch nicht bei der Voraussetzung, daß, wie der App.-Richter, ohne dieser Annahme eine nähere thatsächliche Unterlage zu geben, angenommen hat, ein dahin gehender Auftrag den Angeschuldigten von dem Vorstande der Marktkirche ertheilt gewesen ist, und daß der ihnen als Kommittee von ihren Kommittenten ertheilt gewesene Auftrag nicht schon durch Aufstellung und Einweihung der Mariensäule sein Ende erreicht hatte.

Der App.-Richter hat hiernach den Begriff von öffentlichen Anlagen und von Gegenständen, welche zur Verschönerung einer solchen dienen, dadurch verkannt, daß er, wiewohl, nach seiner Feststellung, die Allee von Lindenbäumen auf dem Kettenplatze von der Stadt-Behörde, also von einer öffentlichen Behörde, zur Verzierung eines in der Stadt an der Straße belegenen Platzes angelegt war, die diese Allee bildenden Bäume für keine öffentliche Anlage und die einen Theil dieser Baumpflanzung ausmachenden 4 Bäume, welche die Angeschuldigten ausheben ließen, nicht für Gegenstände, welche zur Verschönerung einer öffentlichen Anlage dienen, erachtet hat.

Er hat ebenso unrichtig Erfordernisse des im § 281 des StGB.s vorausgesetzten Thatbestandes, — Rücksichts des Gegenstandes der Beschädigung oder Zerstörung als einer fremden Sache, und Rücksichts der Rechtswidrigkeit solcher Beschädigung oder Zerstörung — auf den Thatbestand des in dem § 282 mit Strafe bedrohten Vergehens übertragen.

Ebenso unrichtig ist aber von dem App.=Richter in seiner obigen Argumentation die Vorsätzlichkeit des Handelns, welche zu dem Thatbestande dieses Vergehens gehört, aufgefaßt.

Mit Vorsatz, wie solchen der § 282 Hinsichts der Zerstörung oder Beschädigung von Gegenständen, welche zur Verschönerung öffentlicher Anlagen dienen, die also zu solchem Zwecke von einer öffentlichen Behörde oder mit deren Genehmigung und unter deren Autorität aufgestellt sind und unter Obhut einer öffentlichen Behörde stehen, erfordert, handelt derjenige, der sich zu seinem Handeln mit dem Bewußtsein bestimmt, daß der Gegenstand, gegen welchen sich seine Thätigkeit richtet, ein solcher Gegenstand sei, und daß durch seine Handlung der Erfolg der Beschädigung oder Zerstörung eines solchen Gegenstandes herbeigeführt werde. Keineswegs bedarf es dazu auch der Absicht, diesen Erfolg herbeizuführen (vgl. Beschl. v. 4. Dez. 1857, G.A. 6. S. 431; Erk. v. 28. Jan. 1859, Entsch. 40. 2. S. 25). Ebensowenig bedarf es des Bewußtseins der Rechtswidrigkeit; vielmehr wird, auch wenn bei dem mit dem erstgedachten Bewußtsein stattfindenden Handeln der Handelnde aus Rechtsirrthum zu solcher Beschädigung oder Zerstörung sich für befugt und auf seine Handlung das Strafgesetz (§ 282) nicht für anwendbar hielt, durch solchen Rechtsirrthum der Vorsatz nicht ausgeschlossen.

Antr. des GStA.s: gleichl. [26.—1].

Nachbildung. — Plastisches Kunstwerk. — Zeichnende Kunst. — Vervielfältigungsrecht. — Uebertragung. — Anzeige.

1. Darstellungen plastischer Kunstwerke durch eine zeichnende Kunst sind, wenn sie nicht auf mechanischem Wege hergestellt sind, gegen Nachbildungen dritter Personen geschützt.

Ges. v. 11. Juni 1837 § 24; Ges. v. 20. Febr. 1854 § 1.

2. Der Urheber eines Kunstwerks, welcher sich das ausschließliche Vervielfältigungsrecht nach Anleitung des § 27 des Ges.s v. 11. Juni 1837 gesichert hat, kann dasselbe in gültiger Weise auf einen Andern übertragen, ohne daß es einer Anzeige dieses Uebertrags bei dem Kuratorium der Künste bedarf.

Ges. v. 11. Juni 1837 §§ 26—28. 9. 21. 29; Bundesbeschl. v. 9. (publ. 29.) Nov. 1837 Art. 1.

Erk. (Z. II.) v. 16. Mai 1863 c. Rose (170. II. Cr.).

Der Maler L. hatte von dem Guardian des Klosters zu W. das Recht der ausschließlichen Vervielfältigung einer dort befindlichen Marienstatüe erworben, sodann nach einer von ihm gefertigten Zeichnung Nachbildungen in Stahlstich machen lassen, und davon rechtzeitig die im § 27 des Ges.s v. 11. Juni 1837 beim Kuratorium der Künste vorgeschriebene Anzeige gemacht, demnächst aber das so erworbene Recht an St. übertragen. Auf die Denunciation des Letztern wurde der Angekl. wegen unbefugter Nachbildung dieser Abbildung zur Untersuchung gezogen und verurtheilt. Seine NB. rügte: 1. Verletzung der §§ 21. 26. 27. 29 des cit. Ges.s, weil die Zeichnung des L. nur eine Nachbildung der Statüe, zum Erwerbe eines ausschließlichen Nachbildungsrechts also die Genehmigung des Urhebers der letzteren erforderlich gewesen sei, der Klosterguardian aber nicht als Rechtsnachfolger dieses Urhebers angesehen werden könne; 2. Verletzung des § 28 ibid., weil nicht feststehe, daß von dem Uebertrage des Rechts des L. auf St. dem Kuratorium der Künste Anzeige gemacht worden sei. Zurückweisung. Gründe:

Zu 1. stellt schon an sich selbstständig der § 1 des Ges.s v. 20. Febr. 1854, wie früher der § 24 des Ges.s v. 11. Juni 1837, Darstellungen plastischer Kunstwerke durch die zeichnenden Künste, wie eine solche von ꝛc. L. vorliegt, wenn sie nicht auf rein mechanischem Wege erfolgt, unter den Schutz des Ges.s v. 11. Juni 1837 gegen Nachbildungen und der § 29 des Ges.s v. 11. Juni 1837 hat ebenso künstlerische Abbildungen eines mittelst eines andern Kunstverfahrens erzeugten Urbildes, namentlich Stahlstiche, unter denselben gestellt. Nach den vorderrichtlichen, auf das Gutachten des artistischen Sachverständigen-Vereins gestützten thatsächlichen Feststellungen ist aber: a) der Stahlstich, welchen ꝛc. L. nach seiner Zeichnung des Marienbildes graviren ließ, eine rechtmäßige Abbildung; b) die von dem Imploranten veranstaltete und verbreitete eine bloße, durch ein rein mechanisches Verfahren bewirkte Nachbildung dieses Stahlstichs; c) von L. die in § 27 desselben Gesetzes vorgeschriebene Anzeige und Erklärung, sein Recht der ausschließlichen Vervielfältigung jenes Stahlstiches gebrauchen zu wollen, an das oberste Kuratorium der Künste erfolgt und darauf durch das Minist.-Reskr. v. ꝛc. ihm der beanspruchte Schutz zugesichert worden, bevor die Nachbildung von Seite des Imploranten (zu b) bewirkt war. Hiernach mußte das gedachte Gesetz zu Gunsten des L. wider den Imploranten ohne alle Rücksicht auf die Marien-Holzstatue in der Kirche zu W. und den Pater Guardian dieses Klosters zur Anwendung kommen, und es ist in dieser Beziehung völlig gleichgültig, ob ein Vertrag zwischen dem Pater Guardian und L. über die Vervielfältigung der Statue vorausgegangen und rechtsgültig ist oder nicht. Die auf die Vervielfältigung von „Zeichnungen oder Gemälden" bezüglichen §§ 21 und 26 des Ges.s v. 11. Juni 1837 enthalten durchaus Nichts, wodurch die Anwendung des § 30 auf den festgestellten Thatbestand gehindert werden könnte.

Zu 2. Ebensowenig steht der § 28 denselben entgegen, wie das Verhältniß desselben zu den §§ 26 und 27 ergiebt. Der § 26 sanktionirt nämlich das ausschließliche Verlagsrecht des Urhebers und seiner Erben an einem Kunstwerke, so lange das Original in ihrem Eigenthum bleibt, und § 27 knüpft in dieser Lage die Sicherstellung desselben für die Dauer von zehn Jahren — vgl. Publ.-Pat. v. 16. Jan. 1846 Art. 3 — an die formelle Bedingung, daß sie vor dem Ablasse der neuesten Kopie, dem Anfange der Vervielfältigung, dem obersten Kuratorium der Künste von ihrem Vorhaben mit der Erklärung, eine Vervielfältigung durch Andere ohne ihre Erlaubniß nicht zulassen zu wollen, Anzeige machen. — Es wird dadurch jeder Andere, der ihre Erlaubniß nicht erhält, von der Nachbildung ausgeschlossen. Hieraus erhellet und ist nach den §§ 9. 21. 29 daselbst und Art. 1 des unter dem 29. Nov. 1837 in Preußen publizirten Bundesbeschl. v. 9. ej. außer Zweifel, daß der Urheber des Kunstwerkes das so gesicherte ausschließliche Recht zur Vervielfältigung zu Gunsten Anderer aufgeben und ihnen übertragen kann; möge er dabei das Eigenthum des Originals mit übertragen oder an sich behalten.

Der § 28 wiederholt nun im ersten Satze, was schon aus § 26 folgt, daß das ausschließliche Vervielfältigungsrecht des Künstlers und seiner Erben in der Regel untergeht, wenn sie ihr Eigenthum an dem Kunstwerke aufgeben, ehe sie mit der Vervielfältigung angefangen haben. Der zweite Satz beschränkt aber diese Regel zu ihrem Vortheile dahin, daß sie noch gleichzeitig mit der Veräußerung ihres Eigenthums dies ausschließliche Vervielfältigungsrecht konstituiren und entweder vom Eigenthume am Originale getrennt sich vorbehalten oder zu Gunsten des Eigenthums zur Geltung bringen können, wenn darüber eine ausdrückliche Verabredung in glaubhafter Form getroffen und dem obersten Kuratorium der Künste die in § 27 gedachte Anzeige, in beiden Fällen, also auch bei dem Vorbehalte des Verlagsrechts für den Eigenthümer, jetzt gemacht wird. Der § 28 setzt also in seinem ganzen Inhalte voraus, daß der Urheber des Kunstwerkes und dessen Erben das Verlagsrecht im Augenblicke der Veräußerung ihres Eigenthums noch nicht formell erworben haben und bezieht sich durchaus nicht auf die Uebertragung eines von ihnen gemäß § 27 schon vor der Dauer ihres Eigenthums zur Geltung gebrachten Verlagsrechts, durch welche Jemand ihr Singular-Successor in dasselbe, ihr Rechtsnachfolger im Sinne der §§ 21. 29 daselbst und Art. 2 des Bundesbeschl. v. 9. Nov. 1837 unbedingt geworden ist. Einem solchen wird durch den § eben so wenig, wie dem Urheber und dessen Erben selbst, eine Wiederholung der nach § 27 gemachten Anzeige auferlegt, die ja ausdrücklich nur Nachbildungen, welche sie nicht erlauben, verhüten soll. Auch gebietet der vorletzte Satz des § 27 augenscheinlich nur Nachbildnern, welche keine Erlaubniß dazu von jenen erlangt haben, die Anfrage bei dem obersten Kuratorium der Künste, ob eine betreffende Anzeige und Erklärung abgegeben worden sei.

Antr. des GStA.s: gleichl. [23.—1.]

Rechtsmittel. — Anmeldung. — Rechtzeitigkeit.

Die Präklusivfrist für die Anmeldung eines Rechtsmittels ist nur dann gewahrt, wenn innerhalb derselben die betr. Schrift dem zur Empfangnahme und zur Präsentirung berufenen Beamten zu Händen gekommen ist, oder doch bei regelmäßigem Geschäftsbetrieb hätte zu Händen kommen müssen.

Vdn. v. 3. Jan. 1849 Abschn. IV. [vgl. dort S. 459 n. 53; ähnlich: Beschl. I. 12. Sept. 1860 c. Zahn, 100, B].

Beschl. (II.) v. 16. Mai 1863 c. Bienengräber (G. B. II. Cr.).

In der oben S. 217 erwähnten Sache hat die beantragte Beweiserhebung stattgefunden; aus derselben hat das OTr. entnommen, daß die Abgabe der Schrift, wenn sie wirklich innerhalb der Frist erfolgt sei, nur am letzten Tage spät Abends an der Wohnung des betr. Beamten und in seiner Abwesenheit bewirkt sein könne, weshalb sie von diesem erst am folgenden Tage (14. Juni) präsentirt worden sei. Die beantragte Zurücknahme der erfolgten Zurückweisung der NB. ward daher abgelehnt, weil nicht nachgewiesen ist, daß die 2c. Schrift früher als am 14. Juni dem 2c. zu Händen gekommen sei, oder auch nur bei regelmäßigem Geschäftsbetriebe hätte kommen müssen, mithin nicht dargethan ist, daß jener Präsentationsvermerk irrthümlich gewesen sei. [26. — 3.]

Preßvergehen. — Rückfall. — Berechnung.

Bei einem Preßvergehen 2c. ist für die Rückfälligkeit der Zeitpunkt der Begehung der neuen Strafthat und nicht der der Verurtheilung maaßgebend.

Preßges. v. 12. Mai 1852 § 54. Vgl. Z. I. 19. Mai 1858 c. Köhler, 444, JMBl. S. 214, G.A. 6. S. 564; Hartmann Abh. in G.A. 11. S. 218.

Erk. (S. I.) v. 20. Mai 1863 c. Levysohn (122. I. Cr.).

L. war wegen Preßvergehens verurtheilt, die vom StA. beantragte Verlustigerklärung der Befugniß zum Gewerbebetriebe aber aus dem Grunde abgelehnt worden, weil zwar zwei Vorbestrafungen wegen Preßvergehens vorlägen, „der § 54 cit. aber den entscheidenden Zeitraum von fünf Jahren, abweichend von andern Gesetzen, nicht mit dem Tage der Begehung des dritten Preßvergehens, sondern mit dem Tage der Verurtheilung wegen desselben ablaufen lasse," im vorliegenden Falle aber die Verurtheilung in erster Instanz erst nach dem Ablaufe der Frist erfolgt sei. Auf die NB. des OStA.s erfolgte Vernichtung des Erk.s 2. Inst. und zusätzliche Verlustigerklärung der Befugniß zum Gewerbebetriebe. Gründe:

Die Fassung des § 54 des Preßges.s könnte zwar allerdings auf den ersten Blick zu der Annahme führen, daß nicht bloß die Verübung des dritten Vergehens, sondern auch die Verurtheilung wegen desselben innerhalb des von der Rechtskraft des ersten Strafurtheils beginnenden fünfjährigen Zeitraums fallen müsse. Eine solche Annahme würde jedoch so sehr allen Rechtsgrundsätzen widersprechen, daß es einer bestimmten Erklärung des Gesetzgebers oder doch eines ersichtlichen Grundes zu einer solchen Abweichung von der Regel bedürfte, um das Gesetz ihr entsprechend auszulegen. Ein solcher Grund ist jedoch um so weniger ersichtlich, als es anderenfalls, wenn das dritte Preßvergehen (beziehungsweise das zweite Preßverbrechen) gegen den Ablauf des fünfjährigen Zeitraumes begangen wäre, nicht bloß in der Gewalt des Thäters läge, sich der gerichtlichen Verfolgung und damit dem Erkenntniß auf Verlust des Gewerbebetriebes bis zum Ablauf dieser Frist zu entziehen, sondern es sogar von der Willkür des Gerichtes abhinge, ihm durch größere oder geringere Beschleunigung des Urtheils diesen Verlust zu bereiten oder zu ersparen. Keines von beiden kann in der Absicht des Gesetzgebers gelegen haben, im Gegentheil würde die Erwägung dieser Uebelstände nur um so bestimmter zur Festhaltung der Regel geführt haben, daß nothwendig nur der Tag der Begehung der neuen strafbaren Handlung innerhalb des fünfjährigen Zeitraumes liegen müsse (StGB. § 58). Dafür, daß dieses wirklich die Absicht des Gesetzes gewesen sei, spricht auch die Entstehungsgeschichte des allegirten § 54. Im § 5 des dem jetzigen Preßgesetze zum Grunde liegenden Regierungsentwurfes war nämlich vorgeschlagen, daß wenn einer der in den §§ 1—4 desselben bezeichneten Gewerbtreibenden (§ 1 des jetzigen Gesetzes) eines mittelst der Presse begangenen Verbrechens oder Vergehens schuldig erkannt worden, die Bezirksregierung berechtigt sein solle, ihm die fernere Betreibung seines Gewerbes zu untersagen. Gegen diesen Vorschlag wandte sich die Kommission der damaligen zweiten Kammer mit dem Verlangen, daß die Untersagung des Gewerbebetriebes stets nur durch den zuständigen Richter ausgesprochen werden möge. Es wurde deshalb die Streichung des § 5 des Entwurfs beantragt und statt seiner folgende Bestimmung vorgeschlagen:

„Gegen die im § 1 dieses Gesetzes genannten Gewerbtreibenden kann von dem zuständigen Richter auf den Verlust der Befugniß zum Gewerbebetrieb erkannt werden, wenn

1. die zeitige Untersagung der Ausübung der bürgerlichen Ehrenrechte ausgesprochen wird,
2. wegen eines mittelst der Presse begangenen Vergehens oder

Verbrechens innerhalb eines Zeitraumes von fünf Jahren zum dritten Male eine Verurtheilung erfolgt ist;

es muß auf den Verlust der Befugniß zum Gewerbebetriebe erkannt werden, „wenn der Verlust der bürgerlichen Ehrenrechte ausgesprochen wird.““

Bei der Berathung im Plenum der zweiten Kammer wurde nun zwar das Prinzip, nicht aber die Fassung des neu vorgeschlagenen Paragraphen gebilligt, vielmehr diejenige Fassung beliebt, welche der hiernächst von der ersten Kammer sowohl, als von der Staatsregierung angenommene § 54 des jetzigen Gesetzes enthält. Es geschah dieses auf den Vorschlag des Abgeordneten für Siegen, der sich in den Motiven zu seinem Verbesserungs-Vorschlage dahin aussprach:

„die genaue Bezeichnung der Grenzlinie, bei deren Ueberschreitung der Verlust der Befugniß zum Gewerbebetriebe eintreten muß, liegt im Interesse der Staats-Regierung und der Gewerbetreibenden.“

(v. Rönne das Ges. üb. d. Presse S. 289—294.)

Der Zweck des hinterher von allen drei Faktoren der Gesetzgebung angenommenen Verbesserungsvorschlages ging also dahin, der diskretionären Gewalt des Richters zur Aberkennung der Befugniß zum Gewerbebetriebe engere Grenzen zu ziehen und zu diesem Zwecke die Fälle, wo solche erfolgen müsse, näher zu bestimmen. Wenn nun zu diesem Zwecke bestimmt wurde, daß der Verlust des Gewerbebetriebes im zweiten beziehungsweise dritten Falle nothwendig ausgesprochen werden müsse, insofern seit der Verurtheilung wegen des ersten Falles nicht mehr als fünf Jahre verflossen seien, so kann die Absicht nur dahin gegangen sein, daß bei Berechnung dieses Zeitraumes der Tag der Begehung der zweiten, beziehungsweise dritten strafbaren Handlung entscheiden solle, weil die beabsichtigte Begrenzung des richterlichen Ermessens nur durch die von dem Willen des Richters unabhängige Begehung der zweiten, beziehungsweise dritten strafbaren Handlung, nicht aber durch den Tag ihrer Aburtheilung, der meist in der Willkür des Richters liegt, wirksam erfolgen konnte. Darnach kann es nur auf einer Ungenauigkeit der Fassung beruhen, wenn der Schluß des § 54 dahin lautet:

„es muß . . . . erkannt werden, wenn . . . .

2. innerhalb eines Zeitraums von fünf Jahren wegen eines mittelst der Presse begangenen Verbrechens zum zweiten Male — oder wegen eines solchen Vergehens oder Verbrechens zum dritten Male eine Verurtheilung erfolgt,"

statt, daß er der Absicht des Gesetzgebers entsprechend, dahin hätte lauten müssen:

„es muß . . . . erkannt werden, wenn . . . .

2. wegen eines innerhalb eines Zeitraumes von fünf Jahren mittelst der Presse zum zweiten Male begangenen Verbrechens — oder wegen eines zum dritten Male begangenen Vergehens oder Verbrechens eine Verurtheilung erfolgt."

Mit dieser Auslegung des Gesetzes steht auch, wie der Implorant richtig annimmt, das Erk. des OTr.s v. 19. Mai 1858 c. Köhler [s. o.] nicht im Widerspruche, wenngleich darin am Schlusse der Entscheidungsgründe gesagt wird, der App.-Richter habe den § 54 des Preßges.s richtig ausgelegt, wenn er annehme, „daß die drei Verurtheilungen wegen Preßvergehen noch in den Zeitraum von fünf Jahren fallen müssen, wenn der Richter verpflichtet sein solle, auf den Verlust zum Gewerbebetriebe zu erkennen." Denn in jener Sache war das dritte Vergehen schon nach einem längeren als fünfjährigem Zeitraume seit der Verurtheilung wegen des ersten begangen, und es handelte sich bloß um die Frage, ob der terminus a quo von der ersten oder von der zweiten Verurtheilung zu berechnen sei. Der Fall war mithin ein von dem jetzigen, wo lediglich der terminus ad quem in Frage steht, völlig verschiedener.

Antr. des GStA.s: gleichl. [15.—4.]

Polizeiaufsicht. — Verlassen der Wohnung. — Ortspolizei.

Die von der Ortspolizeibehörde des Wohnorts eines Verurtheilten verfügte Erweiterung der Polizeiaufsicht im Sinne des § 28 des StGB.s verliert ihre Wirksamkeit, wenn der Verurtheilte seinen Wohnsitz verlegt; es bedarf dann einer neuen Verfügung der Ortspolizeibehörde des neuen Wohnorts.

StGB. § 28 [dort einzutr. als n. 4a].

Erk. (V. I.) v. 20. Mai 1863 c. Gruschka (229. I. Cr.).

Gegen G. war die verhängte Polizeiaufsicht von der Ortspolizeibehörde seines Wohnorts L. im Sinne des § 28 cit. erweitert worden; er verlegte darauf seinen Wohnsitz nach P. und ward hier eines Abends nach 9 Uhr außerhalb seiner Wohnung betroffen; gegen das dieserhalb aus § 116 verurtheilende Erk. 2. Inst. ergriff der OStA. im Interesse des Angekl. die NB., worauf Vernichtung und Freisprechung erfolgte. Gründe:

Dem App.-Richter kann keinenfalls in der seiner Entscheidung offenbar zum Grunde liegenden Ansicht beigestimmt werden, wonach die von einer Ortspolizeibehörde gemäß § 28 getroffene Bestimmung auch für jede andere, unter welcher der Verurtheilte seinen Wohnsitz nimmt, sowie für den Verurtheilten selbst bis zu ihrer etwaigen Abänderung Geltung haben müßte. Vielmehr deutet der Umstand, daß das Gesetz es der Ortspolizeibehörde überläßt, die Beschränkung anzuordnen, darauf hin, daß es sich um keine allerwärts und bei jedem Wohnortswechsel gültig bleibende Bestimmung handle; die Bestimmung des § 28 ist gegenüber der unbedingten Vorschrift des § 27 eine durchaus relative; auch besteht kein allgemeines Verwaltungs-Regulativ, wonach etwa anzunehmen wäre, daß die an einem Wohnorte getroffene Anordnung auch in jedem andern Wohnorte bis zu einer motivirten Aufhebung in Kraft bleiben solle.

Antr. des GStA s: gleichl. [17.—4.]

Vergiftung. — Vorsatz. — Kenntniß.

Eine „vorsätzliche" Beibringung von Gift liegt nur da vor, wo der Thäter die Eigenschaft des beigebrachten Stoffes als Gift kannte; dieses Erforderniß ist in dem Worte „vorsätzlich“ mit enthalten; einer ausdrücklichen Feststellung desselben bedarf es daher nur da, wo es bestritten ist.

StGB. § 197 [vgl. dort n. 5; RdOTr. 2. S. 411].

Erk. (Z. I.) v. 22. Mai 1863 c. Mäder (527. I. Cr.).

Der § 197 straft denjenigen, welcher einem Anderen Gift vorsätzlich beibringt. Allerdings ist mit dieser Vorsätzlichkeit der Handlung nach allgemeinen Regeln auch das Erforderniß verbunden, daß der Thäter die Eigenschaft des beigebrachten Stoffes als Gift gekannt habe. — Allein dieses Erforderniß ist zugleich in dem Begriffe des Vorsatzes mit eingeschlossen, weil dieser mit dem Willen, eine Handlung zu verüben, nothwendig auch das Wissen dessen, was sie sein soll, enthalten muß. Dies ist denn speziell auch in Beziehung auf die vorliegende Frage über die Kenntniß der Gifteigenschaft in dem Berichte der I. Kammer S. 29 zu § 197 und in dem E. I. 20. Juni 1856 c. Frinke (G.A. 4. S. 697) ausgesprochen. Allerdings wird dadurch die besondere Feststellung jenes Erfordernisses durch den GH. oder durch das Verdikt der Geschworenen alsdann nicht ausgeschlossen, wenn der Angeklagte zwar die Handlung zugesteht, aber speziell die Kenntniß der Gifteigenschaft, damit aber die Vorsätzlichkeit in Beziehung auf die Vergiftung, bestreitet, die Frage in soweit also streitig geworden ist. Davon aber ist hier keine Rede gewesen, und es findet sich daher auch kein Antrag des Angeklagten oder seines Vertheidigers, die den Geschworenen gestellte Frage auch speziell auf die „Kenntniß der Gifteigenschaft“ zu richten.

Antr. des GStA.s: gleichl. [15.—4.]

Beweisantrag. — Sachverständige. — Selbstprüfung des Richters. — Geschworne.

1. Der erkennende Richter kann einen Sachverständigenbeweis anders erheben, als er beantragt war, oder auch denselben ganz ablehnen,

wenn er die betr. Frage selbstständig glaubt lösen zu können.

Vdn. v. 3. Jan. 1849 § 52 [vgl. dort n. 52].

2. **In schwurgerichtlichen Sachen hat der Schwurgerichtshof zu prüfen, ob und in welcher Weise er einen beantragten Sachverständigenbeweis erheben will.**

Ebendas. [dort einzutr. als n. 7a; vgl. n. 52].

Erk. (Z. I.) v. 22. Mai 1863 c. Jänsch (547. I. Cr.).

Die NB. des Angekl. rügte die Nichterhebung eines beantragten Sachverständigenbeweises vor dem Schw.-GH. Zurückweisung. Gründe:

Das Gesetz unterwirft die Nothwendigkeit einer Beweisaufnahme überhaupt oder die Ausdehnung derselben der Prüfung des Richters. Derselbe kann daher die vom Angeklagten beantragte Vernehmung von Zeugen ablehnen, wenn er die Thatsachen, über welche dieselben vernommen werden sollen, für unerheblich erachtet; er hat in diesem Falle nur die Ablehnungsgründe speziell anzuführen, um für den Fall, daß rechtliche Erwägungen dabei konkurriren, insoweit die Prüfung des höheren Richters zu ermöglichen. In Beziehung auf Sachverständige, welche lediglich ein Gutachten aus bereits feststehenden oder in der Audienz zu erweisenden Thatsachen schöpfen sollen, tritt aber zugleich ein anderes Verhältniß ein; der erkennende Richter hat hier ein weiter gehendes Ermessen, als in Beziehung auf Zeugen, Urkunden u. s. w., also in Beziehung auf die Beweismittel überhaupt, durch welche nur Thatsachen ermittelt werden sollen, über welche es für den erkennenden Richter keine andere Erkenntnißquelle, als einen außer ihm selbst liegenden Beweis giebt. Der erkennende Richter ist nämlich nicht beschränkt, ein Urtheil über wissenschaftliche, technische, künstlerische u. s. w. Gegenstände selbst zu schöpfen, wenn er sich dazu befähigt glaubt, und er durch den Beweis über die zum Grunde liegenden Thatsachen eine ihm ausreichend erscheinende Grundlage hat. Er ist demnach nicht verpflichtet, zu diesem Zwecke Sachverständige zu hören, oder er ist, wenn er sie gehört hat, an deren Gutachten nicht gebunden, und er darf daher auch einen von den Parteien beantragten Sachverständigenbeweis theils anders erheben, als er beantragt ist, theils überhaupt ablehnen, wenn er dies aus dem Grunde thut, weil er eben selbst urtheilen will.

In diesem letzteren Sinne ist aber im vorliegenden Falle der Beschluß des Schw.-G.H.s auszulegen. —

Der Zweifel, ob er in dieser Hinsicht dem Urtheil der Geschworenen vorgreifen könne, insofern ja diese zur Vorbereitung ihres Verdiktes die Anhörung Sachverständiger hätten fordern können, erledigt sich durch die Stellung, welche das Gesetz dem die Verhandlung leitenden Gerichtshofe, resp. dessen Vorsitzenden, den Geschworenen gegenüber angewiesen hat. Die Befugniß des Richters, die Erheblichkeit oder Angemessenheit von Beweisanträgen zu prüfen, und dieselben abzulehnen, ist im Gesetz nirgends für das schwurgerichtliche Verfahren beschränkt; dieselbe muß daher auch hier in demselben Umfange, wie in dem Verfahren vor den Gerichtsabtheilungen, in welchem die Richter selbst über die Thatfrage entscheiden, anerkannt werden. Es fehlt überdies an einem gesetzlich zugelassenen Wege, auf welchem in gleicher Weise, wie der Richter vor der Erhebung eines Beweises über dessen Erheblichkeit u. s. w. für die Entscheidung der Sache urtheilt, auch die Geschworenen als Thatrichter ein Urtheil über solche Erheblichkeit im Hinblick auf das von ihnen abzugebende Verdikt geltend machen können. Sie dürfen nach Art. 76 nur Fragen an die vernommenen Zeugen zur Aufklärung der Sache stellen, nicht aber die Vernehmung von Zeugen oder Sachverständigen, welche nicht vorgeführt worden, fordern. Ihr Urtheil über die Thatfrage beschränkt sich daher lediglich auf den Umfang der Beweise, welche der Richter vor ihnen aufgenommen hat, und wenn sie dieselben nicht für ausreichend erachten, so bietet ihnen allein das Verdikt selbst das Mittel, ihre Auffassung geltend zu machen.

Antr. des GStA.s: gleichl. [15.—4.]

Geschwornenspruch. — Unterschrift des Vorsitzenden. — Zeitpunkt.

Die Unterschrift des Vorsitzenden unter dem Geschwornenspruche erfolgt rechtzeitig, wenn sie sofort nach der definitiven Konstatirung der Thatfrage bewirkt wird. Demgemäß genügt es, wenn die Unterschrift erfolgt, nachdem über einen Antrag: die Geschwornen zur Berichtigung ihres Spruchs in das Berathungszimmer zurückzusenden, entschieden ist.

Ges. v. 3. Mai 1852 Art. 96 [vgl. dort n. 14].

Erk. (Z. I.) v. 22. Mai 1863 c. Lucas (560. I. Cr.).

L. war durch die Geschwornen mehrerer Urkundenfälschungen schuldig befunden worden. Nach der Verlesung dieser Sprüche beantragte der Vertheidiger Zurücksendung der Geschwornen Behufs Beseitigung eines angeblichen Widerspruchs; der GH. lehnte diesen Antrag ab. Erst nachdem dieses geschehen war, erfolgte die Unterschrift der Sprüche durch den Vorsitzenden. Die NB. des Angekl. rügte dieses unter Hinverweisung auf das Präj. Nr. 124 (V. I. 8. Dez. 1854 c. Braun, 1288, Entsch. 35. S. 263; Oppenhoff l. c.), nach welchem die Unterschrift sofort nach der Verlesung erfolgen müsse. Zurückweisung. Gründe:

Das in Bezug genommene Präjudiz des OTr.s hat sich nur darüber ausgesprochen, daß die Unterzeichnung der Sprüche der Geschwornen durch den Vorsitzenden überhaupt zu den wesentlichen Vorschriften des Verfahrens gehöre, nicht aber, wann dieses geschehen müsse. Dagegen ist in einem späteren Präjudikate v. 13. Mai 1859 c. Schwenkendorf (425; G.A. 7. S. 513) ausdrücklich ausgesprochen worden, daß diese Vollziehung, da sie keinen andern Zweck hat, als „die definitive Entscheidung der Thatfrage zu konstatiren," füglich auch erst erfolgen könne, wenn diese erfolgt, d. h. in Fällen, wo sich an den Spruch der Geschwornen noch weitere Erörterungen thatsächlicher Natur knüpfen, namentlich also, wo es sich darum handelt, ob die Geschwornen zurückzusenden, wenn der eingetretene Incidentpunkt erledigt ist.

Antr. des GStA.s: gleichl. [28.—4.]

Mitthäter. — Gemeinschaftlichkeit. — Thatbestand.

Ist durch die gemeinschaftliche Thätigkeit mehrerer Personen der objektive Thatbestand eines Verbrechens in einer dem gemeinsamen Willen Aller entsprechenden Weise hergestellt worden, so ist jeder als Mitthäter des Ganzen anzusehen, sollte er sich auch nicht an jeder zum Thatbestande erforderlichen Handlung unmittelbar betheiligt haben.

StGB. Thl. I. Tit III. [vgl dort S. 81 n. 5. 8.; und oben S. 253. 353.]

Erk. (Z. I.) v. 22. Mai 1863 c. Habisch u. Gen. (575 I. Cr.).

Die drei Angekl. H., Sch. und T. waren wegen eines gemeinschaftlich verübten Straßenraubs in Anklagestand versetzt. In Betreff eines jeden war den Geschworenen die Frage vorgelegt worden: „ob er — — in Verbindung mit andern Personen dem &c. X. eine Summe Geldes in der Absicht &c. weggenommen habe und zwar a) mit Gewalt gegen die Person des X., b) auf einem öffentlichen Wege." Außerdem war in Betreff des H. noch die eventuelle Frage (4.) gestellt, ob er dem Sch. und dem T. in den Handlungen, welche die in der Frage 2. und 3. gedachte That erleichtert hätten, wissentlich Hülfe geleistet habe. Die Geschworenen bejahten die den Sch. und T. betreffenden Fragen 2. und 3., ebenso die auf H. bezügliche Frage 1., erklärten aber: „ad a. für nicht erwiesen, daß es mit Gewalt geschehen sei," und bejahten endlich auch die eventuelle Frage 4. Der StA. und der Vertheidiger regten das Bedenken an, ob nicht die Antwort auf Fr. 1. mit den auf Fr. 2. und 3. ergangenen im Widerspruche stehe, da die Anwendung der Gewalt in diesen bejaht, in jener verneint sei; der GH. theilte aber dieses Bedenken nicht, weil es „sehr wohl als möglich anzusehen sei, daß eine und dieselbe That sich bei verschiedenen Angeklagten auch verschieden charakterisire, indem sie bei Einem z. B. als Raub, bei Andern als Diebstahl erscheine." Er verurtheilte darauf den Sch. und den T. wegen Straßenraubes, den H. wegen Theilnahme an demselben. Die NB. der Angekl. rügte die Nichtberücksichtigung des zwischen den Sprüchen bestehenden Widerspruchs Das OTr.

wies dieselbe zurück, indem es die Sprüche dahin auffaßte, daß auf die Frage 1. nicht die objektive Verübung der Gewalt, sondern die Betheiligung des H. an den Gewalthandlungen verneint worden sei; hiernach habe es rücksichtlich seiner allerdings noch der Feststellung bedurft, daß diese Gewalt (von den Mitangeklagten) ausgeübt worden sei und daß er Kenntniß davon gehabt habe; diesem Erforderniſſe sei durch die Bejahung der 4. Frage genügt worden, und demgemäß die Verurtheilung gerechtfertigt. In den Gründen heißt es:

Zum Wesen eines von mehreren Personen, gleichviel, ob in Folge eines Komplottes oder einer nur zufälligen Vereinigung, gemeinschaftlich verübten Verbrechens gehört es nämlich nicht, daß jeder Miturheber an jeder zum Thatbestande desselben erforderlichen Handlung unmittelbar Theil genommen habe, sondern es genügt, daß durch die gemeinsame Thätigkeit und den Willen Aller ein den Thatbestand des Verbrechens objektiv erschöpfender, dem gemeinsamen Willen Aller entsprechender Erfolg zu Stande gekommen ist; vgl. Hälschn. System §§ 92. 94. Von diesem Gesichtspunkt aus ist daher allerdings der oben mitgetheilte Grund des Schw.-G.H.s, mit welchem er die Bedenken des StA.s ꝛc. zurückgewiesen hat, wenigstens so wie er gestellt worden, nicht zutreffend, indem darnach ein von mehreren Personen gemeinschaftlich verübter Raub von vornherein den Charakter dieses Verbrechens gegen Alle behält, ihn mithin auch gegen denjenigen Theilnehmer nicht verliert, der sich etwa bei der gegen die Person des Beraubten verübten Gewalt nicht selbst betheiligt hätte. Nur etwa, wenn dargethan werden könnte, daß der Miturheber sich an der verübten Gewalt nicht nur nicht betheiligt, sondern auch weder um deren Verübung gewußt, noch solche gewollt hätte, was im schwurgerichtlichen Verfahren durch eine den Geschworenen nach Vorschrift des § 44 des StGB.s zu stellende besondere Frage zu ermitteln wäre, würde diesem der erschwerende Umstand der Gewalt, welcher den Raub vom Diebstahl unterscheidet, nicht zugerechnet werden können, und dieses allerdings mittelbar dahin führen, daß er für seine Person nur mit der Strafe des einfachen Diebstahls belegt werden könnte. Der objektive Gesammt-Charakter des Verbrechens als eines Raubes und die Anwendung des Strafgesetzes gegen den Raub auf alle Mitglieder würde dadurch aber principaliter nicht ausgeschlossen werden. Hieraus folgt, daß, wenn gegen mehrere Personen die Anklage eines gemeinschaftlich verübten Raubes vorliegt, in der gegen jeden besonders zu stellenden Frage dem erschwerenden Umstande der verübten Gewalt eine Fassung gegeben werden muß, die es erkennbar macht, daß diese Gewalt nur objektiv als ein zur Ausführung der That gebrauchtes Mittel bezeichnet werden soll, es dagegen unentschieden läßt, von welchem der Miturheber dieselbe verübt worden ist.

Antr. des GStA.s: gleichl. [28.—4.]

Einnahme-Register. — Post-Annahmebuch. — Unterlassene Eintragung.

1. Das für die Eintragung der Geldbriefe bestimmte Annahmebuch ist ein zur Eintragung und Kontrolle der Einnahme bestimmtes Register.

StGB. § 325 [vgl. dort n. 12].

2. Die Unterlassung einer Eintragung in ein solches Register durch den mit der Führung beauftragten Beamten stellt eine unrichtige Führung dar.

Ebendas. [vgl. dort n. 14; RdOTr. 2. S. 318].

Erk. (3. I.) v. 22. Mai 1863 c. Franz (581. I. Cr.).

Das Erk. spricht die obigen Grundsätze ohne weitere Begründung aus unter Hinverweisung auf die in Oppenhoff's Commentar § 325 n. 14 citirten Erkenntnisse.

Antr. des GStA.s: gleichl. [18.—4.]

Urkunde. — Postvorschuß. — Unterschrift.

Der auf der Adresse eines Briefes befindliche Vermerk über die Belastung desselben mit Postvorschuß ist nur dann für eine Urkunde zu erachten, wenn er mit einer Unterschrift versehen ist.

StGB. § 247 [vgl. dort n. 132].

Erk. (B. II.) v. 28. Mai 1863 c. Sachse (150. II. Cr.).

S. hatte 2 Briefe, welche auf der Adresse den Vermerk einer Postvorschußbelastung und auf der Rückseite einen Abdruck des Blaustempels seines Dienstherrn Rechts-Anw. C. trugen, und mit dem Dienstsiegel des Letztern versiegelt waren, ohne Wissen desselben zu Bernburg auf die Post gegeben, dabei die bemerkten Postvorschußbeträge erhoben und für sich verwendet. Hierin fanden die Instanzrichter den Thatbestand der Urkundenfälschung, indem sie sich dabei auf das Präj. Nr. 154: V. Pl. 28. Dez. 1858 c. Meusel (Oppenhoff StGB. § 247 n. 132) stützten. Die NB. des Angekl. rügte Verletzung des § 247, und suchte auszuführen, daß, namentlich auch mit Rücksicht auf das in Anhalt-Bernburg geltende gemeine Recht, ein nicht unterschriebenes Schriftstück keine Urkunde sein könne. Das OTr. hat das Erk. 2. Inst. vernichtet und die Sache an das AG. zurückverwiesen. Gründe:

Das Präjudiz der vereinigten Abtheilungen des Senates für Strafsachen v. 28. Dez. 1858, worauf der Appellationsrichter verwiesen hat, hat ausgesprochen: „die behufs eines Postvorschusses der Briefadresse beigefügte, mit Namens-Unterschrift versehene Erklärung, „„einen gewissen Betrag als Postvorschuß hiergegen entnommen zu haben,““ ist als eine Urkunde im Sinne des § 247 des Strafgesetzbuchs anzusehen.“ Daß aber die in der vorliegenden Sache in Rede stehenden zwei Postvorschuß-Vermerke mit Namens-Unterschrift versehene Erklärungen waren, ist von den Instanzrichtern und namentlich von dem Appellationsrichter nicht festgestellt. Jenes Präjudiz konnte daher die Annahme, daß hier die fraglichen beiden Postvorschuß-Vermerke als Urkunden anzusehen seien, nicht rechtfertigen.

Weil nicht schon jede Schrift, die etwa bei einem verübten oder versuchten Betruge als Mittel zur Täuschung mit benutzt wird, dabei als „Urkunde“ gelten soll, sondern nur eine solche Schrift, deren fälschliche Anfertigung oder Abänderung wirklich als Mittel zur Beeinträchtigung von

Rechten, zur Verdunkelung oder Unterdrückung der Wahrheit in Bezug auf Rechte, Rechtsgeschäfte oder Rechtsverhältnisse zu dienen insofern geeignet ist, als sie zum Erweise der letzteren von Erheblichkeit ist, hat das Strafgesetzbuch im zweiten Absatze des § 247 den Begriff „Urkunde“ definirt.

Bei dem Urkunden-Beweise — nämlich bei dem Beweise durch Urkunden im engsten Sinne (vgl. Heimbach in Weiske's Rechts-Lex. 11. S. 640 n. 5) — ist nun aber eine Schrift zum Beweise von Verträgen, Verfügungen, Verpflichtungen, Befreiungen oder überhaupt von Rechten oder Rechtsverhältnissen nur dann von Erheblichkeit, wenn sie mit einer Unterschrift versehen ist. Diese hat überhaupt den Zweck, als Zeichen der Kenntnißnahme von dem Inhalte und des Einverständnisses mit dem Inhalte der Schrift zu dienen (v. Savigny System 3. S. 240. 244. 261. 267; Rechts-Lex. 11. S. 670. n. 83. 674. 681 n. 109). Sie ist daher auch, wo Urkunden zur Beweisführung produzirt werden, zunächst dergestalt Gegenstand der Agnition oder Rekognition, resp. der Diffession des Produkten, welcher, oder doch eine Person, die ihn verbinden konnte, sie ausgestellt, d. h. durch Unterschrift vollzogen haben soll, daß der Produzent einer mit einer Unterschrift nicht versehenen Schrift die Erklärung des Produkten über deren Anerkennung und die eidliche Diffession derselben nicht fordern kann: Rechts-Lex. 11. S. 681 n. 112. 699. 700. 701 n. 181. Allerdings ist es, damit eine (eigenhändige) Namensunterschrift solche Bedeutung einer Unterschrift habe, — sie als Unterschrift gelte, nicht unerläßlich, daß sie sich räumlich gerade unter der Schrift befinde. Es kommt wesentlich nur darauf an, daß solche Namens-Unterschrift zu dem obigen Zwecke Bezug auf den Schriftsatz haben soll, sie damit in Verbindung gebracht sei. Sie braucht ferner nicht nothwendig geschrieben zu sein, vielmehr kann unter Umständen auch eine gedruckte, lithographirte oder durch einen Stempel beigefügte Namens-Unterschrift jene Bedeutung haben.

Allein auch in keiner dieser Beziehungen ist in dem vorliegenden Falle festgestellt, daß die in Rede stehenden beiden Postvorschuß-Vermerke mit Unterschrift versehen waren. Allerdings verlangt das, auch für die Preußische Post-Anstalt in Bernburg geltende, Reglement v. 21. Dez. 1860 § 21 (St.-Anz. 1861 S. 82), dessen Bestimmungen nach § 50 des Postges.s v. 5. Juni 1852 als ein Bestandtheil des zwischen dem Absender und der Postverwaltung eingegangenen Vertrages anzusehen sind, nicht, daß die Vermerke über Postvorschüsse, mit welchen und zwar auf der Addresse versehen, Briefe zur Post gegeben werden, unterschrieben seien, um die Postverwaltung zur Ausstellung der dort bezeichneten Bescheinigung über die Einlieferung eines solchen Briefes und die Reservirung des vermerkten Postvorschusses, so wie demnächst nach der durch den Addressaten geschehenen Einlösung zur Auszahlung des Vorschußbetrages an denjenigen, welcher jene Bescheinigung zurückgiebt, zu verpflichten. Wird aber — wie im vorliegenden Falle geschehen — Seitens des Beamten der kolligirenden Postanstalt von diesen Vorschriften abgewichen; zahlt er gleich bei der Einlieferung des Briefes den Betrag des auf der Addresse vermerkten Vorschusses aus (Nr. X. a. a. O.); so geschieht dies lediglich auf seine Gefahr, und hat er dabei solche Zahlung auf einen nicht unterschriebenen Postvorschuß-Vermerk geleistet, so erlangt dadurch der letztere nicht die Eigenschaft einer Urkunde, für welche es — wo nicht noch besondere Vorschriften oder unter besondern Verhältnissen eine Ausnahme eintritt, — wesentliches Erforderniß einer Schrift ist, daß diese mit einer Unterschrift versehen sei.

Antr. des GStA.s: gleichl. [26. — 1.]

Hausrecht. — Amtshandlung. — Disziplinarverfahren.

Amtshandlungen mit einem Beamten können auch in dessen Privatwohnung vorgenommen werden. Insbesondere ist es nicht unstatthaft, daß

die vorgesetzte Behörde eines Beamten diesem die zum Zwecke seiner Versetzung in den Ruhestand erforderlichen Mittheilungen in seiner Wohnung machen lasse. Diese Befugniß wird durch das Hausrecht nicht ausgeschlossen.

Disz.-Ges. v. 21. Juli 1852 §§ 88. 89; StGB. § 346 N. 1 [dort einzutr. als n. 5a].

Erk. (S. II.) v. 28. Mai 1863 c. Schruhl (175. II. Cr.).

Der Steuerrath Schr. sollte wegen Kränklichkeit in den Ruhestand versetzt werden, und der Reg.-Rath Fr. war vom vorgesetzten Prov.-Steuer-Direktor beauftragt, ihm in seiner Wohnung die nach § 89 des Disz.-Ges.s v. 21. Juli 1852 vorgeschriebenen Mittheilungen zu machen. Fr. ward demzufolge in die Wohnung und das Krankenzimmer des 2c. Schr. zugelassen und begann mit dem Letzteren die betr. Verhandlung; diese konnte indessen nicht zu Ende geführt werden, weil Fr. durch den hinzukommenden Sohn des Schr. genöthigt wurde, das Haus zu verlassen. Gegen den Letzteren ward deshalb die Untersuchung aus § 90 und 102 des StGB.s eröffnet; in erster Instanz erfolgte Freisprechung von der Amtsbeleidigung, dagegen Verurtheilung aus § 90; das AG. sprach aber auch von dieser Anklage frei, indem es ausführte: die Disziplinarbehörde habe ihren Kommissar nicht ermächtigen können, das Haus des Beamten zu betreten; durch das Eindringen in das Krankenzimmer habe 2c. Fr. seine Befugnisse überschritten und der ihm hier entgegengesetzte Widerspruch sei in den Gränzen des § 346 Nr. 1 des StGB.s verblieben, weshalb § 90 l. c. nicht Platz greifen könne. Auf die NB. des OStA.s ist dieses Erk. vernichtet und die Sache an das AG. zurückverwiesen worden. Gründe:

Der App.-Richter verneint selbst nicht, und es läßt sich nicht verneinen, daß auch in einer Privatwohnung, und namentlich in der Wohnung eines Beamten mit demselben Amtshandlungen vorgenommen werden können; ebenso wenig scheint er zu verneinen und läßt sich verneinen, daß die im § 89 des Disz.-Ges.s v. 21. Juli 1852 vorgeschriebene Eröffnung an einen Beamten von Seiten eines ihm vorgesetzten Beamten oder dessen Kommissars eine Amtshandlung sei oder den Charakter einer Amtshandlung verliere und in eine Privathandlung übergehe, wenn sie nicht schriftlich, sondern zu Protokoll geschieht. Ist dies aber der Fall: so ist nicht abzusehen, wie der § 346 des StGB.s über das widerrechtliche Eindringen in eine fremde Wohnung verletzt sein könnte. —

Auch konnte die Handlung des rc. Fr. den Charakter einer Amtshandlung und die zwangsweise Unterbrechung derselben ihre Strafbarkeit dadurch nicht verlieren, daß der Prov.-St.-Direktor seinerseits nach der Ansicht des App.-Richters nicht ermächtigt war, dem rc. Fr. den dienstlichen Auftrag zum Besuche des StR.s Schr. in dessen Wohnung zu ertheilen; eine Ueberschreitung der Befugnisse des Pr.-St.-Direktors in diesem Kommissorium würde den Angeklagten offenbar noch weniger berechtigt haben, in dem Kommissar und seiner dem Auftrage seines Vorgesetzten entsprechenden Handlungsweise das Amtsansehen zu verkennen und seinem Zwange zu unterwerfen, als eine dabei vorgekommene Ueberschreitung des Auftrages von Seiten des rc. Fr. selbst.

Endlich kann gleichfalls nicht anerkannt werden, daß der Pr.-St.-Direktor zu jenem Auftrage auf Grund des § 89 des Disz.-Ges.s nach den §§ 13. 32 und 37 das. oder nach § 7 des Ges.s v. 12. Febr. 1850 und § 346 StGB. nicht befugt gewesen sei. Abgesehen davon, daß der Auftrag nach der eigenen Annahme des App.-Richters lediglich dahin ging, „dem rc. Schr. wegen seiner Versetzung in den Ruhestand event. nach § 58 des Ges.s v. 21. Juli 1852 protokollarische Eröffnungen zu machen," kann aus dem § 7 des Ges.s v. 12. Febr. 1850, wonach es erlaubt ist, selbst wider den Willen des Inhabers in eine Wohnung „auf Grund einer aus amtlicher Eigenschaft folgenden Befugniß oder eines von einer gesetzlich dazu ermächtigten Behörde ertheilten Auftrags" einzudringen, die Beantwortung der Frage, wer jene Befugniß oder diese Ermächtigung habe, unmöglich hergeleitet werden.

Mit der Prüfung, ob der rc. Fr. als Mitglied der Prov.-St.-Direktion rc. nicht vermöge dieser amtlichen Eigenschaft an sich befugt gewesen wäre, in die Wohnung des ꝛc. Schr. zur Vornahme der fraglichen Handlung zu gehen, hat der zweite Richter sich gar nicht befaßt, scheint sie aber stillschweigend zu verneinen — er beschränkt sich darauf, die Gesetzlichkeit des Auftrages des Prov.-St.-Direktors an den ꝛc. Fr., „den StR. Schr. in seiner Wohnung aufzusuchen," aus dem citirten hierfür ganz irrelevanten § 7 und aus den §§ 13. 32 und 37 des Disz.-Ges.s zu verneinen. Mit Recht erblickt der Implorant darin eine ganz unrichtige Auffassung und Anwendung dieser Bestimmungen. Der § 13 verfügt, wie Insinuationen zum Nachtheile desjenigen, an den sie ergehen, gültig bewirkt werden und den Lauf der ihm eingeräumten Fristen eröffnen können; er schließt protokollarische Eröffnungen an einen Beamten offenbar nicht aus und handelt davon überhaupt nicht, erlaubt indessen ausdrücklich und schreibt sogar als Regel vor, die betreffenden Aufforderungen und Mittheilungen ꝛc. einem Beamten in Person, unbedenklich auch in seiner Wohnung wider seinen Willen, gleich gerichtlichen Akten zuzustellen. Gegen die Anwendbarkeit der §§ 32 und 37 auf den vorliegenden Fall ist zunächst der Einwand des Imploranten begründet, daß sie im 2. Abschn. von dem Disziplinarverfahren stehen, die fragliche Anordnung des Prov.-St.-Direktors aber nach der Ueberschrift des 8. Abschn.s mit den §§ 88 und 89 in demselben im Interesse des Dienstes, welches gar nicht Gegenstand eines Disziplinarverfahrens sein konnte, erfolgte. Hierbei ist es dem Ermessen der vorgesetzten Dienstbehörde überlassen, welche Form der Eröffnung jenem Interesse am meisten entspreche und insbesondere nicht untersagt, dazu eine mündliche, die protokollarisch konstatirt wird, in der Wohnung des betreffenden Beamten zu wählen; die Vorschrift des § 60 der Vdn. v. 10. Juli 1849 und § 58 des Ges.s v. 7. Mai 1851 über die Dienstvergehen der Richter, wonach die bezügliche Eröffnung „schriftlich" geschehen soll, ist in die Vdn. v. 11. Juli 1849 (§ 96) und den § 89 des Ges.s v. 21. Juli 1852 nicht aufgenommen, würde aber auch nicht hindern, die schriftliche Eröffnung dem Beamten wider seinen Willen in seiner Wohnung amtlich zuzustellen. Nicht selten wird die Schonung des zu pensionirenden Beamten mit dem Interesse des Dienstes Hand in Hand gehen, wenn die mündliche Eröffnung und deren Protokollirung der schriftlichen und deren Insinuation durch einen Boten vorgezogen wird; niemals kann ein unbefugtes und widerrechtliches Eindringen oder Verweilen des Dienstvorgesetzten in der Wohnung eines Untergebenen im Sinne des § 7 des Ges.s v. 12. Febr. 1850 oder des § 346 Nr. 1 des StGB.s darin allein liegen, daß er dem Letztern in derselben die durch § 89 des Disz.-Ges.s vorgeschriebene Eröffnung macht oder machen läßt.

Auch von einem Zwange zur Vertheidigung ist dabei keine Rede, falls nicht noch andere Mittel, als das bloße Betreten der Wohnung des Beamten, die vorschriftsmäßige Eröffnung an ihn und deren Protokollirung, etwa zur Erlangung einer Antwort oder der Einwendungen, die er gemäß § 90 a. a. O. noch innerhalb 6 Wochen beibringen kann oder nicht, angewendet werden; zu einer derartigen Unterstellung gebricht es jedoch an jedem faktischen Anhalte.

Antr. des GStA.s: gleichl. [23. — 1.]

Triebwerk (Mühle). — Stauwerk. — Wehr. — Polizeiliche Genehmigung.

Zu den durch Wasser bewegten Triebwerken, welche einer besondern polizeilichen Genehmigung bedürfen, sind auch die zu einem solchen Triebwerke gehörigen Stauwerke und Wehre zu zählen.

Gew.-Ordn. v. 17. Jan. 1845 §§ 26. 27. 177. 180; Ges. v. 1. Juli 1861 § 1; Ges. v. 28. Febr. 1843 §§ 1. 16. 25.

Erk. (B. II.) v. 28. Mai 1863 c. Schenk (201. II. Cr.).

Der Angekl. Mühlenbesitzer Sch. hatte die polizeiliche Erlaubniß erwirkt, das zu seiner Wassermühle gehörige Wehr in der Gera zu repariren; er wich aber bei der Ausführung der Reparaturen von den ihm hierbei gestellten Bedingungen wesentlich ab, und ward deshalb in

1. Inst. vom Pol.-Richter aus §§ 177 und 180 der A. Gew.-Ordn. bestraft. Auf seine Appellation ward er in 2. Inst. freigesprochen, weil Wehre und Schleusen keine „Triebwerke" und jedenfalls keine „durch Wasser bewegte Anlagen" seien; die Handlung des Sch. daher nur eine Uebertretung im Sinne des § 345 Nr. 12 des StGB.s darstelle, die Strafe dieses § aber durch den Ablauf der 3monatlichen Verjährung (StGB. § 339) ausgeschlossen sei. Der NB. des OStA.s setzte Sch. entgegen: § 339 greife jedenfalls hier Platz, da auch die Zuwiderhandlungen gegen die cit. gewerbepolizeilichen Vorschriften der polizeirichterlichen Zuständigkeit unterworfen und somit als „Uebertretungen" anzusehen seien. Das OTr. hat diesen letztern Einwand unter Hinverweisung auf das Präj. Nr. 41 (vgl. Oppenh. Einf.-Ges. z. StGB. Art. XX. n. 4) zurückgewiesen, und die Vernichtung des Erk. ausgesprochen. Gründe:

Der Ausdruck „durch Wasser bewegte Triebwerke (Mühlen u. s. w.)" mag zwar nach dem gewöhnlichen Sprachgebrauche zur Bezeichnung von Wehren und Schleusen nicht dienlich sein und grammatisch sich nur insofern rechtfertigen lassen, als die Wehre und Schleusen die Triebkraft des Wassers für Mühlen &c. vermehren und reguliren, indirekt also allerdings Triebwerke und wenn auch für sich nicht vom Wasser bewegt sind, doch zu derselben „gewerblichen Anlage" gehören, deren übrige Theile von dem durch sie beherrschten Wasser bewegt werden. Daß aber der Gesetzgeber sie in der That unter jenen Ausdrücken habe begreifen wollen, deren bloße wörtliche Interpretation schon ihrer unbestimmten Allgemeinheit halber zum Verständnisse seiner Absicht nicht hinreicht, unterliegt nach der Entstehungsgeschichte des Gesetzes und dem hergebrachten gesetzlichen Sprachgebrauche über die betreffende Materie keinem Bedenken. Wie die Anlagen zur Benutzung des Wassers, insbesondere Wehre und Schleusen, von jeher ein Hauptgegenstand des deutschen Mühlenrechts überhaupt waren und die Betheiligung des öffentlichen Interesses an den Mühlen am allerwesentlichsten auf den Nachtheilen und Gefahren beruhte, welche daraus für den allgemeinen Gebrauch des Wassers entstehen: so hat namentlich die Preußische Gesetzgebung Wehre und Schleusen deshalb von jeher zu den Anlagen gerechnet, deren Begriff der § 26 Nr. 1 der A. Gew.-Ordn. v. 1845 von Neuem bestimmt und von welchen er jene weder der Natur der Sache nach noch im Hinblicke auf die bestehende Gesetzgebung auszuschließen Willens sein konnte, welche letztere der § 38 daselbst aufrecht hält. Das ALR. entzog bereits in den §§ 97. 99. I, 8 die Anlage von Schleusen und Wehren der Privatwillkür und unterwarf im 5. Abschn. II, 15 „von der Mühlengerechtigkeit" §§ 238. 243 seq. Mühlenbauten auch an Privatflüssen mit spezieller Rücksicht auf den Wassergebrauch gewissen Beschränkungen, insbesondere Erhöhungen des Fachbaums und Veränderungen des Sicherpfahls der Aufsicht der Landes-Polizei. Die §§ 5 ff. des Ediktes v. 28. Okt. 1810 erfordern die Genehmigung der Landespolizeibehörde zur Anlage oder Veränderung von Mühlen und zu diesem Ende die vorherige Anzeige mit einem Plane der beabsichtigten Einrichtung, woraus das Nivellement sichtbar wird, und gestatten die Versagung der Genehmigung vorzugsweise wegen nachtheiligen Aufstauens des Wassers (§§ 7. 8 das. — Vgl. Erk. d. OTr.s v. 30. Mai 1841, JMBl. S. 300). Der § 1 des Ges.s v. 15. Nov. 1811 wegen des Wasserstaues bei Mühlen und Verschaffung der Vorfluth verordnet die polizeiliche Setzung eines Merkpfahls „bei den Mühlen oder anderen durch Wehre oder Schleusen veranlaßten Störungen des Wasserstandes", bezeichnet somit die Wehre und Schleusen gerade als den für das öffentliche Interesse charakteristischen Bestandtheil der Mühlen, wie § 8 daselbst (vgl. §§ 5. 6) von „Mühlen oder anderen Stauungsanlagen" redet, erstere also wiederum den letzteren unterordnet. Wenn daher statt dessen in dem Ges. üb. d. Priv.-Flüsse v. 28. Febr. 1843 (§§ 1. 16. 25) gesagt ist: „Mühlen oder andere Triebwerke": so hat der Gesetzgeber augenscheinlich auch hierunter die Stauungsanlagen, Wehre und Schleusen wenigstens mit verstanden. Dies erhellet gleichfalls aus § 37 daselbst, wonach bei Entscheidung der Frage: ob durch eine Bewässerungs-Anlage einem Triebwerke das erforderliche

Wasser entzogen werde, von dem Grundsatze auszugehen ist, daß der Besitzer des Triebwerks nicht genöthigt werden kann, „sich eine Abänderung des innern Triebwerks gefallen zu lassen, daß er aber eine zweckmäßige Einrichtung der Stauwerke, des Gerinnes und des Wasserrades sich auf Kosten der Provokanten gefallen lassen muß", kein Zweifel somit, daß die Stauwerke als (äußere) Theile des ganzen Triebwerks, wovon bis dahin die Rede war, besonders der Mühlen, betrachtet, darunter begriffen sind. Wenn nun hierauf die §§ 26 Nr. 1. 27 der A. Gew.-Ordn. v. 1845 und § 1 Nr. 1 a. E. § 10 des Ges.s v. 1. Juli 1861 die Bestimmungen des Ediktes v. 28. Okt. 1810 in Betreff der Mühlen und durch Wasser bewegten Triebwerke jeder Art wesentlich bestätigt und erneuert und mit der Strafandrohung des § 180 der Gew.-Ordn. bekleidet, die § 38 derselben und § 11 des Ges.s v. 1861 zugleich auf die besondern Vorschriften für die nämlichen gewerblichen Anlagen verwiesen haben: so muß man nothwendig auch hier zu diesen Triebwerken vorzugsweise die Stauwerke, die Wehre, als äußere Bestandtheile und untrennbares Zubehör rechnen, und eine Restriktion jener Vorschriften auf das innere Triebwerk ist mit dem gesetzlichen Sprachgebrauche unvereinbar und mit der Hauptabsicht der Gesetzgebung in schneidendem Widerspruche.

Antr. des GStA.s: gleichl. [23.—1.]

Appellationsrichter. — Neue Beweiserhebung. — Abweichende Feststellung.

Hat die vor dem Appellationsrichter veranlaßte neue Beweisaufnahme ein wesentliches Resultat nicht gehabt, so kann derselbe nicht auf die in erster Instanz erhobenen und vor ihm nicht wiederholten Beweise zurückgehen und allein auf diese gestützt eine abweichende Feststellung treffen.

Ges. v. 3. Mai 1852 Art. 101 [vgl. dort n. 101, u. oben S. 343. 401].

Erk. (B. I.) v. 3. Juni 1863 c. Dymcke (Arndt u. Gen. 400. I. Cr.).

Der App.-Richter hatte eine neue Beweisaufnahme veranlaßt, erkannte demnächst aber, daß dieselbe ein wesentliches Resultat nicht geliefert habe; gleichwohl traf er eine von der erstrichterlichen abweichende Feststellung, indem er erwog, daß „einmal ein Beweis erhoben worden sei, und daß daher auch in Betreff des in 1. Inst. beigebrachten Beweismaterials eine freie selbstständige Würdigung eintreten müsse." Auf die NB. des Angekl. erfolgte Vernichtung. Gründe:

Nach Art. 101 des Ges.s v. 3. Mai 1852 muß der App.-Richter, wie auch das Plenar-Erk. v. 9. März 1863 [c. Laucks, 65. I., RdOTr. 3. S. 343] des Näheren ausführt, die erstrichterliche Feststellung beibehalten, insofern nicht neue Thatsachen oder neue Beweise, oder die gänzliche oder theilweise Wiederholung der in erster Instanz stattgefundenen Beweisaufnahme eine abweichende thatsächliche Feststellung begründen. Es muß daher die neue oder reproduzirte Beweisaufnahme die Quelle sein, aus welcher der zweite Richter seine, von dem ersten verschiedene Ueberzeugung schöpft. Er ist deshalb auch gehalten, in seinen Entscheidungsgründen anzugeben, ob und in wie weit die von ihm veranlaßte Beweisaufnahme ein änderndes Resultat ergeben hat. Erhellt nun, daß dieselbe ohne Einfluß gewesen, dann folgt daraus, und in Gemäßheit des Grundsatzes aus der Vorschrift des § 14 der Vdn. v. 3. Jan. 1849: daß der Fällung des Urtheils ein mündliches Verfahren vor dem erkennenden Gericht vorhergehe und in diesem die Beweisaufnahme vorgenommen werden muß, daß der App.-Richter nicht befugt ist, auf die in erster Instanz erhobenen und vor ihm nicht wiederholten Beweise zurückzugehen, und allein auf diese gestützt, eine abweichende thatsächliche Feststellung zu geben.

Antr. des GStA.s: gleichl. [20.—4.]

Wucher. — Antichresis.

Ein mit einem Darlehen im Zusammenhange stehendes antichretisches Verhältniß kann den

Thatbestand des (eingekleideten) Wuchers darstellen.

StGB. § 263 [dort einzutr. als n. 55 a].

Erk. (Z. I.) v. 3. Juni 1863 c. Lohrenz (419. I. Cr.).

L. hatte mit verschiedenen Darlehnsschuldnern Pachtverträge über Wiesengrundstücke geschlossen, nach welchen die Zinsen der Darlehen gegen die von ihm zu zahlenden Pachtbeträge aufgerechnet werden sollten. Die Instanzrichter fanden hierin den Thatbestand des eingekleideten Wuchers, weil die Darlehen und Pachtverträge im innern Zusammenhange gestanden hätten, die Errichtung der letztern zum Theil die Bedingung der Darlehnsbewilligung gewesen, und weil die Pächte im Vergleiche mit den ortsüblichen Pachtpreisen viel zu niedrig verabredet seien. Die NB. des Angekl., welche u. A. Verletzung der §§ 229 ff. I, 20 ALR. rügte, ward zurückgewiesen. Gründe:

Der erste Richter hat die Darlehnsverträge und die mit den Darlehnsschuldnern geschlossenen Pachtverträge als ein zusammenhängendes Ganzes aufgefaßt, bei welchem bezweckt worden sei, dem Angeklagten die Nutzung der Wiesen gegen die Gewährung der Darlehen und an Stelle der Zinsen zu überlassen und hat eben deshalb in den Pachtverträgen nur eine den wahren Thatbestand verhüllende Einkleidung des Geschäftes gefunden; unter diesen Voraussetzungen aber handelt es sich um antichretische Verhältnisse, auf welche die §§ 227 ff. I. 20 ALR. anwendbar sind (vgl. Präj. Nr. 1218 v. 5. Nov. 1842).

Wenn man indeß auch auf diese §§, welche speziell vom antichretischen Pfandvertrage handeln, zurückgeht, so fällt nach denselben dem ersten Richter kein Rechtsirrthum zur Last. Vielmehr zeigen sie, daß nach preußischem Rechte das gesetzliche Zinsmaaß zu berücksichtigen ist, auch wenn es auf die Gewinnung natürlicher Früchte — statt der Zinsen — ankommt; es konnte ferner der Richter die ortsüblichen Pachtverträge bei seiner Prüfung zum Maaßstabe wählen, da sie dem Reinertrage der Grundstücke, wie er sich erfahrungsmäßig und nach wirthschaftlichen Prinzipien herausgestellt hat, zu entsprechen pflegen, und es kann endlich auch aus den Bestimmungen §§ 230. 231 l. c. nichts zu Gunsten des Angeklagten hergeleitet werden, indem, wie der erste Richter im Einzelnen nachweist, die ortsüblichen Pächte die erlaubten Zinsen um das Doppelte und meist um mehr als das Doppelte überstiegen haben.

Antr. des OStA.s: gleichl. [46. — 4.]

Stempel. — Vollmacht.

Eine Vollmacht ist nur dann stempelfrei, wenn aus ihrem Inhalte hervorgeht, daß sie ein Rechtsgeschäft über einen nach Geld schätzbaren Werth unter 50 Thalern zum Gegenstande hat.

Stemp.-Ges. v. 7. März 1822 § 21. Vgl. oben S. 268.

Erk. (V. I.) v. 3. Juni 1863 c. Reschke (446. I. Cr.).

R. hatte den R— schriftlich bevollmächtigt, in einem Lizitationstermine seine Gerechtsame wahrzunehmen; diese Vollmacht, zu welcher ein Stempel nicht verwendet war, hatte R— im Termine vorgelegt und ein Gebot abgegeben, welches aber die Summe von 50 Thlrn. nicht erreichte. Aus diesem Umstande folgerten die Instanzrichter die Stempelfreiheit der Vollmacht und sprachen den R. von der Ankl. der Stempelkontravention frei. Auf die NB. des OStA.s erfolgte Vernichtung und Verurtheilung zur Stempelstrafe. Gründe:

Vollmachten erfordern einen Stempel von 15 Sgr. Nur ausnahmsweise sind Vollmachten, wie alle anderen Verhandlungen, stempelfrei nach § 3a des Stemp.-Ges.s, wenn ihr Gegenstand nach Geld geschätzt werden kann, und dieser Werth 50 Thlr. nicht erreicht. Daß jedoch ein solcher Ausnahmefall vorliegt, muß sich aus der Vollmacht selbst ergeben, weil eine Vollmacht eine Urkunde ist, für die Stempelpflichtigkeit einer Urkunde aber ihr Inhalt maaßgebend ist: (Z. I. 7. Sept. 1855 c. Bernhardt 526, G.A. 3. S. 687, 5. S. 213; Z. Pl. 9. März 1857 c. Hartung, Präj. Nr. 233, Entsch. 36. S. 430, G.A. 5. S. 221; V. I. 13. Mai 1859 c. Schöning 461, JMBl. S. 236).

Im vorliegenden Fall enthält die Vollmacht nicht die geringste Andeutung, daß es sich um einen Gegenstand handelt, dessen Werth 50 Thlr. nicht erreicht. Der ꝛc. R. ist darin ganz allgemein bevollmächtigt, die Gerechtsame des

Angeklagten in dem Termine zur 2c. wahrzunehmen, er war also gar nicht einmal auf ein bloßes Bieten beschränkt, viel weniger erhellt, daß das Gebot für den Angeklagten nicht 50 Thlr. erreichen durfte. Auf die etwanigen mündlichen Instruktionen, welche R. vom Angeklagten erhalten haben will, kann es hierbei ebensowenig als darauf ankommen, ob der Angeklagte Veranlassung hatte, anzunehmen, daß das Gebot nicht 50 Thlr. erreichen würde. Wenn aber endlich der App.-Richter annimmt, daß die Stempelpflichtigkeit der Vollmacht erst eingetreten sein würde, wenn R. für den Angeklagten 50 Thlr. oder mehr geboten hätte, so ist dies ebenfalls unrichtig, weil die Stempelpflichtigkeit einer Schrift nach der Zeit ihrer Ausstellung, nicht aber nach einem späteren Ereigniß zu beurtheilen ist.

Antr. des GStA.s: gleichl. [18.—4.]

Ergänzungsgeschworne. — Bekanntmachung an den Angeklagten.

Die Namen der erst am Tage der Verhandlung gezogenen Ergänzungsgeschwornen brauchen nicht in dem dem Angeklagten zugestellten Verzeichnisse der Geschwornen enthalten zu sein.

Vdn. v. 3. Jan. 1849 § 82 [vgl. dort n. 8].

Erk. (Z. I.) v. 3. Juni 1863 c. Jurgeleit (Schwanitz u. Gen. 628. I. Cr.).

Es liegt in der Natur der Sache, daß, wenn am Sitzungstage wegen Nichterscheinens der vollen, zur Bildung des Geschwornengerichts erforderlichen Zahl von Geschwornen zu dem Auskunftsmittel der sofortigen Einziehung von Ergänzungsgeschwornen gegriffen werden muß, die Liste derselben nicht mehr wie die der Hauptgeschwornen dem Angeklagten einen Tag vorher mitgetheilt werden kann, daß der Angeklagte sich vielmehr in der Sitzung selbst von der Persönlichkeit der Ergänzungsgeschwornen die nöthige Kenntniß zu verschaffen suchen muß. Aeußersten Falles würde man ihm daher nur das Recht zugestehen können, sich zu diesem Zwecke einen Aufschub der Verhandlung zu erbitten. Eine solche Bitte ist aber erweislich vom Angeklagten nicht gestellt worden. Vgl. G.Arch. 3. S. 391. — Selbst eine etwanige Unrichtigkeit der dem Angeklagten mitgetheilten Liste hätte derselbe noch während der Sitzung rügen müssen, was nicht geschehen ist.

Antr. des GStA.s: gleichl. [28. — 4.]

Urkundenfälschung. — Gebrauch. — Gericht.

Der zum Zweck der Täuschung des Gerichts gemachte Gebrauch einer gefälschten Urkunde rechtfertigt die Anwendung des § 247 des StGB.s.

StGB. § 247 [vgl. dort. n. 56; § 241 n. 68].

Beschl. (I.) v. 3. Juni 1863 c. Büsching (135. B. I. Cr.).

Aufhebung des appellationsgerichtlichen Beschlusses, weil

dieser Beschluß von der Ansicht ausgeht, daß die Täuschung des Richters nicht eine solche Täuschung sein könne, wie sie der § 247 StGB. voraussetze, diese Annahme aber rechtlich nicht begründet ist, weil jedenfalls schon durch Anwendung unrichtiger Beweismittel eine Täuschung des Richters eintreten kann, welcher er sich, wenn er die Falschheit des Beweismittels nicht kennt, und dasselbe also gesetzlich berücksichtigen muß, nicht zu entziehen vermag und welche Täuschung geeignet sein kann, einen ungerechtfertigten vermögensrechtlichen Erfolg nach sich zu ziehen.

Antr. des GStA.s: gleichl. [48. — 3.]

Polizeiverbot. — Strafandrohung.

Zur Anwendung der im § 33 des Rh. Ress.-Regl.s „für die Uebertretung eines nicht besonders verpönten Polizeigesetzes" angeordneten Strafe genügt die Existenz eines Verbotes nicht, wenn dasselbe nicht gleichzeitig eine Strafandrohung im Allgemeinen enthält.

Rh. Ress.-Regl. v. 20. Juli 1818 § 33. Sic: Z. eod. c. Dür, 191. II.; Z. K. H. 22. Sept. 1824 c. Kappers; Z. II. 11. Juli 1853 c. Krämer (Rh. Arch. 7. 2. S. 49; 49. 2. S. 31). Contra: B. KH. 7. Febr. 1835 c. Merz; B. id. 9. Dez. 1837 c. Alles; B. id. 29. Okt. 1838 c. Blöm (Rh. Arch. 22. 2. S. 3; 26. 2. S. 58; 27. 2. S. 54). [Vgl. StGB. § 332 n. 37; Oppenhoff Ress.-Ges. S. 294 n. 297.] Zu vergleichen sind auch: ALR. II. 20 § 239. 240.

Erk. (Z. II.) v. 6. Juni 1863 c. Schmitz (190. II. Cr.).

Schm. war beschuldigt und geständig „eine ihm gehörige Buschparzelle ohne Erlaubniß roden gelassen zu haben"; gleichwohl sprach ihn der Pol.-Richter frei, weil das in der Gen.-Gouv.-Vdn. v. 17. Aug. 1814 § 31 enthaltene Verbot derartiger Rodungen keine Strafsanktion enthalte und § 33 des Ress.-Regl.s nur da Platz greife, wo das Verbot von einer Strafandrohung im Allgemeinen begleitet sei. Kass.-Rek. des PAnw.s. Zurückweisung. Erwogen ward:

daß, wenn man auch die Worte im § 31 der durch Publ. der K. Regierung (Kölner ABl. 1852 S. 195) in Erinnerung gebrachten Vdn. des Gen.-Gouverneurs vom Nieder- und Mittelrhein v. 17. Aug. 1854: „Ohne meine besondere Genehmigung ist es nicht gestattet ꝛc." als gleichbedeutend mit einem Verbote der unautorisirten Waldausrodung betrachtet, gleichwohl in diesem § eine, wenn auch nur generelle, Strafandrohung gegen Zuwiderhandelnde nicht ausgesprochen ist;

daß zwar der § 33 des Ress.-Regl.s v. 20. Juli 1818 für jede Uebertretung eines Polizeigesetzes, das nicht besonders verpönt ist, eine von den Polizeigerichten zu verhängende Geldstrafe von einem bis fünf Thaler festsetzt;

daß aber diese Bestimmung sowohl ihrem Wortlaute nach, als nach allgemeinen strafrechtlichen Grundsätzen, nur auf solche Polizeigesetze bezogen werden kann, welche, wenn auch nicht ein bestimmtes Strafmaaß, doch jedenfalls eine Strafsanktion im Allgemeinen enthalten und es solchergestalt zum Bewußtsein derjenigen, die durch ein derartiges Gebot oder Verbot gebunden sein sollen, bringen, daß sie durch ein hiermit im Widerspruch stehendes Handeln oder Unterlassen nicht bloß eine nicht gestattete oder unerlaubte, sondern daß sie auch eine unter Strafe gestellte Handlung begehen.

Antr. des GStA.s: entg. [16.—1.]

Polizei-Verordnung. — Landwirthschaftliche Polizei. — Unterlassung.

1. Eine Polizei-Verordnung betrifft nur dann einen Gegenstand der landwirthschaftlichen Polizei, wenn sie aus landwirthschaftlich polizeilichen Rücksichten hervorgegangen ist. Nur in diesem Falle bedarf es daher der Zustimmung der Gemeindevertretung.

Pol.-Ges. v. 11. März 1850 § 7 [vgl. StGB. § 332 n. 21].

2. Eine Polizei-Verordnung kann auch Unterlassungen mit Strafe bedrohen.

Ebendas. §§ 5. 6. 11. 12 [einzutr. StGB. § 332 n. 22a].

Erk. (B. II.) v. 6. Juni 1863 c. Schlaf, Becker u. Gen.
(232. II. Cr.).

Der Bürgermeister von D. hatte im Wege einer Polizei-Verordnung den Transport des Latrinendüngers während der Tagesstunden untersagt, und im Falle einer Zuwiderhandlung sowohl den Führer als den Eigenthümer des Fuhrwerks mit einer Geldbuße bedroht. Die Knechte Schl. und B. hatten sich einer solchen Zuwiderhandlung schuldig gemacht und waren daher gemeinschaftlich mit ihrem Dienstherrn vor das PG. gestellt, welches aber alle freisprach, weil die Pol.-Vdn. einen Gegenstand der landwirthschaftlichen Polizei betreffe, zu ihrer Gültigkeit also der Zustimmung der Gemeindeverwaltung bedurft habe, und weil dieselbe jedenfalls über die Haftbarkeit dritter Personen (hier der Dienstherrschaft) eine Bestimmung nicht habe treffen können. Auf den Kass.-Rek. des PAnw.s erfolgte Vernichtung, indem erwogen wurde:

daß die Bestimmung der Pol.-Vdn. v. ꝛc. sowohl ihrer Fassung als ihrem Inhalte nach lediglich aus gesundheitspolizeilichen Rücksichten hervorgegangen ist, und daher, wenn auch der Dünger selbst einen wichtigen Gegenstand bei der Landwirthschaft bildet, doch die Vdn. nicht als eine aus landwirthschaftlich polizeilicher Rücksicht hervorgegangene sich ansehen läßt, der § 7 des Ges.s v. 11. März 1850 mithin auf sie nicht anwendbar ist;

daß es der Pol.-Verwaltung unbenommen war, entweder das Fahren des Latrinendüngers durch Ortschaften am Tage als eine Uebertretung des Fuhrmanns allein, oder auch das Fahrenlassen von Seiten des Fuhrherrn als eine für sich bestehende Uebertretung (nach Analogie anderer Uebertretungen, die in bloßen Unterlassungen bestehen, vgl. §§ 332. 341 StGB.) mit Strafe zu bedrohen, und dieses nach dem Wortlaute der vorliegenden Vdn. geschehen zu sein scheint ꝛc.

Antr. des GStA.s: gleichl. [23. — 1].

Zeugnißpflicht. — Notar.

Ein Notar kann die Ablegung eines Zeugnisses über die Verhandlungen, bei welchen er mitgewirkt hat, nicht ablehnen.

Ges. v. 11. Juli 1845 §§ 19. 44. 21 (GS. S. 487). Vgl. Vdn. v. 3. Jan. 1849 § 20 [dort einzutr. als n. 8 a]; RdOTr. 2. S. 214.

Beschl. (II.) v. 6. Juni 1863 (41. B. II. Cr.).

Der Notar Pl. sollte in einem gegen Bendix angehobenen Skrutinialverfahren über den Inhalt einer Urkunde, deren Unterschriften vor ihm rekognoscirt worden waren, als Zeuge vernommen werden; er glaubte hierzu weder verpflichtet noch befugt zu sein, und ergriff gegen die wider ihn gerichteten Zwangsverfügungen die Beschw. an das OTr., indem er sich eines Theils auf § 44 des Ges.s v. 11. Juli 1845 berief, sodann aber auch geltend machte, daß er nach § 21 a. a. O. von dem Inhalte jener Urkunde gar nicht habe Kenntniß nehmen dürfen, und ein Zwang zur Vernehmlassung darüber, ob er diesem Verbote zuwidergehandelt habe, unstatthaft sei. Zurückweisung. In den Gründen heißt es:

Zunächst ergeben schon der § 44 des Ges.s v. 11. Juli 1845 und ebenso der § 34 des Stemp.-Ges.s v. 7. März 1822, daß die im § 19 jenes Gesetzes den Notaren auferlegte Pflicht, über die Verhandlungen, bei denen sie mitgewirkt haben, Verschwiegenheit zu beobachten, keine unbegrenzte und unbedingte ist, daß vielmehr neben dieser Pflicht die Verpflichtung der Notare besteht, auf Erfordern der kompetenten

Behörden diesen solche Verhandlungen vorzulegen und darüber Auskunft zu geben, jene Vorschrift, ebenso wie die damit übereinstimmende des § 23 III, 7 AGO. daher nur freiwillige Mittheilungen, welche Notare unbetheiligten Dritten gegenüber machen könnten, denselben untersagt, nicht aber ihnen eine Befreiung von der allgemeinen Pflicht zur Ablegung eines Zeugnisses gewährt.

Eine solche Befreiung hat denn auch die Cr.-Ordn. § 313 für den Fall eines Strafverfahrens, bei dem der Staat selbst im öffentlichen Interesse als verfolgender Theil durch die dazu kompetente Behörde auftritt, den Notaren nicht eingeräumt. Selbst im Civilprozesse können diese sich dem auf Antrag einer Privatpartei abzulegenden Zeugnisse über Verhandlungen und Rechtsgeschäfte, die unter ihrer Mitwirkung zum Abschlusse gekommen sind, nach den nähern Bestimmungen der AGO. I, 10 § 92a. 180. 230 Nr. 11, nicht entziehen. Die Disposition der Crim.-Ordn. § 313 Nr. 3, worauf Sie sich berufen haben, bietet für den vorliegenden Fall und überhaupt für das Verhältniß des instrumentirenden Notars keine Analogie dar. Sie läßt sich (vgl. Beschl. v. 5. März 1862, RdOTr. 2. S. 286) nur auf Geheimnisse der Technik beziehen, welche durch die Kunst oder das Gewerbe des Betreffenden nutzbar gemacht werden können, nicht auf das Amt der Notare, welches namentlich auch nicht dazu dienen soll, den Abschluß von Rechtsgeschäften zu erleichtern, die auf Verheimlichung strafbarer Handlungen ausgehen (ALR. I. 4, 58; I. 16, § 416).

Die amtliche Stellung des Notars ist eine andere, als die eines Rechtsanwalts. Von jenem gilt nicht das, was von dem letzteren (vgl. Präj. Nr. 22 v. 17. März 1853, JMBl. S. 230; Beschl. v. 13. Jan. u. 29. Sept. 1854, G.A. 2. S. 247 u. 813; Beschl. v. 22. Jan. 1862, RdOTr. 2. S. 214, G.A. 10. S. 183) Rechtens ist. Ihn beruft sein Amt wohl in bestimmten Fällen zu Rechtsbelehrungen (§§ 3 und 4 des Ges.s v. 11. Juli 1845), nicht aber zu Rathsertheilungen, die in Bezug auf ihm mitzutheilende Geheimnisse ein besonderes Vertrauen, wie es für solche die Stellung des Rechtsanwalts erheischt, voraussetzen.

Hat, wie dies, nach Ihrer Vernehmlassung, Rücksichts des in Rede stehenden Rechtsgeschäfts der Fall war, vor dem Notar eine bloße Rekognition der Unterschriften eines Instruments stattgefunden, war der Notar also nach § 21 a. a. O. weder schuldig noch befugt, von dem Inhalte des Instruments Kenntniß zu nehmen, und blieb bei ihm demgemäß über den Akt nur der Eintragungs-Vermerk im Register zurück, so kann er, wo sein Verfahren jener Verpflichtung entsprach, gar nicht in den Fall kommen, den Inhalt des Instruments zu offenbaren, der seiner Kenntniß entzogen bleiben sollte und entzogen blieb. Daß er Zeugniß darüber ablege, was ihm von dem Inhalte eines solchen Instruments etwa dadurch bekannt geworden ist, daß er von diesem, seiner Pflicht zuwider, Einsicht genommen hat, kann von ihm allerdings nicht verlangt werden. Ihnen muß daher auch verstattet werden, bei Ihrer Zeugenvernehmung den nach § 313 a. E. und § 333 der Crim.-Ordn. zulässigen Vorbehalt, mit Ausnahme solcher Umstände, welche Sie selbst einer strafrechtlichen oder disziplinarischen Verfolgung (§ 43 des Ges.s v. 11. Juli 1845, § 2 der Vdn. v. 30. April 1847, § 68 des Ges. v. 21. Juli 1852) aussetzen könnten, nichts verschwiegen zu haben, zu machen. Hätte aber der Notar bei einer solchen bloßen Rekognition der Unterschriften mit Zustimmung der Interessenten von dem Inhalte des Instruments Kenntniß genommen oder diese aus deren eigenen Mittheilungen erhalten, so beseitigte sich damit von selbst die Anwendbarkeit jenes § 21 des Ges.s v. 11. Juli 1845, zugleich aber auch die des § 19, weil dann bei seiner Vernehmung nicht von ihm verlangt würde, den Inhalt „der Verhandlungen, bei welchen er mitgewirkt hatte," zu bekunden, da nicht der Inhalt des Instruments, sondern nur die Rekognition der Unterschriften den Gegenstand der vor ihm als Notar erfolgten Verhandlung ausmachte.

Antr. des GStA.s: gleichl. [26. — 3.]

Beweis-Antrag. — Prüfung.

Der Instanzrichter kann einen gestellten Beweisantrag aus dem Grunde ablehnen, weil das vorgeschlagene Beweismittel den geeigneten Erfolg nicht haben könne, sollte er auch die Erheblichkeit der unter Beweis gestellten Thatsache anerkennen.

Vdn. v. 3. Jan. 1849 § 52 [vgl. dort n. 27].

Erk. (Z. I.) v. 10. Juni 1863 c. Schmidt (676. I. Cr.).

Der Schw.-GH. hatte die Erhebung eines vom Angekl. beantragten Beweises, ohne die Erheblichkeit der unter Beweis gestellten Thatsache zu prüfen, lediglich aus dem Grunde abgelehnt, weil das vorgeschlagene Beweismittel den geeigneten Erfolg nicht haben könne. NB. des Angekl. Zurückweisung. Gründe:

Es kann nicht die Absicht des Gesetzgebers gewesen sein, die Vernehmung eines Zeugen bloß davon abhängig zu machen, ob der zu bekundende Umstand wesentlich sei; sondern es wird dem Richter, wie bereits in ähnlichen Fällen angenommen worden, außerdem auch noch Prüfung und Urtheil darüber zustehen, ob ein vorgeschlagenes Beweismittel den geeigneten Erfolg haben könne (vgl. Art. 101 des Ges.s v. 3. Mai 1852 a. E. in den Worten: „mit Rücksicht auf die vorgeschlagenen neuen Thatsachen und Beweise"). Im vorliegenden Falle hat nun der Schw.-GH. in Betracht des Benehmens des Angekl., sowie der bereits zuvor von dem vorgeschlagenen Zeugen dargelegten Unglaubwürdigkeit die Unerheblichkeit der etwa zu erlangenden Aussage konstatirt; es ist deshalb die gerügte Verletzung des Vertheidigungsrechts nicht vorhanden.

Antr. des GStA.s: gleichl. [17. — 4.]

---

1. Stempel. — Geldbuße. — Gefängnißstrafe.
2. Stempel. — Mehrfache Exemplare. — Haftbarkeit.

1. Stempelstrafen sind in der Regel nicht in Gefängnißstrafen zu verwandeln.

Stemp.-Ges. v. 7. März 1821 § 21; AKO. v. 24. Mai 1844 (GS. S. 238). Sic: B. I. 16. Jan. 1857 c. Schwedt, 77. Vgl. StGB. § 17 n. 2.

2. Bei Verträgen, welche in mehreren Exemplaren ausgefertigt sind, haftet jeder Mitkontrahent für die Verwendung des zu den verschiedenen Ausfertigungen zu verwendenden Stempels, und wird bei unterbliebener Verwendung von der ganzen Strafe betroffen.

Cit. Stemp.-Ges. § 22. Vgl. RdOTr. 1. S. 191.

Erk. (V. Z. II.) v. 11. Juni 1863 c. Wundermann (161. II. Cr.).

W. hatte seine Buchhandlung an H. verkauft. Die Instanzrichter stellten fest, daß zu dem Haupt-Exemplare der vorschriftsmäßige Stempel nicht verwendet worden sei, und verurtheilten den W. zu der betr. Geldbuße, welcher ev. Gefängnißstrafe substituirt wurde. Die NB. des Angekl. rügte Gesetzesverletzung, und hob namentlich hervor, daß er als Verkäufer den Stempel des Haupt-Exemplars nicht zu tragen habe, und daher nicht wegen Nichtverwendung desselben bestraft werden könne. Das OTr. hat nur die ev. substituirte Gefängnißstrafe als unstatthaft beseitigt, im Uebrigen aber die NB. zurückgewiesen. Gründe:

Nach der AKO. v. 24. Mai 1844, welche durch die Bestimmungen des StGB.s § 17 Abs. 2 und § 335 Abs. 2 und durch den Art. 132 des Ges.s v. 3. Mai 1852 nicht aufgehoben ist (vgl. Einf.-Ges. z. StGB. Art. II.), sollen Stempelstrafen, wenn der Verpflichtete zur Zahlung der Geldbuße unvermögend ist, der Regel nach, — nämlich mit den in der AKO. selbst, oder in anderweiten gesetzlichen Bestimmungen (vgl. Ges. v. 2. Sept. 1862 § 4) angegebenen Ausnahmen, deren hier keine eintritt, — nicht in Freiheitsstrafe verwandelt werden. Gegen diese Vorschrift hat der App.-Richter dadurch verstoßen, daß er der Geldbuße, auf welche er gegen den Angeschuldigten erkannt hat, — für den Fall dessen Unvermögens Gefängnißstrafe substituirt hat. —

Im Uebrigen aber ist die NB. nicht begründet.

Nach dem die Stempelsteuer betreffenden Ges. v. 7. März 1822 (§ 2 u. Tarif s. v. „Kaufverträge“) werden Kaufverträge mit einem Prozent- oder Werth-Stempel besteuert, der insofern ein Urkunden-Stempel ist, als nur dann, wenn und insoweit, als das Rechtsgeschäft schriftlich abgeschlossen wird, dabei die Steuerpflichtigkeit eintritt. Die Verpflichtung zur Entrichtung dieser Steuer durch rechtzeitige Verwendung oder durch Nachbringung, d. h. nachträgliche, durch die betreffende Behörde oder den betreffenden Stempel-Vertheiler bescheinigte Kassirung (§ 12 des Stemp.-Ges.s), — und daher auch die Verpflichtung, sich eintretenden Falls auf Erfordern darüber auszuweisen, daß die tarifmäßige Abgabe entrichtet worden sei (§ 2. 3 und 34 Abs. 3), — liegt den den schriftlichen Vertrag eingehenden Kontrahenten, welche durch ihre Unterschrift die Schrift zu einem stempelpflichtigen Vertrage machen, dergestalt ob, daß zwar, wo der Vertrag in mehreren Exemplaren ausgefertigt, d. h. durch Unterschrift vollzogen wird, der tarifmäßige Stempel in der Regel zu dem Haupt-Exemplare verwandt werden (§ 13) und dieses, nämlich bei Kauf-Verträgen das mit dem Stempel von dem Werthe des Kaufs versehene Exemplar in den Händen des Käufers sein muß (§ 22 Abs. 5), beide Kontrahenten aber, und keineswegs, — wie der Angeschuldigte vermeint, — nur der Käufer, für die rechtzeitige Stempel-Verwendung, und zwar sowohl zu dem Haupt-Exemplare, als zu den übrigen durch Unterschrift vollzogenen Exemplaren, zu sorgen und dahin zu haften haben, daß bei unterbliebener rechtzeitiger Verwendung jeder der Kontrahenten besonders in die ganze Stempelstrafe verfällt (§ 22 Abs. 3).

Antr. des GStA.s: gleichl. [26.—1.]

Polizei-Verordnung. — Strafmaaß.

Es ist statthaft, in einer Polizei-Verordnung das Strafminimum höher als zehn Silbergroschen zu bestimmen.

Pol.-Ges. v. 11. März 1850 §§ 5. 11; StGB. § 335 [vgl. dort n. 3]. Sic: B. eod. c. Heinen, 172; B. eod. c. Knoll, 173. Vgl. Oppenhoff Ressort-Gesetze S. 512 Note 41 bis; RdOTr. I. S. 401.

Erk. (B. II.) v. 11. Juni 1863 c. Beck (171. II. Cr.).

Eine Polizei-Verordnung der Regierung zu D. hatte das Innebehalten der Hunde bei einer Strafe von 5 bis 10 Thlrn. vorgeschrieben.

B. hatte dieser Vorschrift zuwidergehandelt, ward aber vom Pol.-Richter arg. § 335 des StGB.s nur zu einer Geldbuße von 10 Sgr. verurtheilt, weil, wenn das StGB. dem Richter gestatte, bei Uebertretungen auf ein Strafmaaß von 10 Sgr. hinabzugehen, bei den Zuwiderhandlungen gegen Polizei-Verordnungen dasselbe gelten müsse. Auf den Kass.-Rekurs des Pol.-Anw.s erfolgte Vernichtung und Verurtheilung zu 5 Thlrn. Erwogen ward:

daß das Ges. v. 11. März 1850 über die Polizei-Verwaltung im § 11 den Regierungen die Befugniß giebt, gegen die Nichtbefolgung ihrer polizeilichen Vorschriften Geldstrafen bis zum Betrage von 10 Thalern anzudrohen und hieraus auch ihre Berechtigung von selbst folgt, das Maximum und Minimum der anzudrohenden Strafe innerhalb des Betrages von 10 Thalern nach Ermessen zu bestimmen;

daß an dieser Befugniß durch die Bestimmung des § 335 des StGB.s nichts geändert wurde und geändert werden sollte;

daß dieser § vielmehr nur den allgemeinen Strafrahmen enthält, innerhalb welches sich die polizeiliche Geldbuße im Systeme des StGB.s bewegt;

daß so wenig dagegen der fragliche § auf die zur Zeit der Verkündigung des StGB.s vorhandenen und in vollständiger Kraft verbliebenen Spezialgesetze und Polizei-Verordnungen, welche das Strafminimum rücksichtlich der darin vorgesehenen Uebertretungen unter oder über 10 Sgr. bestimmt haben, Anwendung finden und namentlich in Betreff dieses Minimums einen modifizirenden Einfluß haben kann; solches auch eben so wenig in Absicht auf die nach dem StGB. erlassenen gültigen Polizei-Verordnungen der Fall ist, in welchen das Strafminimum der Geldbuße für die Zuwiderhandlungen selbstständig fixirt ist, und nach den bestehenden Kompetenzgesetzen der betreffenden Behörden fixirt werden konnte;

daß insbesondere, den vor und nach dem StGB. erlassenen, an sich gültigen, also der Materie nach durch das StGB. selbst nicht ausgeschlossenen Polizei-Verordnungen gegenüber, die Wirksamkeit des StGB.s nur dann eingreifen kann, wenn dasselbe die Strafen für die in jenen Polizei-Verordnungen vorgesehenen Uebertretungen selbst anderweit regulirt, darauf beispielsweise nur eine dem Maximum nach bestimmte Geldbuße gesetzt, oder die nach dem Strafgesetzbuch erlassene Polizei-Verordnung ebenfalls das Minimum der angedrohten Geldbuße unbestimmt gelassen hat;

In Erw., daß im ersteren Fall, weil die Strafandrohung der Polizei-Verordnung mit dem StGB. selbst nicht in Widerspruch treten darf, die Strafe nach dem letztern zu bemessen ist, wie im letztern Falle, in Ermangelung einer andern Norm, das Minimum der Geldbuße durch den § 335 l. c. begränzt wird.

Antr. des GStA.s: gleichl. [27. — 1.]

Konkurrenz (reale). — Strafermäßigung. — Rechtskraft.

Die Begränzung der Strafkumulirung für den Fall der realen Konkurrenz greift nur dann Platz, wenn die gleichzeitige Aburtheilung der verschiedenen Straffälle wenigstens möglich war. Sie bleibt daher ausgeschlossen, wo wegen des ersten Falles die Aburtheilung in erster Instanz vor Verübung der zweiten That stattgefunden hat, sollte die Rechtskraft auch erst später eingetreten sein.

StGB. § 57 [vgl. dort n. 1].

Erk. (Z. I.) v. 12. Juni 1863 c. Frost (505. I. Cr.).

Die Angekl. war am 11. Okt. 1860 in 1. Inst. wegen Kuppelei bestraft worden; dieses Erk. ward in 2. Inst. bestätigt und die NB. am 7. Juni 1861 zurückgewiesen. Im Aug. 1862 ward gegen sie eine zweite Ankl. wegen desselben Vergehens erhoben, und demgemäß festgestellt: „daß sie auch nach dem 11. Okt. 1860 gewohnheitsmäßig durch ihre Vermittelung der Unzucht Anderer Vorschub geleistet habe.“ Es erfolgte abermals Verurtheilung zur vollen Strafe, indem gleichzeitig ausgeführt wurde, daß ihrem Antrage: „nur eine zusätzliche Strafe zu der früher verhängten zu erkennen“, deshalb nicht stattzugeben sei, weil § 57 hier keine Anwendung finde. NB. Zurückweisung. Gründe:

Die Verhängung einer Zusatzstrafe zu einer durch ein früheres Erkenntniß auferlegten Strafe setzt voraus, daß eine gleichzeitige Verurtheilung wenigstens möglich gewesen wäre (Präj. Nr. 45 v. 11. Juli 1853 c. Ebert, Entsch. 26. S. 190, G.Arch. 1. S. 554). Im vorliegenden Fall ist das frühere Straferkenntniß 1. Inst. am 11. Okt. 1860 ergangen, während die jetzige Bestrafung der Angeklagten nur wegen Vergehen erfolgt ist, welche sie nach dem 11. Okt. 1860 verübt hat. Daß das Erk. v. 11. Okt. 1860 erst durch das Erk. des OTr.s v. 7. Juni 1861 rechtskräftig geworden ist, ändert hierin nichts, weil auch die in den früheren Instanzen ergangenen Entscheidungen sich nur auf die strafbaren Handlungen, wegen welcher die Anklage erhoben worden, beschränken müssen und sich nicht auf andere selbstständige Handlungen der Angeklagten erstrecken dürfen, welche gar nicht Gegenstand der Untersuchung gewesen sind und im vorliegenden Fall der Zeitfolge nach gar nicht einmal Gegenstand der früheren Untersuchung sein konnten.

Antr. des GStA.s: gleichl. [18. — 2.]

Diebstahl. — Gewahrsam. — Thier auf der Weide. — Hirt.

1. Die Gewahrsam des Dienstherrn an einer Heerde dauert fort, auch wenn er die Obhut der letztern einem Schäfer anvertraut hat.

StGB. § 215 [vgl. dort n. 28. 37]. Sic: Z. I. 17. Dez. 1862 c. Münster, 1051.

2. Der Diebstahl eines Thieres von der Weide ist auch dann nach § 217 zu bestrafen, wenn das Thier von einem Hirten beaufsichtigt war.

StGB. § 217 Nr. 1 [dort einzutr. als n. 9a].

Erk. (Z. I.) v. 12. Juni 1863 c. Wiese (587. I. Cr.).

Wenn der App.-Richter bei Motivirung seiner Feststellung den Umstand, daß A. Bl., welcher die Heerde seines Vaters G. Bl. hütete, in das Wegnehmen der Schafe gewilligt hat, nicht als maaßgebend erachtet, vielmehr ausführt, daß die Gewahrsam des Dienstherrn an einer Heerde fortdauere, auch wenn er die Obhut der letztern einem Andern, also einem Schäfer zum Weiden anvertraut habe, so enthält diese Ausführung keineswegs einen Rechtsirrthum. Ebensowenig kann die Feststellung des App.-Richters, die Schaafe seien auf der Weide gewesen, deshalb als eine rechtsirrthümliche bezeichnet werden, weil sie von einem Hirten beaufsichtigt waren, da § 217 Nr. 1 des StGB.s in dieser Richtung hin keine Unterscheidung aufstellt.

Antr. des GStA.s: gleichl. [47. — 2.]

Verlesung. — Beweisstück. — Motivirung.

Die Verlesung eines Vernehmungsprotokolles auf Grund des Art. 25 des Ges.s v. 3. Mai 1852 wird durch die Anführung: „sie geschehe zum Zweck einer Reproduktion der Beweisaufnahme" nicht genügend gerechtfertigt.

Ges. v. 3. Mai 1852 Art. 25 [dort einzutr. als n. 6a].

Erk. (S. I.) v. 12. Juni 1863 c. Cohn (Kaminski u. Gen. 621. I. Cr.).

Der App.-Richter hatte das erstrichterliche Erk. deshalb vernichtet, weil in 1. Inst. die vor dem Untersuchungsrichter abgegebene Aussage eines ausgebliebenen Mitangeklagten verlesen war, ohne daß diese Verlesung motivirt worden wäre; derselbe hatte dann aber dieselbe Verlesung auch selbst bewirken lassen und zur Rechtfertigung nur angeführt: „sie erfolge zum Zweck einer Reproduktion der Beweisaufnahme." Das demnächst ergangene verurtheilende Erk. ward vernichtet. Gründe:

Der App.-Richter hat den Unterschied zwischen einer Verlesung, welche in einzelnen vom Gesetz bestimmten Fällen als die ordentliche Art der Beweiserhebung erfolgt (§§ 19. 21 Vdn. v. 3. Jan. 1849; Art. 24 Ges. v. 3. Mai 1852), und einer solchen, welche auf Grund des Art. 25 a. a. O. ausnahmsweise behufs der näheren Aufklärung erfolgen kann, namentlich also verkannt, daß nur die erstere auf Grund des Beschlusses, daß der Beweis zu reproduziren sei, wiederholt werden kann, die letztere aber in jedem einzelnen

Falle durch einen ausdrücklichen Beschluß zu motiviren ist, welcher die besondern für diese Abweichung von der Regel sprechenden Gründe hervorhebt.

Antr. des GStA.s: gleichl. [47. — 2.]

Insinuation. — Verhafteter.

Es genügt nicht, wenn eine für den verhafteten Angeklagten bestimmte Insinuation an einen Gefängniß-Beamten erfolgt.

Ges. v. 3. Mai 1852 Art. 33 [vgl. dort n. 10].

Beschl. (I.) v. 12. Juni 1863 c. v. Büttner (Lasch u. Gen. 148. B. I. Cr.).

Es ergiebt sich aus den Akten, daß das in Abwesenheit des Angeklagten verkündete App.-Erk. demselben bisher auf gehörige Weise noch nicht insinuirt worden ist. Denn nach dem 2c. Insinuations-Dokument hat nur eine Behändigung an den Gefängniß-Inspektor stattgefunden und erhellt nicht, daß der gedachte Beamte die Ausfertigung dem Angeklagten persönlich übergeben und ihm die Befugniß eröffnet habe, dieselbe innerhalb 10 Tagen anderweit einzusehen. Sofern daher nicht eine besondere Verhandlung existirt, welche konstatirt, daß der Gefangen-Inspektor das Erk. dem Angekl. übergeben und ihm die oben erwähnte Eröffnung gemacht hat, oder sofern der Angeklagte nicht jetzt zur gerichtlichen Verhandlung anerkennt, daß und an welchem Tage dies geschehen ist, wird dem 2c. KG. aufgegeben, die Insinuation an den Angekl. nochmals zu bewirken.

Antr. des GStA.s: gleichl. [15. — 2.]

Widerstand. — Forstaufseher. — Amtshandlung.

Es liegt nicht außer dem Bereiche der Amtshandlungen, wenn ein Förster einen angehaltenen Holzdieb nöthigt, an den Ort der That zurückzukehren, um zu verhindern, daß er einen flüchtigen Holzdieb von der Anwesenheit des Försters benachrichtige.

StGB. § 89 [dort einzutr. als n. 20a.]; Ges. v. 31. März 1837 über den Waffengebrauch der Forstbeamten § 2 Nr. 2.

Erk. (V. I.) v. 17. Juni 1863 c. Gehrmann (364. I. Cr.).

G. war vom Forstaufseher R. bei einem Holzdiebstahle betroffen, verfolgt und außerhalb des Forstes eingeholt worden; er war der Entwendung geständig, verhinderte auch die Beschlagnahme des Holzes nicht, widersetzte sich aber dem R., als dieser ihn nöthigen wollte, ihm in den Forst zu folgen, um zu verhindern, daß er einen im Forste vermutheten anderen Holzdieb von seiner (des Forstaufsehers) Anwesenheit benachrichtige. Von der deshalb aus § 89 cit. erhobenen Ankl. sprach das AG. frei, weil die Festnahme des Angekl. zu dem angegebenen Zwecke zur Ungebühr erfolgt sei. Auf die NB. des OStA.s erfolgte Vernichtung dieses Erk.s und Zurückverweisung der Sache an das AG. Gründe:

Es kann nach den Bestimmungen der §§ 21 bis 23 des H.-D.-Ges.s v. 2. Juni 1852, resp. § 2 Nr. 2 des Ges.'s üb. d. Waffengebr. der Forstbeamten keinem Bedenken unterliegen, daß ein Forstbeamter, vor dessen Augen entwendetes Holz über die Grenze der Forst geschafft wird, nicht nur befugt und verpflichtet ist, dieses Holz in Beschlag zu nehmen, sondern auch den Diebstahl objektiv festzustellen und alle Theilnehmer an demselben zu ermitteln, und daraus, so wie aus seiner Pflicht, die zur Verübung des Diebstahls gebrauchten Werkzeuge in Beschlag zu nehmen und zu verhindern, daß die Theilnehmer sich ihm gegenüber zusammenrotten oder sonst Beistand leisten — folgt, daß es nicht außer dem Bereiche seiner Amtshandlungen lag, wenn er den Angeklagten, nachdem er denselben eingeholt hatte, festnahm, um ihn zu nöthigen, an den Ort der That zurückzukehren, daß also der ihm dabei geleistete Widerstand unter den Begriff des § 89 l. c. bezeichneten Vergehens fällt.

Antr. des GStA.s: entg. [47. — 4.]

Unterschlagung. — Gesellschafter.

Ein Gesellschafter, welcher die für die Gesellschaft erhobenen Gelder zum Nachtheile der übrigen Gesellschafter bei Seite schafft, macht sich einer Unterschlagung schuldig.

StGB. § 225 [dort einzutr. als n. 25b]. Sic: B. I. 30. Okt. 1861 c. Zappel 885; Z. I. 10. Juli 1863 c. Wobith 598.

Erk. (B. I.) v. 17. Juni 1863 c. Zappel (406. I. Cr.).

Z. hatte ein Loos gekauft und später verschiedenen andern Personen eine Mitberechtigung an demselben in der Weise eingeräumt, daß er die Erneuerungen des Looses bewirken, die Gewinne einziehen und jedem Mitberechtigten seinen Antheil aushändigen sollte. Er hat aber einen solchen Gewinn in eignem Namen erhoben und für sich verwendet. Deshalb aus § 225 angeklagt, ward er in 2. Inst. freigesprochen, weil er durch die Gelderhebung allein Eigenthümer des Geldes und Schuldner der übrigen Betheiligten geworden sei, sonach keine „fremde Sache" verbraucht habe; es wurden dabei die in Gruchots Beitr. 6. S. 220 und in G.Arch. 10. S. 1 entwickelten Gründe im Wesentlichen wiederholt. Auf die NB. des OStA.s erfolgte Vernichtung. Die Gründe führen zunächst aus, daß hier nach der Annahme des App.-Richters ein Gesellschaftsverhältniß vorliege; dann heißt es weiter:

Darnach ist rechtlich unbestritten, daß die Gesellschafter auch Miteigenthümer an dem ursprünglichen und weiterhin erneuerten Loose geworden und geblieben sind, selbst ohne ausdrückliche Uebertragung. Denn das Loos war nicht etwa blos zum Gebrauche, sondern seiner rechtlichen Substanz nach, der einzige Gegenstand des Gesellschaftsvertrages. Angeklagter mußte dasselbe in die Gesellschaft einbringen und als Bevollmächtigter derselben übte er den Besitz nicht blos für sich, sondern wie vermöge eines constitutum possessorium auch für die Gesellschafter aus. Diese waren also Miteigenthümer und Mitbesitzer zu ihren Gesellschafts-Antheilen am Loose. — Ist nun auch Angeklagter nach dem ALR. I. 17 § 210 uneingeschränkter Bevollmächtigter der Gesellschaft, d. h. nach §§ 98. 210 I. 13, zu Allem berechtigt gewesen, wozu es keiner Spezial-Vollmacht bedurfte, so war er doch hierbei an das zur Vollziehung des Auftrages Erforderliche nach Natur und Zweck desselben gebunden. Dieser aber bestand in der Loos-Erneuerung, Gewinnerhebung und Vertheilung des Gewinnes, unter allenfallsiger Rechnungslegung, soweit es einer solchen bedurfte.

Keineswegs aber war ihm damit das Recht gegeben, mit dem Loose noch ein eigenes Geschäft zu machen, den Gewinn in sein Vermögen zu ziehen und dann aus diesem die etwaigen Zahlungen zu machen. Eine derartige Vollmacht hat auch der App.=Richter nicht angenommen. — Dann aber war, da mit der Ziehung des Looses und mit Erhebung des Gewinnes das Gesellschaftsziel erreicht war, Angeklagter verbunden, jedem einzelnen Gesellschafter seinen Gewinnantheil sofort (unter etwaiger Rechnungslegung) auszuliefern. Hat er dies nicht gethan, sondern die Antheile der Andern für sich verbraucht und diesen dadurch einen Nachtheil zugefügt, so hat er auch eine ihm fremde Sache, die er nur oder doch zugleich für Andere in Besitz nehmen und ihnen zu eigen machen mußte, zum Nachtheile der Loosmiteigenthümer unterschlagen, indem er ihnen das gegen Aushändigung desselben von dem Schuldner zu gewährende Eigenthums=Objekt entzog.

Der abweichenden Ansicht in dem Urtheil des K. Kammergerichts gegenüber, welche auf strengster Festhaltung des civilistischen Eigenthumsbegriffes bei Auslegung des § 225 beruhet, muß nun auch jetzt dabei stehen geblieben werden, daß dieses Gesetz mindestens auch die treulose Verletzung des Eigenthums von Rechten zu bestimmten Sachen, deren Aneignung, Verwahrung oder Verwaltung einem Stellvertreter übertragen ist, unter die Strafe der Unterschlagung habe stellen wollen. Die Berechtigung hierzu liegt in dem, gerade der Preuß. Civilgesetzgebung durchaus nicht fremden, weiteren Eigenthumsbegriffe; in der außerdem vorhandenen unerklärlichen Lücke gegen das ALR. II. 20 § 1373, welchen das StGB. nur nicht in seinem ganzen Umfange hat aufnehmen sollen, ferner in der nur durch civilistische Begriffsstrenge ohne Rücksicht auf die bürgerliche Moralität zu erklärenden Inkonsequenz, daß zwar derjenige Bevollmächtigte, der eine ihm aufgetragene Gelderhebung für den Mandanten vollzogen und für denselben Besitz, resp. Eigenthum der Geldstücke erworben hat, durch nachherigen Verbrauch derselben zum Nachtheil des Mandanten der Strafe der Unterschlagung verfallen würde, nicht aber derjenige, der gleich Anfangs das Zahlungsgeschäft für sich oder in eigenem Namen vollzieht und demnächst die Sachen für sich verbraucht; endlich darin, daß jener weitere Eigenthumsbegriff, sowie der damit zusammenhängende der Unterschlagung dem gewöhnlichen Leben durchaus bekannt und geläufig ist.

Antr. des GStA.s: gleichl. [17.—4.]

Hehlerei. — Verheimlichung. — Hülfeleistung.

Hülfeleistung zu der vom Diebe selbst unternommenen Verheimlichung der gestohlenen Sachen kann [wenn sie nicht eine Begünstigung des Diebes darstellt] weder Hehlerei noch Theilnahme an einer solchen sein.

StGB. § 237 [dort einzutr. als n. 17a].

Erk. (Z. I.) v. 17. Juni 1863 c. Kanisch (Bähringer u. Gen. 704. I. Cr.).

Der App.-Richter stellt nur eine Mitwirkung an der Wegschaffung der Sachen zum Zwecke der Verheimlichung dadurch, daß die K. dem B. beim Einpacken und bei dem Tragen des Kastens geholfen und daß sie sodann der N. gesagt, es seien ihre Sachen in dem Kasten, fest, und die Rüge der Angekl., daß hierin allein nicht der Thatbestand der Hehlerei durch Verheimlichung nach § 237 Abs. 1 liege, ist insofern begründet, als es sich hier nur um eine Hülfe an der von dem Diebe selbst unternommenen Verheimlichung handelt, welche letztere niemals „Hehlerei", somit die Hülfe daran auch nicht Theilnahme an einer solchen, noch auch selbstständige Hehlerei sein kann.

Antr. des GStA.s: gleichl. [15.—4.]

Preßvergehen. — Verleger. — Redakteur. — Herausgeber.

1. Herausgeber einer Druckschrift im Sinne des § 35 des Preßges.s ist derjenige, welcher das Erscheinen derselben mit der Kenntniß von ihrem Inhalte vermittelt. Bei kautionspflichtigen Blättern kann er sehr wohl vom Redakteur verschieden sein. [Vgl. unten S. 508.]

2. Der Verleger eines kautionspflichtigen Blattes kann sich von der nach dem cit. § 35 ihn wegen eines Artikels strafbaren Inhalts treffenden Verantwortlichkeit nicht durch Benennung des Redakteurs befreien, wenn er nicht gleichzeitig nachweist, daß dieser auch Herausgeber des betr. Artikels im obigen Sinne ist.

Preßges. v. 12. Mai 1851 §§ 35. 37.

Beschl. (I.) v. 17. Juni 1863 c. Hartung (164. B. I. Cr.).

Die kautionspflichtige — Zeitung hatte einen Artikel gebracht, dessen Inhalt für strafbar erachtet wurde; es ward daher gegen den Redakteur, welcher es bestritt, Kenntniß vom Inhalte gehabt zu haben, die Untersuchung aus § 37 des Preßges.s eröffnet. Dagegen ward die Eröffnung der Untersuchung aus § 35 ibid. gegen den Verleger H. abgelehnt, weil er bei seiner ersten Vernehmung zwar nicht den Herausgeber ꝛc., wohl aber den Redakteur nachgewiesen habe, und er durch die Verantwortlichkeit des letztern vollständig gedeckt werde, so daß es für ihn eines fernern Nachweises in Gemäßheit des cit. § 35 nicht bedürfe. Auf die Beschw. des OStA.s hat das OTr. den betr. app.-gerichtlichen Beschl. aufgehoben und die Eröffnung der Untersuchung auch gegen H. ausgesprochen. Gründe:

Das Preßges. v. 12. Mai 1851 unterscheidet in Beziehung auf seine Anordnungen in verschiedener Art die bei der Herstellung und Emanirung eines Preßerzeugnisses mitwirkenden Personen des Druckers, Verlegers, Herausgebers und Redakteurs (§§ 5. 7. 11. 22. 24. 25. 26. 35. 36. 37. 39. 42. 44). Nur in Beziehung auf den Drucker und den Redakteur kann über die Voraussetzungen und über die Stellung dieser Personen zu dem Preßerzeugnisse kein Zweifel obwalten. Auch als der Verleger ist im Allgemeinen derjenige gedacht, welchem das Verlagsrecht und die damit verbundenen öffentlichen und Privatrechte zustehen. Verschieden ist jedoch das Verhältniß des Herausgebers zu dem Verleger, und umgekehrt, so wie zu dem Redakteur gedacht.

Nach allgemeinen Grundsätzen ist der Herausgeber eines Werkes derjenige, welcher das Erscheinen desselben vermittelt. Er ist in so weit von dem Verfasser und von dem Verleger verschieden, und er kann und wird in der Regel zu diesen in einem besonderen Rechtsverhältnisse stehen. Es ist aber auch denkbar und geschieht häufig, daß er mit diesen Personen identisch ist, indem einerseits der Verfasser nicht als solcher, vielmehr nur als Herausgeber erscheinen will, somit sein eignes Werk nur herausgiebt, oder aber sein Autorrecht einem Andern als Herausgeber abgetreten hat, andrerseits aber auch der Verleger selbst das volle Autorrecht erworben haben kann, und so das Werk im eignen Namen verlegt und herausgiebt.

Für den Bereich des Preßges.s nun, dessen Zweck nicht ist, Bestimmungen privatrechtlicher Natur über diese verschiedenen Rechtsverhältnisse zu treffen, sondern welches nur polizeiliche und strafrechtliche Vorschriften über die Presse und über die Pflichten und die Verantwortlichkeit der oben bezeichneten Personen treffen will, genügt nun aber jener allgemeinere Charakter des Herausgebers, also dessen, welcher das Erscheinen des Preßerzeugnisses vermittelt, dasselbe erscheinen läßt. In Beziehung auf Druckschriften anderer Art, außer den Zeitungen und Zeitschriften, kann über die Person des Herausgebers sonach ein Zweifel nicht obwalten. Ein solcher entsteht vielmehr nur bei den letzteren, und zwar durch die Konkurrenz des Redakteurs. Das Preßges. ordnet an, daß kautionspflichtige Zeitungen und Zeitschriften nur unter dem Namen und der Verantwortlichkeit eines bestimmten Redakteurs erscheinen sollen (§ 22). Diese Verantwortlichkeit als Redakteur ist, wie dies der § 37 erkennen läßt, und durch vielfache Entscheidungen festgestellt ist, in der Hauptsache nur eine formelle; sie soll die Vorsicht und die Sorgfalt bei der Aufnahme der einzelnen Artikel in die Zeitung sichern, und macht daher bloß deshalb für das Erscheinen strafbarer Artikel selbst dann strafbar (§ 37), wenn auch eine unmittelbare Mitwirkung bei der Aufnahme solcher Artikel nicht nachgewiesen werden kann. Insoweit würde es also denkbar sein, den Redakteur einer Zeitung, welcher allein als solcher auf dem Blatte genannt ist, und den Inhalt desselben in dem im § 37 bezeichneten Umfange vertritt, als den Herausgeber des Blattes und demgemäß auch der einzelnen darin enthaltenen Artikel zu betrachten. Allein diese seine Eigenschaft würde immer nur als eine fingirte aufgefaßt werden können, während das Gesetz für bestimmte Fälle auf die wirklich existirende zurückgehen will.

Der § 34 will durch den Satz, daß für das durch eine Druckschrift begangene Verbrechen oder Vergehen ein Jeder verantwortlich sei, welcher nach allgemeinen strafrechtlichen Grundsätzen als Urheber oder Theilnehmer strafbar erscheint, zugleich aussprechen, daß in Beziehung auf die allgemeinen Grundsätze strafrechtlicher Verfolgung durch die Natur der Delikte, welche vermittelst der Presse begangen werden, und durch die preßpolizeiliche Mitverantwortlichkeit der bei der Herstellung und Emanirung des Preßerzeugnisses mitwirkenden Personen Nichts geändert werde. Die §§ 35f. haben nun den Zweck: „die wirkliche Person desjenigen zu ermitteln, welchem die volle strafrechtliche Verantwortlichkeit für das Delikt, als Urheber oder Theilnehmer, zur Last fällt und ordnet mit aus diesem Grunde zugleich die gedachte Mitverantwortlichkeit jener Personen nach ihrer besonderen Stellung an.“ Jenes Mittel besteht, soweit es überhaupt im Preßgesetze zu bestimmen war, in der Androhung einer besonderen Strafe gegen den Verleger (§ 35) und gegen den Drucker (§ 36), sofern sie nicht bei ihrer ersten gerichtlichen verantwortlichen Vernehmung den Verfasser oder Herausgeber resp. den Verleger nachweisen u. s. w. Hieraus allein ergiebt sich von selbst, daß das Gesetz hier niemals an eine Identität der gedachten Personen mit dem Verfasser oder Herausgeber, soweit sie sonst nicht eine wirkliche, thatsächliche ist, deren Angabe dann allerdings ein Selbstbekenntniß der strafbaren Handlung sein würde, gedacht haben kann, daß es insbesondere aber durch die Zusammenstellung von „Verfasser oder Herausgeber" das besondere Verhältniß der wirklich strafbaren Person zu der strafbaren Druckschrift im Auge gehabt haben muß. Außer der persönlichen Abfassung der letzteren kann es daher, indem es zugleich den „Herausgeber" nennt, nur jene Thätigkeit der Vermittelung des Erscheinens, und zwar mit der strafrechtlichen Voraussetzung der Kenntniß des Inhalts und des sonstigen Dolus, gemeint haben. Liegt objektiv ein Verbrechen oder Vergehen vor, so muß nothwendig auch ein Thäter desselben existiren, und ein solcher ist auch in der Person desjenigen denkbar, der die Veröffentlichung des Druckerzeugnisses durch die Organe der Presse unternimmt, er mag nun zugleich der Verfasser selbst, oder vermöge jener Thätigkeit nur dessen Theilnehmer sein.

Es liegt nun aber kein denkbarer Grund vor, dieses Verhältniß bei Zeitungen oder Zeitschriften als ausgeschlossen zu erachten. Entweder ist der Redakteur selbst der Verfasser der Artikel seines Blattes, oder er entnimmt dieselben aus anderen Quellen, insbesondere also von fremden Verfassern, und stellt sie in diesem Falle nur zusammen. Seine allgemeine Verantwortlichkeit als Redakteur deckt aber niemals die besondere strafrechtliche der eigenen oder der fremden Thäterschaft an dem durch die Emanation strafbarer Artikel begangenen Delikte. Auch gegen ihn sind daher die Mittel anwendbar, um diese Thäterschaft festzustellen, also sein Zeugniß über dieselbe. So weit es sich also um die Ermittelung des wirklichen Verfassers oder Herausgebers handelt, kann von einer Identität seiner Person als bloßen Redakteurs mit dem Herausgeber gleichfalls keine Rede sein. Will man aber dem Gesetze keinen Widerspruch unterlegen, so muß man eben deshalb, sobald es sich um einen einzelnen Artikel in der Zeitung oder Zeitschrift handelt, als den Herausgeber dieses Artikels auch hier denjenigen erachten, welcher das Erscheinen desselben vermittelt, z. B. denselben eingesendet hat, ohne sich zugleich auch ausdrücklich als Verfasser zu nennen.

Hieraus folgt überall in der Anwendung auf den vorliegenden Fall, daß der Verleger einer Zeitung der ihm im § 35 gegebenen Auflage dadurch allein, daß er den Redakteur nennt, nicht genügen kann, daß er vielmehr den wirklichen Verfasser oder Herausgeber des in Rede stehenden Artikels nennen muß.

Antr. des GStA.s: gleichl. [15.—3.]

Gerichtsstand. — Ergreifung. — Freilassung. — Prävention.

Der Gerichtsstand der Ergreifung fällt weg, wenn vor der Erhebung der Anklage die Wiederfreilassung erfolgt. In einem solchen Falle können die stattgehabten Skrutinialverhandlungen für einen andern konnexen Straffall die Prävention nicht begründen*).

Ges. v. 3. Mai 1852 Art. 2 Nr. 3 [dort einzutr. als n. 24a; vgl. Art. 4 n. 8; E.G. z. StGB. Art. XXI. n. 10].

Beschl. (I.) v. 17. Juni 1863 c. Hebald (176. B. I. Cr.).

H. war, als der Unterschlagung verdächtig, im Bezirke des KG.s zu St. festgenommen, demnächst aber auf den Antrag des StA.s wieder entlassen worden, weil jener Verdacht durch das eingeleitete Skrutinialverfahren sich erledigt hatte. Demnächst ward ermittelt, daß er

*) Die Ansicht des StA.s zu N. kann überhaupt im vorliegenden Falle nicht für gerechtfertigt erachtet werden. Die in Gemäßheit des cit. Art. 4 begründete Prävention äußert ihre Wirksamkeit nur für denjenigen Straffall, auf welchen sich der betr. Antrag des StA.s bezog; auf andere mit diesem konnexe Straffälle ist dieselbe nicht auszudehnen. Hiernach ist in Oppenhoff's Commentar die Note 1 zu Art. 4 zu berichtigen; vgl. ibid. n. 8.

sich im Bezirke des KG.s zu N. eines andern Vergehens schuldig gemacht habe; der dortige StA. lehnte aber die Verfolgung ab, weil nach Art. 4 l. c. beim KG. zu St. die Prävention begründet sei; der StA. zu St. beantragte demgemäß die Verweisung der Sache an das KG. zu N.; das OTr. hat dieselbe aber abgelehnt, indem es in seiner Verbescheidung aussprach:

daß das Vorhandensein eines nach Art. 4 Abs. 2 l. c. zu regelnden Falles nicht anerkannt werden kann; denn da nicht nur der Beschuldigte seiner Haft wieder entlassen ist, und nach Ihren [des StA.s] Erklärungen kein Grund zu weiteren Ermittelungen in St. vorliegt, so kann auch der Gerichtsstand der Ergreifung, gleichwie bei einer Einstellung der Untersuchung, nicht mehr als fortdauernd angesehen werden.

Antr. des GStA.s: gleichl. [17.—4.]

Presse. — Formvorschriften. — Vernichtung. — Buchhandel. — Selbstvertrieb. — Herausgeber.

1. Wegen Verabsäumung der formellen Vorschriften des Preßgesetzes kann die Vernichtung eines Preßerzeugnisses nicht ausgesprochen werden.

Preßges. v. 12. Mai 1851 §§ 50. 39 [vgl. oben S. 207].

2. Hat der Verfasser oder Herausgeber einer zur Verbreitung bestimmten Druckschrift den Selbstvertrieb übernommen, so genügt es, wenn sein eigener Name neben dem Namen 2c. des Druckers auf der Schrift genannt ist; es ist nicht erforderlich, daß er dabei sich zugleich als Selbstverleger bezeichne.

Ebendas. §§ 7. 39.

3. Herausgeber eines Sammelwerks z. B. eines Anzeigeblattes ist derjenige, welcher die Zusammenstellung des Ganzen bewirkt [und die Veröffentlichung veranlaßt].

Ebendas. § 7 (vgl. oben S. 503).

Erk. (Z. II.) v. 18. Juni 1863 c. Wielandt (181. II. Cr.).

Der Buchdrucker W. hatte ein nichtkautionspflichtiges „Intelligenz- und Anzeigeblatt" herausgegeben und sich auf den einzelnen Nrn. als Drucker und „verantwortlicher Herausgeber" genannt; dagegen war ein Verleger nicht namhaft gemacht; deshalb aus §§ 7 und 39 des Preßges.s angeklagt, erklärte er: er sei Selbstverleger. Der PR. verurtheilte zu einer Geldbuße; sowohl W. als der PAnw. ergriffen den Rekurs, der letztere deshalb, weil nicht auf Vernichtung der gebrauchten Platten und Formen erkannt sei. Das AG. sprach frei, weil die Erklärung des W.: „er sei Selbstverleger" von der StA-schaft nicht angezweifelt werde, mit Rücksicht hierauf aber die Nennung des Herausgebers genüge. Die vom OStA. ergriffene NB. ward zurückgewiesen. Gründe:

Die [vom Rekursrichter] getroffene Entscheidung ist — auch abgesehen davon, daß namentlich der Rekurs des PA.s nach der nähern Ausführung im Erk. v. 14. Jan. 1863 (JMBl. S. 31, RdOTr. 3. S. 207; G.A. 11. S. 199) jedenfalls unbegründet war, gerechtfertigt. —

Der Zweck der in dem Abschn. II. des Preßges.s v. 12. Mai 1851, und zwar unter den allgemeinen Bestimmungen über die Ordnung der Presse, also auch für die periodische Presse (vgl. das Rubr. zu §§ 5—10 und das Rubr. zu §§ 11—26), im § 7 Abs. 3 getroffenen preßpolizeilichen Bestimmungen geht dahin, daß — unter der Maaßgabe des § 8 Abs. 2 — in Preußen kein gedrucktes, zur Verbreitung durch den Buchhandel oder auf sonstigem Wege bestimmtes Werk der Nachweisung desjenigen, von welchem der Vertrieb wirklich ausgeht, ermangeln solle, um durch ihn erforderlichen Falls denjenigen oder diejenigen ermitteln zu können, welche für den Inhalt nach allgemeinen strafrechtlichen Grundsätzen (§ 34) verantwortlich sind. Es soll danach auf Druckschriften, welche für den Buchhandel oder sonst zur Verbreitung bestimmt sind, außer dem Namen und dem Wohnorte des Druckers auch, — je nachdem es sich damit in der Wirklichkeit verhält, vgl. § 40 — der Name und Wohnort desjenigen, bei dem die Druckschrift als Verlags- oder Kommissions-Artikel erscheint, oder beim

Selbstvertriebe der Druckschrift der Name des Verfassers oder Herausgebers genannt sein.

Wo also nach dem in der Wirklichkeit stattfindenden Sachverhalte der Fall dieser zweiten Alternative eintritt, d. h. wo der Verfasser oder Herausgeber der Druckschrift diese in Selbstvertrieb genommen hat, da muß auf der Druckschrift, außer dem Namen und Wohnorte des Druckers, auch der Name dieses Verfassers oder Herausgebers genannt sein. Ist dies geschehen, so ist dem Gesetze Genüge geleistet; es kann nicht verlangt werden, daß (nach der für den Fall der ersten Alternative geltenden Bestimmung) auch der Name und Wohnort eines, — hier in dem Falle der zweiten Alternative nicht existirenden — Verlegers oder Kommissions-Verlegers auf der Druckschrift genannt werde.

Wie dies der Wortlaut des Gesetzes mit sich bringt, so ergiebt solches auch dessen Entstehungsgeschichte.

Das Ges. üb. d. Presse v. 17. März 1848 verlangte im § 3, daß auf jeder Druckschrift am Schlusse der Name und Wohnort des Druckers angegeben und außerdem bei Schriften, die durch den Buchhandel verbreitet werden sollen, der Name und Wohnort der mit der Verbreitung beauftragten Handlung genannt sei; ferner im § 4 Nr. 7 für periodisch erscheinende Schriften, daß am Ende jedes Stückes einer Zeitschrift der Herausgeber, so wie der Verleger, wenn dieser von dem Herausgeber verschieden sei, und der Drucker namhaft gemacht werde. Die Verfassungsurkunde vom 5. Dez. 1848 Art. 26 bestimmte, daß auf jeder Druckschrift der Verleger und der Drucker genannt sein müsse.

Die Vdn. v. 30. Juni 1849 schreibt im § 1 vor:

„Auf jeder Druckschrift muß der Name und der Wohnort des Druckers genannt sein. — Auf Druckschriften, welche für den Buchhandel oder sonst zur Verbreitung bestimmt sind, muß außerdem der Name und Wohnort entweder des Verlegers oder des Kommissionärs, oder endlich des Verfassers oder Herausgebers, welche ein Werk im Selbstverlage erscheinen lassen, genannt sein," so wie im § 2:

„Jede Nummer, jedes Stück oder Heft einer Zeitung oder Zeitschrift muß außer dem Namen und Wohnort des Druckers (§ 1) den Namen und Wohnort des Verlegers so wie des Herausgebers, — wenn dieser von dem Verleger verschieden ist, enthalten."

Der Regierungs-Entwurf (zu § 7 des Preßges.s v. 12. Mai 1851) lautete im Abs. 2 des § 9:

„Auf Druckschriften, welche für den Buchhandel oder sonst zur Verbreitung bestimmt sind, muß außerdem (nämlich außer Angabe des Namens und Wohnortes des Druckers) der Name und Wohnort entweder des Verlegers oder des Kommissionärs, oder endlich des Verfassers oder Herausgebers, welche ein Werk im Selbstverlage erscheinen lassen, genannt sein,"

und diese Fassung wurde hinsichts der Worte „entweder des Verlegers u. s. w." in die jetzige des § 7 Abs. 3 des Preßges.s nur deshalb in der Kommission der II. Kammer abgeändert,

„weil der Selbstverlag des Verfassers den Vertrieb durch den Kommissionär (Kommissions-Verleger) nicht ausschließe, vielmehr dieses Verhältniß für den Selbstverlag das gewöhnliche sei, dem auf der anderen Seite der Selbstvertrieb durch den Verfasser entgegenstehe," — Stenographischer Ber. 1850/51 I. K. S. 500 u. II. K. Aktenstücke S. 1128 § 9; 1138 § 9; 1139; 1161 § 9 u. II. K. S. 1238 § 9 (wobei die Worte „und Wohnort" in der letzten Zeile des jetzigen § 7 hinter „Name" allerdings wohl unabsichtlich fortgeblieben sein mögen.)

Verlangt nun aber, auch nach dieser Entstehungs-Geschichte, das Gesetz bei stattfindendem Selbstvertriebe einer Druckschrift nur, daß außer dem Namen und Wohnorte des Druckers auf derselben der Name des Verfassers oder Herausgebers genannt sei, so hat im vorliegenden Falle den Selbstvertrieb des qu. Intelligenz- 2c. Blattes durch den Angeschuldigten der Rekurs-Richter für festgestellt dadurch angenommen, daß er sagt, „die Erklärung des Angeklagten, er verlege das Blatt selbst, werde nicht angezweifelt;" und auch schon der erste Richter hat in der Erwägung, nach welcher er für erforderlich hielt, daß auch beim Selbstvertriebe einer Druckschrift dies auf dem Blatte sichtbar gemacht werde, solchen Selbstvertrieb des Angeschuldigten supponirt.

Auf dem Blatte war, nach der Feststellung der Name des Herausgebers darauf genannt. Es war darauf als verantwortlicher Herausgeber der Angeschuldigte genannt.

Verfasser oder Herausgeber eines Sammelwerks, wie dies das Intelligenz- und Anzeigeblatt, welches der Angeschuldigte in Selbstvertrieb genommen hat, ist, sind nun aber nicht etwa die einzelnen Personen, welche darin Anzeigen als Inserate aufnehmen lassen, vielmehr ist derjenige, welcher die Sammlung und Zusammenstellung bewirkt, — diese als Ganzes schafft, der Autor (Gesammt-Verfasser) oder doch Herausgeber des letztern. Als solcher Herausgeber ist, nach der Feststellung, auf dem qu. Intelligenz- und Anzeigeblatt, neben dem Drucker, der Angeschuldigte genannt, der auch in der Wirklichkeit den Selbstvertrieb hat. Dadurch war der zweiten Alternative des § 7 Abs. 3 des Preßges.s Genüge geleistet. Die Anklage hatte daher keinen Grund; mit Recht hat sie deshalb der Rekursrichter durch Freisprechung des Angeschuldigten verworfen.

[26 — 1.]

Angeklagter. — Geisteskrankheit. — Nichtigkeits-Instanz.

Ist der Angeklagte geisteskrank, so kann auch in der Nichtigkeits-Instanz eine Verhandlung der Sache nicht stattfinden; insbesondere ist eine Vertretung desselben durch einen zugeordneten Kurator unstatthaft.

Vdn. v. 3. Jan. 1849 § 14 (vgl. dort n. 27; § 34 n. 1; Art. 74 n. 9; Art. 81 n. 56; RbOTr. 2. S. 43; 1. S. 319).

Beschl. (I.) v. 19. Juni 1863 c. Rathstock (161. I. Cr.).

Die Angekl. hatte gegen das verurtheilende Erk. zweiter Inst. die NB. ergriffen und gerechtfertigt. Da aber dem die Rechtfertigung zu Protokoll nehmenden Beamten ihre Zurechnungsfähigkeit zweifelhaft erschien, so ward die Einholung eines ärztlichen Gutachtens hierüber veranlaßt, und da dieses dahin ausfiel, daß die N. an Wahnsinn leide, so ward ihr ein Kurator zugeordnet, welcher eine neue NB. einreichte. Das OTr. hat indessen verfügt, daß in der Sache zur Zeit nicht verfahren werden könne. Gründe:

Nach dem Gutachten des ꝛc. leidet die Angekl. gegenwärtig am Wahnsinn und ist deshalb unzurechnungsfähig. Sie ist somit außer Stande, ihre Rechte selbst wahrzunehmen, und ihre Vertretung durch den ihr zugeordneten Kurator ist gesetzlich und nach dem Zweck und der Natur des Untersuchungsverfahrens unstatthaft. Es muß daher die Sache für jetzt und bis zur etwaigen Wiederherstellung der Angekl. auf sich beruhen.

Antr. des GStA.s: gleichl. [46. — 2.]

Versammlung. — Kirchliche Aufzüge. — Herkommen.

Kirchliche Aufzüge bedürfen der polizeilichen Genehmigung nur dann nicht, wenn sie nach Zeit, Ort, Form und Bedeutung hergebracht sind.

Vereins-Vdn. v. 11. März 1850 § 10. Vgl. RdOTr. 1. S. 287; 3. S. 5 u. 48.

Erk. (S. I.) v. 19. Juni 1863 c. v. Niegolewski u. Gen. (435. I. Cr.).

v. N. und Gen. waren der Betheiligung an einem polizeilich nicht genehmigten kirchlichen Aufzuge angeklagt, vom AG. aber freigesprochen worden, weil die Abhaltung von Prozessionen behufs der Einweihung von Kreuzen ꝛc. auch ohne besondere historische Veranlassung in der althergebrachten Gewohnheit der katholischen Kirche liege, und auch in dem betr. Pfarrsysteme unter den i. c. beobachteten Formen üblich gewesen sei, ohne daß nach der besondern Veranlassung oder Bedeutung des einzelnen Falles ein Unterschied gemacht worden wäre. Auf die NB. des OStA.s erfolgte Vernichtung. Gründe:

Der Zweck der Vdn. v. 11. März 1850 ist, wie sich aus ihrer Ueberschrift, ihrer Entstehungsgeschichte und ihrem inneren Zusammenhange ergiebt, — zu verhüten, daß durch die Mißbräuche, welche bei Vereinen, öffentlichen Versammlungen und Aufzügen vorkommen, die gesetzliche Ordnung und Sicherheit gefährdet werde, und wenn deshalb in Betreff der öffentlichen Aufzüge in Städten und Ortschaften oder auf öffentlichen Straßen im § 9 und 10 der Vdn. die Regel aufgestellt ist, daß zu denselben unter Angabe des beabsichtigten Weges mindestens 48 Stunden vorher die Genehmigung der Orts-Polizeibehörde nachzusuchen ist, so kann dies nur den Sinn haben, daß diese Behörde rechtzeitig in den Stand gesetzt werden soll zu prüfen, ob von dem Aufzuge Gefahr für die öffentliche Ordnung zu besorgen ist, um danach event. die Genehmigung zu versagen oder geeignete Vorkehrungsmaaßregeln zu treffen. Hiernach läßt sich der innere Grund dafür, daß die im § 10 der Vdn. gestattete Ausnahme, daß gewöhnliche Leichenbegängnisse, Züge der Hochzeitsversammlungen, kirchliche Prozessionen, Wallfahrten und Bittgänge einer vorgängigen Genehmigung und selbst Anzeige nicht bedürfen — an die ausdrückliche Bedingung geknüpft ist, daß sie in der hergebrachten Art stattfinden, nur darin finden, daß dergleichen Aufzüge, wenn sie in der hergebrachten Art stattfinden, die öffentliche Ordnung in der Regel nicht gefährden, jedenfalls aber auch der Orts-Polizeibehörde schon ohne besondere Anzeige vorher bekannt sind; beides trifft aber nur dann zu, wenn ein solcher Aufzug nach Zeit, Ort, Form und Bedeutung hergebracht ist; wenn dies nicht der Fall ist, ist er als ein neuer zu erachten und darf also nur nach vorheriger Genehmigung der Orts-Polizeibehörde stattfinden. Die Ausführung des App.-Richters, daß die in der katholischen Welt am weitesten verbreitete Prozession, welche am Frohnleichnamsfeste stattfindet, für eine der Zeit nach unbestimmte deshalb zu erachten sei, weil sie nicht in jedem Jahre auf denselben Tag fällt, ist verfehlt, weil die regelmäßige Wiederkehr der beweglichen Feste der christlichen Kirche nach kanonischen Grundsätzen geregelt ist und durch den auf diese sich gründenden Kalender zur allgemeinen Kenntniß gebracht wird. Die fernere Erwägung des App.-Richters, daß die Polizeibehörde auch in Betreff der Leichenbegängnisse und der Züge der Hochzeitsversammlungen nicht vorher über Zeit und Ort unterrichtet sein kann, ist ebenfalls unhaltbar, da sowohl die Begräbnisse als die Trauungen gesetzlich verschiedenen Vorbereitungen, namentlich Anmeldungen bei Behörden unterworfen sind, so daß sie sich der vorherigen Kenntniß der Orts-Polizeibehörde nicht entziehen.

Antr. des GStA.s: gleichl. [47. — 2.]

Verlesung. — Ursprüngliches Beweismittel.

Schriftstücke, welche selbst ursprüngliche Beweismittel sind, können auf Anordnung des Vorsitzenden in der Sitzung verlesen werden, ohne daß es dazu eines Gerichtsbeschlusses bedürfte.

Ges. v. 3. Mai 1852 Art. 25 [vgl. dort n. 21].

Erk. (Z. I.) v. 19. Juni 1863 c. Wolff (687. I. Cr.).

In der schwurgerichtlichen Verhandlung waren auf Anordnung des Vorsitzenden eine Privaturkunde und zwei Schreiben des Angeklagten verlesen worden; die NB. rügte dieses, weil es dazu eines Beschlusses des GH.s bedurft habe. Zurückweisung. Gründe:

Der Art. 25 l. c. ist, wie der mit ihm im Zusammenhange stehende § 21 der Vdn. v. 3. Jan. 1849, ein Ausfluß des im § 14 ibid. enthaltenen Prinzips der Mündlichkeit des Strafverfahrens. Nach diesem soll das erkennende Gericht seine Ueberzeugung aus unmittelbarer Anschauung gewinnen, es muß daher auch die Beweisquellen in ihrer Ursprünglichkeit kennen lernen. Es fragt sich demnach bei einer stattgehabten Verlesung von Schriftstücken allemal, ob die letztern ein *ursprüngliches Beweismittel* selbst sind, wie z. B. bei Urkundenfälschungen die in Rede stehenden Dokumente, oder nicht. Jene bilden alsdann das eigentliche Beweisstück als solches, und sonach eine *selbstständige* Erkenntnißquelle. Dergleichen Schriftstücke können und müssen demgemäß dem Prinzipe des § 14 der cit. Vdn. zufolge, ohne an die Vorschrift des § 21 l. c. oder des Art. 25 des cit. Ges.s gebunden zu sein, von dem Vorsitzenden des Gerichts, dem nach § 54 l. c. sowohl, wie nach Art. 76 l. c. die Leitung der ganzen Verhandlung, also auch die Aufnahme der Beweise zusteht, verlesen werden. Der im Art. 25 l. c. vorgeschriebene Beschluß des ganzen Gerichtshofes soll lediglich in den, vom Gesetz näher bezeichneten Ausnahmefällen als Schutz dafür dienen, daß dem Prinzipe des § 14 l. c. nicht entgegengehandelt wird, was dann eben nicht zutrifft, wenn dies überhaupt nicht bedroht wird. Diese Grundsätze ergeben sich sowohl aus der Natur der Sache, wie aus dem Wortlaute des § 21 l. c. und des Art. 25 l. c., von denen der letzte ausdrücklich auf die §§ 19. 21 der Vdn., resp. den Art. 24 des Ges.s Bezug nimmt, welche die Protokolle von Einnahme des Augenscheines und die über Vernehmung von Personen und Zeugen außerhalb des mündlichen Verfahrens vor Augen haben.

In der gegenwärtigen Sache sind die in der Audienz vom 18. April 1863 vorgelesenen Schriftstücke unmittelbare Beweismittel an sich gewesen.

Antr. des GStA.s: gleichl. [20. — 2.]

Urkunde. — Unterdrückung. — Heimlichkeit. — Nachtheil. — Gewinnsucht.

1. Die Strafbarkeit der Unterdrückung einer fremden Urkunde ist nicht durch die Heimlichkeit der Handlung bedingt.

StGB. § 243 Nr. 8 [dort einzutr. als n. 45 a].

2. In einem solchen Falle ist die zeitweise Entziehung der Urkunde als Beweismittel für einen dem Berechtigten zugefügten Nachtheil zu erachten.

Ebendas. [vgl. dort n. 44].

3. Es bedarf in einem solchen Falle der Feststellung der gewinnsüchtigen Absicht, sobald dieselbe vom Angeklagten bestritten wird.

Ebendas. [vgl. dort n. 40. 39 und oben S. 322].

Erk. (S. I.) v. 24. Juni 1863 c. Vogel (397. I. Cr.).

Vernichtung des angefochtenen Erk.s. Gründe:

Zwar entspricht die thatsächliche Feststellung der vorigen Richter: „daß die Angekl. eine Urkunde, welche ihr nicht gehörte, zum Nachtheil eines Andern unterdrückt habe," der Wortfassung des § 243 Nr. 8 StGB., und es ist auch unrichtig, wenn die NB. ausgeführt hat, daß die Anwendung des § 243 Nr. 8 die Heimlichkeit der Handlung voraussetze und daß nicht abzusehen sei, welcher Nachtheil für den Inhaber des Schuldscheins habe entstehen können. Der App.=Richter bemerkt vielmehr mit Recht unter Hinweisung auf die Erkenntnisse des OTr.s v. 19. Febr. 1862 c. Schäfer u. v. 19. April 1861 c. Heinze, daß schon die zeitweise Entziehung des Schuldscheines als Beweismittel für einen Nachtheil im Sinne des § 243 Nr. 8 zu erachten sei.

Dagegen aber ist es unrichtig, wenn der App.=Richter in den Motiven seiner Entscheidung ausspricht, daß die Anwendung des § 243 Nr. 8 das Vorhandensein einer gewinnsüchtigen Absicht nicht voraussetze. Hierin geht der App.=Richter zu weit. Denn das OTr. hat zwar wiederholt, namentlich auch in dem, (Oppenhoff StGB. 3. Ausg. § 243 Nr. 8 n. 40 allegirten), Erk. v. 12. Okt. 1854 c. Holzerland angenommen, daß es der besondern Feststellung der gewinnsüchtigen Absicht zur Anwendung des § 243 Nr. 8 nicht bedarf; anders verhält es sich jedoch, wenn der Angeklagte, wie hier, die gewinnsüchtige Absicht ausdrücklich bestritten hat. In einem solchen Fall muß dieselbe allerdings festgestellt werden, weil der § 243 nur besonders ausgezeichnete Arten von Betrügereien vorsieht, von einem Betruge aber ohne alle gewinnsüchtige Absicht niemals die Rede sein kann.

Dem steht auch das Erk. des OTr.s v. 6. März 1863 c. Hackbarth (oben S. 322, G. A. 9. S. 364) nicht entgegen, worin es sich nur darum handelt, ob eine nach §§ 226 und 227 StGB. zu bestrafende Unterschlagung einer Urkunde, oder eine nach § 243 Nr. 8 zu ahndende Unterdrückung einer Urkunde vorlag. Denn wenn hier bemerkt ist, wie die Wortfassung des § 243 Nr. 8 und die Nebeneinanderstellung von „Vernichten, Beschädigen und Unterdrücken" es gleichgültig erscheinen lasse, ob der Thäter irgend einen Gebrauch von der Urkunde seinerseits machen, oder gar sich dieselbe aneignen, überhaupt damit bereichern könne oder wolle, seine Absicht vielmehr nur darauf gerichtet sein müsse, daß die Urkunde für einen Andern verloren geht, daß aus diesem Verlust einem Andern Nachtheil entsteht, — so erfordert der §243 Nr. 8 allerdings nicht, daß der Angeklagte sich gerade mit der Urkunde selbst bereichern will, und wird in der Regel auch der gegen den Andern beabsichtigte Nachtheil mit dem dem Angeklagten daraus erwachsenden Gewinn dergestalt zusammenfallen, daß schon die festgestellte Absicht dieses Nachtheils im Allgemeinen zur Anwendung des § 243 Nr. 8 ausreicht. Dies trifft aber nicht zu, wenn der Angeklagte jede gewinnsüchtige Absicht überhaupt ausdrücklich bestreitet. In einem solchen Fall kann diese gewinnsüchtige Absicht, welche zwar in den Thatbestand des § 243 Nr. 8 nicht speziell aufgenommen, aber darin doch unterstellt ist, nicht weiter vom Richter subintelligirt, sondern sie muß dem Angeklagten bewiesen werden.

Antr. des GStA.s: entg. [18.—4.]

Zerstückelung von Grundstücken. — Versteigerung. — Ausgebot.

Als öffentliches Ausgebot (Versteigerung) im Sinne des Ges.s v. 24. Mai 1853 ist ein Verkaufsanbieten an Kaufliebhaber durch allgemeinere Bekanntmachung und eine Verhandlung mit solchen Kaufliebhabern unter Gestattung von An- und Mehrgeboten zu betrachten. Ob dieses vorliege, ist Gegenstand thatsächlicher Beurtheilung.

Ges. v. 24. Mai 1853 §§ 6. 7. 9; ähnlich: Z. I. 13. Jan. 1858 c. Pincoffs, 1008, G. Arch. 5. S. 849; Z. I. 11. März 1863 c. Hirsch, 150, oben S. 346. — Im Uebrigen ist es bei einer öffentlich abgehaltenen Versteigerung gleichgültig, ob derselben eine öffentliche Bekanntmachung vorherging; so: Z. II. 16. Dez. 1858 c. Schmidt, 396.

Erk. (Z. I.) v. 24. Juni 1863 c. Behrendt (551. I. Cr.).

B. hatte einen Bauerhof gerichtlich in einzelnen Parzellen verkauft, ohne daß vorher die vorschriftsmäßige Regulirung der Lasten stattgefunden hätte; dagegen hatte er vorher (ohne Zuziehung eines Richters) eine Zusammenkunft von Kauflustigen veranlaßt, bei welcher Angebote abgegeben und Handgeld gezahlt war; er war deshalb aus den §§ 6. 7 u. 9 des Ges.s v. 24. Mai 1853 verurtheilt worden. Seine NB. rügte Gesetzesverletzung, weil die Instanzrichter die „Zusammenberufung mehrerer Kauflustiger" für ein „öffentliches Ausgebot" erachtet hätten, und weil eine meistbietende Versteigerung erst dann vorhanden sei, wenn der Bieter durch sein Gebot in Ermangelung eines Mehrgebots ein Recht auf die Ueberlassung des Eigenthums erlange. Zurückweisung. Gründe:

Das Gesetz selbst hat die Merkmale eines öffentlichen Ausgebotes und einer meistbietenden Versteigerung nicht genau festgestellt. Es kann also damit nur die landesübliche Bedeutung verbunden werden, nämlich die eines Verkaufsanbietens an Kaufliebhaber durch allgemeinere Bekanntmachung und einer Verhandlung mit solchen Kaufliebhabern unter Gestattung von Kaufangeboten und Mehrgeboten. Ob und in wie weit dergleichen stattgefunden habe, bleibt den Richtern der Thatfrage zu entscheiden anheimgegeben. Eine Nichtigkeit würde nur bei einer klaren Verkennung des landesüblichen Begriffes anzunehmen sein. Eine solche ist jedoch den bisherigen Richtern nicht nachzuweisen. Möglicherweise kann in einer Einladung mehrerer bestimmter Kaufliebhaber zu einer Verkauf- und Kaufverhandlung eine der allgemeineren Kenntnißnahme zugängliche Bekanntmachung befunden werden und daß hiernächst über eine Parzelle ein Gebot und ein Mehrgebot erfolgt, von dem Imploranten auch auf letzteres Handgeld angenommen sei, ist ausdrücklich festgestellt. Daß der Bieter durch sein Gebot schon ein Recht auf Ueberlassung des Eigenthums erlange, ist zum Begriffe einer meistbietenden Versteigerung keinenfalls erforderlich.

Antr. des OStA.s: gleichl. [48. — 4.]

Rechtsanwalt. — Wohnsitz. — Büreau.

Die Rechtsanwalte sind verpflichtet, sich nach den Amts-Instruktionen und nach den generellen oder speziellen Anweisungen der vorgesetzten Dienstbehörde zu richten.

Wenn daher einem Rechtsanwalt das Halten eines ständigen Büreaus an einem andern Orte als dem ihm bestimmten Wohnsitze untersagt ist, so fällt er durch eine Zuwiderhandlung gegen dieses Verbot der Disziplin anheim.

AGO. III, 7. §§ 8. 5. 15. 16; ALR. II, 10. §§ 85. 92. 93.

Erk. (I. Civ.-Sen.) v. 26. Juni 1863 c. Rechtsanw. K. (314. D.).

Der RAnw. K. war bei dem KG. zu B. mit Anweisung seines Wohnsitzes in L. angestellt worden. Er hielt aber auch in B. ein ständiges Büreau. Auf Anordnung des JMinisters ward er angewiesen, dasselbe zu schließen und seine Gegenvorstellung vom JMinister zurückgewiesen. Er leistete auch jetzt keine Folge und ward daher wegen „Insubordination" disziplinarisch verfolgt, vom betr. Ehrenrathe aber freigesprochen, weil „die Annahme eines Subordinationsverhältnisses, welches den RAnw. verpflichte, bei Ausübung seines Amtes Etwas deshalb zu thun oder zu unterlassen, weil die vorgesetzte Dienstbehörde es angeordnet habe, nicht begründet, die betr. Frage daher lediglich nach den Gesetzen zu lösen sei". Auf die Berufung des OStA.s erfolgte Abänderung dieses Erk.s und Verurtheilung zu einer Geldbuße. Gründe:

Die Rechtsanwalte stehen nach § 8. III, 7 AGO. unter der Aufsicht und Direktion des Landes-Justiz-Kollegiums, in dessen Departement sie angestellt sind, und insofern in Amtssachen nach allgemeinen Rechtsgrundsätzen in einem Subordinations-Verhältniß zu demselben. Die Justiz-Kommissarien, an deren Stelle die Rechtsanwalte getreten sind, hatten deshalb nach § 471 des Anh.s z. AGO. früher auch ausdrücklich eidlich zu geloben: „in allen auf ihr Amt Bezug habenden Angelegenheiten ihren Vorgesetzten der Subordination gemäß schuldige Folge zu leisten." Dadurch, daß in der neuen Norm des Diensteides nach der AKO. v. 5. Nov. 1833 das eidliche Gelöbniß dieser besonderen Schuldigkeit nicht ausdrücklich erwähnt, vielmehr „auf die genaue Erfüllung aller vermöge des Amtes obliegenden Pflichten" zusammengefaßt ist, hat sich selbstredend in der Subordinationspflicht der Rechtsanwalte ihrer vorgesetzten Dienstbehörde gegenüber nicht das Geringste geändert.

Der § 85. II, 10 ALR. verordnet ganz allgemein: Die Rechte ꝛc. Zu dem Erlasse von dergleichen Instruktionen sind selbstredend die vorgesetzten Behörden und die Ressortchefs der betreffenden Beamten kompetent, d. h. eben so berechtigt als verpflichtet. Und es kann ebenso wenig einem Bedenken unterliegen, daß die Beamten sich ebenso nach den erst nach ihrer Anstellung ergehenden Instruktionen, wie nach den vorher bereits erlassenen, resp. ihnen besonders bekannt gemachten generellen oder besonderen Anweisungen dieser Art zu richten haben. Hieraus folgt aber, daß der vom Ehrenrath aufgestellte Satz:

> „Die Annahme eines Subordinations-Verhältnisses, welches den Anwalt verpflichten könnte, bei Ausübung seines Amtes irgend Etwas lediglich aus dem Grunde zu thun oder zu unterlassen, weil die vorgesetzten Behörden es angeordnet haben, ist weder in den Gesetzen begründet, noch mit der nothwendigen Selbstständigkeit der Anwaltschaft verträglich. Ein Disziplinar-Vergehen kann daher nicht in der Nichtbefolgung solcher Verfügung, sondern nur in der Verletzung der Gesetze oder der auf diese Gesetze gegründeten Anstellungs-Modalitäten gefunden und demgemäß auch niemals als Insubordination, die eine Verpflichtung zur Befolgung solcher nachträglichen Anordnungen an sich voraussetzt, bezeichnet werden;" —

in dieser Allgemeinheit unrichtig ist.

Er ist aber auch eben so wenig zutreffend für den vorliegenden Fall. Unzweifelhaft hat nach § 5. III, 7 AGO. der Chef der Justiz zu bestimmen, an welchen Orten Rechtsanwalte zu bestellen sind. Und nach § 7 beschränkt sich die Praxis eines jeden Rechtsanwalts auf den Ort oder Distrikt, wo er dazu in seiner Bestallung, welche nach §§ 15. 16 der Chef der Justiz zu ertheilen hat, angesetzt worden ist. Wenn nun der Ehrenrath, obwohl er die Kompetenz des Justiz-Ministers, bei der Anstellung eines Rechtsanwalts dessen

Amtsbezirk und amtlichen Wohnsitz zu bestimmen und resp., wie er es im Sinne dieses Gesetzes für nöthig finde, zu begrenzen, anerkennt, zugleich aber bemerkt:

„Sobald aber die Anstellung geschehen ist, kann in den Rechten und Pflichten, die durch dieselbe erwachsen sind, mit Ausnahme des Falles einer etwanigen neuen Organisation, durch nachträgliche Verfügungen nichts geändert werden,“

so geht er hierin sowohl im Allgemeinen, als auch mit Rücksicht auf den vorliegenden Fall offenbar zu weit. —

Das Gesetz (ALR. II, 10. §§ 92. 93) spricht den allgemeinen Grundsatz aus, daß die einem Beamten zur Ausübung seines Amts ertheilte Anweisung eines bestimmten Wohnorts Dienstpflichten zur Folge hat, und zwar ebenso rücksichtlich der Amtsführung an diesem Orte, als außerhalb desselben. Die Regulirung und Begrenzung dieser Dienstpflichten in Betreff derjenigen Beamten, welche ihr Amt auch außerhalb ihres Wohnorts auszurichten haben, ressortirt hiernach gesetzlich vor die vorgesetzte Dienstbehörde. Bei einem Rechtsanwalt, welchem sein Wohnsitz ausdrücklich an einem Orte, an welchem sich nur ein Zweiggericht, eine Deputation desjenigen KG.s befindet, bei dem er angestellt ist, angewiesen worden, und dem gleichwohl die Praxis sowohl bei dem von diesem Orte entfernten Hauptgerichte, als auch bei andern zu diesem gehörenden Gerichts-Kommissionen gestattet ist, erscheint eine solche Regulirung im Interesse der dienstlichen Ordnung und der Justiz-Verwaltung unbedingt geboten. Der Rechtsanwalt hat sein Amt selbst zu verwalten und der Aufsichtsbehörde steht das Recht und die Pflicht zu, hierüber zu wachen und Maaßnahmen entgegenzutreten, welche besorgen lassen, daß ein Theil seiner dienstlichen Thätigkeit, die Informations-Einziehung von den Parteien, wesentlich selbst gewählten Gehülfen überlassen sein, und daß es überdies an der im dienstlichen Interesse nothwendigen genauen und beständigen Kontrolle über diese Gehülfen Seitens des Rechtsanwalts fehlen würde. Jeder Rechtsanwalt muß ein Geschäfts-Büreau haben und zwar, — das liegt in der Natur der Sache, weshalb es dieserhalb keiner besonderen Anordnung oder Ermächtigung bedarf, — an dem ihm zu seinem amtlichen Wohnsitze, dem Mittelpunkte seiner dienstlichen Thätigkeit, angewiesenen Orte. Ob er aber außerdem noch an jedem, oder an einem und dem andern beliebigen Orte innerhalb des ihm zugetheilten Amtsbezirks ständige, für die Zeit seiner Anwesenheit an seinem angewiesenen amtlichen Wohnsitze außer seiner Kontrolle stehende Zweigbüreaus einrichten, und sich dadurch amtliche Neben-Stationen und in die Lage versetzen dürfe, zu deren Kontrolle u. s. w. öfter oder länger, als es die ihm gestatteten auswärtigen Geschäfte erfordern, von dem ihm angewiesenen Wohnsitze abwesend zu sein, das hängt von dem Ermessen und der Genehmigung der vorgesetzten Behörde ab, unter deren Aufsicht und Direktion er steht.

Mit diesem, der Natur des Dienstverhältnisses entsprechenden und aus dem gesetzlichen Aufsichtsrechte der Landes-Justiz-Kollegien und des Chefs der Justiz über die Rechtsanwalte folgenden Grundsatze steht es vollkommen im Einklange, wenn der Chef der Justiz die von einem AG. zu seiner Entscheidung gestellte Frage: „ob es einem Rechtsanwalt gestattet sei, außerhalb des ihm angewiesenen Wohnsitzes ein ständiges Büreau zum Betriebe seiner Geschäfts-Angelegenheiten, namentlich zur Annahme von Mandaten, Entgegennahme und Aufzeichnung von Anträgen und Informationen zu errichten," auf Grund der bestehenden gesetzlichen Vorschriften im Interesse des Dienstes verneint, und die Rechtsanwalte zwar für befugt erachtet hat, „sich unter der Voraussetzung, daß ihre Amtsgeschäfte an ihrem Wohnorte darunter nicht leiden, von Zeit zu Zeit nach anderen Orten ihres Gerichtsbezirks zu begeben und dort allein oder unter Beihülfe ihres Büreau-Personals ihren Amtsgeschäften obzuliegen, auch zu deren Abhaltung ein bestimmtes Lokal, welches für die Dauer ihrer Anwesenheit dem Publikum geöffnet sei, zu benutzen," — dagegen das betreffende AG. darauf zu halten, daß die Rechtsanwalte seines Departements ihre außerhalb ihres Wohnorts errichteten stehenden Büreaus schlössen, veranlaßt und diese generelle Verfügung dem ꝛc. zur Kenntnißnahme und Nachachtung mitgetheilt und dasselbe gleichfalls veranlaßt hat, den RA. K., falls derselbe ein dergleichen Büreau noch unterhalte, anzuweisen, dasselbe zu schließen und nöthigenfalls durch Strafverfügungen dazu anzuhalten. —

Die Handlungsweise des K. charakterisirt sich als Ungehorsam gegen eine in einer auf sein Amt Bezug habenden Angelegenheit von seiner vorgesetzten Dienstbehörde innerhalb der Grenzen ihres gesetzlichen Aufsichtsrechts an ihn erlassene Anweisung, also als Insubordination.

Nachdem seine vermeintlichen Rechts- und dienstlichen Nützlichkeitsgründe von der zuständigen Dienstbehörde verworfen sind und er den ihm offenstehenden Weg der Remonstration an die höhere Aufsichts-Instanz nicht beschritten hat, kann es gegenwärtig auf alle diesfälligen, zur Rechtfertigung seines Verhaltens gemachten Anführungen nicht weiter ankommen. Den Disziplinar-Gerichten steht ein Urtheil über die materielle Begründung einer von der zuständigen Aufsichtsbehörde innerhalb ihrer ressortmäßigen Wirksamkeit im Verwaltungswege erlassenen Anordnung überall nicht, und ein Urtheil über deren materielle Rechtsbeständigkeit nur insoweit zu, als in Frage kommt, ob eine solche Anordnung bestehenden Gesetzen oder wohlerworbenen Rechten zuwiderläuft. Diese Frage ist aber nach der obigen Ausführung schlechthin zu verneinen. Dem Angeschuldigten ist in seiner Bestallung das Recht, in B. ein ständiges Büreau zu halten, nicht bewilligt. Die den allgemein adoptirten Verwaltungs-Grundsätzen gemäß erlassene Anordnung, sein hier, außerhalb des ihm ausdrücklich angewiesenen Wohnsitzes eingerichtetes ständiges Büreau zu schließen, entzieht dem Angeschuldigten keinesweges die Mittel und Gelegenheit zur Ausübung der ihm durch seine Bestallung gewährleisteten Rechte, beim KG. zu B. zu praktiziren, wie zur Erfüllung seiner damit verbundenen Pflichten, da ihm ausdrücklich bemerklich gemacht ist, daß ihm auf sein Ansuchen gestattet sein solle, während seiner Anwesenheit in B. hier ein Geschäftslokal dem Publikum zu öffnen, sie regulirt nur seine Dienstverhältnisse gleich denen anderer Rechtsanwalte, welche sich in Folge ihnen bewilligter Simultan-Praxis in gleicher Lage befinden, zur Verhütung von Kollisionen und Nachtheilen, welche für das dienstliche Interesse durch die eigenthümliche Doppelstellung von Rechtsanwalten, denen nicht der Sitz des Hauptgerichts, bei dem sie angestellt sind, sondern der Sitz eines Zweiggerichts zum Wohnorte ausdrücklich angewiesen ist, entstehen können, und hält sich sonach durchaus innerhalb der Grenzen des Aufsichtsrechts der zuständigen Dienstbehörde. [—4.]

Gesichtspunkt (anderer). — Belehrung des Angeklagten.

Es begründet keine Nichtigkeit, wenn der Richter in seinem verurtheilenden Erkenntnisse die That aus einem andern Gesichtspunkte auffaßt, als es die Anklage gethan hatte, ohne den Angeklagten auf diesen Gesichtspunkt aufmerksam zu machen.

Ges. v. 3. Mai 1852 Art. 30 [vgl. dort n. 28].

Erk. (Z. I.) v. 26. Juni 1863 c. Rybicki (483. I. Cr.).

Es mag mitunter zweckdienlich sein, wenn namentlich der App.-Richter den Angeklagten auf einen neuen Gesichtspunkt, aus welchem seine That strafbar erscheine, aufmerksam macht; — es ist jedoch nicht vorgeschrieben und nicht wesentlich. Der Angekl. und sein Vertheidiger müssen es wissen und beachten, daß der Richter die Strafbarkeit einer zur Anklage gestellten That und der sie begleitenden Umstände von Amtswegen nach jeder Richtung hin prüfen kann und soll.

Antr. des GStA.s: gleichl. [46. — 2.]

Diebstahl. — Früchte auf dem Felde. — Miete ꝛc.

Die Strafe des § 217 Nr. 2 des StGB.s wird dadurch nicht ausgeschlossen, daß die gestohlenen Früchte auf dem Felde sich in einer Miete ꝛc. befanden.

Vgl. l. c. n. 26; RdOTr. 2. S. 304.

Erk. (S. I.) v. 26. Juni 1863 c. Majewski (503. I. Cr.).

M. hatte Kartoffeln aus einer Miete auf dem Felde gestohlen; das AG. hielt den § 217 Nr. 2 für unanwendbar, weil der Grund der strengeren Bestrafung eines Früchtediebstahls darin liege, weil Gegenstände, die nicht unter genauer Aufsicht und Verwahrung gehalten werden könnten, als besonders befriedet eines höhern Schutzes bedürften, dieser Grund aber fortfalle, sobald die Früchte an ihren definitiven Verwahrungsort gebracht seien. NB. des OStA.s. Vernichtung. Gründe:

Richtig ist es, daß, wie der App.-Richter ausführt, der Grund des Strafgesetzes im § 217 Nr. 2 cit. in der Rücksicht besteht, daß die hier genannten Gegenstände ihrer Natur nach, und nach den allgemeinen ländlichen Verhältnissen nicht unter genauer Aufsicht gehalten werden können. Allein das Gesetz stellt nicht die allgemeine Regel auf, daß die erhöhte Strafe überall und bei allen den Gegenständen eintreten soll, welche nicht unter genauer Aufsicht gehalten werden können, sondern es nennt spezielle Gegenstände, die es deshalb auswählt, weil bei ihnen ein solches Verhältniß ein gewöhnliches ist. Daraus folgt aber, daß der Richter die gesetzliche Vorschrift bei diesen Gegenständen immer anwenden muß, ohne in jedem einzelnen Falle untersuchen und die Anwendung davon abhängig machen dürfe, ob der Verletzte nicht dennoch unter den vorhandenen Umständen eine genaue Aufsicht hätte anwenden können, also die Belassung der Gegenstände auf dem Felde u. s. w. überhaupt in dem vom Gesetze genannten Zustande, lediglich von seiner Willkühr abgehangen habe. Man wird beispielsweise bei den in der Nr. 1 genannten Ackergeräthschaften gewiß oft sagen können, daß der Eigenthümer sie unter den obwaltenden Verhältnissen über Nacht hätte auf den Hof oder sonst in bessere Verwahrung bringen können. Aber gerade, weil eine solche Untersuchung in dem konkreten Falle zu den größesten Weiterungen und zu einer vollkommenen Unsicherheit in den wirthschaftlichen Verhältnissen, denen das Gesetz eben einen absoluten Schutz hat gewähren wollen, führen würde, hat man jene allgemeine Regel vermieden und statt ihrer die speziellen Gegenstände genannt.

Dies findet denn insbesondere auch bei den in der Nr. 2 genannten geernteten Früchten oder anderen Bodenerzeugnissen, welche von Feldern, Wiesen oder aus Gärten gestohlen werden, Anwendung. Nicht alle solche Früchte können in Scheuern oder sonstige sichere Gelasse untergebracht werden, und selbst wenn sie es können, so verbieten es oft andere Umstände, der Mangel an Raum, die Menge u. s. w. Hat der Besitzer sie auf dem Felde in Gruben, Mieten u. s. w. untergebracht, so liegt es sehr nahe, vorauszusetzen, daß ihn die Nothwendigkeit dazu gezwungen hat; ihm gebührt daher unzweifelhaft der vom Gesetze beabsichtigte erhöhte Schutz.

Antr. des GStA.s: gleichl. [15.—2.]

Gewerbe-Steuer. — Comptoir.

Als „Comptoir" im Sinne des § 4 des Gew.-Steuer-Ges.s ist jede von dem Hauptgeschäfte abgesonderte Verkaufsstelle zu verstehen, sollte bei ihrer Errichtung auch nicht die Absicht einer dauernden gewerblichen Niederlassung obgewaltet haben.

Gew.-Steuer-Ges. v. 30. Mai 1820 §§ 4. 39.

Erk. (Z. I.) v. 26. Juni 1863 c. Rösler (550. I. Cr.).

R. hatte in einem fremden Walde eine Anzahl Bäume gekauft, sie fällen, zurichten und an Ort und Stelle durch einen Dritten verkaufen lassen. Da dieser Dritte sich zu diesem Zwecke in der Nähe der Verkaufsstelle ein Haus erbaut hatte und über die einzelnen Verkäufe Buch und Rechnung führte, so erachtete das AG. die ganze Veranstaltung für ein abgesondertes Comptoir des R., welches der besondern Besteuerung bedurft habe, und verurtheilte wegen Gewerbe-Steuer-Kontravention. NB. Zurückweisung. Gründe:

Wenn das erwähnte Gesetz bestimmt:

„Die Steuer wird von jeder einzelnen Firma, von jedem einzelnen Comptoir, von jedem einzelnen Laden u. s. w. erhoben,"

so ist hier unter „Comptoir" und „Laden" nichts weiter als eine vom Hauptgeschäfte des Gewerbetreibenden abgesonderte „Verkaufsstelle" zu verstehen, wie solches nicht bloß in dem Min.-Reskr. v. 24. Jan. 1840 (Schimmelpf. Direkte Steuern 2. S. 286), sondern auch in dem Erk. des OTr.s v. 16. Dez. 1859 c. Alexander (929, G. Arch. 8. S. 263) ausgeführt worden ist. Daß der Errichtung einer solchen Verkaufsstelle die Absicht einer „dauernden, gewerblichen Niederlassung" zum Grunde liegen müsse, daß also etwa das Wort „Comptoir" gleichbedeutend sei mit „Zweigniederlassung" im Sinne des Art. 21 des D. HGB.s, ist weder im Gewerbe-Steuer-Gesetz ausdrücklich ausgesprochen, noch liegt solches im Begriffe des Wortes „Comptoir," welches nichts anderes als ein Lokal bedeutet, in welchem gewisse kaufmännische Geschäfte, gleichviel auf wie lange, betrieben werden, wie solches auch schon früher vom OTr. ausgeführt worden ist (cf. Z. I. 6. Juni 1860 c. Kärger 436).

Antr. des GStA.s: gleichl. [28.—2.]

Wucher. — Gewinnsucht. — Selbstanleihe.

Der Wucher setzt das Erstreben eines unerlaubten Gewinnes voraus. Wer daher das dargeliehene Geld selbst von einem Dritten zu demselben Zinssatze angeliehen hat, kann möglicher Weise Theilnehmer am Wucher jenes Dritten sein, nicht aber selbst als Wucherer angesehen werden.

StGB. § 263 [vgl. dort. n. 34].

Erk. (V. I.) v. 26. Juni 1863 c. Steinbach (559. I. Cr.).

St. hatte: „sich — — gewohnheitsmäßig von seinen Schuldnern höhere Zinsen, als die Gesetze zulassen, vorbedungen resp. zahlen lassen." Der aus § 263 erhobenen Anklage setzte er entgegen: er habe von den

Geschäften keinen Gewinn gehabt, vielmehr die betr. Summen vorher zu denselben Zinssätzen von Andern angeliehen, und dieses auch seinen Schuldnern vorher mitgetheilt. Das AG. erklärte dieses für gleichgültig und bestrafte wegen Wuchers. NB. Vernichtung und Zurückverweisung. Gründe:

Der App.-Richter geht selbst davon aus, daß das Gesetz bei dem Vergehen des Wuchers das Erstreben eines unerlaubten Gewinnes voraussetzt, er findet einen solchen aber darin, daß der Angeklagte — wenn seine Angaben in der Wahrheit beruhen — einen Schaden, den er bereits erlitten hatte, als er selbst sich das Geld borgte, sich von seinen Schuldnern wiedererseßen ließ. Diese Ausführung beruht auf einem Rechtsirrthum, da ein Darlehn mit der über dasselbe vorher getroffenen Verabredung insoweit nur ein Geschäft bildet, als der Schaden, den der Angeklagte lediglich in Folge und gemäß dieser Verabredung bei Beschaffung des demnächst dargeliehenen Geldes erlitten hat, nicht als ein selbstständig und vor dem Vorbedingen der höheren Zinsen erlittener erachtet werden kann. Es bedurfte daher einer thatsächlichen Prüfung des Einwandes des Angeklagten, um die rechtliche Grundlage für die Feststellung zu gewinnen, ob er sich die erwähnten Zinsen vorbedungen oder aber event. als Theilnehmer eines Wucherers konkurrirt hat, und da der App.-Richter diese Prüfung ausdrücklich für unnöthig erklärt, so beruht seine thatsächliche Feststellung auf einer rechtsirrthümlichen Auffassung, es war daher das App.-Erk. wegen Verletzung der im § 263 des StGB.s und §§ 803. 811, I. 11 des ALR.s enthaltenen Rechtsgrundsätze zu vernichten und die Sache zur anderweiten Verhandlung und Entscheidung an den Richter der zweiten Instanz zurückzuweisen.

Antr. des GStA.s: gleichl. [47. — 2.]

Verleitung zum Meineid. — Versuch.

Der Thatbestand des Versuchs der Verleitung zum Meineide ist nicht durch die Feststellung des dazu angewendeten Mittels bedingt.

StGB. § 130 [vgl. dort n. 7. 9].

Erk. (Z. I.) v. 26. Juni 1863 c. Klaus (Büchner u. Gen. 592. I. Cr.).

Die Mittel, deren der Angekl. sich bedient hat, um auf die 2c. B. im Sinne des § 34 Nr. 1 StGB. einzuwirken, sind angeführt, einer Bezeichnung und Feststellung desjenigen Mittels aber, durch welche die B. ihrerseits die R. zum Meineide zu verleiten versucht hat, bedurfte es nicht. Vielmehr entspricht die Feststellung in Betreff der That der B. dem Wortlaute des § 130, welcher die — ohne Erfolg — versuchte Verleitung zum Meineide zu einem selbstständigen vollendeten Verbrechen erklärt hat, ohne an den Rechtsbegriff des strafbaren Versuchs (§ 31) oder der strafbaren Theilnahme im Sinne des § 34 Nr. 1 anzuknüpfen, und, wie die letztere Vorschrift, die Angabe der zur Verleitung angewendeten Mittel zu erfordern (vgl. G.A. 5. S. 538; 8. S. 341).

Antr. des GStA.s: gleichl. [46. — 2.]

Schlachtsteuer. — Kuh-Euter.

Kuh-Euter unterliegen der Schlachtsteuer.

Mahl- u. Schl.-St.-Ges. v. 30. Mai 1820 § 10. — Sic: Z. I. 1. Juli 1857 c. Kilian, 719.

Erk. (Z. I.) v. 1. Juli 1863 c. Horn (299. I. Cr.).

Das Gesetz ist richtig zur Anwendung gebracht, weil ein Kuh-Euter allerdings versteuert werden muß, da nach § 10 des Mahl- u. Schl.-St.-Ges.s v. 30. Mai 1820 bei der Behufs der Versteuerung erfolgenden Verwiegung das ganze ausgeschlachtete Stück Vieh unzerschnitten mit dem Fleisch, dem Fett und den Knochen gewogen werden soll. Nur Füße, Darmfett und Eingeweide werden nicht mitgewogen und also auch nicht versteuert.

Antr. des GStA.s: gleichl. [18. — 4.]

Diebstahl. — Transport. — Erbrechen.

Beim Diebstahle eines Transportgegenstandes auf einer Straße ꝛc. steht das Erbrechen eines verschlossenen Behältnisses dem Abschneiden oder Ablösen der Befestigungsmittel gleich.

StGB. § 218 Nr. 4 [vgl. dort n. 48].

Beschl. (I.) v. 1. Juli 1863 c. Wisniewski u. Gen. (191. B. I. Cr.).

In Erw., daß der Kahn auf der Weichsel, also auf einer Wasserstraße, sich befand, die auf demselben transportirten Fische auch als Gegenstände des Transportes anzusehen sind, und die Erbrechung eines verschlossenen Fischkastens resp. des Vorlegeschlosses desselben dem Abschneiden oder Ablösen der Befestigungs- oder Verwahrungsmittel im Sinne des § 218 Nr. 4 cit. gleich zu achten ist, wie bereits ein Erk. v. 10. März 1853 c. Hünteler (G. A. 1. S. 711) des Näheren ausgeführt hat, ꝛc.

Antr. des GStA.s: gleichl. [20. — 3.]

Aufruhr. — Zusammenrottung. — Zweck. — Drohung.

1. Der Thatbestand des Aufruhrs wird dadurch nicht ausgeschlossen, daß die betr. Personen sich vorher schon zu einem andern Zwecke vereinigt hatten; vielmehr kann auch dann noch später eine Zusammenrottung derselben zu dem Zwecke stattfinden, um mit vereinten Kräften eine der in den §§ 89. 90 StGB. vorgesehenen Handlungen zu verüben. StGB. § 91 [vgl. dort n. 3].

2. Die schwerere Strafe des Abs. 2 des § 91 cit. trifft nur diejenigen am Aufruhr Betheiligten, welche Gewaltthätigkeiten verübt haben; den letzteren stehen Drohungen nicht gleich.

Ebendas. (vgl. dort n. 14).

Beschl. (I.) v. 1. Juli 1863 c. Affaltowski u. Gen. (190. B. I. Cr.).

Gegen A. u. Gen. war die Beschuldigung aus §§ 97. 34 und 91 erhoben worden; das AG. sprach aber die Versetzung in den Anklagestand nur aus §§ 97. 34 und 89 aus, und beseitigte die Anklage wegen

Aufruhrs durch die Erwägung, daß § 91 eine Zusammenrottung zu dem Zwecke, um mit vereinten Kräften eine der im § 89 ꝛc. erwähnten Handlungen zu begehen, voraussetze, im vorliegenden Falle aber die Beschuldigten sich nicht zu diesem, sondern zu dem ganz andern Zwecke zusammengerottet hätten, um über die polnische Gränze zu gehen und sich dort mit den Aufständischen zu vereinigen. Die Beschw. des OStA.s rügte Gesetzesverletzung, weil nicht untersucht sei, ob die zu einem andern Zwecke vereinigten Beschuldigten nicht demnächst, als ihnen ein Gensdarm entgegentrat, sich zum Zwecke des gemeinschaftlichen gewaltsamen Widerstandes gegen denselben zusammengerottet hätten; gleichzeitig regte der OStA. die (vom AG. unerörtert gelassene) Frage an, ob Abs. 2 des § 91 auch gegen diejenigen Beschuldigten Anwendung finden könne, welche sich gegen den Gensdarm zwar keine Gewaltthätigkeiten, wohl aber Drohungen hätten zu Schulden kommen lassen. Die GStA.-schaft erachtete den ersten Theil der Beschw. für begründet, hielt dagegen dafür, daß das OTr. auf eine Prüfung der den Abs. 2 des § 91 betreffenden Frage nicht eingehen könne, weil über dieselbe vom AG. bisher noch nicht entschieden worden sei, und es auch nach der Auffassung des letztern an jeder Veranlassung gefehlt habe, sich über dieselbe zu äußern. Das OTr. hat den Beschl. des AG.s aufgehoben und die Sache zur anderweiten Beschlußfassung an dasselbe zurückgewiesen. Gründe:

Wenn auch jene Erwägung über den Zweck der Zusammenrottung vollkommen begründet ist, so erschöpft dieselbe doch nicht das vorliegende Sachverhältniß. Es ist sehr wohl denkbar, daß sich die Angeschuldigten ursprünglich nur zum Zwecke des Uebertritts nach Polen vereinigt und daß sie sich auf dem Wege dorthin befunden haben, als der hier in Rede stehende Vorfall sich ereignete. Allein dies schließt nicht aus, daß sie sich hier, als ihnen der Gensdarm J. entgegentrat, zu dem Zwecke zusammengerottet haben, um mit vereinten Kräften demselben Widerstand zu leisten. Die ursprüngliche Vereinigung zu einem anderen Zwecke würde also die Vereinigung, die Zusammenrottung, auch zu einem anderen Zwecke, zur Beseitigung eines ihnen unterwegs entgegentretenden Hindernisses, nicht ausschließen, sobald nur ihr Verhalten bei diesem Vorfalle den Charakter einer solchen Zusammenrottung auch zu diesem Zwecke hätte. Aus diesem Gesichtspunkt ist das Sachverhältniß nicht erwegen, obwohl die Umstände des Falles dazu genügenden Anlaß zu bieten scheinen. Der angefochtene Beschluß mußte daher aufgehoben und die Sache zu einer erneuten Prüfung zurückgewiesen werden.

Dagegen konnte der Beschwerde insoweit, als sie eventuell den Thatbestand nicht nur des § 91 Abs. 1, sondern auch denjenigen des § 91 Abs. 2 für vorliegend erachtet, nicht beigetreten werden. Das Gesetz bedroht in diesem Abs. 2 diejenigen Theilnehmer an einem Aufruhr, welche Gewaltthätigkeiten gegen Personen oder Sachen verüben, mit der Strafe des Verbrechens; daß unter den hier genannten „Gewaltthätigkeiten" eben nur die im Abs. 1 als Zweck der Zusammenrottung gedachten, also nicht besondere Handlungen außer diesen, gemeint seien, ergiebt sich aus dem Sinne und der Entstehungsgeschichte des Gesetzes. Allein das letztere nennt hier ausdrücklich nur „Gewaltthätigkeiten," nicht also auch bloße „Drohungen." Man könnte zwar die letzteren auch hier, wie an anderen Stellen des StGB.s (§§ 83. 89. 90. 144. 230) geschehen ist, den ersteren gleichgestellt erwarten. Allein eben daraus, daß das Gesetz der Drohungen hier nicht ausdrücklich gedenkt (vgl. auch § 92 Abs. 2), läßt sich mit Grund schließen, daß dasselbe eben nur ausschließlich die Verübung wirklicher Gewalt mit der höheren Strafe habe bedrohen wollen. — Darauf führt auch die in Goltd. Matt. 2. S. 137 angegebene Entstehungsgeschichte dieses Absatzes, dessen Quelle in dem § 9 der Vdn. v. 30. Dez. 1798 zu suchen ist, und die Betrachtung, daß der strafbare Charakter einer jeden gegen die Obrigkeit oder ihre speziellen Organe gerichteten Zusammenrottung schon an sich in der Drohung gewaltthätigen Verhaltens liegt, mithin ihre Steigerung nur in der wirklichen Ausübung der Gewalt finden kann.

[15. — 3.]

Brausteuer. — Bottich. — Revision.

Die den Steuerbeamten zustehende Befugniß, die Braugeräthe zu revidiren, erstreckt sich auch auf die Gährbottiche.

Steuer-Ordn. v. 8. Febr. 1819 §§ 49. 50. 89. 90.

Erk. (Z. II.) v. 2. Juli 1863 c. Veltmann (196. II. Cr.).

B. hatte einem Steuerbeamten den Zutritt zu dem auf seiner Brauerei befindlichen Gährkeller zum Zweck der Revision und Vermessung der dort befindlichen Gährbottiche verweigert. Deshalb aus § 90 der St.-Ordn. bestraft, ergriff er die NB., und suchte auszuführen, die Revisionsbefugniß der Beamten in Betr. der Bottiche sei auf Maischbottiche beschränkt. Zurückweisung. Erwogen ward:

daß nach Nr. 2 der, die Erhebung und Kontrolle der Brausteuer betreffenden, AKO. v. 10. Jan. 1824 die Deklaration des Brauers Behufs der Versteuerung des Malzschrotes, welches zum Bierbrauen verwendet wird, sich auch darauf erstrecken muß, wie viel Bier er aus dem angegebenen und zu versteuernden Malzschrote ziehen will, und Abweichungen von dieser Angabe, welche 10 Prozent übersteigen, ebenso bestraft werden sollen, wie Abweichungen von der angemeldeten Zeit der Einmaischung; — daß nach dieser Bestimmung auch die Deklaration des Brauers hinsichts der aus dem angegebenen Malzschrote zu ziehenden Biermenge und die demnächst wirklich gezogene Biermenge der Kontrolle der Steuer-Beamten unterliegt, und die den letztern in dem § 50 der St.-Ordn. v. 8. Febr. 1819 beigelegte Revisionsbefugniß, — in gleicher Art, wie diese sich in Bezug auf die Branntweinsteuer, nach dem § 11 Abs. 2 des Regul.s v. 1. Dez. 1820 (v. Kpz. Ann. 4. S. 714) auch auf die Kontrolle der pünktlichen Beobachtung der Deklaration des Branntweinbrenners in allen ihren Theilen erstreckt, — sich auch auf die Kontrolle der Beobachtung dieses Theils der Deklaration des Bierbrauers erstreckt; — wie denn deshalb das hinsichts der Brausteuer für die Hohenzollernschen Lande ergangene Ges. v. 17. Mai 1856 (G.S. S. 445) im § 16 a. E. (resp. §§ 11 u. 27 a. E.)

bestimmt, daß in dem Gebäude, in welchem eine Brauerei betrieben wird, die Revisions-Befugniß der Steuer-Beamten auch darauf sich erstrecke, nachzusehen, daß keine größere als die angemeldete (§ 11) Biermenge gezogen sei; —

daß dem zufolge, wie unzweifelhaft nach § 28 der St.-Ordn. in Verbindung mit § 16 derselben und mit § 11 des Regul.s v. 1. Dez. 1820 der Brauer verpflichtet ist, alle und jede zur Bierbereitung zu benutzenden Geräthe, namentlich auch Bottiche jeder Art der Steuer-Behörde anzuzeigen, — auch die Revisions-Befugniß der Steuer-Beamten auf alle Braugeräthe, namentlich auch auf alle zur Bierbereitung dienenden Bottiche, wozu auch Gährbottiche gehören, wie auf die Räume des Brauerei-Gebäudes, in welchen solche zum Betrieb der Brauerei dienende Geräthe aufgestellt sind, sich erstreckt; — daß mithin die der Nichtigkeitsbeschwerde zu Grunde liegende Ansicht, wonach die in den §§ 49 u. 50 bestimmte Revisionsbefugniß der Steuer-Beamten in Bezug auf Bottiche einer Brauerei nur auf Maisch-Bottiche beschränkt sein soll, in den Gesetzen keinen Anhalt findet, dieselbe unrichtig ist.

Antr. des GStA.s: gleichl. [26. — 1.]

Betrug. — Postschein. — Androhung der Exekution.

Die Abwendung einer Exekution durch Vorzeigung eines unrichtigen Postscheins wird dadurch nicht straflos, daß der Exekutor die Exekution nur angesagt hat, ohne den Exekutionsbefehl vorzuzeigen.

StGB. § 243 Nr. 6 [dort einzutr. als n. 22 a].

Erk. (B. II.) v. 2. Juli 1863 c. Himmelreich u. Gen. (199. II. Cr.).

Die Angeklagten hatten eine vom Exekutor angekündigte Exekution durch Vorlegung eines unrichtigen Postscheins abgewendet; gleichwohl sprach das AG. von der aus § 243 Nr. 6 erhobenen Ankl. frei, weil der Exekutor die Exekution nur „angesagt“ habe, ohne dieselbe vorschriftsmäßig durch Vorzeigung des Befehls bekannt zu machen. Vernichtung. Gründe:

Objektive Voraussetzung des § 243 Nr. 6 des StGB.s ist allerdings, daß die Exekution bereits verhängt sei, in dem Augenblicke, wo von dem Postschein Gebrauch gemacht wird, da das Gesetz ausdrücklich von einer verhängten Exekution redet. Auch ist zuzugeben, daß die vom Gesetz weiter geforderte Absicht bei dem Gebrauche die Kenntniß von der verhängten Exekution unterstellt, da Niemand die Absicht haben kann, eine verhängte Exekution hinauszuschieben oder abzuwenden, wenn er von deren Verhängung noch keine Kenntniß hat. Aber es ist jedenfalls ein Rechtsirrthum, wenn der App.-Richter vermeint, daß der Voraussetzung des Gesetzes in der fraglichen Richtung hin nur durch eine legale Bekanntmachung der verhängten Exekution mittelst Vorzeigung des Exekutionsbefehls Seitens des Exekutors an den Exequendus genügt werden könne, und namentlich eine bloße (also mündliche) Ansagung der Exekution an den Exequendus nicht genüge. Verhängt ist in den Gebietstheilen des Staates, in welchen die AGO. gilt, die gerichtliche Exekution, sobald vom Richter das Exekutions-Mandat ausgefertigt und zur Vollstreckung ausgehändigt wird (§ 46, I. 24 l. c.).

Da nach § 15 des Ges.s v. 20. März 1834 und schon nach § 37 der Instr. v. 2. Aug. 1850 (JMBl. S. 261) eine vorläufige Bekanntmachung von der verhängten Exekution weiter nicht erfolgt, so wird der Schuldner regelmäßig allerdings erst von dem einschreitenden Exekutor selbst die Bekanntmachung und damit die Kenntniß von der verhängten Exekution empfangen. Nun soll zwar nach § 43 der cit. Instr. der Exekutor vor der Exekutionsvollstreckung in jedem Falle sogleich gegen den Schuldner oder in dessen Abwesenheit gegen die in seiner Wohnung vorgefundenen Personen unaufgefordert durch Vorzeigung des Exekutionsbefehles sich legitimiren und auch den Inhalt des Befehles bekannt machen. Allein aus dieser reglementarischen Vorschrift ist keineswegs zu folgern, daß der mit dem Exekutions-Mandat bekleidete Exekutor, auch wenn er seinen

Auftrag dem Schuldner nur mündlich zu erkennen gegeben hat, dadurch eine Handlung ohne alle rechtliche Wirkung vorgenommen habe. Die Vorzeigung des Exekutionsbefehles hat bloß den Zweck, den Exekutor zu legitimiren und dessen Legitimation sofort über jeden Zweifel zu erheben. Wird solche aber nicht bezweifelt, so bleibt sein Vorschreiten in sich gerechtfertigt und die bloße formelle Unregelmäßigkeit der Nichtvorzeigung des Exekutionsbefehles kann den Charakter seiner Amtshandlung weiter nicht beeinträchtigen. Dies ist um so unbedenklicher, als das Ges. v. 30. Juli 1853 § 4 nur fordert, daß die Exekutoren bei ihren Amtshandlungen den empfangenen schriftlichen Auftrag bei sich führen und dem Schuldner auf Verlangen vorzeigen müssen, hier also von dem unaufgeforderten Vorzeigen des Befehls abgesehen ist. Es muß daher auch die bloß mündliche Ansagung der Exekution an den Schuldner jedenfalls genügen, um demselben von der verhängten Exekution im Sinne des § 243 Nr. 6 Kenntniß zu geben, da hier der Wille des Gesetzes über dasjenige, was die Natur der Sache mit sich bringt, nicht hinausgehen kann, und es wird, wenn in dem unterstellten Falle wirklich dem Exekutor gegenüber von einem Postscheine Gebrauch gemacht ist, dann auch die Annahme nicht abzulehnen sein, daß es mit Kenntniß von der verhängten Exekution geschehen sei.

Antr. des GStA.s: gleichl. [27. — 1.]

Gewerbe-Polizei-Kontravention. — Gewerbe-Steuer-Kontravention. — Konkurrenz. — Strafmaaß.

Wenn eine Gewerbe-Steuer-Kontravention ideell mit einer Gewerbe-Polizei-Kontravention konkurrirt, so darf die zu verhängende Strafe nicht unter das Maaß der betr. Steuerstrafe hinabgehen.

Gew.-Ordn. v. 17. Jan. 1845 § 177. Sic: B. I. 6. Okt. 1854 c. Sommer, JMBl. S. 411; B. I. 18. Okt. 1854 c. Gerlach, G. A. 2.

S. 819; B. II. 22. Apr. 1858 c. Pahlsmeier, 94 (beil.); Min.-Verf. v. 15. Apr. 1847, BMBl. S. 88. Contra früher: Z. KH. 26. Okt. 1846 c. Schuler, Rh. Arch. 41. 2. A. S. 41; Z. id. 26. Okt. 1850 c. Potters; Z. id. 4. Febr. 1851 c. Heitzer.

Erk. (B. II.) v. 2. Juli 1863 c. Schürhoff (214. II. Cr.).

Sch. hatte ohne polizeiliche Ermächtigung Schankwirthschaft betrieben, dieses Gewerbe auch nicht zur Versteuerung angemeldet. Da die Jahressteuer 4 Thlr. 10 Sgr. betragen haben würde, so verurtheilte das ZPG. ihn zu einer Geldbuße von 17 Thlr. 10 Sgr. Die App.-Kammer setzte aber die Strafe auf 3 Thlr. herab, weil sie das Vorhandensein mildernder Umstände annahm und davon ausging, die Strafe sei lediglich nach § 177 der Gew.-Ordn. zu bemessen. Auf den Kass.-Rek. des OPr.s hat das OTr. dieses Erk. vernichtet und das erstrichterliche wiederhergestellt. Erwogen ward:

daß in dem Falle des Abs. 2 des § 177 der Gew.-Ordn., wie in dem Falle des Abs. 2 des § 176 das. eine ideale Konkurrenz mehrerer Vergehen resp. Kontraventionen vorliegt;

daß nach den, zur Zeit der Emanation der Gew.-Ordn. v. 1845 in den Stadien der Revision für das allgemeine Strafrecht noch die Ansicht galt, daß im Falle der idealen Konkurrenz mehrerer Verbrechen oder Vergehen der Grundsatz: poena maior absorbet minorem zur Anwendung zu kommen habe, jedoch mit der Maaßgabe, daß das Zusammentreffen bei der Strafzumessung berücksichtigt werden müsse;

daß dieser restringirte Grundsatz bei den Bestimmungen des § 177 cit., wobei die hier ins Auge gefaßte Gewerbe-Polizei-Kontravention, dem konkurrirenden Steuervergehen gegenüber, als das schwerere Vergehen aufgefaßt und deshalb verordnet ist, daß neben der Strafe für die Gewerbe-Polizei-Kontravention, nicht außerdem noch auf eine Steuerstrafe erkannt, aber darauf bei der Zumessung Rücksicht genommen werden soll, offenbar leitend war, während in dem Falle des § 176, wo bei dem Zusammentreffen der hier unterstellten gelinderen Gewerbe-Polizei-Kontravention mit einem Steuervergehen bloß auf die Steuer-Defraudationsstrafe erkannt werden soll, das Steuervergehen als das schwerere angesehen wurde, ohne daß es gleichwohl für geboten erachtet worden wäre, dem Grundsatze: poena maior absorbet minorem noch einen verschärfenden Zusatz zu geben;

In Erw., daß diese Anschauungsweise des Gesetzgebers aber mit Nothwendigkeit dahin führt, daß im Falle, wo ein Zusammentreffen der Vergehen resp. Kontraventionen im Sinne des § 177 l. c. vorhanden ist, die zu erkennende Strafe nicht geringer sein darf, als die schon durch das Steuervergehen verwirkte, jeden Falls, wenn diese Strafe das im § 177 bestimmte Strafmaaß nicht übersteigt;

daß, wenn nämlich schon der Grundsatz: poena maior absorbet minorem nur eine entsprechende Anwendung dann findet, insofern durch die Strafe des schwereren Vergehens die des geringeren gedeckt wird, es noch weniger in der Absicht des Gesetzgebers, welcher seinen Willen ausdrücklich zu erkennen gegeben hat, daß bei der Anwendung jenes Grundsatzes das Zusammentreffen der Vergehen durch die Zumessung der Strafe berücksichtigt werden solle, gelegen haben kann, eine Strafe zu statuiren, welche hinter der Strafe des geringeren Vergehens zurückbleibt, so daß also, um zur Voraussetzung des § 177 cit. zurückzukehren, ungeachtet des Zusammentreffens der Gewerbe-Polizei-Kontravention mit einem Steuervergehen, und ungeachtet alsdann auf die Steuerstrafe Rücksicht genommen werden soll, eine Gesammtstrafe eintreten könnte, welche geringer als diejenige wäre, auf die jedenfalls hätte erkannt werden müssen, wenn das Steuervergehen den alleinigen Gegenstand der Anklage gebildet hätte;

daß die Unhaltbarkeit einer solchen Annahme sich auch aus einer Vergleichung mit der Bestimmung des § 176 ergiebt, da hier die Konkurrenz der geringeren Gewerbe-Polizei-Kontravention mit der Steuer-Defraudation zwar nur die Strafe der letzteren, aber diese jedenfalls, begründet und sich ohne Widerspruch nicht behaupten läßt, daß der § 177 ibid., welcher den Fall des Zusammentreffens des Steuervergehens mit der schwereren Gewerbe-Polizei-Kontravention vorsieht, eine Strafe gestatte, welche geringer, als die aus dem gelinderen Falle des § 176 hervorgehende sein kann;

In Erw., daß, wie auch vom zweiten Richter in facto nicht verkannt ist, wegen der, Seitens des Beschuldigten unterbliebenen Anmeldung des Gastwirthschaftsbetriebes eine Gewerbesteuer-Kontravention vorliegt, welche nach § 39 lit. b des Gew.-St.-Ges.s v. 30. Mai 1820 eine Strafe nach sich ziehen würde, die dem vierfachen Betrage der umgangenen, auf 4 Thlr. 10 Sgr. festgesetzten Jahressteuer gleichkömmt;

daß es eben so unbezweifelt ist, daß damit eine Gewerbe-Polizei-Kontravention im Sinne der durch den § 55 der Gew.-Ordn. grundsätzlich aufrecht erhaltenen AKO. v. 7. Febr. 1835 und 21. Juni 1844 konkurrirt, und daß für die Bestrafung beider Vergehen nach dem eben citirten § 55 der Gew.-Ordn. der § 177 das. maaßgebend ist.

Antr. des GStA.s: gleichl. [27.—2.]

Doppelehe. — Mischehe. — Form der Eheschließung.

Im Gebiete des gemeinen Rechts begründet die von einem Evangelischen und einer Katholikin vor dem Pfarrer der letzteren und zwei Zeugen abgegebene Erklärung, daß sie sich zu Ehegatten nehmen, eine gültige Ehe. Die spätere Wiederverheirathung des Mannes vor Auflösung jener ersten Ehe zieht die Strafe der Doppelehe nach sich.

StGB. § 139 [dort einzutr. als n. 1a].

Erk. (Z. II.) v. 2. Juli 1863 c. Schall (272. II. Cr.).

Der (evangelische) Sch. und die katholische S. D. hatten i. J. 1859 vor dem Pfarrer der letzteren und zwei Zeugen zu N. (im ostrheinischen Theile des Reg.-Bez.s Koblenz) nach vorher zur Schließung einer Mischehe eingeholten bischöflichen Dispensation, die Erklärung abgegeben, „daß sie sich zu Ehegatten nähmen." Sodann hatte Sch., ohne daß diese Verbindung aufgelöst worden wäre, i. J. 1862 die C. B. geheirathet Aus § 139 bestraft, behauptete er im Wege der NB., jene erste Verbindung sei gar keine Ehe gewesen, weil es dabei an den für ihn als einen Evangelischen erforderlichen Förmlichkeiten, insbesondere an dem priesterlichen Segen, gefehlt habe. Zurückweisung. Gründe:

Nach dem katholischen Kirchenrechte wird zur Eingehung einer Ehe (als matrimonium ratum) wesentlich nur die vor dem Pfarrer der Braut oder des Bräutigams und vor zwei Zeugen gegenseitig erklärte Einwilligung, mit einander in die Ehe zu treten, erfordert, nicht auch die priesterliche Einsegnung, und es begründet auch der Mangel vorgängigen Aufgebots keine Nichtigkeit (kein impedimentum dirimens). — Allerdings ward dagegen nach dem protestantischen Kirchenrechte der meisten Länder Deutschlands zur Eheschließung — außer jenem gegenseitig vor dem Pfarrer und Zeugen erklärten Konsense und vorgängigem, beim Unterbleiben desselben jedoch auch eine Nichtigkeit nicht begründendem, Aufgebote, — die priesterliche Einsegnung erfordert, so daß für diese bei gemischten Ehen, Hinsichts des protestantischen Theils wohl die Mitwirkung des protestantischen Geistlichen verlangt ward. Allein als eine gemeinrechtlich wesentliche, den Beginn einer civilrechtlich gültigen Ehe bedingende Form der Eheschließung ist solche priesterliche Einsegnung namentlich bei gemischten Ehen nicht zu betrachten, vielmehr läßt sich als solche wesentlich kirchliche Feierlichkeit bei Eingehung der Ehe auch nach dem gemeinen protestantischen Kirchenrechte nur die in Gegenwart des Pfarrers und der Zeugen wechselseitig abgegebene Erklärung, sich einander als Ehegatten anzunehmen (als Trauung im weitern Sinne) ansehen: Richter, Kirchenrecht § 273. Wenn in dieser Form eine Ehe geschlossen ist, besteht sie in formeller Gültigkeit, so lange ihre Auflösung nicht durch Tod resp. Todeserklärung eines der Verbundenen oder rechtskräftige richterliche Scheidung oder Nichtigkeits-Erklärung erfolgt ist, dergestalt — auch mit civilrechtlicher Wirkung — daß der eine neue Ehe eingehende Ehegatte dem die Bigamie bedrohenden Strafgesetze verfällt. Hat bei solchem Akte vor dem Pfarrer ein oder der andere Theil sich zur Abgabe eines von ihm durch den Pfarrer dahin geforderten Versprechens, den andern Theil zu seinem Glauben bekehren zu wollen, oder die Kinder, abweichend von der gesetzlichen Regel, in der Konfession der Mutter erziehen zu lassen, verstanden, so steht auch dies der Gültigkeit und civilrechtlichen Wirksamkeit der von ihm vor dem Pfarrer eingegangenen Ehe nicht entgegen, wenn auch ein solches Versprechen nichtig ist, und der Staat die Forderung desselben als einen Mißbrauch ansieht, durch welchen sich der dasselbe abnehmende Pfarrer dem Staate verantwortlich macht: AKO. v. 17. Aug. 1825; Dekl. v. 21. Nov. 1803 (G. S. 25. S. 221; v. Kamptz Jahrbb. 51 S. 108. 104. 119—122).

Hiernach und da auch für die Form einer Eheschließung die Regel gilt, daß diese Form nach dem Rechte des Orts, wo die Ehe eingegangen ist, sich bestimmt (Entsch. 29. S. 380. 386; 37. S. 8) unterliegt es keinem Bedenken, daß von dem Angeklagten durch den Akt, wie er durch den Ausspruch der Geschworenen festgestellt ist, am ꝛc. die Ehe mit der S. D. eingegangen war.

Alles, was dagegen und gegen die Anwendung der Strafbestimmung des § 139 des StGB.s sonst in der NB. vorgebracht worden ist, ist gehaltlos. Denn, mögen auch (zu 1 derselben) die protestantischen Einwohner der Bürgermeisterei Ehrenbreitstein zu dem evangelischen Pfarramte zu Coblenz eingepfarrt sein, so war dies doch kein Hinderniß für den Angeklagten, die Ehe vor dem katholischen Pfarrer der Braut zu N. gültig einzugehen. Eines Losscheins (dimissoriale) jenes Pfarramts bedurfte es dazu, wie der Angeklagte (zu 2 seiner NB.) vermeint, um so weniger, als zu gegenseitigen Parochialhandlungen der katholischen und evangelischen Geistlichen es der Staatserlaubniß nicht mehr bedarf (Min.-Verf. v. 11. März 1849., BMBl.).

Die Behauptung des Angeklagten (zu 3), daß bei Eingehung einer gemischten Ehe nothwendig Zeugen beiderlei Glaubensbekenntnisses zugezogen werden müßten, ist irrthümlich, wie es ebenso die Angabe des Angeklagten (zu 4) ist, wonach der Akt der Eingehung der Ehe vor dem katholischen Pfarrer zu N. den Vorschriften des katholischen Kirchenrechts insofern nicht entsprochen haben soll, als die dazu erforderlichen Papiere nicht von ihm (dem Angeklagten) beigebracht und der Pfarrer dabei nicht im Ornate gewesen sei, auch keinen Segen ertheilt habe.

Antr. des GStA.s: gleichl. [26. — 1.]

Schlägerei. — Ermittlung des Thäters.

Die Strafe des § 195 Abs. 1 des StGB.s trifft jeden bei der Schlägerei Betheiligten, sollte er selbst sich auch nur einer leichten Körperverletzung schuldig gemacht haben und der Urheber der schwereren Verletzung ermittelt sein.

StGB. § 195 [vgl. dort n. 12 und oben S. 98].

Erk. (Z. I.) v. 3. Juli 1863 c. Ziesmann (460. I. Cr.).

Z. war in erster Instanz wegen „Betheiligung an einer Schlägerei, bei welcher dem rc. W. eine erhebliche Verletzung zugefügt worden war," aus § 195 Abs. 1 bestraft worden; der App.-Richter verhängte aber nur die Strafe der leichten Körperverletzung (§ 187), weil dem Z. persönlich nur eine solche zur Last falle und ein Dritter als Urheber der in der Schlägerei zugefügten erheblichen Verletzung ermittelt sei. Auf die NB. des OStA.s ist dieses Erk. vernichtet und das erstrichterliche Urtheil bestätigt worden. Gründe:

Der erste Abs. des § 195 bestraft nach seinem unzweideutigen Wortlaute wie seiner Entstehungsgeschichte „jeden, welcher sich an einer Schlägerei rc. betheiligt hat, schon wegen dieser Betheiligung" mit einer Gefängnißstrafe von 3 Monaten unter den beiden einzigen Voraussetzungen: daß 1) bei der Schlägerei ein Mensch wenigstens eine erhebliche Mißhandlung oder Körperverletzung erlitten hat, und 2) der Betheiliger an der Schlägerei nicht ohne sein Verschulden hinein gezogen worden ist. Sind diese beiden Voraussetzungen der Strafbarkeit einer jeden Betheiligung an einer Schlägerei, einer turba, aus welcher erhebliche Mißhandlungen eines Menschen hervorgehen, vorhanden, so kann eine geringere Strafe als die gedachte im ersten Abs. des § angedrohte, niemals zur Anwendung kommen; dagegen treten höhere Strafen unter den weitergehenden Voraussetzungen des zweiten und dritten Absatzes desselben § ein, gemäß dem dritten insbesondere gegen denjenigen Genossen der turba, der darin zugleich Urheber oder Theilnehmer an einem Morde u. s. w. oder einer erheblichen Körperverletzung geworden ist, so daß mit der Betheiligung an der turba eine erhebliche Körperverletzung in realer Konkurrenz (§ 56 StGB.) anerkannt wird.

Hieraus geht zwar hervor, daß der Urheber oder Theilnehmer einer leichten Mißhandlung in turba nicht die Strafe des § 187 neben der Strafe des § 195 Abs. 1 erleiden soll: allein die Anwendbarkeit dieses Abs.s 1 auf ihn kann dadurch nicht im mindesten alterirt werden, vielmehr würde es der Absicht des Gesetzes schnurstracks widersprechen, einen Genossen der Schlägerei, gegen welchen eine persönliche Mißhandlung eines Menschen in derselben zugleich erwiesen ist, gelinder — (nach § 187) — zu bestrafen, als denjenigen, der nur an der Schlägerei sich betheiligt, in der turba sich befunden hat, ohne erweislich selbst Jemandem eine Mißhandlung oder Verletzung zugefügt zu haben. Statt weiterer Ausführung genügt es, auf das Erk. v. 14. Febr. 1861 c. Schwenke (RdOTr. 1. S. 251; JMBl. S. 113) hinzuverweisen.

Antr. des GStA.s: gleichl. [48 — 2]

Unterschlagung. — Beamter. — Geld. — Eigenthum.

Beamte (Notarien) erlangen an den Geldern, welche ihnen in ihrer amtlichen Eigenschaft zur Verwahrung rc. anvertraut sind, kein Eigenthum; sie machen sich daher einer Unterschlagung schuldig, wenn sie dieselben zum Nachtheil des Eigenthümers verbrauchen.

StGB. §§ 324 [vgl. dort n. 7]; 225 [vgl. dort n. 24].

Erk. (Z. I.) v. 3. Juli 1863 c. Deschner (567. I. Cr.).

Der Notar D. war, weil er „— — wiederholt Gelder, welche er in seiner amtlichen Eigenschaft zum Ankauf von Stempeln empfangen und in seiner Gewahrsam gehabt, zum Nachtheil der Eigenthümer verbraucht hatte,“ aus § 324 verurtheilt worden. Das AG. hatte dabei ausgeführt, D. sei nicht Eigenthümer jener Gelder geworden, da sie ihm mit der Absicht gezahlt seien, daß er sie lediglich zu dem bestimmten Zwecke verwenden solle, wenn gleich dabei die stillschweigende Genehmigung obgewaltet habe, daß, falls zur Zeit der Verwendung D. im Besitze äquivalenter Deckungsmittel sich befinde, nicht grade die gegebene Spezies verwendet zu werden brauche; durch den letztern Umstand werde an der Natur der Gelder als fremder Nichts geändert, da der Eigenthumsübergang der Spezies an die Verwirklichung jener Suspensivbedingung gebunden geblieben sei. Diese Ausführung focht der Angekl. in seiner NB. als rechtsirrthümlich an. Zurückweisung. Gründe:

Mag es auch bei der gewöhnlichen Unterschlagung, von der der § 225 StGB. handelt, und der nur von fremden beweglichen Sachen spricht, zweifelhaft sein, ob bei unverschlossen übergebenen Geldbeträgen im Allgemeinen, wenn nicht ein Anderes verabredet worden, die Spezies derselben in das Eigenthum des Empfängers übergeht, und nur eine Erstattungs-Verbindlichkeit in genere vorhanden ist, so liegt doch die Sache bei Unterschlagungen, welche ein Beamter an den ihm in amtlicher Eigenschaft anvertrauten Geldern im Sinne des § 324 begeht, entschieden anders. Der letztere bestimmt nämlich ausdrücklich: „Ein Beamter, welcher Gelder oder andere Sachen ꝛc.“ —. Nach dieser Fassung hat der Gesetzgeber unzweifelhaft die Fälle des gewöhnlichen Lebens im Auge gehabt und die Unterschlagung spezieller Sachen von der in genere ersetzbarer Geldsorten im Wesentlichen nicht unterscheiden wollen, beide vielmehr gleichgestellt. Es ist daher ausdrücklich als hervorgehoben anzusehen, daß Gelder, welche ein Beamter in amtlicher Eigenschaft zur Verwahrung ꝛc. empfangen hat, niemals in sein Eigenthum übergehen sollen, daß er dieselben vielmehr in der ihm übergebenen Spezies der Bestimmung gemäß zu verwenden hat. Dabei mag es vorkommen, daß nicht allemal eine dennoch vorgenommene Veränderung der Spezies an und für sich allein die Strafthat des § 324 involvirt, immer aber ist es dabei unerläßliche Voraussetzung, daß diese Veränderung nicht zum Nachtheile des Eigenthümers ꝛc. erfolgt ist.

Antr. des GStA.s: gleichl. [20.—2.]

---

1. Geschwornen. — Abstimmung. — Verfahren. — Beweis.

2. Ersatzgeschworner. — Berathung. — Nichtigkeit.

1. Ueber das von den Geschwornen bei der Abstimmung beobachtete Verfahren kann eine Beweiserhebung nicht veranlaßt werden.

Ges. v. 3. Mai 1852 Art. 91 [vgl. dort n. 7].

2. Nichtigkeit tritt ein, wenn ein Ersatzgeschworner bei der Berathung der Hauptgeschwornen anwesend gewesen ist.

Ges. v. 3. Mai 1852 Art. 90 [vgl. dort n. 7].

Erk. (V. I.) v. 3. Juli 1863 c. Moses (580. I. Cr.).

Die NB. des M. hatte die Theilnahme eines Ersatzgeschwornen an der Berathung und Abstimmung der Hauptgeschwornen und ein unzulässiges Verfahren des Vorstehers der letztern bei der Abstimmung behauptet und unter Beweis gestellt. Nur in Betreff des ersten Beschwerdepunktes ward die Beweiserhebung veranlaßt, und auf Grund derselben das Erk. des Schw.-GH.s vernichtet. Gründe:

Nur über die erstere Behauptung hat der Beweis erhoben werden können. Denn nur solche Umstände, welche von außen her die freie Berathung und Beschlußfassung der Geschwornen zu beeinträchtigen im Stande sind, wie hier die behauptete unbefugte Theilnahme des Ersatzgeschwornen an der Berathung und Abstimmung, nicht aber auch Umstände, welche sich im Kreise der Geschwornen selbst und allein ereignet haben sollen, und nicht durch sie selbst als Mängel ihrer Beschlußfassung zur Kenntniß des GH.s gebracht sind, können Gegenstand der Beschwerde des Angeklagten und demgemäß der Beweisaufnahme werden.

Soviel ist aus den Zeugenaussagen mit Gewißheit zu

entnehmen, daß vor dem Eingehen auf die einzelnen den Geschwornen nach dem Fragebogen gestellten, beide Angeklagte betreffenden Fragen eine allgemeine Debatte unter den Geschwornen über diese Fragen stattgefunden hat, und daß erst nach Beendigung derselben zur Abstimmung geschritten ist, bei welcher sodann, sei es früher oder später, die Anwesenheit des Ersatzgeschwornen K. bemerkt worden ist. Also bei jener allgemeinen Debatte ist der letztere unbezweifelt anwesend gewesen, und dies genügt, auch ohne den speziellen Beweis über seine persönliche Theilnahme an der Debatte selbst, zur Vernichtung des stattgefundenen Verfahrens nach Art. 90 (l. c.) und nach den Entscheidungen v. 3. März 1854 und 14. Okt. 1858 (G. Arch. 2. S. 396; 6. S. 821), weil der Einfluß der Anwesenheit und möglicherweise der Meinungsäußerung eines Dritten auf das Urtheil der Geschwornen nicht zu ermessen ist.

Antr. des GStA.s: gleichl. [15. — 2.]

Kuppelei. — Gewohnheitsmäßigkeit. — Personenzahl.

Gewohnheitsmäßige Kuppelei kann auch dann angenommen werden, wenn lediglich einer Person zu wiederholter Unzucht Vorschub geleistet worden ist.

StGB. § 147 [vgl. dort n. 3].

Erk. (Z. I.) **v. 3. Juli 1863 c. Tschamsky** (617. I. Cr.).

Es kann nicht anerkannt werden, daß der Thatbestand der gewohnheitsmäßigen Kuppelei dann nicht vorwalten soll, wenn lediglich einer Person zu wiederholter Unzucht Vorschub geleistet worden ist. Denn das Gesetz macht diesen Unterschied nicht, schließt vielmehr dessen Zulässigkeit ausdrücklich aus, indem es bestimmt: „Wer gewohnheitsmäßig 2c. der Unzucht einer oder mehrerer Personen 2c. Vorschub leistet."

Antr. des GStA.s: gleichl. [20. — 2.]

Mißhandlung. — Schmerz.

Zum Thatbestande einer Mißhandlung bedarf es nicht nothwendig der Zufügung eines Schmerzes.

StGB. § 187 [vgl. dort n. 7. 9].

Erk. (Z. I.) v. 3. Juli 1863 c. Lindau (619. I. Cr.).

Der § 187 des StGB.s erfordert zur Erfüllung des Begriffs einer Mißhandlung nicht nothwendig die gleichzeitige Zufügung eines Schmerzes, wie bereits der im § 187 hervorgehobene Unterschied deutlich zeigt, indem es dort heißt: „Wer vorsätzlich einen Andern stößt oder schlägt, oder demselben eine andere Mißhandlung oder Verletzung des Körpers zufügt."

Antr. des GStA.s: gleichl. [20. — 2.]

Holzdiebstahl. — Abraum. — Geschlossener Schlag.

Der zur Besitznahme von Abraum an sich Berechtigte macht sich keines Holzdiebstahls schuldig, wenn er eine derartige Handlung aus einem noch nicht frei gegebenen abgeholzten Schlage vornimmt.

Holz-Diebst.-Ges. v. 2. Juni 1852 § 1.

Erk. (Z. I.) v. 6. Juli 1863 c. Wrilke (410. I. Cr.).

Zurückweisung der NB. des OStA.s. Gründe:

Wenn nach der Feststellung des App.-Richters, wonach das vom Angeklagten fortgenommene Holz Abraum gewesen, der unter allen Umständen liegen geblieben wäre und den der Angekl. in Besitz zu nehmen an und für sich befugt gewesen sei, die That des Angekl. ein Diebstahl überhaupt nicht ist, so kann sie folgerecht ebensowenig ein qualifizirter als ein einfacher Holzdiebstahl sein. Es könnte sich vielmehr höchstens darum handeln, ob der Angekl. durch zu frühe Fortnahme des Holzes, d. h. durch Fortnahme desselben zu einer Zeit, wo der in Rede stehende Schlag noch nicht geöffnet gewesen, sich einer Uebertretung forstpolizeilicher Vorschriften schuldig gemacht habe. Dergleichen sich auf Fälle der vorliegenden Art beziehende Polizeivorschriften sind von einzelnen Regierungen erlassen worden. Daß sie auch von der Regierung zu M. erlassen seien, ist weder behauptet noch bekannt.

Sodann wird ausgeführt, daß die §§ 33 Tit. 4 und 37 Tit. 1 der westpreußischen Forstordnung v. 8. Okt. 1805 auf einen derartigen Fall keine Anwendung finden.

Antr. des GStA.s: gleichl. [28.—1.]

Unterkommen. — Wohnort.

Niemand hat eine Verpflichtung, sich ein Unterkommen außerhalb seines Wohnortes zu beschaffen.

StGB. § 119 Nr. 3 [vgl. dort n. 11].

Erk. (Z. I.) v. 6. Juli 1863 c. Heuer (618. I. Cr.).

Dieses Erk. spricht den obigen Grundsatz aus, und verweist in Betreff der Begründung auf B. I. 3. Okt. 1855 c. Markuse (G. A. 3. S. 835).

Antr. des GStA.s: gleichl. [18.—1.]

Kontrebande. — Viehsperre. — Konkurrenz.

Die Einführung von Vieh aus dem Auslande während einer Viehsperre fällt sowohl unter § 1 des ZStrGes.s als unter § 307 des StGB.s; es tritt daher die Strafe des § 307 verbunden mit der im § 1 cit. angedrohten Konfiskation ein. Ein solcher Fall ist nicht nach den Grundsätzen der idealen Konkurrenz zu behandeln.

ZStrGes. v. 23. Jan. 1838 § 1; Zoll-Ges. § 3; Ges. v. 27. März 1836 §§ 3. 4 (Ges.-Samml. S. 173); StGB. § 307 [vgl. § 306 n. 3].

Erk. (Z. I.) v. 8. Juli 1863 c. Stams (548. I. Cr.).

Im § 1 des ZStrGes.s wird derjenige mit Strafe bedroht, welcher es unternimmt, Gegenstände, deren Einfuhr oder Ausfuhr verboten ist (Kontrebande), diesem Verbot zuwider ein- oder auszuführen. Was aber als Kontrebande anzusehen ist, bestimmt § 3 des Zollges.s v. 23. Jan.

1838, wo ausdrücklich auch Gegenstände erwähnt sind, deren Einfuhr oder Ausfuhr aus polizeilichen Rücksichten auf bestimmte Zeit verboten worden. Dahin gehören unzweifelhaft auch Gegenstände, deren Einbringung von den Regierungen nach Maaßgabe der §§ 3 und 4 des Ges.s vom 27. März 1836 zur Abwendung von Viehseuchen zeitweise verboten ist, wie dies im vorliegenden Falle geschehen ist. — Der App.-Richter stellt nun thatsächlich fest: daß der Angeklagte — — gegen das Verbot der K. Regierung zu O. v. 2c. einen Stier aus Oesterreich nach Preußen eingeführt hat, und er nimmt daher mit Recht an, daß im vorliegenden Falle sowohl der § 1 des ZStrGes.s, als auch der § 307 des StGB.s Anwendung finden, welche neben einander und sich wechselseitig ergänzend Platz greifen. Nach § 1 des ZStrGes.s besteht die Strafe der Kontrebande in Konfiskation der Gegenstände, in Bezug auf welche die Kontrebande verübt ist, und insofern nicht in speziellen Gesetzen eine härtere Strafe festgesetzt ist, in einer Geldbuße, welche dem doppelten Werth jener Gegenstände gleichkommt. Für den vorliegenden Fall enthält aber der § 307 des StGB.s, welcher denjenigen, der die Absperrungs- oder Aufsichtsmaaßregeln oder Einfuhrverbote, welche von der Regierung zur Verhütung des Einführens oder Verbreitens von Viehseuchen angeordnet worden sind, übertritt, mit Gefängniß bis zu einem Jahre bedroht, eine härtere Strafe als die im § 1 des ZStrGes.s vorgeschriebene Geldbuße. Mit Recht hat daher der App.-Richter nun auf Konfiskation und auf eine Gefängnißstrafe erkannt. Denn es muß dem App.-Richter auch darin beigetreten werden, daß eine ideale Konkurrenz eines Zollvergehens mit einem andern Vergehen hier nicht vorliegt, daß der § 23 des ZStrGes.s, welcher lautet: „Treffen 2c." hier mithin nicht Platz greift. Die Handlung des Angeklagten vereinigt nicht den Thatbestand verschiedener Vergehen, wie § 55 des StGB.s voraussetzt, sondern enthält nur allein das Vergehen der Kontrebande, d. h. der Zuwiderhandlung gegen ein Einfuhrverbot, welche dadurch ihren Charakter als Kontrebande nicht verliert, daß im vorliegenden Fall das Motiv des zeitweiligen Einfuhrverbots das Verhüten des Einschleppens einer Viehseuche gewesen ist. —

Hiermit steht auch das in der Nichtigkeitsbeschwerde in Bezug genommene Erk. des OTr.s v. 16. Juni 1858 c. Baguda (379) nicht im Widerspruche. Dort ist gleichfalls ausgesprochen, daß in einem Falle wie der vorliegende sowohl der § 1 des ZStrGes.s, als auch der § 307 des StGB.s Anwendung finden, aber damals vom OTr. darüber, ob die Konkurrenz eines Zollvergehens mit einem andern Vergehen vorlag, gar nicht entschieden, sondern nur über einen Präjudizialpunkt, nämlich über die vom zweiten Richter gänzlich negirte Anwendbarkeit des § 1 des ZStrGes.s überhaupt erkannt, und die Sache nur wegen dieser unrichtigen Rechtsansicht in die zweite Instanz zurückgewiesen. Nur beiläufig ist in jenem Erkenntniß die Annahme des ersten Richters, daß der § 23 des ZStrGes.s sich allein auf die reale und nicht auch auf die ideale Konkurrenz eines Zollvergehens mit einem andern Vergehen beziehe, reprobirt, über die Anwendbarkeit des § 23 l. c. selbst aber gar nicht erkannt worden.

Antr. des GStA.s: entg. [18.—2.]

Theilnahme. — Uebertretung.

Die Theilnahme an einer eine Rechtsverletzung in sich schließenden Uebertretung ist strafbar.

StGB. § 34; Thl. III. Tit. 1 [vgl. dort S. 559 n. 7 u. oben S. 100].
Sic: B. I. 27. Febr. 1863 c. Riedel, 118, G. A. 11. S. 285.

Erk. (B. I.) v. 8. Juli 1863 c. Eichel (491. I. Cr.).

Der Rekursrichter hat die thatsächliche Feststellung des ersten Richters beibehalten, nach welcher der Angeklagte seinem Dienstjungen P. befohlen, sein Vieh auf einem fremden Felde zu hüten, und spricht den Angekl. allein deshalb frei, weil derselbe nur intellektueller Urheber der nach § 14 der F.-Pol.-Ordn. v. 1. Nov. 1847 zu bestrafenden Hütungs-Kontravention sei, der § 34 des StGB.s aber sich nur auf Verbrechen und Vergehen und nicht auf Uebertretungen beziehe. Die letztgedachte Annahme ist jedoch in dieser Allgemeinheit unrichtig. Denn wenn auch die Grundsätze von der Theilnahme an Verbrechen und Vergehen auf eigentliche Polizei-Uebertretungen nicht Anwendung finden, so gilt dies doch nicht von solchen Handlungen, welche eine Rechtsverletzung in sich schließen, daher eigentlich den Charakter von Vergehen haben und nur mit Rücksicht auf das angedrohte Strafmaaß zu den Uebertretungen gezählt werden. Vgl. die in Oppenhoff's Kommentar zum 1. Tit. des 3. Thls. des StGB.s Note 7 allegirten Entscheidungen des OTr.s. Auf den intellektuellen Urheber einer nach § 14 der F.-P.-Ordn. zu bestrafenden Hütungs-Kontravention findet daher § 34 Nr. 1 des StGB.s allerdings Anwendung, weil sie eine Rechtsverletzung enthält.

Antr. des GStA.s: gleichl. [18. – 2.]

Stempel. — Anweisung. — Aushändigung. — Auftrag.

1. Der Aussteller einer Anweisung macht mit derselben durch die Aushändigung an den Assignatar ein Geschäft.

Stemp.-Ges. v. 7. März 1822 §§ 20. 26; Ges. v. 26. Mai 1852. Sic: Z. I. 10. Dez. 1858 c. Schilling, 1073 (G. A. 7. S. 89); Z. II. 14. Nov. 1859 c. Ruthe, 359. Vgl. RbOTr. 1. S. 299; 3. S. 319.

2. Die Aushändigung der ungestempelten Anweisung an den Assignatar wird dadurch nicht straflos, daß dem letzteren gleichzeitig der Stempelbetrag zur Bewirkung der Stempelung ausgehändigt worden ist.

Ebendas. Sic: V. II. 2. Okt. 1856 c. Hövel, 283. Vgl. RbOTr. 1. S. 299.

Erk. (Z. I.) v. 8. Juli 1863 c. v. d. Osten (606. I. Cr.).

Es ist unzweifelhaft, daß das Ges. v. 26. Mai 1852 Anweisungen aller Art, also nicht bloß kaufmännische, wie Implorant meint, den Wechseln in Beziehung auf die Stempelsteuer und Stempelstrafe ganz gleichstellt. — Der App.-Richter nimmt aber auch mit Recht an, daß der Aussteller einer Anweisung durch Aushändigung derselben an den Assignatar ein Geschäft mit der Anweisung macht. Denn nach §§ 251 und 254 I, 16. ALR. wird der Assignatar durch Ausantwortung Seitens des Ausstellers bevollmächtigt, die darin verschriebene Summe von dem Assignaten für seine eigne Rechnung — als procurator in rem suam — zu erheben und nach § 281 l. c. sogar dieselbe einzuklagen. Auch haftet der Assignant dem Assignatar wie jeder Cedent dem Cessionar für die Verität der Forderung (§ 263 I, 16 l. c.). Daß der Angekl. dem A. zugleich den Betrag des Stempels eingehändigt haben will, um die Stempelung zuvörderst vornehmen zu lassen, ändert hierin Nichts, denn die Stempelung mußte vor der Aushändigung der Anweisung an den Assignatar, und bevor auf diese Weise damit ein Geschäft gemacht wurde, erfolgen (Stemp.-Ges. § 20).

Antr. des OStA.s: gleichl. [18. — 2.]

Nichtigkeitsbeschwerde. — Logik.

Verstöße gegen die Regeln der logischen oder grammatischen Auslegung können nicht zur Begründung einer Nichtigkeitsbeschwerde dienen.

Ges. v. 3. Mai 1852 Art. 108 [vgl. dort n. 56; Art. 31 n. 16. 29; Art. 107 n. 14]; Vdn. v. 3. Jan. 1849 § 22.

Erk. (Z. II.) v. 9. Juli 1863 c. Weinert (149. II. Cr.).

W. war von der Anklage der Beleidigung und Verleumdung deshalb freigesprochen worden, weil der betr. durch die Presse veröffentlichte Artikel keinen vernünftigen Sinn habe und nur eine Absurdität darstelle. Die NB. des OStA.s suchte auszuführen, daß jene Annahme mit den Regeln einer logischen oder grammatischen Auslegung schlechterdings nicht zu vereinigen sei. Zurückweisung. Gründe:

In einem Verfahren, welches den Richter bei Beurtheilung des Beweismaterials an seine innere Ueberzeugung verweist, wie dies im § 22 der Vdn. v. 3. Jan. 1849 geschieht, kann von Begründung einer NB. durch bloß behauptete Verstöße gegen die gewöhnlichen Regeln der logischen oder grammatischen Auslegung keine Rede sein. Ausgemacht ist, daß das Resultat, welches der App.-Richter im Wege der Auslegung des inkriminirten Artikels gefunden hat, für die Nichtigkeitsinstanz unangreifbar ist, wenn dabei ein formeller oder materieller Rechtsirrthum nicht konkurrirt. Die Frage aber, welcher Sinn einem inkriminirten Artikel beizulegen ist, ob er überhaupt einen vernünftigen Sinn darbiete, so daß er zur Unterlage für die Anwendung des Strafgesetzes gemacht werden kann oder nicht, bewegt sich wesentlich im Gebiete der Auslegung und sonach der dem Instanzrichter lediglich anheim fallenden thatsächlichen Feststellung. [27. — 1.]

Rheinisches Verfahren. — Civilklage. — Zurücknahme.

Ist nach Rheinischem Verfahren der Strafrichter durch Erhebung der Civilklage wegen Ehrverletzung einmal befaßt worden, und hat das öffentliche Ministerium in der Sache Anträge gestellt, so ist ein Verzicht auf die Civilklage ohne Einfluß auf die Fortsetzung des Strafverfahrens.

StGB. § 160 [vgl. dort n. 8]; Einf.-Ges. z. StGB. Art. XVI. XVII; Rh. StPO. Art. 4. 3. 145. 182.

Erk. (V. II.) v. 9. Juli 1863 Heinrich c. Löhr (197. II. Cr.).

H. hatte als Civilkläger den L. wegen „öffentlicher Beleidigung und Verleumdung" vor das Rh. ZPG. laden lassen. Da L. nicht erschien, erfolgte seine Verurtheilung in contumaciam; seine Berufung ward in contumaciam verworfen. Auf den von ihm ergriffenen Einspruch erschienen beide Parteien vor der App.-Kammer; L. erklärte: er widerrufe alle Ehrenkränkungen gegen H. und übernehme alle Kosten; H. acceptirte diese Erklärung und „verzichtete auf Bestrafung." Die App.-Kammer „beurkundete hierauf die Zurücknahme der Klage und den Widerruf der Ehrverletzung und legte dem Verklagten alle Kosten auf," indem sie in den Gründen ausführte: der § 160 Abs. 2 des StGB.s sei arg. Art. XVII. des Einf.-Ges.s auch auf die Rheinische Civilklage anwendbar, da der gedachte § 160 dem öffentlichen Ministerium die Verfolgung von Ehrverletzungen entziehe. Auf den Kass.-Rekurs des OPr.s hat das OTr. dieses Erk. vernichtet, indem es erwog:

daß, wenn im § 160 Abs. 2 des StGB.s bestimmt ist: daß im Falle der Privatklage der Antrag auf Bestrafung bis zum Anfange der Vollstreckung des Erkenntnisses zurückgenommen werden könne, hier unter der Privatklage nur die Klage zu verstehen ist, durch welche der Verletzte in den Gebietstheilen, in welchen die Vdn. v. 3. Jan. 1849 Gültigkeit hat, die Bestrafung des Beleidigers im Wege des Civilprozesses nach Maaßgabe des Art. XVI. Abs. 2 des Einf.-Ges.s und des Ges.s v. 11. März 1850 verfolgen kann;

daß das Rheinische Recht aber eine Privatinjurienklage in diesem Sinne nicht kennt;

daß die in dem Rheinischen Verfahren bei dem Strafrichter nach Art. 3 der Cr.-Pr.-Ordn. zulässige Civilklage vielmehr nur den durch die strafbare Handlung verursachten Schaden zum Gegenstande hat, und gerade mit Rücksicht auf diese Eigenthümlichkeit des Rheinischen Rechts im Art. XVI. des Einf.-Ges.s z. StGB., im Gegensatze zu der in den altländischen Provinzen vor dem Civilrichter zulässigen Privatinjurienklage, bestimmt ist, daß im Bezirke des Rh. AGH.s an der Befugniß des Verletzten, als Civilpartei aufzutreten, nichts geändert werde, wie denn auch im Kommissions-Berichte der zweiten Kammer zu dem jetzigen Art. XVI. cit. ausdrücklich gesagt wurde, daß für das Rheinische Recht dessen unverändertes Fortbestehen auszusprechen gewesen sei;

In Erw., daß demnach bei einer, vor dem Rheinischen Strafrichter wegen der Folgen einer Beleidigung vom Beleidigten erhobenen Civilklage die Grundsätze des Rheinischen Rechts maaßgebend bleiben müssen;

daß darnach, und namentlich den Bestimmungen der Art. 145 und 182 der Cr.-Pr.-Ordn. zu Folge, bei einer solchen Civilklage der Strafrichter von selbst mit der öffentlichen Klage befaßt und in die Lage gebracht wird, auf die Strafe der Uebertretung oder des Vergehens zu erkennen;

daß nicht minder dann, wenn der Strafrichter auf solche Weise einmal mit der öffentlichen Klage befaßt ist, dem öffentlichen Ministerium bei dem Gerichte das selbstständige Recht erwächst, Anträge auf Verfolgung und Bestrafung zu stellen und somit jeder Antrag, welcher seine desfallsige Absicht zu erkennen giebt, als Ausübung der öffentlichen Klage anzusehen ist, weshalb auch rücksichtlich dieser Klage nur dem öffentlichen Ministerium, nicht dem Civilkläger, gegen die Entscheidung über die Bestrafung das zulässige Rechtsmittel zusteht, Art. 202 der Cr.-Pr.-Ordn.;

In Erw., daß nach Art. 4 der Rh. StPO. durch einen Verzicht auf die Civilklage die Ausübung der öffentlichen Klage weder aufgehalten, noch aufgehoben werden kann;

In Erw., daß der Art. XVII. des Einf.-Ges.s z. StGB. bestimmt, daß, wenn auf eine, von der Staatsanwaltschaft wegen Ehrverletzung oder leichter Mißhandlung erhobene Anklage eine gerichtliche Untersuchung eröffnet ist, deren Fortgang, sowie die Erlassung und Vollstreckung des Urtheils weder durch die Zurücknahme der Ermächtigung oder des Antrages, noch durch die Verzichtleistung auf die Bestrafung gehemmt werde;

daß, wenn nun dem Vorgesagten gemäß die dem Strafrichter von dem Verletzten unterworfene Civilklage zugleich das Recht des öffentlichen Ministeriums auf die Ausübung der öffentlichen Klage in sich schließt, auch folgt, daß sobald das öffentliche Ministerium einmal Anträge in dieser Richtung gestellt hat, die Sache so zu betrachten ist, als wenn dasselbe die Anklage wegen der Ehrverletzung erhoben hätte, und mithin auch selbst die Anwendbarkeit des Art. XVII. des cit. Einf.-Ges.s, wodurch zugleich die AKO. v. 20. Dez. 1834 aufgehoben ist, eintritt;

In Erw., daß endlich auch der § 160 des StGB.s dem öffentlichen Ministerium die Verfolgung der bloßen Ehrverletzungen keineswegs entzieht; vielmehr aus diesem §, in Verbindung mit Art. XVI. des cit. Einf.-Ges.s und §§ 50 folg. des StGB.s nur hervorgeht, daß rücksichtlich der in den §§ 152—156 des StGB.s vorgesehenen Ehrverletzungen die Verfolgung durch die StA.-schaft nur auf den Antrag des Verletzten zulässig, aber dann jedenfalls zulässig und somit die deutschrechtliche Anschauung, daß diese Ehrverletzungen nur den Charakter eines Privatdelikts hätten, nicht durchgeführt ist;

daß die nach Rheinischem Rechte bei dem Strafrichter erhobene Civilklage aber, eben weil sie zugleich die öffentliche Klage hervorruft, nothwendig und von selbst auch den zur Ausübung der öffentlichen Klage erforderlichen Antrag des Beleidigten enthält;

In Erw., daß aus Allem diesen sich ergiebt, daß der Abs. 2 des § 160 des StGB.s auf die in der Rheinprovinz von dem Verletzten bei dem Strafrichter angestellte Civilklage keine Anwendung findet.

Antr. des GStA.s: gleichl. [27:—1.]

Hazardspiel. — Gewerbe.

Unter den Begriff des Gewerbes fällt jede fortgesetzte auf Erzielung eines Gewinnes abzweckende Beschäftigung; es kommt nicht darauf an, ob dieser Gewinn zur Gewährung des Lebensunterhalts oder zur Erhöhung der Einnahme dienen soll. Das „Gewerbemachen" aus dem Hazardspiel ist daher gleichbedeutend mit einem „gewerbsmäßigen" Treiben.

StGB. § 266 [vgl. dort n. 6. 7].

Erk. (Z. II.) v. 9. Juli 1863 c. Tessaro u. Gen. (211. II. Cr.).

Die NB. der Angeklagten behauptete Verletzung des gegen sie angewendeten § 266, weil in diesem § das „Gewerbemachen" nicht gleichbedeutend mit „gewerbsmäßig Treiben" sei. Zurückweisung. Gründe:

Der Ausdruck: „ein Gewerbe machen" im § 266 ist allerdings wohl aus der Strafgesetzgebung des ALR.s (II, 20 §§ 1303. 1307. 1400) übernommen worden. Allein schon die Motive zu den §§ 331—333 des Entw.s v. J. 1847 (S. 90), die Motive zu den §§ 243 u. 244 des Entw.s v. J. 1850 (S. 70) und der KBer. der II. K. zu diesen §§ des Entw.s (S. 136) ergeben, daß in der Redaktion des

StGB.s der Ausdruck „vom Hazardspiel ein Gewerbe machen" für gleichbedeutend mit dem des „gewerbsmäßig betriebenen Hazardspiels" angenommen und daß im StGB. bei den in den §§ 146. 264. 266. 276 gebrauchten Ausdrücken ein Unterschied in deren Bedeutung nicht gemacht worden ist, wie ihn die Beschwerdeschrift dahin machen will, daß, wenn auch wohl für die Fälle, wo das Gesetz den Ausdruck: „gewerbsmäßig" gebrauche, eine dem Gewerbe ähnliche, analoge Thätigkeit genüge, dies doch nicht für den Fall des § 266 und für das hier gedachte „vom Hazardspiele ein Gewerbe machen" gelte, hier vielmehr eine solche fortdauernde und planmäßige Thätigkeit erfordert werde, welche für den Spieler zu einem wirklichen Gewerbe geworden sei. Eine solche gleiche Bedeutung des Merkmals der „Gewerbsmäßigkeit" und des „ein Gewerbe machen" ergiebt auch die Vergleichung anderweiter gesetzlicher Vorschriften (HGB. Artt. 4 u. 6; Ges. v. 22. Juni 1861 Art. I zu § 49 der Gew.-Ordn. Satz 2).

Einen unrichtigen Begriff von „Gewerbe" und „Gewerbsmäßigkeit" hat der App.-Richter in den, seine schließliche Feststellung motivirenden Erwägungen keineswegs zu Grunde gelegt. Unter den Begriff des Gewerbes fällt jede fortgesetzte auf Erzielung eines Gewinnes abzielende Beschäftigung, ohne daß es darauf ankommt, ob dieser Gewinn zur Gewährung des Lebensunterhalts oder, bei anderweitiger Deckung desselben, zur Erhöhung der Einnahme oder Vergrößerung des Vermögens bestimmt ist, wie denn das letztere, namentlich in Bezug auf gewerbsmäßiges Hazardspiel, auch nach der bezüglichen, gegen Beamte (Offizianten) gerichteten Strafgesetzgebung des ALR.s (II, 20 § 1307) kein Erforderniß war.

Antr. des GStA.s: gleichl. [26.—1.]

Körperverletzung (erhebliche). — Besondere Leibesbeschaffenheit.

Die Strafe der erheblichen Körperverletzung findet auch dann Anwendung, wenn die eingetretene nachtheilige Folge nur durch eine besondere Leibesbeschaffenheit des Verletzten veranlaßt ist, welche dem Angeklagten unbekannt war.

StGB. §§ 192a [vgl. dort n. 7]; 185 [vgl. dort n. 4]; 44.

Erk. (B. II.) v. 9. Juli 1863 c. Fricke (248. II. Cr.).

Fr. war in erster Inst. wegen vorsätzlicher erheblicher Körperverletzung verurtheilt worden; der App.-Richter bestrafte aber nur aus § 187, weil der Armbruch, den der Verletzte davon getragen, wesentlich dadurch veranlaßt worden sei, daß der betreffende Knochen sehr schwach und dünn, und dieses dem Angekl. unbekannt (StGB. § 44) gewesen sei. Auf die NB. des OStA.s ist dieses Erk. vernichtet und die Sache an das AG. zurückverwiesen worden. Gründe:

Der App.-Richter hat die Anwendbarkeit des § 192a StGB. mit Unrecht auf den § 44 ibid. gestützt und unter dem Einflusse dieses Rechtsirrthums die thatsächliche Feststellung des ersten Richters: „daß der Angekl. dem rc. K. eine vorsätzliche Verletzung zugefügt, welche erhebliche Nachtheile für dessen Gesundheit und Gliedmaaßen hatte," dahin abgeändert: „daß derselbe den rc. K. vorsätzlich geschlagen habe." Der § 44 ist nicht anwendbar, weil die Strafbarkeit der vorsätzlichen Mißhandlung oder Körperverletzung, welche für die Gesundheit oder die Gliedmaaßen des Verletzten erhebliche Nachtheile hervorbrachte, oder eine Erhöhung der Strafbarkeit nach § 192a von einer gewissen Leibesbeschaffenheit des Mißhandelten, wodurch die That des Angeklagten mehr oder minder erhebliche Folgen hat, nicht abhängig ist, wie nach § 185 auch der Thatbestand der Tödtung durch eine normale Leibesbeschaffenheit rc. des Getödteten nicht bedingt ist.

Antr. des GStA.s: gleichl. [11.—1.]

Jagd. — Weibliches Rehwild. — Aelteres Verbot.

Aeltere Gesetzesvorschriften, durch welche das Schießen des weiblichen Rehwilds gänzlich untersagt wurde, sind durch das Ges. v. 31. Okt. 1848 aufgehoben und durch § 18 des Ges.s v. 7. März 1850 nicht wieder hergestellt.

StGB. § 275 [vgl. dort n. 5]; Schles. Holz-, Mast- u. Jagd.-Ordn. v. 19. Apr. 1756 Tit. 16 § 5, Tit. 17 § 1; Ges. v. 31. Oktbr. 1848 §§ 4. 8; Jagd-Pol.-Ges. v. 7. März 1850 § 18. — Sie in Beziehung auf die Vdn. des Gen.-Gouv. des Nied.- u. Mittel-Rheins v. 18. Aug. 1814 § 9 Nr. 1. 2: Z. II. 9. Sept. 1858 c. Reimbold.

Erk. (Z. I.) v. 10. Juli 1863 c. Seifert (448. I. Cr.).

S. war von der Ankl., in Zuwiderhandlung gegen die Schles. Holz-, Mast- u. Jagd-Ordn. v. 19. Apr. 1756 auf dem von ihm angepachteten Jagdreviere ein Stück Rehmutterwild (Rieke) erlegt zu haben, deshalb freigesprochen worden, weil das gedachte Verbot aufgehoben und nicht wieder hergestellt worden sei. Die NB. des OStA.s ward zurückgewiesen. Gründe:

Es steht nicht zu bezweifeln, daß das Verbot der Schles. Holz-, Mast- u. Jagd-Ordn. v. 19. Apr. 1756 Tit. 16 § 5 gleich allen übrigen Einschränkungen des Jagdrechtes auf eignem Grund und Boden durch das Ges. v. 31. Okt. 1848 außer Kraft gesetzt worden ist. Allerdings kam, als es sich später darum handelte, die durch dieses Gesetz eingeführte gemeinschädliche Freiheit des allgemeinen Jagdrechtes wieder zu beschränken, auch die Herstellung der früheren im Interesse der Erhaltung des Wildstandes erlassenen provinzialrechtlichen Bestimmungen in Frage, den darauf bezüglichen Anträgen wurde jedoch keine Folge gegeben. Der § 19 des den Kammern i. J. 1849 von der Staatsregierung vorgelegten Entwurfes zum Jagd-Pol.-Ges. lautete nämlich dahin:

„Alle jagdpolizeilichen zur Zeit der Verkündigung des Ges.s v. 31. Okt. 1848 geltend gewesenen Vorschriften, welche den Schutz der öffentlichen Sicherheit, oder des Feldbaues, oder die Erhaltung des Wildstandes, insbesondere die Beachtung der Setz-, Schon- und Hegezeit, oder endlich die Beaufsichtigung des Verkehrs mit Wildpret bezwecken, werden hiermit wieder in Kraft gesetzt, vorbehaltlich einer Revision derselben nach Anhörung der Provinziallandtage".

„Die bestehenden Gesetze über Wilddiebstahl und Jagdkontravention bleiben ferner in Kraft."

In den Motiven wird demnächst die Nothwendigkeit hervorgehoben, „um der vollständigen Ausrottung des Wildes vorzubeugen und gleichzeitig den Feldfrüchten den nöthigen Schutz zu gewähren," nicht bloß die früheren, durch das Ges. v. 31. Okt. 1848 aufgehobenen Bestimmungen über die „Setz-, Schon- und Hegezeit," sondern auch andere jagdpolizeiliche Vorschriften, welche „den Schutz der öffentlichen Sicherheit oder des Feldbaues, oder die Erhaltung des Wildstandes bezwecken," ausdrücklich als fortdauernd gültig zu erklären. Daneben wird zwar die Lückenhaftigkeit dieser älteren Vorschriften anerkannt, über diese jedoch mit dem Bemerken hinweggegangen, daß die Ausfüllung derselben den Provinzial-Regierungen überlassen werden könne, denen man das Recht zum Erlaß lokalpolizeilicher Anordnungen durch ein vorzulegendes Gesetz beizulegen beabsichtige (vgl. Drucks. der I. K. f. 1849 III. n. 207 S. 6. 14).

Wäre dieser Vorschlag zum Gesetz erhoben worden, so stände kaum zu bezweifeln, daß auch das allegirte Verbot der Schles. Holz-, Mast- und Jagdordnung, weibliches Rehwild überhaupt zu tödten, als ein die Erhaltung des Wildstandes bezweckendes Polizeigesetz für wiederhergestellt zu erachten wäre. Allein dieser Vorschlag ging nicht durch. Schon die Kommission der I. Kammer, wenngleich sie demselben beitrat, verhehlte die großen Bedenken nicht, die gegen die Wiederherstellung einer großen Zahl obsolet gewordener alter Polizeivorschriften erhoben werden könnten (a. a. O. IV. n. 324 S. 22. 41), und bei der Berathung im Plenum der I. Kammer wurde dem § 19 demnächst ein anderer (§ 18) substituirt, welcher dahin lautete:

„Die Bestimmung der Hege- und Schonzeit erfolgt nach den zur Zeit der Verkündigung des Ges.s v. 31. Okt. 1848 geltend gewesenen Gesetzen."

„Die Uebertretung derselben soll jedoch nur mit einer nach richterlichem Ermessen zu bestimmenden Geldbuße bis zu 50 Thlrn. geahndet werden, sofern nicht die Vdn. v. 9. Dez. 1842 und das Publikandum v. 7. März 1843 mildere Strafbestimmungen enthalten" (vgl. Drucks. der II. K. f. 1850. IV. n. 375 S. 8).

Als der Gesetzentwurf demnächst zur Berathung der II. Kammer gelangte, nahm die Kommission derselben den ersten Satz des obigen § unverändert an, und schlug nur für den zweiten diejenige Fassung vor, welche gegenwärtig der § 18 des jetzigen Jagdpol.-Ges.s v. 7. März 1850 enthält, lediglich aus dem Grunde, weil die allegirten beiden Gesetze eine Strafskala von 2 bis zu 50 Thlrn. enthielten und diese nicht milder, sondern härter erscheine, als eine lediglich in das richterliche Ermessen gestellte Strafe bis zu 50 Thlrn. (vgl. a. a. O. VII. n. 542 S. 19. 39). Wenn demnach der § 18 des Jagdpol.-Ges.s v. 7. März 1850 nunmehr dahin lautet: „Die Bestimmung rc.", wenn ferner die hierin allegirten beiden Vdngen v. 9. Dez. 1842 und v. 7. März 1843 ausdrücklich nur das Tödten und Einfangen der darin speziell aufgeführten jagdbaren Thiere während der Schonzeit verbieten, und wenn endlich der § 5 Tit. 16 der cit. Jagd- rc. Ordn. sich nicht auf die Schonzeit beschränkt, sondern (im Interesse der Erhaltung des Wildstandes im Allgemeinen) das Erlegen weiblichen Rehwildes überhaupt verbietet, so kann es keinem Zweifel unterliegen, daß die zuletzt gedachte Bestimmung nicht zu den durch den § 18 des Jagdpol.-Ges.s wiederhergestellten gehört, folglich für aufgehoben zu achten ist, wie solches auch schon vom OTr. für einen ähnlichen Fall durch das Urtheil v. 7. Dez. 1853 ausgesprochen worden ist (Entsch. 26. S. 446). Hierin wird auch durch die in Bezug genommene Vdn. der K. Regierung zu L. v. 12. März 1853 nichts geändert. Denn zunächst ist diese Vdn. ihrer Fassung nach keine Bezirkspol.-Vdn. im Sinne der §§ 5. 6.

11. 12. 15 des Ges.s v. 11. März 1850, indem sie lediglich die Ansicht der vorgesetzten Ministerien über die Auslegung der hier in Betracht kommenden Gesetze mittheilt, die nicht maaßgebend und aus den angeführten Gründen auch als richtig nicht anzuerkennen ist. Sodann aber würde sie, selbst wenn sie als eine solche Pol.-Vdn. anzusehen wäre, nicht gültig sein, weil sie, wie erwähnt, gegen ein bestehendes Gesetz verstieße, wie solches ebenfalls bezüglich einer ähnlichen Pol.-Vdn. durch das Urtheil des OTr.s v. 6. Sept. 1855 ausgesprochen worden ist (Entsch. 31. S. 314).

[28. — 3.]

Register.

I. Sach-Register.

(Die Nummern bezeichnen die Seite.)

II. Quellen-Verzeichniß.

A. Strafgesetzbuch vom 14. April 1851.

Einführungs-Gesetz.

Strafgesetzbuch.

B. Verordnung vom 3. Jan. 1849.

C. Gesetz vom 3. Mai 1852.

D. Criminal-Ordnung.

E. Rheinische Strafprozeß-Ordnung.

F. Allgemeine Gerichts-Ordnung.

G. Allgemeines Landrecht.

H. Einzelne Gesetze, Verordnungen ꝛc.

Druckfehler.

S. 1 Z. 11 v. o. ist vor S. einzuschalten: 2.
" 35 " 4 v. u. l. Kontraventionen st. Defraudationen.
" 79 " 9 v. u. l. 59 a st. 57 a.
" 81 " 7 v. u. l. 825 st. 852.
" 100 " 1 v. u. l. Thl. I. Tit. 3 st. Thl. III. Tit. 1.
" 109 " 10 v. u. a E. ist zuzusetzen: 408.
" 111 " 15 v. u. l. welcher st. welchem.
" 287 " 8 v. o. l. betroffen st. betreffen.
" 319 " 17 v. o. l. pénal st. dénal.
" 320 " 7 v. u. l. Trassanten st. Tressanten.
" 384 " 6 v. u. l. Publikum st. AG.
" 390 " 13 v. o. l. mißbilligt st. gemißbilligt.
" 428 " 11 v. o. l. andere st. anderen.
" 448 " 12 v. o. l. der st. des.

FSC
www.fsc.org
MIX
Papier | Fördert
gute Waldnutzung
FSC® C083411

Kolibri 360 GmbH
Ferdinand-Jühlke-Straße 7
99095 Erfurt, Deutschland
produktsicherheit@kolibri360.de